GEOGRAFIA URBANA
A PRODUÇÃO DO URBANO E A URGÊNCIA DA PRÁXIS TRANSFORMADORA

Editora Appris Ltda.
1.ª Edição - Copyright© 2024 dos autores
Direitos de Edição Reservados à Editora Appris Ltda.

Nenhuma parte desta obra poderá ser utilizada indevidamente, sem estar de acordo com a Lei nº 9.610/98. Se incorreções forem encontradas, serão de exclusiva responsabilidade de seus organizadores. Foi realizado o Depósito Legal na Fundação Biblioteca Nacional, de acordo com as Leis nºs 10.994, de 14/12/2004, e 12.192, de 14/01/2010.

Catalogação na Fonte
Elaborado por: Josefina A. S. Guedes
Bibliotecária CRB 9/870

G345g 2024	Geografia urbana: a produção do urbano e a urgência da práxis transformadora Danilo Volochko, Leonardo Palhares Prizon (orgs.) – 1. ed. – Curitiba: Appris, 2024. 421 p.; 27 cm.
	Inclui referências. ISBN 978-65-250-5519-0
	1. Geografia urbana. 2. Capitalismo. 3. Movimentos sociais. 4. Políticas. I. Volochko, Danilo. II. Prizon, Leonardo Palhares. III. Título.
	CDD - 910

Appris editora

Editora e Livraria Appris Ltda.
Av. Manoel Ribas, 2265 – Mercês
Curitiba/PR – CEP: 80810-002
Tel. (41) 3156-4731
www.editoraappris.com.br

Printed in Brazil
Impresso no Brasil

Danilo Volochko
Leonardo Palhares Prizon

GEOGRAFIA URBANA
A PRODUÇÃO DO URBANO E A URGÊNCIA DA PRÁXIS TRANSFORMADORA

Appris editora

FICHA TÉCNICA

EDITORIAL	Augusto Coelho
	Sara C. de Andrade Coelho
COMITÊ EDITORIAL	Ana El Achkar (UNIVERSO/RJ)
	Andréa Barbosa Gouveia (UFPR)
	Conrado Moreira Mendes (PUC-MG)
	Eliete Correia dos Santos (UEPB)
	Fabiano Santos (UERJ/IESP)
	Francinete Fernandes de Sousa (UEPB)
	Francisco Carlos Duarte (PUCPR)
	Francisco de Assis (Fiam-Faam, SP, Brasil)
	Jacques de Lima Ferreira (UP)
	Juliana Reichert Assunção Tonelli (UEL)
	Maria Aparecida Barbosa (USP)
	Maria Helena Zamora (PUC-Rio)
	Maria Margarida de Andrade (Umack)
	Marilda Aparecida Behrens (PUCPR)
	Marli Caetano
	Roque Ismael da Costa Güllich (UFFS)
	Toni Reis (UFPR)
	Valdomiro de Oliveira (UFPR)
	Valério Brusamolin (IFPR)
SUPERVISOR DA PRODUÇÃO	Renata Cristina Lopes Miccelli
ASSESSORIA EDITORIAL	Renata Cristina Lopes Miccelli
REVISÃO	Camila Dias
PRODUÇÃO EDITORIAL	Renata Cristina Lopes Miccelli
DIAGRAMAÇÃO	Andrezza Libel
CAPA	Jéssica Wludarski

SUMÁRIO

O MOSAICO DIALÉTICO DO URBANO NO XVII SIMPURB CURITIBA 9
Danilo Volochko
Leonardo Palhares Prizon

PARTE I
A EMERGÊNCIA DO URBANO EM MEIO A UM MUNDO CONVULSIONADO: CONTEXTO (PÓS)PANDÊMICO E INTENSIFICAÇÃO DAS DESIGUALDADES

1
TRABALHO, SUBORDINAÇÃO E FLUXOS URBANOS: RESULTADOS DE PESQUISA 23
Cibele Saliba Rizek
Felipe Rangel Martins
Lívia Maschio Fioravanti

2
NEOFASCISMO ANTIECOLÓGICO, FOBÓPOLE ECOFASCISTA? O URBANO E AS (RE)NOVA(DA)S CONTRADIÇÕES DO SÉCULO XXI 39
Marcelo Lopes de Souza

PARTE II
POR UMA GEOGRAFIA URBANA ANTICAPITALISTA: TEORIA, MÉTODO E PRÁXIS TRANSFORMADORAS

3
UMA GENEALOGIA DA CARBONÓPOLIS: A CIDADE DA ERA DO CARBONO 59
Cláudio Zanotelli

4
LATIFÚNDIO, GRILAGEM E QUESTÃO AGRÁRIA NA URBANIZAÇÃO BRASILEIRA 83
Gustavo Prieto

5
EM BUSCA DE UMA GEOGRAFIA URBANA ANTICAPITALISTA: LUTAS URBANAS, DIREITO À CIDADE E UTOPIA 103
Rafael Faleiros de Padua

PARTE III
FRONTEIRAS E ESCALAS DO URBANO: PROBLEMÁTICA AMBIENTAL, DINÂMICAS REGIONAIS E RELAÇÕES CIDADE-CAMPO

6
A IMPLANTAÇÃO DE CIDADES COMO UM GRANDE NEGÓCIO 117
Lívia Maschio Fioravanti

7

FRONTEIRAS E ESCALAS DO URBANO: CONTRIBUIÇÕES PARA POLÍTICAS PÚBLICAS.....131
Rosa Moura

8

CONDIÇÕES GERAIS: UMA CHAVE PARA SE COMPREENDER A RELAÇÃO CIDADE-CAMPO...147
Sandra Lencioni

9

O URBANO COMO TOTALIDADE: ENTRE FRONTEIRAS E ESCALAS 157
Mariana Zerbone Alves de Albuquerque

PARTE IV
A ACUMULAÇÃO CAPITALISTA E A PRODUÇÃO DO ESPAÇO URBANO: COMO SE (RE)CONFIGURAM A TERRA, O TRABALHO E O CAPITAL NO URBANO HOJE?

10

DA MERCADORIA IMPOSSÍVEL À MERCADORIA ILEGAL:
O MUNDO DO CRIME NA ECONOMIA POLÍTICA DO ESPAÇO..171
César Simoni Santos

11

MODO URBANO DE (RE)PRODUÇÃO: APONTAMENTOS PARA O DEBATE
DA ATUALIDADE DO ESPAÇO URBANO 193
Márcio Piñon de Oliveira

12

HÁ TRÊS QUE DÃO TESTEMUNHO: SOBRE CAPITAL, TERRA E TRABALHO
NA DINÂMICA DA CRISE DO VALOR..203
Thiago Canettieri

13

A ACUMULAÇÃO CAPITALISTA E A PRODUÇÃO DO ESPAÇO: UM DEBATE SOBRE COMO SE
(RE)CONFIGURAM A TERRA, O TRABALHO E O CAPITAL NO URBANO HOJE 215
Regina Tunes

PARTE V
DAS VIOLÊNCIAS CONTRA OS SUJEITOS À VIOLÊNCIA DA URBANIZAÇÃO DESIGUAL: RELAÇÕES DE CLASSE, GÊNERO, RAÇA E LUTAS POR IDENTIDADES E DIREITOS NAS CIDADES

14

DISTRIBUIÇÃO DOS GRUPOS RACIAIS EM CIDADES BRASILEIRAS:
SOBRE SEGREGAÇÃO, ESTRUTURA E EXPERIÊNCIA URBANA..225
Renato Emerson dos Santos

PARTE VI
MOVIMENTOS SOCIAIS E ATIVISMOS URBANOS: DESAFIOS E PERSPECTIVAS À TEORIA E À LUTA PELA TRANSFORMAÇÃO SOCIAL

15
ATIVISMOS URBANOS E TÁTICAS DE RESISTÊNCIA: CONSTRUINDO OUTRO OLHAR SOBRE A RESILIÊNCIA DOS COMERCIANTES E PRESTADORES DE SERVIÇOS DE RUA EM SALVADOR 247
Angelo Serpa

16
DO GENOCÍDIO NEGRO ÀS AÇÕES DE ENFRENTAMENTOS À GESTÃO RACISTA DO TERRITÓRIO 255
Denilson Araújo de Oliveira

17
DESCOLONIZANDO O DESEJO: PODEMOS QUERER MAIS DO QUE SOMENTE O QUE NOS NEGARAM 279
Helena Silvestre

18
DA SUBALTERNIDADE COMO ATRIBUTO SOCIAL AO DECLÍNIO DE UMA (LIMITADA) DEMOCRACIA: BREVE REFLEXÃO SEGUNDO A GEOGRAFIA DOS CONFLITOS SOCIAIS ...287
Tatiana Tramontani Ramos

PARTE VII
A QUEM PERTENCE A CIDADE? RELAÇÕES ESTADO-ESPAÇO, POLÍTICA URBANA E PLANEJAMENTOS EM DISPUTA

19
E AGORA, JOSÉ? A QUEM PERTENCE A CIDADE? PELA REVOLUÇÃO CARAÍBA EM FAVOR DO HUMANO 301
Ester Limonad

20
MOBILIZAÇÃO DO ESPAÇO E NEOLIBERALISMO 315
Isabel Pinto Alvarez

21
A QUEM PERTENCE A CIDADE E QUEM PERTENCE À CIDADE: OBSERVAÇÕES SOBRE PLANEJAMENTO E EXPERIÊNCIAS URBANAS EM CURITIBA 329
Olga Lúcia Castreghini de Freitas

22
A DISPUTA PELA CIDADE PASSA PELA RADICALIZAÇÃO DA DEMOCRACIA 343
Alvaro Ferreira

PARTE VIII
AS UTOPIAS CONCRETAS NO URBANO: EXPERIÊNCIAS, JUSTIÇA ESPACIAL E DIREITO À CIDADE

23
UTOPIAS: O REAL E O CONCRETO NO URBANO 355
Arlete Moysés Rodrigues

24
AS UTOPIAS PRÁTICAS COMO POLÍTICAS DE CIDADE 369
Jorge Luiz Barbosa

25
A VITÓRIA DO NEOLIBERALISMO URBANO E A REALIZAÇÃO DA UTOPIA LIBERAL 383
Tadeu Alencar Arrais

26
REFLEXÕES E EXPERIÊNCIAS ORIENTADAS PELA JUSTIÇA ESPACIAL E PELA CONSTRUÇÃO TEÓRICO-PRÁTICO-UTÓPICA DO DIREITO À CIDADE 401
Danilo Volochko

SOBRE OS AUTORES 413

O MOSAICO DIALÉTICO DO URBANO NO XVII SIMPURB CURITIBA

Danilo Volochko
Leonardo Palhares Prizon

Em novembro de 2022, quando o XVII Simpósio Nacional de Geografia Urbana (Simpurb) foi realizado, o Brasil já havia elegido um novo presidente da República, no que talvez tenha sido um dos momentos políticos mais tensos do país no período pós-redemocratização. Vivíamos nos últimos anos (e seguimos vivendo ainda nos dias atuais) uma crescente agitação e um convulsionamento global, com ascensões e quedas do controle do poder político por parte de grupos ultraconservadores e fascistas, especialmente pela via do voto (aceito em caso de vitória e contestado em caso de derrota desses grupos). Crescimento esse que é acompanhado de uma multipolarização do mundo, com inúmeros enfrentamentos, posicionamentos, debates e disputas sociais, políticas e econômicas que forjaram a dinâmica socioespacial ao longo da história e que, mais uma vez, situam com força a reprodução da sociedade na contradição do aprofundamento da crise de acumulação capitalista.

O cenário pós-pandêmico e os milhares de mortes decorrentes da doença do novo coronavírus (Covid-19), os movimentos antirracistas iniciados nos Estados Unidos da América (EUA) e espalhados por todo o mundo, a intensificação da exploração e da precarização do trabalho no contexto pandêmico e o aumento dos níveis de desigualdade social em diversos países são alguns dos episódios recentes que revelam as tensões do mundo contemporâneo, ao mesmo tempo que ampliam as temáticas e preocupações que puderam ser abrigadas no interior dessa edição do Simpurb. Por isso, o exercício da compreensão da realidade social vivida hoje nas cidades, em toda sua complexidade, impõe cada vez mais a necessidade de pensar para agir. Ou seja, de pensar a práxis com maior profundidade.

No contexto brasileiro, desde o golpe jurídico-parlamentar de 2016 até o fim de 2022, pudemos observar o acirramento das contradições em diversas dimensões da realidade. As políticas de austeridade fiscal com a Emenda Constitucional 95/2016, que congelaram os investimentos em saúde e educação, as reformas trabalhista e previdenciária, os cortes em serviços de assistência social, o aumento de influência de poder dos grandes proprietários de terra na ampliação da fronteira agrícola, os projetos que induzem à legalização da grilagem, as queimadas e a venda das riquezas da Amazônia, as vendas (e tentativas de venda) da Petróleo Brasileiro (Petrobras) e de outras estatais, a privatização de serviços públicos, a criminalização dos movimentos sociais, a postura de apoio à intervenção militar são alguns desses elementos. Em que pese o novo governo lidar de modo substancialmente diferente com esses processos, o arraigamento e a presença do conservadorismo seguem pondo à prova a política democrática e produzindo novos e grandes desafios em relação ao estabelecimento e à ampliação das transformações sociais no sentido da democratização da sociedade brasileira.

O neoliberalismo em curso no país desde os anos 1990, atualizado na sua fase autoritária dos anos recentes, evidencia a intensificação de uma política da barbárie, que vem provocando mudanças profundas nos aspectos mais sentidos da vida: o trabalho, o cotidiano, a comunicação, a produção de conhecimento, a socialização do saber, o acesso a direitos, política essa resultante da necessidade de uma reestruturação capitalista mundial. As dinâmicas e os conflitos que o Brasil tem enfrentado refletem e são refletidos no processo de urbanização capitalista, como a lógica de mercantilização, financeirização, planejamento urbano desigual e de um Estado legitimador da propriedade privada. Dessa forma, o urbano, seja enquanto realidade vivida, seja enquanto objeto teórico, configura-se como um grande desafio diante da conjuntura de necropolítica que ameaça a democracia e os Direitos Humanos.

Entretanto, surgem, crescem e avançam também os movimentos de resistência, levantes e manifestações populares, especialmente nas regiões mais periféricas, com pautas que emergem dessa convulsão: gênero, raça, trabalho, moradia, saúde, sexualidade, cultura, arte, juventude e outras. São nesses campos de disputas e da produção de espaços de existência e resistência que se multiplicam os estudos e discursos, em meio aos movimentos políticos, sociais, acadêmicos, para a construção de uma outra realidade. Tais lutas evidenciam a necessidade de uma práxis transformadora, isto é, de orientar, dialeticamente, a prática cotidiana numa teoria científica e crítica de transformação e de construir essa teoria segundo a realidade visível e palpável na sociedade urbana brasileira e mundial. Todo esse panorama de recente crise política vivida no Brasil acirra as contradições e reforça a urgência de um novo urbano.

Nesse contexto de urgências, insurgências e emergências, as lutas, os movimentos e os ativismos sociais configuram-se como práticas de resistência obrigatória do ato de viver. No plano da sobrevivência e da luta pelo direito à vida, os sujeitos políticos têm idealizado, em diferentes escalas, a construção de alternativas para uma sociedade mais justa e solidária. Lutam por transformações radicais valendo-se de um horizonte utópico e anticapitalista, pelo direito à cidade como contradição do possível-impossível para confrontar e superar os descompassos da realidade concreta que limitam o habitar e os espaços-tempos da vida na realização do humano.

Ao pensar que hoje não somente o Brasil como o mundo todo acompanha um contexto político de maior tensão e mutabilidade, as cidades, então, tornam-se espaços onde essas disputas colidem ainda mais intensamente. O espaço é produto e meio dessas relações sociais de produção da vida, bem como das contradições existentes. Se em nosso cotidiano e no mundo vivemos um momento de convulsão, isso se reproduz e é reproduzido no e pelo urbano. O que está posto é a necessidade de transformação dessa realidade, que é a transformação do urbano em todos os seus aspectos.

As grandes questões da sociedade brasileira fazem-se cada vez mais questões urbanas. A cidade, o urbano e a metrópole vêm desafiando as sociedades, os movimentos sociais, os governos, os profissionais e os pesquisadores a debater os conteúdos urbanos de espaços, lugares, territórios e regiões, bem como a tomar parte diante da crise de sociabilidade que vivemos em múltiplas escalas. A geografia e a teoria urbana, que se colocam no centro das preocupações do Simpurb, vêm buscando e vêm conseguindo contribuir nessa tarefa de compreensão crítica do mundo contemporâneo urbano. Sobretudo, o evento vem somando esforços para a superação das urgências e para a construção (teórica e prática) da utopia do direito à cidade e da justiça espacial em uma sociedade como a brasileira, marcada pela desigualdade, pelo autoritarismo, pela violência e pelas expropriações.

Nesse sentido, as edições do Simpósio Nacional de Geografia Urbana vêm produzindo de modo contundente um conhecimento plural do ponto de vista teórico-metodológico e trazendo para o debate diversas pesquisas em desenvolvimento ou concluídas em diferentes partes do país e mesmo do exterior. O que se apresenta é uma rica oportunidade de unir professores, estudantes, técnicos, profissionais e ativistas em pesquisas, projetos ou políticas que envolvem redes de pesquisadores, sujeitos e agentes sociais, órgãos públicos, organizações da sociedade civil e instituições públicas em torno da temática da cidade e do urbano. E, nessa direção, o XVII Simpurb trouxe como tema central "A produção do urbano e a urgência da práxis transformadora: debates, práticas e utopias em meio a um mundo convulsionado".

Valorizando a ciência por meio do fortalecimento do pensamento crítico — em um período em que até bem recentemente o projeto hegemônico esteve assentado em descredibilizar e deslegitimar a própria ciência —, o XVII Simpurb buscou refletir sobre o seguinte conjunto de questões: Como se coloca, ou como se recoloca, a questão do Estado hoje, no plano da realização de um necro-Estado, de um Estado suicidário, com hipercontrole social, hiperautoritarismo, governanças e políticas públicas urbanas neoliberais autoritárias? Como se posicionam ou como se reposicionam os sujeitos sociais, os movimentos sociais, os movimentos urbanos, os novos e velhos ativismos e formas de luta diante dos novos desafios da sociedade brasileira, latino-americana e mundial? Como definir uma teoria e uma práxis transformadoras e anticapitalistas hoje? Como entender os elementos, mecanismos, espacialidades, dimensões, racionalidades, representações, sociabilidades e institucionalidades envolvidos na acumulação capitalista urbana atual? Quais são os projetos de reforma urbana e/ou de direito à cidade necessários na atualidade? Essas propostas abarcam questões fundamentais para a emancipação de todos os sujeitos, entre eles mulheres, pretos e LGBTQIAP+[1]? Nesse sentido, quais são os caminhos da teoria urbana? Quais são as categorias de análise capazes de realizar o restabelecimento da ciência geográfica pública e do desenvolvimento socioespacial urbano? Quais são os papéis dos estudos urbanos nas articulações das escalas dos territórios, dos lugares, do metropolitano, do latino-americano, do global? Quem são os sujeitos da produção e da reprodução do espaço urbano, quais são as suas estratégias e os seus fundamentos e como eles se alteram ao longo do tempo?

Partindo desse universo de indagações, o Simpurb Curitiba teve como eixo a promoção do debate das questões do urbano contemporâneo e de uma práxis transformadora, buscando, também, questionar as utopias reais e concretas vislumbradas mediante as práticas sociais urbanas. Ou seja, propusemo-nos a ampliar, sistematizar e fortalecer os estudos urbanos e a articulação entre a teoria e a prática com base na realidade urbana, nas mais diversas escalas, e por meio do encontro e interação entre pesquisadores da geografia, do planejamento urbano e regional, da sociologia, da história, da economia e de outras áreas afins. O conjunto de objetivos propostos pelo evento procurou, então, aprofundar o conhecimento e qualificar a análise da temática urbana, refletindo sobre a produção e reprodução da vida, da economia e das políticas públicas nas cidades, de modo a permitir a emergência e o debate de novos temas ou de novas visões sobre temas antigos.

Em 2022, completaram-se 33 anos da realização do I Simpurb, que aconteceu em 1989 em São Paulo/SP. Diante dessas mais de três décadas de edições bianuais, o Paraná foi o 11º estado e Curitiba foi a 12ª cidade a receber o simpósio. A escolha do Paraná e de Curitiba como sedes do evento ocorreu não apenas devido ao seu caráter itinerante, mas pela busca do estabelecimento de novas experiências e de possibilidades de trabalho conforme a realidade paranaense, que seguramente puderam contribuir ao acúmulo e histórico do Simpurb. Portanto, a 17ª edição buscou se inserir em uma rica tradição, na qual as grandes questões colocadas derivam da contribuição de uma edição para a outra, em um encadeamento de reflexões coletivas. Assim, foi possível dar continuidade ao espaço de debate sobre os rumos teórico-metodológicos das abordagens nas pesquisas

---

[1] Lésbicas; Gays; Bissexuais; Transexuais, travestis e transgêneros; *Queer*; Intersexo; Assexuais; Pansexuais; + representa as demais orientações sexuais, identidades e expressões de gênero (N. do E.).

sobre o urbano, do mesmo modo que o evento, em todas as suas 16 edições anteriores, trabalhou com os processos de (re)produção do espaço das cidades em suas mais diversas escalas, contradições e contextos políticos e sociais.

Quando consideramos a realização do Simpurb em Curitiba, destacamos que o evento representou uma oportunidade de pensar mais profundamente a produção do urbano na capital paranaense, conhecida nacional e internacionalmente como modelo de planejamento urbano. Nesse sentido, promoveu discussões capazes de problematizar os limites e as possibilidades desse planejamento, algo extremamente valioso para a reflexão e ação sobre a realidade curitibana, que se faz cada dia mais conflituosa sobretudo nas periferias e em sua região metropolitana. Desse modo, o Simpurb permitiu revisitar criticamente termos e adjetivos frequentemente associados a Curitiba — "cidade-modelo", "cidade-sorriso", "capital ecológica", *smart city*, "capital social" — bem como os termos mais alinhados à conjuntura política recente do país ligada ao avanço do campo conservador: "República de Curitiba", termo que surge no contexto da realização da Operação Lava Jato. São adjetivos que, apesar de integrarem a realidade urbana da capital, não representam sua totalidade, contrastando com a grande diversidade de ativismos e movimentos sociais de resistência do campo progressista, como o movimento massivo das ocupações de escolas pelo movimento estudantil secundarista que começou na Região Metropolitana de Curitiba e se espraiou por todo o estado do Paraná em 2016.

Outros elementos e dimensões da realidade urbana da metrópole curitibana puderam ser evidenciados empiricamente nos trabalhos de campo organizados: "A construção e o registro da paisagem: caminhadas e fotografias" e "AfroCuritiba: memórias racializadas na criação e recriação simbólica do espaço urbano", que aportaram outras perspectivas sobre o centro histórico de Curitiba; "Diferentes faces da metrópole" e "Territórios em disputa pelo direito à moradia na metrópole de Curitiba", que ocorreram em municípios da região metropolitana e buscaram evidenciar as desigualdades socioespaciais e as lutas urbanas; e "Redes de colaboração solidária e lutas sociais: da produção da fome como projeto às possibilidades de resistência na relação campo-cidade", que objetivou, também, desvelar as contradições do espaço urbano-metropolitano e os exercícios de utopias práticas do direito à cidade no contexto da metrópole de Curitiba.

O XVII Simpurb ocorreu três anos após a 16ª edição, realizada em Vitória/ES em 2019, tendo sido organizado pelo Laboratório de Dinâmicas Metropolitanas (LaDiMe) do Departamento de Geografia da Universidade Federal do Paraná (UFPR). Foram três anos de intervalo entre as edições, um período marcado por intensas e velozes transformações na sociedade brasileira e no mundo, que exigiram um esforço de debate e análise ampliado do fórum "simpurbiano".

Em Curitiba, o Simpurb contou com um público total presente de 350 pessoas, e teve em sua programação a realização de oito mesas-redondas (com 31 palestrantes), 17 Grupos de Trabalhos (GTs), com a apresentação e discussão de 183 trabalhos, cinco trabalhos de campo e lançamento de livros. O simpósio contou com um amplo apoio do corpo docente, discente e técnico do Departamento de Geografia e do Programa de Pós-Graduação em Geografia (PPGGEO) do Setor de Ciências da Terra (SCT); do Programa de Pós-Graduação em Planejamento Urbano (PPU); e das Pró-Reitorias de Pesquisa e Pós-Graduação (PRPPG) e Extensão e Cultura (Proec) da UFPR. Desse modo, embora a organização tenha ocorrido majoritariamente durante o contexto pandêmico e, portanto, em grande parte remotamente, evidenciou-se o caráter participativo e horizontal pelo qual o evento foi construído, contando com a colaboração imprescindível de alunos de graduação e de pós-graduação desde a concepção inicial da temática até a elaboração da programação, dos projetos de fomento, do planejamento logístico, entre diversas outras tarefas organizativas.

Este livro está alicerçado em oito partes, que representam as oito mesas-redondas realizadas. Infelizmente, por razões diversas, nem todos os palestrantes enviaram o texto da sua apresentação para compor esta publicação — dos 31 palestrantes, recebemos 26 contribuições. A seguir trazemos uma introdução sucinta das temáticas trabalhadas nos textos enviados e nas discussões desenvolvidas. Os textos apresentam uma liberdade na estrutura e na formatação — uns mais longos e outros mais curtos — e buscam dialogar tanto com as reflexões propostas em cada mesa quanto com a temática geral do evento.

Parte I: "A emergência do urbano em meio a um mundo convulsionado: contexto (pós)pandêmico e intensificação das desigualdades"

Esta parte reúne textos que buscam dialogar com o seguinte universo de questões: Como identificar a crise que vivemos? Como nomear e analisar um mundo convulsionado e suas urgências, emergências e insurgências? Como entender as ascensões neoconservadoras, fascistas e militarizantes no Brasil e no mundo, a política da barbárie com seus autoritarismos, opressões, violências e expropriações, seus desdobramentos espaciais, urbanos, e seu papel para o aprofundamento das desigualdades socioespaciais? Como a crise sanitária da Covid-19 incide na cidade segregada e nas periferias urbanas brasileiras? Que novas práticas de confinamento, de controle, de exploração, que sociabilidades e práticas espaciais urbanas emergem no contexto pandêmico? Quais desafios se colocam aos pesquisadores e ativistas? Essas são algumas questões que emergem da compreensão do urbano como objeto teórico e lugar de lutas que, diante da conjuntura necropolítica que ameaça a democracia, os Direitos Humanos e a vida sobretudo daqueles que vivem nos limiares da sociedade capitalista, se configuram como um grande desafio à teoria e à prática.

O texto de Cibele Saliba Rizek, Felipe Rangel Martins e Lívia Maschio Fioravanti aborda a problemática da "uberização/plataformização" sob quatro características fundamentais (trabalhador *just in time*; plataformas como *crowdsourcing*; formalização da precariedade do trabalho e autogestão subordinada do trabalho) e aponta a plataformização como um processo que, a seu modo, altera e atualiza as formas e os conteúdos do trabalho (uberizado/plataformizado/precarizado) e do espaço urbano.

Marcelo Lopes de Souza busca compreender em seu texto os processos e os "personagens" que atuam/produzem (n)o espaço urbano no contexto atual da virada do século XX para o século XXI, especialmente aqueles relacionados aos conceitos de "fobópole", neofascismo e ecofascismo e suas escalas de ação (locais e supralocais). O autor aponta algumas questões relativas à renovação do "mito da marginalidade" e à construção ideológica do sentido de "violência urbana", às relações intrincadas entre as "zonas de sacrifício" e os megabolsões de "natureza barata" em diferentes escalas e ao crescente discurso ecológico.

Parte II: "Por uma geografia urbana anticapitalista: teoria, método e práxis transformadoras"

Nesta parte os textos propõem o debate de questões como: Por que e como ser anticapitalista no mundo em que vivemos? Em face do acirramento das contradições em diversas dimensões da realidade, qual a potência da cidade, do urbano e da problemática urbana para a superação da sociedade capitalista? Qual é o papel da universidade e do pesquisador na prática (interdisciplinar) da construção de conhecimentos perante o produtivismo acadêmico que ameaça o desenvolvimento do pensamento crítico? Quais elementos, teorias, métodos e conceitos, para dentro e para fora da geografia, carregam a potência da práxis transformadora? Quais são as possibilidades de transformações econômicas, políticas, culturais, ambientais e sociais da cidade, da sociabilidade e da urbanização capitalista? Como práticas feministas, antirracistas e anti-LGBTQIAP+fóbicas potencializam a construção da(s) geografia(s) urbana(s) anticapitalista(s)? Quais relações, pontes e caminhos podem ser trilhados entre a(s) geografia(s) urbana(s) e os sujeitos sociais com vistas à superação das relações de poder e à realização de uma práxis transformadora?

O texto de Cláudio Zanotelli discute a constituição de uma sociedade hiperindustrial fundamentada ainda na importância da indústria na contemporaneidade — diretamente relacionada à problemática da produção e do consumo de energia. Tal problemática vem pautando a produção do espaço e das relações de produção, no que o autor denomina "novo regime urbano-industrial". Na teorização sobre a construção de uma perspectiva anticapitalista, o autor critica o acúmulo e o crescimento econômicos e propõe como horizonte novas perspectivas de cidades e de tipos de indústrias.

Gustavo Prieto propõe um debate sobre a "condição agrária da urbanização", em que o latifúndio, a grilagem e a questão agrária são considerados os fundamentos da urbanização brasileira. A terra, compreendida como a propriedade privada capitalista, tanto no urbano quanto no campo, é considerada, portanto, essencial ao desenvolvimento do capitalismo e à forma hegemônica de acesso ao território brasileiro. Nesse sentido, o autor enfatiza a importância de compreender essas relações dialéticas entre o agrário e o urbano e a concentração de terras como processo estruturante na construção de uma geografia urbana anticapitalista.

O texto de Rafael Faleiros de Padua aponta para as relações entre a produção capitalista do espaço, com suas contradições, e o processo de pensamento — sobre essa realidade — enquanto uma prática teórica que objetiva sua compreensão radical. O autor centraliza a importância da noção de direito à cidade como alternativa e possibilidade de transformação da cidade e do urbano, no encontro de uma geografia urbana anticapitalista que possui também nas lutas urbanas cotidianas a construção de valores anticapitalistas e de um horizonte utópico.

Parte III: "Fronteiras e escalas do urbano: problemática ambiental, dinâmicas regionais e relações cidade-campo"

Esta parte propõe reflexões sobre a cidade, o urbano e a metrópole nas suas interfaces escalares e da relação urbano-rural. Algumas inquietações que se levantam diante disso: Como avança a produção do urbano no território nacional? Quais as escalas do agronegócio sobre o urbano atual? Quais novas dinâmicas socioambientais e do campo se articulam na produção do urbano, e vice-versa? Quais conteúdos e conflitos são gerados na produção da urbanização e nas fronteiras do urbano nas diversas regiões brasileiras? Quais questões se entrelaçam com a história fundiária do país, do rural ao urbano? Como se recoloca atualmente o fenômeno da metropolização do espaço, e quais são suas implicações socioambientais? Quais são os efeitos da nova relação ideológica/neoliberal do Estado com a questão ambiental na vida urbana?

Em seu texto, Lívia Maschio Fioravanti propõe algumas reflexões referentes às cidades relacionadas à agricultura modernizada e tecnificada e à expansão territorial da acumulação capitalista, que coloca no cerne do debate a produção de cidades como um negócio e investimento, articulando a propriedade da terra a negócios imobiliários. Na tese proposta, as cidades do agronegócio revelam uma urbanização como condição de acumulação e de avanço da fronteira agrícola. Nessa urbanização, tais cidades aparecem como negócio em que proprietários de terra são, ao mesmo tempo, proprietários de loteamentos urbanos que controlam a dinâmica fundiária imobiliária, o que reforça a pobreza e a desigualdade socioespacial nesses espaços.

Rosa Moura debate em seu texto questões relativas à centralidade da crise socioambiental e das políticas públicas de enfrentamento no urbano contemporâneo; ao fenômeno da urbanização na América Latina e no Caribe e especificamente no Brasil, marcado por diferentes contextos de metropolização e diferentes morfologias urbanas, a exemplo das aglomerações urbanas transfronteiriças; e ao avanço do urbano sobre a escala regional. A autora enfatiza ainda o desafio para a elaboração e implementação de políticas públicas nesse contexto de complexificação do urbano e das relações cidade-campo e cidade-região.

O texto de Sandra Lencioni coloca em pauta algumas reflexões sobre os vínculos entre atividades agrícolas em diferentes contextos econômicos, históricos e sociais — e em diferentes regiões do país — com as cidades, produzidas, também, nesses contextos distintos, com base nos exemplos da produção agrícola do café no oeste paulista e da soja na região Centro-Oeste do Brasil. A autora demarca um *continuum* das relações entre campo e cidades, pois, como afirma em sua discussão, são as cidades que materializam as condições gerais necessárias à produção agrícola.

Finalizando esta parte, Mariana Zerbone Alves de Albuquerque destaca em seu texto a importância de revisitar as noções de campo, cidade, urbano e rural para refletir sobre tais conceitos e suas realidades, indicando uma indissociabilidade dialética entre campo e cidade. A autora enfatiza também o espaço como totalidade, em que as fronteiras do urbano superam a escala da cidade e avançam sobre o campo e seu contexto de relações. Assim, indica que pensar teórica e metodologicamente a relação cidade-campo demanda uma leitura multi e interescalar.

Parte IV: "A acumulação capitalista e a produção do espaço urbano: como se (re)configuram a terra, o trabalho e o capital no urbano hoje?"

Os textos desta parte objetivam a compreensão da atual realidade urbana, que exige olhar para uma extensa complexidade de novos elementos e processos — financeiros, imobiliários, fundiários, institucionais, técnicos, simbólicos, pandêmicos etc. Nesse sentido, algumas reflexões propostas são: Como se destaca a leitura da economia política para a interpretação da produção do espaço urbano? Qual é a centralidade e a complexidade atual da tríade terra-trabalho-capital tanto para a acumulação urbana quanto para sua elucidação? Como a técnica, importante elemento da reprodução do capital, do espaço e da sociabilidade hoje, se integra nessa tríade e nas estratégias de sobrevivência da classe trabalhadora (comércio popular, viração, uberização, teletrabalho), formas que têm acentuado exploração, espoliação, e desigualdade sexual e racial do trabalho? Como o Estado, em suas reformas e seus programas neoliberais, tem organizado estrategicamente o espaço econômico, social e político em face da mundialização?

Os apontamentos de César Simoni Santos em seu texto buscam compreender a cidade e o urbano-metropolitano conforme suas dinâmicas específicas e seus nexos com os circuitos produtivos e formais/informais, inicialmente tendo a habitação — a mercadoria impossível — produzida fora do mercado formal como central e, contemporaneamente, o provimento habitacional segundo ilegalismos e relações que complexificam a produção e circulação da habitação enquanto mercadoria. Com base na metrópole paulistana, o autor revela, portanto, um novo momento da relação entre a acumulação capitalista e a produção do espaço urbano.

O texto de Márcio Piñon de Oliveira aponta a re-produção — e não apenas a produção — de coisas no espaço enquanto processo fundamental na (re)configuração do urbano e a importância da atualização da tríade terra-capital-trabalho em suas dimensões urbanas. Dessa forma, questões referentes especialmente aos contextos de transformações do mundo do trabalho, da primazia do capital financeiro — que torna o espaço urbano um ativo — e da urbanização dispersa, fragmentada e extensiva ganham centralidade nas reflexões sobre o urbano contemporâneo.

Thiago Canettieri enfatiza a reconfiguração da fórmula trinitária de Marx — capital, terra e trabalho — no contexto de crise, especialmente na formação histórico-social brasileira contemporânea — denominado pelo autor como colapso do capital. Nesse sentido, essa atualização da tríade marxista no espaço urbano produz, também, uma série de ilegalismos ou, como afirma o autor, a ativação de "economias criminais e ilícitas".

Concluindo esta parte, Regina Tunes parte do debate realizado centralizando suas reflexões nas "multidimensionais crises" produzidas pela acumulação capitalista, que amalgamam crises ambientais, sanitárias, econômicas, políticas, sociais e urbanas. A autora dimensiona essas crises conforme as relações entre a produção do espaço urbano e a tríade terra-capital-trabalho no atual estágio do capitalismo, enfatizando, também, a importância do Estado como agente que possibilita a reprodução ampliada do capital.

Parte V: "Das violências contra os sujeitos à violência da urbanização desigual: relações de classe, gênero, raça e lutas por identidades e direitos nas cidades"

Na quinta parte, colocam-se em análise as seguintes reflexões: em nossa sociedade as várias formas de violências e violações tendem a não aparecer em sua complexidade ou aparecer como criminalidade, representada no urbano como violência intrínseca às cidades e frequentemente atrelada, pelas elites e classes conservadoras, aos grupos sociais pobres e periféricos. Neste sentido, torna-se necessária uma reflexão ampla e profunda sobre as múltiplas violências que são condição, meio e produto para a/da urbanização desigual, como elas operam, no cotidiano, os conteúdos e fundamentos dessa urbanização capitalista sobre sujeitos, classes e categorias sociais. Sobretudo, faz-se necessário um esforço de compreensão das violências de gênero, raça e classe em suas múltiplas interseções, bem como na dimensão da construção do reconhecimento, apontando caminhos da crítica e das lutas para uma desfragmentação do entendimento e da atuação por reconhecimento de identidades e direitos sociais nas cidades.

Em seu texto, portanto, Renato Emerson Nascimento dos Santos coloca em debate um conjunto de questões referentes aos padrões de relações raciais em cidades brasileiras, partindo da compreensão dos vínculos entre a produção do espaço urbano e a produção do racismo no Brasil. Nesse sentido, o autor discute a dimensão racial na constituição das cidades em nosso país, fundamentadas na segregação racial, a exemplo do padrão periférico de concentração de pessoas negras em diferentes cidades e metrópoles do país. O autor enfatiza ainda a racialização como um dado da estrutura urbana associada a processos e dinâmicas recentes da produção do espaço urbano, como o planejamento urbano e as grandes intervenções urbanas, a efetivação de políticas habitacionais com características "segregatórias" e os regimes de regulação e fiscalização urbana.

Parte VI: "Movimentos sociais e ativismos urbanos: desafios e perspectivas à teoria e à luta pela transformação social"

Nesta parte, os textos têm como preocupação as cidades lidas por meio das contradições que evidenciam múltiplos conflitos, por vezes mais conscientes e organizados em lutas, por vezes mais difusos e espontâneos. Nesse sentido, iluminam as ações coletivas, urbanas ou não, que se colocam como um importante elemento para a teorização, bem como para a visibilização e legitimação social das lutas em face das inúmeras desigualdades, violências e violações vividas e reproduzidas cotidianamente. Os textos também se debruçam sobre os novos, novíssimos e nem tão novos movimentos sociais e ativismos urbanos que têm surgido e desafiado a imposição neoliberal e neofascista das formas de trabalhar e viver, demandando clareza na reflexão sobre a espacialidade da ação social diante de questões como formas de organização e mobilização em rede, estratégias discursivas e de tensionamentos espaciais como bloqueios, protestos, ocupações de espaços e edifícios públicos etc. Por fim, atentam para a escala das ações coletivas e o grau de incidência política e institucional com base no urbano e para o uso do espaço das cidades — centros e periferias — como instrumento de construção de autonomia e de estratégias contra-hegemônicas de politização.

Em seu texto, Angelo Serpa teoriza sobre a resistência das atividades de comércio e serviços de rua de perfil popular por meio de táticas de (re)territorialização e "lugarização" engendradas por comerciantes e prestadores de serviços de rua. Valendo-se do exemplo de Salvador, o autor destaca que essas práticas e ações se contrapõem ao modelo homogeneizante e tecnocrático de planejamento - ou "requalificação" - e produção do espaço urbano pelos poderes públicos.

Denilson Araújo de Oliveira debate em seu texto as teorias e as práticas de enfrentamento à construção de uma antinegritude posta no debate de segurança pública, especialmente nos espaços urbanos no Brasil, fundamentada na invenção do negro como lugar de ausências — cartográfica, subjetiva e política. Nesse sentido, o autor aponta que o racismo é inerente a um projeto de espaço, espacializando de forma segregada e desigual os grupos racializados e demarcando uma gestão racista do território, que é bionecropolítica e essencialmente uma forma de controle social. Contudo, o autor ressalta que, em diferentes cidades e metrópoles, esses processos — segregação, violência estatal, extermínios e genocídios — encontram historicamente resistências e enfrentamentos.

Helena Silvestre propõe em seu texto reflexões sobre o trabalho, a condição de trabalhador e a importância de outras instâncias, organizações e dimensões nas lutas sociais — a exemplo do rap nas periferias —, tendo como base sua trajetória e suas vivências na cidade entre ativismos e movimentos sociais. A autora destaca também questões referentes ao cárcere e à luta antiencarceramento em suas relações com pessoas pretas, indígenas, pobres e dissidentes da heteronormatividade, entre outras dimensões da vida urbana cotidiana que colocam a importância das pessoas faveladas enquanto sujeitos revolucionários, iluminando estratégias de reinvenção de uma forma de sociabilidade e resistência com base nas favelas.

Por fim, o texto de Tatiana Tramontani Ramos centraliza-se na espacialidade da ação social em enfrentamento com a ordem social instituída, apontando uma indissociabilidade entre ação e espaço geográfico. A autora teoriza também a centralidade do conflito como chave de leitura das práticas dos subalternizados e da manutenção da democracia, ou do declínio dela. Nesse sentido, para pensar os movimentos e ativismos urbanos, a autora conclui que o conflito tem como elementos fundantes uma espacialidade — considerando a relação intrínseca entre um lugar e uma ação concreta — e os protagonistas, que são sujeitos organizados conforme um sentido coletivo.

Parte VII: "A quem pertence a cidade? Relações Estado-espaço, política urbana e planejamentos em disputa"

Os textos desta parte colocam reflexões baseadas na pergunta "A quem pertence a cidade?", que buscou provocar uma problematização dos limites, possibilidades e implicações da atuação do Estado no espaço urbano via política urbana e planejamento urbano (gestão urbana, urbanística, legal, ordenamento jurídico da terra etc.). É preciso entender como o Estado produz e reproduz contradições espaciais na cidade, alinhando-se à acumulação capitalista que situa a cidade e a política urbana como negócios. As representações de um espaço-mercadoria ordenado, normatizado e burocratizado — plasmadas em modelos de cidades reguladas por um planejamento tecnocrático e autoritário — podem ser superadas por espaços de representação e conteúdos diferenciais vindos da prática urbana cotidiana? Em que medida as formas outras de planejamento urbano, como o planejamento alternativo, participativo, subversivo, popular, comunitário, conflitual, contraplanejamento etc., revelam disputas em torno da produção da cidade e do seu sentido, e são capazes de enfrentar cooptações de uma gestão e uma governança "democráticas" da cidade? Como pensar as políticas públicas em tempos de aprofundamento do "empresariamento" da cidade e do seu planejamento? São algumas das questões que foram desenvolvidas nesta parte.

O texto de Ester Limonad propõe algumas reflexões sobre o sentido do pertencimento político da/à cidade, situando a discussão especialmente no que tange ao aprofundamento do conservadorismo contemporaneamente, a exemplo da organização de diversas ações de movimentos sociais conservadores nas cidades e metrópoles brasileiras, ao mesmo tempo que se articulam a fascistização da sociedade e as crises do capitalismo neoliberal nos limites da financeirização. Nesse sentido, e de forma dialética, a autora afirma que o horizonte de uma outra cidade possível passa pela política e pela transformação social.

Isabel Pinto Alvarez centraliza sua análise no contexto da produção capitalista das cidades e do urbano pautada no neoliberalismo, que estrutura novas relações entre Estado, planejamento e produção do espaço. Nesse sentido, a autora sinaliza que o conceito de mobilização do espaço revela o momento atual das relações entre a (re)produção das relações de produção capitalistas, especialmente em metrópoles como São Paulo, ao mesmo tempo que (re)coloca a importância de movimentos e organizações sociais, sindicatos e entidades de classe, por exemplo, no enfrentamento do neoliberalismo e em outras formas de apropriação da cidade e do espaço urbano.

Em seu texto, Olga Lúcia Castreghini de Freitas desenvolve suas reflexões com base na produção e no planejamento urbano de Curitiba, com as intencionalidades, as disputas e os sujeitos políticos e sociais envolvidos. A autora aponta também alguns casos de práticas e ações coletivas que colocam em questionamento o planejamento hegemônico, revelando ainda, pontualmente, resistências a esse modelo e sinalizando práticas de pertencimento à cidade assentes na metrópole curitibana.

Encerrando esta parte, Alvaro Ferreira discute um aprofundamento da "mercadificação de todas as dimensões da vida", tendo como centralidade o papel do Estado no urbano contemporâneo e, dialeticamente, o engendramento de lutas dentro e para além dele, especialmente em um contexto marcado pelas relações entre urgência e utopia. O autor enfatiza a radicalidade da democracia — para além do processo eleitoral — como um projeto de emancipação, destacando uma série de exemplos de práticas e ações coletivas que sinalizam um outro horizonte de uso e apropriação do espaço urbano e de suas dimensões — cotidianas, econômicas, políticas e sociais — e da produção da cidade.

Parte VIII: "As utopias concretas no urbano: experiências, justiça espacial e direito à cidade"

Os textos dessa parte de encerramento do livro propuseram um debate e uma ação críticos sobre utopias experimentais e espaços de esperança com base nas distintas formas de construção de lutas anticapitalistas, de justiça espacial e de direito à cidade no Brasil e/ou no mundo. Para isso, dialogaram com experiências que apontam projetos diferenciais de vida urbana trilhados por meio de formas de organização, instâncias de atuação e comunicação, estratégias políticas e de politização que contestam radicalmente a sociabilidade, a racionalidade e a espacialidade capitalistas. Esse desafio já vem sendo realizado nas cidades, nas periferias, em sua articulação com o campo, em múltiplas escalas, por diversos grupos, sujeitos coletivos, movimentos sociais, entidades, instituições, organizações e redes de solidariedade mais ou menos institucionalizadas e com perspectivas de autonomia mais ou menos afins. Estes sujeitos refletem e agem por meio de lutas urbanas ligadas a dimensões como educação popular, cultura, juventude, acessibilidade, da luta contra o racismo, contra a violência de gênero e contra as distintas formas de violência, violação, autoritarismo, expropriação e extermínio promovidas por governos, pelo Estado e por grupos neoconservadores e fascistas. Apresentando enfrentamentos reais, buscou-se discutir caminhos teóricos e possibilidades de construção de práticas socioespaciais capazes de erodir segregações socioespaciais e avançar na superação da urbanização capitalista.

O texto de Arlete Moysés Rodrigues parte da perspectiva de um outro mundo possível, em que diferenças sejam respeitadas e desigualdades sejam extintas no movimento de transformação da vida cotidiana. A autora também coloca em reflexão questões relativas à justiça socioespacial, à igualdade social e ao direito à cidade como algo possível — uma utopia concreta —, sendo engendradas com base nas lutas urbanas, no pensamento e na ação política, incluindo a atuação dos geógrafos insurgentes.

Jorge Luiz Barbosa debate em seu texto a utopia como uma imaginação do futuro, mas que demanda uma concretude no tempo presente e de sua transformação. Nesse sentido, o autor enfatiza que as utopias práticas dizem respeito, também, à construção de outras sociabilidades e afetos que colocam no horizonte outras formas de apropriação do espaço e das cidades, a exemplo das práticas sensíveis de juventudes em diferentes periferias e metrópoles brasileiras.

Tadeu Alencar Arrais discute em seu texto o neoliberalismo como um projeto que nasceu da sociedade urbana com base na financeirização da economia e no endividamento dos indivíduos, revelando transformações no mundo do trabalho e na apropriação da cidade e do urbano para sua realização. O autor teoriza que a utopia neoliberal, realidade concreta, perpassa também a naturalização/disseminação de uma ideologia individualista e privatista, que ganha evidência diante de uma utopia de caráter emancipatório.

Na conclusão desta parte, Danilo Volochko elabora seu texto com base em uma série de reflexões e questionamentos sobre utopias reais, utopias práticas e utopias concretas que sinalizam a transformação das condições existentes. O autor parte da perspectiva de como a utopia tem sido compreendida no papel de objeto de pesquisa e em suas relações com ações coletivas, lutas e práticas socioespaciais. Nesse sentido, a utopia coloca como centralidade a interpretação da realidade e um horizonte de sua transformação.

PARTE I

A EMERGÊNCIA DO URBANO EM MEIO A UM MUNDO CONVULSIONADO: CONTEXTO (PÓS)PANDÊMICO E INTENSIFICAÇÃO DAS DESIGUALDADES

TRABALHO, SUBORDINAÇÃO E FLUXOS URBANOS: RESULTADOS DE PESQUISA

Cibele Saliba Rizek
Felipe Rangel Martins
Lívia Maschio Fioravanti

A literatura sobre o trabalho plataformizado sublinha que a "uberização" ou a "plataformização" do trabalho por meio de aplicativos é uma tendência de reorganização do trabalho que implica novas formas de controle, gestão e subordinação dos trabalhadores e de suas práticas. As próprias noções de uberização/plataformização, no entanto, continuam a ser objeto de disputas e de debates, de modo que sua significação e seus sentidos estão, assim, em construção, bem como parte de seus desdobramentos para a caracterização das modulações e inflexões que vêm recombinando e redesenhando o capitalismo contemporâneo, tanto em escala mundial como em escala nacional, guardadas suas especificidades.

Sintetizando contribuições da literatura para a compreensão de diferentes aspectos desse fenômeno, entendemos que suas dimensões mais significativas podem ser brevemente sumarizadas sob as seguintes características: 1) o trabalhador engajado por plataformas pode ser definido como trabalhador *just in time*[2], isto é, um trabalhador sem jornada definida e que trabalha sob demanda; 2) as plataformas operam produzindo o que se identifica como *crowdsourcing* (terceirização em massa, assimilação terceirizada de parcelas de população, especialmente população jovem e empobrecida). Dessa perspectiva, a plataformização do trabalho dá continuidade à grande tendência de terceirização que se originou nos processos de reestruturação produtiva, acompanhados das reconfigurações que flexibilizaram marcos regulatórios para essas relações de trabalho[3]; 3) é possível considerar a plataformização como parte e como inflexão significativa no processo de transformação do trabalho, com a propagação de categorias como intermitência, complementariedade, trabalho eventual e amador, acompanhados de processos de formalização da precariedade[4]; 4) é preciso observar ainda o recurso à noção de autoempresariamento de si pelas formas de trabalho uberizadas e seu deslocamento em direção às definições de uma autogestão subordinada do trabalho[5].

---

[2] Para a discussão sobre o trabalhador de plataforma como trabalhador *just in time*, ver: ABÍLIO, L. C. Uberização: do empreendedorismo para o autogerenciamento subordinado. *Psicoperspectivas*, Valparaíso, Chile, v. 18, n. 3, p. 41-51, 2019; DE STEFANO, Valerio. The rise of the" just-in time workforce": on demand work, crowdwork, and labor protection in the "gig economy". *Comparative Labor Law and Policy Journal*, Champaign, IL, v. 37, n. 3, p. 461-471, 2016.

[3] AMORIM, H.; CARDOSO, A. C. M.; BRIDI, M. A. Capitalismo industrial de plataforma: externalizações, sínteses e resistências. *Caderno CRH*, Salvador, v. 35, 2022. Dossiê 2; CARELLI, R.; CINGOLANI, P.; KESSELMAN, D. Les travailleurs des plateformes numériques. Regards interdisciplinaires. Buenos Aires: Teseo Press, 2022; VALLAS, S. Platform capitalism: what's at stake for workers?. *New Labor Forum*, Los Angeles: SAGE Publications, 2019.

[4] DIEUAIDE, P.; AZAÏS, C. Platforms of work, labour, and employment relationship: the grey zones of a digital governance. *Frontiers in Sociology*, [Switzerland], v. 5, p. 2, 2020; FILGUEIRAS, V.; ANTUNES, R. Plataformas digitais, uberização do trabalho e regulação no capitalismo contemporâneo. *Contracampo*, Niterói, v. 39, n. 1, p. 27-43, 2020.

[5] ABÍLIO, L.; AMORIM, H.; GROHMANN, R. Uberização e plataformização do trabalho no Brasil: conceitos, processos e formas. *Sociologias*, Porto Alegre, v. 23, n. 57, p. 26-56, 2021; LIMA, J.; VÉRAS DE OLIVEIRA, R. O empreendedorismo como discurso justificador do trabalho informal e precário. Contemporânea-Revista de Sociologia da UFSCAR, v. 11, n. 3, 2021; ROSENBLAT, A. *Uberland*: how algorithms are rewriting the rules of work. Oakland, CA: University of California, 2018.

Tendo em vista esse quadro, que sumariza algumas das características do engajamento por plataformas, ganha densidade a questão das diferenças e heterogeneidades no exercício do trabalho plataformizado, em face da informalidade brasileira clássica. No país, é importante analisar a expansão do trabalho mediado e controlado pelas plataformas digitais valendo-se de como isso entra no repertório das estratégias populares de "viração", que perpassam historicamente os modos de inserção no mercado de trabalho (intermitência do trabalho formalizado ao longo de trajetórias de vida e emprego, períodos de desemprego, complementação de renda por serviços eventuais, saídas precoces do mercado formal de trabalho, entre outras dimensões, dupla ou tripla jornada para obtenção de renda etc.).

Com base nestas considerações, neste capítulo temos como objetivo apresentar resultados parciais da pesquisa que temos desenvolvido com entregadores de aplicativos na cidade de São Paulo[6]. De modo específico, buscaremos sistematizar e compartilhar parte do material empírico produzido em nossas pesquisas de campo, realizadas por meio de entrevistas com entregadores, observação e descrição dos locais de concentração desses trabalhadores na cidade (praças, esquinas, bases do iFood Pedal e bases de operadores logísticos), e pesquisa documental sobre as empresas-aplicativo[7], sua inscrição urbana e redes de conexões. Assentes nesse substrato empírico, pretendemos oferecer elementos para a discussão sobre as práticas, os discursos e os padrões de mobilidade urbana dos entregadores na cidade de São Paulo, em sua vinculação com as principais plataformas de entrega na cidade.

Importa registrar que a primeira observação da pesquisa que temos desenvolvido permanece impondo desafios para a análise sistemática desse trabalho plataformizado, qual seja, a enorme diversidade de situações reveladas por nossas incursões em campo. Destaca-se especialmente a grande diversidade de utilização de meios de transporte (pudemos observar as enormes diferenças de circuitos entre a utilização de bicicletas, motos, patinetes, por vezes em circuitos menores), bem como as diferentes formas de engajamento (objetivo e subjetivo) no trabalho e percepções sobre esse engajamento, que resultam na produção de mediações complexas combinadas entre si, que passam pela organização de cooperativas ou de grupos articulados de entregadores que podem mobilizar estrategicamente recursos dos aplicativos. Trata-se de uma miríade de inserções na entrega plataformizada que apontam, numa escala mais ampla, para continuidades e transformações de formas e conteúdos do trabalho.

Estaríamos diante de um conjunto de modulações das formas de espoliação urbana? Do aprofundamento e da utilização de reservatórios de trabalhadores que constituem as novas figuras emergentes do mercado de trabalho? Diante de processos de espoliação agravada pela destituição de direitos, proteções e garantias do trabalho formal, que desapareceu da experiência e do horizonte de integração pelo assalariamento no Brasil? Nosso maior desafio de pesquisa tem sido então o de compreender essa heterogeneidade de práticas, formas de mediação e modos de subordinação, em sua imbricação, suas continuidades e/ou suas rupturas com as formas de assalariamento que com-

---

[6] Esse texto apresenta resultados parciais de pesquisa iniciada no início de 2022 sobre práticas, discursos e representações dos entregadores de aplicativos em São Paulo, com base em suas vinculações com as principais plataformas de entrega. A pesquisa está vinculada ao projeto de colaboração internacional Fundação de Amparo à Pesquisa do Estado de São Paulo/Agence Nationale de la Recherche (Fapesp/ANR) "Zonas cinzentas e território: a transformação do trabalho e a figura emergente do trabalhador de plataforma. Uma comparação França-Brasil" (Processo 21/04086-3), ao Projeto Universal do Conselho Nacional de Desenvolvimento Científico e Tecnológico (Chamada CNPq/MCTI/FNDCT 18/2021 Universal) e ao financiamento obtido da Pró-Reitoria de Pesquisa da Universidade de São Paulo por meio do Edital de Apoio a Projetos Integrados de Pesquisa em Áreas Estratégicas (Pipae).

[7] A noção de "empresas-aplicativo" é empregada por Abílio (2019).

puseram as relações salariais[8], suas especificidades e suas incompletudes no contexto brasileiro[9], assim como as relações que redefinem, nos fluxos urbanos, os vínculos entre produção do valor e reprodução da força de trabalho nesse quadro[10].

O contexto da plataformização do trabalho no Brasil

A expansão e as características do trabalho plataformizado ou uberizado, especialmente no contexto brasileiro, remetem à necessidade de compreensão histórica do longo processo de reestruturação e flexibilização do trabalho por políticas que implicaram reformas em âmbito tanto mundial como nacional. Dessa perspectiva, embora seja tarefa que excede as ambições deste capítulo, seria preciso recuperar uma história das especificidades brasileiras nas últimas décadas que resultaram em supressão de direitos, integração de mercados, liberalização de fluxos de investimentos e dispositivos produtivos que se desdobraram em elementos econômicos e sociais que estruturaram modos de subjetivação compatíveis com o empreendimento e o "empresariamento" de si[11].

No caso brasileiro, guardadas as semelhanças com o contexto da economia mundial, pode-se dizer que o fenômeno da plataformização das relações de trabalho significa um aprofundamento de um longo processo que começou com as restruturações produtivas dos anos 1970/1980, e que foram fortemente agravadas nos últimos anos. Os anos 1990 viram um conjunto de reformas do direito do trabalho e proteção social que permitiram e estimularam a terceirização, o trabalho temporário e intermitente, caminhando em direção à formalização da precariedade até seu maior aprofundamento na reforma de 2017 — o centro das medidas do governo Temer, que resultou do golpe jurídico parlamentar de 2016. Nesse sentido, parte da literatura advinda dos juristas do trabalho[12] afirma que o encolhimento do sistema de justiça do trabalho, assim como dos sindicatos, a partir da reforma de 2017, acabou por erodir as instituições do sistema de proteção e regulação do trabalho. Essa erosão, como projeto de governo, instalou uma instabilidade institucional que se expandiu para todas as dimensões de inspeção e justiça do trabalho, assim como para as formas de organização dos trabalhadores, minando os resíduos de cidadania jurídica vinculada ao trabalho desde a instituição da Consolidação das Leis Trabalhistas (CLT).

Com o avanço desse processo, o programa de emergência em situação de calamidade durante a pandemia teria acelerado, sem debate público, a desorientação de parcelas inteiras de trabalhadores em relação à legislação do trabalho em vigor. Cada vez mais os trabalhadores teriam encontrado dificuldades para compreender o cálculo de seu salário, tanto na relação com os empregadores quanto com o próprio governo, que se conformava crescentemente como de exceção[13].

---

[8] No sentido de: CASTEL, R. *As metamorfoses da questão social*: uma crônica do salário. Petrópolis: Vozes, 2013.

[9] CARDOSO, A. *A construção da sociedade do trabalho no Brasil*: uma investigação sobre a persistência secular das desigualdades. Adalberto Cardoso. Rio de Janeiro: Editora FGV/Faperj, 2010; MACHADO, L. A. Da informalidade à empregabilidade (reorganizando a dominação no mundo do trabalho). *Caderno CRH*, Salvador, v. 15, n. 37, p. 81-109, 2002; OLIVEIRA, F. *Crítica à razão dualista; O ornitorrinco*. São Paulo: Boitempo, 2003.

[10] Cabe aqui salientar que essa foi uma questão central na produção brasileira relativa às relações entre urbanização e industrialização, assim como nas clássicas discussões a respeito do que se identificava com base na teoria da dependência e nas teorias da modernização como marginalidade. No caso brasileiro, o crescimento exponencial das cidades, e sua defasagem em relação à disponibilidade de empregos industriais, acabou por se tornar um tema discutido por autores como: CAMARGO, C. P. F. et al. *São Paulo 1975*. Crescimento e pobreza. São Paulo: Edições Loyola, 1976; KOWARICK, L. *A espoliação urbana*. Rio de Janeiro: Paz e Terra, 1979; Oliveira (2003); SINGER, P. *Economia política da urbanização*. São Paulo: Brasiliense, 1973.

[11] BOLTANSKI, L.; CHIAPELLO, È. *O novo espírito do capitalismo*. São Paulo: WMF Martins Fontes, 2009; DARDOT, P.; LAVAL, C. *A nova razão do mundo*: ensaio sobre a sociedade neoliberal. São Paulo: Boitempo, 2016.

[12] CARELLI, R.; OLIVEIRA, M. *As plataformas digitais e o direito do trabalho*: como entender a tecnologia e proteger as relações de trabalho no século XXI. São Paulo: Dialética, 2021; KALIL, R. *A regulação do trabalho via plataformas digitais*. São Paulo: Blucher, 2020; OLIVEIRA, M.; CARELLI, R.; GRILLO, S. Conceito e crítica das plataformas digitais de trabalho. *Revista Direito e Práxis*, Rio de Janeiro, v. 11, p. 2.609-2.634, 2020.

[13] Para a ideia de exceção no sentido que usamos aqui, ver: OLIVEIRA, F.; RIZEK, C. S. (org.). *A era da indeterminação*. São Paulo: Boitempo, 2007.

Esses processos, combinados e entrelaçados, teriam avançado na formalização da precariedade e seus desdobramentos tanto sobre a redefinição das características que estruturavam o horizonte do trabalho assalariado no Brasil quanto em novos e agressivos investimentos no controle e subordinação do trabalho, cujo resultado teria feito emergir um trabalhador sem emprego e, principalmente, sem jornada definida. É nesse quadro que faz sentido pensar na configuração de um trabalhador *just in time* como figura emergente que nasce desses processos combinados e que prescinde de um horizonte de integração e proteção sociais. Por um lado, esses processos são de escala mundializada e se instalaram globalmente a partir do fim dos chamados "30 anos gloriosos". Por outro, no caso brasileiro, implicam a combinação de novas formas de controle com os modos clássicos e consagrados de exercício despótico de gestão e organização do trabalho.

Essa brevíssima recuperação de alguns dos elementos históricos presentes das interrogações sobre o trabalho de plataforma aponta para um outro desafio na agenda de pesquisa à qual temos nos dedicado em nossa investigação com entregadores de aplicativo. Trata-se de reconhecer as continuidades e os pontos de inflexão, inovações e modulações dos modos e das práticas vinculadas à gestão contemporânea do trabalho, das formas de mediação e intermediação e suas hierarquias, tendo em vista que a expansão das plataformas emerge, ao mesmo tempo, como resultado das transformações do trabalho e catalisador do efeito "precarizante" dessas transformações.

Assim, se as atividades e práticas vinculadas ao trabalho precário, intermitente e temporário se desenvolveram em âmbito internacional, no caso brasileiro, especialmente entre a parcela mais jovem e mais empobrecida da força de trabalho, é possível pensar em figuras prementemente emergentes, produzidas pela exceção, que se tomariam corpo conforme uma massa de populações vulneráveis, transformadas em cobaias de um laboratório de precarizações pelo conjunto de condições e de crises que têm convertido a instabilidade histórica do mercado de trabalho brasileiro em condição estabelecida, sobretudo na esteira das consequências e ações pós-golpe de 2016.

As empresas de entrega por aplicativos na Região Metropolitana de São Paulo

As empresas de plataforma consideradas como *location-based*[14], ligadas ao transporte de passageiros, a entregas de refeições ou de compras de supermercado (como Uber, iFood, Rappi etc.), conheceram uma expansão significativa em razão do crescimento exponencial do número de trabalhadores, considerados como ativo financeiro. Estas são as empresas que interessaram especialmente à nossa investigação, visto que, a despeito da imagem do trabalho digital e cognitivo que enverniza as empresas de plataforma, a realização concreta de suas atividades na ponta precária mobiliza a força física dos trabalhadores em um local de trabalho que é o próprio espaço das ruas, o espaço urbano[15].

Sobre isso, um dado de pesquisa que, de certa forma, nos pareceu muito surpreendente diz respeito ao processo de organização e de reorganização permanentes das empresas de plataforma e de suas atividades no espaço de uma cidade segregada e fragmentada como a metrópole paulista. Durante a realização da pesquisa de campo em 2022, pontos de reunião dos trabalhadores e sua distribuição na cidade mudaram a cada três ou quatro meses, acompanhando deslocamentos físicos dos pontos estratégicos de operação das empresas, como bases do iFood e bases de distribuição de

---

[14] Para uma distinção entre plataformas *location-based* e *web-based*, ver: MANZANO, M.; KREIN, A. Dimensões do trabalho por plataformas digitais no Brasil. *In*: MACHADO, S.; ZANONI, A. (org.). *O trabalho controlado por plataformas digitais*: dimensões, perfis e direitos. Curitiba: Clínica Direito do Trabalho: UFPR, 2022. p. 31-126.

[15] Dessa perspectiva, cabe lembrar o mote dos entregadores franceses em sua página do Facebook La rue est notre usine (Nossa fábrica e a rua). Ver: https://www.facebook.com/LaRueEstNotreUsine; https://larueestnotreusine.wordpress.com/. Acesso em: 13 set. 2023.

bicicletas pela Tembici (Mapa 1.1). Essa mobilidade dos pontos estratégicos, por sua vez, respondia a negociações com relação ao uso dos espaços da cidade e à busca pela imersão nas áreas que concentram poder econômico, especialmente o vetor sudoeste de crescimento e densificação na cidade de São Paulo.

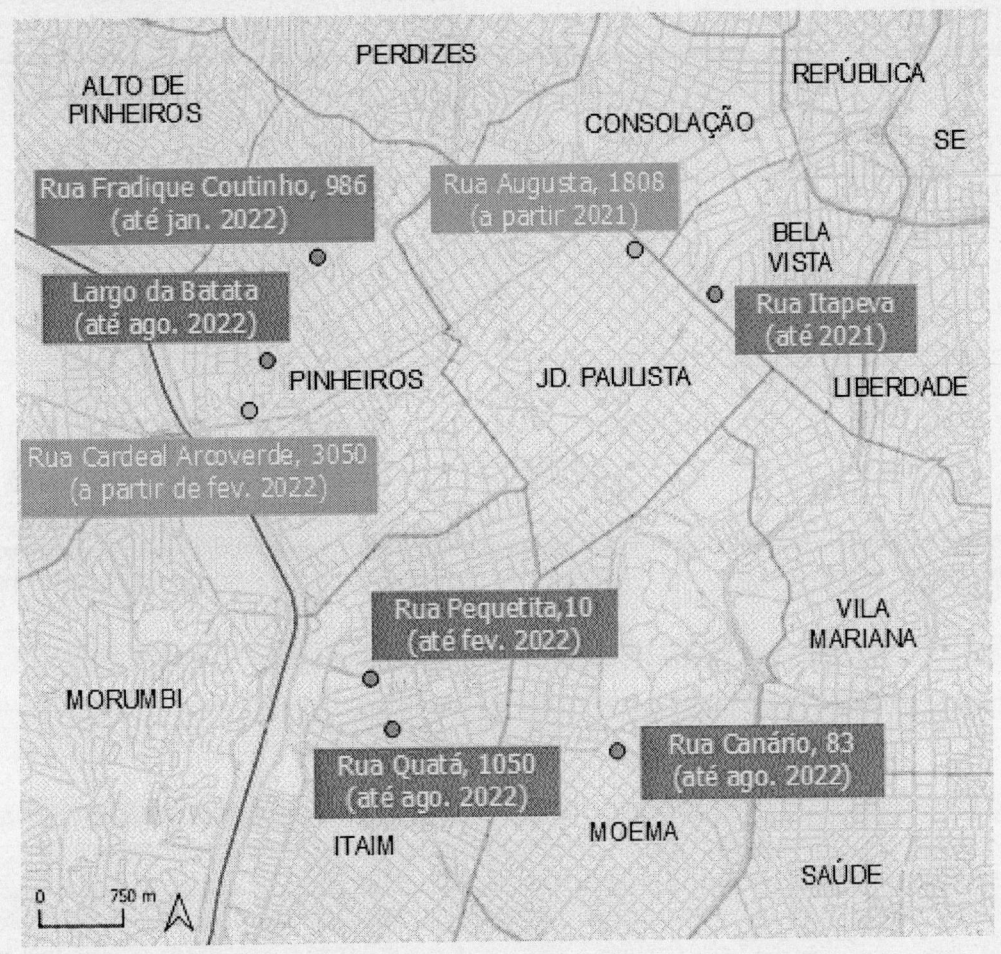

Mapa 1.1 – Localização das bases do iFood Pedal

Fonte: elaborado por Lívia Fioravanti com base em informações obtidas em trabalhos de campo e entrevistas com entregadores durante o ano de 2022

Por outro lado, as respectivas sedes das empresas localizam-se invariavelmente fora dos limites do município de São Paulo, nas cidades da região metropolitana (Mapa 1.2)[16]. A equação que separa sedes e lugares de concentração das operações ainda se complexifica pelo fato de que essas empresas se declaram como empresas de tecnologia e, como tal, gozam de exonerações fiscais porque estimulariam inovações e criariam empregos qualificados. Dessa forma, pagando impostos que correspondem às municipalidades da coroa periférica da zona metropolitana, utilizam sobretudo a infraestrutura urbana da cidade de São Paulo como local de trabalho e como condições necessárias à realização dessas atividades e práticas.

---

[16] As sedes da iFood e Rappi, por exemplo, localizam-se em Osasco; e a da Daki, em Barueri.

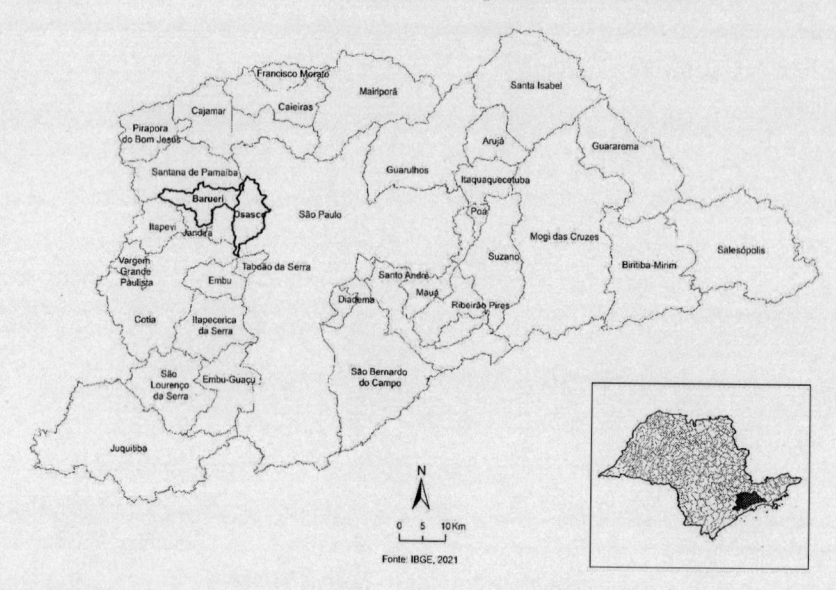

Mapa 1.2 – Localização de Osasco e de Barueri na Região Metropolitana de São Paulo

Fonte: elaborado por Lucas Andrade Alves de Lima

Essas empresas atuam em rede necessária para a amplitude e intensidade das tarefas. As informações coletadas na investigação flagraram importantes relações entre bancos, *startups*, prefeituras, que conformam um campo de atuações interligadas. Dessa rede fazem ainda parte a indústria e o comércio de celulares, as empresas dedicadas ao fornecimento e à manutenção de bicicletas para aluguel (como a Tembici) e toda uma gama de cadeias de produção e manutenção (formais e informais) dos equipamentos demandados para o exercício do trabalho, como o conserto de bicicletas, motos e celulares; equipamentos de proteção e os necessários à execução das entregas; planos de internet; máquinas de cartões, entre muitos outros serviços e produtos cuja demanda nasce das formas de execução do trabalho (Figura 1.1).

Figura 1.1 – Rede de empresas do iFood

Fonte: elaborada por Lucas Andrade Alves de Lima

Diante dessas redes poderosas de empresas que se conglomeraram na formação e operação de um setor de empresas de plataforma *location-based*, é preciso compreender que, se a fábrica paulatinamente desaparece do horizonte do trabalhador pobre e precário, a figura da empresa ganha centralidade indiscutível na construção dos circuitos e formas de concentração do trabalho, como momento e como elemento de uma gramática da sobrevivência, assimilando, governando, gerindo uma massa de trabalhadores transformados em grandes parcelas de população disponível e substituível, constituindo uma larga oferta de força de trabalho a ser utilizada de maneira flexível pelas empresas de plataforma.

É preciso ainda observar o aprofundamento das relações entre os processos de acumulação, a organização das empresas em rede e a utilização dos espaços públicos, das infraestruturas urbanas, por intermédio das "parcerias" entre empresas e poderes públicos, em particular as administrações municipais. As empresas de plataformas utilizam os recursos da cidade como parte de seu capital fixo. O investimento público, ou seja, o emprego de recursos públicos em infraestrutura urbana e equipamentos coletivos (asfaltos, ciclovias, praças, pontos para recarga de celular, serviços de provimento de alimentação subsidiada etc.), torna-se condição de acumulação para as empresas-aplicativo, lado a lado com a transformação do trabalhador sob demanda e que tem que arcar com os custos de seu próprio trabalho.

Com efeito, registra-se que os setores ligados à produção de infraestrutura urbana são importantes portas de entrada do capital financeiro na produção do espaço urbano[17], ao lado das empresas de logística e de algumas empresas plataformizadas, como a Uber e suas ramificações. A centralidade dessas empresas, de sua atuação em rede, todo um conjunto de novas relações com os poderes públicos (lobbies, apropriações, modos de operação) combinam-se com a assimilação e apropriação dos modos de vida que compõem o mosaico das gramáticas da sobrevivência dos trabalhadores pobres e precarizados. Ainda é preciso considerar os vínculos entre as empresas plataformizadas com um conjunto de outros setores, entre os quais as empresas de logística, que constituem os chamados *hubs* nas principais saídas rodoviárias de São Paulo[18]. Como sublinha uma parte da literatura, essas empresas associadas às empresas de plataforma são a linha de frente de um sistema de acumulação que alimenta o crescimento do setor informal, contribuindo para uma crise do emprego que se agravou em meados dos anos 2010 a 2020[19].

Trabalhadores, práticas, discursos e instrumentos de trabalho

Durante as incursões de pesquisa que ocorreram ao longo do ano de 2022, tendo como base os pontos de concentração dos entregadores de bicicleta, foi possível constatar empiricamente os modos pelos quais os riscos e custos do trabalho são repassados aos trabalhadores pelo sistema de entrega por aplicativos.

Além dos custos que os entregadores assumem com relação aos meios de transporte que utilizam para executar o trabalho (bicicletas e motos), verificamos a emergência de cadeias de aluguel desses itens, que se expandem e ganham nichos de mercado no bojo da plataformização desse trabalho. Os

---

[17] RUFINO, M. B. C. Privatização e financeirização de infraestruturas no Brasil: agentes e estratégias rentistas no pós-crise mundial de 2008. *URBE. REVISTA BRASILEIRA DE GESTÃO URBANA*, v. 13, p. 1-15, 2021.

[18] Para uma discussão sobre a relação entre as empresas de logística comercial e o setor imobiliário, ver: MAGNANI, M.; SANFELICI, D. O e-commerce e os fundos imobiliários logísticos: estratégias de captura de rendas imobiliárias. *Cadernos Metrópole*, São Paulo, v. 24, p. 173-198, 2021.

[19] BRAGA, R.; SILVA, D. The meaning of uberism: work platforms, informality and forms of resistance in the city of São Paulo. *Política & Trabalho*, João Pessoa, n. 56, p. 118-135, 2022.

custos dos cicloentregadores para terem acesso ao serviço de bicicleta compartilhadas em São Paulo, por exemplo, consomem parcela significativa dos seus rendimentos. Verificou-se que, de janeiro até agosto de 2022, era preciso desembolsar R$ 34,90 por mês e mais R$ 2 para cada retirada de cada bicicleta e usar o plano do iFood Pedal, gerenciado pela empresa Tembici, que permitia a retirada tanto das bicicletas elétricas do iFood nas bases do iFood Pedal quanto das convencionais laranjas com símbolo do Itaú, distribuídas em mais pontos da cidade.

Conforme averiguado por meio de trabalhos de campo, a partir de agosto de 2022, os custos para ter acesso ao plano do iFood Pedal aumentaram até 123%. Até agosto de 2022, um entregador que trabalhasse seis dias na semana e com duas retiradas de bicicleta da iFood por dia precisava desembolsar R$ 33,90 por semana. A partir de agosto, os gastos por semana passaram a ser de R$ 55,88 a R$ 75,78, dependendo do plano e das bicicletas (convencionais ou elétricas) utilizadas por cada entregador, podendo alcançar mais de R$ 300 por mês. Se considerar que a taxa mínima paga por entrega no iFood era de R$ 6, o custo para utilização do serviço de bicicletas da empresa equivaleria a pelo menos dez dessas entregas.

Além disso, os custos do deslocamento das casas até as bases do iFood Pedal — localizadas em regiões centrais da cidade e onde os entregadores pegam as bicicletas e iniciavam a jornada de trabalho — também são significativos. Tendo em vista que a maioria dos entregadores entrevistados residia nas periferias da cidade e utilizava o transporte público para chegar ao centro, se eles trabalhassem seis dias por semana, esses custos variavam de R$ 228 (somente ônibus) a R$ 397, quando precisavam tomar metrô/trem e ônibus para ir e voltar das regiões de entrega. Esse é o caso de Júlio, que reside em Itaquaquecetuba e, para chegar ao centro de São Paulo, onde estão as maiores demandas para entrega, utiliza trem, metrô e ônibus. O trajeto leva entre 1 hora e 20 minutos e 2 horas. Mais recentemente, ele comprou de um amigo uma bicicleta motorizada, pela qual pagou R$ 1.800, e que, ao fim da jornada de trabalho, deixa em um estacionamento no centro, ao custo de R$ 180 mensais.

Esses são exemplos dos custos que os entregadores têm com o próprio exercício do trabalho. Além deles, é preciso incluir a própria alimentação dos trabalhadores durante a jornada, que podem frequentemente ultrapassar as dez horas diárias. Para reduzir os custos e aumentar o ganho diário, muitos entregadores trazem as refeições de casa ou retiram marmitas em pontos de doação ou a custos reduzidos, enquanto outros não fazem nenhuma refeição durante a jornada de trabalho.

Esse autofinanciamento dos meios de trabalho convive com um conjunto de estratégias de controle, sanções e cancelamentos, cujos procedimentos são ilegíveis para os entregadores. São formas de regulação que governam tempo de trabalho, formas de remuneração, sanções e cancelamentos, tarifas de locação de bicicletas, que podem variar ao longo do dia e de um dia para o outro. Essa ilegibilidade está no centro das formas de controle e se estende à perda de estabilidade e de qualquer clareza de regras que regem o trabalho cotidiano, abrangendo as jornadas de trabalho e os rendimentos diários do trabalho. Assim, as regras do jogo alteram-se constantemente e acabam por se configurar como uma versão privatizada da incerteza como modo de governo, como manipulação da exceção permanente que se opera pelas empresas e são também toleradas pelo Estado.

A condição de flexibilidade radical imposta pela gestão algorítmica e os modos de terceirização e controle direto do trabalho espelham a ausência intencional de compromisso empresarial nas relações entre capital e trabalho. Essa é, certamente, uma das dimensões da precariedade que se inscreve no trabalho desses entregadores, constituindo-se numa das faces perversas do discurso da liberdade que justifica o trabalho para esses trabalhadores.

Sobre esse aspecto, chamou atenção o fato de que, a cada entrevista que realizávamos, uma certa retórica da experiência de liberdade aparecia largamente positivada nos discursos dos sujeitos, mesmo levando em conta cada uma das formas de subordinação pelo controle dos algoritmos, pelo controle do acesso às plataformas, pela mediação de operadores logísticos e pelo conjunto de "estímulos" e obrigações.

Interrogar e compreender essa ideia de liberdade vem sendo também um dos principais desafios de pesquisa. Cabe notar sobretudo que a redução desse discurso sobre a liberdade à pura inversão ideológica ajuda pouco a compreender os horizontes de expectativa e o universo de representações e disposições subjetivas desses trabalhadores. Entendemos como importante inscrever as modulações desses discursos nos significados atribuídos à ideia de liberdade que são construídos com base nas práticas concretas de trabalho. Observa-se, então, que os sentidos da liberdade aparecem muitas vezes relacionados à possibilidade de movimento, em contraste com a imagem do confinamento do local de trabalho. Uma certa liberdade de horário, apesar da jornada extensa e das limitações das possibilidades de ganhos fora dos horários de pico, também foi frequentemente celebrada. Nesse sentido, entendemos ser preciso reconstituir algumas dimensões que definem esses trabalhadores, suas experiências de trabalho, e que ajudam a compreender as representações que envolvem suas práticas.

Dessa perspectiva, cabe observar que o trabalho plataformizado de entrega e de transporte por moto e bicicleta constitui uma das portas de entrada para jovens e/ou para uma parcela de força de trabalho que precisa se integrar ou reintegrar ao mercado de trabalho. O sistema de entrega por aplicativos integra-se a um conjunto de vasos comunicantes passíveis de ser reconhecidos como "mobilidades laterais"[20] entre empregos intermitentes, bicos, entradas e saídas da esfera das multifacetadas informalidades[21], e mesmo da economia do "mundo do crime"[22].

De acordo como informações de pesquisa obtidas em conversas com entregadores e entrevistas realizadas com representantes de organizações coletivas desses trabalhadores, o trabalho de plataforma constitui-se como uma via de acesso ao mercado de trabalho para muitos jovens egressos do sistema penitenciário. Todo um vocabulário utilizado por eles faz referência a esse universo carcerário. A atividade também é cercada pelo estigma da criminalidade de parte daqueles que a desempenham, sendo um dos efeitos a frequência de bloqueios policiais que têm como alvo os entregadores, que, por sua vez, se encontrariam no limiar entre a interpelação policial e a tentativa de ganhar a vida à porta aberta pela precária atividade plataformizada[23].

Alguns dados sobre a política de encarceramento em massa no estado de São Paulo ajudam a montar o contexto com base no qual essas informações encontradas em campo ganham ainda mais coerência. Entre 1994 e 2019, o número de presos aumentou continuamente, atingindo o recorde atual com um crescimento acumulado de 328,5% no estado de São Paulo (233.796 presos). Nesse mesmo período de 25 anos, a população total do estado aumentou 33,3% (de 33,2 milhões passou a 44,3 milhões)[24].

---

[20] TELLES, V. S. Ilegalismos urbanos e a cidade. *Novos Estudos Cebrap*, São Paulo, p. 153-173, 2009.

[21] RANGEL, F. *A empresarização dos mercados populares*: trabalho e formalização excludente. Belo Horizonte: Fino Traço, 2021.

[22] Para uma reflexão aprofundada sobre a ideia de "mundo do crime", ver: FELTRAN, G. S. *Fronteiras de tensão*: política e violência nas periferias de São Paulo. São Paulo: Unesp, 2011.

[23] É interessante registrar aqui a negociação da iFood com a Secretaria de Segurança Pública de São Paulo e a Secretaria de Estado de Polícia Militar do Rio de Janeiro para liberar mais rápido os entregadores que forem parados em blitz. Disponível em: https://economia.uol.com.br/noticias/redacao/2022/08/17/ifood-faz-acordo-para-pm-de-sp-e-rj-liberar-entregador-mais-rapido-em-blitz.htm. Acesso em: 7 mar. 2023.

[24] Disponível em: https://www1.folha.uol.com.br/cotidiano/2019/05/numero-de-presos-em-sao-paulo-quadruplica-sob-governos-do-psdb.shtml. Acesso em: 8 mar. 2023. Dados da Secretaria da Administração Penitenciária e Fundação Seade, 2020.

A literatura sobre os modos de vida nos territórios periféricos evidencia estratégias de circulação e formas de interação importantes entre diferentes espaços da cidade, bem como as formas de sociabilidade construídas em interação com a expansão do mundo do crime[25]. Observam-se importantes vasos comunicantes entre prisões e bairros populares, reforçando a ideia de fronteiras porosas entre essas instâncias. A gramática da sobrevivência nas periferias — nos termos de Braga — tem incorporado crescentemente o trabalho plataformizado como parte significativa de um conjunto de agenciamentos que compõem as formas populares de ganhar a vida, sobretudo as estratégias de viração[26] dos mais jovens.

Essas dimensões também permitem que se considerem a natureza necessariamente enovelada em homólogo das relações entre trabalho plataformizado e clássica informalidade brasileira e as suas modulações. Uma dessas modulações pode ser vislumbrada pelo crescimento e pela localização, ainda que no âmbito da cidade de São Paulo, de outros mecanismos de formalização, como a figura do microempreendedor individual, majoritariamente presente nas periferias leste e sul, nos bairros mais precários da cidade (Mapa 1.3). Essas dimensões evidenciam o fato de que as relações formais perderam garantias, estabilidade e direitos aos quais estavam historicamente associadas, inserindo no registro de uma nova legalidade segmentos historicamente informais e transformando o horizonte anterior dos direitos agora percebidos como benefícios.

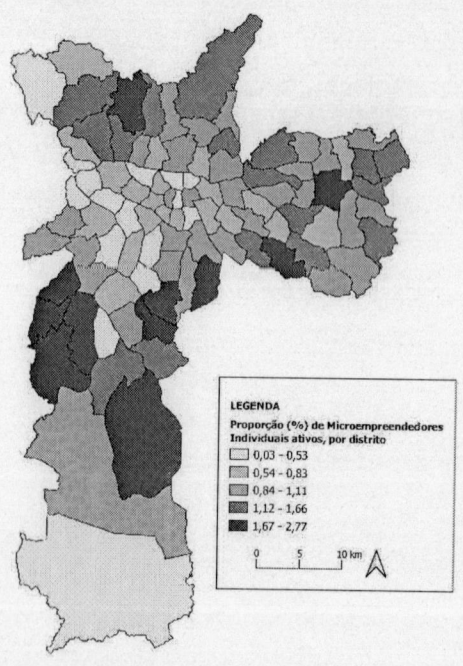

Mapa 1.3 – Proporção de microempreendedores individuais ativos (2021)

*Número total de microempreendedores individuais do distrito ÷
Número total de microempreendedores do total do município x 100.
Fonte: Secretaria Municipal de Desenvolvimento Econômico e Trabalho (SMDET) de São Paulo[27].
Mapa adaptado por Lívia Fioravanti

---

[25] FELTRAN, G. S. *Fronteiras de tensão*: política e violência nas periferias de São Paulo. São Paulo: Unesp, 2011; HIRATA, D. *Sobreviver na adversidade*: mercado e formas de vida. São Carlos: UFSCar, 2022.

[26] RIZEK, C. S. Trabalho, moradia e cidade: zonas de indiferenciação? *Revista Brasileira de Ciências Sociais*, Campinas, v. 27, p. 41-49, 2012; RIZEK, C. S. Um balanço de pesquisa: 10 anos na zona leste e um social reconfigurado. *Revista Cidades*, Chapecó, v. 13, n. 22, 2016; TELLES, V. S. Mutações do trabalho e experiência urbana. *Tempo Social*, São Paulo, n. 18, p. 173-195, 2006.

[27] Dados disponíveis em: https://www.nossasaopaulo.org.br/campanhas/#13. Acesso em: 13 set. 2023.

O trabalho plataformizado de entregas pode, então, ser caracterizado como elemento de reconfiguração do movimento pendular entre a informalidade clássica da viração (o camelô, o bico, a faxina, o trabalho intermitente, a inserção via construção civil, sempre que necessário, o trabalho como segurança, entre outras ocupações) e a chance do emprego "com carteira" e seus marcos regulatório, em processo de desmonte. Diante do fato de que o emprego formal não figura mais como horizonte de integração para essas parcelas mais jovem e/ou egressa do sistema prisional, ganha importância o fato de que a inserção aleatória no mercado de trabalho tem se tornado a regra, tal como para amplas parcelas das populações periféricas[28].

Observa-se, no Mapa 1.4, a origem periférica de parcela expressiva dos cicloentregadores, que se deslocam para determinadas centralidades da metrópole procurando realizar mais entregas ou receber mais com as bonificações[29]. Com o intuito de abrir caminhos qualitativos para a reflexão e conforme detalhado por Fioravanti[30] valendo-se do levantamento realizado nos meses de janeiro a abril de 2022, a maioria dos entregadores que se deslocam para a região da Paulista reside em distritos de Guaianases, Cidade Tiradentes, Jardim Helena (os três na zona leste) e Capão Redondo (zona sul), além da cidade de Guarulhos. Os cicloentregadores entrevistados que se deslocam para Pinheiros residiam principalmente nas periferias a oeste da região metropolitana, como nos distritos de Raposo Tavares e nos municípios de Embu, Itapevi e Cotia. Já em Moema, os deslocamentos envolvem principalmente trabalhadores da zona sul, notadamente dos distritos de Capão Redondo e Grajaú, além da cidade de Itapecerica da Serra. Por fim, no Itaim Bibi, a maior parte dos trabalhadores na base do iFood Pedal e arredores morava no Jardim Ângela, além de Capão Redondo e Grajaú.

Mapa 1.4 – Deslocamentos dos locais de moradia de 210 cicloentregadores até centralidades da metrópole de São Paulo (2022)

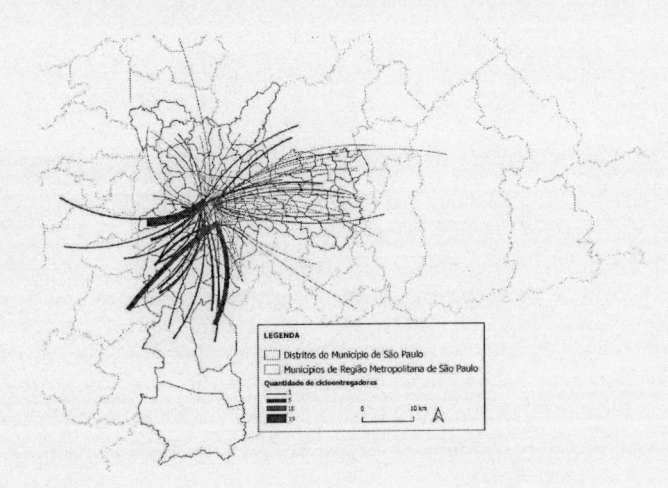

Fonte: elaborado por Lívia Fioravanti

---

[28] Braga e Silva (2022); FELTRAN, G. S. Valor dos pobres: a aposta no dinheiro como mediação para o conflito social contemporâneo. *Caderno CRH*, Salvador, n. 27, p. 495-512, 2014; Rizek (2012); Telles (2006).

[29] Levantamento em campo realizado pela equipe da pesquisa nos meses de janeiro a abril de 2022 nas bases do iFood Pedal e arredores. O mapa representa o distrito ou município de moradia de 210 trabalhadores que realizam entregas e/ou retiram bicicletas compartilhadas nas regiões da Paulista (base iFood Pedal da Rua Augusta), de Pinheiros (bases Rua Cardeal Arcoverde e Largo da Batata); do Itaim (base da Rua Pequetita) e de Moema (Rua Canário). Não estão representados no mapa os cicloentregadores que trabalham no centro da cidade, uma vez que em grande parte residem no próprio centro ou proximidades, muitas vezes em cortiços.

[30] FIORAVANTI, L. M. Espaço urbano e plataformas digitais: deslocamentos e condições de trabalho dos entregadores de bicicleta da metrópole de São Paulo. *Geousp*, São Paulo, 2023. No prelo.

Esse quadro de relações e práticas permite começar a compreender as razões pelas quais essas empresas podem prescindir e, mais do que isso, buscam evitar a todo custo compromissos com contratos ou acordos com os trabalhadores, o que acaba por reforçar as dimensões de subordinação sem nenhuma proteção desses trabalhadores à dinâmica do trabalho mediado por plataformas. Esses modos de subordinação, revestidos de noções de autonomia e liberdade, explicitam as desigualdades das relações que articulam a programação dos algoritmos, a prescrição do trabalho (on-line) e sua execução (on e off-line), por sujeitos cujas trajetórias e cujos horizontes de expectativas já são atravessados por múltiplas vulnerabilidades[31]. Como sugere Abílio, as empresas plataformizadas mobilizariam um modo de vida precário e periférico como condição de engajamento em atividades de trabalho que se revestem de um caráter de autonomia subordinada e de liberdade de movimento. Lado a lado com essa mobilização, essas empresas se apropriam do espaço urbano como condição para a efetivação de seu modelo de negócio.

Considerações finais: questões de pesquisa que se multiplicam

Como toda pesquisa em andamento, cada passo, cada entrada em campo, cada nova entrevista nos conduziu a mais um conjunto de interrogações a respeito do trabalho plataformizado, das empresas e dos modos pelos quais o uso do espaço urbano vem sendo alterado, bem como o conjunto de relações entre empresas entre si e com a administração municipal. Destacamos, então, algumas delas que deverão nortear a continuidade da investigação e de suas interrogações.

A primeira diz respeito à normalização da figura precária do trabalhador *just in time* como massa mercadorizada de trabalhadores facilmente mobilizáveis pelas "demandas do mercado", pagos por tarefa de acordo com a produtividade, o que se associa a uma combinação de velhas e novas formas de controle ao mesmo tempo distante e centralizado (ao contrário do que dizem os mitos sobre a liberdade no trabalho digital), mobilizando formas de avaliação da performance, remuneração e disponibilidade da força de trabalho permanentemente obscuras e ilegíveis. As consequências dessa normalização violenta do aprofundamento da destituição de direitos e proteções não se restringem a um setor do emprego, e podem matizar e se irradiar pelos setores que constituem o leque de ocupações das parcelas mais empobrecidas da população urbana. Assim, é preciso examinar com maior profundidade a natureza complexa da subordinação a essas formas de trabalho, bem como se mostra necessário compreender melhor a positivação pragmática do interesse dos trabalhadores nos ganhos e na "relativa autonomia" dessa atividade[32] em face do conjunto de constrangimentos e encolhimentos dos horizontes de mobilidade desses trabalhadores — em sua quase totalidade, moradores dos bairros pobres e periféricos das regiões metropolitanas.

É preciso ainda observar a combinação dos meios de controle sofisticados com um certo apagamento das relações de subordinação. Nasceria, assim, uma percepção e um sentido de liberdade que resultam de um sistema de controle e de governo do trabalhador e suas práticas que se combina

---

[31] É preciso mencionar um conjunto de ideias e expectativas vinculadas ao que se poderia identificar como capitalismo cognitivo e trabalho imaterial, que permitiria maiores graus de liberdade e autonomia dos trabalhadores. Esse debate, por outro lado, deve ser permanentemente contraposto às realidades do trabalho on-line e off-line. Se há uma dimensão on-line na organização do trabalho dos entregadores de bicicleta e moto, a atividade final e objetiva do seu trabalho cotidiano — organizado e controlado on-line e também por controle direto — realiza-se necessariamente off-line. Acidentes, mortes, além dos inexplicáveis cancelamentos e bloqueios, conformam distinções concretas entre essas práticas on e off-line. Estaríamos, assim, muito distantes de qualquer mitificação da autonomia do trabalho imaterial vinculado a um capitalismo identificado como "cognitivo". Esta nota se justifica pela importância que essas questões adquirem no debate internacional, sobretudo francês. Sobre isso, ver: LAZZARATO, M. Capitalismo cognitivo e trabalho imaterial. *Carta Maior*, Rio de Janeiro, 2006; e MÉDA, D. Le nouveau monde enchanté des plateformes: du mythe à la désillusion. In: ABDENOUR, S.; MÉDA, D. (dir.). *Les nouveaux travailleurs des applis*. Paris: PUF, 2019.

[32] Para uma discussão sobre a positivação pragmática da autonomia em atividades precárias, ver: RANGEL, F.; MAGALDI, T. Sobre a legitimação do trabalho precário: autonomia e justiça como categorias de engajamento. *Contemporânea*: Revista de Sociologia da UFSCar, São Carlos, v. 13, n. 1, 2023.

com uma mudança do perfil geracional, com processos agudos de individualização e com as dimensões míticas do empresariamento de si como resposta à crise do emprego e seus efeitos sobre as condições da reprodução social[33]. Nesse aspecto, questão central é a normalização de uma experiência de liberdade que se identifica com a ausência imediata de um chefe, patrão ou gerente, e com a ausência do confinamento durante o período de trabalho, o que frequentemente se contrapõe às experiências de trabalho formal, porém intensamente precárias, como em estabelecimentos como redes de fast-food[34] e telemarketing, cujo cotidiano é marcado por relações despóticas, descontos nos salários já rebaixados e um conjunto de arbitrariedades e sanções.

Um outro conjunto de interrogações e questões de pesquisa nasce da identificação de obstáculos e gargalos que produzidos nas relações entre espaços e tempos do trabalho plataformizado, no que se pode identificar como aniquilação do espaço pelo tempo[35]. Esses obstáculos e gargalos do processo de plataformização colocam em cena e permitem que se apreendam as formas de racionalização e controle que buscam incessantemente a redução dos custos de trabalho e dos meios de sua execução, o que se desdobra na radicalização da externalização e na terceirização em massa. Tais processos de externalização e terceirização reverberam, assim, nas chamadas gramáticas de sobrevivência das populações das periferias e em seu horizonte de obtenção dos meios de subsistência.

Nossa investigação também vem apontando para um conjunto de parcerias, redes de empresas, empresas de tecnologia, empresas plataformizadas de entregas e deslocamentos, *startups*, bancos, empresas de aluguel de motos e bicicletas, uso de infraestruturas urbanas que se entrelaçam em relações complexas entre empresas e administrações municipais. Esse conjunto de conexões insuspeitadas no âmbito da formulação do projeto de investigação aponta para novas configurações em redes ou cadeias de produção desses serviços, além da presença das mediações digitais e "bancarizadas" por hipótese vinculadas a mecanismos de financeirização fundamentais para a consolidação do modelo de negócio das empresas de plataforma. Essa é uma das pontas da pesquisa, que parece impor novas frentes de questionamentos e de informações ainda não devidamente compreendidas, mas bastante necessárias para a conformação de dimensões que vinculem a emergência e operação das empresas de plataforma com as transformações estruturais dos modos de acumulação e suas relações com a produção e apropriação dos espaços e infraestrutura urbanos.

Referências

ABÍLIO, L. C. Uberização: do empreendedorismo para o autogerenciamento subordinado. *Psicoperspectivas*, Valparaíso, Chile, v. 18, n. 3, p. 41-51, 2019.

ABÍLIO, L.; AMORIM, H.; GROHMANN, R. Uberização e plataformização do trabalho no Brasil: conceitos, processos e formas. *Sociologias*, Porto Alegre, v. 23, n. 57, p. 26-56, 2021.

AMORIM, H.; CARDOSO, A. C. M.; BRIDI, M. A. Capitalismo industrial de plataforma: externalizações, sínteses e resistências. *Caderno CRH*, Salvador, v. 35, 2022. Dossiê 2.

BOLTANSKI, L.; CHIAPELLO, È. *O novo espírito do capitalismo*. São Paulo: WMF Martins Fontes, 2009.

---

[33] Não por acaso, Antunes, em entrevista para Soldera (2020), refere-se ao "mito do empreendedorismo", e Méda (2019) constrói seu texto sobre os processos de mitificação do "trabalho digital".

[34] Observação presente em depoimentos recolhidos em campo. O trabalho na entrega por aplicativos era positivado sobretudo quando comparado à experiência de trabalho anteriores em lugares como grandes redes de fast-food.

[35] HEILAND, H. Neither timeless, nor placeless: control of food delivery gig work via place-based working time regimes. *Human Relations*, London, v. 75, n. 9, p. 1.824-1.848, 2022.

BRAGA, R.; SILVA, D. The meaning of uberism: work platforms, informality and forms of resistance in the city of São Paulo. *Política & Trabalho*, João Pessoa, n. 56, p. 118-135, 2022.

CARDOSO, A. *A construção da sociedade do trabalho no Brasil*: uma investigação sobre a persistência secular das desigualdades. Adalberto Cardoso. Rio de Janeiro: FGV: Faperj, 2010.

CARELLI, R.; OLIVEIRA, M. *As plataformas digitais e o direito do trabalho*: como entender a tecnologia e proteger as relações de trabalho no século XXI. São Paulo: Dialética, 2021.

CASTEL, R. *As metamorfoses da questão social*: uma crônica do salário. Petrópolis: Vozes, 2013.

DARDOT, P.; LAVAL, C. *A nova razão do mundo*: ensaio sobre a sociedade neoliberal. São Paulo: Boitempo, 2016.

DE STEFANO, Valerio. The rise of the" just-in time workforce": on demand work, crowdwork, and labor protection in the "gig economy". *Comparative Labor Law and Policy Journal*, Champaign, IL, v. 37, n. 3, p. 461-471, 2016.

DIEUAIDE, P.; AZAÏS, C. Platforms of work, labour, and employment relationship: the grey zones of a digital governance. *Frontiers in Sociology*, [Switzerland], v. 5, p. 2, 2020.

FELTRAN, G. S. *Fronteiras de tensão*: política e violência nas periferias de São Paulo. São Paulo: Unesp, 2011.

FELTRAN, G. S. Valor dos pobres: a aposta no dinheiro como mediação para o conflito social contemporâneo. *Caderno CRH*, Salvador, n. 27, p. 495-512, 2014.

FILGUEIRAS, V.; ANTUNES, R. Plataformas digitais, uberização do trabalho e regulação no capitalismo contemporâneo. *Contracampo*, Niterói, v. 39, n. 1, p. 27-43, 2020.

FIORAVANTI, L. M. Espaço urbano e plataformas digitais: deslocamentos e condições de trabalho dos entregadores de bicicleta da metrópole de São Paulo. *Geousp*: Espaço e Tempo, São Paulo, 2023. No prelo.

HEILAND, H. Neither timeless, nor placeless: control of food delivery gig work via place-based working time regimes. *Human Relations*, London, v. 75, n. 9, p. 1.824-1.848, 2022.

HIRATA, D. *Sobreviver na adversidade*: mercado e formas de vida. São Carlos: UFSCar, 2022.

KALIL, R. *A regulação do trabalho via plataformas digitais*. São Paulo: Blucher, 2020.

KOWARICK, L. *A espoliação urbana*. Rio de Janeiro: Paz e Terra, 1979.

LAZZARATO, M. Capitalismo cognitivo e trabalho imaterial. *Carta Maior*, Rio de Janeiro, 2006.

MACHADO, L. A. Da informalidade à empregabilidade (reorganizando a dominação no mundo do trabalho). *Caderno CRH*, Salvador, v. 15, n. 37, p. 81-109, 2002.

MAGNANI, M.; SANFELICI, D. O e-commerce e os fundos imobiliários logísticos: estratégias de captura de rendas imobiliárias. *Cadernos Metrópole*, São Paulo, v. 24, p. 173-198, 2021.

MANZANO, M.; KREIN, A. Dimensões do trabalho por plataformas digitais no Brasil. *In*: MACHADO, S.; ZANONI, A. (org.). *O trabalho controlado por plataformas digitais*: dimensões, perfis e direitos. Curitiba: Clínica Direito do Trabalho; UFPR, 2022. p. 31-126.

MÉDA, D. Le nouveau monde enchanté des plateformes: du mythe à la désilusion. *In*: ABDENOUR, S.; MÉDA, D. (dir.). *Les nouveaux travailleurs des applis*. Paris: PUF, 2019. p. 108-116.

OLIVEIRA, F. *Crítica à razão dualista; O ornitorrinco*. São Paulo: Boitempo, 2003.

OLIVEIRA, F.; RIZEK, C. S. (org.). *A era da indeterminação*. São Paulo: Boitempo, 2007.

OLIVEIRA, M.; CARELLI, R.; GRILLO, S. Conceito e crítica das plataformas digitais de trabalho. *Revista Direito e Práxis*, Rio de Janeiro, v. 11, p. 2.609-2.634, 2020.

RANGEL, F. Percepções da informalidade: sobre representações e experiências. *In*: MARQUES, L. (org.). *Trajetórias da informalidade no Brasil contemporâneo*. São Paulo: Fundação Perseu Abramo, 2021. p. 191-205.

RANGEL, F.; MAGALDI, T. Sobre a legitimação do trabalho precário: autonomia e justiça como categorias de engajamento. *Contemporânea*: Revista de Sociologia da UFSCar, São Carlos, v. 13, n. 1, 2023.

RIZEK, C. S. Trabalho, moradia e cidade: zonas de indiferenciação? *Revista Brasileira de Ciências Sociais*, Campinas, v. 27, p. 41-49, 2012.

RIZEK, C. S. Um balanço de pesquisa: 10 anos na zona leste e um social reconfigurado. *Revista Cidades*, Chapecó, v. 13, n. 22, 2016.

ROSENBLAT, A. *Uberland*: how algorithms are rewriting the rules of work. Oakland, CA: University of California, 2018.

SINGER, P. *Economia política da urbanização*. São Paulo: Brasiliense, 1973.

SOLDERA, L. M. Entrevista com professor dr. Ricardo Antunes (Unicamp-Campinas-SP). Psicologia em Estudo, v. 25, 2020.

TELLES, V. S. Ilegalismos urbanos e a cidade. *Novos Estudos Cebrap*, São Paulo, p. 153-173, 2009.

TELLES, V. S. Mutações do trabalho e experiência urbana. *Tempo Social*, São Paulo, n. 18, p. 173-195, 2006.

VALLAS, S. *Platform capitalism*: what's at stake for workers? New Labor Forum, Los Angeles: SAGE Publications, 2019.

NEOFASCISMO ANTIECOLÓGICO, FOBÓPOLE ECOFASCISTA? O URBANO E AS (RE)NOVA(DA)S CONTRADIÇÕES DO SÉCULO XXI

Marcelo Lopes de Souza

Introdução: quando "novos personagens" entraram em cena

Quando novos personagens entraram em cena é o título de um importante livro de Eder Sader[36], originalmente publicado em 1988, no qual o autor analisa a crescente relevância, na cena política da fase final do regime militar brasileiro, e mais especificamente na metrópole de São Paulo, de determinados atores sociais — o sindicalismo, particularmente dos metalúrgicos, e alguns ativismos de moradores de bairros periféricos — aglutinados em torno de organizações como associações de moradores, comunidades eclesiais de base e clubes de mães. Não que o movimento operário paulista tivesse ali surgido, ou que organizações de bairros populares não tivessem existido antes; como sabemos, a organização operária no Brasil é muito antiga, tendo até mesmo protagonizado greves gerais no início do século XX, e as "associações pró-melhoramentos", "sociedades de amigos de bairro" e congêneres da primeira metade do século passado demonstram, de sua parte, quão antigo é o ativismo de bairro. No então, o sindicalismo que emergiu nos anos 1970 (período escrutinado por Sader), que veio a ser chamado de "novo sindicalismo", era diferente, em alguns aspectos, do movimento sindical de épocas anteriores; quanto ao ativismo de bairro, aquele anterior à década de 1970 havia tido, com a exceção das organizações de favelados do Rio de Janeiro (em sua luta contra as remoções), um papel politicamente muito modesto (sem contar que as poucas organizações aguerridas, ainda por cima, foram sufocadas pelos governos ditatoriais, durante os quais a resistência favelada foi criminalizada e líderes favelados chegaram a ser presos, tratados como "subversivos"). Eram, de fato, "novos personagens" adentrando a cena sociopolítica paulista e, mais amplamente, brasileira — já que, com nuanças e diferenças de intensidade, o fenômeno se repetiu em outras metrópoles do país.

Os tempos mudaram, e muito, desde então. O movimento sindical acomodou-se gradativamente ao *status quo*, deixando como memória de um longínquo passado as "greves selvagens" que chegou a protagonizar na virada dos anos 1970 para os anos 1980. O Partido dos Trabalhadores (PT), surgido no seio desse "novo sindicalismo" e em estreito diálogo com setores progressistas da Igreja Católica e com os ativismos urbanos, converteu-se mais e mais em um partido neopopulista de "centro-esquerda", vocacionado para equilibrar acenos e concessões tanto para frações da classe trabalhadora e, acima de tudo, para grupos de interesse organizados em torno de "identidades" específicas (como demonstrado pelas ações afirmativas e proteções institucionais em prol de negros, indígenas, quilombolas etc.), quanto para as classes dominantes (dos industriais aos empresários do agronegócio). Quanto à Igreja Católica progressista, ela quase desapareceu, na esteira da persegui-

---

[36] SADER, E. *Quando novos personagens entraram em cena*: experiências e lutas dos trabalhadores da Grande São Paulo, 1970-1980. 3. reimp. São Paulo; Rio de Janeiro: Paz e Terra, 1995.

ção levada a cabo sob o pontificado de João Paulo II. Por fim, os ativismos urbanos, que em alguns poucos casos haviam apresentado características de movimento social combativo e dotado de uma agenda abrangente e ambiciosa, regrediram à condição de coadjuvantes de somenos importância, enredados nas malhas do clientelismo tradicional ou, também, expostos aos esforços de cooptação e intimidação de traficantes de drogas de varejo e "milícias" paramilitares.

Paralelamente a esses indícios de "amansamento" (ou "domesticação") e enfraquecimento daqueles "novos personagens" de que nos falava Eder Sader (e que, de diferentes maneiras, foram estudados também por outros pesquisadores, entre os quais eu me incluo[37], outros atores sociais começaram a se fazer presentes — via de regra, com impactos bastante nocivos para as lutas dos trabalhadores e para as pressões por conquista e ampliação de direitos. Os "novos personagens" que entram em cena, sobretudo em nossas metrópoles e grandes cidades, entre a última década do século XX e as duas primeiras décadas do século XXI, são, com efeito, nada luminosos: vão desde organizações (com ou sem aspas) do capitalismo criminal-informal, como traficantes de drogas de varejo (respaldados e literalmente municiados e abastecidos, claro, pelo circuito do grande tráfico, em associação com agentes corruptos do Estado) e "milícias" até igrejas representativas de um neopentecostalismo fundamentalista, intolerante e agressivo[38], passando por entidades ambientalistas de cunho não raro socialmente conservador e organizações "cívicas" de índole liberal-conservadora (como o Movimento Brasil Livre [MBL]) ou, mesmo, francamente autoritária. É esse o pano de fundo contra o qual podemos compreender três termos-chave que serão utilizados neste ensaio: *fobópole*, *neofascismo* e *ecofascismo*.

"Fobópole" é um neologismo que introduzi na década retrasada[39]. O termo deriva de duas palavrinhas gregas: "*phóbos*", que significa "medo"; e "*pólis*", que literalmente se traduz como "cidade", mas que originalmente designava, na Grécia antiga, um corpo de cidadãos constituintes de uma comunidade política em escala local. "Fobópole" quer dizer, por conseguinte, "cidade do medo", e a palavra

> [...] condensa aquilo que realmente tento qualificar como cidades nas quais o medo e a percepção do crescente risco, do ângulo da segurança pública, assumem uma posição cada vez mais proeminente nas conversas, nos noticiários da grande imprensa etc., o que se relaciona, complexamente, com vários fenômenos de tipo defensivo, preventivo ou repressor, levados a efeito pelo Estado ou pela sociedade civil – o que tem claras implicações em matéria de desenvolvimento urbano e democracia (*lato sensu*).[40]

Conforme eu acrescento logo adiante,

> [O] medo de sofrer uma agressão física, de ser vítima de um crime violento, não é [...] nada novo; ele se fez presente desde sempre e se faz presente, hoje, em qualquer cidade. Porém, em algumas mais que em outras, e em algumas *muito, muitíssimo* mais que em outras. Uma "fobópole" é, dito toscamente, uma cidade dominada pelo medo da criminalidade violenta. Mais e mais cidades vão, na atual quadra da história, assumindo essa característica. As grandes metrópoles brasileiras podem ser vistas, contudo, como "laboratórios" privilegiados a esse respeito, a começar pelas duas metrópoles nacionais, São Paulo e Rio de Janeiro.[41]

---

[37] *Cf.* SOUZA, M. L. de *O que pode o ativismo de bairro?* Reflexão sobre as limitações e potencialidades do ativismo de bairro à luz de um pensamento autonomista. 1988. Dissertação (Mestrado em Geografia) – UFRJ, Rio de Janeiro, 1988. Mimeo.

[38] Que cobrem um espectro que vai de pequenas igrejas de bairro até uma "grande potência" como a Igreja Universal do Reino de Deus, para cuja categoria Stephan Lanz, da Universidade de Frankfurt (Oder), criou uma designação espirituosa e inspirada: *global prayers*.

[39] SOUZA, M. L. de Clima de guerra civil? Violência e medo nas grandes cidades brasileiras. *In*: ALBUQUERQUE, E. S. (org.). *Que país é esse?* São Paulo: Globo, 2006b. p. 101-140; SOUZA, M. L. de. *Fobópole*: o medo generalizado e a militarização da questão urbana. Rio de Janeiro: Bertrand Brasil, 2008.

[40] SOUZA, 2008, p. 9.

[41] *Ibidem*, p. 9.

Aquilo que denominei "atualização do mito da marginalidade" guarda estreita relação com a transformação de nossas metrópoles em "fobópoles". O "mito da marginalidade", não custa recordar, correspondia, na segunda metade do século XX, à classificação caricatural dos pobres urbanos, em especial dos moradores de favelas, como "marginais sociais", como pessoas que viveriam "à margem da sociedade", por três razões básicas: 1) seriam economicamente parasitários, por serem posseiros urbanos que não pagam Imposto Predial e Territorial Urbano (IPTU) e capturam ilegalmente água e energia elétrica ("gatos" de água e energia); 2) seriam culturalmente desajustados, por serem, geralmente, migrantes recém-chegados de áreas rurais e do interior do país, portanto não adaptados à vida nas grandes cidades do Centro-Sul; 3) seriam, por fim, politicamente perigosos, potencialmente subversivos, por representarem uma massa de manobra a ser cooptada e arregimentada por forças de esquerda (na época, mais especificamente, o Partido Comunista Brasileiro). Autores como Janice Perlman e Lúcio Kowarick contribuíram decisivamente, na década de 1970, para desmoralizar essa interpretação, demonstrando que os favelados não eram (e não são) economicamente parasitários, uma vez que, sem eles, a economia urbana de uma cidade do capitalismo (semi)periférico, alicerçada em uma mão de obra explorada e oprimida (e um grande percentual, na verdade, não era força de trabalho assalariada) e que, ainda por cima, tinha de carregar o fardo da autoconstrução simplesmente não poderia existir dessa forma, com uma desigualdade gritante tão a serviço das elites. Também demonstraram que os moradores de favelas não eram culturalmente desajustados, pois geralmente tinham (e têm) de utilizar transporte coletivo e se deslocar por grandes distâncias entre a casa e o local de trabalho, de modo que acabavam conhecendo a cidade melhor que as elites e a classe média; tampouco eram (ou são) — infelizmente, poderíamos dizer! — "subversivos" ou "perigosos" politicamente, já que com frequência eram enredados em relações clientelistas e capturados por ideologias conservadoras e religiosos. Com pesar, contudo, podemos constatar que o "mito da marginalidade" não acabou totalmente. Pelo contrário, em parte foi até mesmo "atualizado" — e agravado — a partir da década de 1990.

Se antes os favelados eram vistos como parasitários, desajustados e politicamente perigosos, nos últimos trinta anos eles passaram a ser, cada vez mais, encarados como "bandidos" ou, no mínimo, como "coniventes com bandidos"[42]. Os preconceitos avolumaram-se e, com isso, a estigmatização social e espacial recrudesceu. Essa "evolução" se deu no contexto de uma crescente fragmentação do tecido sociopolítico-espacial da metrópole[43], em cujos marcos se estabeleceu, de maneira mais e mais crassa e chocante, o contraste entre, de um lado, espaços segregados ("territorializados" por traficantes de drogas de varejo e, depois, por "milícias") e, de outro, o circuito da autossegregação ("condomínios exclusivos" e *shopping centers* elitistas). O circuito da autossegregação passou a ser o viveiro, por excelência, daquilo que Boaventura de Sousa Santos chamou de "fascismo societal"[44]. Tal "fascismo societal", ou fascismo quotidiano, nada mais é que um "fascismo larvar" que, em circunstâncias dadas, transborda dos porões (ou esgotos) da vida social e atinge o patamar da política institucional e partidária, como se tem visto no Brasil dos últimos anos.

Conforme João Bernardo[45] nos mostra, o fascismo vai muito além das suas versões ditas "históricas" (fascismo italiano, nazismo, franquismo, salazarismo etc.), que vicejaram, sobretudo, entre os anos 1920 e 1940. Não basta, contudo, darmos atenção às formas propriamente políticas que o

---

[42] Vide, p. ex.: SOUZA, M. L. de *O desafio metropolitano*: um estudo sobre a problemática sócio-espacial nas metrópoles brasileiras. Rio de Janeiro: Bertrand Brasil, 2000; SOUZA, 2008.

[43] *Idem*, 2000; SOUZA, M. L. de *A prisão e a ágora*: reflexões sobre a democratização do planejamento e da gestão das cidades. Rio de Janeiro: Bertrand Brasil, 2006a.

[44] SANTOS, B. S. *Reinventar a democracia*. 2. ed. Lisboa: Gradiva, 2002. Originalmente publicada em 1998.

[45] BERNARDO, J. *Labirintos do fascismo*: Na encruzilhada da ordem e da revolta. Porto: Afrontamento, 2003.

fascismo contemporâneo assume, assim como não é suficiente examinar a história do movimento operário e dos partidos políticos — e é especialmente sobre isso que Bernardo se debruça em sua obra monumental, muito embora ele mencione outras coisas ao discutir o fascismo na atualidade, como o identitarismo e (com um excesso de generalização) o papel do ecologismo. É essencial prestarmos atenção ao quotidiano dos espaços de socialização e reprodução da força de trabalho nos locais de moradia e dos espaços de consumo, pois é justamente nos "condomínios exclusivos" da autossegregação, mas também, contraditoriamente, em alguns espaços da classe trabalhadora submetidos à doutrinação evangélica mais conservadora, que tem prosperado o populismo neofascista que se anunciou claramente já nos desdobramentos de junho de 2013, e que se alçou a um outro plano com a vitória eleitoral da direita em 2018. Porém, que fascismo seria esse?

O que se tem, no Brasil atual, é um *neo*fascismo, com algumas características peculiares em comparação com o fascismo da primeira metade do século XX. Entre essas peculiaridades, podemos mencionar a ambiguidade em face do papel do Estado: os fascismos "clássicos" constituíram-se em torno de Estados robustos não só burocrática, política e militarmente, mas também enquanto instâncias regulatórias da vida econômica e com capacidade de investimento, enquanto o neofascismo contemporâneo flerta com o neoliberalismo, sem a este entregar-se por completo. Isso fica evidente quando João Bernardo percebe as convergências econômicas entre regimes de resto tão dissemelhantes quanto o fascismo clássico, o *New Deal* de Roosevelt e o capitalismo de Estado leninista. Uma outra peculiaridade, no entanto, nos é particularmente cara: o fato de que o fascismo clássico era, muitas vezes, bastante preocupado com a "proteção ambiental" — o grande exemplo disso é o nacional-socialismo alemão —, enquanto o neofascismo brasileiro dos nossos dias chega ao ponto de desdenhar esse tipo de preocupação, por várias razões.

Curiosamente, todavia, se o neofascismo bolsonarista demonstra pouco apreço pela "proteção ambiental", isso não tem impedido grupos locais de se organizarem, em várias cidades, em torno de uma agenda de "proteção ambiental" divorciada de qualquer sensibilidade social e, às vezes, a serviço de interesses de gentrificação e outros interesses capitalistas; o termo "ecofascismo", proposto por André Gorz e Murray Bookchin algumas décadas atrás[46], cai, aqui, como uma luva. Sinteticamente, o "ecofascismo" consiste na adoção de medidas de "proteção ambiental" por meio e com base em valores autoritários (ou mesmo totalitários), nos marcos de uma visão de mundo que, partindo de premissas neomalthusianas, culpa e procura controlar, de maneira elitista, alguns grupos sociais em particular: acima de tudo, (i)migrantes e pobres.

Eis, sucintamente, o tabuleiro sociopolítico e a disposição das peças sobre ele. Foi, por enquanto, destacada a escala local. Porém, para melhor avaliarmos as contradições das quais as grandes cidades brasileiras se acham impregnadas, cabe passarmos, brevemente, à consideração de escalas supralocais, inclusive da escala global.

O Capitaloceno na (semi)periferia: "zonas de sacrifício" por toda parte e megabolsões de "natureza barata"

Muito embora tenha atrás de si uma história não tão recente assim, já que os primeiros usos do termo datam já dos anos 1980 ou mesmo 1960, foi somente a partir do início dos anos 2000 que o rótulo "Antropoceno" passou a se popularizar. Utilizado, inicialmente, de maneira informal,

---

[46] Vide: BOSQUET, M. [André Gorz]. Écologie et politique. Paris: Seuil, 1978; BIEHL, J.; STAUDENMAIER, P. *Ecofascism*: Lessons from the German Experience. Edimburgo e São Francisco: AK Press, 1995.

o termo vem sendo, graças ao acúmulo de evidências estratigráficas, cada vez mais aceito — até mesmo entre cientistas naturais — para designar, formalmente, uma nova época geológica (sucessora do Holoceno). As controvérsias, contudo, continuam, e não somente entre cientistas dedicados ao estudo da natureza.

Entre estudiosos da sociedade, o discurso do "Antropoceno" tem esbarrado em algumas ressalvas importantes. Uma delas é a que diz respeito ao fato de que, por mais que seja indubitável o salto qualitativo experimentado nos últimos séculos (e, sobretudo, desde o século XIX, e mais ainda a partir de meados do século XX) no que tange aos efeitos antropogênicos sobre o clima e outros aspectos da dinâmica planetária, seria injusto e impreciso atribuir a responsabilidade à "humanidade" (isto é, ao *anthrópos*), genericamente. Por essa razão, como alguns vêm argumentando, o correto seria empregar o nome "*Capitaloceno*"[47], fazendo-se referência, com isso, ao papel do modo de produção capitalista nas transformações globais e sua gradual aceleração.

Na raiz da alternativa teórico-conceitual representada pelo Capitaloceno reside uma releitura do capitalismo histórico que nos remete às teorizações sobre o sistema mundial capitalista de Immanuel Wallerstein (tributárias, por sua vez, das clássicas teorias do imperialismo de Rosa Luxemburgo e Lênin e das teorizações latino-americanas sobre a "dependência"). Na esteira de um esforço para reinterpretar a *economia*-mundo capitalista (na consagrada expressão de Wallerstein) como uma "*ecologia*-mundo", o sociólogo dublê de geógrafo Jason Moore logrou, simultaneamente, avanços relevantes e o oferecimento de algumas conclusões polêmicas. Do ponto de vista prático, a principal delas é aquela que diz respeito a um suposto "fim da natureza barata". Mas o que seria a "natureza barata"? E como se daria esse seu suposto fim?

A "natureza barata" (*Cheap Nature*, que Moore utiliza com iniciais maiúsculas, artifício que aqui dispensarei) constitui, assim como a contínua expansão geográfica e a constante abertura de novas fronteiras de recursos, a própria condição da acumulação capitalista ao longo dos séculos. Trabalho barato, recursos baratos, energia barata, comida barata: eis os pressupostos de uma taxa de lucro atraente, sobre os fundamentos da exploração do trabalho e da devastação ambiental. Segundo Moore, na virada do século XX para o século XXI a estratégia da "natureza barata" já vinha dando sinais de esgotamento, com o aumento dos custos para a obtenção de combustíveis fósseis, a inflação dos alimentos, e assim sucessivamente. Ele assegura que se trata, em assim sendo, de uma estratégia em fim de linha, e sem dúvida ele tem razão em um ponto: por maior que seja a capacidade de regeneração e reinvenção do capitalismo (já sobejamente demonstrada na realidade, e resumida na ideia schumpeteriana da "destruição criadora"), a "pegada ecológica" e o passivo ambiental que aumentam exponencialmente com o passar do tempo, especialmente desde a "Grande Aceleração" nos padrões de consumo e na destruição de recursos a partir de meados do século XX, tornam o prosseguimento dessa estratégia de acumulação insustentável no longo prazo. O busílis é que, para uma significativa parcela da população do planeta, isso é um magérrimo consolo. E é aqui que o ranço eurocêntrico residual de Moore aponta para os limites de sua tese.

Ao contrário do que um açodamento embutido na interpretação da tese do "fim da natureza barata" faz pensar, ainda existem, no Sul Global, megabolsões remanescentes de "natureza barata". A Amazônia, em escala macrorregional, é seguramente o melhor exemplo, conquanto não o único. Segundo dados disponibilizados pelo MapBiomas, a Amazônia perdeu 16% da floresta entre 1985 e 2021, devastação essa que se acelerou em 2018. Já há muitos anos que vemos que o grosso do desmatamento (cerca de 98%) ocorre ilegalmente. Enquanto ele se restringe a cerca de 1% nas terras

---

[47] MOORE, J. (org.). *Anthropocene or Capitalocene?* Nature, History, and the Crisis of Capitalism. Oakland (CA): PM Press, 2016.

indígenas, ultrapassa 20% em terras particulares, o que demonstra o quanto os territórios indígenas são "santuários" de conservação do bioma e sua biodiversidade. Pois aí, justamente, reside a questão. Muito embora as terras indígenas estejam sob forte ameaça (e muitas ainda esperem por demarcação), e apesar de várias unidades de proteção ambiental existirem mais no papel que na realidade (devido à incipiência e às falhas da fiscalização), terras indígenas e áreas de proteção ambiental constituem imensas reservas de "natureza barata". Previsões sobre o fim da "natureza barata" não poderiam desconsiderar isso, sob pena de soarem insuportavelmente indiferentes à vida das pessoas (e dos demais seres vivos) que habitam esses espaços, e cujo sofrimento, por conta da rapina ambiental e da violência, ainda pode perdurar por muito tempo.

É aqui que se torna recomendável introduzir o assunto das *zonas de sacrifício*. A expressão "zona de sacrifício" vem se popularizando na esteira da maior visibilidade pública internacional do movimento por justiça ambiental[48]. Já é bastante conhecida a origem desse movimento, ao menos com esse nome: ele começou nos Estados Unidos, na virada da década de 1970 para a década de 1980, entre ativistas afro-americanos que começaram a perceber uma associação entre poluição ambiental, de um lado, e a segregação residencial e a pobreza que os vitimava, de outro. Historicamente, o fenômeno foi percebido sobretudo por conta da localização de incineradores de lixo e indústrias altamente poluentes perto de (ou em meio a) espaços residenciais de população pobre. Uma zona de sacrifício (em inglês, *sacrifice zone*) seria um espaço que, não raro formalizadamente mediante um zoneamento (*zoning*), ficaria destinado a receber determinados "usos sujos" como aqueles mencionados, associados a lixo e poluição.

Ocorre que, via de regra, já há pessoas (e não poucas pessoas, muitas vezes) residindo nesses espaços — e são essas pessoas, acima de tudo, que serão sacrificadas (com outros seres vivos) em meio a processos de poluição do ar, sonora, do solo e/ou da água. Um sacrifício, diga-se de passagem, que frequentemente é defendido de maneira cínica: seja porque se argumenta que ele "não é, afinal de contas, tão significativo assim" (argumento *negacionista*), seja porque se alega que o sacrifício "de alguns" é o preço a pagar pelos benefícios para uma "maioria", ou para o "bem comum" (argumento *justificador*). Ambas as formas de argumentação, esclareça-se, podem, em princípio, ser desmontadas sem grande dificuldade: a primeira, porque os dados epidemiológicos e ecotoxicológicos provam, quando são gerados de maneira a garantir a fidedignidade e adequadamente disponibilizados, a incidência de enfermidades físicas (e até psíquicas) associadas à contaminação ambiental; a segunda, porque é fácil demonstrar que, em várias escalas, a riqueza gerada com as atividades causadoras de sofrimento ambiental local é apropriada principalmente por classes dominantes que residem fora da área em que é criado o impacto e cobrado um sacrifício.

Desde os primórdios do interesse pelo assunto, e até hoje, o fenômeno das zonas de sacrifício tem sido pesquisado dando-se total destaque para a escala local. No entanto, por mais que o sacrifício em questão seja especialmente percebido e experimentado localmente, nada nos impede de empregar um raciocínio análogo para ser aplicado em recortes bem mais amplos, supralocais. Mais uma vez, o exemplo da Amazônia é lapidar: com efeito, a rapina ambiental e o sofrimento (e os conflitos) que ali se verificam permitem que caracterizemos aquela macrorregião como uma vasta zona de sacrifício em uma escala supralocal, na esteira da cobiça e da instrumentalização operada por atores sociais que a tratam como um megabolsão de "natureza barata", um inesgotável manancial de recursos — e um repositório de vidas humanas e não humanas sacrificáveis.

---

[48] Vide, p. ex.: LERNER, S. *Sacrifice Zones*: The Front Lines of Chemical Exposure in the United States. Cambridge (MA): MIT Press, 2010.

Adicionalmente, para além da rapina e do sofrimento nos megabolsões de "natureza barata", devemos levar em conta que a exportação inter-regional, internacional e intercontinental de ecoestresse (na esteira do neoextrativismo, da transferência de indústrias poluidoras e da *waste dumping*) e a consequente multiplicação de zonas de sacrifício constituem, em si, uma evidência de que não se pode analisar e decifrar o fenômeno usando lentes "localistas": o simples fato de que esses espaços proliferam pelo mundo afora, e principalmente em determinados países, regiões e localidades[49], é um bom indício de que eles não são um fenômeno puramente local. Sua compreensão exige a consideração de dinâmicas econômicas e políticas que emergem e operam em escalas supralocais, e em última análise em escala global. Quando recordamos o triste (mas sintomático e ilustrativo) episódio do infame "Memorando Summers"[50], não é difícil aceitar que, para as elites do Norte Global, o Sul Global é, ele próprio, de certa maneira, uma *gigantesca zona de sacrifício*! (E assim tem sido, na verdade, desde a conquista da América, a colonização e a "acumulação primitiva de capital", com todos os seus efeitos negativos humano-sociais e ecológicos.)

A "Grande Regressão" vista do Sul Global

Em 2017, veio à luz o livro *Die große Regression: eine internationale Debatte über die geistige Situation der Zeit*, organizado por Heinrich Geiselberger[51]. A obra, que obteve grande repercussão internacional, foi publicada em vários países simultaneamente, com o título sempre inalterado — *A grande regressão*, *The Great Regression*, *La grande regressione* etc. —, mas com o subtítulo sendo adaptado para cada mercado editorial (a edição em língua inglesa, na verdade, simplesmente dispensou o subtítulo). Enquanto o subtítulo alemão é "Um debate internacional sobre a situação espiritual do tempo" (em que *"geistig"* essencialmente assume, nesse contexto, o sentido de "ideológico", e *"Zeit"* se refere ao nosso tempo, à nossa época), a edição brasileira, publicada pela editora Estação Liberdade, traz um subtítulo politicamente muito mais direto: "Um debate internacional sobre os novos populismos — e como enfrentá-los". Ao mesmo tempo que a menção aos "populismos" confere maior concretude ao conteúdo do livro aos olhos do público leitor, ela afunila o significado da tal "Grande Regressão" — que eu preferirei grafar com iniciais maiúsculas, por uma razão que logo exporei. O defeito, porém, talvez seja, no fundo, uma virtude, pois facilita-nos a tarefa de chamar a atenção para aquela que é a principal limitação da obra: o eurocentrismo.

A tese contida em *A grande regressão* é, em princípio, interessante e fecunda: vivemos, desde o início do século XXI, em uma espiral de erosão dos valores e das instituições da "democracia" representativa, o que caminha *pari passu* com os estragos econômico-sociais produzidos pelo efeito conjugado de globalização excludente e neoliberalismo. A coletânea reúne 16 cientistas sociais, pensadores e intelectuais públicos, dentro de um espectro que vai do marxista Slavoj Žižek ao pós-moderno Bruno Latour, mas com uma nítida predominância de intelectuais marxistas ou claramente influenciados pelo marxismo. A despeito de alguns personagens do Sul Global, como o (ex-)

---

[49] Ver, sobre isso: SOUZA, M. L. de "Sacrifice zone": The environment-territory-place of disposable lives. *Community Development Journal*, v. 56, n. 2, p. 220-243, 2021.

[50] Refiro-me ao vazamento do memorando assinado pelo então economista-chefe do Banco Mundial, Lawrence Summers, em 1991, que causou indignação, mas teve a vantagem de trazer à luz, "didaticamente", um exemplo típico de como os interesses capitalistas encaram a poluição dos países do Sul Global por empresas dos países centrais: em um estilo que soa cínico e até mesmo sarcástico, Summers classificava os países "em desenvolvimento" (*sic!*), em seu memorando, como "subpoluídos", defendendo, por razões de suposta racionalidade econômica, que tais países deveriam ser os alvos preferenciais de indústrias poluentes dos países do Norte Global. A quintessência do referido memorando pode ser resumida assim: "Eles (os pobres do 'Sul Global') já são lixo; portanto, se alguém tem de conviver com a poluição, o lixo etc., que sejam *eles*, é claro, e não nós".

[51] GEISELBERGER, H. (org.). *Die große Regression*: eine internationale Debatte über die geistige Situation der Zeit. Frankfurt (Meno: Suhrkamp, 2017.

presidente filipino Rodrigo Duterte, serem mencionados aqui e ali (de maneira usualmente rápida e superficial), a aplicação da tese padece de um viés restritivo: o foco do interesse dos autores, bem como o filtro geográfico através do qual examinam o mundo e o nosso tempo, é o Norte Global. Sob essas circunstâncias, a eleição de Donald Trump, o Brexit[52] e fenômenos similares ou correlatos parecem ser os que verdadeiramente interessam; é nesses marcos que o "populismo" da nova direita adquire centralidade como ideia-força.

A inspiração indireta na tese da "Grande Transformação", apresentada em um famoso livro de 1944 por Karl Polanyi, é evidente (e até mesmo explícita). Por essa razão, aliás, considero mais adequado também grafar a expressão "Grande Regressão" com iniciais maiúsculas, para que receba o devido destaque e, igualmente, para combinar com o modo como geralmente nos referimos à tese de Polanyi. Polanyi tratou das convulsões e mudanças que acompanharam o nascimento entrelaçado do capitalismo e do Estado-nação modernos, que juntos formam o que ele denominou "sociedade de mercado" — a qual ele, cuja inclinação socialista é clara, viu como nefasta tanto para a humanidade quanto para a natureza, e insustentável em última instância e no longuíssimo prazo. Ocorre que, poucos anos depois da publicação do livro de Polanyi, o Norte Global experimentou as décadas de prosperidade econômica conhecidas pelo nome de os "Trinta Gloriosos" (os três decênios entre o início dos anos 1950 e fins dos anos 1970); o imediato pós-Segunda Guerra Mundial, aliás, coincide com o período batizado de a "Grande Aceleração", em que havia um otimismo difundido entre amplos setores das sociedades do Norte Global (a despeito do descontentamento entre os mais jovens, que fez eclodir as revoltas estudantis de fins da década de 1960). Com isso, a mensagem de Polanyi teve um impacto mais limitado do que poderia ter sido o caso, apesar de o livro ter sido aclamado nos círculos acadêmicos.

Já a "Grande Regressão", por seu turno, alude a um período de desfazimento e reconfiguração de instituições que estariam a atirar o capitalismo e seu Estado rumo a um crescente autoritarismo. O pessimismo parece ter substituído o otimismo que ainda se achava razoavelmente disseminado até o fim da década de 1970. A partir da virada para o século XXI, então, os visíveis retrocessos políticos na própria Europa e nos Estados Unidos vieram tornar o panorama ainda mais sombrio. Até aí, é fácil entrar em acordo com a ideia geral do livro organizado por Geiselberger. A questão que surge é: será que, no Sul Global, aquilo que horroriza os observadores do Norte Global não faz parte, há muito tempo, da vida quotidiana?

Vista do Sul Global, a "Grande Regressão" é muito pior que aquilo que o olhar predominantemente eurocêntrico nos permite ver. É bem verdade que, no Norte Global, fenômenos como o populismo de direita e a erosão da "democracia" representativa não são nem um pouco novos, bastando recuarmos até os anos 1920, 1930 e 1940, período em que o fascismo se disseminou pela Europa, para constatarmos isso. Não obstante, mais de meio século após a vitória militar sobre o nazi-fascismo (não esquecendo que, na Espanha e em Portugal, o fascismo só seria sepultado no âmbito do aparelho de Estado na década de 1970), a memória europeia de governos de extrema direita achava-se, no início do século XXI, muito enfraquecida. Em contraste com isso, no Sul Global, a experiência típica tem sido, tanto no nível do aparelho de Estado quanto no interior do próprio tecido social, a de uma prevalência de instituições e valores muito autoritários, em meio a sociedades marcadas por obscenas desigualdades socioeconômicas e hierarquias sociais mais ou menos rígidas.

No Brasil — exemplo lapidar da problemática em questão —, o neofascismo que triunfou eleitoralmente em 2018 (refiro-me a vários níveis de governo, como mostrou a eleição de Wilson Witzel para o governo do Rio de Janeiro, a reboque da popularidade de Jair Bolsonaro) veio aprofundar um

---

[52] Combinação de *Britain* e *exit* (N. do E.).

fosso repressivo (necropolítico) e de superexploração que já existia há muito tempo. Se, na Europa ocidental e nos Estados Unidos, discute-se a precarização do trabalho, é preciso salientar que, no Brasil e em outros países (semi)periféricos, as relações laborais e também as formas de moradia da classe trabalhadora sempre foram e nunca deixaram de ser predominantemente precárias, ou mesmo, comparativamente, *hiper*precárias[53]. O que ocorre é que, com a precarização adicional que vem na esteira da maior concentração de renda (que voltou a crescer após um período de pequeno alívio) e de "reformas" como a trabalhista e a previdenciária, a hiperprecariedade passou a atingir um contingente cada vez maior de pessoas. A informalidade do trabalho e da moradia e a penúria passaram a abarcar trabalhadores que, antes, estavam empregados formalmente e cujas condições de habitação não eram tão ruins quanto passam a ser.

A hiperprecariedade é, muitas vezes, agravada pela combinação de *capitalismo gangsterista*, *fundamentalismo neopenteceostal* e *nostalgia militarizante* — três fatores que, juntos e entrelaçados, compõem o caldo de cultura da ascensão do neofascismo. Antes de prosseguirmos, porém, convém que seja feito um esclarecimento. Quando faço referência a um "capitalismo gangsterista", não estou presumindo que o capitalismo tenha sido, em qualquer lugar do mundo, um modo de produção que se impôs e tem se mantido de maneira completamente "limpa", isto é, sempre em conformidade com as leis formais do Estado e os valores que constituem o substrato da ideologia liberal ("liberdade", "livre concorrência", *fairplay* etc.). A história do capitalismo teve origem nas pilhagens e nos saques da colonização e do imperialismo, e prosseguiu com o entrecruzamento e simbiose entre o legal e o ilegal. Notemos, aliás, que o entrelaçamento entre o legal e o ilegal perpassa a história do próprio Norte Global, vale dizer, daquele grupo de países que se afirmariam e consolidariam enquanto países capitalistas centrais. Michael Woodiwiss mostrou muito bem que, nos Estados Unidos, o crime organizado está na origem de muitas grandes fortunas de famílias "respeitáveis" e do sucesso de inúmeras empresas "sérias", com exemplos eloquentes já na formação dos impérios empresariais ligados às ferrovias, à indústria do petróleo, à siderurgia e aos grandes bancos, na segunda metade do século XIX e no início do século XX; só que não se tratava, aí, de um crime organizado operando em mercados ilegais (drogas ilícitas, contrabando etc.), mas sim de métodos criminosos (contratação de gângsters para intimidar trabalhadores e assustar concorrentes, assassinatos de indivíduos e populações inteiras para a obtenção de terras, suborno de autoridades governamentais etc.) utilizados para obter êxito e expandir negócios em mercados legais. Woodiwiss deixa ver, aliás, como a consolidação de uma noção restrita de "crime organizado" se deu, historicamente, de maneira a tirar do campo de visão da opinião pública os métodos ilegais empregados por atores sociais estabelecidos (a "nata da sociedade", os grandes "capitães de indústria"), limitando a atenção a *outsiders* estigmatizados ou facilmente estigmatizáveis, como mafiosos ligados a minorias étnico-raciais e criminosos de origem social humilde[54].

No Brasil, similarmente, o capitalismo gangsterista jamais se restringiu a nichos específicos, como o capitalismo criminal-informal do tráfico de drogas — e, mais recentemente, das "milícias", com suas práticas sistemáticas de extorsão. O que ocorre, contudo, é que, à sombra do neofascismo — e dos crescentes assédio, cooptação ou desmonte parcial de instituições estatais de monitoramento e fiscalização, do Instituto Nacional de Pesquisas Espaciais (Inpe) ao Instituto Brasileiro do

---

[53] SOUZA, 2008, p. 130-132, nota 38; SOUZA, M. L. de Social movements in the face of criminal power: The socio-political fragmentation of space and "micro-level warlords" as challenges for emancipative urban struggles. *City*, v. 13, n. 1, p. 26-52, 2009; SOUZA, M. L. de *Dos espaços de controle aos territórios dissidentes*: Escritos de divulgação científica e análise política. Rio de Janeiro: Consequência, 2015a.

[54] WOODIWISS, M. *Organized Crime and American Power*: A History. Toronto e outros lugares: University of Toronto Press, 2003.

Meio Ambiente e dos Recursos Naturais Renováveis (Ibama), passando por instituições policiais —, o protagonismo de grupos empresariais ilegais passou a sobressair ainda mais, sobretudo em escala local e regional, conforme vemos com os grupos atuantes na Amazônia (envolvidos em atividades como desmatamento, garimpo e até tráfico de drogas e contrabando) e, também, com as "milícias" paramilitares em cidades como o Rio de Janeiro. O incentivo que, na conjuntura hiperautoritária em que ações e órgãos estatais ganharam, eles próprios, um colorido neofascista, "veio de cima", não foi pouca coisa.

Uma perspectiva ingênua e um tanto racista poderia sugerir que, quando olhamos para um país (semi)periférico como o Brasil, a coexistência dialética entre o lícito e o ilícito apenas se torna mais, digamos assim, "escandalosa", visível, em matéria de diferença relativamente a um país central como os Estados Unidos. De um ponto de vista histórico que não seja eurocêntrico, entretanto, até mesmo essa "discrepância de grau" é algo que depende das circunstâncias. Jamais houve qualquer distinção de fundo no que toca aos métodos ilegais e criminosos, de farto uso também no Norte Global em muitos momentos: não nos esqueçamos do trabalho escravo, da "economia da morte" dos campos de concentração e das pilhagens de obras de arte promovidos durante o regime nazista na Alemanha, para não nos limitarmos ao exemplo dos Estados Unidos. A diferença é que, ao longo da história, o emprego de métodos ilegais foi encoberto pelo dinamismo de economias hegemônicas, além de ideologicamente acobertado pela naturalização e até pela romantização hollywoodiana de todo tipo de crime, inclusive de genocídios contra populações originárias. Todavia, assim como no *Wild West* dos Estados Unidos do século XIX, alguns espaços brasileiros — estejam eles na fronteira de recursos amazônica, estejam eles nas periferias das grandes cidades — são especialmente vinculados a "economias da violência"[55]. Eles são, por assim dizer, a face visível do capitalismo gangsterista no Brasil atual, mas de jeito nenhum a sua única face.

O autoritarismo, a corrupção, a promiscuidade entre o legal e o ilegal e a violência paraestatal (que passa a ser cada vez mais tolerada e até mesmo estimulada por representantes do Estado brasileiro) afetam, não raro de maneira simultânea e interligada, vidas humanas e ecossistemas. O neofascismo possui um evidente componente antiecológico, como se viu no Brasil sob Jair Bolsonaro, em que o gangsterismo exacerba a tendência antiecológica (além de desumana e perversa) do capitalismo em geral. De um lado, temos atores que, acumpliciados ou respaldados por agentes que passam a se fazer presentes no próprio aparelho de Estado, seguem um *script* de devastação e assassinatos, já escrito há muito tempo, mas que volta a ser viável sem muitos constrangimentos, como não se verificava desde o fim do regime militar.

O descalabro antiecológico e o sofrimento ambiental não se manifestam somente em espaços icônicos como a Amazônia. Em escala local, as periferias urbanas pelo país afora sofrem com os efeitos da desregulamentação do licenciamento ambiental (impactos de grandes empresas tendem a ser cada vez mais tolerados em nome do "desenvolvimento"), da desproteção de certos espaços (restrição e encolhimento de áreas de conservação) e da persistência das deficiências em matéria de saneamento básico (que não devem ser resolvidas com o "Novo Marco Legal do Saneamento", aprovado pelo Senado em 2020, com seu viés privatizante).

---

[55] "Economias da violência" (*Gewaltökonomien*) e "mercados da violência" (*Gewaltmärkte*) são conceitos relevantes, explorados por Georg Elwert (vide ELWERT, G. Gewaltmärkte und Entwicklungspolitik. *Wissenschaft und Frieden*, v. 19, n. 3, p. 12-16, 2001). Embora a principal referência empírica de Elwert fossem situações na África subsaariana, a ideia de uma violência constante e da ameaça ilegal de uso da força bruta como meios e estratégias de controle sócio-espacial e extração de recursos por parte de "Senhores da Guerra" e gângsters em escala local ou regional possui um amplo espectro de aplicação.

Do "desenvolvimentismo sem desenvolvimento" ao... ecofascismo?

Desenvolvimento?! Diante do argumento do "desenvolvimento", repetido *ad nauseam* como refrão e desdobrado ou auxiliado por outros vários clichês — "geração de empregos", "bem comum" etc. —, sempre para justificar o sofrimento ambiental imposto aos pobres e a transformação de espaços urbanos periféricos em zonas de sacrifício, a primeira pergunta que tem de ser feita é: que "desenvolvimento"?...

Vasta literatura tem demonstrado que o "desenvolvimento" tem servido, em última instância, para a incorporação de maneira cada vez mais plena à exploração capitalista e à opressão estatal das massas do Sul Global ainda não submetidas ao assalariamento e à desaculturação. Isso se tem obtido, em parte, graças à cooptação ideológica (promessa de "civilização", de "vida urbana moderna", de emprego, de consumo, de "progresso" etc.); porém, que ninguém se iluda: desde os tempos da "acumulação primitiva de capital", da Conquista e da colonização, a maciça desterritorialização, que é condição *sine qua non* para a conversão de povos indígenas, camponeses, pescadores etc. em trabalhadores urbanos formais ou informais, nunca pôde ser obtida sem o recurso à violência.

Vemos, assim, que a desterritorialização de grupos sociais específicos pode ser apresentada em nome do "desenvolvimento", mas, na verdade, faz-se, acima de tudo, em prol do capital. Os benefícios reais ou supostos que, com o tempo — e com as pressões de lutas populares —, terminam alcançando também os trabalhadores, como acesso a infraestrutura técnica (água encanada, luz elétrica, esgotamento sanitário etc.) e social (escolas, hospitais etc.) não precisam ser negados, mas devem, pelo menos, ser relativizados: as melhorias, com ou sem aspas, sempre tiveram um custo muito alto, no que tange à desestruturação social e cultural, à exposição a novos e deprimentes tipos de violência (como aquela ligada ao tráfico de drogas, que logo voltarei a mencionar), e assim sucessivamente. Nas últimas décadas, acrescente-se, nem mesmo o aceno ideológico com a oferta abundante de empregos formais, especialmente na indústria, permanece minimamente crível: com a desindustrialização e a "reprimarização" da economia, o que se vê, em primeiríssimo lugar, é a acomodação hiperprecária dos neocitadinos — camponeses, indígenas, ribeirinhos, caiçaras etc. convertidos em pobres nas favelas e periferias — a empregos e subempregos muito mal remunerados no setor terciário e às ocupações representativas da "uberização" dos trabalhadores.

As desterritorializações de grupos sociais e populações inteiras pode ser de dois tipos: por deslocamento, que é quando há uma expulsão ou uma indução ao abandono de um lugar, ou por desempoderamento, que é quando as pessoas permanecem em seus espaços vividos em uma condição de aumento de heteronomia, perda de referenciais de vida e, no limite, degradação. Com as ondas e camadas sucessivas de urbanização, não são apenas grupos sociais não citadinos que sofrem com deslocamentos forçados e remoções: trabalhadores urbanos pobres são, frequentemente, jogados de uma favela para outra (mais distante); moradores de favelas vão parar nas ruas; trabalhadores ocupam, enquanto sem-teto, imóveis ociosos ou abandonados, para, mais cedo ou mais tarde, ser desalojados por uma ação de reintegração de posse (em um país no qual o estoque de domicílios vagos e o déficit habitacional são, ambos, vergonhosos). A essas expulsões temos de acrescentar aquelas tantas outras capitaneadas pelo capitalismo criminal-informal urbano, sejam traficantes de varejo, sejam "milicianos": expulsões de líderes comunitários e de moradores de espaços segregados em geral, em decorrência de rivalidades e "trocas de gestão". As "milícias", em particular, são agentes cada vez mais proeminentes de ordenamento de um mercado imobiliário em geral, e, nesse contexto de gestão informal e criminosa do uso do solo urbano, relocalizações e remoções são, muitas vezes, induzidas ou impostas.

Enquanto isso, o capital imobiliário vai descobrindo a defesa da "proteção ambiental" como um filão a ser explorado, assim como outras frações do capital (industrial, por exemplo) têm lançado mão da estratégia "ESG" (*Environment, Social, Governance*) e seus "selos de qualidade" ("verde" e de "responsabilidade social"). De maneira menos ou mais consciente, direta ou indireta, diversos agentes têm sido coadjuvantes (ou até protagonistas) de medidas que, no frigir dos ovos, costumam acarretar "remoções verdes" (*green evictions*) e processos de valorização do espaço: moradores privilegiados e suas associações, ambientalistas (ultra)conservadores, a grande imprensa e, às vezes, o próprio Ministério Público. Esse tipo de aliança, que pode ser observada, por exemplo, no Rio de Janeiro, no que tange às disputas pelo uso do solo e em torno da permanência de população pobre na zona de amortecimento do Parque Nacional da Tijuca[56], evidencia a utilidade, para interesses segregatórios e capitalistas, de um discurso do "bem comum" que, ao mobilizar (pseudo)argumentos "ecológicos", afronta ou ignora os direitos humanos.

Ocorre que o capital imobiliário, ele próprio — e não somente o Estado —, em meio a vínculos crescentemente espúrios e complexos entre "formal" e "informal", não é mais aquilo que pensávamos que ele era. É bem verdade que ordem e desordem, legal e ilegal sempre se entrelaçaram: se isso fica patente no quadro do capitalismo estadunidense pintado por Woodiwiss, imagine, então, em um país semiperiférico como o Brasil, em que corrupção e promiscuidade entre legal/formal e ilegal/informal têm sido endêmicas e estruturais desde a origem, como um modo de funcionamento "normal" do sistema. Ainda assim, o capitalismo *fin-de-siècle* das últimas décadas, e do qual o neofascismo bolsonarista é antes resultado que causa, escancara determinadas relações de uma maneira parcialmente inédita. Se, nos anos 1970 e 1980, as construções nas periferias suscitaram acaloradas discussões acadêmicas e políticas sobre a autoconstrução ("solução" para o trabalhador ou, em última análise, para o capital?), a espoliação urbana vem assumindo novos formatos, em uma época em que, como "didaticamente" se constata no Rio de Janeiro, "milícias" paramilitares têm açambarcado diferentes prerrogativas de produção do espaço e controle do uso do solo nos espaços por elas territorializados, indo muito além do que os tradicionais traficantes de drogas de varejo haviam ousado ou conseguido ir: cada vez mais, "milicianos" operam, eles próprios, esquemas de construção e comercialização de imóveis, como no setor geográfico da Barra da Tijuca (conforme se pode observar nas favelas de Rio das Pedras e da Muzema).

A esta altura, é conveniente retomarmos a conversa sobre a "atualização" do "mito da marginalidade", dedilhada na Introdução. Essa "atualização" tem tido duas facetas, das quais só foi mencionada uma, aquela na qual os favelados passaram a ser estigmatizados como "bandidos ou coniventes com bandidos", no Rio de Janeiro dos anos 1990 em diante, e em outras cidades também, cada vez mais. A essa "atualização" se tem, todavia, acrescentado uma outra, menos espetacular ou aterradora, mas nem por isso pouco eficaz na hora de legitimar desterritorializações: a pecha de "depredadores do meio ambiente" ou algo que o valha[57]. O classismo, o elitismo e o racismo mal conseguem se esconder por trás de argumentos como o do "bem comum" e da "proteção ambiental", pois há uma indisfarçada desvalorização dos corpos, das vidas e dos direitos daqueles que, empurrados para encostas ou margens de rios e canais, são tidos como os únicos ou os principais culpados por seu infortúnio ("preguiçosos", "estúpidos" etc. são as palavras que, sem grande dificuldade, percebemos como povoando abundantemente o senso comum quotidiano da classe média).

---

[56] Vide: SOUZA, M. L. de Proteção ambiental para quem? A instrumentalização da ecologia contra o direito à moradia. *Mercator*, v. 14, n. 4, p. 25-44, 2015b; SOUZA, M. L. de Urban eco-geopolitics: Rio de Janeiro's paradigmatic case and its global context. *City*, v. 20, n. 6, p. 765-785, 2016; SOUZA, M. L. de *Ambientes e territórios*: Uma introdução à Ecologia Política. Rio de Janeiro: Bertrand Brasil, 2019. p. 154 *et seq.*

[57] *Idem*, 2015a, 2015b.

O quadro que vemos se descortinar diante de nossos olhos parece contraditório. É urgente tentar decifrar as discrepâncias que vemos entre atores sociais atuando em escalas distintas, assim como entre o fascismo histórico e o neofascismo que germina em um país como o Brasil.

Em escalas supralocais, o neofascismo (bolsonarista ou filobolsonarista) apresenta-se tipicamente como antiecológico, ao minimizar ou mesmo negar, em sintonia com os interesses de rapina do agronegócio, da mineração ou outros, a devastação ambiental na Amazônia ou no Pantanal, o assalto contra os territórios indígenas e a poluição. Na escala internacional, interessantemente, constatamos tensões que indicam, dependendo das circunstâncias e dos agentes em questão, uma certa hipocrisia ou uma contradição (sobretudo conjuntural) entre interesses de frações diferentes do capital, dado que, nessa escala, enquanto alguns atores exemplificam (ou se esforçam para exemplificar, até certo ponto) um compromisso com a "proteção ambiental" e com direitos humanos — de organismos multilaterais e governos até ONGs —, não faltam, entretanto, agentes poderosos — a começar pelas empresas transnacionais — para os quais qualquer compromisso desse jaez tem, por necessidade sistêmica, de se subordinar à lógica de defesa e maximização de lucros. É por cálculo econômico racional — ligado às exigências de seus mercados e da opinião pública que não podem ignorar, assim como às possibilidades oferecidas pela biodiversidade como fonte de lucros — que empresas transnacionais mais e mais corroboram e endossam metas de "sustentabilidade", ao mesmo tempo que, sempre que possível, adotam comportamentos predatórios e infames em face do Sul Global, exportando ecoestresse sob a forma de lixo tóxico, indústrias altamente poluentes etc. Da mesma forma, é por cálculo racional — a promessa de impunidade diante da rapina e da violência, que garantem lucros fenomenais — que agentes do gangsterismo econômico brasileiro fazem de tudo para burlar a lei e desrespeitar territórios indígenas e áreas ambientalmente protegidas.

Em escala local, sem embargo, assistimos à emergência ou ao espraiamento de um discurso e de práticas ecofascistas que clamam por "proteção ambiental" mediante um controle espacial que enquadre os pobres, restringindo suas possibilidades de moradia e sua mobilidade espacial. Isso é, todavia, uma genuína quadratura do círculo, já que, sistemicamente, a única maneira de garantir os baixos salários e um certo nível de controle social é permitindo que os pobres possam, pelo menos, morar onde moram, do jeito que conseguiram arranjar ou improvisar.

Do ponto de vista das elites neofascistas, portanto, há dois ecologismos: um é mau, pois atravanca o caminho e ameaça os bons negócios, ao denunciar o desmatamento na Amazônia, os incêndios criminosos no Pantanal e as agressões contra indígenas e populações tradicionais; o outro, em compensação, é bom ou, no mínimo, inofensivo, pois costuma ter como alvos principais os próprios pobres urbanos, e não tanto o capital. É especialmente em escala local, paralelamente (e em aparente contradição) com o antiecologismo neofascista de outras escalas e práticas, que se manifesta o ecofascismo. Seria a "fobópole", entretanto, consistentemente ecofascista, de cabo a rabo? Estariam preocupações propriamente *eco*fascistas permeando o imaginário e a agenda das elites urbanas e das classes médias — tanto as mais formais e "estabelecidas" quanto as informais e "emergentes"? Não parece ser o caso. Na realidade, o ecofascismo parece ser, por enquanto, mais exceção do que regra (o que não significa que precise ser sempre assim).

As "milícias", ao que tudo indica, não são vocacionadas para a "proteção ambiental". "Milicianos" são *gangsters*, um "Estado paralelo" — não ativistas de preservacionismo ambiental! A ordem urbana gangsterista poderá até mesmo usar alguma roupagem ecofascista sempre que for conveniente para os negócios, mas o prefixo "eco" sempre será um mero acessório em comparação com o radical "fascista". Não creio que os "milicianos" que vêm tentando controlar não só o uso do solo, mas o próprio mercado imobiliário em partes da Barra da Tijuca e em outras áreas do Rio de Janeiro, tenham preocupações de ordem ecológica (no caso específico da Barra, preocupações com o superadensamento construtivo em meio a um complexo lagunar tão belo quanto frágil). Um pressuposto do ecofascismo parece ser um certo elitismo pequeno-burguês de conteúdo antipopular, neomalthusiano e até mesmo racista, e tais ingredientes seriam exóticos no meio social em que florescem as "milícias" — as quais, com todo o seu autoritarismo e seu culto da violência, estão muito mais próximas de um populismo (neo)fascista que de um elitismo obcecado com controle de natalidade e proteção de ecossistemas e da "vida selvagem".

Vemos, ao longo da história, a facilidade com que representantes do ecofascismo se mostram, dependendo da ocasião, verdadeiros *gangsters*; inversamente, porém, é bem mais improvável que *gangsters* se convertam em ecologistas. Indivíduos e organizações ecofascistas têm existido aos montes, especialmente no Norte Global; até agora, sem embargo, houve um único *regime político* caracterizado por ideais e métodos totalitários e, simultaneamente, fortemente comprometido com uma pauta que incluía da agricultura orgânica e do manejo florestal ecológico aos direitos dos animais (proibição da vivissecção, estímulo ao vegetarianismo etc.), passando pelo paisagismo ecológico e pelas iniciativas de proteção ambiental: o Terceiro Reich hitlerista. A despeito de suas contradições quanto à consistência das medidas e da legislação "ecológicas"[58], a Alemanha nazista pode ser tomada como exemplo e termo de comparação. O neofascismo não se distingue do fascismo histórico pelo grau de adesão a práticas e dinâmicas gangsteristas; as diferenças são de outra ordem. Uma dessas diferenças reside no fato de que o centralismo estatal inerente ao modelo fascista clássico (a despeito de suas diversas variantes: nazismo, fascismo italiano, franquismo, salazarismo...) é, com o neofascismo do século XXI, arrefecido sob o signo do neoliberalismo, em que interesses privados, mais do que se deixarem tutelar por um Estado forte, põem os agentes e instituições do Estado à sua disposição, mais ou menos às claras e para quem quiser ver. Precisamente esse "privatismo" mais pronunciado será um elemento importante no funcionamento do neofascismo antiecológico: em vez de enquadrar e arregimentar indivíduos e organizações privadas, colocando-os a serviço de esforços de ordenamento espacial, reestruturação produtiva e produção legislativa de índole "ecológica", como ocorria no Terceiro Reich, o Estado permeado pelo neofascismo antiecológico facilitará a rapina ambiental por parte de interesses particulares. Essa facilitação se dá em dois planos: seja por meios legais, ainda que ilegítimos e de constitucionalidade não raro duvidosa (revogação e enfraquecimento de leis, desmontagem de instituições etc.), seja, quando conveniente ou necessário, por meio ilegais e criminosos (invasões de territórios indígenas e de unidades ambientalmente protegidas, assassinatos de ativistas etc.).

O destaque do aspecto antiecológico do neofascismo semiperiférico brasileiro não impede que, à sombra de um fascismo societal que passou dos porões e esgotos do tecido social para as instituições de Estado em escala nacional, viceje, ainda que um tanto timidamente (por comparação), um ambientalismo preservacionista embebido em valores elitistas, hiperautoritários e racistas. As disputas por recursos (dos mananciais de água potável à beleza cênica) poderão, no futuro, dar ensejo, até mesmo, a um incremento da presença do ecofascismo — quiçá principalmente nas grandes cidades e metrópoles.

---

[58] Ver, sobre isso, a coletânea organizada por: BRÜGGEMEIER, F.-J. *et al.* (org.). *How Green Were the Nazis?* Nature, Environment, and Nation in the Third Reich. Athens (OH): Ohio University Press, 2005.

Questões para arrematar (mas sem trazer as respostas)

Embora o impulso do capitalismo para a acumulação de capital em uma escala cada vez maior esteja no fundo da atual "crise ecológica" (como diversos "ecomarxistas" e "ecoanarquistas" não têm se cansado de repetir há décadas), no longuíssimo prazo a esperança de manutenção de taxas de crescimento econômico significativas pertence, a darmos crédito ao economista francês Thomas Piketty em seu livro *O capital no século XXI*, ao terreno das "ilusões"[59]. Piketty não é, convenhamos, dos mais pessimistas, pelo contrário: como ele reconhece, existem analistas que oferecem previsões bem mais sombrias. Ainda assim, ele mostra que não apenas o crescimento demográfico (a maior preocupação de estudiosos e formuladores de políticas conservadores) não é mais a variável extremamente importante que parecia ser décadas atrás — afinal, vemos que uma transição demográfica para taxas de natalidade mais baixas já está em andamento em muitos países há um bom tempo, fato que nem mesmo os (neo-)malthusianos podem negar —, mas também que o crescimento econômico *per capita* não pode ser sustentado nas taxas historicamente altas que foram experimentadas durante a maior parte do século XX.

Piketty nos arrosta, fundamentado em um raciocínio afiado e uma análise histórico-econômica de fôlego, com um prognóstico que deveria inspirar cautela nos crentes de soluções no estilo "mais do mesmo" (inovações tecnológicas, crescimento econômico etc.) para redimir o capitalismo das iniquidades sociais que o têm acompanhado. Enquanto taxas de 4% ou 5% não foram raridade no século XX (e houve períodos e lugares com taxas bem mais elevadas que isso, como o Brasil do período do "milagre econômico" e, principalmente, a China de fins do século XX e início do século atual), o capitalismo do século XIX contentou-se com taxas bem mais modestas. Além do mais, a humanidade, até o advento do capitalismo, não conheceu outra coisa que um crescimento econômico baixíssimo e lentíssimo (e irregular), o que não nos deveria surpreender, haja vista que os modos de produção em questão não se pautavam pela acumulação. O que Piketty nos informa é que o cenário mais plausível é o de uma economia mundial que não cresça mais que 1% na média, na segunda metade do século XXI.

Ora, se o modo de produção capitalista é baseado no crescimento econômico, o capitalismo como tal não pode existir por um longo período de tempo sem um crescimento significativo — isso sem falar nas tensões sociais/políticas derivadas da estagnação econômica já no curto prazo, como se pode facilmente verificar pela história de países específicos. Em face disso, é quase tentador fazer a seguinte pergunta: o capitalismo entrará em colapso antes de levar ao colapso da Terra como lar do *Homo sapiens* (e não apenas do *Homo sapiens*, claro)? Esse tipo de aposta seria, entretanto, simplista e ingênuo, para não dizer temerário. Em primeiro lugar, porque o capitalismo já mudou de cara de várias maneiras desde o século XIX; sua flexibilidade e sua adaptabilidade são comprovadamente enormes. A questão inteligente não é, portanto, se *o capitalismo* deixará de existir (como fenômeno histórico, ele deixará de existir em algum momento, sem dúvida), mas sim os custos sociais (e ecológicos) que ele implicará, nos marcos de uma forma decadente de capitalismo. O capitalismo poderá, provavelmente, adaptar-se a uma existência economicamente muito medíocre (do ponto de vista capitalista, em termos de consumo e "afluência" geral) por meio de uma crescente centralização política, com um nível de controle sócio-espacial hiperautoritário ou mesmo totalitário (incluindo controle de recursos como água e fontes de energia) e na base do terror crônico conduzido pelo Estado. O que poderia parecer uma boa notícia para ambientalistas desavisados é, na realidade, um cenário de conflitos de vida e morte, sem perspectiva ou garantias de avanços em matéria de superação da heteronomia ou ganhos de autonomia.

---

[59] PIKETTY, T. *Capital in the Twenty-First Century*. Cambridge (MA) e Londres: The Belknap Press of Harvard University Press, 2014. p. 72-109.

Do *Peak Oil* ou "Pico do Petróleo" (que aponta para a ultrapassagem do ponto máximo de extração de petróleo, provavelmente ainda na terceira ou quarta década do nosso século, se é que já não ocorreu) ao baixo ou mesmo irrisório crescimento econômico que se deve esperar para a segunda metade do século, nada parece ser, quando olhado mais de perto, consolo para a devastação ambiental atual. A própria estagnação do crescimento demográfico na segunda metade do século (lembrando que, nos países que iniciaram a transição demográfica mais cedo, essa estagnação já começou, devendo ser mais e mais substituída por crescimento negativo), ao mesmo tempo que trará alívio aqui, acarretará novas preocupações acolá: com taxas de fecundidade cada vez mais baixas, taxas de mortalidade baixas há muito tempo e sem o aporte de maciço de imigrantes (por razões como racismo e xenofobia), muitos países experimentarão uma base de contribuidores previdenciários decrescente e uma massa de idosos (candidatos potenciais a aposentadorias) crescente. Em face de recursos escassos, seguramente valerá a máxima: "farinha pouca, meu pirão primeiro" — e, com ela, o recrudescimento e a disseminação de visões ecofascistas. A multiplicação das "zonas de sacrifício", que não desaparecerão, caminhará *pari passu* com medidas draconianas de governamentalização da natureza. Grupos sociais inteiros (pobres, migrantes e imigrantes, provavelmente também idosos e deficientes físicos e outros portadores de necessidades especiais) serão culpabilizados e, em certos casos, vistos como descartáveis. Tudo indica que teremos uma certa modificação (e, em parte, um aguçamento), mas não uma eliminação da assimetria que já conhecemos em todas as escalas, da local à global: proteção ambiental e privilégios aqui, destruição e opressão acolá. Todavia, em meio a muitas incertezas e alguma perplexidade com o ritmo da "Grande Regressão", não podemos nos atrever a muito mais que formular hipóteses e lançar provocações. Este ensaio termina, por isso, com uma série de perguntas, para as quais somente a própria história haverá de trazer as respostas.

Será o ecofascismo o regime político sob medida para um capitalismo de baixo crescimento? Enquanto regime político ou como aspecto importante de um regime político (como foi o caso durante o Terceiro Reich), o ecofascismo é, concomitantemente, um *paradigma de controle sócio-espacial*. Quais seriam as potencialidades e limitações de aplicação de um tal ideário, em escala nacional, no início do século XXI? Na verdade, nem sequer precisamos colocar a hipótese de um regime político para lançar uma questão nada simples: como se dará, em anos vindouros, a convivência entre duas tendências ideologicamente tão contrastantes, embora sejam ambas reacionárias — o ativismo ambientalista de índole ecofascista, ainda restrito a um nicho pequeno-burguês e urbano-metropolitano no Brasil de hoje, *versus* uma atuação capitalista antiecológica (ostensivamente gangsterista ou não)? Como um ecofascismo que almeje uma expressão política supralocal se arranjará com o capital (com suas conexões até mesmo transnacionais, formais e informais), que não quererá abrir mão de explorar a "natureza barata" do Sul Global? Fricção discursiva, mas complementaridade prática? A insensibilidade social ecofascista pode bem conviver com a indiferença ecologicamente predatória do neofascismo necropolítico (no estilo dos quatro anos sob Bolsonaro); porém, e quanto aos compromissos de "proteção ambiental"?

Mais concretamente, e retornando à hipótese de mais longo prazo a respeito de um regime político ecofascista, devemos perguntar: Qual será o mais provável modelo de regulação capitalista hiperautoritária da escassez? Seria a China de hoje, apesar de suas notórias falhas e imperfeições em matéria de conservação ambiental, uma prefiguração de combinação de autoritarismo com capitalismo, futuramente posta a serviço menos da garantia de alto crescimento que da regulação da escassez? Ou virá o próprio Terceiro Reich (leia-se: a estigmatização de grupos sociais, o conservacionismo seletivo que elevava a natureza da *Heimat* e do *Vaterland* a um patamar diferente daquela dos territórios conquistados e vassalos, o uso da força bruta, a tutela e a simbiose com o mundo empresarial) a ser a principal fonte de inspiração, ainda que não declarada e assumida?... Em um mundo no qual o ultraconservadorismo só faz crescer, esse certamente não é um cenário absurdo — se não para daqui a alguns anos, ao menos para daqui a algumas décadas.

No que tange especificamente à urbanização, é válido indagar, em face de tudo isso: que urbanização será essa, em meio ao recrudescimento da estigmatização sócio-espacial, da "condominiarização" e da autossegregação em geral, dos "ecolimites", das "remoções verdes" e congêneres, do gangsterismo generalizado, dos conflitos por água, ar limpo etc., dos efeitos espaciais do pós-petróleo e da mudança dos padrões de interação espacial e mobilidade, catalisada (mas não causada) pela pandemia de Covid-19 e outras prováveis pandemias? Por fim: que tipos humanos brotarão disso? Qual cultura política emergirá? Que margem de manobra existirá para as resistências e insurgências?

Referências

BERNARDO, João. *Labirintos do fascismo*: Na encruzilhada da ordem e da revolta. Porto: Afrontamento, 2003.

BIEHL, Janet; STAUDENMAIER, Peter. *Ecofascism*: Lessons from the German Experience. Edimburgo e São Francisco: AK Press, 1995.

BOSQUET, Michel [André Gorz]. Écologie et politique. Paris: Seuil, 1978.

BRÜGGEMEIER, Franz-Josef et al. (org.). *How Green Were the Nazis?* Nature, Environment, and Nation in the Third Reich. Athens (OH): Ohio University Press, 2005.

ELWERT, Georg. Gewaltmärkte und Entwicklungspolitik. *Wissenschaft und Frieden*, n.° 19 [3/01], p. 12-16, 2001.

GEISELBERGER, Heinrich (org.). Die große Regression: Eine internationale Debatte über die geistige Situation der Zeit. Frankfurt (Meno): Suhrkamp, 2017.

LERNER, Steve. *Sacrifice Zones*: The Front Lines of Chemical Exposure in the United States. Cambridge (MA): The MIT Press, 2010.

MOORE, Jason (org.). *Anthropocene or Capitalocene?* Nature, History, and the Crisis of Capitalism. Oakland (CA): PM Press, 2016.

PIKETTY, Thomas. [2013]. *Capital in the Twenty-First Century.* Cambridge (MA) e Londres: The Belknap Press of Harvard University Press, 2014.

SADER, Eder. [1988]. Quando novos personagens entraram em cena: Experiências e lutas dos trabalhadores da Grande São Paulo, 1970-1980. 3. reimp. São Paulo e Rio de Janeiro: Paz e Terra, 1995.

SANTOS, Boaventura de Sousa. [1998]. Reinventar a democracia. 2. ed. Lisboa: Gradiva, 2002.

SOUZA, Marcelo Lopes de. *O que pode o ativismo de bairro?* Reflexão sobre as limitações e potencialidades do ativismo de bairro à luz de um pensamento autonomista. 1988. Dissertação (Mestrado em Geografia) - UFRJ, Rio de Janeiro, 1988.

SOUZA, Marcelo Lopes de. *O desafio metropolitano*: Um estudo sobre a problemática sócio-espacial nas metrópoles brasileiras. Rio de Janeiro: Bertrand Brasil, 2000.

SOUZA, Marcelo Lopes de. Clima de guerra civil? Violência e medo nas grandes cidades brasileiras. In: ALBUQUERQUE, Edu Silvestre de (org.). *Que país é esse?* São Paulo: Globo, 2006a.

SOUZA, Marcelo Lopes de. *A prisão e a ágora*: Reflexões sobre a democratização do planejamento e da gestão das cidades. Rio de Janeiro: Bertrand Brasil, 2006b.

SOUZA, Marcelo Lopes de. *Fobópole*: O medo generalizado e a militarização da questão urbana. Rio de Janeiro: Bertrand Brasil, 2008.

SOUZA, Marcelo Lopes de. Social movements in the face of criminal power: The socio-political fragmentation of space and "micro-level warlords" as challenges for emancipative urban struggles. City, 13(1), p. 26-52, 2009.

SOUZA, Marcelo Lopes de. *Proteção ambiental para quem?* A instrumentalização da ecologia contra o direito à moradia. Mercator, 14(4), p. 25-44, 2015a.

SOUZA, Marcelo Lopes de. [2014]. Cantariam eles "A Internacional"? Territórios dissidentes, práticas insurgentes e as contradições do "hiperprecariado". In: SOUZA, Marcelo Lopes de. *Dos espaços de controle aos territórios dissidentes*: Escritos de divulgação científica e análise política. Rio de Janeiro: Consequência, 2015b.

SOUZA, Marcelo Lopes de. [2014]. O lugar das pessoas nas agendas "verde", "marrom" e "azul": Sobre a dimensão geopolítica da política ambiental urbana. In: SOUZA, Marcelo Lopes de: *Dos espaços de controle aos territórios dissidentes*: Escritos de divulgação científica e análise política. Rio de Janeiro: Consequência, 2015c.

SOUZA, Marcelo Lopes de. Urban eco-geopolitics: Rio de Janeiro's paradigmatic case and its global context. *City*, v. 20, n. 6, p. 765-785, 2016.

SOUZA, Marcelo Lopes de. *Ambientes e territórios*: Uma introdução à Ecologia Política. Rio de Janeiro: Bertrand Brasil, 2019.

SOUZA, Marcelo Lopes de. "Sacrifice zone": The environment-territory-place of disposable lives. *Community Development Journal*, v. 56, n. 2, p. 220-243, 2021.

WOODIWISS, Michael. Organized Crime and American Power: A History. Toronto e outros lugares: University of Toronto Press, 2003.

PARTE II

POR UMA GEOGRAFIA URBANA ANTICAPITALISTA: TEORIA, MÉTODO E PRÁXIS TRANSFORMADORAS

UMA GENEALOGIA DA CARBONÓPOLIS:
A CIDADE DA ERA DO CARBONO

Cláudio Zanotelli

Introdução

A problematização deste capítulo refere-se ao que Lewis Mumford[60] chamou de "novo regime industrial" e que se constituiu com força no século XIX, impondo às cidades industriais uma verdadeira hecatombe para o ambiente urbano e planetário com o passar dos anos. Assim, baseado no *laissez passer* e no *laissez faire* dos fisiocratas e no "utilitarismo" da economia política clássica, instituiu-se um processo de concorrência "atômica" — no sentido dos indivíduos como átomos concorrentes. Essas cidades industriais foram estabelecidas sob o preceito do permanente crescimento econômico, sua expansão foi deixada ao livre sabor dos "empreendedores", e alteraram profundamente a natureza dos sítios e os elementos da hidrosfera, da litosfera, da atmosfera e da biosfera.

Muitas dessas agruras perduram ou se acentuaram, apesar das mudanças impostas pela higiene pública e pelos controles, normas sanitárias e classificações de riscos e perigos industriais. Na realidade, essas mudanças agiram antes para tornar aceitável a industrialização e a poluição do que para limitar a alteração do ambiente. Evidentemente, a indústria não é mais a mesma, e irradiou-se pelo mundo valendo-se de seu *foyer* inicial. Mumford chamou aquele período da industrialização de "Paraíso paleotécnico: *Coketown*", mas poderíamos chamá-lo, também, de "Carbonópolis"[61], cidade do carbono, oriunda principalmente da energia do carvão — fonte energética, diga-se de passagem, que continua sendo importante, com cerca de 29% do consumo energético planetário e que ainda é a base da produção de ferro gusa no Brasil com o uso do carvão vegetal — de árvores plantadas ou não — nos dias atuais; por outro lado, a lenha e o carvão em 2022 continuavam representando cerca de 9% da matriz energética brasileira[62].

Esta denominação de Lewis Mumford guarda sua pertinência atualmente — com a ressalva de se acrescentarem o gás e o petróleo. O período que ele chama de neotécnico permanece, com a emissão intensa pelas indústrias dos mais diversos particulados de metais pesados, de dióxido e

---

[60] MUMFORD, L. *A cidade na história*: suas origens, transformações e perspectivas. São Paulo: Martins Fonte, 2008. Cap. 14: "Paraíso paleotécnico: Coketown". p. 531-576. Originalmente publicado em 1961.

[61] Referência de Mumford à cidade industrial poluída descrita por Charles Dickens no romance *Tempos difíceis*. Essa tradução de Coketown como "Carbonópolis" foi sugerida à página 532 do referido capítulo de Mumford pelo tradutor da versão em português.

[62] Em 2020, cerca de 50% da matriz energética do Brasil provinha de petróleo e gás natural (44%) e carvão mineral (5%), e cerca de 67% da energia consumida no país era não renovável. Os transportes consumiam 35% desta energia, principalmente oriunda do petróleo e gás, e a indústria consumia outros 35% (50% de biomassa, incluindo 6% de carvão vegetal e cerca de 25% de energia fóssil). Alega-se, de maneira absurda, que, apesar de a emissão de CO_2 ser proveniente da queima de árvores, o carvão vegetal seria "renovável". Em 2011, o carvão vegetal foi responsável por 21% da energia consumida no setor de aço e ferro gusa e cerca de 16% da emissão de CO_2. *Cf.*: CAMIOTO, F. C.; REBELATTO, D. A. N. Análise da contribuição ambiental por meio da alteração da matriz energética do setor brasileiro de ferro-gusa e aço. *Gestão & Produção*, São Carlos, v. 21, n. 4, p. 732-744, dez. 2014; PERFIS energéticos de países. *In*: GLOBAL ENERGY MONITOR. *Portal Energético para a América Latina*. Covina, CA: Global Energy Monitor, [2023?]; ORGANIZACIÓN LATINOAMERICANA DE ENERGÍA (OLADE). Panorama energético de América Latina y el Caribe 2021. Quito: Olade, 2021. Ver igualmente: ATLAS de l'énergie. *Courrier International*, Paris, n. 90, sept./oct. 2022. Hors série.

monóxido de carbono, de gás metano e de outros variados gases e moléculas, bem como o produto dele se infiltra em todos os lugares com os plásticos que já se constituíram em rocha ou que, diluídos em micropartículas, povoam os mares, ou ainda as moléculas químicas invisíveis e "eternas" produzidas pela indústria[63], pois nunca mais desaparecerão da face da Terra. Esse "climatério" urbano, como o denominou Mike Davis, é fonte de muitos problemas de saúde na contemporaneidade.

Assim, a "Posmetrópolis"[64] contemporânea não é produto do pós-industrialismo ou do pós-capitalismo, mas de uma sociedade hiperindustrial onde há uma convergência dos serviços, das indústrias e dos meios digitais em um processo em rede em diferentes escalas e com efeitos sobre o ambiente[65]. O crescimento econômico é baseado na inovação, nos ganhos de produtividade e nos regimes de lucros que comprimem os custos, e que se globalizaram. Seus efeitos sobre os espaços urbanos são traduzíveis, entre outras tantas coisas, pela extensibilidade das cidades e suas periferias, pela transformação exponencial da terra urbana em produto imobiliário, pelo aumento da produção de rejeitos, de lixos os mais diversos e da poluição e aumento da demanda de energia[66].

Esse "novo regime industrial e urbano" é que engendrará as pós-metrópoles contemporâneas como as descreveu Edward Soja e que teve efeitos deletérios sobre a convivialidade da cidade. Soja, com base na experiência de Los Angeles, teoriza a globalização dos espaços urbanos e a explosão das suas formas canônicas com o desdobramento da metrópole em fragmentos e a constituição de mosaicos e arquipélagos que constituem uma metrópole sem limites claramente definidos. Mumford, quanto a ele, dedica dois capítulos de seu clássico livro *A cidade na história* à transformação da cidade contemporânea em "subúrbio de massa" como anticidade e descreve a emergência das "Megalópoles" e da cidade mundial.

As escolhas técnicas imprimiram na Terra marcas indeléveis e mutações que transformaram o mundo e as paisagens de maneira definitiva. E os territórios urbanos são esses lugares onde o capitalismo produziu a anticidade. Construiu-se, dessa forma, um "novo regime industrial e urbano".

Pretendemos interrogar genealogicamente o fato de que, apesar de identificarmos o capitalismo como o mal dos séculos, como aquilo que "come a terra"[67], que leva a uma economia destruidora[68], ou ainda que resulta numa transformação, cada vez maior, da cidade e do espaço urbano em negócio, onde há uma espoliação urbana e uma espoliação imobiliária[69] e que ocupa a terra tomada dos usos coletivos, ele continua, no presente, essa espoliação[70] e essa devastação históricas coloniais e neocoloniais. Como se fosse mais fácil imaginar o fim do planeta do que o fim do capitalismo.

---

[63] Sobre a poluição eterna e grave por molécula de *Per- and Polyfluoroalkyl Substances* (PFAS), ela foi mapeada na Europa. Ver o mapeamento realizado por jornalistas em: JOURNALISTS tracking PFAS across Europe. *In*: THE FOREVER Pollution Project. Amsterdam: Arena, c2023. São substâncias denominadas de per e polifluoroalquil, produzidas desde o fim da década de 1940. Esses produtos químicos exclusivos têm sido usados para produzir em massa aplicações antiaderentes, resistentes a manchas e à prova d'água que revestem nossos utensílios diários, produtos têxteis e muito mais. Sobre as rochas plásticas encontradas na Ilha de Trindade, ver: MORAIS, R. Rochas plásticas encontradas na Ilha de Trindade. *In*: CANAL TECH. [São Paulo]: [s.n.], 25 jan. 2023. Edição de P. Gnipper.

[64] SOJA, E. *Postmetrópolis*: estudios críticos sobre las ciudades y las regiones. Madrid: Traficantes de Sueños, 2008.

[65] Ver sobre a sociedade hiperindustrial: VELTZ, P. *La société hyper-industrielle*: le nouveau capitalisme productif. Paris: Seuil, 2017.

[66] Sobre o impasse das políticas urbanas no Brasil e as escolhas de desenvolvimento urbano, ver: MARICATO, E. *O impasse da política urbana no Brasil*. São Paulo: Vozes, 2011. Sobre a expansão contemporânea de modos de habitação insalubres e a "favelização" das "periferias" das megalópoles planetárias, ver: DAVIS, M. *Planeta favela*. São Paulo: Boitempo, 2006.

[67] KOPENAWA, D.; ALBERT, B. *A queda do céu*: palavras de um xamã Yanomami. São Paulo: Companhia das Letras, 2021.

[68] BRUNHES, J. *La géographie humaine*. Paris: Felix Alcan, 1925.

[69] PEREIRA, P. C. X. A reprodução do capital no setor imobiliário e a urbanização contemporânea: o que fica e o que muda. *In*: PEREIRA, P. C. X. (org.). *Reconfiguração das cidades contemporâneas*: contradições e conflitos: FAU/USP, 2016.

[70] ZANOTELLI, C. L. O co-mum urbano entre acumulação via espoliação (ou por despossessão) e a acumulação por subordinação ampliada. *In*: SERPA, A.; CARLOS, A. F. (org.). *Geografia urbana*: desafios teóricos contemporâneos. Salvador: UFBA, 2018.

A abordagem genealógica desse "novo regime industrial e urbano" ou da "sociedade industrial"[71] faz-se no sentido de que ela condiciona a vida social e o ambiente planetário e, claro, a própria cidade. Mesmo se a forma, ou o tipo e a localização da indústria, associada ao setor financeiro, for transformada, ela continuará a existir, será herdeira deste século XIX e provocará crescimento da massa de investimentos em projetos industriais no sentido largo: mineração, produção de energia, construção, indústrias de equipamentos e de infraestruturas etc. Como nos diz David Harvey[72], há uma massa de recursos financeiros acumulados que desaguam em projetos energéticos, turísticos e outros os mais diversos como forma de tornar rentáveis os capitais acumulados em busca de investimentos. E, no caso das indústrias altamente poluentes de base, como aciarias, guseiras, produção de alumínio, associadas à mineração e extração vegetal etc., as cidades do Sul global são seu lócus privilegiado.

Para demonstrar nosso propósito, inicialmente, à luz de Foucault, procuramos retornar ao passado para entender o presente e as condições de possibilidade que o criaram, abordando, desse modo, de maneira esquemática, a tipologia de cidades que emergem com os fisiocratas em meados do século XVIII, prenunciando os movimentos da economia política clássica do liberalismo e industrialismo. Em seguida, com base no historiador das técnicas e das ciências Jean-Baptiste Fressoz, exporemos a emergente indústria no século XIX, apoiados, igualmente, na leitura da cidade industrial de Lewis Mumford. Por outro lado, reportamo-nos às normas industriais e urbanas debatidas no Rio de Janeiro neste mesmo século, valendo-nos dos trabalhos de Roberto Machado, Angela Loureiro, Rogerio Luz e Katia Muricy (1978), e vamos nos referir a certos aspectos da capital carioca a partir de Maurício de Abreu (2008).

Depois destas análises procuraremos ver os efeitos desse industrialismo no crescimento da produção e do consumo de matéria e de energia na contemporaneidade e sua crítica por parte de Ivan Illich e André Gorz, bem como analisaremos a posição de David Harvey sobre a relação do capitalismo com as crises ambientais. Enfim, elencaremos de maneira rápida alguns elementos da persistência contemporânea da cidade do carbono. Nosso interesse em tratar este tema parte do estranhamento com que nos deparamos ao observar que o fato ambiental e a destruição do meio ficaram muito tempo longe das preocupações principais da geografia urbana no Brasil até muito recentemente.

Cidade, população e o *Homo economicus*

Inicialmente, para tentar compreender a problemática contemporânea do "novo regime urbano-industrial", vamos analisar de maneira sintética a genealogia de sua constituição. Começamos pelo tipo de cidade que emerge associada com as novas formas de pensamento econômico do século XVIII. Assim, Foucault[73] dir-nos-á que um dos problemas centrais das cidades no século XVIII, na Europa ocidental, era o de como desencravá-las espacialmente, juridicamente, administrativamente e economicamente, e para isso ele insere a cidade numa trama ampla de circulação de bens e de pessoas. Nela, a "forma boa [da cidade] deveria ser o suporte do exercício exato de sua função". A circulação é, assim, associada, por exemplo, em certos projetos de urbanismo, às artérias que irrigam um corpo e que recebem seu fluxo de um centro nevrálgico, o coração, e é representada de forma organicista.

---

[71] ILLICH, I. *La convivialité*. Paris: Seuil, 1973.

[72] HARVEY, D. Estamos vendo uma reconfiguração da ordem mundial. [Entrevista cedida a] Estefanía Martinéz. *Jacobin*, [Brasil], 24 fev. 2023.

[73] FOUCAULT, M. *Sécurité, territoire, population*. Cours au Collège de France, 1977-1978. Paris: Seuil, 2004a. p. 19. Todos os textos citados foram traduzidos por nós.

Analisando os projetos de organização territorial de Vigné de Vigny para a Cidade de Nantes, na França do século XVIII, Foucault identificou quatro eixos orientadores: assegurar a higiene, permitir a aeração e retirar os miasmas de bairros muito densos. O propósito era o de combater as doenças, assegurar o comércio interior da cidade, articular as suas redes de ruas com as estradas exteriores a ela, em particular com Paris, para que as mercadorias circulassem mais facilmente, sem abandonar, no entanto, os controles da alfândega; e, por último, pretendia-se eliminar os muros para facilitar o desenvolvimento econômico, mas, ao mesmo tempo, permitir a vigilância para controlar a insegurança que viria com a eliminação destes, pois haveria um afluxo de populações flutuantes, tais que "mendigos, vagabundos, delinquentes etc.", que eram vistas como perigosas[74].

Visava-se organizar a circulação e eliminar o que era perigoso, separar a "boa" e a "má" circulação, maximizando a boa e diminuindo a má. E, por fim, nos planos urbanos analisados por Foucault, emergia a questão de como pensar as possibilidades de desenvolvimento da cidade, como projetá-la para o futuro. Há aqui um modo de funcionamento da cidade e de seu controle que é diferente das cidades de poder soberano ou das cidades planejadas e esquadriadas pelo poder como forma de manter a população submetida a uma disciplina.

Tratava-se de garantir uma maximização de elementos positivos, uma melhor circulação possível, e minimizar os riscos de doenças, de roubos, mas sabendo-se, ao mesmo tempo, que não serão suprimidos esses riscos, organizando-se os elementos do espaço por sua polifuncionalidade, procurando levar em conta de maneira previsional o que poderia acontecer, submetendo as técnicas de planejamento ao problema da segurança da população[75]. Esses mecanismos de controle e de segurança funcionam como que à distância em meio aberto e se fundam sobre uma série aberta de elementos que se deslocam: número de carros, de carga, de pessoas, barcos, localização dos lugares dos miasmas, etc. Essas séries somente podem ser controladas por cálculos de probabilidade.

Em conclusão, Foucault, nos três tipos diferentes de cidades que ele constatou, e todos eles implicavam uma relação problemática com o espaço, conclui que, na proposta de cidade do século XVII, a "Metropolidade" (*Metropolité*) de Alexandre le Maître, a soberania capitaliza o território e coloca a "capitalidade" como problema político para a sede do governo. A disciplina, quanto a ela, emerge com o exemplo que ele dá de uma "cidade nova" no século XVII, a cidade de Richelieu, cujos planos são de Lemercier e datam de 1631. Ela foi pensada no formato de um destacamento militar por meio do esquadrinhado do espaço sob a forma de um tabuleiro, com quadrados e retângulos. A cidade vai, assim, *arquitetar* um espaço e coloca o problema de uma distribuição hierárquica e funcional dos elementos como forma de um microcosmo inserido num macrocosmo mais amplo do Estado, operando um tratamento disciplinar das multiplicidades em um espaço fechado[76]. Enfim, a segurança, no caso de Nantes no século XVIII, organiza-se em função de eventos ou de uma série de eventos ou elementos prováveis; trata-se de produção de normas num quadro multivalente e transformável, em que o meio é um espaço aberto onde se desenvolvem séries aleatórias.

O meio, para Foucault, é aquilo que é necessário para dar conta da ação à distância de um corpo sobre um outro[77]. Para ele, o que esses planejamentos de arquitetos e urbanistas das cidades no século XVIII revelam é a emergência, pragmática e antecipada, em relação às ciências, da noção

---

[74] *Ibidem*, p. 20.

[75] *Ibidem*, p. 21-22.

[76] *Ibidem*, p. 15-19.

[77] Sobre a genealogia do meio nos séculos XVIII, XIX e XX em diferentes campos dos saberes, ver: ZANOTELLI, C. L. A (re)emergência das noções de meio no contexto contemporâneo do neoliberalismo e de economia destruidora. *Ateliê Geográfico*, Goiânia, v. 16, n. 2, p. 6-30, 2022.

de meio. O meio é englobante e envolve um conjunto de dados tanto naturais quanto artificiais. Pelo meio, é o fenômeno de circulação das causas e dos efeitos que é visado para atingir o conjunto de uma população; e, para Foucault, o problema técnico da cidade na época é aquele da "naturalidade do espaço humano no interior de um meio artificial"[78], é uma irrupção da naturalidade da espécie (nascimento, migração, vida e morte, atividades etc.) dentro de uma artificialidade política que é a cidade ela mesma, estabelecendo relações de poderes. Por isso, para Foucault, o meio histórico-natural é o alvo de intervenções de poder. Assim, se um soberano quer mudar a espécie humana, agir sobre uma massa para obter resultados econômicos e sociais, ele deve agir sobre um meio, um quadro de vida[79].

Para Foucault[80], o meio determina a forma de produção e de consumo. Ele analisa neste sentido a escassez de grãos e o risco de emergência da fome em meados do século XVIII, demonstrando como os fisiocratas adotaram uma postura que não era mais aquela de impedir a raridade da produção, quando o Estado confiscava os grãos estocados pelos agricultores para fazer face aos eventos imprevistos. Mas sim aquela de se apoiar na escassez, não tentar impedi-la, pois o fenômeno, segundo eles, anular-se-ia por meio da promoção da concorrência, da abertura da concorrência, e assim a escassez seria reabsorvida com o tempo.

Foucault faz um paralelo entre esses procedimentos e os processos da inoculação e vacinação que começavam a ser aplicados para combater a varíola na época:

> [...] não se tentava tanto impedir a varíola, ao contrário, provocava-se nos indivíduos, em que se inoculava, alguma coisa que era a varíola ela mesma, em condições tais que a anulação podia se produzir no momento mesmo desta vacinação que não desembocava numa doença total e completa, e é desta maneira, apoiando-se sobre esta espécie de primeira pequena doença artificialmente inoculada, que se podia prevenir os outros ataques eventuais de varíola.[81]

Diz-nos Foucault que aqui se vê um mecanismo de segurança com a mesma morfologia daquele observado a propósito da escassez de grãos, havendo, assim, uma dupla integração no interior de diferentes tecnologias de segurança, no interior da racionalização, do acaso e da probabilidade[82]. Nos dois casos, são feitos cálculos de riscos e de perigo. Com a doutrina fisiocrata, colocou-se, como diz Foucault, o princípio do governo econômico da liberdade de comércio e da circulação de grãos interna e externa à França[83], com o famoso lema: "deixe passar, deixe fazer" (*laissez passer, laissez faire*).

Para os fisiocratas, a rarefação e a carestia de grãos não eram necessariamente ruins, elas eram um fenômeno "natural", que não era "nem bem nem mal". Não se devia, segundo eles, impedir de maneira a reprimir a carestia e a falta de grãos, mas deixar acontecer, deixar a "naturalidade", a realidade, aflorar, sem ser impedida. Assim, aos poucos o desequilíbrio seria compensado, freado, limitado e anulado pelo jogo da concorrência livre. Recorre-se, dessa maneira, a um dispositivo de segurança, como para as cidades, que se exerce pelo meio[84]. Dessa forma, pretendia-se pensar uma "ordem natural", que seria a "realidade", a *physi*, donde deriva a palavra "fisiocrata", e que seria uma espécie de controle à distância pelo jogo dos interesses da "ordem natural". Le Trosne escreveu

---

[78] FOUCAULT, 2004a, p. 23.
[79] *Ibidem*, p. 23-24.
[80] *Ibidem*, p. 61.
[81] *Ibidem*, p. 61.
[82] *Ibidem*, p. 61.
[83] *Ibidem*, p. 35.
[84] *Ibidem*, p. 39-50.

que: "A ciência econômica, não sendo outra coisa que a aplicação da ordem natural ao governo das sociedades, é tão constante em seus princípios e suscetível de demonstração como as mais certas ciências físicas"[85]. São defendidos por este caminho os fundamentos da ideia de "naturalização" como ciência "física", como realidade, que revelariam o dogma da livre concorrência e da livre circulação.

Em síntese, a rua, o grão e o contágio, ou a cidade, a escassez e a epidemia, são três fenômenos intimamente associados à circulação[86]. Trata-se de jogar "com os elementos da realidade", uns em relação aos outros, e não mais de, como nas sociedades de soberania, obedecer a uma vontade superior, aquela do soberano ou ainda da pura disciplina, como nos dispositivos da cidade de Richelieu — claro que há uma heterogeneidade desses dispositivos; dependendo do momento histórico, pode haver integração de partes destas tipologias de dispositivos nas cidades —, mas sim de seguir um jogo da "realidade", de "natureza", de uma "anulação progressiva do fenômenos pelos fenômenos eles mesmos"[87]. Porém estes fenômenos devem ser regulados pela intervenção do governo sobre o conjunto da população na medida do que seria justo, necessário e suficiente. Assim emerge a "personagem população" na tessitura da cidade, da escassez e da epidemia, estabelecendo uma nova economia de poder nesse século XVIII.

É interessante refletirmos sobre o que Foucault fala em relação aos fisiocratas que buscaram positivar o "desejo" das pessoas na busca pelo interesse ou de pretender "produzir o interesse coletivo pelo jogo do desejo"[88]. Para os fisiocratas, o problema não era dizer não ao desejo — que normalmente era limitado pelos governos segundo antigas teorias do direito natural —, mas de saber como lhe dizer sim, como estimular o amor próprio, para que ele pudesse produzir efeitos benéficos. Busca-se o que é "útil ao governo das populações", por meio do interesse, e pelo utilitarismo regula-se a sociedade. O utilitarismo de Bentham, por sua vez, pensava a subjetividade humana como correspondente à lógica da acumulação do capital[89].

O homem tal como ele se constituiu por meio das ciências humanas, ser vivente, indivíduo que trabalha, sujeito que fala, deve-se compreendê-lo conforme a emergência da população como correlativo de poder e como objeto de saber, conclui Foucault.

Em síntese, as técnicas de governo são constituídas por meio de mecanismos de segurança que têm como ponto de apoio a população e como articulador a circulação (na cidade, no comércio e nas doenças). Processos que funcionam sob a forma de uma regulação à distância, operando-se o interesse dos indivíduos no exercício aberto do risco, do perigo e da crise, aspectos constitutivos da sociedade moderna e presentes nas escolhas explícitas de crescimento e desenvolvimento econômico.

A biopolítica ou biopoder da população tornada objeto de poder e de saber envolve a vida, o trabalho e a linguagem. População que deve ser gerida por bioindicadores e mecanismos de segurança, tornando aceitáveis os riscos da sociedade urbana e industrial.

Como indica Laval[90], para Foucault, "e aí está seu aporte inovador [...] o liberalismo deve ser compreendido como uma tecnologia de poder intervindo no coração dos processos reais e não mais como uma ideologia que pretende representar o real". O liberalismo é um jogo ou uma arte de governar; e a técnica, antes de se concretizar nos objetos, é social.

---

[85] LE TROSNE, 1766 *apud* FOUCAULT, 2004a, p. 55, nota 28.
[86] FOUCAULT, 2004a, p. 66.
[87] *Ibidem*, p. 68.
[88] *Ibidem* p. 75.
[89] LAVAL, C. *Foucault, Bourdieu et la question néolibéral*. Paris: La Découverte, 2018. p. 54, nota 40.
[90] *Ibidem*, p. 41.

Assim, as crises ambientais que trará a sociedade industrial serão banalizadas pelas regulações, o que nos levará às desinibições modernas em face dos riscos e perigos bem reais das tecnologias do novo "regime industrial-urbano".

Cidade, indústria, higienismo e a expansão infinita do consumo de energia e de matéria

Valendo-se do método genealógico de Foucault, Fressoz[91] identificará, na história das técnicas e das ciências aplicadas à industrialização e em particular em meio urbano, que desde o século XVII e XVIII na Europa havia preocupações com as questões de poluição e com as escolhas que o capitalismo industrial fazia. Fressoz revela que o século XIX foi marcado por inquietações muito fortes na relação entre a cidade e o campo. A urbanização e a industrialização levavam a críticas de que a concentração dos homens e seus excrementos impedia o retorno à terra de substâncias minerais indispensáveis à sua fertilidade. Marx criticava as consequências sobre o meio dos grandes domínios vazios de homens da agricultura capitalista, que rompiam com as circulações materiais entre sociedade e natureza, dizendo que a particularidade do seu metabolismo era sua insustentabilidade[92]. Como indicava Élisée Reclus, no início do século XX, "a causa da feiura de nossas cidades modernas provém da invasão das grandes indústrias manufatureiras"[93]. O mesmo geógrafo manifesta sua preocupação com o sistema de coleta de rejeitos e de esgotos e sua reutilização, bem como a necessária organização do transporte em comum (transporte público)[94].

Fressoz analisa que as preocupações e as ações públicas em relação aos metabolismos urbanos eram onipresentes e, assim, nos anos 1860 na França, a reciclagem, a coleta de matérias e objetos abandonados era exercida por cerca de 100 mil pessoas. Ossos, trapos, roupas, metais, tudo era revendido e reutilizado, e até o fim do século XIX as *excretas* urbanas eram objeto de uma valorização agrícola sistemática[95].

A própria "polícia urbana" do Antigo Regime inscrevia seu trabalho no movimento do pensamento médico neo-hipocrático, fazendo dos lugares, dos ares e das águas os determinantes da saúde, e ela tinha uma preocupação detalhista com as alterações do meio urbano. Nesse sentido, ia ao encontro das alterações apregoadas, como vimos, pela economia dos fisiocratas para facilitar a "circulação".

Por outro lado, havia regulamentações das florestas e da pesca desde 1681. Ou seja, a preservação relativa aos meios revela um

> [...] fato histórico maior, que as comunidades tenham conseguido preservar recursos naturais (haliêutico, florestal, pastoral) durante séculos, o que testemunha a inteligência ecológica de sociedades passadas.[96]

Assim, as sociedades passadas, na França, não alteraram seu meio por inadvertência nem sem considerar, às vezes com temor, as consequências de suas decisões. Disso se deduz que produzi-

---

[91] FRESSOZ, J. B. *L'apocalypse joyeuse*: une histoire du risque technologique. Paris: Seuil, 2012.
[92] *Ibidem*, p. 14.
[93] RECLUS, E. *L'homme et la Terre*: histoire contemporaine. Paris: Fayard, 1990. t. 1. p. 96. Originalmente publicado em 1906-1908.
[94] *Ibidem*, p. 104 *et seq*.
[95] FRESSOZ, 2012, p. 15.
[96] *Ibidem*, p. 15. Exemplos das lutas para preservação da Mata Atlântica no século XIX e XX, mas que foram vencidas pelas escolhas políticas e econômicas realizadas, encontram-se nos capítulos 11,12 e 13 de DEAN, W. *A ferro e fogo*: a história e a devastação da Mata Atlântica brasileira. São Paulo: Cia. das Letras, 2021. Originalmente publicado em 1995.

ram de maneira calculada e política, sobre cada ponto estratégico e conflituoso da modernidade, a ignorância e/ou "o conhecimento desinibido" para se introduzir a industrialização com efeitos nefastos sobre a vida urbana. Assim, as "pequenas desinibições modernas" incluem os "dispositivos que tornam possível, aceitável e mesmo desejável a transformação técnica dos corpos, dos meios, dos modos de produção e das formas de vida"[97]. Fressoz indica que:

> A modernidade foi uma empresa. Os que a fizeram advir e a conduziram produziram saberes e ignorâncias, normas jurídicas e discursos cujo objetivo era o de instaurar novas sensibilidades, novas maneiras de conceber sua vida, seu corpo, suas relações com o meio e com os objetos.[98]

Em seu livro, Fressoz[99] problematizou a inovação, interrogando como foi produzida a aceitação de escolhas tecnológicas que resultaram no "novo regime industrial". Ou ainda como foram criados sujeitos tecnófilos e novas apreensões do real, tornando o mundo compatível com as necessidades da revolução industrial e demográfica.

Ele demonstra o caráter frequentemente indeciso e, às vezes, contingente das escolhas tecnológicas passadas, abrindo, assim, novas liberdades para analisar as inovações tecnológicas do presente como "escolhas" impostas sem debate coletivo. Pois: "Contrariamente ao sonho sociológico de uma tecnociência controlada, de um progresso evolutivo, a história da técnica é aquela de seus golpes de força e os esforços ulteriores para normalizá-los"[100].

No que nos interessa mais de perto aqui em relação às mutações ocorridas no *environnement* (ambiente, ou aquilo que é circundante), como o analisou Fressoz — e que acreditamos poder aproximar à noção de *milieu* (meio) já evocada, mas que pensamos ser mais complexa e não envolver a separação entre os homens, a sociedade e o meio como o que circunda tão somente[101] —, o autor analisa algo capital, dizendo-nos que o *environnement* não é uma noção recente: "Ele possui uma longa genealogia da qual eu tento caracterizar uma seção através da noção de *circumfusa*, ou 'coisas circundantes'"[102]. Pensava-se a categoria de higiene no século XVIII como extremamente ampla, e nela se incluíam todas as coisas naturais e artificiais — como o meio analisado por Foucault no mesmo século XVIII —, indo do clima às fumaças emitidas pelos ateliês dos artesãos, estudando a forma como determinavam a saúde e mesmo a forma dos corpos. Assim, Fressoz constata:

> Que o paradoxo é, então, que a industrialização e a alteração das "coisas circundantes", que ela causou pelo seu cortejo de poluições, se tenha desenvolvido não num vazio cognitivo, mas apesar das teorias médicas dominantes fazendo do *environnement* o produtor mesmo do humano.[103]

E o autor em suas análises dá o exemplo da indústria química na França a partir do ano crucial de 1800, que impulsionou uma mudança radical da regulação ambiental (*environnementale*), permitindo descomplexificar o perigo. No lugar das polícias urbanas do Antigo Regime, preocupadas com a proteção sanitária e dispostas a proibir ou punir os artesãos, a "administração industrialista

---

[97] FRESSOZ, 2012, p. 16.
[98] *Ibidem*, p. 16.
[99] *Ibidem*, p. 17.
[100] *Ibidem*, p. 19.
[101] Sobre essa temática, ver: ZANOTELLI, 2022.
[102] FRESSOZ, 2012, p. 21.
[103] *Ibidem*, p. 21.

organizou um quadro liberal de regulação dos conflitos fundado na simples compensação financeira dos danos ambientais"[104]. Algo que, como sabemos, se generalizou nos dias atuais, instaurando o reino do dinheiro e do interesse nas questões ambientais. E, paralelamente, diz-nos Fressoz, houve a liberalização dos ambientes para serem poluídos. Assim, o

> [...] higienismo reconfigura as etiologias médicas: mais que as coisas circundantes, são agora os fatores sociais que determinam a saúde das populações. Então, a industrialização, aumentando a riqueza social, acabará por produzir um povo com melhor saúde.[105]

As doenças dos operários no início do século XIX incriminavam de maneira direta a atividade econômica, colocando problemas para a economia política. Para Adam Smith, as doenças dos artesãos e operários não tinha causa nos ambientes circundantes, no meio de trabalho, mas no excesso de trabalho, pois os operários trabalham muito por causa de salários importantes. Convém, assim, segundo Smith, delimitar os salários[106]. As doenças dos operários e artesãos trabalhando em fábricas insalubres transformam-se aos poucos em problemas de riqueza e de pobreza, em doenças da miséria e da moral para os higienistas públicos e industrialistas do século XIX.

As descrições que faz Lewis Mumford das cidades industriais no século XIX, realizando um diagnóstico sobre a "concorrência livre" — antes suscitada pela biopolítica, diríamos — em que se deixou correr a produção industrial, são impactantes. Ele descreve sistematicamente tanto a destruição da natureza como a miséria dos trabalhadores e a insalubridade das cidades, das usinas e dos habitats, bem como o literal inferno em que viviam esses trabalhadores:

> O próprio século que se jactava das suas conquistas mecânicas e de sua presciência científica deixou ao acaso os seus processos sociais, como se o hábito científico da mente se tivesse exaurido nas máquinas, e não fosse capaz de dar atenção às necessidades humanas. A torrente de energia que era arrancada dos depósitos carboníferos corria colina abaixo, sem o menor aperfeiçoamento possível do ambiente: as aldeias fabris, as aglomerações fabris, eram socialmente mais cruéis que as aldeias feudais da Idade Média.[107]

Mumford, no entanto, dirá que os higienistas, a salubridade pública, reduzirão em muito a situação de miséria, de esgoto e sujeira a céu aberto dessas cidades industriais, ainda que muitos desses processos, diz ele, continuassem a acontecer em vários lugares até os anos 1960, e em muitos lugares do Sul global até hoje.

Essa questão do higienismo, como vimos, é vista em geral pelo ângulo crítico do controle social, apesar de melhorias inegáveis que se produziram nas atmosferas urbanas, mesmo se nos países como o Brasil até hoje temos problemas graves de poluição, saneamento e de habitação. Mas, justamente no Brasil, num estudo que marcou época sobre a medicina social e o higienismo no século XIX, em particular em relação ao Rio de Janeiro, há uma abordagem inspirada dos estudos de Foucault[108] e que trata da cidade no plano da norma, abordando a questão do higienismo como regulação social segundo o poder da "polícia médica", pela qual se procura "medicalizar a vida social". Parece-me que estas análises vão no mesmo sentido que o das novas especialidades médicas que surgem na França nesse período e que pretendem monopolizar os riscos circundantes e reconfigurar sua percepção,

---

[104] *Ibidem*, p. 21.
[105] *Ibidem*, p. 21.
[106] SMITH, volume 1, Cap. VIII, *apud* FRESSOZ, 2012, p. 176.
[107] MUMFORD, 2008, p. 559. Ver as descrições sobre Coketown nas páginas 558 a 564.
[108] MACHADO, R. *et al. Danação da norma*: a medicina social e constituição da psiquiatria no Brasil. Rio de Janeiro: Graal, 1978.

procurando influenciar a opinião pública e transformar as doenças dos operários de curtumes e outros ateliês em doenças da miséria e da moral, propalando-se, assim, a "higiene social"[109].

Como relatam os pesquisadores, os médicos higienistas no Rio de Janeiro daquela época:

> [...] formulam uma verdadeira teoria da cidade, desenvolvendo em vários níveis uma reflexão sobre a morbidade urbana e explicitando a exigência de realização de condições de vida ideais que a tornem um poderoso instrumento de normalização da sociedade. Neste sentido a medicina social é uma medicina essencialmente urbana.[110]

Essa "medicina social" pretendia controlar a vida social na cidade para "corrigir a desordem" que a cidade acarretava com a "corrupção do meio ambiente"[111]. Esses médicos sociais parecem ainda regular as poluições circundantes, no meio, prolongando ainda certas perspectivas da medicina neo-hipocrática, a qual vai se diferenciar da "desinibição industrial" das etiologias médicas. Assim, no Rio de Janeiro, documentos de higiene pública, artigos da imprensa e normas demonstram que a "reflexão sobre a fábrica urbana, aos níveis de sua localização e organização", está, portanto, guiada pela ideia fundamental de que ela é um agente "poluente": durante o processo de produção cria emanações deletérias e lança seus dejetos nas águas que servem à cidade[112]. E isto é revelado pelo Código de Posturas de 1832 em seu sexto título, primeira parte — elaborado com a assessoria da Sociedade de Medicina —, que mostra qual é a preocupação básica quando se reporta à "colocação de curtumes e [...] quaisquer estabelecimentos de fábricas e manufaturas que possam alterar e corromper a salubridade da atmosfera ou incomodar a vizinhança; e sobre depósitos de imundícies"[113]. Sem dúvida, existe a determinação de um perigo. Perigo ligado ao caráter mais ou menos nocivo das diferentes fábricas em relação ao ar e à água que circulam na cidade.

Portanto, estes higienistas parecem se inscrever ainda mais nos aspectos de *circumfusa* do que nas novas etiologias de doenças e de culpabilização dos operários produzidas na atmosfera dominante industrialista que se desenvolvem na França e na Europa, mais industrializadas, em meados do século XIX, ainda que em 1854[114] existissem projetos que propusessem, para o Rio de Janeiro, um melhoramento sanitário das populações industriosas e que tinha como objetivo

> [...] melhorar a "educação física" através dos estudos dos seus "hábitos e costumes", da alimentação, das moléstias e das causas de mortalidade. Visando a interferir na própria fábrica através da determinação e condições de vida do trabalho.

Outro engenheiro sanitarista, Manuel da Cunha Galvão, vai na mesma veia social e trata a relação da saúde do operário com a miséria e a moral, propondo, em 1855, construir casas "para a pobreza envergonhada, construir casas para os operários" a fim de reduzir a mortalidade da cidade, pois "aproveitar braços úteis é avigorá-los para o trabalho, dando-lhes a comodidade do lar doméstico e alentando-os no caminho da honestidade"[115].

Em conclusão do estudo das normas higiênicas sobre a fábrica no Rio de Janeiro no século XIX, o filósofo Roberto Machado e os coautores[116] do estudo afirmam:

---

[109] FRESSOZ, 2012, p. 173-175.
[110] MACHADO *et al.*, p. 260.
[111] *Ibidem*, p. 261.
[112] *Ibidem*, p. 345.
[113] *Ibidem*, p. 345.
[114] *Ibidem*, p. 349.
[115] *Ibidem*, p. 351.
[116] *Ibidem*, p. 353.

> A medicina é social por detectar na cidade as causas de um estado patológico da população e formular um projeto de normalização da sociedade como condição para produzir o estado positivo de saúde.

Estas preocupações se inscrevem num quadro, na capital do Brasil daquela época, em que a habitação coletiva e insalubre era "palco de atuação preferencial das epidemias de febre amarela, que passam a grassar quase que anualmente na cidade a partir de 1859"[117].

Mauricio de Abreu informa-nos que em 1868, na cidade do Rio de Janeiro, cuja população era de 191 mil habitantes, 11% moravam em cortiços[118]. Quanto à indústria, ela se expandia na cidade sobretudo a partir da segunda metade do século XIX e se concentrava em áreas centrais ou no entorno do centro, caracterizando-se predominantemente por pequenos estabelecimentos de fábrica de vela, perfume, calçados, chapéus, confecções, bebida, alimentação, mobiliário, gráficas, metalúrgicas, fundições, todas com baixíssimo nível de mecanização. Empregavam grande quantidade de força de trabalho e situavam-se (com exceção das fábricas de tecidos localizadas em pontos mais distantes do centro e que utilizavam a energia hidráulica ou proveniente do vapor) em meio a habitações, comércios e serviços[119].

Mas, apenas 30 anos depois, em 1890, a cidade tinha uma população de 522 mil habitantes, mais que o dobro em relação a 1868, população que vivia majoritariamente no centro e em seu entorno. Em 1890, de um total de 46.771 unidades prediais, 38.102 eram domiciliares, 3.785 industriais e 4.607 de usos mistos. A enorme maioria destas atividades localizava-se no centro e em seu entorno próximo, e todas aconteciam em um meio pouco saneado, emitindo vapores e fumaças diversos[120].

Essa realidade será modificada a partir de 1894 com as obras de reforma urbana, de embelezamento e de saneamento e voltadas para a concretização de reformas econômicas. Destruíram-se os quarteirões de cortiços habitados pelos proletários no centro, expulsando-os para os subúrbios e favelas, pois não houve construção de habitações populares para acolher essa população[121].

Interessante seria pesquisar como se deu essa relação das normas sanitárias, do higienismo e da poluição com o desenvolvimento da indústria no Rio de Janeiro e em outras grandes cidades do país nos fins do século XIX e ao longo do século XX (pena que essa não foi a abordagem de Maurício de Abreu) para se chegar às normas, às "compensações ambientais" e às "condicionantes ambientais" que fazem pesar as destruições ambientais urbanas e não urbanas sobre as próprias vítimas — os trabalhadores e os habitantes das cidades —, seguindo nestes aspectos as transformações mesmas da própria forma das análises da economia política do espaço e os efeitos das normas da sociedade industrial sobre os territórios das cidades e de seu entorno ou sobre espaços longínquos.

A industrialização e a expansão urbana: da mata ao petróleo

As consequências de uma industrialização que transforma as cidades por dentro, provocando especializações e depois implosões e explosões urbanas com suas sucessivas ondas de expansão em direção às periferias, provocaram poluições diversas segundo as tipologias de cidades e as desconcentrações de atividades e tiveram suas raízes, dentre outros lugares, neste fim do século XIX no

---

[117] ABREU, M. A. *Evolução urbana do Rio de Janeiro*. Rio de Janeiro: Instituto Municipal de Urbanismo Pereira Passos, 2008. p. 42.
[118] Ibidem, p. 42-43.
[119] Ibidem, p. 54-55.
[120] Ibidem, p. 56.
[121] Ibidem, p. 59-67.

Rio de Janeiro, das cidades se impulsionam as destruições e irá se desibinibir a poluição. A re(des)construção permanente dos imóveis engendra poluições as mais diversas, que são "arrastadas" pelos processos de "crescimento econômico" e do consumo de energia baseados, principalmente, no carvão vegetal e na lenha até meados do século XX. Assim, estimou-se que em 1948 a lenha e o carvão vegetal "representavam 79% de toda a energia consumida no Brasil". Na região Sudeste, a mais industrializada do Brasil, na mesma época, a queima de lenha e carvão "por certo não era menor que 50% do consumo de combustível, apesar do volume significativo na geração de energia hidrelétrica e do aumento da capacidade da região em importar combustíveis fósseis" (ainda não produzido em volumes importantes no Brasil na época)[122]. Ou seja, a industrialização até os anos 1950 no Sudeste estava acoplada com o desmatamento, principalmente da Mata Atlântica, demonstrando que a Carbonópolis tem uma conexão territorial com as florestas, seja pelo carvão vegetal e lenha para energia, seja pelas obras de construção e sua demanda crescente de madeira. Isso terá continuidade com as demandas de madeira da Amazônia atualmente por parte sobretudo da região Centro-Sul do Brasil, situação que se complementa com as conexões que a mineração tem diretamente com a indústria (minério de ferro, bauxita etc.) e a produção de energia.

Fazendo um salto histórico para a atualidade vemos que há várias continuidades com a estrutura do passado, como sabemos há uma corrida para se produzir cada vez mais energia renovável. Até 2029, no Brasil se prevê que o mix de produção de eletricidade à base de energia de origem eólica duplique e de energia solar quadruplique. Os projetos em parques de energia eólica estão aumentando exponencialmente: em 2021 havia 745 projetos listados, dos quais mais de 50% eram de multinacionais do setor[123].

Mas o grande problema é que o consumo global de energia continua aumentando e a energia fóssil continua tendo um papel de primeiro plano; invoca-se, entre outros motivos, para esse aumento, a existência ainda de centenas de milhões de pessoas pelo mundo sem acesso à eletricidade.

Assim, o consumo de energia primária aumentou 33% nas duas últimas décadas e pode ainda aumentar 50% de hoje até 2050[124]. Sem dúvida, desse modo, não estamos vivendo uma "transição energética", uma vez que todas as fontes de energia se acrescentam às fontes já existentes e que o volume total de energia produzida e consumida aumenta[125]. E não somente isso, os projetos de investimento em exploração de petróleo, gás e carvão mineral também têm aumentado: em 2022 foi feito um levantamento segundo o qual existiam 425 projetos de extração de combustíveis fósseis[126]. E o Brasil faz parte desses grandes projetos, que agora querem se estender para a foz do Amazonas.

Ainda que no Brasil os principais emissores do dióxido de carbono, gás a efeito estufa sejam sobretudo relativos às mudanças dos usos das terras e das florestas — mas que estão, como vimos, associados às cidades, pelas demandas que provêm do espaço urbano em madeira, carvão, minerais etc. —, as indústrias e o consumo de energia emitiam o equivalente a 30% deste total em 2021[127]. Por outro lado, a indústria e a energia são os maiores e principais emissores até 2021 de outros gases de efeito estufa (monóxido de carbono, tetrafluorometano e hexafluoretano, entre outros).

---

[122] DEAN, 2021, p. 269.

[123] Ver sobre esses pontos: WERNER, D.; LAZARO, L. L. B. The policy dimension of energy transition: the Brazilian case in promoting renewable energies (2000-2022). *Energy Policy*, Amsterdam, v. 175, Apr. 2023. Article 113480.

[124] ATLAS..., 2022.

[125] Ver sobre esse ponto de transição energética: CATAIA, M.; DUARTE, L. Território e energia: crítica da transição energética. *Revista da Anpege*, Rio Claro, SP, v. 18, n. 36, p. 765-791, 2022.

[126] ATLAS..., 2022, p. 12.

[127] Sobre as emissões de gás a efeito estufa, ver: OBSERVATÓRIO DO CLIMA. Sistema de Estimativas de Emissões e Remoções de Gases de Efeito Estufa (Seeg). Emissões totais. São Paulo: Observatório do Clima, 2023.

Porém é importante observar que o consumo de energia, principalmente fóssil, se encontra, em boa parte, dentro das zonas urbanas, o que nos interessa mais de perto. Assim, entre 70% e 80% das emissões de gases de efeito estufa e outros poluentes atmosféricos oriundos da queima de combustíveis fósseis e do tratamento de resíduos e efluentes no mundo vêm de áreas urbanas. E estas correspondem a menos de 1% da área dos continentes onde vive mais da metade da população do planeta[128].

Há, de toda evidência, uma desigualdade e uma iniquidade na distribuição do consumo de energia entre países do Norte global e do Sul global; e, no interior dos países, entre as cidades e o campo e entre as classes sociais. O superconsumo de energia e de bens e objetos diversos baseado no modo de vida americano e num modo de vida perdulário não pode ser generalizado pelo planeta, bem como deve ser diminuído substancialmente, ou seja, não pode haver mais crescimento econômico e expansão *ad infinitum* da indústria e do espaço urbano por sobre subúrbios e periferias sem fim, processos, iniciados, como vimos, de maneira acentuada no século XIX e baseados nas práticas da economia liberal na cidade e na indústria.

É desnecessário observar que não estamos anunciando aqui nenhuma "urbanofobia" e muito menos alguma "urbanofilia". Como lembra Marcelo Lopes de Souza, não se trata de nossa parte de "uma antipatia com as grandes cidades" nem, por outro lado, de uma associação acrítica da "urbanização" com o "desenvolvimento", o que, como vimos, criticamos[129]. Mas, nos perguntamos, quais serão os limites aos efeitos da indústria sobre o meio? Como enfrentar essa longa tradição de destruição? Seria possível sair do crescimento econômico e urbano que foi fundamental para a transformação das cidades como vimos? Procuraremos tratar destes pontos a seguir.

A crítica ao crescimento econômico

André Gorz[130], numa perspectiva anticapitalista, faz uma crítica sistemática do crescimento econômico herdado do industrialismo. O autor distingue (o que é bastante atual em relação às diversas formas de recuperação e adaptação que os empresários realizam da "economia verde") a "ecologia deles [capitalistas] e a nossa", frase que dá nome ao livro com a coletânea de textos recentemente publicados e que demonstra a abordagem lúcida deste filósofo sobre o capitalismo[131].

Mas Gorz alerta, em relação ao crescimento econômico e, em consequência, aos objetivos de acumulação capitalista sem fim e com impactos sobre o meio, que não basta — o texto é de 1974 — defender o não crescimento ou o crescimento negativo nos quadros do atual modelo de produção, pois isto poderia significar desemprego e crescimento da desigualdade, porque não seria possível "limitar ou bloquear o crescimento e repartir mais equitativamente os bens disponíveis"[132] em função da sua natureza mesma, que interdita frequentemente sua repartição equitativa. Em seguida, Gorz questiona como seria possível repartir equitativamente bens luxuosos e raros vendidos e promovidos

---

[128] *Cf.* ÁREAS urbanas respondem por mais de 70% das emissões de poluentes. *In*: INSTITUTO CLIMAINFO. *ClimaInfo*. São Paulo: Instituto ClimaInfo, 8 jul. 2021; CRIPPA, M. *et al.* Global anthropogenic emissions in urban areas: patterns, trends, and challenges. *Environmental Research Letters*, [United Kingdom], v. 16, n. 7, July 6, 2021.

[129] SOUZA, M. L. Urbanização, "ecologia" e projetos de sociedade: distopias ecofacistas, utopias social-ecológicas e heterotopias de resistência ecossocial. *In*: BARROS, A. L.; ZANOTELLI, C. L.; ALBANI, V. (org.). *Geografia urbana*: 30 anos do Simpósio Nacional de Geografia Urbana. Cidades, revoluções e injustiças: entre espaços privados, públicos, direito à cidade e comuns urbanos. Rio de Janeiro: Consequência, 2020. p. 149-170. p. 157.

[130] Sobre a importância de André Gorz no debate da ecologia política e os múltiplos campos teóricos em que ele se inseria, consultar: SOUZA, M. L. *Ambientes e territórios*. Rio de Janeiro: Bertrand Brasil, 2019. p. 25. Também o autor faz uma genealogia da emergência do campo da ecologia política invocando uma série de autores importantes, como Cornelius Castoriadis, Murray Bookchin e outros que não temos espaço para abordar aqui.

[131] GORZ, A. *Leur écologie et la nôtre*. Paris: Seuil, 2019. Cap. 10.

[132] *Ibidem*, p. 150.

pelo capitalismo, como carros de luxo, apartamentos com piscinas e milhares de produtos novos, que são "raros por definição", e que a indústria lança a cada ano "para desvalorizar os modelos antigos e para reproduzir a desigualdade e a hierarquia social"[133].

Para Gorz, a mola mestra do crescimento reside na generalizada fuga para frente que estimula a desigualdade

> [...] deliberadamente mantida: no que Ivan Illich chama "a modernização da pobreza" (Illich, 1973, p. 103). Desde que a massa possa esperar aceder ao que era até então um privilégio da elite (um diploma, o carro, a televisão), o limite da pobreza é colocado em patamar superior e novos privilégios são criados dos quais a massa é excluída.[134]

Recria-se, sem parar, a raridade para reproduzir a desigualdade e a hierarquia. Portanto, "a sociedade engendra mais necessidades insatisfeitas que ela não preenche" e "a taxa de crescimento da frustração excede largamente aquela da produção"[135].

A questão central para Gorz é a de que, enquanto se raciocina nos limites dessa "civilização desigual, o crescimento parecerá para a massa das pessoas como a promessa – portanto inteiramente ilusória – de que eles cessarão um dia de ser 'subprivilegiados' e o não crescimento como a condenação delas à mediocridade sem esperança"[136].

Portanto, deve-se

> [...] atacar não tanto o crescimento que a mistificação que ele entretém, a dinâmica das necessidades crescentes e sempre frustradas sobre a qual ele se baseia, a competição que ele organiza incitando os indivíduos a querer, cada um, se colocar acima dos outros.[137]

André Gorz dá vários exemplos de como se poderia viver de outra forma com a limitação da produção de equipamentos, de objetos, que tenham boa qualidade, durem e sejam reparáveis e reutilizáveis. Da mesma forma, a utilização coletiva de equipamentos que são hoje de posse individual, a utilização de transporte coletivo, a limitação da produção de modelos de automóveis e de outros bens, a redução do tempo de trabalho etc. Ele propõe, dessa maneira, sair da economia de mercado capitalista. Gorz pergunta-se: isto é uma utopia? E responde: isto é talvez um programa que corresponderia a uma "sociedade sem burocracia, onde o mercado perde seu vigor, onde há suficiente para todos e onde as pessoas são individual e coletivamente livres de moldar a sua vida, de escolher o que querem fazer e ter para além do necessário"[138].

Gorz inscreve-se na corrente filosófica que defende a autonomia do homem em face do mundo e diante de escolhas a serem feitas, colocando os indivíduos ante a responsabilidade ética de que devem se confrontar à exploração da natureza e da maioria dos homens por uma minoria de outros homens, aspecto que se deve a seu diálogo com a filosofia existencialista de Jean-Paul Sartre e a suas relações com Ivan Illich.

A questão central dele não se refere aos outros seres e a uma natureza que inclua o homem a ponto de uma relação íntima entre o humano e o não humano, o que é revelado pela "introdução de Gaia" em nossa vida e vice-versa, ou ainda de se pensar as sociedades capitalistas atuais como uma

---

[133] *Ibidem*, p. 151.
[134] *Ibidem*, p. 151.
[135] ILLICH, p. 103 *apud* GORZ, 2019, p. 86.
[136] GORZ, 2019, p. 51.
[137] *Ibidem*, p. 151.
[138] *Ibidem*, p. 153.

força geológica. Como afirma Bruno Latour, devemos descer da visão de fora da natureza, externa, que não se resuma às diversidades das culturas, rumo às multiplicidades dos mundos[139]. Porém, mesmo no quadro da preocupação de Gorz com a natureza do ponto de vista do humano, vemos uma contribuição importante.

Assim, as observações críticas de André Gorz, como as de Ivan Illich, sobre a "industrialização da falta" — sempre há falta de algo para se consumir, o que se baseia na "falta" organizada na produção social, na vontade de possessão de objetos sem fim, em vez do desejo como máquina produtiva proliferante e inventiva —, em que a ferramenta, um meio, por intermédio da técnica e do crescimento econômico deve ser seu próprio fim, são centrais. Organiza-se a "falta" num mundo de "abundância de produção, fazendo-se cair todo o desejo no grande medo daquilo que pode faltar"[140]. Para Deleuze e Guattari, há uma "comum medida ou coextensão do campo social e do desejo", o que explicaria que, apesar de tudo e dos desastres e da destruição, as pessoas se submetem ao sistema capitalista que as explora e aniquila, por isto uma "produção desejante" abarca a "produção da falta", todas as duas são produção do social[141]. Resta-nos identificar como a produção das "máquinas desejantes" poderia desregular e perturbar a reprodução destruidora das máquinas técnicas como ferramenta da dominação[142].

Gorz e Illich trabalham com a ideia de autonomia e de ética em respeito aos limites da natureza ou aos limites à destruição, processo que se dá com convivialidade, que dá aos seres humanos a possibilidade de exercer a ação "a mais autônoma e a mais criativa por meio de ferramentas menos controláveis por outro"[143]. Busca-se, por este caminho, sair do crescimento e da ideia de "atraso do crescimento", das "etapas do crescimento", que somente pretendem ganhar "produtividade" estandardizada por meio da obsolescência programada que enche nossos lixões e polui e destrói a litosfera, a atmosfera, a biosfera e a hidrosfera. Assim, uma outra "natureza urbana é possível" diante da industrialização que, pelo acúmulo de bens, é o próprio "esquecimento da alteridade". Mas a decodificação generalizada que produz o capitalismo pode levar a flecha do "desenvolvimento" para os dois lados opostos, ao mesmo tempo: produção ilimitada de objetos — e sujeitos consumidores — ou produção do desejo como revolução e autonomia em face da exploração e da explotação da natureza. Como construir outras saídas para as cidades é o que pretendemos debater rapidamente no que segue.

Por um outro ambiente: a crítica ao "novo regime do mundo industrial-urbano"

Em meio à destruição, podem-se construir outros devires, sem mitos complacentes e autorrealizadores do apocalipse, que vem por causa da destruição engendrada pela industrialização, quando "cada fibra de nossos seres está entrelaçada à, cúmplice mesmo, da teia dos processos que devem, de uma maneira ou de outra, ser reconfigurados"[144]. Por isso, teríamos que ter esta *resposta-habilidade* ou *respons(h)abilidade* e simpatia com os Outros para tomarmos uma posição ética diante do fim de um mundo a que nos leva o capitalismo e que visa tão somente à acumulação. Se sem acumulação não há capitalismo, não há "capitalismo" responsável nem "controlável" ou ecológico[145].

---

[139] LATOUR, 2021, p. 37.
[140] DELEUZE, G.; GUATTARI, F. *L'anti-Œdipe*: capitalisme et squizophrénie. Paris: Minuit, 1972. p. 36.
[141] *Ibidem*, p. 37.
[142] *Ibidem*, p. 39.
[143] ILLICH, 1973, p. 43.
[144] HARAWAY, D. J. *Staying with the trouble*: sympoïèse, figures de ficelle, embrouilles multispécifiques. [*S.l.: s.n.*], [2014?]. Texto traduzido em francês, versão de artigo que resultará no capítulo 1 do livro *Staying with the trouble: making kin in the Chthulucene*. Durham; London: Duke University, 2016. p. 4.
[145] GORZ, 2019.

Assim, deveríamos sair da "zona de conforto" nos quadros do mundo que conhecemos habitando a "zona crítica" do planeta, em particular nas cidades e na metropolização dos espaços urbanos e não urbanos. O urbano e a cidade viraram símbolos de industrialização, do crescimento infinito, da acumulação, do rentismo e da terra tornada mercadoria — isto se sabe, mas como transformar isto? Como pensar e agir de outra forma?

Como escreve Haraway:

> Estes tempos atuais que intitulam de Antropoceno são tempos de urgência multiespécie, incluindo a humana: tempos de morte e de extinção em massa, tempos de desastres que chegam em toda velocidade, e cuja imprevisibilidade específica é estupidamente confundida com a incognoscibilidade; tempos de recusa de saber e de cultivar a capacidade de *respons(h)abilidade/resposta-habilidade*; tempos de recusa de ser presente dentro da e pela catástrofe que vem; tempos de cegamento do olhar sem precedente.[146]

Donna Haraway desenvolve o tema – e que me parece que vem no sentido de compreender a atualidade do capitalismo e do "novo regime industrial e urbano!", associado ao neofascismo pela escolha da "guerra civil" como combate dos dominantes contra os dominados[147] – da incapacidade de se pensar, da recusa de pensar, da cegueira diante da evidência, daquilo que Foucault[148] abordou como as evidências das racionalidades, mas que somente são vistas colocadas em perspectiva ou situadas em um contexto de interesses e de convergências em uma episteme, revelada pela genealogia, de uma época, daquilo que produz a época, mas que ela se recusa a ver ou vê de maneira enviesada pelas escolhas políticas que são feitas sobre o que olhar e como olhar, o que escolher. Assim, as visões dominantes impõem-se, e as versões críticas são vencidas, "são esquecidas".

Como lembram Deleuze e Guattari, o desejo também deseja a morte. Em referência a William Reich sobre a análise da *Psicologia de massas do fascismo* na Europa dos entreguerras, eles perguntam: "por que homens suportam há séculos a exploração, a humilhação, a escravidão, ao ponto de o querer não somente para os outros, mas para eles mesmos?". Essa questão reclama uma explicação pelo desejo: não, as massas não foram enganadas, elas desejaram o fascismo a tal momento, em tais circunstâncias, e é "isto que se tem que explicar, esta perversão do desejo gregário"[149]. Ou, ainda, como demonstra Marcelo Lopes de Souza[150], há reversões imprevisíveis, como aquelas de movimentos que lutam pela ecologia, que derivam para posições racistas e fascistas. Como vimos em Foucault, e no que corroboram Deleuze e Guattari, o capitalismo trabalha com o desejo, e, por isto há dificuldade de confrontar o ponto de fuga em direção à morte a que ele nos leva; como dirá Haraway valendo-se de Hannah Arendt, "banaliza-se o mal" pela incapacidade de pensar, de sair do obedecimento burocrático a um líder, movimento ou Estado fascistas: crenças e desejos!

O capitalismo, com as máquinas técnicas, associadas às máquinas sociais, funda-se, e a industrialização desenvolve-se, com base no controle e na gestão da extração de energia — tanto "subjetiva" quanto "objetiva" — e das conexões que as estradas de ferro permitiram, pois a energia extraída do carvão e a generalização das máquinas a vapor levaram à emergência de cidades poluídas e

---

[146] HARAWAY, [2014?], p. 4, grifo do autor.
[147] DARDOT, P. et al. *A escolha da guerra civil*: uma outra história do neoliberalismo. São Paulo: Elefante, 2021.
[148] FOUCAULT, M. *Naissance de la biopolitique*. Cours au Collège de France, 1978-1979. Paris: Seuil, 2004b.
[149] DELEUZE, G.; GUATTARI, 1972, p. 37 *et seq*.
[150] SOUZA, 2020.

morredouro do proletariado no passado, como Manchester[151], ou ainda como nossas metrópoles contemporâneas e suas periferias atingidas pelos desastres econômicos, sociais e ambientais. Para Ivan Illich, a produção e o consumo de energia são as grandes questões centrais em torno das quais giram os problemas fundamentais do capitalismo:

> O homem moderno tem dificuldade de pensar o desenvolvimento e a modernização em termos de redução ao invés de aumento do consumo de energia. Para ele, uma técnica avançada rima com uma profunda intervenção nos processos físicos, mentais e sociais.[152]

Essa dificuldade tem a ver com a própria noção de acumulação de objetos, com o fato de se suscitar o desejo de possuir e de se seduzir pela rivalidade da "diferença" social provocada pela produção da raridade. Illich demonstra como, em diversas civilizações antigas, os recursos em energia eram equitativamente repartidos; nessas civilizações despóticas, controlar a energia dos corpos era controlar politicamente um território[153]. A transformação mecânica da obtenção de energia na era do maquinismo moderno multiplicou a capacidade de produção de energia. Essa produção empurra para cada vez mais longe os limites, promovendo a derrapagem permanente por meio da decodificação dos interesses acionários e financeiros que levam o dinheiro a todos os rincões como alimentador dessa busca de energia — Amazônia, Antártica, Ártico, oceanos, espaço sideral etc. —, que no limite pode levar ou ao colapso do próprio capitalismo ou à sua perpetuação sob novas formas de viver no limite ou nas ruínas.

Acelera-se, assim, a velocidade da produção de energia e, em consequência, dos deslocamentos. As máquinas e a técnica, na linguagem de Illich, as ferramentas, em vez de servirem aos homens, passam a assujeitá-los, retirando-lhes a autonomia de utilizá-las em função das necessidades de cada um. Ivan Illich cita a obra *The myth of the machine: the Pentagon of power*, de Lewis Mumford, em que este sublinha o protótipo que foi a atividade de mineração e as formas ulteriores de mecanização e de industrialização, com sua

> [...] indiferença aos fatores humanos, à poluição e à destruição do meio, com a acentuação colocada sobre os processos fisioquímicos em vista de obter o metal ou o carburante desejado e, acima de tudo, o isolamento geográfico e mental em relação ao mundo concreto do agricultor e do artesão e ao mundo espiritual da Igreja, da Universidade e da Cidade. Por seu efeito destruidor sobre o meio e seu desprezo dos riscos impostos ao homem, a atividade minerária se aproxima da atividade guerreira [...]. Mas o *animus* destruidor da mina, sua sinistra labuta, sua aura de miséria humana e de degradação da paisagem, tudo isto, a atividade minerária o transmitiu às indústrias utilizadoras de sua produção. O custo social ultrapassava largamente o custo mecânico.[154]

Desse modo, a sociedade industrial, com os gigantescos reservatórios naturais de energia que se explotam e o nível energético que se alcança, produz suas próprias normas, determina as características técnicas das ferramentas e o lugar "novo do homem"[155]. Como escreve Illich:

> À obra, ao labor, ao trabalho vem se acrescentar o [estar a] serviço da máquina: obrigado a se adaptar a seu ritmo, o trabalhador se transforma em operador de motores ou empregado

---

[151] MUMFORD, 2008, p. 542-550.
[152] ILLICH, I. *La convivialité*. Paris: Seuil, 1973. p. 51.
[153] *Ibidem*, p. 51-56.
[154] *Ibidem*, p. 56.
[155] *Ibidem*, p. 59.

de escritório. E o ritmo da produção exige a docilidade do consumidor que aceita um produto estandardizado e condicionado.[156]

A produção de massa e a automatização, ou a produção diferencial de novos produtos que estimulam a demanda de nichos de consumo, diríamos hoje também a "inteligência" chamada de artificial, foram iniciadas pela industrialização. Ele escreve que, como somos todos filhos de nosso tempo, não imaginamos um tipo de produção pós-industrial e, portanto, humana. No entanto, há várias possibilidades de limitar os usos e a produção associando a convivialidade e uma certa eficiência sem se submeter às máquinas, ao automatismo e aos robôs. O autor diz-nos que é necessária uma reversão do "quadro institucional que rege a aplicação dos resultados tirados das ciências e das técnicas", pois o "avanço científico é identificado com a substituição da iniciativa humana por ferramentas programadas, mas o que se toma como efeito da lógica do saber é em realidade tão somente a consequência de um prejulgamento ideológico"[157]. A ciência e a técnica contemporâneas descartam todas as ferramentas especificamente ligadas a um trabalho autônomo e criador, tomando partido pelo modo industrial de produção.

Ivan Illich e André Gorz elaboraram uma associação entre as formas de trabalho, de exploração, com as formas de explotação e de produção, em particular da energia, portanto a situação do trabalho é indissociável da forma da destruição da natureza.

De certa maneira, o que Illich chama de "sociedade industrial", como outros em seu tempo, poderia ser o modo de "produção da cidade" como um mecanismo, desvirtuando a cidade da convivência.

As cidades, na época da industrialização, em muitos lugares, tornaram-se inviáveis para a maioria de seus habitantes, pelo tempo de deslocamento, pelo ritmo de vida e pelas poluições diversas e formas degradadas de trabalho.

De fato, como invoca Illich, pretendeu-se ganhar tempo com a aceleração dos deslocamentos por automóvel, mas os deslocamentos por automóveis fizeram com que se perdesse tempo de vida. Para andar 6 km em média no Estados Unidos no início dos anos 1970, gastava-se uma hora, e o mesmo percurso fazia-se de bicicleta em menos tempo:

> A sociedade como um todo está dedicando cada vez mais tempo para circulação, que supostamente deveria fazê-la ganhar. O americano típico dedica, por sua vez, mais de 1.500 horas por ano ao seu carro: fica sentado nele, andando ou parado, trabalha para pagá-lo, para colocar gasolina, para trocar os pneus, para os pedágios, seguros, multas e impostos. Ele dedica, portanto, quatro horas por dia ao seu carro, seja para usá-lo, cuidar dele ou trabalhar para ele. E, novamente, aqui não são tidas em conta todas as suas atividades orientadas para o transporte: o tempo passado no hospital, no tribunal ou na garagem, o tempo gasto a ver publicidade de automóvel na televisão, o tempo gasto a ganhar dinheiro para viajar durante as férias, etc. Este americano precisa, portanto, de 1.500 horas para percorrer 10.000 quilômetros; 6 quilômetros lhe custam uma hora.[158]

Esta citação demonstra o absurdo da sociedade do automóvel, que, como diversos estudos demonstram, na atualidade continua demandando muita dedicação de tempo. Vários cálculos são feitos pelas perdas econômicas que provocam, mas poderíamos dizer que a principal perda é o tempo de convivência social, a degradação do meio e a emissão de CO_2 e de outros poluentes que prejudicam a saúde coletiva e o meio.

---

[156] *Ibidem*, p. 59.
[157] *Ibidem*, p. 61.
[158] *Ibidem*, p. 15-16.

Assim, mesmo que a indústria stricto sensu não seja a principal produção em uma determinada metrópole, as vias de circulação, suas formas de organização, suas cidades-em-rede, sua expansão infinita para os espaços naturais do entorno, o aumento permanente da construção do espaço ou a produção de um déficit sem fim da habitação fazem-nos pensar em uma organização social industrial, mecânica, informacional e robótica que é totalmente despojada de sentido para alguém de uma outra cultura ou vivendo em outro tempo: na força de querer "ganhar tempo", perde-se o tempo de vida e da "cosmopoliteia", abdica-se da realização da política com o mundo e com a vida cotidiana para a construção de objetos, de ferramentas, que tomam tanto tempo que essa vida das ferramentas é ocupada a cuidar das ferramentas (ou dos objetos eletrônicos contemporâneos, como os "telefones inteligentes" e seus "aplicativos" e "redes" diversas). Isto é muito diferente das negociações entre sociedade e ambiente que fazem os ameríndios e onde há relação intrínseca entre o sujeito e o mundo. Assim: "Todo objeto é sempre um outro sujeito, e é sempre mais de um", e onde tudo é político, inclusive a negociação com os seres da natureza que já foram humanos e que podem vir a ser humanos novamente"[159].

As metrópoles capitalistas lançam seus tentáculos, à moda de uma aranha, mas, desconsiderando a aranha ela mesma, imitam a vida para destruir a vida, estão na ponta da "inovação" financeira, de serviços, de técnica para a acumulação, para a expansão do poder e da rede e dos circuitos que engendram próteses e implantes territoriais. Os sítios das cidades vão produzir comandos dos territórios e dos meios à distância que estão na origem dos genocídios e especiecídios, a exemplo dos sítios industriais altamente poluídos das grandes cidades e metrópoles, ou das poluições minerárias comandadas valendo-se da rede financeira e das cidades, ou ainda do desenvolvimento de vírus e suas mutações provocados pelo desmatamento que levam às poluições e às destruições como retorno dos seres, esquecidos, de Gaia no nosso cotidiano[160].

Essa cegueira, aparentemente enigmática, mas, como vimos, que se compreende pelo apelo ao "desejo" e à acumulação desejante, diante da produção sem fim, da acumulação, da concorrência e da predação e destruição do meio e dos modos de vida que engendra a sociedade industrial, pretende tornar a natureza um objeto, transformando-a em algo "naturalizado"[161], ou seja, fixo/rígido — como a retórica tem hábito de se referir a alguém que defenderia uma fixidez de um princípio: "Você está naturalizando!"

David Harvey, analisando a situação contemporânea, em sua abordagem da relação do capital com a natureza, diagnostica, de maneira pessimista ou realista, que as contradições cada vez maiores do capitalismo na exploração da natureza e da natureza humana, com os desastres ambientais que provocam, criam oportunidades para o "capitalismo do desastre" impulsionar os seus ganhos[162]. Ele vê que, com a natureza tornada mercadoria, a privatização crescente dos bens comuns, o desenvolvimento dos créditos de carbono, a mercantilização dos direitos de poluição e de compensações ambientais, bem como a apropriação pelas classes rentistas da terra, do solo urbano, do mercado

---

[159] DANOWSKI, D.; VIVEIROS DE CASTRO, E. *Há um mundo por vir?* Ensaio sobre os medos e os fins. São Paulo: Instituto Socioambiental, 2017. p. 98.

[160] Nesse sentido, podemos nos reportar ao desastre das barragens de rejeitos minerários da Samarco-Vale- BHP Billiton em Mariana, que atingiram o Rio Doce e toda a costa do Espírito Santo, provocando a morte e contaminação de seres humanos, mas também das inúmeras outras espécies: moluscos, peixes, aves, plânctons etc., o que nos leva a chamar o Vale do Rio Doce e sua foz de "vale da morte".

[161] LATOUR, B. *Diante de Gaia*: oito conferências sobre a natureza no antropoceno. São Paulo: Ubu, 2020.

[162] HARVEY, D. *17 contradições e o fim do capitalismo*. São Paulo: Boitempo, 2016. p. 255. Originalmente publicada em 2014.

imobiliário e dos "recursos naturais", há um potente movimento de "reciclagem do capital" em seu próprio ecossistema tornado corpo com a natureza[163]. Portanto,

> [...] na ausência de um conhecimento seguro sobre o funcionamento do ecossistema do capital, é difícil emitir um juízo claro sobre a degradação ambiental como elemento fatal do capital.[164]

E escreve que o "capitalismo tem reagido muito bem a estas contradições"[165], descrevendo que os rios e o ar da Europa do Norte e da América do Norte são mais limpos hoje que antes e que, também, nessas regiões se aumentou a expectativa de vida da população, mesmo se tal não tenha ocorrido em determinadas áreas do Sul global que suportam o peso da poluição e da fome e acolhem as indústrias mais poluentes para aqui deslocadas. Mas não se refere ao desaparecimento das espécies e da biodiversidade, de mundos diversos que se vão, bem como as retroações numerosas da poluição invisível.

Ou seja, a tese é de que o capitalismo é capaz de se reinventar, ainda que perdurem contradições em relação à exploração da natureza e, por meio da tecnologia, poderia criar novas formas de suprir as deficiências para paliar aquilo que engendrou. Ainda que diga que é uma incógnita se a crise ambiental poderá levar ao "fim do capital", a impressão que dá, num primeiro momento, numa leitura sobre as disposições "estratégicas" do texto, é a de que para Harvey a técnica, a engenharia, tem poder de resolver muita coisa, parecendo ser adepto daquilo que alguns chamam de geoengenharia, de resolver os problemas ambientais por meio da ciência sob o comando ou não do capital, mesmo se essas "resoluções" puderem engendrar outros problemas ainda mais sérios e sejam incertas.

Adepto, por outro lado, da perspectiva humanista na resolução dos problemas e reconhecendo no ente (diríamos, quase milagroso) do capital uma capacidade de ultrapassar suas próprias contradições, constata que:

> A maior parte das informações disponíveis hoje não sustenta a tese de um colapso iminente do capitalismo diante dos perigos ambientais. Não vamos ficar sem energia, apesar do "pico do petróleo"; há terra e água suficientes para alimentar durante muitos anos uma população em crescimento, mesmo que este crescimento seja exponencial.[166]

Mas tudo isto levará a crises por falta de escolhas claras de políticas públicas e pelas lutas que poderão surgir:

> Mesmo os problemas relacionados ao aquecimento global, à diminuição de biodiversidade e à configuração de novas doenças – que ganham *status* de principais ameaças à vida humana – podem ser resolvidos de forma adequada se superarmos a visão de mundo estreita e nossas deficiências políticas.[167]

No entanto, diz Harvey, "nada disso é ditado pelos limites da natureza", mas, sim, é devido à estupidez e à "venalidade humanas". Harvey conclui, todavia, que são outras as ameaças ao capitalismo, que não os limites da natureza e da técnica, e elas poderiam levar a um colapso do sistema:

---

[163] Ver: OLIVEIRA, L. D de. *Geopolítica ambiental*: a construção ideológica do desenvolvimento sustentável (1945-1992). Rio de Janeiro: Autografia, 2020. À página 295, o autor também efetua uma crítica da inovação que forma um par com o "desenvolvimento sustentável" e com as inovações tecnológicas nos quadros do neoliberalismo, escrevendo que o "uso racional da natureza se consolidou como fator econômico e está presente nas mudanças ocorridas do universo produtivo da contemporaneidade" e, ademais há uma prática da "proteção da natureza como recurso e o reconhecimento paradigmático da sustentabilidade – em progressiva substituição ao modelo fordista-fossilista (Altvater, 1995 [1992]) –, com suas combinações com os princípios de inovação e desenvolvimento tecnológico".

[164] HARVEY, 2016, p. 264.

[165] *Ibidem*, p. 265.

[166] *Ibidem*, p. 265.

[167] *Ibidem*, p. 265.

primeiramente, o rentismo, por meio da renda de monopólio, que, ao se apropriar das riquezas da natureza, da propriedade da terra, do solo e das propriedade imobiliárias urbanos, extrai rendas à custa do capital produtivo, podendo levar a uma taxa de lucro igual a zero, estrangulando esse mesmo capital produtivo; a outra é a revolta humanista das pessoas comuns contra a inumanidade pressuposta na redução da natureza e da natureza humana à pura forma-mercadoria[168].

Harvey nesse texto revela sua perspectiva antropocêntrica e de que os homens estão no comando, aconteça o que acontecer, porém o desejo deseja também a Terra e a fuga da linha de morte do capitalismo, para falarmos como Deleuze e Guattari, abrindo possibilidades imprevisíveis de associação com os outros mundos de outras espécies e de outros ambientes presentes neste mundo.

Considerações finais

Constatamos nesta genealogia da cidade do carbono, a Carbonópolis, o modo como os princípios mesmos da economia capitalista engendraram as desinibições baseadas na produção sem fim e na acumulação. Este processo se desenvolveu *pari passu* com as formas e as funções da cidade e o tipo de indústria que desconsidera o meio, valeu-se das aceitações dos riscos e dos perigos que suas atividades promoveram, provocou o aumento permanente da produção e consumo de energia e da matéria e uma regulação que define a tolerância ao intolerável, com as promessas de que se podem controlar os descaminhos da indústria e da urbanização planetária mantendo o crescimento econômico permanente e alternando num futuro próximo as formas, sempre crescentes, de produção de energia.

Notamos como no Brasil, em particular, a industrialização e a urbanização se fizeram com a devastação florestal, e como no caso do Rio de Janeiro do século XIX teve efeitos sobre a vida cotidiana, mas uma pesquisa mais aprofundada deveria trabalhar este tema e realizar uma periodização mais fina, bem como interrogar as conexões entre industrialização-urbanização-poluição--desmatamento-redução da biodiversidade-aumento de rejeitos-grilhagem de terras etc. associados à própria exploração da força de trabalho e à periferização. Tudo isto levou as grandes cidades brasileiras a um impasse.

Vimos que diversos autores são críticos do crescimento econômico e dos processos de iniquidade que provocam o capitalismo e sugerem saídas para esta situação propondo uma mudança radical das formas de vida e se colocando no campo anticapitalista.

Novas perspectivas de cidades e outros tipos de indústria são possíveis, a redução do crescimento é necessária, e milhares de experiências cotidianas demonstram-no. Não tivemos espaço aqui para abordar esta questão, no entanto uma tomada de posição política faz-se necessária para que religue, para além das ações institucionais e de Organizações Não Governamentais (ONGs) ambientalistas, as estratégias das inúmeras lutas pelo mundo, pois as mudanças ambientais, além de serem locais e regionais, também são planetárias e abrem novos devires de resistências, de criação, de imitação, fundadas nos desejos de uma outra cidade, de um outro urbano e de uma outra região.

Referências

ABREU, M. A. *Evolução urbana do Rio de Janeiro*. Rio de Janeiro: Instituto Municipal de Urbanismo Pereira Passos, 2008.

---

[168] *Ibidem*, p. 268.

ÁREAS urbanas respondem por mais de 70% das emissões de poluentes. *In*: INSTITUTO CLIMAINFO. *ClimaInfo*. São Paulo: Instituto ClimaInfo, 8 jul. 2021. Disponível em: https://climainfo.org.br/2021/07/08/areas-urbanas-respondem-por-mais-de-70-das-emissoes-de-poluentes/. Acesso em: 10 mar. 2023.

ATLAS de l'énergie. *Courrier International*, Paris, n. 90, sept./oct. 2022. Hors série.

BONNEUIL, C.; FRESSOZ, J. B. *L'événement anthropocène*. Paris: Seuil, 2013.

BRUNHES, J. *La géographie humaine*. Paris: Felix Alcan, 1925.

CAMIOTO, F. C.; REBELATTO, D. A. N. Análise da contribuição ambiental por meio da alteração da matriz energética do setor brasileiro de ferro-gusa e aço. *Gestão & Produção*, São Carlos, v. 21, n. 4, p. 732-744, dez. 2014. DOI 10.1590/0104-530x448/12.

CATAIA, M.; DUARTE, L. Território e energia: crítica da transição energética. *Revista da Anpege*, Rio Claro, SP, v. 18, n. 36, p. 765-791, 2022. Disponível em: https://ojs.ufgd.edu.br/index.php/anpege/article/view/16356/8900. Acesso em: 9 mar. 2023.

CRIPPA, M. *et al.* Global anthropogenic emissions in urban areas: patterns, trends, and challenges. *Environmental Research Letters*, [United Kingdom], v. 16, n. 7, July 6, 2021. Disponível em: https://iopscience.iop.org/article/10.1088/1748-9326/ac00e2. Acesso em: 10 mar. 2023.

DANOWSKI, D.; VIVEIROS DE CASTRO, E. *Há um mundo por vir?* Ensaio sobre os medos e os fins. São Paulo: Instituto Socioambiental, 2017.

DARDOT, P. *et al. A escolha da guerra civil*: uma outra história do neoliberalismo. São Paulo: Elefante, 2021.

DAVIS, M. *Planeta favela*. São Paulo: Boitempo, 2006.

DEAN, W. *A ferro e fogo*: a história e a devastação da Mata Atlântica brasileira. São Paulo: Cia. das Letras, 2021. Originalmente publicada em 1995.

DELEUZE, G.; GUATTARI, F. *Capitalisme et schizophrénie*: l'anti-Œdipe. Paris: Minuit, 1972.

FOUCAULT, M. *Sécurité, territoire, population*. Cours au Collège de France, 1977-1978. Paris: Seuil, 2004a.

FOUCAULT, M. *Naissance de la biopolitique.* Cours au Collège de France, 1978-1979. Paris: Seuil, 2004b.

FRESSOZ, J. B. *L'apocalypse joyeuse*: une histoire du risque technologique. Paris: Seuil, 2012.

GORZ, A. *Leur écologie et la nôtre*. Paris: Seuil, 2019.

HARAWAY, D. J. *Staying with the trouble*: sympoièse, figures de ficelle, embrouilles multispécifiques. [*S.l.*: *s.n.*], [2014?]. Texto traduzido em francês, versão de artigo que resultará no capítulo 1 do livro *Staying with the trouble: making kin in the Chthulucene*. Durham; London: Duke University, 2016. Disponível em: https://ailleurs.hypotheses.org/files/2020/02/Chapitre-2.pdf. Acesso em: 9 mar. 2023.

HARVEY, D. *17 contradições e o fim do capitalismo*. São Paulo: Boitempo, 2016. Originalmente publicada em 2014.

HARVEY, D. Estamos vendo uma reconfiguração da ordem mundial. [Entrevista cedida a] Estefanía Martinéz. *Jacobin*, [Brasil], 24 fev. 2023. Disponível em: https://jacobin.com.br/2023/02/estamos-vendo-uma-reconfiguracao-da-ordem-mundial/. Acesso em: 9 mar. 2023.

ILLICH, I. *La convivialité*. Paris: Seuil, 1973.

JOURNALISTS tracking PFAS across Europe. *In*: THE FOREVER Pollution Project. Amsterdam: Arena, c2023. Disponível em: https://foreverpollution.eu/. Acesso em: 9 mar. 2023.

KOPENAWA, D.; ALBERT, B. *A queda do céu*: palavras de um xamã Yanomami. São Paulo: Companhia das Letras, 2021.

LATOUR, B. *Diante de Gaia*: oito conferências sobre a natureza no antropoceno. São Paulo: Ubu, 2020.

LAVAL, C. *Foucault, Bourdieu et la question néolibéral*. Paris: La Découverte, 2018.

MACHADO, R. et al. *Danação da norma*: a medicina social e constituição da psiquiatria no Brasil. Rio de Janeiro: Graal, 1978.

MARICATO, E. *O impasse da política urbana no Brasil*. São Paulo: Vozes, 2011.

MORAIS, R. Rochas plásticas encontradas na Ilha de Trindade. *In*: CANAL TECH. [São Paulo]: [s.n.], 25 jan. 2023. Edição de P. Gnipper. Disponível em: https://canaltech.com.br/meio-ambiente/rochas-formadas-por-plastico-sao-descobertas-em-ilha-no-espirito-santo-237428/. Acesso em: 9 mar. 2023.

MUMFORD, L. *A cidade na história*: suas origens, transformações e perspectivas. São Paulo: Martins Fonte, 2008. Originalmente publicada em 1961.

OBSERVATÓRIO DO CLIMA. Sistema de Estimativas de Emissões e Remoções de Gases de Efeito Estufa (Seeg). Emissões totais. São Paulo: Observatório do Clima, c2023. Disponível em: https://plataforma.seeg.eco.br/total_emission. Acesso em: 10 mar. 2023.

OLIVEIRA, L. D de. *Geopolítica ambiental*: a construção ideológica do desenvolvimento sustentável (1945-1992). Rio de Janeiro: Autografia, 2020.

ORGANIZACIÓN LATINOAMERICANA DE ENERGÍA (OLADE). Panorama energético de América Latina y el Caribe 2021. Quito: Olade, 2021. Disponível em: http://www.olade.org/publicaciones/panorama-energetico-de-america-latina-y-el-caribe-2021. Acesso em: 10 mar. 2023.

PEREIRA, P. C. X. A reprodução do capital no setor imobiliário e a urbanização contemporânea: o que fica e o que muda. *In*: PEREIRA, P. C. X. (org.). *Reconfiguração das cidades contemporâneas*: contradições e conflitos. São Paulo: FAU/USP, 2016. p. 125-138.

PERFIS energéticos de países. *In*: GLOBAL ENERGY MONITOR. *Portal Energético para a América Latina*. Covina, CA: Global Energy Monitor, [2023?]. Disponível em: http://portalenergetico.org/pt/country-profiles. Acesso em: 10 mar. 2023.

RECLUS, E. *L'homme et la Terre*: histoire contemporaine. Paris: Fayard, 1990. t. 1. Originalmente publicado em 1906-1908.

RODRIGUES, A. M. *Produção e consumo do espaço*: problemática ambiental urbana. São Paulo: Edição do Autor, 1998.

SOJA, E. *Postmetrópolis*: estudios críticos sobre las ciudades y las regiones. Madrid: Traficantes de Sueños, 2008.

SOUZA, M. L. *Ambientes e territórios*. Rio de Janeiro: Bertrand Brasil, 2019.

SOUZA, M. L. Urbanização, "ecologia" e projetos de sociedade: distopias ecofacistas, utopias social-ecológicas e heterotopias de resistência ecossocial. *In*: BARROS, A. L.; ZANOTELLI, C. L.; ALBANI, V. (org.). *Geografia urbana*: 30 anos do Simpósio Nacional de Geografia Urbana. Cidades, revoluções e injustiças: entre espaços privados, públicos, direito à cidade e comuns urbanos. Rio de Janeiro: Consequência, 2020. p. 149-170.

VELTZ, P. *La société hyper-industrielle*: le nouveau capitalisme productif. Paris: Seuil, 2017.

VOLOCHKO, D. Conflitos socioespaciais, socioambientais e representações: dimensões das análises urbanas. *In*: CARLOS, A. F. A.; SANTOS, C. S.; ALVAREZ, I. P. (org.). *Geografia urbana crítica*: teoria e método. São Paulo: Contexto, 2018. p. 65-88.

WERNER, D.; LAZARO, L. L. B. The policy dimension of energy transition: the Brazilian case in promoting renewable energies (2000-2022). *Energy Policy*, Amsterdam, v. 175, Apr. 2023. Article 113480. Disponível em: https://doi.org/10.1016/j.enpol.2023.113480. Acesso em: 9 mar. 2023.

ZANOTELLI, C. L. A (re)emergência das noções de meio no contexto contemporâneo do neoliberalismo e de economia destruidora. *Ateliê Geográfico*, Goiânia, v. 16, n. 2, p. 6-30, 2022. DOI 10.5216/ag.v16i2.73554.

ZANOTELLI, C. L. A cidade neoliberal. *Geousp*: Espaço e Tempo, São Paulo, v. 25, n. 3, 2021. DOI 10.11606/issn.2179-0892.geousp.2021.172194.

ZANOTELLI, C. L. O co-mum urbano entre acumulação via espoliação (ou por despossessão) e a acumulação por subordinação ampliada. *In*: SERPA, A.; CARLOS, A. F. (org.). *Geografia urbana*: desafios teóricos contemporâneos. Salvador: Ufba, 2018. p. 159-176.

4

LATIFÚNDIO, GRILAGEM E QUESTÃO AGRÁRIA NA URBANIZAÇÃO BRASILEIRA

Gustavo Prieto

> *Cada homem com desejo de poder havia avançado sobre um pedaço e os moradores antigos foram sendo expulsos. Outros trabalhadores que não tinham tanto tempo na terra estavam sendo dispensados. Os homens investidos de poderes, muitas vezes acompanhados de outros homens em bandos armados, surgiam da noite para o dia com um documento de que ninguém sabia a origem.*
> *(Itamar Vieira Júnior, Torto Arado)*

A condição agrária da urbanização

O Brasil é um dos países com os mais expressivos índices globais de concentração fundiária[169], conflitos pela terra e pelo solo urbano e dominação espacial por meio da grilagem. O processo de formação territorial assentado na escravidão, na empresa monocultora e na agroexportação tem no latifúndio grilado um sólido fundamento que se reproduz na contemporaneidade e estrutura a sociabilidade política do país.

As lutas espaciais estão no epicentro das contradições do capitalismo[170], em especial no atual período da história, em que a produção do espaço é o eixo fulcral da reprodução da acumulação e da formação de uma sociedade urbana[171]. Tanto as disputas fundiárias no campo quanto os conflitos contra a segregação socioespacial na cidade desvelam as tensões do Brasil como um Estado-nação latifundiário que se consolida por grilagem secular, em esforços dos senhores e possuidores de terra em monopolizar e expandir suas propriedades *ad infinitum* e nos jogos de poder para a produção de redes de solidariedade e suborno que asseveram a passagem da pilhagem territorial para a propriedade privada[172].

Henri Lefebvre[173], em suas análises sobre a questão agrária, já refletia sobre o enigma do monopólio fundiário. A concentração da terra resulta da forma histórica da propriedade que permitiu a certas pessoas e determinadas classes desembolsarem renda a partir do domínio territorial, o que

---

[169] As análises comparativas em escala mundial realizadas por Guereña e Burgos, Pinto *et al.* e Sparovek *et al.* revelam que a América Latina é a região com maior concentração de terras do mundo, com o Brasil entre seus destaques. Em todos os estados do Brasil, 10% dos maiores imóveis concentram mais que 50% da terra. Destaca-se ainda que o Censo Agropecuário do Instituto Brasileiro de Geografia e Estatística (IBGE) apontou um aumento na concentração fundiária em relação ao Censo de 2006: em 2017, 0,95% dos estabelecimentos (aqueles com mais de 1.000 hectares) concentram 47,5% da terra — uma área equivalente a França, Espanha, Portugal, Bélgica, Holanda e Alemanha juntas. *Cf.* GUEREÑA, A.; BURGOS, S. O. *Desterrados*: tierra, poder y desigualdad en América Latina. Buenos Aires: Oxfam, 2016; PINTO, L. *et al. Quem são os poucos donos das terras agrícolas no Brasil?* O mapa da desigualdade. Brasília: Imaflora, abr. 2020. (Série Sustentabilidade em Debate, n. 10); SPAROVEK, G. *et al.* Who owns Brazilian lands? *Land Use Policy*, [s.l.], v. 87, 2019. Article 104062.

[170] RIBEIRO, F. Apontamentos sobre o espaço de conflito na luta pela cidade. *Geotextos*, Salvador, v. 11, p. 153-175, 2015.

[171] LEFEBVRE, H. *La production de l'espace*. Paris: Anthropos, 2000.

[172] MOTTA, M. Sesmarias e o mito da primeira ocupação. *Justiça & História*, Porto Alegre, v. 4, n. 7, p. 61-83, 2004.

[173] LEFEBVRE, H. La teoría marxista-leninista de la renta de la tierra. *In*: LEFEBVRE, H. *et al. La renta de la tierra*: cinco ensayos. México: Tiauialli, 1983; LEFEBVRE, H. *O pensamento de Lênin*. São Paulo: LavraPalavra, 2020; LEFEBVRE, H. *On the rural*: economy, sociology, geography. Minneapolis: University of Minnesota, 2022.

garantiu a acumulação da riqueza e do poder. O monopólio está no centro da análise lefebvriana para a compreensão do mistério da renda fundiária e da centralidade da propriedade privada no capitalismo. A especificidade da produção capitalista do espaço é revelada pelo foco na relação terra-trabalho-capital, a trindade constitutiva da sociedade capitalista, que ecoa a própria análise de Marx sobre a fórmula trinitária no 48º capítulo do terceiro volume d'*O capital*[174]. Assim, "não se deve considerar o solo fora das relações de produção e propriedade, que são relações historicamente determinadas, correspondentes a um determinado grau das forças produtivas"[175].

No decorrer da história, o monopólio da terra impôs as exigências de renda em produtos, em trabalho ou em dinheiro. No modo capitalista de produção, a renda efetivou-se como uma expressão monetária para aqueles que se apropriam privadamente de um fragmento do espaço[176] e assume, no processo de urbanização, uma forma abstrata, como juros de um capital investido, ocultando sua natureza capitalista de representação da mais-valia[177] e como renda capitalizada, tributo que a sociedade paga aos proprietários de terra[178]. Ademais, a demanda capitalista em "melhorias" fundiárias, realizada via monopólio da exploração capitalista, possibilita investimento de capital que impacta os lucros excedentes diferenciais e a composição orgânica do capital. O processo de expansão e intensificação capitalista na terra assume a forma de liberação fundiária daqueles que a usa(va)m diretamente e/ou de captura de fragmentos da natureza para a acumulação originária de capital. Na prática, esse processo de cercamento e fragmentação do espaço efetiva a elevação do preço da terra e da renda fundiária. Para além das contradições entre capital e trabalho na produção da mais valia, as disputas pela distribuição do mais valor sob a forma de renda evidenciam as correlações entre a questão agrária (atualizada como uma problemática espacial constitutiva do capitalismo periférico e da periferia do capitalismo) e o atual estágio do capitalismo, mediado pela cidade como "o grande laboratório das forças sociais"[179] e pela classe de proprietários imobiliários que se "perpetua no capitalismo"[180].

Elden e Morton[181] constatam que a análise sobre a contradição agrário-urbana em Lefebvre envolve um entendimento particular da renda da terra na relação terra-trabalho-capital. A noção de renda fundiária é compreendida como uma categoria socialmente determinada. Esta é uma relação social de produção, decorrente de um processo historicamente produzido, via acumulação originária, que confere, na forma da propriedade fundiária, a capacidade de monopolização da natureza (a terra, as águas e o subsolo), as exigências de pagamento pelo seu uso, mesmo na forma da terra menos fértil, com base na renda absoluta da terra e no domínio da edificação das cidades. Nos termos de Lefebvre[182]:

> [...] Marx propõe um esquema trinitário. Existem no modo de produção capitalista e na sociedade burguesa três elementos e não dois, três aspectos ou "fatores": a terra (a Senhora Terra), - o Capital (o Senhor Capital) - e o trabalho (os Trabalhadores). Em outras palavras:

---

[174] *Idem*, 2000, 2022.

[175] *Idem*, 1983, p. 23-24.

[176] Todavia, as rendas pré-capitalistas não desaparecem, elas adquirem formas novas que o próprio capital engendra de modo a manter o domínio fundiário. *Cf.* OLIVEIRA, A. U. *Modo capitalista de produção, agricultura e reforma agrária*. São Paulo: FFLCH; Labur, 2007.

[177] BOTELHO, A. A renda fundiária urbana: uma categoria de análise ainda válida. *GEOgraphia*, Niterói, v. 19, p. 23-40, 2008.

[178] SEABRA, O. Pensando o processo de valorização e a geografia. *Boletim Paulista de Geografia*, São Paulo, n. 66, p. 97-103, 1988.

[179] LEFEBVRE, H. *A cidade do capital*. Rio de Janeiro: DP&A, 1999. p. 86.

[180] *Ibidem*, p. 140.

[181] ELDEN, S.; MORTON, A. D. Thinking past Henri Lefebvre: introducing 'The theory of ground rent and rural sociology'. *Antipode*, London, v. 48, n. 1, p. 57-66, 2016; ELDEN, S.; MORTON, A. D. From the rural to the urban and the production of space. *In*: LEFEBVRE, H. *On the rural*: economy, sociology, geography. Minneapolis: University of Minnesota, 2022. p. IX-XLVI.

[182] LEFEBVRE, 2000, p. 375.

> rendas, lucros, salários. Três termos cujas relações devem ser detectadas, expostas. Três termos; devemos insistir: três e não dois (salário e capital, burguesia e classe trabalhadora) A terra? Não é só agricultura, é o subsolo e seus recursos. É também o Estado-nação vinculado a um território. É, portanto, também política absoluta e estratégia política [...] O espaço, a terra, o solo não desapareceram, absorvidos pela produção industrial; pelo contrário: integrados ao capitalismo, afirmam-se como elementos ou funções específicas, na sua extensão.

A questão agrária, portanto, não se dissolve ou se resume simplesmente à "transição dos laços de consanguinidade aos laços de territorialidade"[183] ou às relações não capitalistas, latifúndios e terras camponesas/coletivas/comunais, como resíduos. Lefebvre admitiu que certos traços não e pré-capitalistas são estruturais no capitalismo, e no próprio "seio da realidade urbana"[184]. Assim, há um conjunto de rendas urbanas fundamentais para a reflexão sobre a propriedade da terra e a urbanização da sociedade, como por exemplo: a renda de situação e a renda de equipamentos (equivalentes à renda diferencial I e II), a renda absoluta (concretizada na dominação territorial para a especulação, patrimonialização e valorização) e a renda de monopólio, processos que, para Lefebvre, evidenciam que no interior da expansão urbana reaparecem rendas que correspondem às rendas fundiárias sobre a terra agrícola.

Entretanto, os monopólios capitalistas implantaram-se na circulação capitalista — e não apenas na produção — realizando a subordinação da produção à circulação. Ou seja, opera-se a sujeição da renda da terra ao capital sem necessariamente a dominação fundiária direta (a territorialização do capital) pela burguesia urbano-industrial, pelo capital bancário, portador de juros ou por especuladores financeiros mundializados. A monopolização do território efetiva-se, especialmente em países de passado colonial, conforme a classe de grandes proprietários fundiários sobre um meio de produção específico, particular, que é a terra[185], e, simultaneamente, por um prisma de relações fundiárias mediadas pela posse e pelo direito costumeiro às margens do latifúndio. A dissolução de relações comunitárias, comunais e coletivas para a onipresença da moderna propriedade privada capitalista é permeado por contradições, por movimentos desiguais e contraditórios que produzem diferentes vias de transição rural-urbana para o desenvolvimento capitalista. Esse processo revela a permanência das classes de proprietários de terra no modo capitalista de produção e as constantes tentativas de sujeição da terra ao capital em uma plêiade de táticas de legalização e legitimação da grilagem.

As fronteiras no campo e na cidade estão governadas pelo ritmo da urbanização e pela instituição de uma cotidianidade subsumida pela violência da propriedade privada. Burlas, fraudes e negociatas imiscuem-se a leis, medidas provisórias, decisões judiciais e instruções normativas de legalização da captura fundiária. Lefebvre[186] argumentou que "os grandes domínios (os latifúndios) exercem uma grande influência que contribui fortemente para o caos político no qual se debatem numerosos países [nas Américas e em África]". E como se reproduzem esses latifúndios? Partimos de uma hipótese: a grilagem completa da sociedade. Denominaremos de "condição agrária da urbanização" a espacialidade que resulta da grilagem completa da sociedade, hoje virtual, amanhã real.

---

[183] *Idem*, 1999, p. 96-97.
[184] *Ibidem*, p. 162.
[185] OLIVEIRA, 2007.
[186] LEFEBVRE, 1999, p. 164.

Nem feudal, nem antiurbano

A análise do Cadastro de Terras no século XXI revela que cerca de um a cada dois hectares no Brasil é terra pública, devoluta, estatal, de proteção ambiental ou comunitária que foi apropriada privadamente, com indícios de fraudes, subornos, extorsão, lavagem de bens e dinheiro, tráfico de influência e/ou burlas nas declarações fundiárias[187].

A dominação dos fundos territoriais e a ativação de dinâmicas fundiárias e imobiliárias expansionistas estão no centro do processo de incorporação patrimonial e de sujeição territorial que envolve a transformação do espaço em mercadoria fundiária e negócio imobiliário. A captura de terras públicas, territórios indígenas, florestas não destinadas, alqueires, glebas, terrenos, lotes e loteamentos no século XXI — assim como a passagem de terras rurais em urbanas — fundamenta uma subjetividade política que repõe a mentalidade latifundiária brasileira. A apropriação privada do território funda-se no vilipêndio fundiário e não no processo de compra e venda. Ser senhor de terra implica o poder de expandir os negócios, que envolvem a produção do espaço, sem se submeter a nenhuma determinação de terceiros[188]. Isto é, tem-se acesso gratuito à fração da mais-valia social pelo poder de ser dono, o que garante a possibilidade latente de se valer de estoque territorial imobilizado para novas capturas de fragmentos do espaço.

A terra como reserva de valor — possibilidade de realização da renda fundiária e valorização do valor — e reserva patrimonial[189] opera a reprodução econômica brasileira e constitui os grandes proprietários de terra como uma classe dotada de consciência e identidade específica com interesses comuns[190] na reprodução de relações sociais de produção assentadas na disputa pelos fundos territoriais, em vastidão de estratégias grileiras. Constatamos, assim, a busca dos grandes proprietários de terra pela autopreservação de classe — em táticas de perpetuação e ampliação do espólio territorial — e a continuidade de seu poder econômico e político na sociedade urbana.

O pensamento social e político brasileiro estabeleceu, ao verificar o poder emanado da brutal concentração fundiária, as mais variadas leituras por diferentes matizes político-ideológicos. Para alguns autores ligados ao Partido Comunista, nas décadas de 1950 e 1960 o Brasil apresentaria traços do sistema feudal que seriam originários de seu passado colonial. Alberto Passos Guimarães, por exemplo, argumentava que a concentração de terra, sob "domínio absoluto" do "senhor sobre os homens e as coisas"[191] e o trabalho escravo, com produção voltada ao mercado externo, caracterizava *per se* o universo rural brasileiro. A grande propriedade, feudal em essência, teria explicação em modelo sesmarial e colonial transladado ao Novo Mundo por Portugal[192].

A terra, como a principal força produtiva, ou meio de produção, para o trabalho seria objeto de luta determinante entre senhores feudais (ou semifeudais) e camponeses. A continuidade do sistema latifundiário teria permitido a conservação de variadas táticas de violência realizadas em diferentes

---

[187] PRIETO, G. Nacional por usurpação: a grilagem de terras como fundamento da formação territorial brasileira. *In*: OLIVEIRA, A. U. (org.). *A grilagem de terras na formação territorial brasileira*. São Paulo: FFLCH/USP, 2020. v. 1, p. 131-178.

[188] MOTTA, M. *O rural à la gauche*: campesinato e latifúndio nas interpretações de esquerda (1955-1996). Niterói: UFF, 2014.

[189] CARLOS, A. F. A. A questão da cidade e do campo: teorias e políticas. *Mercator*, Fortaleza, v. 5, p. 8-13, 2004; OLIVEIRA, 2007.

[190] LEFEBVRE, 2022.

[191] GUIMARÃES, A. P. *Quatro séculos de latifúndio*. Rio de Janeiro: Paz e Terra, 1968. p. 27.

[192] MOTTA, 2014; ALBUQUERQUE, L. *Um intelectual incontornável*: o pensamento político de Alberto Passos Guimarães (1956 – 1964). 2019. Dissertação (Mestrado em Ciências Sociais) –UFRJ, Rio de Janeiro, 2019.

práticas institucionalizadas, como a capangagem, o banditismo, o coronelismo, a grilagem de terras e a espoliação de posseiros[193]. O arbítrio senhorial estaria presente nas instituições e nas práticas de poder dos homens de posse[194].

A democratização do acesso à terra seria, então, fundamental para

> [...] romper e extirpar, simultaneamente, as relações *semicoloniais* de dependência ao imperialismo e os vínculos *semifeudais* de subordinação ao poder extra-econômico, político e jurídico da classe latifundiária.[195]

A reminiscência feudal brasileira, na argumentação de Guimarães, refletir-se-ia no monopólio da propriedade da terra, ou seja, um país latifundiário seria o resquício das raízes de um passado pré-capitalista.

Também na análise do assim chamado pensamento autoritário da Primeira República, especialmente em Oliveira Vianna, o latifúndio tem lugar central para a compreensão das relações sociais no país. A adaptação do colono português ao meio americano teria levado à sua ruralização[196]. A forma espacial para que esse processo ocorresse teria sido o latifúndio; um mundo em miniatura, encerrado em sua totalidade fechada e autocrática, onde não haveria lugar para a solidariedade social. Vianna oscila entre a valorização das qualidades morais da família aristocrática latifundista e as consequências negativas para a consolidação nacional decorrentes da "função simplificadora" exercida pelo predomínio dos grandes domínios rurais na estrutura agrária e fundiária[197], em especial a "clanificação" da sociedade e da política[198]. O latifundiário seria o verdadeiro chefe de clã e senhor patriarcal.

Vianna vocaliza o pensamento de uma elite nacional que assumia sua tarefa de colonização doméstica e articulava as doutrinas imperialistas europeias às variantes periféricas de dominação territorial[199]. A grilagem, apesar de fraudulenta, cumpriria o papel de tarefa civilizatória, e justificar-se-ia pela consolidação ao direito de propriedade do colonizador. A ideologia do progresso apresenta-se como verdadeira operação de pilhagem de terras. Grileiros e bugreiros, os exterminadores de indígenas para a "limpeza de terreno"[200], por exemplo, são figuras que venceram a natureza selvagem e infecunda e desbravaram a terra virgem e inexplorada:

> Esse formidável assalto à floresta tem dois batedores originais: o "bugreiro" e o "grileiro". Um e outro se completam e são criações desse mesmo espírito de conquista a todo transe, que caracteriza a nossa moderna expansão para o oeste. [...] Nessa obra de conquista civilizadora da terra, o bugreiro vence o obstáculo material, que é o índio nômade, povoador infecundo da floresta infecunda. Há, porém, um outro obstáculo jurídico, que é o direito de propriedade. [...] Hoje, ao contrário de outrora, não há terras sem dono [...]. É ao grileiro

---

[193] SANTOS, R. Alberto Passos Guimarães e a revolução agrária não-camponesa. *In*: SANTOS, R. *Agraristas políticos brasileiros*. Brasília: Fundação Astrojildo Pereira, 2007. p. 53-98.

[194] GUIMARÃES, A. P. *As classes perigosas*: banditismo urbano e rural. Rio de Janeiro: UFRJ, 2008.

[195] *Idem*, 1968, p. 38, grifo nosso.

[196] RICUPERO, B.; FERREIRA, G. Estado e sociedade em Oliveira Vianna e Raymundo Faoro. *Cadernos CRH*, Salvador, v. 18, p. 223-227, 2005.

[197] RICUPERO, B. O conservadorismo difícil. *In*: FERREIRA, G.; BOTELHO, A. (org.). *Revisão do pensamento conservador*: ideias e política no Brasil. São Paulo: Hucitec; Fapesp, 2010. p. 76-94. p. 81.

[198] FERREIRA, G. A formação nacional em Buarque, Freyre e Vianna. *Lua Nova*, São Paulo, v. 37, p. 229-247, 1996; BRASIL JR., A.; BOTELHO, A. Próximo distante: rural e urbano em populações meridionais e raízes do Brasil. *In*: FERREIRA, G.; BOTELHO, A. (org.). *Revisão do pensamento conservador*: ideias e política no Brasil. São Paulo: Hucitec; Fapesp, 2010. p. 233-272.

[199] ALENCASTRO, L. F. Persistência de trevas. *In*: CONRAD, J. *Coração das trevas*. São Paulo: Companhia das Letras, 2008. p. 122-146.

[200] FARIA, C. A propriedade privada capitalista e as terras de Nhanderu. *In*: CARLOS, A. F. A. *et al.* (org.). *Geografia urbana crítica*: teoria e método. São Paulo: Contexto, 2018. p. 125-138.

que cabe resolver esta dificuldade. É ele que vai dar ao colonizador progressivo, cheio de ambições e de capitais, o direito de explorar este tesouro infecundo. Para isso cria, pela chicana e pela falsidade, o indispensável título de propriedade. Divididas as glebas em lotes, vendem-nos os grileiros à legião de colonos que os seguem como urubus pelo cheiro da carniça. [...] O bandeirante antigo, predador de índios e predador de terras, rude, maciço, inteiriço, brutal, desdobra-se pela própria condição do meio civilizado em que reponta: e faz-se bugreiro insidioso, eliminador do íncola inútil, e grileiro solerte, salteador de latifúndios improdutivos. Exercem ambos, porém, duas funções essenciais à nossa obra de expansão colonizadora: e a ferocidade de um e a amoralidade de outro tem assim, para escusá-las, a magnitude incomparável dos seus objetivos ulteriores.[201]

O latifúndio estabeleceria as bases que propiciariam não somente a formação, a consolidação e o desenvolvimento de uma aristocracia de "altas qualidades morais" (fundada na probidade, respeitabilidade, independência moral e fidelidade à palavra dada), mas também o exercício do poder de mando sobre a escravaria e os agregados[202]. Ademais, a aristocracia rural seria mais bem preparada para ocupar e exercer o poder político nacional. O latifúndio funcionaria como o território do encontro dos três grupos étnicos — o branco europeu, o negro africano e o índio americano — formadores do povo[203] e consolidaria o núcleo estrutural (e territorial) da sociedade brasileira, dominado pela supremacia ariana. "Nós somos o latifúndio. Ora, o latifúndio isola o homem; o dissemina; o absorve; é essencialmente anti-urbano. Nesse insulamento que ele impõe aos grupos humanos, a solidariedade vicinal se estiola e morre"[204].

A distribuição de terras em sesmarias e a concentração fundiária inclinariam o Brasil a uma essência antiurbana. Encerrada em si, pré-capitalista, clanificada e/ou autocrática, parte dos intérpretes do Brasil reitera o atraso ou a naturalidade com que a grande propriedade atravessa a história do país. O passado rural seria a antítese do urbano com a família rural "amante da solidão e do deserto, rústico e antiurbano, fragueiro e dendrófilo, que evita a cidade e tem o gosto do campo e da floresta"[205].

Em especial, na geografia contemporânea, a permanência e atualização destas leituras ocorre às avessas, porém de maneira complementar às interpretações de Vianna e Guimarães. De empiristas lógicos à parte expressiva de geógrafos urbanos críticos, tem se dado simultaneamente pouca atenção, ou simples descarte, ao latifúndio (a morfologia da concentração fundiária), à grilagem (a expressão concreta da acumulação originária e o aspecto central da formação da propriedade privada) e à questão agrária como fundamentos da urbanização brasileira, produzindo um ocultamento da dimensão fundiária — a condição agrária do urbano — na produção do espaço e na cidade como negócio. O funcionalismo permanece: a concentração populacional nas cidades seria símbolo de que o Brasil adentrou, finalmente, a modernidade, liberto das contradições atrasadas do passado colonial. Inteiramente imersas no caos urbano e na ausência/marginalidade de políticas públicas ou celebradas como lugar do encontro, da localização da política ou da reunião dos diferentes, as cidades são reduzidas às análises da pura morfologia, exaltação da rebeldia (e a verdadeira luta na *pólis*) e cartografia de infindáveis dados demográficos em que se expressaria a negação absoluta do

---

[201] VIANNA, F. J. O. O povo brasileiro e sua evolução. *In*: BRASIL. Ministério da Agricultura, Indústria e Comércio. *Recenseamento do Brasil - 1920*. Rio de Janeiro: Diretoria Geral de Estatística, 1922. p. 279-400. p. 308-309.

[202] *Idem*. O. *Populações meridionais do Brasil*: história, organização, psicologia. Belo Horizonte; Niterói: Itatiaia; UFF, 1987.

[203] CIRQUEIRA, D. Raízes nefastas do pensamento geográfico no Brasil: meio, raça e nação em Oliveira Vianna (1920-1933). *Geosaberes*, Fortaleza, v. 9, n. 19, p. 1-21, 2018.

[204] VIANNA, 1987, p. 48.

[205] *Ibidem*, p. 102.

campo. A questão agrária seria aspecto dos confins do mundo, dos pedaços semifeudais distantes das metrópoles (e suas novas problemáticas) ou sinônimo de produção agrícola advinda de um rural mecanizado com trabalhadores ora explorados e escravizados, ora fragueiros com sua pequena produção orgânica para subsistência em cidades médias ou pequenas. O urbano seria antiagrário e estaria livre do cativeiro latifundista. Neste aspecto, ressoa o alerta de Lefebvre[206]: "a teoria mostrou como nenhum espaço desaparece completamente, ou é totalmente abolido no curso do processo de desenvolvimento social, nem mesmo o lugar natural onde esse processo começou".

Contudo, interpretações recentes na geografia urbana crítica e radical têm realizado a inversão analítica da historicidade e do dualismo campo-cidade para a espacialidade da contradição agrário--urbana na contemporaneidade, buscando compreender o movimento de passagem da terra para a moderna propriedade privada e seu lugar na contradição centro-periferia.

De fato, vivenciamos um firme controle e concentração da terra, do poder e do capital, que são reproduzidos pelos aliançamentos entre o Estado — e o planejamento público estatal — e os interesses fundiários privados ligados ao agronegócio e a uma sorte de especuladores fundiários das mais diversas escalas, que atualizam a produção da cidade e do urbano como um negócio imobiliário[207]. O espaço produzido — aquele mediado pela produção do agronegócio e dos negócios fundiários no urbano — é produto da reprodução de contradições históricas em uma formação territorial mediada pela monopolização grileira da terra.

A produção do urbano realiza-se sem a espessura da história — "cidades sem infância"[208], porquanto nascem adultas, inscritas na lógica reprodutiva do capitalismo mundializado —, instituindo a espacialidade para o primeiro plano da análise, dado que são materialidades de projetos estatais e econômicos cuja paisagem reflete o desenraizamento e a efemeridade[209] e, coetaneamente, a expropriação, a valorização fundiária e imobiliária e a segregação socioespacial. A narrativa de bandeirantes, pioneiros e desbravadores surge para reificar a conquista territorial, valorizando empreendedores diante da fronteira dita desintegrada da riqueza nacional e desabitada.

A propriedade dos meios de produção e da terra no capitalismo torna-se abstrata segundo sua forma jurídica: a propriedade privada[210]. A propriedade produz parte expressiva da subjetividade política das relações capitalistas, velando a violência do processo de urbanização e revelando o mito dos proprietários de terra como os primeiros ocupantes e os verdadeiros nativos. Essa acumulação primitiva do espaço se opera pela varredura social e pela produção ideológica do espaço vazio — em suas variantes de vazios demográficos e vazios urbanos —, em que o extermínio, a expropriação e a espoliação são momentos constitutivos da rentabilidade econômica[211]. Trocando em miúdos, a grilagem de terras é a expressão concreta da acumulação primitiva do espaço.

A concentração de terra, poder e capital aparece, então, como direito inquestionável e natural, quando, em realidade, trata-se de uma conquista histórica e ideológica dos grandes proprietários fundiários e da burguesia, na aliança terra-capital, pela dominação e diferenciação dos sujeitos e a

---

[206] LEFEBVRE, 2000, p. 463.
[207] VOLOCHKO, D. Terra, poder e capital em Nova Mutum-MT: elementos para o debate da produção do espaço nas 'cidades do agronegócio'. *GEOgraphia*, Niterói, v. 17, p. 40-67, 2015.
[208] MARTINS, S.; SEABRA, O. A cidade sem infância no universo pioneiro da soja. *Travessia*: Revista do Migrante, São Paulo, v. 6, n. 15, p. 19-21, 1993.
[209] PÁDUA, R. Questão agrária, modernização da agricultura e urbanização em Mato Grosso. *Revista Mato-Grossense de Geografia*, Cuiabá, v. 17, p. 33-63, 2014.
[210] CARLOS, A. F. A. Em nome da cidade (e da propriedade). *In*: COLOQUIO INTERNACIONAL DE GEOCRÍTICA, 14., Las utopías y la construcción de la sociedad del futuro, 2016, Barcelona. *Anais* [...]. Barcelona: Universitat de Barcelona, 2016. p. 1-15.
[211] DAMIANI, A. A produção do espaço urbano e a propriedade privada da terra. *Revista Continentes*, Seropédica, v. 9, n. 5, p. 12-24, 2016.

expansão do processo de subordinação do conjunto das relações sociais à lógica proprietária em diferentes morfologias espaciais. Em outros termos, a produção do espaço coloca a acumulação originária como processo estrutural da formação capitalista do Brasil. Neste sentido, é fundamental realizar a dialetização das noções de *campo* e *questão agrária*. O aporte lefebvriano legou-nos o entendimento da *cidade* como forma e dimensão espacial que transcende e engloba o urbano em seu processo de mundialização; e o *urbano* como processo de constituição de uma sociedade urbana que implode-explode a cidade industrial e como realidade concreta e virtualidade. Aqui, propomos que o *campo* é uma das morfologias da questão agrária atravessado pela generalização de uma urbanização planetária. A *questão agrária* é o processo, concreto no campo e ocultado na cidade, já que tornado natural e normalizado, de constituição de uma espacialidade proprietária, assentada no latifúndio e realizada pela grilagem. A condição da produção da sociedade urbana no Brasil é a questão agrária em uma formação territorial em que o roubo de terra é processo constitutivo da produção da propriedade privada.

A generalização da propriedade privada e a submissão da vida cotidiana à lógica e à mentalidade proprietária capturam os momentos, a cultura e as tradições da vida tanto na cidade quanto no campo, aproximando-os morfologicamente cada vez mais[212], no imperativo da urbanização da sociedade. Está em curso um processo violento de deterioração e desintegração da vida e que coloca em xeque o direito universal da propriedade privada como norma para a reprodução do habitar e do trabalho[213], contrarrestado por processos de manutenção da lógica latifundista que repõe a centralidade da propriedade privada capitalista. As ocupações, no entanto, são estratégias de apropriação da terra pautadas nos direitos populares/costumeiros da reprodução da vida e do trabalho e ação direta de questionamento da privação do urbano e da concentração fundiária. Para os que ocupam, as classes populares com parcos recursos econômicos, impõem-se os lugares com menor auferição de renda fundiária, em situação de permanente insegurança para a realização da vida[214], em lotes imersos na dinâmica da questão agrária que atravessa a urbanização. São lugares tornados objetos de especulação, parcelados irregular ou clandestinamente e com proprietários de terra ciosos pelo abocanhamento de fração da massa de mais valia social.

É fato que há a primazia do urbano nos processos da produção do espaço. Contemporaneamente, os negócios com a propriedade privada da terra são tão ou mais importantes do que aqueles mediados pela agricultura capitalista e latifundiária[215]. O avanço da fronteira agrícola é a própria concretização do processo de urbanização completa da sociedade, visto que parte expressiva da produção no campo responde a um tempo de produção e relações sociais propriamente urbanos[216]. A modernidade da acumulação capitalista governada pela dinâmica financeiro-imobiliária não prescinde, todavia, da propriedade privada da terra, nem da reprodução da concentração fundiária. Simultaneamente, verificam-se novamente os atravessamentos entre a urbanização e a questão agrária em que o monopólio territorial e as redes de fraudes, clientelismo e conluios entre cartórios, incorporadoras imobiliárias, empresas, proprietários fundiários, escritórios de advocacia e operadores do poder

---

[212] CARLOS, 2004, 2016.

[213] *Idem*, 2004.

[214] FARIA, C. Periferização em Chapada dos Guimarães: conflitos e resistências. *In*: LACZYNSKI, P. *et al.* (org.). *Acumulação do capital e reprodução da vida*: tensões a partir da produção do espaço. São Paulo: Instituto das Cidades: Unifesp, 2022. p. 61-83; RODRIGUES, A. Propriedade fundiária urbana e controle socioespacial. *Scripta Nova*, Barcelona, v. 18, p. 1-16-16, 2014.

[215] FIORAVANTI, L. Da cidade do agronegócio à cidade como negócio: (re) inserindo o urbano no debate. *Boletim Paulista de Geografia*, São Paulo, v. 98, p. 23-37, 2018.

[216] PÁDUA, R. O processo de urbanização do campo: apontamentos metodológicos a partir da realidade de Mato Grosso. *Revista Rural & Urbano*, Recife, v. 2, p. 47-60, 2017.

público estão no âmago de variados negócios fundiários e imobiliários. A permanência do latifúndio e das relações patrimonialistas associa-se à busca de políticas estatais protecionistas para sanar as crises[217] e salvaguardar os lugares dominados.

A terra está atravessada pelos jogos de domínio de poder e capital e ganha sentido como equivalente de mercadoria e objeto de acumulação de riqueza, bem patrimonial, interesse financeiro, instrumento de poder econômico e político e de direito de propriedade independente da produção ou do uso[218]. A concentração fundiária não se altera e a grilagem de terra tem se radicalizado no século XXI. Martins[219] argumenta que

> [...] ao contrário do que está contido nessa suposição flácida, de que o latifúndio brasileiro é produto do latifúndio, o latifúndio brasileiro contemporâneo, enquanto latifúndio no sentido sociológico e político, é produto da questão agrária que se institucionaliza na segunda metade do século XIX. Institucionaliza-se, portanto, quando a cessação do cativeiro impõe um direito fundiário novo, que faz da terra equivalente de mercadoria e instrumento de desigualdade social.

Os latifundiários têm papel ativo na reprodução da segregação socioespacial — a expressão espacial da desigualdade — e na valorização imobiliária do espaço urbano com disponibilidade de capital e concentração fundiária. Eles têm forte atuação no mercado imobiliário como locadores, especuladores e loteadores de terra urbana[220]. Vale relembrar que um vasto conjunto desses loteamentos é grilado e vendido por quem se nomeia titular da terra, e faz isto por meio de uma série de artimanhas. Um emaranhado de subterfúgios exemplifica a estratégia fundamental utilizada por toda sorte de grileiro de terra: complicar para enganar[221]. Inspirados nas intrincadas formalidades das leis, nos meandros burocráticos e cartoriais (assinaturas, carimbos, selos e reconhecimentos de firma), os grileiros produzem seus truques valendo-se das mesmas leis que violam. Eles tentam estabelecer às suas operações todo tipo de fachada burocrática e jurídica com o objetivo de conferir um ar de legalidade baseadas em táticas tão bem desenvolvidas que advogados e juízes são enganados (ou se deixam enganar), e o mesmo ocorre com os mais pobres, muitas vezes intimidados com documentos de aspecto oficial, instituindo a usurpação legalizada[222]

A grilagem é o vórtice que amalgama o caráter latifundiário e imobiliário da formação do urbano. A cidade e o campo diferenciam-se pelo conteúdo das relações sociais neles contidas, e estas, hoje, ganham conteúdo em sua articulação com a construção da sociedade urbana, não transformando o campo em cidade, mas articulando-o ao urbano de um "outro modo"[223], redefinindo os conteúdos da contradição agrário-urbana. Lefebvre[224] relembra que "na estrutura agrária dos países capitalistas ou submetidos ao capitalismo coexistem formações pertencentes a todas as épocas da história, a todos os momentos sucessivos do desenvolvimento social". A grilagem cumpre a missão civilizatória de expansão e intensificação da urbanização reiterando seu papel fulcral na via brasileira de desenvolvimento capitalista. Para Lefebvre, a burguesia enriquece dominando terras,

---

[217] ALBUQUERQUE, M. A questão da terra no Brasil: uma abordagem geográfica. *In*: CONGRESSO BRASILEIRO DE GEÓGRAFOS, 7., 2014, Vitória. *Anais* [...]. Vitória: AGB, 2014. Não paginada.

[218] FARIA, 2022.

[219] MARTINS, J. S. *A sociedade vista do abismo*: novos estudos sobre exclusão, pobreza e classes sociais. Petrópolis: Vozes, 2012. p. 164.

[220] ABREU, G. "Semeando cidades": uma genealogia da colonização rural-urbana no Brasil. *In*: LACZYNSKI, P. et al. (org.). *Acumulação do capital e reprodução da vida*: tensões a partir da produção do espaço. São Paulo: Instituto das Cidades; Unifesp, 2022. p. 35-60.

[221] HOLSTON, J. Legalizando o ilegal: propriedade e usurpação no Brasil. *Revista Brasileira de Ciências Sociais*, Rio de Janeiro, v. 8, n. 21, p. 1-24, fev. 1993.

[222] Idem.

[223] CARLOS, 2004.

[224] LEFEBVRE, H. *Du rural à l'urbain*. Paris: Anthropos, 2001. p. 83.

constituindo propriedade fundiária e reconstituindo as bases de um novo monopólio assentado na renda, e sentencia: "A propriedade da terra, no fundo intacta, reconstituída pelo capitalismo, pesa sobre o conjunto da sociedade"[225].

Roubo de terra e sequestro da história

A grilagem de terras é um fenômeno que constitui as relações sociais, econômicas e políticas do país, não sendo apenas a burla de papeis envelhecidos artesanalmente por insetos ou uma infração, um crime ou um desvio jurídico, mas sim um dos aspectos constitutivos das relações sociais[226], da formação territorial[227], da história social da propriedade[228] e do racismo estrutural[229].

Grilagem é roubo de terras e sequestro da história, ou seja, usurpação do chão via expropriação, espoliação ou subordinação e confinamento do passado apreendido pela herança latifundiária que apaga — ou melhor, tenta apagar — outros caminhos de relação com a terra. Os grandes proprietários fundiários dedicaram-se a refazer e construir genealogias míticas, buscando estabelecer no passado longínquo suas supostas e reinventadas raízes nobres[230]. Capital, autoridade, posse de escravizados, dedicação à política, liderança diante de vasta parentela, controle das populações livres e pobres, postos na Igreja e na administração pública constituíram-se em metas fundamentais desse lustro de nobreza que encobre desigualdade e concentração do poder desde o Brasil colonial[231]

A grilagem, então, não é uma ilegalidade, não é um acidente, não é somente um ato praticado em desconformidade com a lei. A grilagem é o tensionamento de forças sobre os limites do que é ilegal. A lei não é feita para impedir determinados tipos de comportamento, mas para diferenciar as maneiras de burlar a própria lei em um moto-contínuo de táticas de reprodução de classe e de estabelecimento de uma sociabilidade política que medeia privilégio, compadrio e as mil formas e nomes do favor que atravessam o conjunto da existência nacional, ressalvada sempre a relação produtiva de base, assegurada pelo aparato militar/policial estatal e pelo mando privado/miliciano. Assim, há que se pensar a formação da propriedade privada para além da discussão tautológica e estéril da binaridade legal/ilegal, real/ideal, lícito/ilícito e formal/informal, para colocar no centro da análise os modos como as leis operam, não para coibir ou suprimir os ilegalismos[232], mas para diferenciá-los internamente: produzindo simultaneamente acumulação do capital, condução de condutas, poder e espaço.

A via de desenvolvimento capitalista no Brasil é operada pela aliança entre terra e capital[233], a qual encontrou, na manutenção da concentração fundiária e de sua expansão via grilagem, o sedimento de reprodução da exploração e da opressão do processo de urbanização, produzindo uma natureza

---

[225] *Idem*, 1999, p. 161.

[226] IANNI, O. *A luta pela terra*: história social da terra e da luta pela terra. Petrópolis: Vozes, 1979; VIOTTI DA COSTA, E. *A dialética invertida e outros ensaios*. São Paulo: Unesp, 2014.

[227] PRIETO, 2020; OLIVEIRA, A. U. Camponeses, quilombolas, indígenas e grileiros em conflitos no campo brasileiro. In: CRUZ, R.; CARLOS, A. F. A. (org.). *Brasil, presente!* São Paulo: FFLCH, 2020. p. 1-15.

[228] SILVA, L. O. *Terras devolutas e latifúndio*: efeitos da Lei de 1850. Campinas: Unicamp, 2008; MOTTA, M. *Direito à terra no Brasil*. São Paulo: Alameda, 2012.

[229] GIRARDI, E. *A indissociabilidade entre a questão agrária e a questão racial no Brasil*: análise da situação do negro no campo a partir dos dados do Censo Agropecuário 2017. São Paulo: Cultura Acadêmica, 2022.

[230] MELLO, E. C. *Rubro veio*: o imaginário da restauração pernambucana. Rio de Janeiro: Nova Fronteira, 1986.

[231] SCHWARCZ, L. *Sobre o autoritarismo brasileiro*. São Paulo: Companhia das Letras, 2019.

[232] TELLES, V. S. Nas dobras do legal e do ilegal: ilegalismos e jogos de poder nas tramas da cidade. *Dilemas*, Rio de Janeiro, v. 2, n. 5-6, p. 97-126, 2010.

[233] PRIETO, G. A aliança entre terra e capital na ditadura brasileira. *Mercator*, Fortaleza, v. 16, p. 1-14, 2017; MOTA, M. S. Sesmarias e propriedade titulada da terra: o individualismo agrário na América Portuguesa. *Saeculum*, João Pessoa, v. 1, p. 29-44, 2012.

específica do capitalismo brasileiro. A burguesia nasce do seio do latifúndio e imobiliza e mobiliza parte do capital e da renda na terra. Constata-se, então, que a propriedade fundiária não pode ser entendida como um empecilho, um entrave, um bloqueio ou uma amarra à expansão das relações capitalistas de produção[234], nem é um resquício feudal ou antiurbano, mas sim a contradição fundante da via brasileira de desenvolvimento do modo capitalista de produção e de suas formas de poder e controle da economia, da sociedade e da política. A propriedade privada capitalista configura-se como a forma hegemônica de acesso ao território brasileiro, parte expressiva dela grilada[235], potência dinamizadora da economia[236], e é um fundamento da segregação socioespacial[237] e da violência da urbanização[238]. A moderna propriedade privada é fruto de roubo específico: a grilagem de terras, que repõe o processo de acumulação originária na reprodução do espaço.

O modo capitalista de pensar no Brasil conforma-se pela mentalidade proprietária, que se efetiva espacial e historicamente como mentalidade latifundiária. Destaca-se que, em um país com mais de 85% da população urbana, a bancada ruralista seja composta por 58% do Congresso Nacional e 59% do Senado, interditando processos de reforma agrária e se mobilizando para a reprodução dos fundamentos da privação do urbano.

No Brasil, há um desvio radical dos contratualistas. Para estes, o trabalho humano como extensão proprietária do corpo produz a terra como vocação de privilegiados e realização plena do direito divino. John Locke afirmava que não era a falta de uso que descaracteriza a propriedade, mas a possibilidade de deterioração, processo atenuado pelo dinheiro, que não apodrece, como valor universal e justificativa para a acumulação ilimitada. O Código Francês de 1810 e o Código Italiano de 1865 definiram a noção moderna de propriedade conforme o direito inconteste de gozar, dispor do bem de modo absoluto, além de reivindicar, com uso da força, quando ameaçado seu poder e capital. Lefebvre[239] acentua que "o sistema contratual (jurídico), que o Estado mantém e aperfeiçoa enquanto poder (político), repousa na propriedade privada, a da terra (propriedade imobiliária) e a do dinheiro (propriedade mobiliária)".

Em nossas bandas, a centralidade da reprodução do capitalismo encontra-se na dominação da terra, daí se imiscuem absenteísmo, poder, patrimônio, mando, mérito, família patriarcal e os atributos de trabalhador ao usurpador de terras, estabelecendo a absolutização da propriedade privada, violência instauradora da formação territorial e do nosso processo de urbanização.

Os atributos cívicos e de personalidade como sujeito de direitos marcam a constituição do proprietário de terras: aquele que é mais humano e mais cidadão do que outrem e uma classe específica, em si e para si. A métrica social da cidadania envolve o tamanho do espólio que se acumula. A mentalidade de classe dominante é a mentalidade latifundiária que estabeleceu a propriedade privada como direito abstrato, formalista e excludente, com o poder social que emanaria do título e a definição de um direito das coisas a partir da vontade absoluta, tornada *absolutizada* sob o signo do par complementar da propriedade, figurado pela função social e pela desapropriação, que, longe de negar, confirma a absolutização proprietária.

---

[234] OLIVEIRA, A. U. *A fronteira amazônica mato-grossense*: grilagem, corrupção e violência. 1997. Tese (Livre Docência) – USP, São Paulo, 1997. 2 v.

[235] MOTTA, 2012; MARÉS, C. F. *A função social da terra*. Porto Alegre: Sergio Antonio Fabris, 2003; HOLSTON, J. *Cidadania insurgente*: disjunções da democracia e da modernidade no Brasil. São Paulo: Companhia das Letras, 2013.

[236] MARTINS, 2012.

[237] ALVAREZ, I. A produção e reprodução da cidade como negócio e segregação. *In*: CARLOS, A. F. A. *et al.* (org.). *A cidade como negócio*. São Paulo: Contexto, 2015. p. 65-80; CARLOS, A. F. A. Segregação socioespacial e o "direito à cidade". *Geousp*: Espaço e Tempo, São Paulo, v. 24, p. 412-424, 2020; CARLOS, A. F. A.; PRIETO, G. San Pablo: neoliberalismo y reproducción espacial. *Punto Sur*, Buenos Aires, v. 4, p. 72-98, 2021.

[238] SAMPAIO, R. A violência do processo de urbanização. *In*: CARLOS, A. F. A. (org.). *Crise urbana*. São Paulo: Contexto, 2015. p. 55-84.

[239] LEFEBVRE, 1999, p. 138.

A concepção de Voltaire da "propriedade como liberdade" ganha contornos aqui com a operação da lei em favor do roubo, desvelando a máxima jurídica "o direito civil serve para que os ricos roubem os pobres. O direito penal impede que os pobres reajam". A determinação dos poderes proprietários assume-se formalmente como tipo único e universalizado; a "propriedade privada", aquela que assegura ao proprietário, o sujeito de direitos defendido pela ordem constitucional moderna, a disponibilidade, a inviolabilidade e a qualidade do indivíduo como "senhor e possuidor". O resto é invasor e inimigo.

Há um transbordamento do modelo colonial brasileiro na combinação entre a grande propriedade privada, o legado da escravidão, o personalismo do mando privado e a quase ausência da esfera pública e do Estado configurando os fundamentos das mazelas brasileiras[240] no processo de urbanização.

A liquidação do fundo territorial

A transformação da noção de "terras devolutas" é fundamental para a compreensão do surgimento de uma mentalidade proprietária e de um individualismo proprietário[241] ainda no período colonial brasileiro, não só concretizada no trabalho escravo, mas paulatinamente também no domínio latifundiário da terra. Apesar de a propriedade da terra pertencer à Coroa portuguesa, sendo aquele que recebia a sesmaria um concessionário racializado da terra (homem, branco, europeu), desenhava-se já no período colonial uma mentalidade de proprietário, uma nascente consciência de classe de senhor pleno da terra dominada, absoluto, que vai desembocar nas discussões acerca da propriedade absoluta na Constituição Imperial de 1824, logo após a Independência, e da transformação da terra em mercadoria na Lei de Terras de 1850 e que se reproduz nas Constituições Republicanas e nos Código Civil de 1916 e 2002. Há um verdadeiro pacto latifundista na formação urbana do Brasil, em que se constata a enorme vitalidade da classe proprietária que emana da sua capacidade de dispor da força que a renda fundiária pode proporcionar. Isso não afeta apenas o campo, mas a sociedade em geral, atravessada pela condição agrária da urbanização, pois sempre que as terras puderem ser privatizadas e dilapidadas, segundo o crivo da receita imediata, das negociatas, favores e das armas, a violência dá o tom do movimento da história[242].

Contemporaneamente, encontramo-nos diante de um duplo processo que atravessa a urbanização da sociedade no século XXI: um aumento da tendência proprietária via legalização da grilagem e a expansão de novas formas de legitimação da propriedade (grilada) em um processo de liquidação das terras públicas no Brasil e de outras formas de relação com a terra. Trata-se de um processo vertiginoso de grilagem completa da sociedade.

Há um duplo caráter constitutivo da noção de liquidação no modo capitalista de produção, qual seja: esgotar um estoque com a extinção tendencial das reservas e inserir o espólio, retido ou acumulado, na circulação geral do capital aquecendo o mercado com a oferta incisiva de mercadorias a preços irrisórios. Liquidar é, assim, tanto a finalização de um potencial ativo — outrora reservado — para o capital quanto seu respectivo incremento na esfera produtiva. Ou seja, para liquidar é necessário também expulsar.

A liquidação de terras públicas no Brasil é um processo dialético e efetiva-se com radicalidade contemporaneamente. Simultaneamente, há a estratégia de extinção tendencial do fundo territorial público mediado pelos desdobramentos latino-americanos da corrida global por terras, pela

---

[240] SCHWARCZ, 2019.
[241] MOTA, 2012.
[242] PAULINO, E. Desencontros e desencantos da função social da terra. *Para onde!?*, Porto Alegre, v. 11, p. 29-35, 2019.

inserção produtiva brasileira na mundialização capitalista como plataforma de valorização rentista assentada no capitalismo financeiro-imobiliário, na dinâmica urbana da expansão das fronteiras e na economia do agronegócio e do neoextrativismo. Destaca-se que tal estratégia deste Estado-nação latifundiário perpassa a virtualidade da destruição completa dos modos de vida, cosmologias e populações tradicionais com a privatização (e grilagem expressiva) de terras, águas, campos e florestas realizada pelo extermínio, pelo genocídio/etnocídio, pela remoção de ocupações e formas coletivas de reinvindicação da moradia, capítulos fundamentais da acumulação originária do capital e projeto de solução final para efetivação do domínio fundiário.

Liquidar sugere a incorporação barata ou gratuita da terra como renda capitalizada ou reserva de valor e reserva patrimonial — efetiva ou potencial — na esfera produtiva, financeira e/ou fictícia do mercado capitalista. A liquidação fundiária insere-se num projeto avassalador de consolidação da formação plena da propriedade privada capitalista, mediada pela grilagem, promovendo a realização total da formação territorial brasileira pela via brasileira de desenvolvimento capitalista. A promessa da integração territorial cumpre-se operada por um epitáfio: o fim do fundo fundiário público, de terras destinadas e não destinadas, no Brasil, como processo fundamental para uma nova rodada de acumulação via propriedade privada e a expulsão como expressão concreta da mentalidade latifundiária.

A condição agrária da urbanização está no centro do processo de acumulação do capital e da concentração de terras, com base na efetiva formação da propriedade privada titulada, regularizada e cadastrada, e é o motor da resolução crítica da crise estrutural do capitalismo como uma das válvulas de escape do acúmulo de crises pós-2008. São inúmeros os exemplos: o Programa Terra Legal (Lei 11.952, de 25 de junho de 2009) com foco na transferência de terras na Amazônia Legal; o Programa Minha Casa, Minha Vida na confluência de política habitacional operada pelo empresariado da construção civil e da incorporação imobiliária; a nova Lei de Regularização Fundiária (Lei 13.465, de 11 de julho de 2017) e a possibilidade de regularização fundiária privada; o Programa Titula Brasil (Instrução Normativa 105, de 29 de janeiro de 2021) e a titulação precária de assentamentos; o Projeto de Lei (PL) da Grilagem atual (figurada neste momento pelo PL 510, de 2021) e a radicalização dos ilegalismos fundiários; o marco temporal (em tese que propõe que sejam reconhecidas aos povos indígenas somente as terras que estavam ocupadas por eles na data de promulgação da Constituição federal) e a abertura de terras indígenas para o mercado fundiário e imobiliários; a tramitação para a venda de terrenos de marinha (Proposta de Emenda à Constituição 39/11), que permite à União entregar gratuitamente a estados e municípios os terrenos da costa brasileira; a grilagem operada por coletivos criminais e a produção de urbanismo miliciano são apenas a ponta de um processo de legalização do roubo das terras brasileiras e de ampla titularização sem condições mínimas de urbanização.

Em síntese, a partir de 2016, há uma rotineirização de um conjunto de medidas provisórias, decretos, projetos de leis e leis de legalização de terras (griladas) no Brasil que tiveram como fundamento o Programa Terra Legal. Entre 2009 e 2023, o somatório de terras passíveis de legalização da usurpação chegou a cerca de 190 milhões de hectares, o que equivale a três Franças de grilagem.

A grilagem efetiva-se como uma reserva patrimonial, sem dispêndio monetário e com retenção fundiária, que possibilita e estimula a especulação imobiliária, inserindo a terra dominada no mercado imobiliário e desvela a concentração de poder político em múltiplas escalas. Em linhas gerais, o grileiro tem como objetivo, juridicamente, legalizar a grilagem de terras e, socialmente, legitimá-la. Trata-se, assim, não só de garantir leis que transfigurem terras usurpadas em propriedades privadas capitalistas, mas de elevar o usurpador para a condição de detentor de domínio e produzir a ideologia da legitimidade social do proprietário como sujeito de direito e da inviolabilidade da propriedade adquirida pelo suposto fruto do trabalho, do merecimento, do esforço pessoal ou familiar e do poder político e militar-armado.

Esse processo produz a figura do proprietário, oculta (e sequestra) a história de violências e grilos operados e institui os que reivindicam a posse da terra para trabalho e moradia como invasores, reproduzindo os conflitos fundiários. Para além de uma questão passadista ou da leitura de que tal processo de acumulação originária é datado, uma "herança colonial"[243] ou apenas um problema do "campo" / do "espaço agrário", no último quartel do século XX e nas duas décadas do século XXI diferentes governos produziram legislações que instituíram a reprodução da grilagem, até mesmo como condição da reprodução das metrópoles. Paulino[244] argumenta que, entre 2003 e 2014, mais de 263 milhões de hectares — praticamente um terço do território brasileiro — foram incorporados como propriedade privada cadastrada, evidência de que há um processo em curso que estimula grileiros a se titularem proprietários "legais".

Oliveira[245] e Paulino[246] argumentam que o capitalismo no Brasil tem "pés de barro", ou seja, não se sustenta enquanto tal, pois o ato instaurador do direito de propriedade, o processo de compra, é praticamente inexistente. Todavia, a discussão sobre a grilagem evidencia justamente o contrário: é possível, se não fundamental, haver propriedade sem compra. A grilagem é o instrumento que realiza o direito à propriedade sem compra e venda: a consciência de classe e a mentalidade latifundiária prescinde de fundamento jurídico legal. A legitimação socioespacial do grileiro é o fundamento das relações sociais brasileiras, valendo-se das forças de segurança pública, do mando privado e das redes de solidariedade e suborno em múltiplas escalas. Em linhas gerais, a cadeia dominial sobre a qual os títulos válidos estão vinculados foi (e é) objeto de fraude, seja em termos documentais, realizada nos cartórios e operada por loteadores, seja ela administrativa, realizada por meio do Poder Executivo.

No período republicano, não há registros de cidades fundadas em áreas compradas em leilão por quem quer que seja, como expressamente determinado pela Lei de Terras de 1850[247]. Pelo menos desde a década de 1940, a maioria dos trabalhadores de cidades brasileiras enfrenta ainda um duplo dilema de moradia[248]. Por falta de opções, eles têm que construir a própria casa; mas, para encontrar um lote que seja acessível, eles precisam ir cada vez mais para a periferia, onde a única infraestrutura é a estrada de terra que especuladores imobiliários e companhias de transporte que atuam na área construíram para vender as terras, incontáveis vezes, griladas. Na medida em que os especuladores abrem a periferia para milhões de trabalhadores, a força dessa dupla necessidade eleva a taxas altíssimas a expansão da periferia urbana. Os conflitos pela terra explodem produzindo um quiproquó: quem é o dono da terra?

> A confusão vai ao encontro dos interesses dos grileiros, já que esses casos são muitas vezes resolvidos através de manobras políticas e extrajudiciais como acordos periódicos através das quais as instituições executivas ou legislativas do governo intervêm para declarar que o sistema jurídico está em xeque e, assim, desqualificam certas alegações

---

[243] SILVA, 2008.
[244] PAULINO, 2019.
[245] OLIVEIRA, 2001.
[246] PAULINO, 2018.
[247] SILVA, 2008
[248] HOLSTON, 2013.

de propriedade em favor de outras. Essas intervenções terminam inevitavelmente legalizando usurpações e, dessa forma, evidenciam práticas ilegais e extralegais nos próprios domínios da lei.[249]

Os posseiros e os que ocupam terras são reduzidos a ilegais/informais (e igualizados aos grileiros), enquanto os grileiros se tornam empresários e incorporadores imobiliários no espaço urbano. A cidade é o lócus dos conflitos fundiários e de novas rodadas de usurpação de terras. Reitera-se, então, a perspectiva lefebvriana de que a cidade moderna é sede, instrumento e centro do neocolonialismo e do neoimperialismo.

A questão da formação da propriedade privada da terra e da grilagem de terras públicas (devolutas ou não) substancia-se como base do controle da formação territorial brasileira e condição da reprodução das classes dominantes. A grilagem funciona como expressão concreta da concentração de riqueza e de poder, visto que não se despende nenhum quantum de dinheiro inicial para o processo de apropriação da terra. Ou seja, grilar a terra pública possibilita uma extração ainda mais intensa de renda fundiária.

Grilar terra tem até mesmo um novo jargão, moderno, pomposo e fleumático: segurança jurídica. Não custa relembrar que aqueles que buscam a assim chamada segurança jurídica no presente são os herdeiros políticos, no campo de experiência de classe no passado, que lutaram pela garantia da plenitude da propriedade privada na Constituição de 1824, para a produção da Lei de Terras de 1850 e a confirmação do cativeiro da terra e sua sistemática postergação; batalharam pela transferência das terras para o domínio estadual na Constituição de 1894 e do Decreto 19.931 de 1931, instituído por Vargas, marcos de referência de legalização dos seus grilos e proteção absolutizada de suas propriedades privadas confirmadas e tituladas. Bem como foram os responsáveis diretos pelos golpes de Estado que produziram Império e República, além de aliados da ditadura empresarial-latifundiária militar e forjaram a transição liberal-democrática, o golpe institucional em 2016 e a eleição da extrema direita em 2018. Assim, os latifundiários, proprietários de terra no campo e na cidade, confirmam, às avessas e negativamente, a epítome de Goethe ressignificada na práxis por Rosa Luxemburgo: "no princípio era a ação". No Brasil, tal princípio é a ação de grilar, legitimar e legalizar o grilo. A mentalidade proprietária de dominação da classe dos proprietários de terra sob o poder e a custódia da pistola, das milícias privadas, do aparato repressivo do Estado e do voto sujeita os pobres e as classes populares, expropria os indígenas e impõe ao conjunto da sociedade os custos do rentismo. A função das leis que regulamentam a terra no Brasil assume o caráter de legitimação da grilagem, e não de negação da apropriação privada do patrimônio público. Elas não impedem, mas estimulam, pois sua intenção de partida não é bloquear, mas normatizar (e normalizar) o grilo, abrindo as brechas para novas usurpações. Essa mentalidade latifundiária se reproduz no Poder Judiciário, que funciona como um dos bastiões de defesa da propriedade privada e é garantidor, em decisões judiciais finais, de indenizações desapropriatórias que fundamentam a premiação dos grandes proprietários que operam o ilegalismo.

Assim, não há incompatibilidade entre a reprodução da estrutura fundiária concentrada, a reprodução da classe de proprietários de terra e o capitalismo moderno, mas sim uma dialética forjada à brasileira e baseada na transformação da renda capitalizada no escravizado para a renda capitalizada na terra, no bloqueio deliberado à reforma agrária e urbana e a efetivação do latifúndio como expressão concreta da formação territorial brasileira e do processo de urbanização. Tudo isso conforma clientelismo, patronagem, compadrio e favor como elementos constitutivos da sociabilidade política brasileira.

---

[249] *Idem*, 1993, p. 5.

Diante disso, e para dar novos e outros elementos para a situação dramática da urbanização brasileira, anuncia-se a necessidade de rompimento com o tempo de urgências e catástrofes, no qual o campo de experiência (a memória histórica das lutas e os processos de constituição dos fundamentos da reprodução social das classes sociais) e o horizonte de expectativa (a produção de utopias e o devir da história) se associam num presente de expectativas rebaixadas. Romper com a mentalidade proprietária e descortinar os fundamentos grileiros da propriedade da terra no Brasil é tarefa fundamental de uma geografia urbana anticapitalista, crítica e radical, que conteste os fundamentos da propriedade privada, sua naturalização, reprodução de classe e a mentalidade proprietária-latifundiária, que funda um Direito que não é apenas burguês, mas latifundiário e grileiro.

Em um país grilado, relembre-se a palavra de ordem da Ocupação Izidora em Belo Horizonte: "em terras com indícios de grilagem, não pode haver despejo".

Referências

ABREU, G. "Semeando cidades": uma genealogia da colonização rural-urbana no Brasil. *In*: LACZYNSKI, P. *et al.* (org.). *Acumulação do capital e reprodução da vida*: tensões a partir da produção do espaço. São Paulo: Instituto das Cidades: Unifesp, 2022. p. 35-60.

ALBUQUERQUE, L. *Um intelectual incontornável*: o pensamento político de Alberto Passos Guimarães (1956 – 1964). 2019. Dissertação (Mestrado em Ciências Sociais) –UFRJ, Rio de Janeiro, 2019.

ALBUQUERQUE, M. A questão da terra no Brasil: uma abordagem geográfica. *In*: CONGRESSO BRASILEIRO DE GEÓGRAFOS, 7., 2014, Vitória. *Anais* [...]. Vitória: AGB, 2014. Não paginada.

ALENCASTRO, L. F. Persistência de trevas. *In*: CONRAD, J. *Coração das trevas*. São Paulo: Companhia das Letras, 2008. p. 122-146.

ALVAREZ, I. A produção e reprodução da cidade como negócio e segregação. *In*: CARLOS, A. F. A. *et al.* (org.). *A cidade como negócio*. São Paulo: Contexto, 2015. p. 65-80.

BOTELHO, A. A renda fundiária urbana: uma categoria de análise ainda válida. *GEOgraphia*, Niterói, v. 19, p. 23-40, 2008.

BRASIL JR., A.; BOTELHO, A. Próximo distante: rural e urbano em populações meridionais e raízes do Brasil. *In*: FERREIRA, G.; BOTELHO, A. (org.). *Revisão do pensamento conservador*: ideias e política no Brasil. São Paulo: Hucitec: Fapesp, 2010. p. 233-272.

CARLOS, A. F. A. A questão da cidade e do campo: teorias e políticas. *Mercator*, Fortaleza, v. 5, p. 8-13, 2004.

CARLOS, A. F. A. Em nome da cidade (e da propriedade). *In*: COLOQUIO INTERNACIONAL DE GEOCRÍTICA, 14., Las utopías y la construcción de la sociedad del futuro, 2016, Barcelona. *Anais* [...]. Barcelona: Universitat de Barcelona, 2016. p. 1-15.

CARLOS, A. F. A. Segregação socioespacial e o "direito à cidade". *Geousp*: Espaço e Tempo, São Paulo, v. 24, p. 412-424, 2020.

CARLOS, A. F. A.; PRIETO, G. San Pablo: neoliberalismo y reproducción espacial. *Punto Sur*, Buenos Aires, v. 4, p. 72-98, 2021.

CIRQUEIRA, D. Raízes nefastas do pensamento geográfico no Brasil: meio, raça e nação em Oliveira Vianna (1920-1933). *Geosaberes*, Fortaleza, v. 9, n. 19, p. 1-21, 2018.

DAMIANI, A. A produção do espaço urbano e a propriedade privada da terra. *Revista Continentes*, Seropédica, v. 9, n. 5, p. 12-24, 2016.

ELDEN, S.; MORTON, A. D. From the rural to the urban and the production of space. *In*: LEFEBVRE, H. *On the rural*: economy, sociology, geography. Minneapolis: University of Minnesota, 2022. p. IX-XLVI.

ELDEN, S.; MORTON, A. D. Thinking past Henri Lefebvre: introducing 'The theory of ground rent and rural sociology'. *Antipode*, London, v. 48, n. 1, p. 57-66, 2016.

FARIA, C. A propriedade privada capitalista e as terras de Nhanderu. *In*: CARLOS, A. F. A. *et al.* (org.). *Geografia urbana crítica*: teoria e método. São Paulo: Contexto, 2018. p. 125-138.

FARIA, C. Periferização em Chapada dos Guimarães: conflitos e resistências. *In*: LACZYNSKI, P. *et al.* (org.). *Acumulação do capital e reprodução da vida*: tensões a partir da produção do espaço. São Paulo: Instituto das Cidades; Unifesp, 2022. p. 61-83.

FERREIRA, G. A formação nacional em Buarque, Freyre e Vianna. *Lua Nova*, São Paulo, v. 37, p. 229-247, 1996.

FIORAVANTI, L. Da cidade do agronegócio à cidade como negócio: (re) inserindo o urbano no debate. *Boletim Paulista de Geografia*, São Paulo, v. 98, p. 23-37, 2018.

GIRARDI, E. *A indissociabilidade entre a questão agrária e a questão racial no Brasil*: análise da situação do negro no campo a partir dos dados do Censo Agropecuário 2017. São Paulo: Cultura Acadêmica, 2022.

GUEREÑA, A.; BURGOS, S. O. *Desterrados*: tierra, poder y desigualdad en América Latina. Buenos Aires: Oxfam, 2016.

GUIMARÃES, A. P. *As classes perigosas*: banditismo urbano e rural. Rio de Janeiro: UFRJ, 2008.

GUIMARÃES, A. P. *Quatro séculos de latifúndio*. Rio de Janeiro: Paz e Terra, 1968.

HOLSTON, J. *Cidadania insurgente*: disjunções da democracia e da modernidade no Brasil. São Paulo: Companhia das Letras, 2013.

HOLSTON, J. Legalizando o ilegal: propriedade e usurpação no Brasil. *Revista Brasileira de Ciências Sociais*, Rio de Janeiro, v. 8, n. 21, p. 1-24, fev. 1993.

IANNI, O. *A luta pela terra*: história social da terra e da luta pela terra. Petrópolis: Vozes, 1979.

LEFEBVRE, H. *A cidade do capital*. Rio de Janeiro: DP&A, 1999.

LEFEBVRE, H. *Du rural à l'urbain*. Paris: Anthropos, 2001.

LEFEBVRE, H. *La production de l'espace*. Paris: Anthropos, 2000.

LEFEBVRE, H. La teoría marxista-leninista de la renta de la tierra. *In*: LEFEBVRE, H. *et al. La renta de la tierra*: cinco ensayos. México: Tiauialli. 1983. p. 19-48.

LEFEBVRE, H. *O pensamento de Lênin*. São Paulo: LavraPalavra, 2020.

LEFEBVRE, H. *O Vale de Campan*: estudo de sociologia rural. São Paulo: USP, 2011.

LEFEBVRE, H. *On the rural*: economy, sociology, geography. Minneapolis: University of Minnesota, 2022.

MARÉS, C. F. *A função social da terra*. Porto Alegre: Sergio Antonio Fabris, 2003.

MARTINS, J. S. *A sociedade vista do abismo*: novos estudos sobre exclusão, pobreza e classes sociais. Petrópolis: Vozes, 2012.

MARTINS, S.; SEABRA, O. A cidade sem infância no universo pioneiro da soja. *Travessia*: Revista do Migrante, São Paulo, v. 6, n. 15, p. 19-21, 1993.

MELLO, E. C. *Rubro veio*: o imaginário da restauração pernambucana. Rio de Janeiro: Nova Fronteira, 1986.

MOTA, M. S. Sesmarias e propriedade titulada da terra: o individualismo agrário na América Portuguesa. *Saeculum*, João Pessoa, v. 1, p. 29-44, 2012.

MOTTA, M. *Direito à terra no Brasil*. São Paulo: Alameda, 2012.

MOTTA, M. *O rural à la gauche*: campesinato e latifúndio nas interpretações de esquerda (1955-1996). Niterói: UFF, 2014.

MOTTA, M. Sesmarias e o mito da primeira ocupação. *Justiça & História*, Porto Alegre, v. 4, n. 7, p. 61-83, 2004.

OLIVEIRA, A. U. *A fronteira amazônica mato-grossense*: grilagem, corrupção e violência. 1997. Tese (Livre Docência) – USP, São Paulo, 1997. 2 v.

OLIVEIRA, A. U. Camponeses, quilombolas, indígenas e grileiros em conflitos no campo brasileiro. *In*: CRUZ, R.; CARLOS, A. F. A. (org.). *Brasil, presente!* São Paulo: FFLCH, 2020. p. 1-15.

OLIVEIRA, A. U. *Modo capitalista de produção, agricultura e reforma agrária*. São Paulo: FFLCH; Labur, 2007.

PÁDUA, R. O processo de urbanização do campo: apontamentos metodológicos a partir da realidade de Mato Grosso. *Revista Rural & Urbano*, Recife, v. 2, p. 47-60, 2017.

PÁDUA, R. Questão agrária, modernização da agricultura e urbanização em Mato Grosso. *Revista Mato-Grossense de Geografia*, Cuiabá, v. 17, p. 33-63, 2014.

PAULINO, E. Desencontros e desencantos da função social da terra. *Para onde!?*, Porto Alegre, v. 11, p. 29-35, 2019.

PINTO, L. et al. *Quem são os poucos donos das terras agrícolas no Brasil?* O mapa da desigualdade. Brasília: Imaflora, abr. 2020. (Série Sustentabilidade em Debate, n. 10).

PRIETO, G. A aliança entre terra e capital na ditadura brasileira. *Mercator*, Fortaleza, v. 16, p. 1-14, 2017.

PRIETO, G. Nacional por usurpação: a grilagem de terras como fundamento da formação territorial brasileira. *In*: OLIVEIRA, A. U. (org.). *A grilagem de terras na formação territorial brasileira*. São Paulo: FFLCH/USP, 2020. v. 1, p. 131-178.

RIBEIRO, F. Apontamentos sobre o espaço de conflito na luta pela cidade. *Geotextos*, Salvador, v. 11, p. 153-175, 2015.

RICUPERO, B. O conservadorismo difícil. *In*: FERREIRA, G.; BOTELHO, A. (org.). *Revisão do pensamento conservador*: ideias e política no Brasil. São Paulo: Hucitec: Fapesp, 2010. p. 76-94

RICUPERO, B.; FERREIRA, G. Estado e sociedade em Oliveira Vianna e Raymundo Faoro. *Cadernos CRH*, Salvador, v. 18, p. 223-227, 2005.

RODRIGUES, A. Propriedade fundiária urbana e controle socioespacial. *Scripta Nova*, Barcelona, v. 18, p. 1-16-16, 2014.

SAMPAIO, R. A violência do processo de urbanização. *In*: CARLOS, A. F. A. (org.). *Crise urbana*. São Paulo: Contexto, 2015. p. 55-84.

SANTOS, R. Alberto Passos Guimarães e a revolução agrária não-camponesa. *In*: SANTOS, R. *Agraristas políticos brasileiros*. Brasília: Fundação Astrojildo Pereira, 2007. p. 53-98.

SCHWARCZ, L. *Sobre o autoritarismo brasileiro*. São Paulo: Companhia das Letras, 2019.

SEABRA, O. Pensando o processo de valorização e a geografia. *Boletim Paulista de Geografia*, São Paulo, n. 66, p. 97-103, 1988.

SILVA, L. O. *Terras devolutas e latifúndio*: efeitos da Lei de 1850. Campinas: Unicamp, 2008.

SPAROVEK, G. *et al*. Who owns Brazilian lands? *Land Use Policy*, [s.l.], v. 87, 2019. Article 104062.

TELLES, V. S. Nas dobras do legal e do ilegal: ilegalismos e jogos de poder nas tramas da cidade. *Dilemas*, Rio de Janeiro, v. 2, n. 5-6, p. 97-126, 2010.

VIANNA, F. J. O. O povo brasileiro e sua evolução. *In*: BRASIL. Ministério da Agricultura, Indústria e Comércio. *Recenseamento do Brasil - 1920*. Rio de Janeiro: Diretoria Geral de Estatística, 1922. p. 279-400.

VIANNA, F. J. O. *Populações meridionais do Brasil*: história, organização, psicologia. Belo Horizonte; Niterói: Itatiaia: UFF, 1987.

VIOTTI DA COSTA, E. *A dialética invertida e outros ensaios*. São Paulo: Unesp, 2014.

VOLOCHKO, D. Terra, poder e capital em Nova Mutum-MT: elementos para o debate da produção do espaço nas 'cidades do agronegócio'. *GEOgraphia*, Niterói, v. 17, p. 40-67, 2015.

EM BUSCA DE UMA GEOGRAFIA URBANA ANTICAPITALISTA: LUTAS URBANAS, DIREITO À CIDADE E UTOPIA

Rafael Faleiros de Padua

Introdução

Este texto tem por base o desafio proposto pela mesa-redonda "Por uma geografia urbana anticapitalista: teoria, método e práxis transformadora", ocorrida no XVII Simpósio Nacional de Geografia Urbana (Simpurb), em Curitiba. Compreendemos que essa problemática proposta nos direciona como hipótese para a construção de uma geografia urbana crítica e radical, que busque desvendar os fundamentos das contradições da realidade para pensar e também projetar possibilidades de superação das contradições postas no processo de reprodução do modo capitalista de produção.

A proposta do simpósio, muito desafiadora, direciona-nos para a consideração do fato de que o pensamento da geografia faz parte da prática socioespacial, interpreta essa prática e tem por tarefa principal a sua transformação. O pensamento, nessa concepção, é prática, é exercício, é movimento diante (e dentro) da realidade em movimento[250]. Ao mesmo tempo, a construção do pensamento é um momento da prática transformadora, necessário para essa transformação. Partiremos da premissa, defendida à luz de uma perspectiva teórica marxista-lefebvriana, de que o pensamento é, em substância, uma prática teórica em movimento que busca uma compreensão radical (da raiz) da realidade para levantar possibilidades de construirmos uma geografia urbana anticapitalista neste momento da história.

Para cumprir essa tarefa, a nossa tentativa aqui se apresenta como uma busca de um método para a interpretação do momento crítico em que vivemos, tendo a dimensão espacial como ponto de partida. A compreensão de José de Souza Martins no livro *A sociedade vista do abismo*[251] de que uma perspectiva radical parta da realidade da vivência das opressões mais duras será importante para nossa argumentação, pois é nesse nível do limite da vivência das contradições que as fissuras do modo de produção podem ser mais bem vislumbradas. Também a compreensão de que o modo de produção capitalista tomou todo o espaço social e o molda de forma cada vez mais fragmentada enquanto meio gerador de valor econômico ilumina a importância da compreensão dialética da noção de produção do espaço, entendida não somente como realização da produção econômica, mas também como evidência das contradições desse modo de produção. A noção de produção do espaço revela o espaço ao mesmo tempo como estratégico para os diferentes grupos da sociedade, mas também como o lugar das contradições, onde se vivem concretamente os desencontros entre o social, o político e o econômico. Ou seja, o espaço, nesse momento, é lugar e objeto prioritário das lutas sociais.

---

[250] LEFEBVRE, H. *Lógica formal/lógica dialética*. 5. ed. Rio de Janeiro: Civilização Brasileira, 1991.
[251] MARTINS, J. S. *A sociedade vista do abismo*: novos estudos sobre pobreza, exclusão e classes sociais. 2. ed. Petrópolis: Vozes, 2002.

Assim, em nossa perspectiva, pensar o capitalismo como modo de produção crítico quer dizer que ele é um processo contraditório, que ao se realizar revela o seu contrário, revela as suas brechas, abrindo a possibilidade para movimentos em direção à sua transformação. Ou seja, não se trata de um processo fechado, sem saída, e, mesmo que seja às vezes muito difícil pensar uma saída emancipatória, há brechas que se colocam no processo. Caminhando nessa direção, e sabendo que não há transformação sem um pensamento/uma prática transformadores, penso que a proposta de buscar uma geografia urbana anticapitalista demanda a construção de uma geografia urbana revolucionária, que vai em direção a uma transformação radical da realidade, com uma orientação emancipatória que recoloca a utopia e a esperança[252] dentro da produção do conhecimento.

O tema exige uma compreensão dialética da realidade na medida em que exige de nós um pensamento em que, de dentro das contradições capitalistas, encara-se o desafio de pensar uma geografia anticapitalista, em direção a uma prática transformadora e um método para a construção dessa teoria também transformador. Nesse sentido, exige um esforço muito grande de pensar as questões que estão postas na realidade e pensar as possibilidades de transformação à luz dessa realidade contraditória. As questões postas em direção a um pensamento transformador têm uma importância muito grande para a geografia, porque há uma espacialidade evidente nas problemáticas centrais da realidade contemporânea, que é vivida enquanto crise urbana[253], nesse momento histórico em que o capitalismo se realiza produzindo espaço e dominando cada vez mais o espaço, atravessando os espaços pautado nas lógicas do domínio estatal e da lógica da mercadoria, que vão colocando cada vez mais novas mediações da lógica da mercadoria para o uso do espaço da vida.

É desse pressuposto que quero partir na minha argumentação aqui, que é o fato de que o capitalismo, ao se desenvolver, atravessa cada vez mais o espaço da vida e coloca mais mediações para o uso do espaço para a reprodução da vida. As contradições são cada vez mais contradições do espaço, por isso a busca por uma geografia urbana que enfrente essas questões é de extrema importância e atualidade para se construir um conhecimento consistente e consequente, que revele as contradições postas e pense um projeto de sociedade no devir.

Uma hipótese que desenvolveremos neste texto é de que há a necessidade de um pensamento dialético para construir uma geografia urbana anticapitalista e que uma possibilidade importante nesse sentido é recuperar a noção do direito à cidade como um horizonte utópico, tal qual foi pensado por Henri Lefebvre. Penso que essa noção, esse horizonte utópico, tem uma radicalidade para a prática e para o pensamento. Com isso, há uma dialética entre o pensamento e a prática, não dá para pensar a construção de uma geografia urbana anticapitalista sem partir de questões da realidade vivida da cidade e do que ela pode apontar para o pensamento, e o que o pensamento pode contribuir no encontro com essa prática.

Para a construção da argumentação, desenvolvemos algumas questões com base em nossas pesquisas junto a movimentos sociais e no contato com diversas lutas urbanas que são efetivamente lutas pelo espaço na cidade de João Pessoa. Dessa forma, a construção de um conhecimento crítico e radical passa, necessariamente, por esse encontro com as lutas urbanas, com a realidade do enfrentamento das mediações capitalistas e do Estado capitalista para o uso do espaço dirigido à vida por moradores da cidade que não têm direitos básicos conquistados, ou que estão em vias de ser despossuídos desses direitos. Ao mesmo tempo, passa também por reconhecer as conquistas concretas

---

[252] PADUA, R. F. A luta pelo espaço e a esperança. *GeoTextos*, Salvador, v. 10, n. 1, p. 13-33, jul. 2014.
[253] CARLOS, A. F. A. (org.). *Crise urbana*. São Paulo: Contexto, 2015.

dos moradores de lugares onde há muitas vezes uma tendência de se olhar somente a despossessão. A luta anticapitalista na prática carrega as duas dimensões, é a despossessão, mas também é o trabalho concreto da vida, a conquista da casa pela luta e pelo trabalho da família, são as conquistas da resistência contra as despossessões etc. Argumentaremos que, nesse nível da vida concreta do enfrentamento das despossessões, pode-se encontrar contraditoriamente lutas que apontam para possibilidades de uma cidade que confronta os valores, opressões e violências da ordem capitalista em seu momento atual do avanço do neoliberalismo.

A noção de direito à cidade

Recuperando a noção de direito à cidade, todos sabemos que ela se tornou uma espécie de palavra de ordem importante no campo progressista das lutas urbanas. No entanto, parece-me que é necessário recuperar sua dimensão radical, como chamamento para uma apropriação concreta do corpo no espaço. Esse corpo não é, contudo, um corpo abstrato, é um corpo social, que pertence a uma classe social, tem cor, tem características próprias, tem necessidades concretas. O direito à cidade, nesse sentido, aponta para uma concepção de luta de classe pelo espaço e pela cidade por aquelas classes que são impedidas de usar o espaço, por aqueles moradores que vivem as contradições da opressão do modo de produção capitalista em sua face mais dura.

Verificamos que há uma dificuldade de teorização mais consistente da noção de direito à cidade[254], porque ela remete à vida concreta no espaço, ao nível do vivido, ao habitar. Com isso, é uma noção teórica que depende da prática no espaço em direção ao enfrentamento das mediações abstratas do político e do econômico que se colocam como anteparo ou impedimento para a apropriação concreta do espaço. Há, na noção de direito à cidade, uma dimensão que é da totalidade, que reúne as fragmentações, que é a realização da vida na cidade, mas há também a dimensão das lutas que passam por questões fragmentadas que se reúnem mais, ou menos, segundo o processo da prática. Ou seja, o horizonte utópico do direito à cidade pode ser pensado com base na prática das lutas urbanas cotidianas, e nunca com base no Estado ou nas políticas públicas, embora o vivido de conquistas que possam ser vindas de políticas possa gerar um processo de apropriação que aponta para outras apropriações para além dos controles estatais.

Dentro desse conjunto de questões que envolvem a apropriação da cidade, aparecem as necessidades básicas da reprodução da vida, da alimentação, da moradia digna, da possibilidade de locomoção, da existência na diferença, enfim, de todas as esferas que implicam o desenvolvimento da vida na cidade. Mas remete-se, sobretudo, para algo mais amplo e que vem da própria natureza da cidade como lugar do encontro, da reunião das diferenças, da festa, da cultura, das realizações das conquistas da humanidade. O direito à cidade revela a cidade como lugar de concentração de elementos que potencializam a vida humana em sua plenitude.

Ao mesmo tempo que o urbano se cria na história da cidade, essa cidade que vivemos hoje, a cidade capitalista, é desumana e desumanizadora, na medida em que promove separações, fragmenta o espaço, segrega seus moradores. A geografia urbana anticapitalista deve ser, portanto, um pensamento prático ou uma prática de pensamento da prática que possa fazer uma crítica radical das separações, das segregações, iluminando as contradições impostas pela dominação da propriedade privada da terra e do Estado capitalista sobre o modo de usar a cidade e o espaço.

---

[254] Essa noção muitas vezes se esvazia como palavra de ordem distanciada do conteúdo proposto por Henri Lefebvre.

Lewis Mumford mostra muito bem no livro *A cidade na história* o caráter anti-histórico e lógico do capitalismo que domina a cidade tendo como finalidade única a produção do lucro, no que ele chamou de dissolução urbana[255]. Para ele, há uma dissolução daquilo que define a cidade como um lugar de humanização, e o capitalismo promoveria uma permanente dissolução da vida urbana. Podemos dizer que esse processo de dissolução urbana é permanente, pois estamos na cidade capitalista, mas ele é contraditório, não é linear e fechado como se o capitalismo fosse a finalidade última da história, contudo constatamos que a vida urbana é atravessada de modo cada vez mais refinado pelas estratégias da acumulação capitalista para a sua reprodução.

David Harvey evidencia no livro *Paris, capital da modernidade*, como o espaço vai sendo incorporado e transformado pelas estratégias estatais e econômicas, tornando-se um objeto privilegiado de um processo de modernização cuja finalidade central é a reprodução econômica[256]. Esse processo impõe à vida concreta novos constrangimentos à apropriação do espaço, mas que são vividos não somente como constrangimento, mas também enquanto conflito e luta. É na dialética entre precarização permanente e resistência cotidiana que precisamos situar a questão da busca por uma geografia urbana anticapitalista.

Com isso, a geografia urbana anticapitalista parte de um reconhecimento de que no interior das contradições há cotidianamente lutas urbanas inúmeras que evidenciam os conteúdos da produção do urbano no momento atual. Para os moradores que não conseguem um acesso formal ao rol de mercadorias e direitos que demandam a posse de uma quantia de dinheiro para a sua realização, ou também para as pessoas que não têm garantido o respeito ao seu modo de ser no mundo, em sua diferença, a vida é uma luta contínua. É evidente que a força do econômico e do político massacra os pobres em sua vida cotidiana, mas é preciso salientar que há uma dimensão de lutas que precisa vir à tona no debate para uma compreensão mais concreta da cidade. Com essa compreensão, podemos afirmar que, em realidades onde muitas vezes só se identifica a precarização, é preciso ver e pensar também os processos de luta e apreender que, para além da aparência e da realidade de precarização, há luta, trabalho e conquistas. Essa é uma compreensão necessária até mesmo para que, no contexto das lutas, haja uma potencialização das possibilidades que já estão em movimento, muitas vezes abafadas, mas que estão em movimento. Nessas lutas urbanas, muitas vezes parciais, por questões urgentes e delimitadas no contexto da cidade, pode-se vislumbrar uma ampliação da concepção de cidade como lugar de conflitos, de resistências e, também, de conquistas, o que faz emergir elementos concretos na vida cotidiana que sinalizam a cidade como apropriação, como direito. Ou seja, é um processo contraditório que ilumina questões muitas vezes residuais e que vão na direção do direito à cidade.

A busca pelo direito à cidade nas lutas urbanas

Nas pesquisas que temos realizado em João Pessoa, trabalhando com os movimentos sociais, temos nos deparado com inúmeras lutas pelo espaço e por direitos sociais, sobretudo por meio do desenvolvimento de projetos de extensão de que participamos. Nessas pesquisas, podemos vislumbrar possibilidades de avanços sociais[257], mesmo com base em lutas parciais, que podem se desdo-

---

[255] MUMFORD, L. *A cidade na história*. 4. ed. São Paulo: Martins Fontes, 1998.

[256] HARVEY, D. *Paris, capital of modernity*. New York; London: Routledge, 2006.

[257] Eu tenho dúvidas em dizer que esses avanços seriam possibilidades emancipatórias, mas, no processo de luta e nos desdobramentos das lutas, essas possibilidades podem surgir.

brar em novas lutas. Essas lutas parciais podem gerar entre seus participantes (sujeitos políticos) a construção da ideia (da consciência) de que a cidade é um lugar em disputa, que a realidade não é algo dado e acabado, que a vida precarizada dos pobres não é uma questão dada pelo destino, mas que a realidade da cidade é um processo em construção, que é preciso lutar nos conflitos pelo uso concreto do espaço, ou que os conflitos evidenciados e alavancados pelas lutas são fundamentais para qualquer avanço na vida concreta.

Ressaltarei dois pontos assentes em questões da realidade que temos estudado para ilustrar o desenvolvimento dessa nossa hipótese. Há neste momento em João Pessoa um grande programa de transformação urbana intitulado João Pessoa Sustentável, que é financiado pelo Banco Interamericano de Desenvolvimento (BID) em parceria com a prefeitura da cidade. Nesse programa, está prevista a remoção de uma grande quantidade de moradores de comunidades empobrecidas que estão localizadas próximo ao fundo de vale de um rio, onde o programa quer construir um parque linear. Esse vale está situado entre bairros em que o mercado imobiliário quer intensificar sua atuação, mas o discurso oficial do programa para a retirada de grande parte dos moradores é o da melhoria ambiental. Embora uma pequena parte das casas definidas para sair realmente esteja em área de risco, onde há alagamentos quando o rio sobe em tempos de chuvas, a maior parte das moradias discriminadas para serem removidas não está em área de risco e nunca alagou quando houve chuvas fortes, segundo os moradores, que seriam, segundo o programa, os beneficiários principais das obras.

Ao tomar conhecimento dessa ameaça de expulsão e das propostas de reassentamento precário da prefeitura, uma grande parte dos moradores passou a se reunir e a lutar contra esse processo de expulsão. Nos últimos dois anos, houve uma intensificação da reunião dos moradores das oito comunidades que estão sob ameaça, e a realidade concreta e a história dessas comunidades passaram a ser difundidas como forma de contraposição ao projeto hegemônico da prefeitura.

Entre os inúmeros relatos dos moradores, chamou-nos atenção a atuação de um senhor de 68 anos que relatou toda a sua história naquele lugar, que comprou uma casinha de taipa há mais de 30 anos, que foi construindo aos poucos sua casa de alvenaria e nessa casa criou sua família, e agora que sua casa estava muito bem-feita, com seu próprio trabalho, ele teria que sair de lá, mas ela nunca tinha sido alagada por enchentes do rio. Ele relatava a tristeza e a depressão de vizinhos e de sua própria tristeza diante dessa ameaça de expulsão. Ele e muitos outros moradores hoje estão em plena luta pelo reconhecimento da sua própria história nesse lugar e contra o despejo proposto pela prefeitura. Esse senhor e muitos outros moradores estão lutando difundindo as histórias de sua vida nesse lugar e revelando como a cidade é construída e vivida por grande parte da classe trabalhadora, que teve que garantir seu direito à moradia por meio do sobretrabalho e que todo o tempo sofre as ameaças de despejo pelo fato de não estar em regiões regularizadas segundo o estatuto da propriedade privada da terra.

Ainda nesse contexto, um grupo de jovens de uma das comunidades começou a trabalhar fortemente na documentação audiovisual da luta e fazer pequenas reportagens difundidas nas redes sociais[258] para denunciar todo o processo, demandando o reconhecimento da história concreta dos moradores do lugar.

Nesse processo, há uma ampliação da compreensão da luta pelo espaço da vida, do sentido da produção concreta da cidade pelos moradores, e com isso podemos pensar que há elementos da radicalidade da luta pelo direito à cidade, pois é a luta pela vida na cidade, pelo uso concreto do espaço

---

[258] Instagram: SOS 8 Comunidades.

pelo corpo, no seu lugar de vida. Nesse processo, mesmo como condição da luta de se colocar com o próprio corpo na rua e nos espaços oficiais, onde seja, para defender o direito de morar onde se construiu uma história de vida, amplia-se a compreensão da cidade como possibilidade de conquistas de direitos. Nesse processo, pode-se passar a lutar por novas questões que não estavam postas inicialmente, revelando também a força da dimensão comunitária da luta, que a amplifica. Há um sentimento de reconhecimento entre os moradores, seja pelo fato de se conhecerem há muito tempo, seja pelo fato de estarem vivendo um processo violento de ameaça de expulsão de seu lugar da vida. Há uma ampliação da dimensão comunitária entre diferentes comunidades, em que aquelas que têm uma luta mais intensa contribuem para estimular a luta das outras. Reforça-se o sentimento de pertencimento ao lugar onde grande parte dos moradores construiu com seu próprio trabalho a sua casa.

Outra questão com que nos deparamos em nossas pesquisas, desta vez junto aos movimentos sociais, é o papel da mulher nos movimentos e nas lutas urbanas. Em encontros e em atos dos movimentos, percebemos que a maior parte da militância é formada por mulheres e que, no entanto, as coordenações, na maioria das vezes, são dominadas por homens. Um dos movimentos com os quais temos estreitado o contato é chamado Movimento de Moradia Mãos Dadas, de atuação local em João Pessoa e região e em algumas outras cidades da Paraíba. Nesse movimento, a coordenação é formada principalmente por mulheres, e sua coordenadora é hoje a coordenadora executiva do Fórum Estadual de Reforma Urbana da Paraíba. Essa liderança sempre ressalta em suas falas a necessidade de se pensar o papel da mulher dentro dos movimentos e questões que muitas vezes não aparecem no conjunto dos debates dos movimentos. O peso da reprodução familiar ainda é assumido pelas mulheres, que têm que cuidar de sua sobrevivência e de toda a família, muitas vezes assumindo sozinhas o cuidado dos filhos.

Com isso, no interior da luta por moradia, não é somente a luta por moradia que emerge, mas também a luta pelo reconhecimento da vida da mulher de forma mais integral, levantando temas como a luta contra o machismo cotidiano, a violência de gênero, as sobrecargas de trabalho sobre as mulheres, entre outras questões. Nesse sentido, há o desdobramento de temas que revelam que a luta pelo espaço passa também pela luta pelo reconhecimento das desigualdades e diferenças de gênero. Essa crítica é uma crítica construída em ato pelas mulheres militantes dos movimentos sociais, pois participam das atividades dos movimentos do modo como conseguem, muitas vezes levando os próprios filhos aos momentos de luta.

Da mesma forma, poderíamos levantar outras questões concretas relativas ao combate ao racismo estrutural e cotidiano presente nas relações sociais no urbano, as violências contra a população LGBTQIAP+[259], a intolerância contra os diferentes, a violência contra os pobres, sobretudo os moradores em situação de rua, pensando essas questões como dimensões da luta pelo uso concreto do espaço. Essas lutas necessariamente se reuniriam numa luta pela totalidade da realização da vida na cidade em sua plenitude, o que revelaria a potência radical e revolucionária do direito à cidade. Nesse momento, é preciso incorporar à luta prática e ao pensamento radical essas lutas, que se agregam às lutas de classes, que trazem novas questões para as lutas de classes e que são concebidas em movimento, na prática e têm que ser verbalizadas e pensadas.

Nessa construção possível de uma geografia urbana anticapitalista, pensamos que a universidade e os estudos acadêmicos têm também um papel importante, que é estar junto aos movimentos sociais e às lutas urbanas que se realizam nos lugares ameaçados de despossessão da cidade, buscando

---

[259] Lésbicas; Gays; Bissexuais; Transexuais, travestis e transgêneros; *Queer*; Intersexo; Assexuais; Pansexuais; + representa as demais orientações sexuais, identidades e expressões de gênero (N. do E.).

compreender as questões postas, mostrando os conflitos que estão em jogo na cidade, para contribuir com essas lutas. O protagonismo não é da universidade, mas dos moradores em luta nos lugares, mas é preciso ressaltar a importância das atividades de extensão universitária no trabalho de atuar junto das causas populares de luta pelo espaço, o que ajuda muito no fortalecimento das lutas. Para os estudiosos da universidade, a extensão coloca-se como uma atividade propriamente de pesquisa, pois permite o contato direto com os conflitos, configurando-se como momentos riquíssimos de troca entre o conhecimento acadêmico, que permite uma ampliação do olhar sobre o que envolve os conflitos nos lugares, mas também permite aos estudos acadêmicos a aproximação com o olhar e o vivido concreto das práticas cotidianas da reprodução da vida na cidade, com suas opressões, suas resistências, seus conflitos e todo o conjunto de questões que envolvem a realidade dos moradores que lutam por direitos ou que resistem em face das ameaças de despossessão de seus lugares de vida pelos sujeitos hegemônicos.

Diante desse contexto, a possível contribuição da geografia urbana é a de contextualizar os processos num conjunto maior de problemáticas, de modo que as lutas nos lugares possam se situar num movimento mais amplo da urbanização no momento atual. A radicalidade do pensamento coloca-se nesse encaminhamento, ao situar as necessidades concretas dos moradores mais oprimidos pelos processos de mercantilização do espaço e da vida urbanos no centro das preocupações do conhecimento. Nessa orientação, podem ser reveladas, para a compreensão e para a luta, tanto o nível e o aprofundamento das precarizações da vida dos moradores quanto as possibilidades de avanços em direção à conquista de direitos que são construídos no processo de luta. Com isso, o reconhecimento das necessidades e das lutas aponta ainda para o surgimento de valores anticapitalistas, como a solidariedade, a luta coletiva, a comunidade.

O direito à cidade como horizonte utópico para as lutas urbanas

Uma questão que devemos nos colocar é: como podemos falar em direito à cidade e em utopia, em um contexto de avanço da lógica capitalista sobre o espaço precarizando a vida de grande parcela da população? Na busca de uma geografia urbana anticapitalista, é imperativo avançarmos para o campo dos possíveis, mesmo que no momento atual possam parecer impossíveis. A noção de direito à cidade carrega essa dimensão dialética que reconhece ao mesmo tempo a cidade e o urbano como o lugar privilegiado da realização da vida e ao mesmo tempo como lugar permanente de busca pela realização plena da vida. Ou seja, a noção de direito à cidade não remete somente ao que está dado pelos mecanismos formais do Estado e do Econômico, tais como eles são dados hoje, mas remete à totalidade da realização plena da vida, não como um modelo ou uma realidade acabada, mas justamente como um horizonte permanentemente aberto para a criação, para o projeto de uma cidade e um espaço da apropriação concretos.

O caráter utópico nesta noção é fundamental, pois ele restitui a possibilidade de criação de algo que não está posto no presente, mas que pode ser criado no futuro. Carrega uma força de apontar a possibilidade do novo, para além do que está instituído. Talvez essa noção de direito à cidade que estamos pensando aqui seja mais palpável no âmbito das artes que no da ciência, pois nas artes a liberdade da criação de situações, projetos e olhares possíveis sobre a realidade é muito mais evidente. Mas acreditamos que ela tem também uma potência como horizonte utópico para orientar as pesquisas e as lutas, incorporando até mesmo os olhares das artes para possíveis projetos de superação das contradições.

Muitas vezes a ideia de direito à cidade é instrumentalizada em uma busca por políticas públicas, reduzida às possibilidades do nível do político institucional, mas ela é muito mais abrangente e aberta que isso. Ela aponta para uma transformação da sociedade e de seu espaço de forma aberta. Ela não se restringe a uma justiça formal do sistema do direito, porque ela sinaliza um processo mais amplo de crítica das normativas do Estado capitalista. Há uma potência dialética na concepção de direito à cidade, que não parte de uma cidade e de um espaço abstratos, mas desse espaço com que nos deparamos na cidade real, cada vez mais dominado pelo capitalismo, o que nos impõe uma dificuldade em vislumbrar os possíveis.

Retomando a nossa hipótese neste texto, defendemos que as inúmeras lutas urbanas que se realizam permanentemente na cidade podem nos apontar elementos de uma cidade da apropriação, pois são lutas carregadas de valores anticapitalistas, como solidariedade, sentido de comunidade, de luta coletiva, de compartilhamento de elementos do urbano. As próprias lutas desenvolvem-se em um ritmo (espaço-tempo) diferente do ritmo da cidade-mercadoria, pois elas buscam o uso, a permanência no espaço, e não a agilização das trocas de mercadoria, sobretudo da mercadoria espaço.

O conteúdo dialético do direito à cidade mostra-se na prática das lutas, no momento em que a ação permite que se construa um outro sentido de cidade, mais ligado à reprodução da vida, ao se locomover pelos lugares, ao uso dos espaços pelo corpo. O habitar revela-se aí, até mesmo em lugares que na aparência são tomados por precários, e que realmente também o são. Mas nas comunidades onde grande parte das casas foi construída pelos moradores, de modo artesanal, poderíamos dizer que, além de todo trabalho e esforço árduo de um tempo dedicado a esse trabalho, há um cuidado e uma ligação especial com o espaço. A casa, nesse contexto, demora a ficar pronta, pois vai sendo sempre melhorada pelo morador, é uma obra, no sentido mais amplo de obra, desse morador. As resistências em comunidades que estão ameaçadas de despejo revelam o habitar possível produzido ali e também iluminam para os elementos do direito à cidade, na medida que se contrapõem frontalmente ao projeto de cidade para o mercado e cidade como mercadoria ela mesma, criando nos moradores a consciência da necessidade da luta e evidenciando os conteúdos dessa luta. O que está em jogo é o espaço da vida, numa luta que evidencia o espaço como direito concreto, lugar da vida e do uso do corpo, que precisa enfrentar o planejamento estatal neoliberal que ameaça os moradores.

Para a busca por uma geografia urbana anticapitalista, parece-me importante reconhecer o conjunto das lutas urbanas e pensar o que elas podem apontar para o futuro, mesmo que as conquistas não estejam tão próximas no horizonte. Dialeticamente, a noção de direito à cidade fortalece as lutas, reestabelecendo o horizonte de possibilidades, porque ilumina a realidade de que a sociedade é urbana e é no urbano que a vida se reproduz e se realiza, e, portanto, concretiza e potencializa o encontro das diferenças. Nesse sentido, o urbano é disputa permanente, e nessa disputa as lutas urbanas podem avançar em termos de conquistas, que por sua vez se abrem para novas lutas possíveis.

Lefebvre levanta uma hipótese potente para pensarmos a questão:

> Trata-se de uma superação pela e na prática: trata-se de uma *mudança de prática social*. O valor de uso, subordinado ao valor de troca durante séculos, pode retomar o primeiro plano. Como? Pela e na sociedade urbana, partindo dessa realidade que ainda resiste e que conserva para nós a imagem do valor de uso: a cidade. Que a prática urbana esteja destinada aos "usuários" e não aos especuladores, aos promotores capitalistas, aos planos dos técnicos, é uma versão justa porém enfraquecida desta verdade.[260]

---

[260] LEFEBVRE, H. *O direito à cidade*. 5. ed. 3. reimp. São Paulo: Centauro, 2011. p. 127, grifo do autor. Edição originalmente publicada em 2008.

Nessa hipótese, a transformação da cidade e do espaço urbano dá-se numa mudança da prática socioespacial, no modo de se produzir e usar o espaço da vida cotidianamente, transformando esse cotidiano, enfrentando todas as dificuldades que o poder hegemônico impõe.

Pensando uma prática teórica

Levando em consideração essas questões, pensamos que a construção de uma geografia urbana anticapitalista passa por uma compreensão do espaço e da cidade de baixo para cima, com uma compreensão de ciência que tenha sensibilidade de apreender as lutas cotidianas e evidenciá-las tanto como reveladoras das precariedades quanto como reconhecimento e potencialização das conquistas da vida concreta. Nesse contexto, o pensamento, colocando-se na prática, tem um papel importante, que é se colocar em movimento com as lutas. Dessa forma, o pensamento faz parte da prática, de maneira determinante. Ele está no movimento de compreensão e ao mesmo tempo de busca por transformação, ele sai da prática, é construído com base nela e coloca-se ativamente na prática, para a sua transformação.

Tendo em vista o que já apontamos no texto, pensar uma geografia urbana anticapitalista significa denunciar as perversidades produzidas pelo capitalismo. É pensar no desencontro entre as possibilidades da história e a realidade imposta pelo modo de produção hegemônico. É preciso colocar o nível do social no primeiro plano do debate, e não deixar que as pautas do econômico reinem absolutas no debate sobre a reprodução social[261]. Nessa perspectiva crítica, deslocar o debate partindo das questões do nível do social possibilita inverter o olhar sobre o mundo e eleger como prioridade da ação e do pensamento a transformação radical da sociedade em uma realidade em que toda a população possa se realizar dignamente.

Outra questão importante nessa busca por uma geografia questionadora do modo de produção capitalista é que nós, no Brasil, estamos olhando o mundo pela periferia. Ou seja, estamos diante das contradições mais duras geradas pelo sistema econômico e também estamos diante de desigualdades e opressões de extensões consideráveis. Ao mesmo tempo, dentro desse contexto de opressões que muitas vezes levam grupos da sociedade ao limite da sobrevivência, contraditoriamente podemos ver as resistências dos grupos sociais oprimidos, que são muitas vezes lutas precárias pela sobrevivência e são gestadas nesse nível do social ultrapressionado pelo político e pelo econômico. Existem resistências no interior da opressão, e, por mais diminutas que sejam, é preciso pensá-las e trazê-las à tona como modos de busca pelo urbano, até mesmo para o fortalecimento dessas resistências. É preciso, assim, aprofundar a compreensão desses níveis da sociedade (político, econômico e social), colocando o acento no nível do social, para uma distinção crítica necessária entre crescimento econômico e desenvolvimento social e para além dela, pensar uma outra sociabilidade que supere as possibilidades postas pelo capitalismo.

Segundo José de Souza Martins,

> Não se trata apenas de gerir a distribuição de renda, como pensam muitos que se deixaram fascinar pelo economicismo ideológico produzido pela mesma economia iníqua causadora da pobreza que condenamos. Trata-se da distribuição equitativa dos benefícios sociais, culturais e políticos que a sociedade contemporânea tem sido capaz de produzir, mas não tem sido capaz de repartir. A questão é muito mais social que econômica.[262]

---

[261] MARTINS, 2002.
[262] *Ibidem*, p. 10.

Dessa forma, pensar a geografia urbana anticapitalista exige pensar um modo de fazer a geografia que busca revolucionar a realidade, a sociedade e o espaço. Nessa crítica, é preciso questionar radicalmente a dominação imposta do mercado sobre todos os níveis da vida da sociedade. Por isso, a crítica à dominação do mercado sobre todos os campos da vida social não significa admitir que essa dominação é absoluta. Não faria sentido, se admitíssemos que essa dominação é absoluta, buscarmos uma compreensão crítica que questione o que está dado pelo capitalismo. A busca por uma geografia urbana anticapitalista é, portanto, a busca de uma geografia que ilumine o nível do social e suas lutas por transformações concretas da realidade, por dentro dos processos opressivos impostos pelo modo de produção.

No momento histórico em que vivemos, em que presenciamos o agravamento das contradições sociais, parece difícil vislumbrar saídas emancipatórias. Nossa hipótese é de que é preciso, para pensarmos um conhecimento que aponte saídas de superação do capitalismo, trazer à tona as lutas cotidianas, por mais diminutas e localizadas que sejam. Nesse movimento possível, de uma pesquisa que transita pelos espaços das contradições e se encontra com os movimentos sociais, revela-se que há inúmeras lutas acontecendo e que elas podem apontar novos ritmos de produzir e usar a cidade, que desvia das imposições dos espaços-tempos da razão estatista/econômica. Nesse nível das lutas urbanas diversas, pode-se apreender ritmos subversivos do corpo, que fazem em ato uma construção de um pensamento crítico, de contestação, de busca por exercer as diferenças no espaço.

A busca pela utopia e a superação do produtivismo acadêmico

Para finalizar, penso que precisamos pensar na prática da construção do conhecimento da geografia urbana. Até agora enfrentamos uma parte da proposição do debate, que é levantar elementos de construção de uma geografia urbana anticapitalista. Agora precisamos enfrentar o fato de que a construção de uma geografia urbana anticapitalista é necessariamente uma geografia antiprodutivista. A transformação da sociedade e do espaço passa pela transformação do modo como se constrói o pensamento. Nesse sentido, é necessária uma profunda crítica ao produtivismo acadêmico. Esse produtivismo acadêmico é quando a quantidade da produção acadêmica passa a ser mais importante do que a qualidade da produção acadêmica. É quando a aceleração do fazer acadêmico que é traduzido na publicação de artigos vai esboroando o fazer acadêmico lento, da construção de questões fundamentais (e radicais) e do enfrentamento dessas questões, o que demanda tempo de reflexão. Um indício disso é a disseminação das publicações em coautorias sem que sejam realmente escritas em coautorias, cujo objetivo é a multiplicação de publicações em currículos dos pesquisadores. Isso empobrece muito a geografia e a ciência e vai na direção oposta da construção de uma geografia urbana anticapitalista, porque justamente traz para dentro da construção do conhecimento os parâmetros da reprodução capitalista, internaliza esses parâmetros e naturaliza-os. É evidente que é mister que haja critérios de medição da produção acadêmica, mas a exacerbação do quantitativo sobre o qualitativo é tão grande hoje que é preciso, em nossa opinião, reinventarmos formas mais concretas de frear o produtivismo e de avaliar a produção acadêmica, pois o produtivismo é um risco evidente para a geografia urbana, e para a geografia e a ciência como um todo.

Nesse sentido, é preciso reinventar uma prática na geografia, que é o questionamento cotidiano do próprio conhecimento. O conhecimento faz parte da prática socioespacial, ele sai dela e pretende transformá-la, e, para construir uma geografia urbana anticapitalista, é necessária uma crítica permanente tanto sobre o próprio conteúdo produzido na geografia quanto ao modo como se produz esse conteúdo.

Um esforço interessante dentro da geografia é a concepção aberta da metageografia[263], que compreende a geografia como um conhecimento em movimento, com uma crítica permanente de si próprio e do modo como se produz o conhecimento. Essa concepção admite que a crise da realidade implica uma crise do pensamento e que, para a superação da crise da realidade, é necessário construir uma teoria e um método que sejam capazes de pensar concretamente as contradições da realidade e do pensamento na direção da realização plena do humano em sua totalidade. Nesse sentido, o pensamento é um movimento aberto para o enfrentamento do movimento da realidade, como parte da realidade, sendo concebido como atividade prática ativa orientado para a transformação da prática. É nesse sentido de um pensamento da prática e que se situa na prática que podemos admitir, mesmo com dificuldade neste momento, o mister de pensar em um horizonte utópico de transformação da sociedade e do espaço. A utopia necessária coloca-se num horizonte de um pensamento aberto para o devir, para as possibilidades do fazer histórico que incorpora o que não é hegemônico, o que está escondido e também o que é oprimido e massacrado na realidade social. Ela traz à tona possíveis que não se fecham no que está dado a priori, mas que só têm sentido se compreendidos no movimento do real, onde pode surgir o novo, como utopia experimental. Segundo Lefebvre:

> A utopia deve ser considerada experimentalmente, estudando-se na prática suas implicações e consequências. Estas podem surpreender. Quais são, quais serão os locais que socialmente terão sucesso? Como detectá-los? Segundo que critérios? Quais tempos, quais ritmos de vida cotidiana se inscrevem, se escrevem, se prescrevem nesses espaços "bem sucedidos", nesses espaços favoráveis à felicidade? É isso que interessa.[264]

Numa proposta de uma geografia urbana anticapitalista, o próprio modo de se construir o conhecimento é objeto de um pensamento crítico que leva em conta a possibilidade utópica de transformação radical da realidade, mas para isso precisa se realizar como prática de interpretação radical da realidade, sem concessões para como o modo de produção aprisiona, até mesmo, o próprio pensamento numa esterilidade produtivista. A superação do produtivismo e a insistência num pensamento que vislumbra a utopia são tarefa essencial para a construção de uma geografia urbana anticapitalista e para a transformação da realidade.

Referências

BONEFELD, W. et al. *Open marxism*. London: Pluto, 1995. v. 3.

CARLOS, A. F. A. *A condição espacial*. São Paulo: Contexto, 2011.

CARLOS, A. F. A. (org.). *Crise urbana*. São Paulo: Contexto, 2015.

CARLOS, A. F. A.; SANTOS, C. S.; ALVAREZ, I. A. P. (org.). *Geografia urbana crítica*: teoria e método. São Paulo: Contexto, 2018.

HARVEY, D. *Paris, capital of modernity*. New York; London: Routledge, 2006.

LEFEBVRE, H. *Le manifeste différentialiste*. Paris: Gallimard, 1970.

LEFEBVRE, H. *Le materialisme dialectique*. Paris: Quadrige; PUF, 1990.

LEFEBVRE, H. *Le retour de la dialectique*: 12 mots clefs. Paris: Messidor; Editions Sociales, 1986.

---

[263] CARLOS, A. F. A. *A condição espacial*. São Paulo: Contexto, 2011; 2015.
[264] LEFEBVRE, 2011, p. 110.

LEFEBVRE, H. *Lógica formal/lógica dialética*. 5. ed. Rio de Janeiro: Civilização Brasileira, 1991.

LEFEBVRE, H. *O direito à cidade*. 5. ed. 3. reimp. São Paulo: Centauro, 2011. Originalmente publicada em 2008.

MARTINS, J. S. *A sociedade vista do abismo*: novos estudos sobre pobreza, exclusão e classes sociais. 2. ed. Petrópolis: Vozes, 2002.

MUMFORD, L. *A cidade na história*. 4. ed. São Paulo: Martins Fontes, 1998.

PADUA, R. F. A luta pelo espaço e a esperança. *GeoTextos*, Salvador, v. 10, n. 1, p. 13-33, jul. 2014.

WRIGHT, E. O. *Como ser anticapitalista no século XXI*. São Paulo: Boitempo, 2019.

PARTE III

FRONTEIRAS E ESCALAS DO URBANO: PROBLEMÁTICA AMBIENTAL, DINÂMICAS REGIONAIS E RELAÇÕES CIDADE-CAMPO

6

A IMPLANTAÇÃO DE CIDADES COMO UM GRANDE NEGÓCIO

Lívia Maschio Fioravanti

Uma proposta metodológica baseada na produção do espaço

Este texto procura trazer uma contribuição teórico-metodológica ao estudo de cidades que são conhecidas por serem mais fortemente atreladas à agricultura modernizada e tecnificada. Em um movimento que pode ser extrapolado para muitas cidades do Brasil, detalham-se processos de cidades mato-grossenses implantadas a partir das últimas décadas do século XX com a expansão territorial da acumulação capitalista. O desafio teórico-metodológico aqui apresentado se realiza em um contexto no qual muitos dos estudos partem de uma abordagem estritamente econômica, sem, de fato, esmiuçar a escala intraurbana e suas relações sociais concretas ou desvelar, como se propõe, a produção de cidades como um grande e rentável negócio.

Procura-se, à luz da perspectiva crítica da produção do espaço, inverter a perspectiva de análise, colocando a primazia no urbano para estudar essas cidades cravadas em meio a extensas plantações de soja. A cidade está longe de ser somente onde estão as atividades vinculadas ao campo, com infraestruturas, serviços especializados, concentração da mão de obra, controle e gestão da produção agrícola. É a condição para que um campo cada vez mais tecnificado e financeirizado possa se realizar[265]. São urbanas as atividades de controle e gestão da produção, de serviços de consultoria, bem como as políticas direcionadas ao "agronegócio". Indo mais além: trata-se de um urbano não meramente necessário à realização da expansão agrícola, mas que se tornou sua própria finalidade por meio de uma rentável "invenção", "produção" e "venda" de cidades.

Tecer uma pesquisa fundamentada na produção do espaço permite ir além das cifras da agricultura capitalista ou de estudos que apenas tangenciam os conteúdos das desigualdades espaciais. Essa perspectiva teórico-metodológica faz emergir ao debate o conteúdo das relações sociais que produzem o espaço, bem como dos conflitos e das contradições que lhe são inerentes, pensando essas cidades como um grande investimento e o espaço, como produto, condição e meio da reprodução do capital, conforme Ana Fani Alessandri Carlos discorre em diversas de suas obras[266].

Na medida em que se relativiza a importância da agricultura capitalista no processo de ocupação e produção dessas cidades, admite-se que os negócios com a propriedade privada da terra eram tão ou mais importantes do que aqueles voltados à produção agrícola. Cabe aqui lembrar, como alerta Oliveira[267], que a noção de agronegócio é obscurecedora das contradições que se reproduzem no

---

[265] VOLOCHKO, D. Terra, poder e capital em Nova Mutum – MT: elementos para o debate da produção do espaço nas "cidades do agronegócio". *GEOgraphia*, Rio de Janeiro, v. 17, n. 35, p. 40-67, 2015.
[266] CARLOS, A. F. A. *A condição espacial*. São Paulo: Contexto, 2011.
[267] OLIVEIRA, A. U. *A fronteira amazônica mato-grossense*: grilagem, corrupção e violência. 1997. Tese (Livre Docência) – USP, São Paulo, 1997.

campo brasileiro, contribuindo para ocultar o favorecimento econômico e político das oligarquias, a grilagem, a terra como reserva patrimonial e de valor.

Como argumentam diversos autores, entre eles Oliveira[268], Prieto[269] e Gomes[270], a agricultura capitalista conta com um papel sobrestimado não somente no avanço da acumulação capitalista, mas também em relação ao seu próprio peso na economia nacional. A importância econômica muito maior do que aquela que efetivamente apresenta procura passar a imagem de que a agricultura capitalista mecanizada é moderna e produtiva, mascarando dados da estrutura fundiária brasileira e da urgência da reforma agrária.

Problematizar a noção de "agronegócio" implica também refletir sobre a expressão "cidades do agronegócio", empregada inicialmente por Elias[271] e posteriormente por outros autores. Este termo tende a ser adotado por uma visão que considera a cidade, muitas vezes, como submetida aos processos do agrícola, reiterando a dicotomia urbano-rural, campo-cidade. Ponderando ainda essa noção, é importante destacar que, embora o "agro" esteja em determinadas regiões do país, o "negócio" envolve diversas escalas, não sendo restrito a esse conjunto de cidades. Por meio de uma mediação financeirizada, cidades como São Paulo articulam as negociações das commodities aos mercados globais. Trata-se de um movimento que apenas se realiza devido aos capitais centralizados em outras cidades do Brasil e do mundo.

Relativizar o papel usualmente atribuído à agricultura capitalista na produção e invenção dessas cidades traz a necessidade de detalhar algumas premissas teórico-metodológicas que elucidam os conteúdos do aqui que se denomina (ainda em caráter de construção e reflexão) "cidades que têm dono" — ou "cidades cativas" —, que surgiram no bojo da expansão da fronteira do urbano, e com particularidades bastante significativas em relação ao mercado fundiário ou imobiliário e ao próprio cotidiano. Delineando caminhos metodológicos, mesmo que provisórios, para tentar apreender essa realidade, apresentam-se três premissas teórico-metodológicas que procuram, pela perspectiva crítica da produção do espaço, compreender com maior profundidade essas cidades implantadas nas últimas décadas no Centro-Oeste brasileiro e nas demais regiões.

Um ponto de partida pelo urbano

A primeira premissa para pensar esse conjunto de cidades, de ocupação recente e num primeiro momento de análise atreladas fortemente ao agrícola é a de que a urbanização deve ser estudada à luz do urbano. Não se trata aqui de uma perspectiva com ênfase à produção agrícola e tampouco de uma abordagem que considere essas cidades como funcionais a uma agricultura modernizada e tecnificada. Trata-se de elucidar a dinâmica da acumulação capitalista nessas cidades colocando a centralidade da investigação no urbano e na propriedade privada da terra.

Como já afirmava Lefebvre, em *O direito à cidade*, a "relação cidade-campo mudou profundamente no decorrer do tempo histórico, segundo as épocas e os modos de produção", de modo que atualmente "a cidade em expansão ataca o campo, corrói-o, dissolve-o"[272]. Já no livro *A revolução*

---

[268] *Idem.*
[269] PRIETO, G. *Rentismo à brasileira, uma via de desenvolvimento capitalista*: grilagem, produção do capital e formação da propriedade privada da terra. 2017. Tese (Doutorado em Geografia Humana) – USP, São Paulo, 2017.
[270] GOMES, M. E. O agro é top? Uma radiografia de tudo que o agronegócio não quer que você saiba. *Piauí*, Rio de Janeiro, n. 192, p. 54, set. 2022.
[271] ELIAS, D. Globalização e fragmentação do espaço agrícola do Brasil. *Scripta Nova*, Barcelona, v. 1, p. 59-81, 2006.
[272] LEFEBVRE, H. *O direito à cidade*. São Paulo: Centauro, 2006. p. 68-69.

urbana, publicado pela primeira vez em 1970, em relação à sociedade de meados do século XX e tendo como ponto de partida a realidade francesa, Lefebvre afirma que haveria, como tendência, a urbanização completa da sociedade em processo denominado por meio do conceito de "sociedade urbana"[273]. Essa sociedade nasceria da industrialização, processo que, segundo o autor, "domina e absorve a produção agrícola"[274]. Como destaca, isto não significa que o processo de urbanização alcance da mesma forma todos os locais ou que o campo deixe de existir: a sociedade urbana apresenta-se como virtual em um processo cuja constituição conta com continuidades e descontinuidades. A sociedade urbana altera, em sua formação, as relações do campo por meio da expansão do "tecido urbano", o qual:

> [...] prolifera, estende-se, corrói os resíduos da vida agrária. Estas palavras, "o tecido urbano", não designam, de maneira restrita, o domínio edificado nas cidades, mas o conjunto das manifestações do predomínio da cidade sobre o campo. Nesta acepção, uma segunda residência, uma rodovia, um supermercado em pleno campo, fazem parte do tecido urbano.[275]

O urbano não se limita, desta forma, à cidade, e alcança o campo. Prenunciada por Lefebvre há quase cinco décadas como "virtualidade", a "urbanização completa da sociedade" hoje já está colocada, mesmo que criticamente. Reitera-se a necessidade de um debate que considere o espraiamento do tecido urbano para a totalidade das relações espaciais, em um movimento no qual o próprio campo é eminentemente urbano. Não se trata de negar a existência do campo ou do rural: as particularidades do campo continuam e podem ganhar força e adquirir novos conteúdos diante da expansão do tecido urbano. O urbano não elimina o rural e tampouco apaga suas diferenças, devendo ser considerado no contexto da reprodução combinada e desigual capitalista.

Nessa perspectiva, cidades muitas vezes vistas somente pela ótica do agrícola surgiram como um como um rentável empreendimento e guardam, desde sua implantação, conteúdos primordialmente urbanos. Entre elas, estão cidades de Mato Grosso ao longo do eixo da rodovia BR-163 (como Lucas do Rio Verde, Sorriso e Sinop) e de grande parcela da extensão territorial do Brasil, alcançando também os cerrados nordestinos (como Balsas, no Maranhão; Uruçuí e Bom Jesus, no Piauí; e Luís Eduardo Magalhães, na Bahia). Inverter a análise geralmente empregada a respeito dessas cidades permite problematizar a instauração dessas "cidades-negócio" por meio de processos de grande rentabilidade e velocidade, bem como a urbanização como condição da acumulação, evidenciando ao mesmo tempo a produção do urbano no avanço da fronteira e as contradições deste processo.

A fronteira do capital ancorada em atividades propriamente urbanas e na instauração de cidades, nesse contexto, não apenas precedeu a expansão da sojicultura como se constituiu em um grande negócio. Como afirmam diversos autores, entre eles Becker[276], Martins[277] e Simoni Santos[278], o que ditava a tônica da expansão das frentes de investimento capitalistas em direção ao Centro-Oeste e ao Norte do Brasil não era o fortalecimento da produção agropecuária, mas sim o usufruto das políticas de incentivos governamentais (isenções fiscais, obtenção de crédito, acesso aos financiamentos bancários) e da própria terra como alternativa para fonte de investimento.

---

[273] Idem. *A revolução urbana*. Belo Horizonte: Humanitas, 2004.
[274] *Ibidem*, p. 15.
[275] *Ibidem*, p. 17.
[276] BECKER, B. K. *Geopolítica da Amazônia*: a nova fronteira de recursos. Rio de Janeiro: Zahar, 1982.
[277] MARTINS, J. S. *O cativeiro da terra*. 9. ed. São Paulo: Contexto, 2010.
[278] SANTOS, C. R. S. *A fronteira urbana*: urbanização, industrialização e mercado imobiliário no Brasil. São Paulo: PPGH/USP: Fapesp: Annablume, 2015.

A urbanização em si era o grande negócio, e a produção do urbano era o conteúdo primordial da fronteira. Como destaca Simoni Santos[279], a urbanização era justamente a condição para a acumulação capitalista brasileira se realizar. A fronteira era urbana, e planejar e implantar cidades trouxe desdobramentos bastante específicos nessas cidades que já nasceram de uma lógica capitalista que se impôs com força e violência no avanço da fronteira. O domínio do espaço, que foi sendo delineado conforme a expansão territorial do capital se realizava, favoreceu grandes empresas, poderosos empresários e latifundiários e antigas oligarquias econômicas e políticas — compondo grupos que se tornariam hegemônicos nessas cidades, com profundas implicações na estrutura fundiária e na vida cotidiana.

Ainda hoje, os negócios fundiários mostram-se bastante rentáveis, como exemplifica Abreu[280] ao relatar uma entrevista com um engenheiro no ano de 2022: em uma área de 1 hectare próxima ao núcleo urbano de Lucas do Rio Verde, é possível obter no máximo R$ 20 mil com uma safra de soja e a safrinha de milho ao ano, com a saca a R$ 180 e sem descontar os custos de produção; enquanto um loteamento urbano nessa mesma área, com padrão médio, resulta em lucro de R$ 4,5 milhões e padrão popular de R$ 1,2 milhão, já descontando custos do loteamento. Como destaca a autora, a diferença é bastante expressiva, mesmo considerando que a lavoura ofereça renda todo ano e a venda de terrenos seja realizada somente uma vez.

Procurando avançar brevemente em um debate teórico, pergunta-se, então: qual expressão, na perspectiva aqui exposta, pode se referir às cidades que guardam no senso comum uma associação praticamente automática em relação à agricultura capitalista? Na medida em que essas cidades foram produzidas em uma urbanização recente e rápida no processo de avanço da fronteira urbana, em um planejamento que impôs com força a lógica e dinâmica capitalista, aproxima-se da expressão "cidade sem infância", de Martins[281], ao se referir a uma cidade em Mato Grosso do Sul. Ou ainda de algumas noções de cidades como "inventadas", de Arruda[282]; ou de "cidades de fronteira" e "cidades da colonização", da historiadora Guimarães Neto[283].

Esses termos, contudo, embora tendo potência para o debate a respeito dessas cidades, também não englobam alguns conteúdos que lhes são particulares, articulados aos tempos e espaços do processo de avanço da fronteira. Ainda sem dar conta da complexidade dos processos para denominar essas cidades, empregam-se as noções de "cidade cativa"[284] e de "cidade que têm dono"[285] para tentar revelar conteúdos tanto da dinâmica fundiária quanto da vida cotidiana. Realiza-se, assim, um movimento da "cidade do agronegócio" para a "cidade como negócio".

As contradições da questão agrária brasileira

Já a segunda premissa teórico-metodológica aqui proposta implica considerar a produção e reprodução do espaço dessas cidades à luz das contradições da questão agrária brasileira, em uma

---

[279] *Idem.*

[280] ABREU, G. M. *Comprando lote com saca de soja*: produtores rurais e mercado imobiliário nas cidades do agronegócio. *In*: SIMPÓSIO NACIONAL DE GEOGRAFIA URBANA, 17., 11 e 15 de novembro de 2022, Curitiba. *Anais* [...]. Curitiba: UFPR, 2022. GT-16. No prelo.

[281] MARTINS, S. M. M. *A cidade "sem infância" no universo pioneiro de Chapadão do Sul (MS)*. 1993. Dissertação (Mestrado em Geografia Humana) – USP, São Paulo, 1993.

[282] ARRUDA, Z. A. *Onde está o agro deste negócio?* Transformações socioespaciais em Mato Grosso decorrentes do agronegócio. 2007. Tese (Doutorado em Ciências) – Unicamp, Campinas, 2007.

[283] GUIMARÃES NETO, R. B. *A Lenda do ouro verde*: política de colonização no Brasil contemporâneo. Cuiabá: UNICEN, 2002.

[284] FIORAVANTI, L. M. *Injerencias en los procesos espaciales en ciudades brasileñas dinamizadas por el agronegocio*: el caso de Primavera do Leste. *Polis*: Revista Latinoamericana, Santiago, Chile, v. 53, p. 171-185, 2019.

[285] *Idem. Do agronegócio à cidade como negócio*: a urbanização de uma cidade mato-grossense sob a perspectiva da produção do espaço. 2018. Tese (Doutorado em Geografia Humana) – USP, São Paulo, 2018.

relação dialética entre cidade e campo. Mobilizar elementos da questão agrária é um movimento essencial para elucidar aspectos da sociedade e da formação territorial brasileira como um todo. Envolve pensar na própria dinâmica territorial da acumulação capitalista no Brasil e no papel da propriedade privada da terra como condição e realização do capital, sendo a base essencial do sistema econômico e político brasileiro e permitindo, como esmiúça Martins[286], uma acumulação de capital fortemente calcada no tributo e na especulação, tendo como base a renda da terra.

A questão agrária tem como seus fundamentos a concentração fundiária, o caráter rentista da propriedade privada da terra e a utilização de mecanismos vinculados propriamente à produção de capital. É um processo contínuo e em movimento, uma realidade que não pode ser vista apenas na escala local, na medida em que se vincula à própria expansão territorial da acumulação capitalista, bem como aos ritmos de seu desdobramento.

Nessa perspectiva teórico-metodológica, essas "cidades-negócio" somente podem ser elucidadas à luz das especificidades do capitalismo rentista brasileiro, da grilagem de terras, da pequena exigência de investimentos, viabilizada pelos subsídios fiscais e demais auxílios fornecidos pelo Estado e de práticas como a escravidão por dívida, como detalha Martins[287]. A produção propriamente dita do capital, que ocorre em determinados momentos da reprodução ampliada do capital, foi imprescindível para a expansão territorial capitalista e ainda hoje se revigora e se perpetua com ares de modernidade[288]. Nessa expansão da fronteira e por meio desses mecanismos que permitiam uma rentável "invenção" de cidades, realizava-se, neste sentido, uma "acumulação primitiva do espaço", como já indicado por Damiani, num "processo violento de expropriação socioespacial"[289].

Refletir sobre os processos de produção do espaço urbano dessas cidades implica um movimento que recupere elementos relacionados à dominação e à monopolização da propriedade privada da terra, contribuindo para explicar aspectos sociais, econômicos e políticos forjados no decorrer da ocupação do território. Na ditadura militar, as regiões Centro-Oeste e Norte do país eram incorporadas de modo mais contundente ao processo de expansão territorial da acumulação capitalista, dando vazão aos capitais excedentes urbano-industriais centralizados no Centro-Sul do país. O Estado tinha papel fundamental nesse avanço da fronteira, intervindo por meio da reiteração de uma legislação fundiária permissiva, financiando, participando ou sendo conivente, como detalhe Moreno[290], aos mais variados mecanismos de burla e de grilagem.

A expansão territorial capitalista vai se efetivando, assentada na grilagem de terras e tendo como uma de suas consequências uma imensa concentração fundiária. Tal expansão territorial se realizou no seio da reprodução da fronteira do capital pela privatização das terras, esquadrinhadas sob o comando de capitalistas nacionais e internacionais que se tornavam também latifundiários (e depois seriam os "pioneiros" e "donos" dessas cidades). Sob um discurso de ocupar a Amazônia e terras estrategicamente vistas como vazias, realizava-se, como elucida Oliveira, justamente o seu contrário: a consagração do vazio do latifúndio e da terra, utilizada como reserva de valor e patrimonial[291].

É importante destacar que a violência intrínseca à acumulação capitalista rumo ao Centro-Oeste reverbera em outros espaços, em novas fronteiras, em uma mobilidade forçada de grupos pobres expropriados pela chegada dos grandes investimentos capitalistas, na qual as implicações espaciais

---

[286] MARTINS, J. S. *A política do Brasil*: lúmpen e místico. São Paulo: Contexto, 2011.
[287] *Ibidem*.
[288] PRIETO, 2017.
[289] DAMIANI, A. L. A produção do espaço urbano e a propriedade privada da terra. *Revista Continentes*, Seropédica, ano 5, n. 9, p. 12-24, jul. 2016.
[290] MORENO, G. *Terra e poder em Mato Grosso*: políticas e mecanismos de burla 1892 – 1992. Cuiabá: UFMT; Entrelinhas; Fapemat, 2007.
[291] OLIVEIRA, 1997.

da concentração e negócios fundiários alcançam a escala regional e a nacional. São justamente essas contradições inerentes ao próprio modo de produção capitalista e à produção do espaço brasileiro contemporâneo que geram a permanente e constante expulsão de trabalhadores pelo latifúndio improdutivo ou monocultor para novos espaços.

Esse processo se realiza por meio da expropriação e da violência, em um conflito permanente entre agentes sociais pelo uso da terra, entre a terra que é usada como instrumento gerador de riqueza e a terra que é fonte de sobrevivência. Como destacaram Oliveira[292], Martins[293] e Prieto[294], a questão agrária precisa ser pensada no bojo do desenvolvimento geográfico desigual, em suas mais diversas escalas, e envolve, entre outros elementos, a constante migração em busca de terra e de trabalho em um persistente favorecimento das oligarquias econômicas e políticas respaldado e alavancado pela estrutural aliança de classe entre terra e capital.

O modo pelo qual a propriedade foi dominada e fracionada na expansão da fronteira atendendo, no geral, a interesses de grandes empresários do Centro-Sul do Brasil, gerou um acirramento da concentração de terra, de capital e de poder, cuja articulação é pormenorizada nas obras de Martins[295]. Esse intenso controle da terra, do capital e do poder está nos alicerces de uma urbanização até hoje controlada por um pequeno grupo de detentores do poder econômico e político, os quais frequentemente determinam a abertura de novos loteamentos e manipulam a renda da terra e o processo de valorização do solo urbano a seu bel prazer nessas cidades, que, como veremos, têm, em larga medida, "donos".

O controle da propriedade privada nas cidades que têm donos

Chega-se aqui à terceira premissa teórico-metodológica: essas cidades foram concebidas e produzidas como cidades que têm dono, em uma legitimidade dada pela propriedade da terra. A dominação e a concentração fundiárias dessas cidades ocorreram à medida que fazendas eram loteadas para a criação e expansão da área construída da cidade. Proprietários de terras transformavam-se também em proprietários dos terrenos nos núcleos urbanos ou próximos deles. Ainda hoje, é comum encontrar, nesse urbano de fronteira, capitalistas que são proprietários tanto de grande parte dos terrenos urbanos quanto de fazendas lindeiras a eles, tendo, portanto, significativo controle da dinâmica fundiária e imobiliária.

Devido ao controle fundiário delineado a partir da década de 1970, sempre com forte participação e incentivo do Estado, as colonizadoras, agora na forma de imobiliárias e incorporadoras, cujos donos ainda são, essencialmente, das famílias "pioneiras", conseguem exercer um rigoroso domínio do espaço dessas cidades, determinando onde e quando serão instaurados os vetores de expansão do mercado imobiliário. Essa dominação de extensas propriedades e a concentração de terra, poder e capital caracteriza nessas cidades uma "urbanização oligopolista"[296], conforme expressão de Volochko e se referindo a uma urbanização controlada vigorosamente ainda hoje por famílias e grupos que chegaram no início da expansão da fronteira.

Nessa urbanização, há um ainda maior controle sobre a propriedade privada, gerando um maior domínio na abertura de loteamentos, no tamanho e no preço dos lotes e imóveis. Há uma forte ingerência no próprio planejamento urbano, realizado por poucas famílias desde o início da

---

[292] Idem.
[293] MARTINS, 2010.
[294] PRIETO, 2017.
[295] MARTINS, 2011.
[296] VOLOCHKO, 2015.

ocupação da cidade. Esses "pioneiros" empregam diversas táticas para assegurar e ampliar a valorização do solo urbano, como a doação de terrenos, a abertura gradual de novos loteamentos e a venda de lotes a preços mais baixos no início da ocupação dessas cidades. Também determinam as formas de aquisição dos lotes (à vista, com ou sem financiamento e a quantidade de parcelas) e o seu tamanho, instituindo loteamentos inteiros com mesmo padrão de renda.

Retomando a tríade lefebvriana de homogeneização/fragmentação/hierarquização do espaço[297], nessa urbanização oligopolista parece haver um controle ainda mais incisivo do modo pelo qual o espaço urbano é homogeneizado (tornado mercadoria, em processo intensificado com a transformação de lotes rurais em urbanos), fragmentado (com o parcelamento e venda de lotes e terrenos) e hierarquizado (por meio da abertura de loteamentos mais ou menos valorizados). Nesse contexto, o poder de decisão de poucos sobre os ritmos da dinâmica imobiliária — desde a incorporação de lotes ao perímetro urbano, passando pela obtenção de renda e valorização do espaço — realiza-se, portanto, em processos de maior magnitude e intensidade, agudizando a segregação espacial.

O controle de classe sobre a propriedade privada, que é um dos alicerces da urbanização brasileira de modo geral, nessas cidades-negócio se realiza numa voracidade muito maior e mais evidente. A histórica manutenção de privilégios, das práticas clientelistas e rentistas, que perpassa a formação territorial brasileira, continua se perpetuando, dia após dia, nesse conjunto de cidades.

Determinadas dinâmicas do mercado fundiário em cidades como Primavera do Leste (sudeste mato-grossense) e em Sorriso e Nova Mutum (ao longo da rodovia BR-163, em Mato Grosso) são emblemáticas em relação ao controle dos processos de urbanização em poucas mãos. Dando uma dimensão do grande negócio vinculado ao mercado fundiário e imobiliário, em Primavera do Leste, a Imobiliária Cosentino, antiga colonizadora, só começou a trabalhar com aluguel e a vender lotes e casas de terceiros a partir de 2009, ou seja, 23 anos após a emancipação política-administrativa do município de Poxoréu. A cidade de Primavera teve origem com terras de um único dono e com o desmembramento de apenas uma fazenda, adquirida em 1972 para o que seria um projeto agropecuário financiado pela Superintendência do Desenvolvimento da Amazônia. Em 2017, apenas cinco famílias ou empresas controlavam a expansão e venda de grande parcela dos loteamentos.

Já em Sorriso, famílias consideradas como "pioneiras", conforme Almeida[298] e Custódio[299], continuam loteando terras griladas, adquiridas quando havia 200 posseiros, que acabaram sendo expulsos e deixados à beira da rodovia. A antiga colonizadora e atual Imobiliária Feliz foi a responsável pela implantação e pelo loteamento de todo o núcleo urbano inicial da cidade. Em 30 anos, foram mais de seis loteamentos. Foram autorizados em Sorriso 17 novos empreendimentos imobiliários em 2015, com mais de 5 mil terrenos e representando um aumento de 15% da área da cidade somente naquele ano[300]. Em 2018, 37% dos terrenos urbanos de Sorriso estavam vazios. Com a implantação dos loteamentos em execução e aprovados, potencialmente os lotes vazios da cidade serão aumentados até 2023 para até cerca do 60% do total[301]. Essa grande quantidade de lotes implantados e previstos

---

[297] LEFEBVRE, H. *La production de l'espace*. 4. ed. Paris: Anthropos, 2000.
[298] ALMEIDA, L. S. *Gaúchos, festas e negócios*: o agronegócio da soja no meio-norte mato-grossense. 2013. Tese (Doutorado em Sociologia e Antropologia) – UFRJ, Rio de Janeiro, 2013.
[299] CUSTÓDIO, R. C. *Sorriso de tantas faces*: a cidade (re)inventada. Mato Grosso – pós 1970. 2005. Dissertação (Mestrado em História) – UFMT, Cuiabá, 2005.
[300] Segundo dados obtidos por Abreu (2022, no prelo).
[301] FARIAS, L. F. F. C. *Classe trabalhadora na capital do agronegócio*: terra, trabalho e espaço urbano em Sorriso – MT. 2020. Tese (Doutorado em Sociologia) – USP, São Paulo, 2020.

para implantação, sendo ocupados ou não, fornece uma dimensão da importância da terra como reserva patrimonial e de valor, usada para especulação e obtenção de renda.

Por fim, em Nova Mutum, a Jar Empreendimento Imobiliários, criada com base na Colonizadora Mutum, comanda parcela significativa do solo urbano da cidade e empregou diversas táticas de valorização para tentar assegurar o retorno dos investimentos realizados. Uma delas era a doação de dois lotes urbanos para quem comprasse um lote para uso agrícola, prática recorrente entre as empresas de colonização que pretendiam incentivar a valorização das terras e a ocupação do núcleo urbano. Em 2017, a Jar detinha ou controlava até a venda do lote ou imóvel, mais da metade da cidade. Além do centro e de oito loteamentos já implantados, havia em 2018 previsão para a implantação de mais sete.

Do "cativeiro da terra" ao "cativeiro da cidade"

É possível avançar no debate considerando, portanto, os negócios fundiários e sua relevância e seu papel nos processos de urbanização, investigando as consequências do que atualmente se manifesta como uma cidade controlada por interesses de poucos agentes hegemônicos da produção do espaço. Tais processos corroboram a hipótese de que não somente a monopolização e dominação privada da terra são elementares para elucidar a produção o espaço como terão grandes consequências em sua dinâmica fundiária, resultando em uma pesada ingerência em relação à propriedade privada da terra e também nas relações sociais concretas.

Assim, as entranhas da poderosa e perversa aliança da terra, do poder e do capital trouxeram consigo não somente uma terra que tem dono — conforme Martins [302] ao se referir à mudança no regime de propriedade no Brasil a partir de meados do século XIX, salientando a configuração do "cativeiro da terra" —, mas uma cidade que também passa a ter dono, em um rentável negócio.

Com conteúdos da questão agrária brasileira — entre eles, a concentração fundiária e a preponderância de terras improdutivas de finalidade rentista —, essas "cidades que têm donos" configuram-se, em certa medida, em "cidades cativas", na medida em que o exacerbado e recente controle privado das terras que eram públicas se desdobra em um domínio sobre essas cidades. O domínio, o cativeiro, realiza-se pela propriedade, mas também em um patamar mais elevado, alcançando tendencialmente toda a cidade em um rentável negócio. A ingerência nessas cidades-negócio ocorre em uma dimensão ainda mais elevada do que se observa nas metrópoles: são poucos "donos" comandando uma quantia de terras, em termos proporcionais ao núcleo urbano edificado ou com previsão para expansão, muito maior do que nas metrópoles.

A magnitude da ingerência exercida pelos "pioneiros" nessas cidades empreendidas como negócio enrijece as amarras do "cativeiro" da propriedade e remete à diferenciação entre "proprietários" e "donos" exposta por Martins[303], na medida em que a dimensão patrimonialista e rentista se manifesta com força nesses espaços e vai além da propriedade privada da terra. Esses "donos" são sujeitos que detêm um controle que perpassa as dimensões econômica e política e social, efetivam ou legitimam práticas de controle de vários aspectos da vida cotidiana, vinculados principalmente ao trabalho e à moradia.

A noção de cidade cativa também permite problematizar a imbricação entre o público e privado. A cidade, produzida socialmente (na sociedade capitalista, apropriada privadamente) e que

---

[302] MARTINS, 2010.
[303] Idem. *Fronteira*: a degradação do outro nos confins do humano. São Paulo: Contexto, 2014.

é pública, tem seu aspecto privado reforçado ao já nascer como negócio. Planejada e empreendida como rentável negócio, desdobra-se tendencialmente em um bem pessoal, socializado por alguns. São cidades cuja dimensão da propriedade privada se manifesta com força, em um processo ainda mais exacerbado em relação às demais cidades do Brasil e que agudiza as contradições de um espaço que, ao mesmo tempo que é condição para a reprodução do capital, é condição para a reprodução da vida.

O processo de urbanização centralizado e veloz tem como um de seus desdobramentos uma dificuldade ainda maior das pessoas de menor renda para ter acesso a moradia e propriedade. Nessas cidades, diante da urbanização oligopolista, há um elevado preço dos terrenos e imóveis em comparação com as demais cidades de Mato Grosso e mesmo do Brasil. Considerando que na perspectiva crítica da produção do espaço é a propriedade privada o fundamento da segregação[304], sendo um produto histórico que permeia e fundamenta as relações sociais, entender seus desdobramentos e consequências, bem como suas particularidades nas cidades-negócio que têm dono, é crucial para elucidar as contradições do espaço. Essa "urbanização oligopolista" destitui a possibilidade de moradia e mesmo da vida urbana para grande parte da população e configura-se em um dos elementos que ajudam a entender o acirramento da segregação espacial nessas cidades-negócio que têm dono.

A pobreza permitida é aquela que deve permanecer escondida nos locais distantes e controlados, geralmente às margens da rodovia e/ou nos extremos da cidade. Os conjuntos habitacionais destinados à população de menor renda localizam-se em geral nessas cidades do outro lado das rodovias em relação ao centro, ou então atrás de silos ou armazéns, distantes, portanto, dos olhares dos demais habitantes. Tais cidades de Mato Grosso apresentam "desenho e processo de formação intimamente vinculado ao eixo da rodovia", como detalhou Carignani em sua tese sobre Sinop e Lucas do Rio Verde[305]. Embora a separação por rodovias seja recorrente em várias cidades brasileiras, Peres e Merlino[306] afirmam que em Sorriso — e em muitas outras cidades mato-grossenses — "os lados determinam cor de pele, origem geográfica e renda". Com essa tendência à separação no espaço (no geral, conformando loteamentos de lados opostos da rodovia), delineia-se o que alguns habitantes da cidade chamem de bairros dos "gaúchos" e "bairros de maranhenses", numa visão bastante estigmatizada e se referindo aos bairros cuja população é mais pobre. Os "maranhenses" são aqueles que vêm "de fora" e são empregados em atividades precárias, temporárias e mal remuneradas. Trabalhos de Abreu sobre Sinop[307]; de Custódio[308], Almeida[309] e Farias[310] sobre Sorriso; e de Rocha[311] sobre Lucas do Rio Verde detalham essa oposição discursiva entre esses bairros e realçam que nessas cidades há uma população expropriada das mínimas condições de sobrevivência, morando em periferias ou em favelas. Peres e Merlino[312], Gomes[313] e Elias[314] destacam a pobreza e a desigualdade socioespacial

---

[304] Como afirmam autores como Carlos (2011) e Damiani (2016).

[305] CARIGNANI, G. *A BR-163 como elemento estruturador de novas cidades no interior do estado de Mato Grosso*: o caso de Sinop e Lucas do Rio Verde. 2016. Tese (Doutorado em Urbanismo) – UFRJ, Rio de Janeiro, 2016.

[306] PERES, J.; MERLINO, T. Opulência, segregação social e fome nas capitais do agronegócio. *O Joio e o Trigo*, São Paulo, 20 abr. 2022.

[307] ABREU, R. A. *A boa sociedade*: história e interpretação sobre o processo de colonização no norte de Mato Grosso durante a ditadura militar. 2015. Tese (Doutorado em Ciência Política) – Uerj, Rio de Janeiro, 2015.

[308] CUSTÓDIO, 2005.

[309] ALMEIDA, 2013.

[310] FARIAS, 2020.

[311] ROCHA, B. N. *"A trama do drama"*: A trama das fronteiras e o drama dos migrantes nas configurações do desenvolvimento de Lucas do Rio Verde – MT. 2010. Tese (Doutorado em Ciências Sociais) – UFRRJ, Rio de Janeiro, 2010.

[312] PERES; MERLINO, 2022.

[313] GOMES, 2022.

[314] ELIAS, D. Uma radiografia das "cidades do agronegócio". *Outras Palavras*, São Paulo, 6 jun. 2022.

— condição para que fossem implantadas e continuem se configurando como grandes negócios – como marcas dessas chamadas "cidades do agronegócio".

Representações do espaço dessas cidades entorpecidas de veneno

Os chamados "pioneiros" mobilizaram não apenas um poderoso monopólio sobre a propriedade capitalista da terra para a realização de suas estratégias espaciais como também empreenderam práticas e mecanismos de controle dos meandros da vida cotidiana. Essa centralização do poder de decisão em relação aos processos de urbanização e dinâmicas do mercado imobiliário somente se realiza hoje devido a uma concentração fundiária que se efetivou pela violência e às custas da usurpação dos territórios indígenas e da terra do posseiro, bem como do extermínio de grande parte desses povos. Nesse sentido, o surgimento dessas cidades teve como condição e consequência uma população expropriada de sua própria terra e de suas condições de sobrevivência.

Nessas cidades-negócio, os chamados "pioneiros" — ou seus familiares — são agentes hegemônicos dos processos de urbanização, desempenhando importante papel nas relações econômicas, políticas e sociais. Eles têm, portanto, papel crucial no comando das estratégias de valorização do espaço urbano, ocupam cargos estratégicos, são vistos como modelos a ser seguidos, com padrões de sucesso que parecem poder se replicar para toda a população.

A cidade cativa está, neste sentido e para além da dinâmica fundiária e imobiliária, no que é valorado em relação à cultura e à perspectiva de vida e de trabalho, atrelados à ideia de que, nessas cidades e para todos, é possível enriquecer somente pelo esforço e trabalho. Nessas cidades, o peso da homogeneidade realiza-se em um patamar mais elevado. Essa homogeneidade foi imposta desde o início das trajetórias fundiárias em uma dinâmica que traz profundas consequências hoje para quem não tem acesso à propriedade. A homogeneidade manifesta-se desde a monotonia do traçado urbano e do padrão arquitetônico até as decisões oriundas das mais diversas instituições, cujos representantes fazem parte das oligarquias econômicas e políticas ou foram escolhidos a dedo pelos chamados "pioneiros".

Nessas cidades, houve e ainda há mecanismos de monitoramento daqueles considerados como dotados de legitimidade para pertencer ou não à cidade. Nordestinos, negros e indígenas são com frequência estigmatizados e compõem um grupo que não pode tendencialmente morar em determinados loteamentos ou frequentar certos espaços. No decorrer da implantação dessas cidades, tanto os "pioneiros" quanto as empresas tentavam impor diretrizes para a reprodução da vida econômica dos colonos, salvaguardando o controle da propriedade privada e assegurando o sucesso da empreitada colonizadora. Determinavam, ao menos tendencialmente, quem era bem-vindo para trabalhar e morar. Os próprios projetos de colonização visavam atrair um público específico, o "colono ideal", no geral sulista e visto como desbravador e trabalhador[315].

O discurso do "pioneirismo" convenientemente se esquece do extermínio indígena e da violência do processo de ocupação capitalista do território. Também condena os mais pobres, julgados, segundo parcela dos moradores dessas cidades, como preguiçosos e violentos. Devem, segundo discurso de alguns habitantes e parte da mídia local, não somente morar afastados do centro, mas, em última instância, ser expulsos da própria cidade.

---
[315] SOUZA, E. A. *Sinop*: história, imagens e relatos. Um estudo sobre a colonização. Cuiabá: UFMT, 2006.

Essas cidades foram gestadas e implantadas desde o início sob a dominação de classe, em um domínio do espaço exercido tanto pelos "pioneiros" quanto pelo Estado e que somente se realizava por meio de uma pesada fiscalização e vigilância no plano do lugar, na vida cotidiana.

Propagava-se a égide da eficácia, do tempo acelerado, do trabalho, da vigilância e da repressão, que garantiam o considerado "sucesso" do negócio por meio da instauração do cotidiano, da mobilização de um tipo de mão de obra já com certos recursos e de determinados modelos urbanísticos e de infraestrutura.

O discurso do pioneirismo está vigorosamente presente nas relações sociais e contribui para espaços de controle, reforçando uma racionalidade homogeneizante nos comportamentos e valores e fazendo emergir questões relativas ao espaço e ao tempo, na medida em que forja uma sociabilidade pautada pela reprodução do capital e na qual o espaço é o do negócio; e o tempo é o trabalho e do dinheiro. A racionalidade do trabalho alcança intensamente o cotidiano nessas cidades, cujas "representações do espaço"[316], no início da ocupação, atrelavam-se à ideia de "terra prometida" e hoje de "terra de oportunidades", atraindo determinados investidores e mão de obra, e perpetuando essas cidades como "modernas", "organizadas" e "prósperas".

São fortes e disseminados os discursos que representam essas cidades como locais em que não faltam qualidade de vida e empregos. Já se destacaram particularidades dessas cidades em relação à segregação espacial, muito mais agudizada devido ao controle fundiário e reverberando nos meandros da vida cotidiana. Todavia, é importante salientar que a proximidade das plantações em relação ao uso residencial ou de serviços intensifica a exposição dos habitantes aos agrotóxicos, seja pela água contaminada por meio da infiltração nos lençóis freáticos[317], seja pelas pulverizações por aviões, com chuvas de veneno atingindo casas, escolas e mesmo grande parte dessas cidades, como ocorreu nas cidades mato-grossenses de Lucas do Rio Verde e Confresa[318]. Água, ar e terra estão impregnados de veneno, detectado até mesmo no sangue de trabalhadores e no leite materno[319].

A proximidade das casas com as áreas de plantação e com silos traz problemas também vinculados ao odor forte e desagradável oriundo de frigoríferos e granjas, além da disseminação, após a colheita mecanizada, das películas de milho e soja, o que acaba agravando problemas respiratórios em parcela dos habitantes.

Nessas cidades entorpecidas de veneno, a oferta de empregos também não é aquela propagada pela mídia e parcela da população: a mecanização e a automatização têm como uma de suas consequências uma exigência cada vez menor do número de trabalhadores. No geral, a mão de obra local inserida nesses empregos é de menor qualificação e baixos salários. Desempenhando geralmente funções temporárias, que duram cerca de dois meses e principalmente nos períodos de colheita e plantio, exercem tarefas ligadas a preparo do solo, colheita (de soja, nos meses de março a abril) ou limpeza e preparo do terreno da área cultivada com soja ou algodão, pulverização ou limpeza da mata no plantio de algodão, desmatamento de áreas florestais ou, durante a colheita, o carregamento de caminhões e ensacamento de sementes[320].

---

[316] LEFEBVRE, 2000.

[317] MOREIRA, P. *et al.* Contaminação de águas superficiais e de chuva por agrotóxicos em uma região de Mato Grosso. *Ciência & Saúde Coletiva*, Manguinhos, v. 17, n. 6, p. 1.557-1.568, 2012.

[318] PIGNATI, W. A *et al.* Acidente rural ampliado: o caso das "chuvas" de agrotóxicos sobre a cidade de Lucas do Rio Verde – MT. *Ciência & Saúde Coletiva*, Manguinhos, v. 12, n. 1, p. 105-114, 2007.

[319] PALMA, D. C. A. *Agrotóxicos em leite humano de mães residentes em Lucas do Rio Verde - MT*. 2011. Dissertação (Mestrado em Saúde Coletiva) – UFMT, Cuiabá, 2011.

[320] BERNARDES, J. A. *et al.* (org.). *O setor carne-grãos no Centro-Oeste*: circuitos produtivos, dinâmicas territoriais e contradições. Rio de Janeiro: Lamparina, 2021.

Parcela da mão de obra dessas cidades também desempenha atividades exaustivas e perigosas. Acidentes em armazéns agrícolas são relativamente comuns na agricultura capitalista mecanizada, a maioria envolvendo soterramento e a morte por asfixia pelos grãos[321]. Trabalhadores de frigoríficos também são submetidos a empregos insalubres, sujeitos à realização de movimentos repetitivos (causando lesões e doenças), a instrumentos cortantes, à pressão psicológica devido ao ritmo alucinado de trabalho e a jornadas exaustivas, além de um ambiente asfixiante e frio[322].

Considerações finais

A reprodução expandida do capital nessas cidades exigiu e implicou tendencialmente uma aniquilação de tudo e todos que não se enquadrassem no imaginário social do progresso. Ainda hoje, manifesta-se no rentismo, classismo, racismo e nas mais diversas formas de controle. Essas cidades, que no discurso são resultado de uma heroica história de "pioneirismo" e de trabalho árduo, são oriundas da grilagem, da violência, do vazio do latifúndio. Elaboradas e produzidas para atender tendencialmente à reprodução ampliada do capital, são cidades da acumulação e, consequentemente, da contradição. Os conteúdos da urbanização dessas cidades avançam no território brasileiro ao ritmo da expansão capitalista, em um momento em que a urbanização se constitui em um mecanismo primordial da acumulação do capital.

Essas cidades-negócio se produziram e reproduziram numa dimensão muito ampla do "cativeiro da terra", tendo sido inventadas e implantadas por meio da dominação e do monopólio de terras griladas, pelo confisco e conflito de terras, pela expropriação das populações locais. São hoje marcadas pela desigualdade e expressam o domínio do espaço por uma elite econômica e política. A violência da constituição e monopolização da propriedade fundiária repercute, a cada dia, em um cotidiano de expropriação e de preconceito, reproduzindo caráter antidemocrático dessas cidades desde as suas implantações.

A "ideologia do espaço vazio a serviço do esvaziamento do espaço"[323], que dinamizou o avanço da fronteira nas últimas décadas do século XX, continua se propagando por meio de violentas ações da acumulação primitiva. A voracidade dos processos de urbanização das fronteiras do urbano perpetua-se, colocando conteúdos bastante particulares a esse urbano de fronteira. Nesse urbano de fronteira, manifestam-se com força a destruição e a barbárie, mantendo e reproduzindo privilégios de classe, trazendo a necessidade e urgência de novas pesquisas que, para além da morfologia e da técnica, desvendem as contradições do espaço, entrelaçando as dinâmicas e os conteúdos da questão urbana e da questão agrária brasileira.

Referências

ABREU, G. M. *Comprando lote com saca de soja*: produtores rurais e mercado imobiliário nas cidades do agronegócio. *In*: SIMPÓSIO NACIONAL DE GEOGRAFIA URBANA, 17., 11 e 15 de novembro de 2022, Curitiba. Anais [...]. Curitiba: UFPR, 2022. GT-16. No prelo.

ABREU, R. A. *A boa sociedade*: história e interpretação sobre o processo de colonização no norte de Mato Grosso durante a ditadura militar. 2015. Tese (Doutorado em Ciência Política) – Uerj, Rio de Janeiro, 2015.

---

[321] FELLET, J. As silenciosas mortes de brasileiros soterrados em armazéns de grãos. *BBC News Brasil*, São Paulo, 28 ago. 2018.
[322] REPÓRTER BRASIL. *Moendo gente*: a situação do trabalho nos frigoríficos. São Paulo: ONG Repórter Brasil, 2015. Dossiê.
[323] DAMIANI, A. L. A propósito do espaço e do urbano: algumas hipóteses. *Cidades*, Presidente Prudente, v. 1, n. 1, p. 79-96, 2004.

ALMEIDA, L. S. *Gaúchos, festas e negócios*: o agronegócio da soja no meio-norte mato-grossense. 2013. Tese (Doutorado em Sociologia e Antropologia) – UFRJ, Rio de Janeiro, 2013.

ARRUDA, Z. A. *Onde está o agro deste negócio?* Transformações socioespaciais em Mato Grosso decorrentes do agronegócio. 2007. Tese (Doutorado em Ciências) – Unicamp, Campinas, 2007.

BECKER, B. K. *Geopolítica da Amazônia*: a nova fronteira de recursos. Rio de Janeiro: Zahar, 1982.

BERNARDES, J. A. et al. (org.). *O setor carne-grãos no Centro-Oeste*: circuitos produtivos, dinâmicas territoriais e contradições. Rio de Janeiro: Lamparina, 2021.

CARIGNANI, G. *A BR-163 como elemento estruturador de novas cidades no interior do estado de Mato Grosso*: o caso de Sinop e Lucas do Rio Verde. 2016. Tese (Doutorado em Urbanismo) – UFRJ, Rio de Janeiro, 2016.

CARLOS, A. F. A. *A condição espacial*. São Paulo: Contexto, 2011.

CUSTÓDIO, R. C. *Sorriso de tantas faces*: a cidade (re)inventada. Mato Grosso – pós 1970. 2005. Dissertação (Mestrado em História) – UFMT, Cuiabá, 2005.

DAMIANI, A. L. A produção do espaço urbano e a propriedade privada da terra. *Revista Continentes*, Seropédica, ano 5, n. 9, p. 12-24, jul. 2016.

DAMIANI, A. L. A propósito do espaço e do urbano: algumas hipóteses. *Cidades*, Presidente Prudente, v. 1, n. 1, p. 79-96, 2004.

ELIAS, D. Globalização e fragmentação do espaço agrícola do Brasil. *Scripta Nova*, Barcelona, v. 1, p. 59-81, 2006.

ELIAS, D. Uma radiografia das "cidades do agronegócio". *Outras Palavras*, São Paulo, 6 jun. 2022. Disponível em: https://outraspalavras.net/cidadesemtranse/uma-radiografia-das-cidades-do-agronegocio/. Acesso em: 13 set. 2023.

FARIAS, L. F. F. C. *Classe trabalhadora na capital do agronegócio*: terra, trabalho e espaço urbano em Sorriso – MT. 2020. Tese (Doutorado em Sociologia) – USP, São Paulo, 2020.

FELLET, J. As silenciosas mortes de brasileiros soterrados em armazéns de grãos. *BBC News Brasil*, São Paulo, 28 ago. 2018. Disponível em: https://www.bbc.com/portuguese/brasil-45213579. Acesso em: 3 set. 2018.

FIORAVANTI, L. M. *Do agronegócio à cidade como negócio*: a urbanização de uma cidade mato-grossense sob a perspectiva da produção do espaço. 2018. Tese (Doutorado em Geografia Humana) – USP, São Paulo, 2018.

FIORAVANTI, L. M. *Injerencias en los procesos espaciales en ciudades brasileñas dinamizadas por el agronegocio*: el caso de Primavera do Leste. *Polis*: Revista Latinoamericana, Santiago, Chile, v. 53, p. 171-185, 2019.

GOMES, M. E. O agro é top? Uma radiografia de tudo que o agronegócio não quer que você saiba. *Piauí*, Rio de Janeiro, n. 192, p. 54, set. 2022.

GUIMARÃES NETO, R. B. *A Lenda do ouro verde*: política de colonização no Brasil contemporâneo. Cuiabá: UNICEN, 2002.

LEFEBVRE, H. *A revolução urbana*. Belo Horizonte: Humanitas, 2004.

LEFEBVRE, H. *La production de l'espace*. 4. ed. Paris: Anthropos, 2000.

LEFEBVRE, H. *O direito à cidade*. São Paulo: Centauro, 2006.

MARTINS, J. S. *A política do Brasil*: lúmpen e místico. São Paulo: Contexto, 2011.

MARTINS, J. S. *Fronteira*: a degradação do outro nos confins do humano. São Paulo: Contexto, 2014.

MARTINS, J. S. *O cativeiro da terra.* 9. ed. São Paulo: Contexto, 2010.

MARTINS, S. M. M. *A cidade "sem infância" no universo pioneiro de Chapadão do Sul (MS).* 1993. Dissertação (Mestrado em Geografia Humana) – USP, São Paulo, 1993.

MOREIRA, P. *et al.* Contaminação de águas superficiais e de chuva por agrotóxicos em uma região de Mato Grosso. *Ciência & Saúde Coletiva*, Manguinhos, v. 17, n. 6, p. 1.557-1.568, 2012.

MORENO, G. *Terra e poder em Mato Grosso*: políticas e mecanismos de burla 1892 – 1992. Cuiabá: UFMT: Entrelinhas: Fapemat, 2007.

OLIVEIRA, A. U. *A fronteira amazônica mato-grossense*: grilagem, corrupção e violência. 1997. Tese (Livre Docência) – USP, São Paulo, 1997.

OLIVEIRA, A. U. *A mundialização da agricultura brasileira.* São Paulo: Iânde, 2016.

OLIVEIRA, A. U. *Modo capitalista de produção, agricultura e reforma agrária.* São Paulo: Labur, 2007.

PALMA, D. C. A. *Agrotóxicos em leite humano de mães residentes em Lucas do Rio Verde - MT.* 2011. Dissertação (Mestrado em Saúde Coletiva) – UFMT, Cuiabá, 2011.

PERES, J.; MERLINO, T. Opulência, segregação social e fome nas capitais do agronegócio. *O Joio e o Trigo*, São Paulo, 20 abr. 2022. Disponível em: https://ojoioeotrigo.com.br/2022/04/opulencia-segregacao-social--e-fome-nas-capitais-do-agronegocio/. Acesso em: 24 nov. 2022.

PRIETO, G. *Rentismo à brasileira, uma via de desenvolvimento capitalista*: grilagem, produção do capital e formação da propriedade privada da terra. 2017. Tese (Doutorado em Geografia Humana) – USP, São Paulo, 2017.

PIGNATI, W. A *et al.* Acidente rural ampliado: o caso das "chuvas" de agrotóxicos sobre a cidade de Lucas do Rio Verde – MT. *Ciência & Saúde Coletiva*, Manguinhos, v. 12, n. 1, p. 105-114, 2007.

REPÓRTER BRASIL. *Moendo gente*: a situação do trabalho nos frigoríficos. São Paulo: ONG Repórter Brasil, 2015. Dossiê. Disponível em: https:// reporterbrasil.org.br/wp-content/uploads/2015/02/16.-moendo_gente_final.pdf. Acesso em: 13 set. 2023.

ROCHA, B. N. *"A trama do drama"*: A trama das fronteiras e o drama dos migrantes nas configurações do desenvolvimento de Lucas do Rio Verde – MT. 2010. Tese (Doutorado em Ciências Sociais) – UFRRJ, Rio de Janeiro, 2010.

SANTOS, C. R. S. *A fronteira urbana*: urbanização, industrialização e mercado imobiliário no Brasil. São Paulo: PPGH/USP; Fapesp; Annablume, 2015.

SOUZA, E. A. *Sinop*: história, imagens e relatos. Um estudo sobre a colonização. Cuiabá: UFMT, 2006.

VOLOCHKO, D. Terra, poder e capital em Nova Mutum – MT: elementos para o debate da produção do espaço nas "cidades do agronegócio". *GEOgraphia*, Rio de Janeiro, v. 17, n. 35, p. 40-67, 2015.

FRONTEIRAS E ESCALAS DO URBANO: CONTRIBUIÇÕES PARA POLÍTICAS PÚBLICAS

Rosa Moura

Abordar as dinâmicas regionais e a problemática ambiental no Brasil contemporâneo pela ótica das fronteiras e escalas do urbano, pauta temática principal da Mesa-Redonda 3 do XVII Simpósio Nacional de Geografia Urbana, é uma tarefa desafiadora por envolver um tema amplo e perpassar a pesquisa, a formulação de política pública e a gestão do território. Território esse, no caso do Brasil, em célere transformação, com um quadro estrutural de desigualdade social e sob efeitos de um governo passado que relegou a pesquisa, desqualificou as políticas públicas e capitaneou a gestão para interesses que, fundamentalmente, beiraram o ilícito e evidenciaram o descaso para com a consolidação de uma nação democrática. O momento foi, pois, exato para debater os novos conteúdos do urbano e a crise socioambiental em suas múltiplas escalas, colocando em reflexão a perspectiva de políticas públicas adequadas a esses novos conteúdos e ao enfrentamento dessa crise.

Algumas das indagações postuladas pelos organizadores do simpósio tornaram-se foco das considerações expostas na referida mesa-redonda e transcritas neste texto. Aquelas que dizem respeito ao modo como avança a produção do urbano, aos novos conteúdos e aos conflitos socioambientais que essa produção engendra são tratadas na primeira seção, "A urbanização e suas escalas", que demonstra em números o avanço da urbanização e da concentração da população no espaço urbano latino-americano, destacando em seus conteúdos a configuração de morfologias urbanas de extensão regional e sob intensa mobilidade como expressão espacial desse processo, e penetrando nas especificidades e diferentes escalas da urbanização brasileira.

A questão dirigida às implicações decorrentes do fenômeno atual da metropolização do espaço é considerada na segunda, "Dinâmicas territoriais e efeitos da metropolização", com base em reflexões sobre o padrão desse processo de expansão urbana e sua incidência sobre toda a superfície territorial, salientando os desafios à gestão, por configurar morfologias que rompem divisas e fronteiras, impondo novas abordagens teóricas, conceituais e metodológicas, para a compreensão das transformações conflituosas que provocam, e a adequação de políticas e instrumentos de gestão capazes de contemplar a ordem e a velocidade das mudanças.

Na terceira seção, "A urbanização do território", o foco recai no questionamento sobre como as novas dinâmicas socioambientais do campo se articulam na produção do urbano, e vice-versa, o que levou a refletir à luz da perspectiva das fronteiras do urbano e do urbano nas fronteiras, considerando as relações e jogos de interesse ainda mais complexos e imbricados nas dinâmicas de produção e apropriação desses espaços que, além de conflitos socioambientais, desencadeiam movimentos transfronteiriços.

Nas "Considerações finais" do texto, quarta seção, alinham-se algumas contribuições à formulação de políticas públicas, pensadas para a reconstrução do país em suas muitas dimensões.

A urbanização e suas escalas

Avanço da urbanização e concentração no espaço latino-americano

Para uma leitura do avanço da urbanização no Brasil, consultou-se a publicação mais recente da Divisão de População da Organização das Nações Unidas (ONU)[324]. A escolha da fonte e a ampliação do recorte de análise devem-se à possibilidade de situar o país no âmbito da América Latina e do Caribe, e a contornar as dificuldades decorrentes da desatualização da base oficial de informações sobre a urbanização brasileira, dada a não conclusão, até a data desta análise, do censo demográfico previsto para 2020. Lamenta-se o descaso para com a produção de informações no Brasil, o que dificulta a formulação e implementação de políticas públicas adequadas à realidade da população brasileira.

Os dados considerados apontam que a América Latina e o Caribe aumentaram sua população urbana de 70 milhões para 526 milhões de habitantes, entre 1950 e 2018, e levam à estimativa de que até 2050 essa população atinja 685 milhões (Tabela 7.1). Nos anos 1990, sua participação no total da população urbana mundial era 13,8%, e a tendência para as próximas décadas sugere um declínio contínuo, chegando a 10,3% em 2050 — redução em razão da crescente participação dos países asiáticos que se urbanizam vertiginosamente nesse período. A população mundial tinha um grau de urbanização de 29,6% nos anos 1950, tendo superado a rural após os anos 1990, sendo estimado para 2050 um grau de 68,4%. Para o conjunto da América Latina e o Caribe, o grau de urbanização eleva-se de 41,3% nos anos 1950, quando então a população urbana ultrapassa a rural, chegando nos anos 1970 a 57,3%, com previsão de situar-se em 87,8% em 2050.

Tabela 7.1 – População e urbanização global e da América Latina e o Caribe em períodos selecionados

Período	População urbana (milhões de habitantes)			Grau de urbanização (%)	
	Mundo	América Latina e Caribe	% América Latina e Caribe/Mundo	Mundo	América Latina e Caribe
1950	751	70	9,3	29,6	41,3
1990	2.290	315	13,8	43,0	70,7
2018	4.220	526	12,5	55,3	80,7
2030	5.167	600	11,6	60,4	83,6
2050	6.680	685	10,3	68,4	87,8

Fonte: UN ([2019])

Especificamente no caso brasileiro, entre 1950 e 2010, com base em informações censitárias do Instituto Brasileiro de Geografia e Estatística (IBGE)[325], a população urbana teve um célere crescimento, de 18,8 milhões para 160,9 milhões de habitantes, com o grau de urbanização evoluindo no período, respectivamente, de 36,2% para 84,4% (Tabela 7.2). A população urbana brasileira superou a rural entre os anos 1960 e 1970, entrando nessa década com um grau de 56% do total da população.

---

[324] UNITED NATIONS (UN). Department of Economic and Social Affairs. Population Dynamics. *World Urbanization Prospects 2018*. New York: UN, [2019].

[325] INSTITUTO BRASILEIRO DE GEOGRAFIA E ESTATÍSTICA (IBGE). *Censo demográfico*. Rio de Janeiro: IBGE, 1950-2010.

Tabela 7.2 – População e grau de urbanização do Brasil em períodos censitários

População	1950	1960	1970	1980	1991	2000	2010
Urbana (milhões de hab.)	18,8	32,0	52,9	82,0	110,9	137,8	160,9
Rural (milhões de hab.)	33,2	38,9	41,6	39,1	36,0	31,8	29,8
Grau de urbanização (%)	36,2	45,1	56,0	67,7	75,5	81,2	84,4

Fonte: IBGE (1950, 1960, 1970, 1980, 1991, 2000, 2010)

Conteúdos e conflitos gerados na urbanização

A principal característica da urbanização da América Latina e o Caribe é a concentração da população em cidades que crescem, expandem-se fisicamente e cada vez mais se aglutinam com outras cidades nas mesmas condições, configurando grandes aglomerações urbanas de extensão regional, com crescentes portes populacionais. Os dados da ONU em análise registram a existência de 210 aglomerações urbanas com mais de 300 mil habitantes em 2020, sendo: 65% na América do Sul, a maioria no Brasil; 30% na América Central, majoritariamente no México; e 5% no Caribe, distribuídas unitariamente em República Dominicana, Porto Rico, Haiti e Cuba.

Eram nove as aglomerações de maior porte, com população acima de 5 milhões de habitantes em 2020, entre as quais seis com mais de 10 milhões de habitantes e outras duas, Monterrey e Brasília, com previsão de atingir 5 milhões em 2030 (Tabela 7.3). Ao analisar os dados disponibilizados[326], verifica-se uma evolução na distribuição espacial das aglomerações, com novas unidades compondo-se no entorno ou em continuidade àquelas de maior porte alinhadas na costa do Atlântico e do Pacífico. Ao mesmo tempo, emergem ou se consolidam outras grandes aglomerações no interior do território.

Tabela 7.3 – Aglomerações urbanas da América Latina e o Caribe com maior porte populacional

Aglomeração	1970	1990	2020	2030
São Paulo	7.620	14.776	22.043	23.824
Cidade do México	8.831	15.642	21.782	24.111
Buenos Aires	8.416	11.148	15.154	16.456
Rio de Janeiro	6.791	9.697	13.458	14.408
Bogotá	2.383	4.740	10.978	12.343
Lima	2.980	5.837	10.719	12.266
Santiago	2.647	4.616	6.767	7.243
Belo Horizonte	1.485	3.548	6.084	6.583
Guadalajara	1.506	3.023	5.179	5.943
Monterrey	1.299	2.691	4.874	5.621
Brasília	525	1.863	4.646	5.199

Fonte: UN ([2023])

---

[326] UN, ([2023]).

Entre as aglomerações urbanas com mais de 300 mil habitantes, nove unidades situavam-se nas fronteiras de países da América Latina em 2020: seis na fronteira México/Estados Unidos, três das quais com população superior a 1 milhão de habitantes (Tijuana, Ciudad Juárez e Mexicali, sem considerar a população da cidade correspondente do outro lado da fronteira, respectivamente San Yzidro, El Alto e Calexico); e três na América do Sul, duas delas conectadas em um único arranjo transfronteiriço, somando uma população que supera 1,4 milhão de habitantes (Cúcuta, na Colômbia; e San Cristóbal, na Venezuela); e, em outro arranjo transfronteiriço, Cidade do Leste, Paraguai, que, ao somar sua população com a de Foz do Iguaçu e cidades de seu aglomerado, no Brasil, e a de Porto Iguaçu, na Argentina, alcança uma ordem de 990 mil habitantes.

As projeções das Nações Unidas para 2030 são de taxas de crescimento positivas a todas essas aglomerações urbanas, sinalizando que o processo de metropolização no subcontinente seguirá seu curso e cada vez mais produzirá espaços unos sobre mosaicos de territórios político-administrativos, até mesmo de diferentes países.

A localização espacial dessas grandes aglomerações evidencia que são facilitadas e orientadas por infraestruturas de transporte e comunicação, como portos e aeroportos, mas fundamentalmente por rodovias, as federais no Brasil e a Pan-Americana nos demais países das Américas do Sul e Central. Em casos de algumas aglomerações ou arranjos transfronteiriços de menor porte, salienta-se sua importância como centralidades em regiões de baixa densidade, dada a oferta de bens e serviços a extensas regiões de influência e por ativarem o intercâmbio de atividades, mercadorias e pessoas, inclusive entre países.

Em síntese, o processo de urbanização no conjunto dos países da América Latina e o Caribe caracteriza-se por ser intenso, concentrador e ao mesmo tempo extensivo, porém, mesmo com dinâmicas similares, seu avanço expressa, no interior do território, heterogeneidade e diversidade. De modo geral, o processo desencadeia demandas que, desatendidas ou precariamente administradas, provocam exclusão, desigualdade e conflitos socioambientais, agudizados nos embates pela apropriação do espaço, nas disputas pela terra (urbana e não urbana) e pelos recursos naturais. São demandas principalmente relativas a suprir as necessidades básicas da população em termos de moradia, trabalho e acesso a serviços sociais e transporte; ao controle da ocupação e uso do solo, na expansão física dos assentamentos urbanos, com garantia de preservação de condições saudáveis de vida e não predatórias ao meio ambiente; e a atuar com agilidade sobre as implicações culturais e políticas decorrentes das céleres transformações.

Portanto, é necessário compreender as especificidades e os efeitos distintos da urbanização sobre o território, percebidos nas diferentes escalas da urbanização, os processos políticos, sociais e econômicos, que alteram as relações socioespaciais e os jogos de poder. Essa compreensão sustentaria a formulação e constante adequação de políticas territoriais, como garantia a inclusão, diversidade e equidade no território, e impediria seus agravos em relação à sociedade e à natureza.

Dois exercícios discorridos nos próximos segmentos são tomados como contribuição para refletir sobre os conteúdos e os conflitos da urbanização neste século. Embora os dois exercícios partam de uma metodologia e de informações comuns, a finalidade das pesquisas tem especificidades. O primeiro, realizado no âmbito do Instituto de Pesquisa Econômica Aplicada (Ipea)[327], volta-se a construir uma tipologia de municípios em uma escala da urbanização de forma a apontar dinâmicas e padrões relevantes à tomada de decisões e à formulação de políticas públicas adequadas à hetero-

---

[327] MOURA, R.; PÊGO, B. *Aglomerações Urbanas no Brasil e na América do Sul*: trajetórias e novas configurações. Texto para discussão 2203. Rio de Janeiro: Ipea, 2016; MOURA, R.; OLIVEIRA, S.; PÊGO, B. *Escalas da urbanização brasileira*. Texto para discussão 2372. Rio de Janeiro: Ipea, 2018.

geneidade e à diversidade do território brasileiro. O segundo, desenvolvido pelo Instituto Latinoamericano y del Caribe de Planificación Económica y Social (Ilpes), da Comisión Económica para América Latina y el Caribe (Cepal)[328], avança na diferenciação de morfologias das grandes cidades e de seu processo de extensão em regiões urbanas, em países do subcontinente, com o propósito de precisar e dimensionar o tamanho e a configuração da grande cidade, e seu impacto sobre a rede urbana à qual se integram. Em ambos, ficam evidentes as relações entre as características das escalas da urbanização e os padrões identificados nas configurações espaciais.

Especificidades das escalas da urbanização brasileira

Para o primeiro exercício, foram tomados por base dados de 2010 disponibilizados pelo IBGE, para os 5.565 municípios brasileiros. Como principal orientação, assumiram-se, com Davidovich[329], as escalas da urbanização como correspondentes a diferentes dimensões de "um único" e "mesmo" processo, movido por ritmos desiguais, por meio dos quais as diferentes partes do território se ajustam, configurando diferentes formas espaciais que podem expressar a essência da estrutura social. Escalas que decorrem das diferentes interações, escolhas e intensidades geradas pela sociedade, economia e instituições, articuladas entre si, com características comuns e diferenciadoras, compondo espaços em movimento, em contínua transformação, como a própria urbanização, cada qual cumprindo uma especificidade na totalidade do processo.

Quatro classes de municípios sobressaíram-se como dimensões ou escalas diferenciadas do mesmo processo de urbanização: i) estágio mais avançado da urbanização ou municípios em metropolização; ii) municípios fortemente urbanizados; iii) municípios urbanizados; e iv) municípios em transição ou sob influência do urbano (Tabela 7.4). Em relação à primeira escala, considerada a de maior complexidade na urbanização contemporânea, foram ainda diferenciados em subescalas os municípios que integram aglomerações urbanas, distinguindo os núcleos e os municípios periféricos, os não aglomerados e aqueles situados em vetores de expansão dessas aglomerações.

Tabela 7.4 – Informações sobre as escalas da urbanização no Brasil - 2010

Escala	Número de municípios	% sobre os municípios	População total	% sobre população total	Grau de urbanização (%)	% sobre área total	% sobre PIB total
Em metropolização	1.785	32,1	137.854.402	72,3	93,8	21,5	87,6
Fortemente urbanizados	689	12,4	6.041.482	3,2	69,1	3,9	1,61
Urbanizados	2.349	42,2	37.544.175	19,7	64,1	59,6	9,37
Em transição ou sob influência do urbano	742	13,3	9.315.740	4,8	35,7	14,8	1,42
Total	5.565	100	190.755.799	100	84,4	100	100

Fonte: Moura, Oliveira e Pêgo (2018)

[328] CUERVO. L. M.; DÉLANO, M. P. Dinámicas multiescalares de la ciudad y el territorio en América Latina y el Caribe. *In*: JORDÁN, R.; RIFFO, L.; PRADO, A. (coord.). *Desarrollo sostenible, urbanización y desigualdad en América Latina y el Caribe*: dinámicas y desafíos para el cambio estructural. Santiago, CL: Cepal, 2017. p. 349-425.

[329] DAVIDOVICH, F. Brazilian urban settlement. *In*: BOURNE, L. S.; SINCLAIR, R.; DZIEWONSKI, K. (ed.). *Urbanizations and settlement systems*: international perspectives. Oxford, UK: Oxford University, 1984. p. 415-431.

O conjunto dos municípios da escala "em metropolização", além de mais urbanizado e concentrador de população e do Produto Interno Bruto (PIB), é aquele com a mais elevada mobilidade pendular, que garante sustentação às atividades que se distribuem no espaço aglomerado, mesmo dissociadas da localização das moradias. Ativos econômicos, tecnológicos, de conhecimento e informação caracterizam a região como um meio técnico-científico-informacional, do qual emanam não apenas a renda e a capacidade de produção e circulação dos produtos, como também a inovação e os meios de comando sobre o restante do território[330]. Contrapõe-se a essa concentração de ativos um elevado contingente de pessoas em condição de pobreza e vulnerabilidade social.

Nessa escala se inserem todos os municípios que conformam Arranjos Populacionais (APs), conforme IBGE[331], grande parte coincidente com as aglomerações urbanas com mais de 300 mil habitantes, conforme informações da ONU[332]. Entre eles, todos os classificados como "metrópoles" e muitos como "capitais regionais", na hierarquia de centros da pesquisa Regiões de Influência das Cidades (Regic) de 2018[333], particularmente os que cumprem a função de capitais de Unidades da Federação (UFs).

Espacialmente, os municípios dessa escala organizam-se em manchas contínuas, particularmente nas regiões Sudeste e Sul do país, como também no entorno das metrópoles das regiões Norte, Nordeste e Centro-Oeste. Ao mesmo tempo, espraiam-se em pontos isolados ou manchas menores no interior das regiões. Os municípios "fortemente urbanizados" e os "urbanizados", em continuidade a essas manchas, articulam-se aos primeiros para conformar extensas regiões urbanas.

Resultam em configurações morfológicas que podem ser assim sintetizadas: i) aglomerações contínuas ou arranjos descontínuos, a maioria no entorno das capitais, mas muitas no interior das UFs, em alguns casos transcendendo limites político-administrativos estaduais, como o arranjo que integra municípios de Goiás, de Minas Gerais e o Distrito Federal, polarizado por Brasília e Goiânia, e também o arranjo Teresina/Timon, integrado por municípios do Piauí e do Maranhão, entre outros; ii) áreas de maior adensamento em *continuum*, como a megarregião/megalópolis que abrange municípios do leste do estado do Rio de Janeiro, com vetores a Minas Gerais e Espírito Santo, e a macrometrópole paulista; iii) o alinhamento de grandes aglomerados urbanos/metropolitanos dispostos em continuidade, como aquele no litoral do Nordeste que articula a aglomeração de Recife à de João Pessoa e à de Maceió, e no Sul do país, aquele que articula as aglomerações de Curitiba e de Porto Alegre à rede polinucleada do leste catarinense; iv) arranjos transfronteiriços, com destaque ao de Foz do Iguaçu, Porto Iguaçu (Argentina) e Cidade do Leste (Paraguai); v) aglomerações e arranjos populacionais em diferentes escalas de tamanho pelo interior do território, muitos sobre divisas entre UFs; além de vi) cidades (médias e pequenas) não aglomeradas[334].

As duas escalas que tangenciam a "em metropolização" compõem-se de centros em processo de integração com as estruturas metropolitanas, peculiarizadas por condições de transição entre as mudanças sociais e econômicas que estão experimentando com a metropolização e a permanência de suas funções regionais tradicionais, já percebidas por Davidovich[335]. Alguns de seus municípios enfrentam uma urbanização entre tradicional e estagnada, com cidades que demarcam um passado

---

[330] SANTOS, M. *Técnica, espaço, tempo*: globalização e meio técnico-científico informacional. São Paulo: Hucitec, 1996.
[331] IBGE. *Arranjos populacionais e concentrações urbanas no Brasil*. 2. ed. Rio de Janeiro: IBGE, 2016.
[332] UN, 2023.
[333] IBGE. *Regiões de influência das cidades 2018*. Rio de Janeiro: IBGE, 2020.
[334] MOURA, R.; PÊGO, B. *Aglomerações urbanas no Brasil e na América do Sul*: trajetórias e novas configurações. Rio de Janeiro: Ipea, 2016. (Texto para discussão, n. 2.203).
[335] DAVIDOVICH, 1984.

mais rico e mais articulado à economia hegemônica, vivendo agora períodos de decadência. Outros correspondem a centros recentemente urbanizados no bojo da reespecialização da economia em bens primários intensivos em recursos naturais e na produção agrícola, ou reprimarização do território, mas pouco capazes de se adequar às necessidades impostas pela celeridade das mudanças, dada a fragilidade de suas articulações regionais. Apresentam elevada mobilidade de pessoas para atividades de trabalho e/ou estudo fora do município onde residem, fenômeno que, pelo padrão menos urbano das atividades que realizam, é ainda pouco estudado e pouco vislumbrado na formulação de políticas públicas.

A escala considerada em transição ou "sob influência do urbano" integra os municípios menos urbanizados, que se distribuem desde as franjas das áreas continuamente urbanizadas até as fronteiras nacionais, representando um momento mais tardio e extensivo da urbanização. Muitos convivem com perda populacional e elevada vulnerabilidade social, e enfrentam com dificuldade os efeitos das transformações trazidas pela urbanização, como será analisado na terceira seção deste texto.

Morfologias urbanas de extensão regional

O segundo exercício desenvolvido por pesquisadores do Ilpes/Cepal[336] versa sobre as dinâmicas multiescalares da cidade e do território na América Latina e o Caribe, tendo considerado as escalas da urbanização conforme as cidades, e as redes urbanas e sua extensão. Como objetos específicos de investigação, foram selecionados os países: Brasil, Chile, Colômbia, Costa Rica, El Salvador, Honduras, Nicarágua e México.

Com base no uso de dados censitários correspondentes a cada país, a investigação permitiu uma aproximação comparativa ao estado mais recente dos respectivos processos de urbanização e expansão urbana. Os autores salientam que a ausência de informações sistemáticas, comparáveis, metodológica e temporalmente compatíveis e atualizadas compromete uma visão de conjunto sobre os países do subcontinente.

A fundamentação teórica que embasou a concepção adotada sobre o urbano teve grande peso no conceito de pós-metrópole proposto por Soja[337] para sintetizar as transformações da cidade contemporânea. Observam os pesquisadores que as grandes cidades da América Latina e do Caribe não ficaram alheias a essas transformações e que a reflexão de Soja sobre a pós-metrópole se faz presente na região.

Os resultados do trabalho evidenciam que os países analisados se distinguem entre os que apresentam processos de expansão urbana mais focalizada, como Costa Rica, El Salvador, Honduras e Nicarágua, e aqueles cuja extensão metropolitana vem alcançando escalas superiores e configurações mais variadas, casos de Chile, México, Colômbia e Brasil.

Em Costa Rica, Nicarágua e El Salvador, observa-se um processo de urbanização com centro ou foco em uma grande cidade, geralmente a capital, que tanto manifesta a extensão em direção ao seu entorno como em direção a algum eixo ou polo urbano. Em Honduras e Chile, a expansão metropolitana se dá por dois centros ou regiões urbanas, enquanto em México, Colômbia e Brasil as regiões urbanas são combinadas com processos básicos, intermediários e complexos de expansão metropolitana.

---

[336] CUERVO; DÉLANO, 2017.
[337] SOJA, E. *Postmetropolis*: estudios críticos sobre las ciudades y las regiones. Madrid: Traficantes de Sueños, 2008.

Seis tipos de região urbana configuram diferentes morfologias espaciais e foram identificados em diversas regiões dos países em análise, caracterizando os processos de expansão e a configuração de redes: i) "arquipélago"; ii) "radial"; iii) "multipolar; iv) "região metropolitana primacial"; v) "conglomerado metropolitano regional"; e vi) "região megalopolitana". Suas características principais e exemplos de localizações encontram-se sintetizados no Quadro 7.1.

Quadro 7.1 – Regiões urbanas de extensão regional

Tipo	Morfologias predominantes	Exemplos na América Latina
Região urbana em arquipélago	Redes de cidades pluricêntricas, com hierarquias urbanas pouco demarcadas, baixos níveis de proximidade e integração, em unidades geográficas extensas, porém comuns: um litoral, uma bacia hidrográfica ou um conjunto delas, uma fronteira ou um limite de expansão da ocupação.	Regiões do Norte, do Norte Chico, do Sul e da Zona Austral, no Chile; regiões do Golfo, do Sul e de Yucatán, no México; regiões do Chocó e da Amazônia colombiana, na Colômbia; e a região do Amazonas brasileiro.
Região urbana radial	Redes de cidades monocêntricas, organizadas em torno de um importante centro urbano, em geral de porte médio, constituídas por um conjunto de cidades menores com variados graus de proximidade e alto grau de integração funcional.	Regiões do Oriente e o Oriente Andino colombiano (com seis sub-regiões distinguíveis), regiões de Santander, de Nariño e do Norte de Santander, na Colômbia; e a região leste do Nordeste brasileiro, que, por seu tamanho e extensão, também corresponde ao tipo de região de conglomerados metropolitanos regionais.
Região urbana multipolar	Redes de cidades multicêntricas, que sobrepõem a expansão metropolitana com a integração urbana em escala regional, organizadas em torno de duas ou mais cidades de porte semelhante (grandes ou médias), com regiões de influência, relativamente extensas, sobre cidades menores, distantes, porém com importantes interações.	Regiões do Golfo, de Huajapan (Oaxaca), de Juchitán (Oaxaca) e do Ocidente, no México; de Boyacá, do Eixo Cafeteiro e da Costa Caribe, na Colômbia; e de Brasília e Goiânia, de Curitiba e Porto Alegre, no Brasil (esta última, por seu tamanho, também corresponde ao tipo megalopolitano identificado).
Região metropolitana nacional primacial	Aglomerações urbanas de grande porte (1 milhão de hab. ou mais) e hierarquia urbana em patamares superiores, com influência direta em todo o território nacional e formas variadas de expansão.	Corresponde a quase todos os casos relativos aos países centro-americanos estudados, exceção de Honduras, com expansão baseada em dois centros, Tegucigalpa e San Pedro Sula.
Conglomerado metropolitano regional	Conjuntos plurais de aglomerações urbanas de diversos tamanhos e disposição, organizados em torno de uma ou várias grandes cidades (2 milhões de hab. ou mais), caracterizados por processos de expansão com extensão regional.	Regiões do Centro do Chile (de Santiago e de Concepción); de Bogotá, de Cali e de Medellín, na Colômbia; regiões Norte (de Monterrey e San Luis, e de Juárez, Chihuahua e Águas Calientes) e de Tijuana, no México; e as regiões do Nordeste (de Salvador, de Recife e Maceió, e de Fortaleza e São Luís) e de Belo Horizonte, no Brasil.
Região megalopolitana	Organizada em torno de uma grande área metropolitana, com aproximadamente 10 milhões ou 20 milhões de hab., formas de expansão variadas e geograficamente extensas.	Centro do México (Cidade do México) e as regiões de São Paulo e Rio de Janeiro, no Brasil.

Fonte: Cuervo e Délano (2017)

Para os autores, os resultados obtidos nesse exercício sugerem a necessidade de se repensar e ressignificar boa parte dos conceitos básicos utilizados para contemplar os processos de expansão urbana e transformação das redes ou sistemas de cidades, dados os volumes populacionais, a amplitude do processo de expansão e, fundamentalmente, a participação de níveis de governo muito diversos nas morfologias que vêm se configurando, seja intermunicipal (interlocal), seja interterritorial (entre as unidades subnacionais de cada país) ou internacional. Os autores sublinham a importância dos processos de internamento ou extensão do tecido urbano para o interior da região e questionam uma antiga aceitação segundo a qual o fenômeno urbano latino-americano é, sobretudo, de natureza litorânea. Com exceção de Brasil, Argentina, Uruguai e parcialmente Peru, na maioria dos países os focos da urbanização estão localizados no interior do território.

De modo geral, os tipos "região megalopolitana", "conglomerados metropolitanos regionais" e "região metropolitana nacional primacial" correspondem diretamente à escala dos municípios em estágio mais avançado da urbanização ou escala dos municípios "em metropolização", que em sua continuidade incorporam os tipos de regiões urbanas "multipolar" e "radial", correspondentes às escalas dos municípios "fortemente urbanizados" e "urbanizados". Essa imbricada presença é destacada nos casos da região urbana multipolar do Sul brasileiro, apontada como também passível a integrar o tipo megalopolitano, e da região urbana radial do Nordeste brasileiro, também passível de inserir-se no tipo dos conglomerados metropolitanos regionais. A escala dos municípios em transição ou "sob influência do urbano" tem correlação direta com tipo em "arquipélago".

Em conclusão, os efeitos da urbanização ocorrem de modo distinto em cada região, correspondendo a diferentes escalas ou tempos de um mesmo processo. Seus resultados dependem das condições históricas e das possibilidades de mudanças que se criaram, como desde há muito afirmou Santos[338]. Para inserção na divisão social do trabalho, o território em sua totalidade entrega-se a diferentes impulsos, que se expressam em suas condições socioeconômicas e em suas formas espaciais. Desenvolvem-se processos políticos, sociais, econômicos e institucionais que alteram as relações e o jogo de forças, criando hierarquias, funções e papéis às cidades. As contínuas transformações que promovem justificam estudos urbanos sucessivos e constante monitoramento e adequação das políticas públicas e dos instrumentos de gestão incidentes.

Dinâmicas territoriais e efeitos da metropolização

Algumas referências sobre metropolização

Os exercícios tomados como exemplos evidenciam que o fenômeno da metropolização do espaço se manifesta em configurações espaciais de extensão regional e oferecem elementos para uma reflexão sobre suas implicações socioambientais. As unidades configuradas nesse processo, envolvidas em grandes conglomerados urbanos ou arranjos espaciais, adquirem uma nova natureza, nem urbana nem regional, mas que perpassa essas duas dimensões. Usualmente são nominadas como categorias compostas: "urbano-metropolitano", "urbano-regional", "cidade-região", "região-urbana", "cidade-rede", entre outras. No entanto, tais categorias compostas não correspondem à soma ou à

---

[338] SANTOS, M. Crescimento nacional e a nova rede urbana: o exemplo do Brasil. *Revista Brasileira de Geografia*, Rio de Janeiro, v. 29, n. 4, p. 78-92, out./dez. 1967.

articulação das duas partes que integram sua denominação, mas a uma nova totalidade com qualidades distintas das que aparecem nos dois termos de origem, o que impõe uma profunda e urgente revisão teórica, conceitual e metodológica para sua análise[339].

São morfologias espaciais que refletem os discursos de Soja[340] referentes à pós-metrópole, quanto a configurações superlativas, como a região urbana globalizada (cosmópolis), a megacidade (exópolis pós-suburbana) e a cidade fractal desigual e polarizada, em enclaves fortificados, manejada por estratégias que se valem da produção de imagens hiper-reais. Da mesma forma, traduzem uma "nova geografia urbana"[341], marcada pelo amálgama das escalas urbana, metropolitana e regional subnacional, ao incorporarem as características metropolitanas que se disseminam pelo território. Amálgama que, nas palavras desse autor, resulta no surgimento de regiões de megacidades, megarregiões, regiões megalopolitanas, galáxias regionais ou mesmo regiões-Estado, ou seja, constituem imensas redes regionais de aglomerações, em uma urbanização regional multiescalar e policêntrica.

Brenner[342] destaca que o processo emergente de urbanização vem se dando de maneira desigual, com densidade cada vez maior e em configurações espaciais que transcendem a cidade, a metrópole e a região, compondo novas "geografias da urbanização". Resgata de Lefebvre[343] a ideia de que a urbanização ocorre em uma "dialética de implosão (concentração, aglomeração) e explosão (extensão do tecido urbano, intensificação da conectividade interespacial em diferentes lugares, territórios e escalas)"[344], como momentos inter-relacionados, pressupondo-se e contrapondo-se mutuamente de forma simultânea. Por considerar que o processo não ocorre uniformemente sobre o território, ressalta a importância de que sejam identificadas suas diferentes escalas, não como "essências nominais" em tipologias, mas como suporte à análise das "essências constitutivas" dos processos socioespaciais[345].

Pela perspectiva do capital, a metrópole transformada nessas configurações expandidas, dispersas, indelimitáveis, pois em movimento, torna-se uma possibilidade de sobrevida às relações capitalistas, como mostra Lencioni[346]. A forma assumida pela metrópole, ao estender sua região e alcançar maior escala territorial, é central para a acumulação, porquanto a valorização imobiliária e a mercantilização do espaço, que acompanham o espraiamento territorial e descontínuo da metrópole, constituem-se nas principais estratégias para a reprodução do capital, produção e concentração da riqueza social.

Convergindo nessa compreensão, Mattos[347] chama atenção para a importância acentuada da produção extensiva do espaço metropolitano, sob o imperativo das rendas financeiras e imobiliárias. O espaço passa a cumprir um papel crucial na absorção do excedente de capital, a uma escala geográfica cada vez maior. Nesse processo, o aumento da mobilidade e autonomização de capitais e a utilização das inovações informacionais ativaram os mercados financeiros e o setor imobiliá-

---

[339] LENCIONI, S. Referências analíticas para a discussão da metamorfose metropolitana. *In*: LENCIONI, S. *et al.* (org.). *Transformações sócio-territoriais nas metrópoles de Buenos Aires, São Paulo e Santiago*. São Paulo: Fauusp, 2011.

[340] SOJA, 2008.

[341] *Idem*. Para além de postmetropolis. *Revista UFMG*, Belo Horizonte, v. 20, n. 1, p. 136-167, jan./jun. 2013.

[342] BRENNER, N. Introduction: urban theory without an outside. *In*: BRENNER, N. (ed.). *Implosions/explosions*: towards a study of planetary urbanization. Berlin: Jovis, 2013. p. 14-32.

[343] LEFEBVRE, H. *O direito à cidade*. São Paulo: Moraes, 1991.

[344] BRENNER, N. Teses sobre a urbanização. *E-Metropolis*, Rio de Janeiro, ano 5, n. 19, p. 6-26, dez. 2014. p. 20.

[345] *Ibidem*, p. 15.

[346] LENCIONI, 2011.

[347] MATTOS, C. A. Financiarización, valorización inmobiliaria del capital y mercantilización de la metamorfosis urbana. *Sociologias*, Porto Alegre, ano 18, n. 42, p. 24-52, maio/ago. 2016.

rio no financiamento, desenvolvimento e exploração dos espaços urbanos, por meio da oferta de residências, grandes equipamentos de serviços, consumo e entretenimento, além de infraestruturas imprescindíveis ao movimento de expansão da área ocupada.

Desafios às morfologias que rompem divisas e fronteiras

As configurações espaciais da metropolização contemporânea são constantemente renovadas, ressignificadas, transformadas em sua forma e natureza, porém recorrentemente consolidam um formato arcaico de poder e de controle. Tais configurações evidenciam o anacronismo entre os fenômenos socioespaciais e a estrutura federativa, pois a expansão dos aglomerados urbanos desconsidera divisas político-administrativas, tornando complexa a prática da governança. São espaços multiescalares, que tornam o exercício da gestão de funções públicas de interesse comum e a formulação de estratégias de desenvolvimento desafios cada vez maiores e urgentes. Portanto, exigem políticas públicas articuladas, pactuadas entre esferas da Federação (municípios, estados e União), como também que sejam adaptados os mecanismos do planejamento, gestão e governança a essa nova realidade socioterritorial.

Ao incorporarem a dimensão regional, reforçam o urbano como elemento estruturador das dinâmicas territoriais, porém um urbano requalificado e complexificado, por assumir essa natureza híbrida, urbano-regional. O urbano que permanece avança em direção a essa escala espacial nova, muito mais móvel, muito mais permeada por fluxos, com tendência ao espraiamento e à expansão tentacular ao longo de eixos viários, permeada por um universo de múltiplos interesses que interagem em disputa na produção e apropriação do espaço. Em tal contexto urbano, torna-se imprescindível que sejam criados mecanismos interescalares e transescalares de planejamento, gestão e governança.

Novas concepções devem orientar também o plano analítico. Como sugerem Cuervo e Délano[348], as informações adotadas para estudo dos processos de concentração, desconcentração e hierarquização dos sistemas urbanos devem ser repensadas. A articulação das cidades pequenas e médias com os processos de formação de conglomerados, megalópoles e metrópoles dificulta concluir se o crescimento dessas localidades efetivamente se insere em processos de desconcentração e expansão espacial do crescimento urbano ou se corresponde a novas formas de expansão da mesma concentração.

Tanto esses pesquisadores como Lencioni[349] recomendam, com muita clareza, que o modo de nominar, classificar e conceituar esses variados processos de expansão e urbanização das cidades deve passar por uma nova discussão e análise, que permita um balizamento de saberes, que garanta o acompanhamento adequado dos processos, considerando as singularidades nacionais e territoriais, e que também abra espaço para contrastar os resultados e estabelecer comparações, fundamentalmente entre os países.

A urbanização do território

As fronteiras do urbano

As transformações decorrentes do avanço da urbanização, disseminando o modo de vida urbano, e em alguns aspectos o metropolitano, sobre a vastidão territorial, são fortemente geradoras de conflitos na apropriação do solo urbano e rural, como também excludentes de segmentos sociais e econômicos, além de comprometedores à natureza.

---

[348] CUERVO; DÉLANO, 2017.
[349] LENCIONI, 2017.

Esse movimento, intensificado neste século, já conferia sentido a conceitos basilares sobre a urbanização, como o de tecido urbano[350] ou o de urbanização extensiva[351], ambos revisitados por Brenner[352]. Sintetizam a expansão do fenômeno urbano da cidade sobre o campo, sobre o espaço regional e sobre o território nacional como um todo, promovendo transformações que marcam a passagem de uma sociedade industrial para uma sociedade urbana, como anunciava Lefebvre[353]. Embora constituindo áreas distintas das metropolitanas, pode-se inferir também a ocorrência de uma metamorfose[354], que transforma a paisagem e o cotidiano de seus povos.

Tal expansão alcança e recobre os municípios menos urbanizados e com atividades predominantemente rurais, muitos deles integrantes da escala "em transição ou sob influência do urbano", considerada fronteira da urbanização. Os núcleos urbanos dessas localizações são economicamente débeis, com poucas possibilidades para desenvolver comutação com outros centros, e seu rural é fortemente alterado por exigências que provêm do urbano, do metropolitano. São, portanto, municípios mais vulneráveis aos efeitos negativos das mudanças e alvos de disputas pela posse e uso da terra.

As pressões da urbanização sobre o território causam efeitos severos nas populações dos núcleos urbanizados, particularmente segmentos de menor renda (ou sem rendimento) interseccionados pelo corte de raça, gênero ou faixa etária, privando-os do acesso a moradia, bens e serviços. Tornam seletivo e excludente o direito à cidade e à qualidade de vida urbana. Nas grandes extensões rurais, essas pressões transtornam o cotidiano dos povos originários (indígenas, quilombolas e os ribeirinhos), já vulneráveis pela dificuldade de acesso a serviços essenciais e pela baixa imunidade, colocando em risco sua própria sobrevivência. Ignoram ou desconsideram que, mais que ninguém, esses povos são donos do conhecimento sobre o convívio sustentável com a natureza. Inescrupulosamente, o avanço sobre as fronteiras do urbano atinge áreas ambientalmente frágeis, comprometendo o ecossistema e a biodiversidade, e colocando em xeque a integridade do ambiente e da vida.

Na fase atual da globalização sob financeirização da economia, esses espaços vêm sendo objeto de elevados investimentos no agronegócio e em projetos de grande porte, como os energéticos, voltados a centrais hidrelétricas e parques eólicos, projetos de captação de água, projetos extrativos florestais e minerais, grandes projetos viários e de transportes, além do interesse de capitais internacionais e do crime organizado pela apropriação da terra. Sistematicamente, os governos municipais, os segmentos econômicos e as comunidades locais são ignorados nas tomadas de decisões desses projetos, muitos concebidos por multilaterais, com a conivência dos governos e corporações nacionais[355].

Em grande parte, inserem-se ou tangenciam biomas de extrema importância pela biodiversidade, como a Amazônia, o Pantanal e o Cerrado, acompanhando a linha de fronteira terrestre do país, nos arcos fronteiriços Norte e Central. Em outras regiões latino-americanas, encontram correspondência na grande área florestada amazônica, nas extensões desérticas do Atacama e em Chihuahua, na Patagônia, fundamentalmente suas porções austrais, nos contrafortes das cordilheiras e áreas andinas em altitude.

Ditos projetos e interesses, alguns deles movidos clandestinamente, agudizam os embates com as populações locais, culminando na expulsão de moradores originais em atos extremados de violência agrária, desencadeando fluxos migratórios, propagando doenças, contaminando cursos de

---

[350] LEFEBVRE, 1991.
[351] MONTE-MÓR, R. L. M. *O que é o urbano no mundo contemporâneo*. Belo Horizonte: UFMG: Cedeplar, 2006. (Texto para discussão, n. 281).
[352] BRENNER, 2013.
[353] LEFEBVRE, 1991.
[354] LENCIONI, 2017.
[355] PÊGO, B. *et al.* (org.). *Fronteiras do Brasil*: referências para a formulação de políticas públicas. Brasília: Ipea: MDR, 2021. v. 6.

água, desmatando e incendiando áreas protegidas... São, em síntese, não só excludentes e predatórios à sociedade, como ao território em sua totalidade e ao meio ambiente, até mesmo gerando impactos que aceleram as mudanças climáticas.

Diante dessa ordem de problemas, essas fronteiras da urbanização exigem políticas públicas que vislumbrem alternativas sustentáveis de desenvolvimento com dotação de investimentos adequados, que capacitem as instituições e organizações sociais para ações mais articuladas regionalmente e que valorizem o saber dos povos originários e das comunidades locais e suas ações coletivas, de modo a elevar os padrões de vida da população. Fundamentalmente, políticas que se voltem a eliminar os conflitos pela posse da terra e extirpem as ameaças ao meio natural, garantindo o manejo adequado dos recursos existentes, com base no conhecimento e nas práticas tradicionais de seus povos.

O urbano nas fronteiras

A pesquisa *Fronteiras do Brasil: uma avaliação de política pública*[356], em desenvolvimento na Diretoria de Estudos e Políticas Regionais, Urbanas e Ambientais (Dirur/Ipea), dedicou estudos sobre a configuração de unidades urbanas que transcendem a fronteira brasileira. Em seus resultados foram registrados 39 arranjos transfronteiriços, em configurações espaciais que envolvem 46 municípios brasileiros e 53 de países vizinhos, somando 99 unidades político-administrativas locais[357]. Outros dez arranjos com características similares foram identificados nas atividades de campo da pesquisa e aguardam estudos mais detalhados para sua confirmação.

Nesses arranjos, embora atividades ligadas ao trabalho, em grande parte informais, sejam determinantes na interação transfronteiriça, a mobilidade cotidiana e a complementaridade funcional entre as cidades dão-se fundamentalmente devido à busca pela atenção por serviços de saúde de baixa e média complexidade, de ensino superior, por atividades culturais e esportivas e pelo consumo. A assimetria entre as cidades de cada lado da fronteira faz com que ora as buscas se deem no lado brasileiro, ora nos países vizinhos. Como exemplo, a saúde é procurada no Brasil, exceto em áreas fronteiriças com o Uruguai, enquanto o ensino superior, particularmente em relação aos cursos de medicina, é procurado por brasileiros nas cidades fronteiriças do Paraguai e da Bolívia, seja por ofertarem tais cursos, seja como patamar de acesso a eles em cidades do interior desses países.

Essas configurações são entendidas como unidades espaciais que formam cidades bi ou trinacionais, pela ocupação e pelo uso do solo em continuidade entre partes do território de países fronteiriços, ou em ocupações descontínuas, mas com forte conexão entre áreas urbanas dos diferentes países. Em ambos os casos, correspondem a uma configuração polidimensional, referente à dimensão gerada pela ocupação urbana de cada lado da fronteira e à dimensão que se constitui com base na simbiose nas interações cotidianas entre essas localidades, que prescindem a linha de fronteira, em muitos casos com intensa interação entre povos indígenas. Nesses arranjos se estreitam os laços de convivência entre grupos sociais e culturas distintas, na realização de atividades comuns e complementares aos países, mesclam-se identidades originais e constrói-se uma identidade[358].

A natureza do urbano desses arranjos, condimentada pelo aumento da mobilidade transfronteiriça, é pouco estudada; e a urgência do planejamento integrado e de políticas compatíveis às suas especificidades, precariamente reconhecida pelos governos. São ainda insuficientes os acordos

---

[356] Idem.
[357] MOURA, R.; PÊGO, B.; FERREIRA, G. *A gestão urbana em arranjos transfronteiriços e os desafios de sua regulamentação*. Brasília: Ipea, nov. 2022. (Texto para discussão, n. 2.809).
[358] PÊGO et al., 2021.

bi ou trinacionais, ou no âmbito do Mercado Comum do Sul (Mercosul), firmados sobre o espaço transfronteiriço, seja pela fragmentação dos temas aos quais se destinam, seja pela parcialidade das partes envolvidas, não viabilizando uma prática de governança respaldada articuladamente pelos Estados nacionais[359]. Mesmo assim, percebem-se avanços concretos em alguns desses acordos, não obstante sua efetivação ainda exija muito esforço por parte dos governos nacionais, estaduais e locais, na construção e consolidação de canais legítimos de participação transfronteiriça.

Considerações finais

A urbanização é inexorável, e o urbano resultante deve ser compreendido como uma dimensão espacial renovada, ressignificada, móvel, perpassada por fluxos, com tendência à expansão em extensão regional, permeada por múltiplos interesses em disputa e que se transfronteiriza.

Para enfrentar os desafios inerentes a suas complexas e urgentes novas exigências, são imprescindíveis políticas que tenham como princípio em sua formulação a intersetorialidade, a transversalidade e a interseccionalidade. Políticas que articulem os diversos setores de atuação institucional à interação dos fatores sociais identitários de seus povos, no combate à desigualdade e na busca de inclusão da pluralidade de segmentos que compõem a sociedade brasileira.

A formulação dessas políticas deve contemplar os mesmos princípios na totalidade do território, pois são desiguais e conflituosos tanto os espaços metropolizados e com elevada mobilidade para a conexão entre suas áreas adensadas e extensamente espraiadas quanto as regiões sob efeitos do avanço dos interesses desses espaços concentradores dos mandos da economia e do poder, nas quais a distância e o relativo isolamento elevam a perversidade dos embates na produção e apropriação do espaço.

As ações devem incidir no âmbito intraurbano, seus núcleos e periferias, com políticas e instrumentos de regulação adequados, articulando e fortalecendo as relações entre os centros, o desenvolvimento equitativo das cidades e a integração entre si e com o espaço rural, como também no âmbito interurbano, voltando-se para a articulação e a integração regional. Devem ainda transpor fronteiras, não só assumindo e atendendo às necessidades da interação entre os povos, como promovendo a integração do território latino-americano. Políticas que, fundamentalmente, reconheçam a dimensão nacional na estruturação do espaço, privilegiem as dinâmicas de fluxos, a heterogeneidade, a diversidade social e econômica, a fragilidade ambiental, e que venham sustentadas pelo reforço das instituições, por mecanismos interescalares e transescalares de planejamento, gestão e governança, e pela recomposição dos mecanismos democráticos de gestão, de modo a efetivamente permitirem a participação e o controle social desde a tomada de decisões ao monitoramento de sua implementação. Por fim, que permitam superar a crise de governança existente, pois são assincrônicos os tempos das adequações políticas, administrativas e legais, com a celeridade das transformações econômicas, culturais e ambientais do espaço, acionadas por novas exigências do capitalismo e pela diversidade de segmentos sociais atuantes nas mais variadas esferas.

Por mais que as análises salientem situações de extremo descontrole, cabe finalizar reproduzindo e concordando com palavras do atual presidente, que reconhece que "o Brasil tem jeito". Mas, para isso, o "desafio é imenso. É preciso reconstruir este país em todas as suas dimensões. Na política, na economia, na gestão pública, na harmonia institucional, nas relações internacionais e, sobretudo, no cuidado com os mais necessitados"[360].

---

[359] MOURA; PÊGO; FERREIRA, 2022.

[360] LEIA a íntegra do discurso de Lula após a vitória sobre Bolsonaro. *Carta Capital*, São Paulo, 20 out. 2022.

Referências

BRENNER, N. Introduction: urban theory without an outside. *In*: BRENNER, N. (ed.). *Implosions/explosions*: towards a study of planetary urbanization. Berlin: Jovis, 2013. p. 14-32.

BRENNER, N. Teses sobre a urbanização. *E-Metropolis*, Rio de Janeiro, ano 5, n. 19, p. 6-26, dez. 2014.

CUERVO. L. M.; DÉLANO, M. P. Dinámicas multiescalares de la ciudad y el territorio en América Latina y el Caribe. *In*: JORDÁN, R.; RIFFO, L.; PRADO, A. (coord.). *Desarrollo sostenible, urbanización y desigualdad en América Latina y el Caribe*: dinámicas y desafíos para el cambio estructural. Santiago, CL: Cepal, 2017. p. 349-425.

DAVIDOVICH, F. Brazilian urban settlement. *In*: BOURNE, L. S.; SINCLAIR, R.; DZIEWONSKI, K. (ed.). *Urbanizations and settlement systems*: international perspectives. Oxford, UK: Oxford University, 1984. p. 415-431.

INSTITUTO BRASILEIRO DE GEOGRAFIA E ESTATÍSTICA (IBGE). *Arranjos populacionais e concentrações urbanas no Brasil*. 2. ed. Rio de Janeiro: IBGE, 2016.

INSTITUTO BRASILEIRO DE GEOGRAFIA E ESTATÍSTICA (IBGE). *Censo demográfico*. Rio de Janeiro: IBGE, 1950-2010. Disponível em: https://sidra.ibge.gov.br/tabela/1288. Acesso em: 2 fev. 2023.

INSTITUTO BRASILEIRO DE GEOGRAFIA E ESTATÍSTICA (IBGE). *Regiões de influência das cidades 2018*. Rio de Janeiro: IBGE, 2020.

LEFEBVRE, H. *O direito à cidade*. São Paulo: Moraes, 1991.

LEIA a íntegra do discurso de Lula após a vitória sobre Bolsonaro. *Carta Capital*, São Paulo, 20 out. 2022. Disponível em: https://www.cartacapital.com.br/politica/leia-a-integra-do-discurso-de-lula-apos-a-vitoria-sobre-bolsonaro. Acesso em: 31 out. 2022.

LENCIONI, S. *Metrópole, metropolização e regionalização*. Rio de Janeiro: Consequência, 2017.

LENCIONI, S. Referências analíticas para a discussão da metamorfose metropolitana. *In*: LENCIONI, S. *et al.* (org.). *Transformações sócio-territoriais nas metrópoles de Buenos Aires, São Paulo e Santiago*. São Paulo: Fauusp, 2011.

MATTOS, C. A. Financiarización, valorización inmobiliaria del capital y mercantilización de la metamorfosis urbana. *Sociologias*, Porto Alegre, ano 18, n. 42, p. 24-52, maio/ago. 2016.

MONTE-MÓR, R. L. M. *O que é o urbano no mundo contemporâneo*. Belo Horizonte: UFMG; Cedeplar, 2006. (Texto para discussão, n. 281).

MOURA, R.; OLIVEIRA, S.; PÊGO, B. *Escalas da urbanização brasileira*. Rio de Janeiro: Ipea, 2018. (Texto para discussão, n. 2.372).

MOURA, R.; PÊGO, B. *Aglomerações urbanas no Brasil e na América do Sul*: trajetórias e novas configurações. Rio de Janeiro: Ipea, 2016. (Texto para discussão, n. 2.203).

MOURA, R.; PÊGO, B.; FERREIRA, G. *A gestão urbana em arranjos transfronteiriços e os desafios de sua regulamentação*. Brasília: Ipea, nov. 2022. (Texto para discussão, n. 2.809).

PÊGO, B. *et al.* (org.). *Fronteiras do Brasil*: referências para a formulação de políticas públicas. Brasília: Ipea: MDR, 2021. v. 6.

SANTOS, M. Crescimento nacional e a nova rede urbana: o exemplo do Brasil. *Revista Brasileira de Geografia*, Rio de Janeiro, v. 29, n. 4, p. 78-92, out./dez. 1967.

SANTOS, M. *Técnica, espaço, tempo*: globalização e meio técnico-científico informacional. São Paulo: Hucitec, 1996.

SOJA, E. Para além de postmetropolis. *Revista UFMG*, Belo Horizonte, v. 20, n. 1, p. 136-167, jan./jun. 2013.

SOJA, E. *Postmetropolis*: estudios críticos sobre las ciudades y las regiones. Madrid: Traficantes de Sueños, 2008.

UNITED NATIONS (UN). Department of Economic and Social Affairs. Population Dynamics. *World Urbanization Prospects 2018*. New York: UN, [2019]. Disponível em: https://population.un.org/wup/DataQuery/. Acesso em: 2 fev. 2023.

UNITED NATIONS (UN). *Population Division*. New York: UN, [2023]. https://www.un.org/development/desa/pd/. Acesso em: 2 fev. 2023.

8

CONDIÇÕES GERAIS: UMA CHAVE PARA SE COMPREENDER A RELAÇÃO CIDADE-CAMPO

Sandra Lencioni

Introdução

A relação entre a atividade industrial e a cidade tem sido objeto de muitas análises, e há consenso nas interpretações sobre quanto a indústria desenvolve as cidades. Indústria e urbano apresentam reciprocidade indiscutível. Já as atividades agrícolas e sua relação com a cidade têm sido menos exploradas, o que nos motivou a discutir essa relação.

Nossa discussão sobre a relação entre a cidade e o campo busca enfatizar como as cidades em regiões agrícolas materializam as condições gerais de produção do campo. Por isso, tomamos como referência analítica dois momentos da formação histórica da sociedade brasileira: o primeiro dizendo respeito à cafeicultura do oeste paulista dos fins do século XIX e início do século XX, numa região do Sudeste; e o segundo momento dizendo respeito ao agronegócio marcante atualmente na região Centro-Oeste do país.

O que têm em comum essas escolhas? Elas têm em comum o fato de serem regiões produtoras de produtos agrícolas: café e soja. O café foi, no passado, o principal produto da pauta de exportação do Brasil; e a soja, nos dias atuais — principais produtos de exportação em diferentes momentos e procedentes de diferentes regiões do país. O desenvolvimento do café no oeste paulista deu-se no planalto paulista, numa paisagem de *cuestas* arenítico-basálticas; e a produção da soja desenvolve-se no planalto central, em área de cerrado.

Em síntese, a produção do café e da soja expressam espaço-tempos diferentes, espaços produtivos diversos: no Sudeste e no Centro-Oeste e tempos diferentes, século XIX e XX, no primeiro caso; e séculos XX e XXI, no segundo; além de se darem em contextos naturais heterogêneos. Envolvem, também, relações sociais de produção distintas, as quais permitem revelar que o segredo do desvendamento das diferenças na relação entre o campo e a cidade não se situa apenas no que é produzido — café ou soja —, mas especialmente em *como* tais produtos são produzidos: suas relações de produção e o grau de desenvolvimento das forças produtivas. O colonato na cafeicultura do oeste paulista e o assalariamento nas áreas de produção de soja e o nível de desenvolvimento das forças produtivas em cada uma dessas produções são elementos fundamentais para que se compreenda a relação cidade-campo.

Como produtos de exportação, o escoamento de cada um deles é bastante distinto, uma vez que o primeiro se constitui em um produto de exportação para o mercado internacional sob a lógica primário-exportadora, enquanto a soja se constitui num produto de exportação sob o manto da racionalidade neoliberal e hegemonia financeira que estrutura a logística das cadeias de valor.

Evidentemente, outros exemplos poderiam ser dados, mas a escolha recaiu sobre esses porque os consideramos bastante expressivos para a discussão sobre a espacialidade do capital produtivo na agricultura e sua relação com a urbanização e com a circulação que relaciona o local de produção ao mercado. Justificamos, ainda, que a perspectiva analítica toma como central as condições gerais porquanto as tomamos como de grande potência para compreender a estruturação do espaço.

Em primeiro lugar, cabe dizer o óbvio, que o processo de produção capitalista produz suas próprias condições de existência. Em segundo, que a expressão "condições gerais" diz respeito às condições gerais necessárias à produção capitalista, portanto referem-se a um conjunto de condições imprescindíveis à reprodução do capital. Essa expressão, "condições gerais", aparece na economia clássica e na obra de Marx de diferentes maneiras, segundo o que está sendo discutido; condições gerais de toda produção, condições gerais de produção, condições físicas de troca, condições coletivas de produção e condição geral da atividade produtiva, como bem discutiu Nascimento Júnior[361].

Em terceiro lugar, que as condições gerais são requisitos necessários à reprodução do capital. Elas constituem estratégicas para relacionar o processo imediato de produção ao conjunto da produção e da circulação do capital. Por exemplo, por meio de uma via de circulação, a produção de um bem econômico relaciona-se com o conjunto da produção e da circulação do capital em geral.

Em quarto lugar, as condições gerais de produção, ou simplesmente condições gerais, são adjetivadas de "gerais" porque o usufruto delas sempre se dá de forma coletiva, e não particular. É, justamente, o sentido de serem de uso coletivo, uma estrada, por exemplo, ou seja, voltadas para o consumo geral, que lhes confere a ideia de que o consumo das condições gerais de produção se constitui num consumo socializado, num consumo coletivo.

De maneira geral, podemos agrupar as condições gerais de produção em dois conjuntos: o primeiro dizendo respeito às condições diretamente relacionadas à reprodução do capital; e o segundo, às condições relativas à reprodução da força de trabalho. Como exemplo de condições gerais de produção, temos as rodovias, as ferrovias, os portos, os aeroportos, as redes de água, as de energia, os gasodutos, os esgotos e as redes de informática e de comunicações. Como exemplo das condições gerais relativas à reprodução da força de trabalho, temos os hospitais, as escolas, as áreas de lazer e os locais para a prática de esportes, que têm a finalidade de assegurar a vida ao proporcionarem saúde, habilidades e aprendizagens necessárias ao viver em sociedade.

Em suma, como dissemos, a expressão "condições gerais" diz respeito às condições gerais necessárias à produção capitalista, portanto referem-se a um conjunto de condições imprescindíveis à reprodução do capital.

Iniciamos o texto primeiramente discutindo a produção cafeeira no oeste paulista nos idos do século XIX e início do século XX; e, em seguida, a produção de soja no Centro-Oeste, atualmente.

O espaço-tempo da cafeicultura do oeste paulista e as condições gerais

O oeste paulista constituiu um espaço econômico significativo com a produção do café, assentado em relações de produção não capitalista, numa ocupação territorial densa e fluida. Os aglomerados, as cidades e os meios de circulação expandiram-se conforme o trabalho materializado nos cafezais. Algumas cidades e alguns caminhos existiam, mas muitos foram criados, e desenvolveu-se

---

[361] NASCIMENTO JÚNIOR, M. M. A questão urbana e as condições gerais de produção: retomando um debate. *Cadernos do Ceas*: Revista Crítica de Humanidades, Salvador, n. 247, p. 424-451, 2019.

uma extensa rede ferroviária para ligar os locais de produção ao porto de exportação, Santos. Ainda no Brasil imperial, em 1867, a estrada de ferro chegou ao Porto de Santos vencendo as escarpas íngremes da Serra do Mar; e, em 1870, o porto passou à concessão privada por 90 anos, sob o nome Companhia Docas de Santos, constituindo-se no maior porto do país.

A produção do café no oeste paulista foi assentada em relações de produção não capitalistas conhecidas como colonato. Levas de imigrantes estrangeiros aportaram em São Paulo para trabalhar nas fazendas de café. O estado paulista subsidiava os fazendeiros de café para promoverem a imigração. Os imigrantes sonhavam com a propriedade privada da terra, que era apresentada a eles como um projeto de vida, embora concretamente tenha ficado mais como uma miragem proveniente do suor no uso das enxadas do que como um sonho realizado.

A base do trabalho era a unidade familiar, e a remuneração do colono era feita de acordo com o número de pés de café da colheita, e não apenas em relação à safra colhida. Além de produzir café, o colono produzia sua roça: plantava arroz, milho, feijão entre os pés do café ou entre porções de terra que o fazendeiro destinava, em geral, longe do cafezal, significando uma segunda jornada de trabalho, já que não poderia cuidar de sua roça ao mesmo tempo que cuidava do cafezal. Com essa roça, a remuneração do colono podia ser menor, pois a reprodução desses trabalhadores dependia muito pouco do mercado.

Outros trabalhadores também se faziam presentes na fazenda: o campeiro, o carroceiro, o retireiro, o "ronda da noite", o maquinista... Nas grandes fazendas, o número de trabalhadores era grande; por exemplo, as fazendas Dumont e Monte Alegre, em Ribeirão Preto, chegaram, as duas, a ter 6 mil trabalhadores. O administrador da fazenda era outro morador, sempre presente. Quanto ao fazendeiro, sobretudo os grandes fazendeiros, dividia a moradia entre o campo e a cidade, pois alguns eram também comerciantes ou tinham outros negócios. Os mais abastados tinham residência em São Paulo, na Avenida Paulista.

Os instrumentos de trabalho eram simples: enxadas, enxadões, peneiras e rastelos... pertencentes, em geral, aos colonos; dessa forma, o fazendeiro transferia para o colono o gasto de parte do capital constante. A moradia dos colonos era no interior da fazenda, entre caminhos empoeirados ou enlameados atravessados pelos chiados característicos das carroças. A casa do fazendeiro isolava-se num jardim e num pomar. As estrebarias, os abrigos para as carroças, os terreiros para a secagem do café, as tulhas, os paióis, as máquinas de beneficiamento, as pequenas engenhocas e os moinhos de fubá formavam um mundo onde o soar de um sino regulava o trabalho e o descanso dos colonos.

Como qualquer mercadoria, o café produzido tinha que chegar ao mercado, no caso, fundamentalmente alcançar o mercado exterior. Durante meados do século XIX e a maior parte do século XX, o café foi o principal produto de exportação do país. Produzia-se café, e sua comercialização necessitava de meios de transporte. Em outras palavras, para a realização da produção cafeeira, era necessário o desenvolvimento da circulação para alcançar os mercados. Uma extensa rede de caminhos de ferro por todo o interior paulista foi estruturada, tornando possível a expansão dos cafezais ligando os diversos locais de produção ao porto exportador de Santos. E deste, a navegação marítima levava o café até os mercados consumidores.

As ferrovias são um exemplo de condições gerais, tanto quanto o telégrafo era um meio de comunicação fundamental na época. Não é demais lembrar que as ferrovias são pressupostos da circulação das mercadorias, pois os produtos produzidos num determinado lugar necessitam chegar a um outro lugar onde serão vendidos.

Em trabalho anterior, afirmamos que

> [...] a distância no espaço e o tempo de percurso têm que ser diminuídos, abreviados, pois a duração da circulação é desvalorizante. Por isso, o capital, pela própria natureza do movimento do valor, tende a superar toda barreira espacial. Consequentemente, a criação das condições de circulação – seja de mercadorias, de pessoas ou de comunicações e informações — se converte para o capital em uma necessidade: a de se anular o espaço pelo tempo. Por isso, se busca incessantemente encurtar as distâncias pelo incremento da velocidade.[362]

Nas palavras de Marx, está posto que o

> [...] capital, por sua natureza, tende a superar toda barreira espacial. Consequentemente, a criação das condições físicas de troca — dos meios de comunicação e de transporte — se converte para ele em uma medida totalmente distinta, em uma necessidade: a anulação do espaço pelo tempo.[363]

Dizendo com outras palavras, o esforço incessante do capital é o de destruir toda barreira espacial e temporal para a realização da mercadoria, buscando constantemente maior fluidez no espaço. O desafio é de aproximar as distâncias (espaço) e diminuir a duração do percurso (tempo).

A mobilidade proporcionada pelos trilhos aproximava os espaços e interligava muitas cidades criadas ao longo dos eixos ferroviários. São exemplos as cidades de Campinas, Ribeirão Preto, Franca, Rio Claro e Piracicaba. Os trilhos de ferro aproximavam pessoas e lugares distantes, porém, ao cortar uma cidade, tinham um efeito contrário, aprofundando a separação dos que estavam próximos, pois a ação dos proprietários ao efetuarem os loteamentos e a gestão municipal privilegiava apenas as áreas localizadas em um dos lados dos trilhos. Com a estação do trem, a segregação urbana era projetada, e a linha férrea dividia o espaço urbano.

As cidades, em geral, tinham um largo na frente da estação. Aí se localizavam outras condições gerais fundamentais para a economia cafeeira, como: os armazéns de café, os depósitos de combustíveis, os estabelecimentos de beneficiamento do arroz e milho da roça dos colonos, além do comércio, as casas de serviços, hotéis e pensões, sobretudo para os caixeiros-viajantes.

O fato de as fazendas não serem autossuficientes requeria um comércio na fazenda, onde eram vendidos aos colonos gêneros necessários à sua vida. Pequenos comerciantes instalavam-se junto às colônias ou à beira dos caminhos. Mas nem todas as fazendas tinham comércio; e, independentemente de terem ou não comércio, os colonos tinham que ir à cidade para obtenção de alguns bens necessários à reprodução de sua família e para a satisfação de alguns serviços: barbearia, alfaiataria, farmácia, serviços médicos, hospitais, escolas, bancos... Nas cidades, as chamadas "vendas" comercializavam de tudo: sal, tecidos, aviamentos, calçados, instrumentos agrícolas, querosene, quinquilharias... Havia pequenas manufaturas ou oficinas para a produção de meios de transportes de tração animal e indústrias, em geral, de bens de consumo. Nas maiores cidades, as atividades comerciais e industriais assumiam maior envergadura.

Em resumo, as cidades materializavam as condições gerais necessárias à economia cafeeira. Entre estas, os meios de circulação em conexão *direta* com o processo de produção, que articulavam o processo imediato de produção — a produção do café — ao conjunto da produção e circulação do capital. E materializavam, também, os meios de consumo coletivo de bens e serviços em conexão *indireta* com o processo de produção necessários à reprodução do trabalhador.

---

[362] LENCIONI, S. Condições gerais de produção e espaço-tempo nos processos de valorização e capitalização. *In*: RUFINO, B.; FAUSTINO, R.; WEHBA, C. (org.). *Infraestrutura na reestruturação do capital e do espaço*: análises em uma perspectiva crítica. Rio de Janeiro: Letra Capital, 2021. v. 1, p. 37-60. p. 41.

[363] MARX, K. *Elementos fundamentales para la crítica de la economía política (Grundisse) 1957-1858*. 10. ed. México: Siglo Veintiuno, 1984. v. 2. p. 13.

A expansão da cafeicultura do oeste paulista deu-se sob a hegemonia do capital comercial. Bancos e casas exportadoras eram ativos financiadores da produção, da modernização do equipamento para o beneficiamento do café e da criação de fazendas.

O colonato foi a relação dominante no auge da economia cafeeira, quando estradas de ferro foram construídas ligando as áreas produtoras ao Porto de Santos. Cidades foram criadas, outras se desenvolveram, transformando profundamente a paisagem. O colonato foi sendo substituído por outras relações de produção, ao mesmo tempo que se diversificava a agricultura paulista e se desenvolvia a indústria. Essa fase da cafeicultura no oeste paulista, sob relações de produção fundada no colonato, constitui-se num exemplo histórico significativo para se refletir sobre a relação entre a cidade e o campo.

Tomamos como segundo caso para análise a soja, atualmente o principal produto de exportação do Brasil, que se desenvolve sob relações de produção diversa e com desenvolvimento das forças produtivas que apresentam grande avanço tecnológico e informatização. Com base nesse segundo caso, continuaremos a discussão sobre a relação entre a cidade e o campo, buscando enfatizar como as cidades em regiões agrícolas materializam as condições gerais de produção do campo.

O espaço-tempo da produção da soja no Centro-Oeste e as condições gerais

A produção da soja é um dos principais produtos de exportação do Brasil e figurou como o principal produto exportado em 2022, antes mesmo de esse ano findar, pois os dados são de setembro. Perfaz 16,4% das exportações brasileiras. A produção apresenta-se em vários estados, mas está concentrada no Centro-Oeste, nos estados de Mato Grosso, Mato Grosso do Sul e Goiás, além do Paraná, na região Sul. Esses quatro estados são responsáveis por 87,5% da produção brasileira de soja[364].

A produção de soja no Centro-Oeste tem origem em projetos governamentais dos anos 1970 e 1980, que fizeram do Centro-Oeste a principal região produtora de soja do país. Inicialmente, foi produzida no Sul do país e sua expansão para o Centro-Oeste só foi exitosa porque o solo ácido do cerrado foi corrigido e, também, porque houve o desenvolvimento de sementes adaptadas às baixas latitudes, graças à atuação da Empresa Brasileira de Pesquisa Agropecuária (Embrapa) — criada pelo Ministério da Agricultura em 1973.

O Centro-Oeste era tradicionalmente uma região produtora de produtos agrícolas ao país para o abastecimento interno, baseada na agricultura familiar. Esse mundo rural se transformou com os projetos governamentais daqueles anos e que objetivavam expandir a fronteira agrícola por meio do incentivo à agroindústria. Com a produção da soja, entre outros produtos, como o milho, a região Centro-Oeste passou por uma mudança radical, especialmente devido à desestruturação da agricultura familiar, ao crescimento da concentração fundiária e ao crescimento desordenado de cidades.

A paisagem revela um mar de verde a perder de vista, e poucos metros acima do solo se pode ver aviões e drones de pulverização. Os hectares com o plantio podem ser monitorados com precisão e as características diferentes de cada ponto do terreno são mapeadas e, assim, recebem de forma diferenciada os nutrientes, os defensivos agrícolas, os agrotóxicos e toda sorte de produtos necessários à maximização da produção. Produtos esses oferecidos por empresas globais, que têm passado por uma crescente centralização do capital, a exemplo da Dow, que comprou a DuPont; a Bayer, que comprou a Monsanto; a Syngenta e a Adama, que, de fato, são a China National Chemical Corporation (ChemChina) e a FMC, que se juntou à Cheminova.

---

[364] Dados da Companhia Nacional de Abastecimento (Conab). Disponível em: conab.gov.br. Acesso em: 30 out. 2022.

Colhedeiras equipadas com ar-condicionado, rádio e luzes para operação noturna conduzem o operador, que monitora qualquer entupimento na máquina e faz a curva no fim de cada linha de plantio, comumente chamada de rua. Algumas são colhedeiras com empilhadeiras, ou seja, ao lado da colhedeira há uma bazuca de apoio, onde é despejada a soja, e, quando essa bazuca está cheia, o produto colhido é descarregado no caminhão. A colhedeira volta, então, para nova colheita, e assim sucessivamente. Algumas delas também fazem o trabalho de plantio.

O trabalhador está sujeito à máquina. A semeadura, o trato do solo e a colheita já não são mais etapas do trabalho do homem sobre a natureza; são meios de ação.

> [...] de uma intencionalidade e de uma racionalidade do capital sobre o meio. A aplicação dessas se dá via sistemas transmissores de informações do qual o trabalhador, embora necessário para sua operação, está destituído de qualquer autonomia sobre o processo que desempenha. Em outras palavras, o trabalhador rural é apenas o operador de tarefas acessórias ao funcionamento do objeto que atua naquele meio, com praticamente nenhuma influência ou mesmo conhecimento de sua finalidade e até mesmo de seu funcionamento. É a transformação quase que completa do ser humano em acessório da máquina.[365]

Essa condição de trabalho significa que a "alienação do trabalho é maximizada pela crescente aplicação de técnicas que diminuem o grau de reflexão e de entendimento do trabalhador sobre o sentido e a totalidade do processo que executa"[366]. Esse é o homem do campo, distante de toda figura do nosso imaginário. Ouvindo música ou notícias, monitorando um *display* e isolado de outros, completa seu trabalho sem se dar conta de que esse trabalho que lhe aparece individualizado não o é, pois faz parte de um trabalho coletivo fragmentado.

Milton Santos, falando dos objetos técnicos, lembra que no passado eles

> [...] obedeciam a nós no lugar onde estávamos e onde os criávamos. Hoje, no lugar onde estamos, os objetos não mais obedecem a nós, mas sugerem o papel a desempenhar, porque são instalados obedecendo a uma lógica que nos é estranha, uma nova fonte alienação. Sua funcionalidade é extrema, mas seus fins últimos nos escapam.[367]

O número de trabalhadores em cada fazenda não é fixo, varia conforme a necessidade; por exemplo, na época da safra e da colheita, o número é maior. Mas é bom reafirmar: a cultura da soja não requer muitos trabalhadores, dada a presença dos equipamentos e dos sofisticados instrumentos técnicos. O predomínio é de poucos trabalhadores temporários, que exercem jornadas longas de trabalho e que são bastante expostos aos agrotóxicos. Soja colhida, soja armazenada. Para isto, há os armazéns na cidade, onde estivadores trabalham quer acionando o sistema de descarregamento dos caminhões, quer, de maneira mais precária, puxando a soja com um rodo.

Durante o período da safra é que o número de trabalhadores aumenta, quando são especificamente contratados para executar determinados trabalhos, como os caminhoneiros, os operadores de colhedeiras e de plantadeiras. Isso se traduz em menor número de trabalhadores formais, na instabilidade do trabalhador e em ganhos médios anuais menores. Esses trabalhadores habitam a cidade, bem como outros profissionais vinculados ao agronegócio, como corretores de grão, agrônomos, vendedores de máquinas e equipamentos, técnicos das revendas de máquinas e equipamentos, pilotos de avião, despejadores de agrotóxicos e tantos outros vinculados ao agronegócio.

---

[365] SOARES, H. V. O trabalho na cadeia da soja no centro-oeste brasileiro: um debate sobre emprego, renda e condições de trabalho na agricultura capitalista contemporânea. *Tempos Históricos*, Marechal Cândido Rondon, v. 23, n. 1, p. 602-628, 2019. p. 610.
[366] *Ibidem*, p. 612.
[367] SANTOS, M. *A natureza do espaço*. São Paulo: USP, 2006. p. 144.

A clássica oposição campo e cidade não se aplica mais. Do ponto de vista da relação entre esses espaços, o que se vê é mais um *continuum* que uma ruptura. Um *continuum* das relações campo-cidade, numa paisagem descontínua: campos verdejantes contrastam com cidades que se expandem, que se reestruturam. Exemplos de cidades são: Rio Verde, Jataí, Cristalina, em Goiás; Sinop, Sorriso, Lucas do Rio Verde, Nova Ubiratã e Nova Mutum, em Mato Grosso; e Maracaju e Sidrolândia, em Mato Grosso do Sul. As periferias, tão próprias das metrópoles, fazem-se presentes. Elas não são produto do tamanho da cidade, mas das relações sociais que as constituem.

As cidades da soja cumprem a função de gestão local e regional, pois, como disse Elias, "elas oferecem as respostas imediatas às necessidades técnicas, científicas, financeiras, logísticas e de mão de obra para o agronegócio, ou seja, são pontos fundamentais na rede de relações econômicas, sociais, políticas e de logísticas do agronegócio"[368]. Elas materializam as condições gerais de produção da soja: indústrias esmagadoras de soja, habitação, comércio de máquinas e implementos agrícolas, lojas de agrotóxicos, de utilitários, de caminhões, além de armazéns, silos e empresas de comunicações e informática e, ainda, empresas de pesquisa que desenvolvem estudos sobre a soja, entre outros produtos afeitos ao agronegócio, além de bancos, hotéis e restaurantes, serviços jurídicos etc. A educação e os hospitais, sejam privados, sejam públicos, alinham-se a outros equipamentos coletivos de consumo necessários à reprodução da força de trabalho.

Muito interessante é a observação de Elias de que

> [...] em muitas cidades pode ser mais simples adquirir uma colheitadeira da geração 4.0 que um jornal impresso da capital do estado a qual pertence, evidenciando a supremacia do consumo produtivo para atender o agronegócio sobre o consumo consumptivo voltado à vida cotidiana dos citadinos.[369]

Em geral, as cidades da soja apresentam renda per capita maior que a média nacional, muito embora seja espantoso o nível de desigualdade social e grande o déficit habitacional, de saneamento urbano, de eletricidade, entre outros. Periferias expandem-se e são como testemunhos das estratégias de produção do espaço urbano pela atividade imobiliária.

Ao analisar as cidades do agronegócio, Fioravanti[370] afirma a tese de que tão relevante quanto a produção agrícola, também são os negócios com a propriedade da terra e com a urbanização. Essa constatação inspirou o título de sua tese: Do agronegócio à cidade como negócio. Seu trabalho revela o quanto as cidades do agronegócio são condição e produto da produção imobiliária. Uma discussão muito pertinente face à dominância financeira na produção do espaço urbano.

Esse quadro não se completaria sem as infraestruturas necessárias à circulação do que é produzido. Parte da produção é escoada pelos portos do Sul e Sudeste, sobretudo pelas rodovias BR-163 e BR-364, que apresentam estado precário de conservação, restauração e, ainda, com pavimentações incipientes. Escoar a soja apenas por rodovias onera muito o custo da circulação da mercadoria. O transporte hidroviário e o ferroviário são os mais adequados por se tratar de percurso de longa distância e por transportar mercadoria com baixo valor agregado. Para se ter uma ideia do que está dito, "um caminhão carrega cerca de 150 vezes menos soja do que uma composição ferroviária e cerca de 600 vezes menos do que um comboio de barcaças numa hidrovia, como a do

---

[368] ELIAS, D. Uma radiografia das "cidades do agronegócio". *Outras Palavras*, São Paulo, 6 abr. 2022. s/p.

[369] *Ibidem*, s/p.

[370] FIORAVANTI, L. M. *Do agronegócio à cidade como negócio*: a urbanização de uma cidade mato-grossense sob a perspectiva da produção do espaço. 2018. Tese (Doutorado em Ciências) – USP, São Paulo, 2018.

Rio Madeira. Além dessa menor produtividade o percurso de longas distâncias e grandes volumes o transporte rodoviário é mais poluente, gasta mais combustível e registra índices de acidentes muito mais elevados"[371].

Para a produção acima da latitude 19, o escoamento via portos do Norte representa economia de quilômetros percorridos. Nesse sentido, os portos do Arco Norte apresentam-se, progressivamente, como melhores alternativas de escoamento. Por exemplo, de Lucas do Rio Verde, em Mato Grosso, até o porto fluvial da margem direita do Tapajós, em Santarém, no Pará, a distância é de 1.430 km, enquanto até Paranaguá, no Sul, é de 2.195 km. Saindo de Santarém e navegando pelo Rio Tapajós por 3 km, as barcaças adentram o Rio Amazonas e alcançam o mar no Pará.

Um outro exemplo é o Porto de Itaituba, melhor dizendo, do distrito desse município, que tem o nome de Miritituba, às margens do Tapajós, onde estão instalados os portos fluviais, as Estações de Transbordo de Cargas, da Bunge, Companhia Norte de Navegação e Portos (Cianport), Cargill e Caramuru. Por meio de esteiras, as cargas dos armazéns são despejadas nos navios e nas barcaças que navegam pelo Rio Tapajós e pelo Rio Amazonas até o porto marítimo de Barcarena, no Pará.

A combinação do transporte rodoviário com o hidroviário cada vez mais se apresenta como uma possibilidade factível e lógica. E mais lógica ainda quando o grande mercado é o da China, pelo encurtamento das distâncias em relação aos portos do Sul e do Sudeste.

A soja constitui-se num produto de exportação sob o manto da racionalidade neoliberal e domínio das finanças que estrutura a logística das cadeias de valor. Como dissemos antes, a produção de soja é altamente técnica e dependente de insumos e implementos agrícolas. Além do mais, ela configura uma etapa do sistema agroindustrial, que envolve também o processamento da soja e a indústria de transformação, dominados por grandes grupos monopolistas transnacionais. Ela é parte de uma cadeia global de valor, cujo controle escapa aos produtores, dada a complexidade de relações de subordinação e, raramente, de aliança com as agroindústrias oligopolizadas.

A produção da soja insere-se num mundo de fluxos e de sociedades em rede, num mundo regido pela privatização de infraestruturas, em que o setor privado atua livremente. Ela diz respeito a uma realidade em que as Estações de Transbordos de Cargas gestam e articulam o tempo e o espaço dos fluxos que as abastecem de mercadorias. Não se trata mais de troca comercial, como no passado. Trata-se de uma troca comercial relacionada aos nós da rede de integração da cadeia de valor da soja fragmentada internacionalmente.

Ainda, a produção da soja insere-se num mundo novo e numa nova forma de comercialização. Trata-se de uma produção relacionada a redes de produção transfronteiriças em que empresas líderes, a exemplo da Bunge e da Cargill, articulam internacionalmente as redes de fornecimento da soja, com grande poder de direção e controle da produção da soja em todo o mundo. A produção e a força de trabalho é que são locais, nada mais.

Considerações finais

A cafeicultura do oeste paulista e a produção da soja no Centro-Oeste constituem contrapontos em vários sentidos. Cerca de um século distancia o apogeu de uma e o de outra como principal produto de exportação do Brasil. Também diferem em relação às regiões produtoras e ao contexto econômico em que se desenvolveram: a cafeicultura, no âmbito de uma economia primário-ex-

---

[371] HIJJAR, M. F. *Logística, soja e comércio internacional*. Rio de Janeiro: Centro de Estudos em Logística/Coppead/UFRJ, 2004. p. 5.

portadora; e a sojicultura, de uma economia neoliberal sob a hegemonia financeira. Tão diferentes, permitem o exercício intelectual que busca discutir a relação entre a cidade e o campo em regiões agrícolas buscando compreender o sentido da cidade.

A produção do café no oeste paulista deu-se sobre solo rico, originário de rochas eruptivas básicas, basalto e diabásio, constituintes do famoso latossolo roxo, vulgarmente conhecido como terra roxa; enquanto a soja no Centro-Oeste só pode se expandir sobre o cerrado, com solo ácido e com poucos nutrientes, porque se procedeu à correção deste. As plantações de café produziram uma paisagem de arbustos a perder de vista; e a soja, um mar de leguminosas.

Tais culturas se assentaram em relações de produção distintas. A primeira desenvolveu-se sob relação de produção não capitalista, embora engendrada pelo capital, relação essa denominada de colonato. O colono habitava o campo, desenvolvia seu roçado de arroz, milho... Não eram os únicos trabalhadores da fazenda, havia também alguns poucos que não se dedicavam ao plantio e à colheita do café. Suas respectivas casas espalhavam-se pela propriedade, e o ritmo da vida era ordenado pelo soar de um sino a avisar a hora de ir trabalhar. Como a fazenda não era autossuficiente, a ida à cidade fazia-se em busca de abastecimento de gêneros que os colonos não produziam, bem como em busca de serviços, como o de saúde, por exemplo. O comércio na cidade era ativo, especialmente aos domingos, e havia pequenas manufaturas que produziam carroças, arreios, além de casas comerciais que vendiam enxadas e outros instrumentos simples para o trabalho, ferrarias e beneficiadoras de arroz e milho para atender à demanda dos colonos. Junto às estações de trem, os armazéns abrigavam as sacas de café à espera de serem carregadas para os trens em direção ao Porto de Santos.

Na produção da soja, são poucos os trabalhadores, se os compararmos com os da cafeicultura; além do mais, apenas alguns moram na fazenda e a grande maioria são habitantes da cidade. As relações de trabalho são, em geral, formais, predominando os contratos temporários e a remuneração por tarefas específicas. Diferentemente dos colonos, que manejavam enxadas, os da soja, particularmente os envolvidos na semeadura e na colheita, manejam equipamentos de alta tecnologia e informatizados. São moradores da cidade, de uma cidade em que a periferia se faz presente, dadas as condições de vida do trabalhador e por a condição da cidade se apresentar como um negócio imobiliário.

Para se alcançar o mercado exterior, ferrovias foram construídas por capitais paulistas, todas elas fazendo chegar a produção à cidade de Jundiaí, de onde era feito o transbordo para a ferrovia que tinha o monopólio do acesso ao Porto de Santos. Essa ferrovia, feita pelos ingleses, tinha no contrato com o estado paulista a cláusula de conferir acesso exclusivo ao Porto de Santos, por 90 anos. No caso da soja, o transporte da produção do Centro-Oeste até os portos de exportação dá-se por rodovias que alcançam os portos do Sul e do Sudeste, mas, também, por transporte multimodal, rodoviário e fluvial, como é o caso do sistema multimodal do Arco Norte, exemplificados pelos Portos de Santarém e de Itaituba.

Nesses portos, as empresas comerciais, as *trading companies*, atuam como intermediárias entre os produtores e compradores em operação de exportação. Enquanto o café foi um produto de exportação em si mesmo, por assim dizer, absoluto e autônomo, a soja constitui-se num produto integrado à lógica das cadeias de valor. De um lado, dependente de insumos, agrotóxicos e implementos agrícolas; e, de outro, vinculado a uma rede de produção mundial dominada por grandes empresas que têm controle absoluto da produção da soja em todo o mundo. Os produtores têm um controle mínimo sobre a produção, ficando à mercê dos grandes grupos oligopolistas que dominam a cadeia de valor.

Ambas as produções, a do café no oeste paulista e a da soja no Centro-Oeste, produzidas em espaços regionais distintos, em tempos históricos diferentes e baseadas em relações diferentes de produção e, ainda, contrastantes em termos técnicos, não prescindem, cada uma a seu modo, da cidade, porque é a cidade que, em regiões agrícolas, materializa as condições gerais necessárias à produção do campo.

Referências

ELIAS, D. Uma radiografia das "cidades do agronegócio". *Outras Palavras*, São Paulo, 6 abr. 2022. Disponível em: https://outraspalavras.net/cidadesemtranse/uma-radiografia-das-cidades-do-agronegocio/. Acesso em: 7 jul. 2022.

FIORAVANTI, L. M. *Do agronegócio à cidade como negócio*: a urbanização de uma cidade mato-grossense sob a perspectiva da produção do espaço. 2018. Tese (Doutorado em Ciências) – USP, São Paulo, 2018.

HIJJAR, M. F. *Logística, soja e comércio internacional*. Rio de Janeiro: Centro de Estudos em Logística/Coppead/UFRJ, 2004. Disponível em: https://www.centrodelogistica.com.br/new/fs-public.htm. Acesso em: 10 out. 2022.

LENCIONI, S. Condições gerais de produção e espaço-tempo nos processos de valorização e capitalização. *In*: RUFINO, B.; FAUSTINO, R.; WEHBA, C. (org.). *Infraestrutura na reestruturação do capital e do espaço*: análises em uma perspectiva crítica. Rio de Janeiro: Letra Capital, 2021. v. 1, p. 37-60.

MARX, K. *Elementos fundamentales para la crítica de la economía política (Grundisse) 1957-1858*. 10. ed. México: Siglo Veintiuno, 1984. v. 2.

NASCIMENTO JÚNIOR, M. M. A questão urbana e as condições gerais de produção: retomando um debate. *Cadernos do Ceas*: Revista Crítica de Humanidades, Salvador, n. 247, p. 424-451, 2019. Disponível em: https://revistas.ucsal.br/index.php/cadernosdoceas/article/view/230. Acesso em: 24 out. 2022.

SANTOS, M. *A natureza do espaço*. São Paulo: USP, 2006.

SOARES, H. V. O trabalho na cadeia da soja no centro-oeste brasileiro: um debate sobre emprego, renda e condições de trabalho na agricultura capitalista contemporânea. *Tempos Históricos*, Marechal Cândido Rondon, v. 23, n. 1, p. 602-628, 2019. Disponível em: https://e-revista.unioeste.br/index.php/temposhistoricos/citationstylelanguage/get/apa?submissionId=20490&publicationId=10434. Acesso em: 20 out. 2022.

9

O URBANO COMO TOTALIDADE: ENTRE FRONTEIRAS E ESCALAS

Mariana Zerbone Alves de Albuquerque

O urbano na contemporaneidade reivindica esforços, demanda a soma de inteligências e de iniciativas provocadoras que tentem se aproximar cada vez mais da essência desse urbano multifacetado contemporâneo. Há a necessidade de que pequenos aportes somem na totalidade que é o urbano dentro da complexidade que é o mundo. A geografia assume esse lugar de análise do espaço fragmentado e articulado, em seus múltiplos níveis, dimensões e perspectivas, por meio de um movimento dialético e incessante.

É nessa perspectiva que foi concebida a mesa "Fronteiras e escalas do urbano: problemática ambiental, dinâmicas regionais e relações campo-cidade", no XVII Simpósio Nacional de Geografia Urbana (Simpurb), em Curitiba. A contribuição de três relevantes pesquisadoras sobre essa temática, de Rosa Moura, Sandra Lencioni e Lívia Fioravanti[372], possibilita ampliar o nosso olhar para que possamos repensar como analisar as fronteiras e escalas do urbano, suas implicações socioambientais e regionais, à luz dessa relação campo-cidade, seja tomando por base as possibilidades de hierarquia de cidades em vista do planejamento como uma análise segundo perspectiva histórico-regional, seja pela contribuição que se pauta na produção do espaço da cidade como negócio em espaços não metropolitanos. A soma dessas diversas experiências de pesquisa e reflexão é latente para que a realidade seja discutida e revelada e também para eliminar estereótipos e análises superficiais e segmentadas que não explicam o urbano em sua totalidade.

Como vimos, Rosa Moura traz uma importante contribuição para que possamos refletir acerca da urbanização na América Latina e o Caribe, identificando as principais características populacionais e aglomerações urbanas, apontando para que se analisem os conteúdos e conflitos gerados no processo de urbanização. Sua análise destaca a necessidade de compreender as especificidades interiores a esse processo e as diversas escalas, assim como a importância de repensar novos arranjos territoriais e formas de planejamento e gestão, visto que os instrumentos existentes já não conseguem apreender a complexidade da realidade. Para isto, ela nos apresenta "as tipologias dos municípios em uma escala de urbanização" e "as diferenciações morfológicas de grandes cidades e seus processos de extensões de regiões urbanas".

Rosa contribui para uma reflexão sobre os desafios do planejamento e da gestão pública em face das determinações legais e político-administrativas dos limites municipais, suas jurisdições, e o transbordamento da mancha urbana para além dos municípios, principalmente nas regiões metropolitanas e áreas de fronteira internacional. Esse chamado é importante, pois, mesmo a realidade estando posta, os instrumentos legais, jurídicos e norteadores de políticas públicas

---

[372] Mariana Albuquerque refere as autoras, respectivamente, dos capítulos 7, 8 e 6 deste livro, Parte III, assim como citações que reproduz destas, então coparticipantes da mesa-redonda (N. do E.).

interferem na dinâmica espacial, por meio das determinações e diretrizes estabelecidas pelas instituições no processo de produção do espaço, nas formas de uso, apropriação, propriedade da terra, nos fluxos de pessoas e mercadorias, como também no processo produtivo e nas condições sociais de vida dos indivíduos.

Ao afirmar que "os efeitos da urbanização ocorrem de modo distinto em cada região", fica evidente a necessidade de se pensar sobre o homogêneo e o heterogêneo no processo de urbanização. Sendo assim, surge um questionamento: como se pensar a urbanização em diferentes escalas ou tempos de um mesmo processo? Para Rosa, a dimensão regional reforça o urbano como elemento estruturador e demanda mecanismos interescalares e transescalares de planejamento e governança e com participação social.

Sandra Lencioni, em sua exposição, destaca as condições gerais de produção como uma chave para se compreender a relação cidade-campo. Ela inicia destacando que há um consenso da importância da indústria no desenvolvimento das cidades, e aponta que atividades agrícolas e sua relação com a cidade têm sido menos exploradas. Dessa forma, a reflexão proposta busca enfatizar como as cidades em regiões agrícolas materializam as condições gerais de produção do campo.

A análise que Sandra apresenta é pautada em uma relevante reflexão sobre cidade e campo no Brasil, tomando por eixo analítico as condições gerais de produção em dois diferentes momentos da história do Brasil, como a produção do café em São Paulo e a de soja no Centro-Oeste. O primeiro sob uma lógica primário-exportadora e o segundo sob uma racionalidade neoliberal. Fica evidente que as condições de trabalho, os meios de produção, a infraestrutura e a técnica proporcionam condições singulares para a efetivação da reprodução do capital, por meio da produção do espaço, em um determinado momento histórico. Ou seja, a compreensão das condições gerais de produção contribui para o entendimento da estruturação do espaço.

Ainda segundo Sandra Lencioni, é importante refletir sobre a espacialidade do capital produtivo na agricultura e sua relação com a urbanização, e sobre a circulação da produção, visto que as condições gerais de produção são imprescindíveis à reprodução do capital.

Sandra, ao analisar os dois casos, do café em São Paulo e da soja no Centro-Oeste, revela processos distintos dentro dos mesmos objetivos próprios da lógica capitalista de reprodução do capital, os quais interferem diretamente nas formas de produção do espaço e nas relações que são estabelecidas entre cidade e campo conforme as singularidades como parte de uma totalidade histórica. Sua abordagem contribui para pensar o urbano em outra perspectiva, não a da cidade, mas pela reprodução do capital que se estabelece pela lógica do urbano como totalidade.

Lívia Fioravanti traz sua reflexão acerca das fronteiras do urbano, valendo-se da análise da cidade como um grande negócio. Em sua análise sobre a produção de cidades nas regiões onde há predominância do agronegócio, ela traz uma importante contribuição no sentido de pensar os conteúdos e os processos da produção do espaço urbano em uma região em que há um destaque para a dinâmica da agricultura capitalista contemporânea, o Centro-Oeste do Brasil.

A reflexão teórico-metodológica que ela apresenta, pautada na teoria lefebvriana da "tendência de urbanização completa da sociedade" e no conceito de "sociedade urbana", possibilita a análise das "cidades cravadas em meio a extensas plantações" à luz do urbano como totalidade, e não pelo recorte do agrário.

Para compreensão dessa realidade apresentada por Lívia, a articulação do conceito de tecido urbano apresentado por Lefebvre contribui à reflexão sobre as fronteiras do urbano e o urbano de fronteira, e a articulação do campo e da cidade no processo de produção do espaço capitalista.

O destaque na abordagem de Lívia, ao apresentar seu objeto de análise, centra-se na compreensão desse processo pela propriedade da terra, que possibilita a produção de "cidades cativas" e de cidades que têm dono em áreas de monocultura de soja. É o capital do agronegócio que produz essas cidades.

Sua análise revela singularidades de uma região do país e de processo de produção do espaço que produz paisagens intrigantes, as quais não se encaixam na dicotomia tradicional do campo e da cidade, havendo, por exemplo, uma grande loja de departamento no meio de uma plantação de soja, ou a verticalização dos centros urbanos desses municípios, onde a densidade demográfica e o contingente populacional são bem baixos.

A contribuição de Lívia em sua abordagem vai no sentido de analisar a produção do urbano em áreas de predominância agrícola, revelando essas múltiplas faces do urbano contemporâneo, que permeia o campo e o transforma nessa rede que se amplia por meio do tecido urbano em múltiplas escalas.

As abordagens das colegas não se encerram nelas, e sim possibilitam novas reflexões e esforços para se compreender a realidade na sua contemporaneidade à luz da análise geográfica. Essas reflexões contribuem para o esforço de se pensar quais são os paradigmas para análise e compreensão das escalas do urbano e a relação campo-cidade na atualidade, suas fronteiras, problemáticas e dinâmicas.

Nas reflexões que tenho feito sobre o tema, identifico que o desafio está em revisitar os próprios conceitos de campo, cidade, rural e urbano à luz do real, a fim de que possamos repensar as categorias e os conceitos. É por meio do método que podemos buscar caminhos para a análise.

Nas palestras do Simpurb fica evidente que campo e cidade são indissociáveis, e produtos materializados do trabalho humano, o qual transforma o ambiente pelo uso da técnica, com intencionalidade, independentemente de como eles se materializam espacialmente. A compreensão desses conceitos não deve ter um caráter dicotômico, como foi firmado no século XIX, mas sim dialético, entendendo-os como oriundos de um mesmo processo, em suas múltiplas escalas e paisagens. Williams afirma que:

> O campo e a cidade são realidades históricas em transformação tanto em si próprias quanto em suas inter-relações. Temos uma experiência social concreta não apenas do campo e da cidade, em suas formas mais singulares, como também de muitos tipos de organizações sociais e físicas intermediárias e novas.[373]

Refletir sobre fronteiras e escalas do urbano é de um caráter oportuno diante da complexidade vigente em um mundo globalizado, urbano e capitalista, pois essa discussão amplia-se para a compreensão do espaço como totalidade. É um tema desafiador e provoca-nos muito. A busca pela compreensão do todo dialeticamente é permanente, mas também urgente, e não está restrito a nenhum campo exclusivo do pensar e fazer a geografia. A dinâmica dos processos estabelece-se de maneira cada vez mais rápida, e assim se impõe, para nós geógrafas e geógrafos, a necessidade de acompanhar a velocidade das ações, de compreender a realidade que está posta, e de buscar instrumentos teórico-metodológicos que possibilitem nossas análises.

Refletir sobre fronteiras e escalas do urbano é possível por meio de várias abordagens e perspectivas teórico-metodológicas, mas exige um esforço de compreensão à luz de uma dialética multiescalar e de interações em rede. Faz-se necessário resgatar a rede como categoria central na análise geográfica contemporânea, tendo em vista que as ações se articulam mediante as cone-

---

[373] WILLIAMS, R. *O campo e a cidade*: na história e na literatura. São Paulo: Companhia das Letras, 2011. p. 471.

xões possíveis entre os nós, com trocas de fluxos de mercadorias, de informações e de pessoas, de forma acelerada, e por vezes instantânea, interferindo diretamente na produção dos lugares, na expansão do urbano, ultrapassando os limites regionais preconcebidos, e as possíveis fronteiras historicamente estabelecidas.

Raffestin afirma que

> [...] a rede é por definição móvel, no quadro espaço-temporal. Ela depende dos atores que geram e controlam os pontos da rede, ou melhor, da posição relativa que cada um deles ocupa em relação aos fluxos que circulam ou que são comunicados na rede ou nas outras redes.[374]

O urbano só é possível historicamente com a ampliação dessa teia, com o avanço tecnológico principalmente dos transportes e da comunicação, para a realização de todo processo produtivo pautado na produção, troca de mercadorias e acumulação do capital. Nesse sentido, Lefebvre afirma que "o urbano define-se também como justaposições e superposições de redes, acúmulo e reunião dessas redes, constituídas umas em função do território, outras em função da indústria, outras ainda em função de outras centros no tecido urbano"[375].

Exige-se um esforço contínuo de nos aproximarmos da dinâmica do urbano, porque este está na ordem do cotidiano da vida. Como afirma Carlos[376], o espaço é condição, meio e produto das relações sociais, e o urbano apresenta-se enquanto espaço de produção, mas também de realização da vida. O urbano transcende aquilo que se convencionou chamar de cidade, consolida-se como modo de vida e produção da sociedade, composta por conteúdos que ainda não são apreendidos conceitualmente.

Na complexidade do mundo urbano globalizado, instaura-se a curiosidade e a dificuldade de definir os limites e a fronteira do urbano. Na academia e no âmbito técnico, isso só se torna ainda mais instigante. Essa discussão se pautou bastante na hierarquia de cidades e estatísticas populacionais, a fim de definir critérios para compreensão dessa nova realidade, contudo, como afirma Sobarzo, "uma diferenciação estatística entre urbano e rural perde importância porque fica restrita ao plano da forma e não dá conta das dinâmicas e dos processos presentes no plano do conteúdo"[377]. Porém as concepções dicotômicas de campo e cidade e rural e urbano permanecem no imaginário social. Williams afirma que:

> "Campo" e "Cidade" são palavras muito poderosas, e isso não é de estranhar, se aquilatarmos o quanto eles representam na vivência das comunidades humana. [...] O campo passou a ser associado a uma forma natural de vida – paz, inocência e virtudes simples. À cidade associou-se a ideia de centro das realizações – de saber, comunicações, luz. Também constelaram-se poderosas associações negativas: a cidade como lugar de barulho, mundanidade e ambição; o campo como lugar de atraso, ignorância e limitação.[378]

É sempre importante evidenciar que o urbano é uma produção humana e capitalista, fruto das intencionalidades de uma sociedade desigual, que se articula na ampliação de uma expansão do artificial e suas artificialidades, produzidas pelo trabalho, trabalho esse definido por Marx como ação e transformação.

---

[374] RAFFESTIN, C. *Por uma geografia do poder*. São Paulo: Ática, 1992. p. 207
[375] LEFEBVRE, H. *A revolução urbana*. Belo Horizonte: UFMG, 2004. p. 114.
[376] CARLOS, A. F. A. *A cidade*. São Paulo: Contexto, 1999.
[377] SOBARZO, O. O rural e o urbano em Henri Lefebvre. In: SPÓSITO, M. E. B.; WHITACKER, A. M. *Cidade e campo*: relações e contradições entre urbano e rural. São Paulo: Expressão Popular, 2006. p. 53-64. p. 56.
[378] WILLIAMS, 2011, p. 11,

> Antes de tudo, o trabalho é um processo de que participam o homem e a natureza, processo em que o ser humano, com sua própria ação, impulsiona, regula e controla seu intercâmbio material com a natureza. Defronta-se com a natureza como uma de suas forças. Põe em movimento as forças naturais do seu corpo – braços e pernas, cabeças e mãos –, a fim de apropriar-se dos recursos da natureza, imprimindo-lhes forma útil à vida humana. Atuando assim sobre a natureza externa e modificando-a, ao mesmo tempo modifica sua própria natureza.[379]

Ao se discutir fronteiras do urbano, essas dicotomias campo-cidade e rural-urbano vêm à tona, pois institui-se historicamente que as fronteiras do urbano têm como limite o campo. Contudo, o campo e a cidade são produtos de um mesmo processo, e que se articulam na divisão do trabalho, mesmo que isto não fique evidente no olhar de quem vive nas cidades, porquanto os citadinos assumem uma postura egocêntrica e excludente, negando o campo em suas práticas. Mas a frase de ordem do Movimento dos Trabalhadores Rurais Sem Terra (MST) no Brasil, por exemplo, explicita essa inter-relação de forma bem simples e direta destes espaços: "Se o campo não planta, a cidade não janta" — abrindo a reflexão para a complexidade que se sucede.

Marx e Engels já afirmavam que "A maior divisão do trabalho material e intelectual é a separação entre cidade e campo". Desse modo, a propriedade da terra é central na discussão, mas não é tão evidenciada nessa tentativa de superação da dicotomia. Eles continuam a reflexão afirmando que "a oposição entre a cidade e o campo só pode existir no âmbito da propriedade privada. Ela é a expressão mais flagrante da subordinação do indivíduo à divisão do trabalho, a uma determinada atividade que lhe é imposta"[380]. Ou seja, essa dicotomia espacial apresenta-se como determinante na vida dos indivíduos, que já nascem com suas funções predeterminadas pela divisão do trabalho pautada no campo e na cidade. O campo e a cidade, dessa forma, são compreendidos como determinações do processo de produção capitalista, adentrando os aspectos mais genuínos de reprodução da vida.

A concepção dualista de cidade e campo instaura-se, segundo Marx e Engels, com a divisão do trabalho, que estabelece a separação do trabalho industrial e comercial de um lado e o agrário de outro. Contudo, a divisão do trabalho no urbano contemporâneo está pautada em bases da produção e acumulação flexível, em rede, extrapolando os conceitos preexistentes de campo e cidade, o que nos clama a repensar essa dicotomia.

> Os diversos estágios de desenvolvimento da divisão do trabalho representam tantas outras formas diferentes da propriedade; em outras palavras, cada novo estágio da divisão do trabalho determina, igualmente, as relações dos indivíduos entre si, no tocante à matéria, aos instrumentos e aos produtos do trabalho.[381]

Pensar as fronteiras do urbano hoje é descentralizar a análise das metrópoles, é ir além e perceber as múltiplas faces dessa nova divisão do trabalho, que produz outras paisagens, outros arranjos territoriais, novas escalas, as quais são fruto das práticas espaciais da sociedade urbana ao produzir o espaço contemporâneo. Nesse sentido, os desafios e os questionamentos são muitos diante dessa dinâmica espacial. É preciso ampliar o olhar e pensar dialeticamente o espaço e o tempo. Sobre isto, Sobarzo destaca que:

> Nesse sentido são compreensíveis as dificuldades que nosso pensamento encontra para se apropriar de um conceito tão amplamente concebido, mas que se encontra interiorizado como uma noção simples e geral. Deixar de pensar o urbano como aquilo que é diferente

---

[379] MARX, K. *O capital*. Rio de Janeiro: Civilização Brasileira, 2006. p. 211. V. 1.
[380] MARX, K.; ENGELS, F. *A ideologia alemã*. São Paulo: Martins Fontes, 2008. p. 55.
[381] *Ibidem*, p. 12.

do rural ou como sinônimo de cidade e incorporar um novo conceito que o define como virtualidade em constituição, como uma nova era ou sociedade, requer uma grande transformação nas nossas próprias perspectivas analíticas.[382]

Desse modo, surge a questão: por que é preciso fazer uma reflexão sobre as fronteiras e escalas do urbano? Para iniciarmos a reflexão, faz-se necessário situar a nossa compreensão de que urbano estamos falando, e o que entendemos por fronteiras e escala.

Ao analisar a sociedade urbana, Lefebvre[383] apresenta uma discussão sobre o urbano e a cidade, entendendo que a cidade é anterior ao urbano, e que a sociedade urbana é fruto da industrialização, sendo o espaço urbano a contradição concreta do processo de produção capitalista que se realiza num movimento de concentração – dispersão. E, para ele, a cidade é objeto definido e definitivo, que assume várias funções ao longo da história, e que até o século XIX viveu impregnada pelo campo e suas atividades, a partir daí sendo determinada pela lógica urbana, em que a cidade é centro do processo produtivo e que configura o modo de vida da sociedade.

O conceito de tecido urbano abordado por Lefebvre elucida o caminho para compreensão do urbano como totalidade, quando ele afirma que

> [...] a vida camponesa cooptada pelo capital industrial e o tecido urbano prolifera, estende-se corrói os resíduos da vida rural. O tecido urbano não se restringe ao domínio edificado nas cidades, mas o conjunto de manifestações da cidade sobre o campo.[384]

Esse tecido não é necessariamente a expansão da cidade em sua forma de mancha urbana, mas a influência do modo de vida urbano no processo de produção do espaço, seja no campo, seja na cidade ou em qualquer outro espaço produzido pela sociedade contemporânea.

E Lefebvre continua afirmando que

> [...] o fenômeno urbano se apresenta, deste modo, como realidade global (ou total) implicando o conjunto da prática social. essa globalidade não é apreendida imediatamente. Convém proceder por níveis e patamares, avançando em direção ao global.[385]

Cada vez mais, é difícil separar o campo da cidade, pois apenas a análise da paisagem não é suficiente. A paisagem apresenta-se como ponto de partida da análise espacial, porquanto os elementos construídos e a transformação no ambiente ficam evidentes, o que contribui para uma tentativa de classificação dos espaços como rurais e urbanos pelos elementos presentes.

Williams[386], ao analisar a relação campo-cidade ao longo da história, discute a concepção dicotômica que se estabelece no século XIX. Contudo, em sua análise, ele busca avançar na compreensão dos processos próprios do século XX. E destaca que

> [...] o contraste entre as concepções de campo e cidade depende do tipo de escamoteação do trabalho, das relações de propriedade através das quais o trabalho é organizado, além de outros elementos como os meios de produção.

Nesse sentido, existem diversos tipos de campos e cidades, que precisam ser analisados em suas singularidades, mas como parte um todo. Williams[387] frisa que "A realidade histórica é surpreendentemente variada". Seguindo essa reflexão, Gomes corrobora-a afirmando que:

---

[382] SOBARZO, 2006, p. 60.
[383] LEFEBVRE, 2004.
[384] *Ibidem*, p. 17
[385] *Ibidem*, p. 53.
[386] WILLIAMS, 2011.
[387] *Ibidem*, p. 471.

> Cada país ou região é herdeiro de seu processo histórico. Isto justifica a existência de diferentes construções sociopolíticas do rural e das relações entre agricultura e meio ambiente, entre cidade e campo, e das prioridades que este tema assume nos debates e estratégias políticas adotadas ao longo do tempo, de acordo com os significados e níveis de importância outorgados.[388]

Desse modo, surge outro questionamento: quais são os elementos espaciais que caracterizam o campo e a cidade? Esse é aquele tipo de pergunta que conseguimos representar em nossa mente, mas não necessariamente conseguimos explicá-lo e descrevê-lo, fazendo uma diferenciação entre campo e cidade sem fugir de estereótipos. Modelos e estereótipos são perpetuados no âmbito da cidade e do campo, mesmo que as dinâmicas espaciais mudem. Na atualidade, os tradicionais elementos que constituem o campo e a cidade não necessariamente são exclusivos deles, visto que as paisagens são variadas, complexas e heterogêneas.

A globalização, com a ampliação das conexões dos fluxos, tem possibilitado novas configurações espaciais, que diferem das tradicionais paisagens de campo e cidade, revelando espaços que são difíceis de se definir conceitualmente pela paisagem. O urbano é multifacetado, e os processos produtivos e o consumo dos espaços revelam diversas paisagens que extrapolam a totalidade campo-cidade. Segundo Lefebvre,

> As contradições não se situam mais entre a cidade e o campo. A contradição principal se desloca e se situa no interior do fenômeno urbano: entre a centralidade do poder e as outras formas de centralidade, entre o centro "riqueza-poder" e as periferias, entre integração e segregação.[389]

São diversos arranjos que superam essa dicotomia. Por exemplo, as pessoas que trabalham em atividades agrícolas, mas moram na cidade; a instalação de indústrias em áreas rurais dos municípios; a existência de espaços e práticas rurais em áreas metropolitanas; o turismo em áreas litorâneas; uma segunda residência em condomínios que rementem ao campo idílico; espaços reservados para hortas e criação de animais nas cidades; além do aspecto híbrido dos locais de trabalho, das residências, do *home office*, entre tantos outros aspectos que extrapolam os conceitos postos.

O espaço urbano transcende a cidade, é a configuração de uma sociedade pautada em relações ditadas pela lógica urbana, mas que interfere tanto na produção do espaço, seja no campo, seja na cidade, quanto nas relações sociais que se estabelecem em múltiplas escalas, e produzem espaços multifacetados e com conteúdos diversos.

A discussão sobre fronteira comumente entra no âmbito da geopolítica, da delimitação dos Estados-nação, de limites bem definidos pela propriedade da terra. Contudo, Raffestin destaca que "Fronteira é manipulada como um instrumento para comunicar uma ideologia"[390], ou seja, vai além do entendimento de propriedade e avança para a apropriação.

Nesse sentido, até onde o urbano se estabelece como ideologia, e como se estabelecem as apropriações do urbano como ideologia? Como as fronteiras do urbano podem ser definidas e reconhecidas na dinâmica espacial contemporânea? Se entendemos a concepção de Lefebvre de uma urbanização completa da sociedade como possibilidade, isto pode significar que o urbano já ultrapassou todas as fronteiras, ou está perto de ultrapassar, contudo não se pode dizer que seja

---

[388] GOMES, E. T. A. Rural e o urbano em um mundo do capital no qual cada vez mais a exceção é a regra. *In*: ALBUQUERQUE, M.; MACHADO, M. R. (org.). *O rural e o urbano da região metropolitana do Recife*. Garanhuns: UFRPE, 2014. p. 14-60. p. 22.
[389] LEFEBVRE, 2004, p. 155.
[390] RAFFESTIN, 1993, p. 166.

homogeneamente, pois as intensidades são distintas e específicas de cada local dentro dessas escalas do urbano. Ou seja, as fronteiras podem ser definidas no âmbito de quanto essa ideologia do urbano consegue avançar nos espaços e interferir na produção espacial e nas relações sociais cotidianas.

Compreendendo que a produção capitalista se baseia na acumulação e expansão espacial e do capital, e essas fronteiras são cada vez mais permeáveis, possibilitando, às vezes sutilmente ou de forma avassaladora, a expansão do urbano para além das cidades. De acordo com Harvey[391], capitalismo apenas consegue escapar de sua própria contradição por meio da expansão. Para o capitalismo continuar vigente, deverão existir ou ser criados espaços e formas para acumulação, produtos e mercadorias. A expansão das fronteiras do urbano independe da forma e das atividades produtivas, ou seja, o urbano está para além da cidade, incorporando o campo, as reservas naturais, as faixas litorâneas, e criando usos e formas espaciais. O pensamento de Harvey ratifica essa análise quando ele afirma que:

> O capitalismo fundamenta-se, como diz Marx, na eterna busca pela mais-valia (lucro). Contudo, para produzir mais-valia, os capitalistas têm de produzir excedentes de produção. Isso significa que o capitalismo está eternamente produzindo excedentes de produção exigidos pela urbanização. A relação inversa também se aplica. O capitalismo precisa da urbanização para absorver o excedente de produção que nunca deixa de produzir. Dessa maneira, surge uma ligação íntima entre o desenvolvimento do capitalismo e a urbanização.[392]

As escalas do urbano, e sua conexão multiescalar, assumem um destaque na reflexão sobre o urbano contemporâneo. A análise multiescalar possibilita a busca de compreensão da totalidade, dialeticamente, não como soma das partes, nem de um estabelecimento de hierarquia dos lugares. As diferentes escalas e a conexão entre elas ajudam a revelar as particularidades e singularidades das dimensões da análise e a conexão do urbano como um processo em escala global, produto da história.

É tomando o espaço como a base da compreensão das relações sociais que buscamos decifrar as complexidades do nosso tempo, desse mundo multiescalar, na compreensão mais ampla do que vem a ser a escala.

A escala, em um primeiro momento, remete-nos à ideia cartográfica de origem matemática, em que se busca reduzir o espaço a um pedaço de papel, mas que não comprometa a proporção do espaço real. Mas o conceito de escala pode ser compreendido de outras maneiras, por exemplo, se partimos da ideia da escala como dimensões, e no caso da geografia dimensões de análise principalmente do espaço.

Lacoste afirma que "a mudança de escala corresponde a uma mudança do nível de análise"[393]. Em tempos de globalização, a questão escalar é central nesse debate, pois trabalhar o local e o global demanda visões, análises e ações distintas, apesar de reconhecermos as conexões que existem entre essas dimensões.

Esse é um ponto central nessa discussão, pois, como aprendemos a pensar de maneira cartesiana, há uma tendência de entendermos a escala, neste caso espacial, de maneira dicotômica. Esse modo de pensar dificulta a compreensão da inter-relação entre as escalas, pois entre o local e o global as dimensões são infinitas e as relações são complexas; deste modo, a lógica formal não consegue dar conta do real e da totalidade.

---

[391] HARVEY, D. *A produção capitalista do espaço*. São Paulo: Annablume, 2005.
[392] Idem. *Cidades rebeldes*. São Paulo: Martins Fontes, 2014. p. 30.
[393] LACOSTE, Y. *A geografia*: isso serve em primeiro lugar, para fazer a guerra. Campinas: Papirus, 2008. p. 77.

No entanto, a lógica dialética aproxima-nos da compreensão das inter-relações entre as escalas, visto que, de acordo com Lefebvre, "A análise deve sempre captar corretamente essa relação complexa e contraditória dos momentos entre si e com a totalidade"[394]. Esse movimento não garante a apreensão da multiplicidade de relações e dimensões espaciais, mas é uma tentativa de aproximação do real, sem isolar os objetos das ações e interações mediadas por técnicas e tecnologias que "aproximam" os espaços, ou ainda "diminuem" as distâncias.

Apesar de a geografia ter o espaço como categoria central de análise da sociedade e do meio, a escala temporal é tão relevante quanto a escala espacial, porém a compartimentação do conhecimento em disciplinas leva-nos a pensar que a escala espacial é propriedade da geografia e a escala temporal é propriedade da história. Contudo o espaço analisado é uma construção histórica, e a dinâmica histórica da sociedade só se estabelece socialmente. O que diferencia a geografia da história, então? É o método de análise de cada área que busca respostas distintas, valendo-se de análises diferentes, apesar de a realidade social ser a mesma, mas são percebidas por perspectivas específicas.

É preciso frisar que a escala temporal é indispensável para a análise geográfica, pois as categorias espaço e tempo são indissociáveis para uma análise dialética da realidade. Tanto a produção social do espaço é uma construção histórica como o recorte espaçotemporal permite-nos compreender diferentes dimensões de tempo, por exemplo, o tempo lento e o tempo veloz, como afirma Santos[395], além da pluralidade das temporalidades que são indispensáveis na compreensão da dinâmica espacial. Para buscar compreender as inter-relações entre o global e o local, as escalas espaciais e temporais são indispensáveis para a compreensão da realidade.

Desse modo, as escalas de análise do urbano podem ir desde o espaço da rua, do bairro, da cidade, como se ampliar para a área metropolitana, interurbana, espaços agrícolas, até as complexas redes urbanas, regionais e globais, onde é possível identificar os fluxos de pessoas, mercadorias, serviços, informações e capital, além de toda materialização do trabalho humano na construção dos espaços das cidades e áreas de abrangência do urbano ao longo do tempo. Essa fragmentação da análise não deve ser dissociada do todo, e o movimento dialético é indispensável para busca de compreensão dessa dinâmica.

Várias secções podem ser feitas para a análise do urbano, pelo planejamento e gestão, pela questão socioambiental, pelas escalas no global, regional e local, pelo local e pelas relações cotidianas, pelos agentes que o produzem, pela paisagem, pelas relações de poder, pelas relações de trabalho, pela questão de gênero, pela desigualdade social, pela relação campo-cidade, e tantos outros conteúdos que compõem o urbano como totalidade.

O urbano pode ser compreendido um motor único[396], que se materializa com suas singularidades e particularidades, mas articula-se em rede, em um processo de homogeneização em sua heterogeneidade. Precisamos partir do urbano como global para que possamos revisitar os conceitos, repensar as bases teóricas e avançar, dando novos sentidos às categorias com base na da realidade, e não o contrário, pois os conceitos estabelecem-se pela práxis, a fim de que possamos compreender os processos e seus conteúdos.

Tantas pesquisas buscam redefinir tamanhos de cidades, o que é campo e o que é cidade, buscam identificar urbanidades e ruralidades. Diversas metodologias de análise espacial são criadas para compreender se o território é rural ou urbano. São definidas hierarquias de cidades e sua contribuição na rede urbana. São muitas as tentativas de encaixar os processos em conceitos já existentes, mas que muitas vezes já não dão conta da realidade.

---

[394] LEFEBVRE, H. *Lógica formal, lógica dialética*. Rio de Janeiro: Civilização Brasileira, 1995. p. 119.
[395] SANTOS, M. *Por uma outra globalização*. São Paulo: Record, 2008.
[396] *Idem*.

As definições estatais para gestão e planejamento acabam por ter uma responsabilidade maior na perpetuação dessa dicotomia. No caso brasileiro, a definição de campo, cidade, rural e urbano entra numa discussão sobre o imposto que se paga pela propriedade e uso da terra, por exemplo. Nesse sentido, Albuquerque e Machado explicam que

> No Brasil, a determinação oficial das áreas rurais e urbanas fica a critério dos municípios, e o órgão responsável pela identificação dessas áreas é o Instituto Brasileiro de Geografia e Estatística (IBGE). Este órgão, porém, não esclarece quais elementos devem ser levados em consideração e apenas afirma que o espaço rural é aquele que não é identificado como urbano, ou seja, a definição do rural parte do que vem a ser urbano, mesmo o rural sendo historicamente anterior ao urbano.[397]

O Decreto-Lei 311, de 2 de março de 1938, que dispõe sobre a divisão territorial no Brasil, é o que está em vigor até hoje. Esse decreto define que "todos os distritos-sede de municípios passaram a ser classificados como cidades, enquanto as vilas seriam todas as sedes de distritos. Tudo que estivesse fora desse enquadramento corresponderia ao rural"[398]. Ainda, apresentava critérios populacionais para criação de uma cidade, que seria de no mínimo mil habitantes e de 200 domicílios. Contudo, com a Constituição de 1988, esses critérios foram revogados, ficando a cargo dos estados a elaboração dos critérios para criação de municípios, e aos municípios a incumbência de definir o que é a área urbana, e por exclusão a área rural.

Com esta configuração, outra variável entra na definição de rural e urbano, que é a população, contabilizada pela estatística, conforme a definição jurídica de rural e urbano, que se materializa na cobrança de impostos, seja o Imposto Predial Territorial Urbano (IPTU), seja o Imposto Territorial Rural (ITR). Isto exclui a heterogeneidade dos processos e das interações no tecido urbano e sua multiescalaridade, dificultando a implementação de políticas públicas e gestão de espaços com maior conectividade e complexidade na rede, como nos espaços metropolitanos.

A manutenção destas concepções no âmbito jurídico e administrativo tem um impacto direto na produção do espaço e na perpetuação do estereótipo de campo e cidade homogêneos em suas respectivas singularidades. Contudo, esse espectro jurídico-administrativo está posto, e faz-se necessário, nas reflexões sobre o urbano, conhecer e analisar as normas, o plano e os projetos que definem oficialmente esses espaços, mesmo que a prática espacial não comprove essa regionalização arbitrária de campo e cidade, rural e urbano, principalmente no Brasil, a fim de pensar novas possibilidades de gestão e planejamento desses espaços.

No entanto, no âmbito político administrativo e do planejamento, essas abordagens ainda são distantes. Permanece a fragmentação dos espaços, e a necessidade de defini-los como rural ou urbano, campo ou cidade, fruto de processos separados. Isto impacta diretamente as políticas públicas, que são setorizadas e não se articulam com a realidade posta. Cada vez mais, é difícil separar o campo da cidade, o que impacta, por exemplo, a realidade dos que trabalham em atividades agrícolas, mas moram na cidade; ou na instalação de indústrias em áreas rurais dos municípios; ou mesmo em ações de mitigação de impactos socioambientais em áreas metropolitanas. Dessa forma, é preciso atentar para que, no âmbito do planejamento e da gestão, os territórios devem ser analisados pelos seus conteúdos e processos, para a proposição de políticas públicas efetivas e não excludentes.

---

[397] ALBUQUERQUE, M. Z. A.; MACHADO, M. R. A paisagem na região metropolitana do Recife: permanências e transformações. *In*: ALBUQUERQUE, M.; MACHADO, M. R. (org.). *O rural e o urbano da região metropolitana do Recife*. Garanhuns: UFRPE, 2014. p. 61-74.

[398] INSTITUTO BRASILEIRO DE GEOGRAFIA E ESTATÍSTICA (IBGE). *Tipologia intraurbana*: espaços de diferenciação socioeconômica nas concentrações urbanas do Brasil. Rio de Janeiro: IBGE, 2017. p. 37.

Estamos na segunda década do século XXI, envolvidos metodológica e teoricamente em uma geografia crítica, mas por vezes continuamos fazendo nossas análises de maneira cartesiana, seccionada, trabalhando de forma isolada o campo, a cidade, o rural e o urbano, ou diversos outros temas, sem uma análise vertical e aprofundada dos processos relativos ao objeto analisado.

Essa segmentação fragmenta a articulação genuína do processo, e não compreende o todo. Nesse sentido, a geografia tem um papel central nessas discussões, não apenas no âmbito teórico, mas na tomada de decisões no planejamento de espaços que transcendam a lógica do rural e do urbano, seus limites e fronteiras, e que compreenda a multiplicidade espacial, das formas, dos processos, e dos conteúdos. Um caminho é compreender os espaços como heterogêneos, com suas singularidades e particularidades, mesmo sob uma tentativa de homogeneização pela reprodução do capital em escala global.

Não há aqui a pretensão de já estabelecer um conceito definido e definitivo para a dinâmica espacial contemporânea. As reflexões apresentadas foram lançadas como provocações para que nós geógrafas e geógrafos busquemos refletir e avançar nas bases teóricas e conceituações acerca do espaço urbano. São pontos para montarmos uma agenda de trabalhos, partindo dos campos metodológico e conceitual, valendo-nos análise do real e dos processos históricos de produção do espaço. Nesse sentido, destaco alguns desafios para refletirmos e buscarmos novos caminhos e paradigmas, uma agenda de trabalho.

Podemos pensar e analisar a produção dos espaços conforme seus conteúdos, o que possibilita a redução da tentativa de encaixar a realidade em modelos, hierarquias e secções. Além disso, é relevante revisitar a análise regional e territorial, não por meio do homogêneo, mas pela heterogeneidade dos espaços e suas conexões, identificando os agentes, possibilitando a compreensão do espaço em múltiplas escalas, a fim de se compreender a totalidade. Para isso, a busca pela compreensão da totalidade deve ser pautada em análises multi e interescalar, dialeticamente, que possibilite a revisão dos conceitos e a busca por novas categorias de análise. Tudo isso demanda uma clareza do método, ou seja, o pesquisador tem que ter a consciência de suas escolhas metodológicas, com suas possibilidades e limitações, para realizar suas aproximações do objeto.

Essa ampliação da reflexão teórico-conceitual não pode se encerrar em si, ela só se valida mediante a práxis, as experiências e as vivências. Dessa forma, a premissa é pensar o urbano para além da cidade.

Referências

ALBUQUERQUE, M. Z. A.; MACHADO, M. R. A paisagem na região metropolitana do Recife: permanências e transformações. *In*: ALBUQUERQUE, M.; MACHADO, M. R. (org.). *O rural e o urbano da região metropolitana do Recife*. Garanhuns: UFRPE, 2014. p. 61-74.

CARLOS, A. F. A. *A cidade*. São Paulo: Contexto, 1999.

GOMES, E. T. A. Rural e o urbano em um mundo do capital no qual cada vez mais a exceção é a regra. *In*: ALBUQUERQUE, M.; MACHADO, M. R. (org.). *O rural e o urbano da região metropolitana do Recife*. Garanhuns: UFRPE, 2014. p. 14-60.

HARVEY, D. *A produção capitalista do espaço*. São Paulo: Annablume, 2005.

HARVEY, D. *Cidades rebeldes*. São Paulo: Martins Fontes, 2014.

INSTITUTO BRASILEIRO DE GEOGRAFIA E ESTATÍSTICA (IBGE). *Tipologia intraurbana*: espaços de diferenciação socioeconômica nas concentrações urbanas do Brasil. Rio de Janeiro: IBGE, 2017.

LACOSTE, Y. *A geografia*: isso serve em primeiro lugar, para fazer a guerra. Campinas: Papirus, 2008.

LEFEBVRE, H. *A revolução urbana*. Belo Horizonte: UFMG, 2004.

LEFEBVRE, H. *Lógica formal, lógica dialética*. Rio de Janeiro: Civilização Brasileira, 1995.

MARX, K. *O capital*. Rio de Janeiro: Civilização Brasileira, 2006. v.1.

MARX, K.; ENGELS, F. *A ideologia alemã*. São Paulo: Martins Fontes, 2008.

RAFFESTIN, C. *Por uma geografia do poder*. São Paulo: Ática, 1992.

SANTOS, M. *Por uma outra globalização*. São Paulo: Record, 2008.

SOBARZO, O. O rural e o urbano em Henri Lefebvre. *In*: SPÓSITO, M. E. B.; WHITACKER, A. M. *Cidade e campo*: relações e contradições entre urbano e rural. São Paulo: Expressão Popular, 2006. p. 53-64.

WILLIAMS, R. *O campo e a cidade*: na história e na literatura. São Paulo: Companhia das Letras, 2011.

PARTE IV

A ACUMULAÇÃO CAPITALISTA E A PRODUÇÃO DO ESPAÇO URBANO: COMO SE (RE)CONFIGURAM A TERRA, O TRABALHO E O CAPITAL NO URBANO HOJE?

10

DA MERCADORIA IMPOSSÍVEL À MERCADORIA ILEGAL: O MUNDO DO CRIME NA ECONOMIA POLÍTICA DO ESPAÇO[399]

César Simoni Santos

A mercadoria impossível: o fim de um sonho

Em 1987, Christian Topalov referia-se à habitação como uma "mercadoria impossível". Com isso, ele se referia não à ideia de que a habitação não havia ou não pudesse ter entrado nos circuitos de produção, distribuição e realização do valor próprios de uma sociedade orientada pelos princípios da acumulação do capital, mas às dificuldades inerentes às exigências de mercantilização completa dessa esfera de consumo e, consequentemente, de seu principal objeto: a casa. Para Topalov[400], ao observar a experiência dos países centrais, a necessidade de intervenção do poder público na realização mercantil da habitação é não somente um sinal dessa "impossibilidade", mas, sobretudo, em termos econômicos, uma exigência do segmento, e, no limite, da economia capitalista como um todo, atrelada aos altos custos de produção e circulação dessa mercadoria tão especial. Desse ponto de vista, mesmo nas economias mais avançadas, a viabilidade do consumo em massa da habitação somente foi assegurada, durante boa parte do século XX, pela sua transformação em um direito social básico. O direito foi, assim, o garantidor em última instância da realização capitalista da habitação para muitos empreendedores e da ampliação do consumo formal desse bem dentre as classes trabalhadoras.

Três aspectos considerados enfaticamente à época podem ser apresentados como fundamento da inviabilidade mercantil da habitação. Em primeiro lugar, os preços monopolísticos ligados à obtenção do terreno têm impacto significativo na rentabilidade do capital investido na produção imobiliária. O fato de o terreno entrar como parte do capital constante circulante da produção imobiliária faz com que o retorno do investimento produtivo varie de forma inversamente proporcional ao custo de aquisição da base fundiária[401]. Em segundo lugar, o montante da despesa para aquisição da moradia em condições correntes de mercado representa, para a maior parte da população, o comprometimento de parcelas impensáveis de seus rendimentos familiares. Como a habitação se torna, assim, um bem inacessível em condições de livre negociação para a base da pirâmide de consumo, que constitui o fundamento ideal dos mercados de orientação fordista, por exemplo, ela se torna também, por isso, uma mercadoria inviável para o consumo de massas[402]. Desse modo, um dos principais itens da cesta

---

[399] A redação deste trabalho foi concluída durante o período de estadia na Universidade de Toronto e recebeu o apoio de um *international fellowship* concedido pela Urban Studies Foundation (*Grant Reference*: USF-INT-220703). O trabalho de pesquisa e levantamento de dados trazidos neste capítulo foi apoiado com uma Bolsa de Produtividade em Pesquisa (PQ) concedida pelo Conselho Nacional de Desenvolvimento Científico e Tecnológico (CNPq; Processo: 308206/2021-5).

[400] TOPALOV, C. *Logement en France*: histoire d'une marchandise impossible. Paris: Fondation Nationale des Sciences Politiques, 1987.

[401] LEFÈVRE, R. Notas sobre o papel dos preços de terrenos em negócios imobiliários de apartamentos e escritórios na cidade de São Paulo. *In*: MARICATO, E. (org.). *A produção capitalista da casa (e da cidade)*. São Paulo: Alfa Omega, 1982. p. 95-116.

[402] BOLAFFI, G. Habitação e urbanismo: o problema e o falso problema. *In*: MARICATO, E. (org.). *A produção capitalista da casa (e da cidade) no Brasil industrial*. São Paulo: Alfa Omega, 1982. p. 37-70.

de consumo do trabalhador não se realiza estritamente sob a regulação das leis exclusivas do mercado. Por último, é preciso observar o tempo de rotação total do capital da construção, normalmente mais lento que o de outros segmentos da economia. Como se sabe, o ciclo completo envolve o tempo de produção e o tempo de circulação da mercadoria, e ambos, nesse caso, mantêm durações médias mais estendidas: o tempo prolongado de produção da unidade soma-se ao tempo de quitação da compra. Por isso, as formas subsidiadas do crédito ao produtor e do crédito habitacional aparecem como dispositivos indispensáveis para a realização do capital investido na construção e devem ser parte dos custos externalizados pelo segmento, normalmente assumido por instituições públicas[403].

Por essas razões, mesmo nas economias que despejaram vultosas somas de recursos sob a forma de salários indiretos, o provimento habitacional foi, nesse sentido, sempre um dos nós górdios da aposta no equilíbrio dinâmico entre oferta e procura. Sem o esforço político, próprio das políticas habitacionais, a maldição da mercantilização incompleta da moradia expressou-se em sua impossibilidade para o consumo da maior parte da população trabalhadora. Essa imperfeição constituiu, assim, desde muito cedo, um dos campos de intersecção entre mercado e direito: um domínio definido na arena de disputas pelo uso do fundo público[404].

Longe de desautorizar os fundamentos dessa análise, a situação nos então chamados países de economia dependente, onde frequentemente a universalidade dos direitos, o acesso ao fundo público e a extensão das reservas destinadas às garantias sociais estiveram, via de regra, aquém da velocidade e do volume implicados na liberação de força de trabalho, verificou formas populares aparentemente espontâneas ligadas ao provimento habitacional. Esse é o caso dos mutirões, por exemplo, amplamente estudados no Brasil[405], das *tomas* e dos *pobladores,* no Chile[406], do recurso à *minga*, no Equador[407], entre outros. Essas experiências, que envolveram práticas em muitos aspectos convergentes e que foram frequentemente observadas como expressão da permanência de economias de subsistência em meio ao avanço das forças produtivas implicadas na modernização industrial, definiram a produção de parte significativa do estoque residencial em toda a América Latina. No geral, no entanto, essa constatação não contraria a assertiva de Topalov em relação às restrições congênitas à produção mercantil da moradia: os mutirões, as *tomas*, os *pobladores* e a *minga*, entre outras formas ligadas ao provimento artesanal da moradia, constituíram soluções para a produção da habitação definidas no plano da "vida material", para empregar um termo de extração braudeliana, fora, portanto, do registro integral da economia de mercado.

Enquanto, em condições informais, muitas vezes, os expedientes da autoconstrução ajudavam a empurrar e alargar as margens do ambiente construído nas metrópoles latino-americanas, a precariedade dos assentamentos daí decorrentes tornava-se uma condição incontornável entre os migrantes recém-chegados do campo[408], e para aqueles desalojados de suas antigas moradias em

---

[403] TOPALOV, C. Análise do ciclo de reprodução do capital investido na produção da indústria da construção civil. *In*: FORTI, R. (org.). *Marxismo e urbanismo capitalista*. São Paulo: Ciências Humanas, 1979. p. 53-80.

[404] OLIVEIRA, F. *Os direitos do antivalor*: a economia política da hegemonia imperfeita. Petrópolis: Vozes, 1998.

[405] KOWARICK, L. *A espoliação urbana*. São Paulo: Paz e Terra, 1980; MARICATO, E. Autoconstrução, a arquitetura possível. *In*: MARICATO, E. (org.). *A produção capitalista da casa (e da cidade)*. São Paulo: Alfa Omega, 1982. p. 71-94; OLIVEIRA, F. Crítica à razão dualista. *Estudos Cebrap*, São Paulo, n. 2, p. 4-82, 1972.

[406] CASTILLO COUVE, M. J. Competencias de los pobladores: potencial de innovación para la política habitacional chilena. *Revista Invi*, Santiago, CL, v. 29, n. 81, p. 79-112, 2014; PINO VÁSQUEZ, A.; OJEDA LEDESMA, L. City and informal habitat: illegal occupation of land and self-help construction in the ravines of Valparaíso. *Revista Invi*, Santiago, CL, v. 28, n. 78, p. 109-140, 2013.

[407] FERRARO, E. *Reciprocidad, don y deuda*: relaciones y formas de intercambio en los Andes ecuatorianos - la comunidad de Pesillo. Quito: Flacso: Abya-Yala, 2004.

[408] SADER, E. *Quando novos personagens entram em cena*. Rio de Janeiro: Paz e Terra, 1988.

áreas mais centrais e já edificadas da própria metrópole, num segundo momento[409]. O afastamento simultâneo em relação aos dois sistemas formais do provimento habitacional, sendo um ligado aos mecanismos típicos de um mercado urbano inteiramente solvável e outro aos expedientes forjados no âmbito da política habitacional, comprometeu esse estrato da produção de moradias com a aquisição irregular do terreno, com o parcelamento no tempo da compra do material de construção e com as formas artesanais de construção da casa, normalmente em áreas desprovidas de infraestrutura residencial básica e dos demais equipamentos tratados à época sob a designação dos bens de consumo coletivo[410]. O relativo atraso da chegada dos bens e serviços públicos nessas condições deslocou o foco de atenção em relação à disputa pelo uso do fundo público e consequentemente da luta por direitos. Frequentemente, nessas circunstâncias, a regularização fundiária, o saneamento básico, a iluminação pública, a coleta de lixo, a instalação de creches, a pavimentação de vias, entre outras, foram pautas que passaram a compor o repertório das reivindicações populares. Ao mesmo tempo, o direito à moradia digna, à saúde, à educação, à cultura e ao transporte desdobrava-se visivelmente numa série de ações, serviços e infraestruturas que chegavam aos poucos e de forma desagregada às periferias. Mas aqui, também, a mobilização dos direitos sociais esteve na base da edificação do ambiente construído no entorno e nas brechas das centralidades dinâmicas do mercado imobiliário solvável.

Essa compreensão reforça o entendimento, formulado por Francisco de Oliveira, de que os direitos sociais, em sentido amplo, se amparam nas possibilidades efetivas (e políticas) de emprego do excedente acumulado pela via fiscal. Nesses termos, a luta por direitos é sinônimo da disputa pelo fundo público. Durante boa parte do século XX, foi esse o recurso que conseguiu garantir níveis de proteção e bem-estar para a classe trabalhadora a ponto de uma parcela dessa população não ter de operar exclusivamente sob as estritas regras do mercado. Essa forma de emprego do fundo público se expressa, entre outros, nos campos da cultura, da saúde, da educação, da proteção ambiental e da moradia: "esses bens e serviços funcionaram, na verdade, como antimercadorias sociais, pois sua finalidade não é a de gerar lucros, nem mediante sua ação dá-se a extração da mais-valia". Assim, "são critérios antimercado os que fundamentam os direitos modernos"[411]. Não é estranho, desse ponto de vista, portanto, observar que, no contexto das profundas transformações que envolveram a passagem do século XX para o século XXI, a perda de direitos traduziu-se também num tipo de reorientação do fundo público, sendo, agora, canalizado mais em direção às finanças que aos segmentos amarrados à compulsão manufatureiro-fordista[412] ou às suas antimercadorias[413], normalmente atreladas às funções protetivas da reprodução da força de trabalho ou das condições ambientais.

A guinada neoliberal que começa a despontar nos anos 1970 e se espalha pelo mundo em ritmos e com características diferentes carrega no horizonte a redução dos direitos da população, a financeirização da economia, o enxugamento dos gastos sociais, o encolhimento da massa salarial, a precarização das relações trabalhistas, a degradação dos serviços públicos e a subordinação da preservação e oferta de recursos aos interesses da rentabilidade instantânea do capital[414]. Assim,

---

[409] VERÁS, M. P. B.; TASCHNER, S. P. Evolução e mudanças nas favelas paulistanas. *Espaço e Debates*: Revista de Estudos Regionais e Urbanos, São Paulo, ano 10, n. 31, p. 52-71, 1990.

[410] CASTELLS, M. Posfácio de 1975. *In*: CASTELLS, M. *A questão urbana*. São Paulo: Paz e Terra, 2000. p. 547-590; KOWARICK, 1980.

[411] OLIVEIRA, 1998, p. 29, 37.

[412] BRUNO, M. Financiarisation et accumulation du capital productif au Brésil les obstacles macroéconomiques à une croissance soutenue. *Revue Tiers Monde*, Paris, n. 189, p. 65-92, 2007; PAULANI, L. *Brasil delivery*. São Paulo: Boitempo, 2008; STREECK, W. *Buying time*: the delayed crisis of democratic capitalism. London: Verso, 2014.

[413] OLIVEIRA, 1998; POLANYI, K. *A grande transformação*: as origens da nossa época. Rio de Janeiro: Elsevier, 2012.

[414] DARDOT, P.; LAVAL, C. *A nova razão do mundo*: ensaio sobre a sociedade neoliberal. São Paulo: Boitempo, 2016; FOUCAULT, M. *Segurança, território, população*: curso dado no Collège de France (1977-1978). São Paulo: Martins Fontes, 2008; HARVEY, D. *O neoliberalismo*: história e implicações. São Paulo: Loyola, 2008; PECK, J. *Constructions of neoliberal reason*. New York: Oxford University, 2010.

o ímpeto liberal do século XIX, mobilizando os princípios pelos quais "o homem, sob o nome de mão de obra, e a natureza, sob o nome de terra, foram colocados à venda"[415], marcava presença novamente, com força e abrangência crescentes. O novo ponto de equilíbrio encontrado entre os impulsos liberais ligados ao mercado, por um lado, e os princípios protetivos ligados à reprodução social, por outro, foi, mais uma vez, o resultado da ideia generalizada de que "a tentativa de criar uma ordem capitalista sem um mercado de trabalho falhara redondamente"[416].

No Brasil, o avanço das reformas ocorreu não somente com velocidade e impacto particulares, como também foi definidor do aprofundamento das condições críticas que nunca abandonaram as suas próprias formas particulares de reprodução social[417]. O processo que pode ser lido sob o rótulo da "expropriação de direitos" esteve, desse modo, claramente entrelaçado ao esforço de "remercantilização da reprodução social"[418], e isso acabou por envolver novas formas de compromisso e de sujeição.

Os esquemas de provimento habitacional, por muito tempo também situados do lado da proteção social, não somente refletiram as acomodações tectônicas entre o redirecionamento do fundo público, a reconfiguração do segmento de crédito ao consumidor e a emergência de um ramo ilegal de negócios com características novas, como cimentou esse acordo que está na base da redefinição dos parâmetros da reprodução social nas periferias das metrópoles brasileiras.

Perda de direitos e endividamento: o lugar do social no novo pacto

O corte no direcionamento de recursos para as áreas de atendimento dos serviços básicos e para a oferta de produtos da cesta dos trabalhadores é uma das marcas das reformas neoliberais que estão em marcha desde o fim do século passado. No Brasil, apesar do acalorado debate a respeito da relação que o pacto político gestado e operante durante a primeira leva dos governos do Partido dos Trabalhadores assumiu com o quadro mais geral de avanço da neoliberalização, uma profunda regressão na participação do fundo público nas garantias de reprodução da força de trabalho tornou-se ainda mais perturbadora após o golpe de 2015-2016. Para se ter uma ideia, de 2016 a 2021, os gastos federais com educação só diminuíram, caindo ininterruptamente dos R$ 146,7 bilhões para os R$ 118,4 bilhões[419].

Em 2022, o programa Casa Verde e Amarela, que substituiu o Minha Casa, Minha Vida (MCMV) como bandeira da política habitacional do governo federal, teve um orçamento de R$ 1,2 bilhão, enquanto a média anual destinada ao MCMV (apesar dos sucessivos cortes que o programa sofreu desde 2016 e sem descontar a inflação, que bateu recordes em 2021 e 2022) foi de R$ 12 bilhões: dez vezes mais, portanto. Vale mencionar que o direcionamento desses recursos se distanciou ainda mais das camadas sociais onde se concentra a maior parcela do déficit habitacional (segundo dados da Fundação João Pinheiro), com o direcionamento da maior parte dos recursos no escopo do programa Casa Verde Amarela para o estrato de demanda da antiga Faixa 3 (de acordo com dados do Sistema de Gerenciamento da Habitação, do Ministério do Desenvolvimento Regional [SisHab], e da Caixa Econômica Federal [CEF]). Um dos efeitos da extinção dos recursos para Faixa 1 é visível

---

[415] POLANYI, 2012, p. 146.

[416] *Ibidem*, p. 86-87.

[417] ARANTES, P. A fratura brasileira do mundo. *In*: ARANTES, P. *Zero à esquerda*. São Paulo: Conrad, 2004. p. 25-78.

[418] GENTIL, D.; BRUNO, M. *Endividamento das famílias e expropriação salarial no Brasil*: o motor da acumulação financeira na pandemia e além. Rio de Janeiro: Foncate, 2021. p. 9.

[419] INSTITUTO DE ESTUDOS SOCIOECONÔMICOS (INESC). *O Brasil com baixa imunidade: balanço do Orçamento Geral da União*. Brasília: Inesc, 2019; INESC. *A conta do desmonte*: balanço do Orçamento Geral da União. Brasília: Inesc, 2021.

no comportamento tipológico e geográfico da construção, especialmente para a cidade de São Paulo e sua região metropolitana, apontando claramente para a concentração dos lançamentos sustentados pelo programa em áreas centrais e de maior valor do metro quadrado com apartamentos de metragem muito reduzida, os quais vêm sendo adquiridos por um perfil de morador relativamente jovem, de classe média e solteiro[420].

A *Nota técnica de monitoramento do financiamento da assistência social no Brasil*[421], que acompanha a destinação de recursos para a assistência social no Brasil desde 2002, aponta claramente para um recuo, a partir de 2015, das despesas totais na área nas três esferas da federação. Recorrendo sempre aos dados deflacionados, o montante registrado em 2018 é menor que aquele empenhado em 2014, ainda que maior que os dos três anos precedentes. Quando retirada a participação das políticas de transferência de renda, a queda é ainda mais marcante: dos R$ 9,1 bilhões registrados em 2013, o montante chega à R$ 3,9 em 2017 e R$ 4,1 em 2018, mantendo uma projeção descendente para 2019 — a última queda registrada pelo estudo havia sido de 2003 para 2004, de R$ 3,7 para R$ 3,0[422]. Esse resultado tem uma dupla explicação, o que ajuda a entender por que os cortes não chegaram a atingir proporções catastróficas ainda piores. O fato de que as transferências de renda representam sempre algo em torno de 90% da despesa total em assistência social da União e gozam, ainda, de estatuto, em sua maior parte, obrigatório, serviu como um dispositivo de proteção contra o ajuste fiscal que se aprofunda a partir de 2015, mas despejou o ônus dos cortes sobre as modalidades discricionárias. O resultado, consequentemente, foi um aumento ainda maior da participação da transferência de renda na despesa total da assistência social, que chegou a 95%.

Os efeitos da subtração de parcela do "salário indireto" têm sido interpretados, por empresários e porta-vozes do projeto de neoliberalização, na esteira dos estímulos à economia de mercado e à elevação das taxas de lucro, bem como à retomada do crescimento econômico. A insustentabilidade lógica e no longo prazo dessa premissa não é objeto das considerações deste capítulo, mas é preciso reconhecer, por um lado, que alguns elementos nos quais ela se ampara são extraídos da própria realidade. Efetivamente, a mobilização simultânea de um universo de restrições, no âmbito dos programas de atendimento às necessidades sociais básicas, e um conjunto de incentivos e aberturas normativas para o setor financeiro têm aproximado os trabalhadores com os mais baixos rendimentos (e, muitas vezes, sem nenhuma receita permanente ou constante, no caso de desempregados ou subempregados) de instituições e modalidades predatórias de crédito ao consumidor.

Por outro lado, como o custo do dinheiro nessas circunstâncias é substancialmente elevado, a compensação vem da redução do consumo, num tipo de reversão do quadro pintado para a primeira fase de crescimento do endividamento familiar, que, até 2015, conjugou expansão do crédito ao dinamismo dos mercados[423]. A "expropriação financeira"[424] enreda-se, aqui, em processos de pauperização que atingem patamares responsáveis pelo bloqueio ao potencial de expansão do mercado de bens e pela clivagem entre endividamento e nível de consumo. Outra característica do aprofundamento das relações entre os trabalhadores de mais baixos rendimentos e as instituições de crédito está na quebra da associação da dívida com a expansão dos rendimentos. A desaceleração da economia e

---

[420] SIMONI-SANTOS, C.; CARVALHO, H. Subsidized housing in the metropolis of São Paulo: typological and geographic changes from boom to bust. *In*: ALVES, M.; APPERT, M.; MONTÈS, C. (ed.). *Highrise living and the inclusive city*: new contexts old questions? Wilmington: Vernon, 2023. No prelo.

[421] BRASIL. Ministério da Cidadania. *Financiamento da assistência social no Brasil*: nota técnica de monitoramento. Brasília: Ministério da Cidadania, dez. 2019. p. 13.

[422] *Ibidem*, p. 13.

[423] GENTIL; BRUNO, 2021.

[424] LAPAVITZAS, C. Financialised capitalism: crisis and financial expropriation. *Historical Materialism*, London, v. 7, e2, p. 114-148, 2009.

o enxugamento dos gastos sociais repercutiram na quebra das condições que haviam amparado a expansão do crédito no período anterior, e a massa das dívidas não saldadas, ainda que contraídas antes de 2015, incorpora-se a um conjunto de ativos de risco. Aqui, os prazos mais largos do crédito habitacional invertem o papel que a modalidade vinha desempenhando na estabilização do cenário macroeconômico e aumentam as taxas de inadimplência, com importantes impactos no quadro da reprodução social, como mostra o trabalho de Gabrielle Ribeiro Brito Lima[425].

A depressão no volume da massa salarial[426] de 2016-2017, que chegou a registrar R$ 238.945 milhões como o valor mais baixo do período, é pequena, no entanto, se comparada à queda sofrida em 2020-2021, que leva o montante à menor marca desde o início da série, em 2012, com a cifra de R$ 223.652 milhões, no pior momento da crise sanitária. Tomando como referência os meses de outubro, novembro e dezembro, os R$ 249.404 milhões de 2021 são ainda mais baixos que os R$ 253.880 milhões de 2014. A intercalada variação positiva no rendimento médio habitual dos trabalhadores em setembro de 2020, além disso, deveu-se menos a um impulso de recuperação macroeconômica que à maior vulnerabilidade dos trabalhadores informais durante a pandemia: afastados de suas atividades e sem fontes de recursos, boa parte dessa camada de trabalhadores, que percebe os menores rendimentos líquidos, foi retirada da contabilidade do emprego, o que contribuiu para uma suspeita alta dos índices que não se reporta ao dinamismo dos mercados ou ao comportamento da massa salarial (IBGE-Sidra). Todo o quadro tem impacto no nível e na natureza do endividamento familiar. Segundo Denise Gentil e Miguel Bruno[427], a relação entre o estoque de dívida das famílias e a massa salarial acumulada em 12 meses bateu recorde em maio de 2021 e atingiu 59,2% da renda acumulada nos últimos 12 meses. O comprometimento do rendimento familiar, que era de 19,6% em março de 2005, chega a 30,55% em maio de 2021, após elevada alta durante a pandemia. "As famílias brasileiras encontram-se em situação patrimonial frágil, pois nunca deveram tanto e nunca gastaram tanto de suas rendas com pagamento de serviços da dívida"[428]. A reação das instituições bancárias, no momento imediatamente posterior ao do suposto círculo virtuoso do endividamento, em 2015, foi guiada pela aversão ao risco, e a maior seletividade na oferta de crédito repercutiu numa temporária redução do endividamento. O interregno foi quebrado com uma associação de muito maior risco e potencial de danos sociais entre endividamento e composição da massa salarial, considerando sobremaneira o balanço das proporções entre ambos.

Um dado adicional que parece ter conduzido à atual etapa do endividamento para longe da experiência de sua primeira fase, tida como virtuosa, tem a ver também com os dispositivos próprios e garantidores, em termos macroeconômicos, do crédito e da dívida. A tese de Lena Lavinas[429] sobre o papel das políticas públicas e de redistribuição de renda na colateralização do crédito ao consumidor no Brasil não perde validade, principalmente pelo estatuto de estabilidade de que essas modalidades ainda desfrutam. Contudo, diante da redução dos gastos discricionários com assistência social, da maior dependência do mercado para satisfação das necessidades básicas e da progressiva

---

[425] LIMA, G. R. B. Mudança do perfil atendido pelas políticas públicas habitacionais e aumento dos bens não de uso: endividamento, retomada de imóveis e mais impacto na população de baixa renda. *Geousp*: Espaço e Tempo, São Paulo, v. 26, n. 3, 2022.

[426] "Massa de rendimento real de todos os trabalhos, efetivamente recebido no mês de referência, pelas pessoas de 14 anos ou mais de idade, ocupadas na semana de referência, com rendimento de trabalho". Fonte: Instituto Brasileiro de Geografia e Estatística-Sistema IBGE de Recuperação Automática (IBGE-Sidra). *Pesquisa nacional por amostra de domicílios contínua mensal*. Disponível em: https://sidra.ibge.gov.br/tabela/6393. Acesso em: 15 set. 2023.

[427] GENTIL; BRUNO, 2021.

[428] *Ibidem*, p. 16.

[429] LAVINAS, L. *The takeover of social policy by financialization*: the Brazilian paradox. New York: Palgrave Macmillan, 2017.

e acelerada introdução do crédito ao consumidor na base desse arranjo, a capacidade de ancoragem da expansão da dívida no fundo público reduziu-se drasticamente, criando uma massa de capital fictício[430] conforme uma estratégia de expropriação financeira sem precedentes no país.

A fase mais recente do endividamento assistiu, assim, ao seguinte: a expansão do crédito em direção às camadas de rendimentos mais baixos ocorreu independentemente do comportamento da renda do trabalhador, que diminuiu diante da elevação das taxas de desemprego e do aumento da precariedade nas relações trabalhistas, e dos dispositivos de seguridade, que, além do mais, desde o marco da Emenda Constitucional 95, de 2016, conhecida como "PEC da Morte"[431], sofreram com as limitações orçamentárias para as áreas da saúde e da educação, por exemplo, ao mesmo tempo que ocorriam cortes em programas sociais como o MCMV. São nessas circunstâncias que a austeridade, em contexto de inflação e associada à crise do emprego, vai favorecer uma conjunção entre endividamento familiar e habitação irregular que explica parte da dinâmica territorialmente expansionista da mancha urbana metropolitana. No contexto de remercadorização radicalizada da força de trabalho, a inclusão débil proporcionada por um quase exclusivismo dos dispositivos de mercado, como solução mambembe para a crise social, impõe com força seus aparatos de maior violência institucionalizada, entre eles: a expropriação financeira e a exclusão do mercado formal da habitação. A fuga do aluguel, o nome sujo, a construção em área de proteção de manancial, o trato e o convívio com práticas ilegais e com agenciadores de negócios criminosos, o trabalho sem vínculo e o vínculo precário são conteúdos que atravessam a vida nos novos *fronts pionniers* dessa metrópole global da periferia do capitalismo.

Expansão horizontal do ambiente construído e uma economia política do espaço dos últimos tempos

Já não é desconhecido o papel que o chamado "mundo do crime" tem assumido na movimentação do mercado imobiliário ilegal em algumas áreas na metrópole de São Paulo. Além das referências na mídia, alguns trabalhos acadêmicos têm apontado com pertinência para esse fenômeno, deslocando o papel dos negócios imobiliários de uma posição passiva e subalterna no conjunto das atividades ilegais, como um tipo de *waste management business* ou um mecanismo de lavagem de dinheiro, para uma posição ativa e de relativa independência[432]. Eles constituiriam, assim, uma frente de negócios autônoma adicional e que representa mais um alargamento de suas esferas de atuação para além de seus antigos nichos de "negócios ilícitos do narcotráfico, dos roubos e furtos", com os quais trabalhou Gabriel Feltran[433]. A partir daí, um horizonte para a compreensão das dinâmicas de expansão do ambiente construído abre-se em complemento aos demais. As formas pelas quais essa modalidade de impulso à dispersão da mancha edificada tem sido observada põem ênfase na rentabilidade dos negócios diretos com a terra; nos ganhos decorrentes do fracionamento e do comércio ilegal

---

[430] Recorre-se, aqui, à interpretação que David Harvey faz dos escritos deixados por Marx, apreendendo-se o conceito de capital fictício conforme a relação de dependência que o próprio capital-dinheiro estabelece com o trabalho futuro. Um corolário possível com base nisso é que o "valor fictício" se refere à parte não colateralizada do crédito; ou seja, refere-se, assim, a algo que não foi produzido e não existe ainda materialmente, mas somente como uma "promessa" de retornos, como um compromisso e um comprometimento do trabalho futuro.

[431] PEC: Proposta de Emenda à Constituição.

[432] CAMPOLIM, J. B. *A produção capitalista do espaço nas brechas da formalidade*: a favela do Jd. Panorama. 2022. Dissertação (Mestrado em Geografia Humana) – USP, São Paulo, 2022; SIMONI-SANTOS, C. Espaços penhorados e gestão militarizada da fronteira urbana. *In*: BARROS, A. M. L.; ZANOTELLI, C. L.; ALBANI, V. (org.). *Geografia urbana*: cidades, revoluções e injustiças: entre espaços privados, públicos, direito à cidade e comuns urbanos. Rio de Janeiro: Consequência, 2020. p. 273-304.

[433] FELTRAN, G. O legítimo em disputa: as fronteiras do "mundo do crime" nas periferias de São Paulo. *Dilemas*: Revista de Estudos de Conflito e Controle Social, Rio de Janeiro, v. 1, n. 1, p. 93-126, 2008.

de lotes como aquilo que encerra os interesses envolvidos no arranque da empresa expansionista nessas condições. O que se busca apresentar aqui, no entanto, é a constituição de um novo universo de nexos e articulações entre a atividade imobiliária ilegal e a configuração de projetos elaborados no âmbito das instituições e da esfera pública. Descobre-se, assim, uma forma de participação do crime na acumulação de capital conforme a emergência de novos arranjos ou "encaixes" no âmbito das instituições estatais implicados na produção da cidade como negócio.

A pesquisa na qual este trabalho se inscreve já vem apontando para o fato de que algumas atividades ilícitas, grupos informais e a atuação de facções situadas no chamado "mundo do crime" se projetam como dimensões importantes não exclusivamente do governo, mas do próprio Estado[434]. O avanço de perspectiva aqui pretendido, por um lado, observa potenciais relações de instrumentalização, subordinação e manipulação da empresa ilegal em favor dos interesses institucionais do próprio Estado na produção do espaço urbano como manifestação prática e conteúdo efetivo dessa projeção. Trata-se, em suma, de uma busca pela compreensão de novas formas de associação entre a dimensão burocrática do poder público e a atuação de grupos fora da lei atuantes na expansão absoluta do meio ambiente construído que envolve, ademais, de maneiras muito variadas, outros atores institucionais, como algumas empresas ligadas ao segmento da construção civil, a militância organizada em torno da causa ambiental e alguns movimentos sociais de luta pela moradia. Por outro lado, contudo, uma inquietação com o papel desempenhado pelas atividades ilegais no mercado imobiliário nas periferias da metrópole para a rotação do capital total e as taxas de acumulação no capitalismo contemporâneo situa este esforço menos no campo de uma etnografia dos negócios ilegais com a terra e mais no de uma preocupação com a economia política do espaço, que parece se reorientar segundo a mobilização de elementos não clássicos como fundamento da acumulação de capital.

A constelação de atores e de interesses é especialmente favorecida pela área em que o trabalho de coleta e de estudo vem se desenvolvendo. Localizada bem no centro da mancha adensada situada entre as duas represas da zona sul de São Paulo, num antigo enclave desocupado até 2015, uma conjunção de forças dá pistas sobre a redefinição das dinâmicas ligadas à produção do espaço urbano na metrópole. A área, que desde 2014, de acordo com o Plano Diretor Estratégico do Município de São Paulo (PDEMSP), foi destinada a integrar o chamado Parque Linear Cocaia (Figura 10.1), foi também, posteriormente (Lei 16.402, 22 mar. 2016), e na mesma gestão que sancionou o plano diretor, transformada, em parte, em Zona Especial de Proteção Ambiental (Zepam) e, em parte, em Zona Especial de Interesse Social (Zeis 4), já no perímetro do município que responde à legislação estadual de proteção de mananciais (Figura 10.2). No mesmo PDEMSP de 2014, a área, ainda, aparece como Macroárea de Redução da Vulnerabilidade Urbana e Recuperação Ambiental (MRVURA).

A ocupação da área

Em 2015, capitaneado por um agente que demonstrava ter experiência em outras ocupações nas proximidades, um grupo de famílias ergue seus barracos no perímetro de terra situado entre a Av. Antônio Carlos Benjamin dos Santos, altura do número 2.500, e a margem esquerda do Córrego Reinberg Cocaia, chamado pelos moradores de "Lado A". A ocupação cresceu pouco e permaneceu com baixa densidade construtiva durante dois anos, quando, só então, um número maior de moradores começa a se estabelecer na área e dar forma ao loteamento, avançando na

---

[434] SIMONI-SANTOS, C. Fragmentação do espaço, crime e violência: para além da governamentalidade. *In*: CARLOS, A. F. A.; RIZEK, C. S. (org.). *Direito à cidade e direito à vida*: perspectivas críticas sobre o urbano na contemporaneidade. São Paulo: IEA, 2022. p. 149-177.

direção SE, do mesmo lado da avenida, mas cruzando o córrego. A intensificação e o movimento de expansão da ocupação deram origem, assim, a uma nova etapa e a um novo perímetro incorporado à comunidade. O "Lado B" está estabelecido entre um afluente da margem esquerda do Reinberg Cocaia (limite NE), o próprio Ribeirão Cocaia (limite NO), uma linha que segue do Ribeirão Cocaia pela Av. Antônio Carlos Benjamin dos Santos em direção SE e continua pela Rua Jade Unida, antiga Rua 1 (como limite SO), até uma estreita faixa de terra desocupada paralela ao Reinberg Cocaia, distante dele cerca de 170 metros (que constitui o limite SE). Em 2017, o "Lado C" começava a receber os seus primeiros moradores, mas ainda num tipo de ocupação muito rarefeita.

Figura 10.1

Localização e zoneamento do Parque Linear Ribeirão Cocaia, no Município de São Paulo

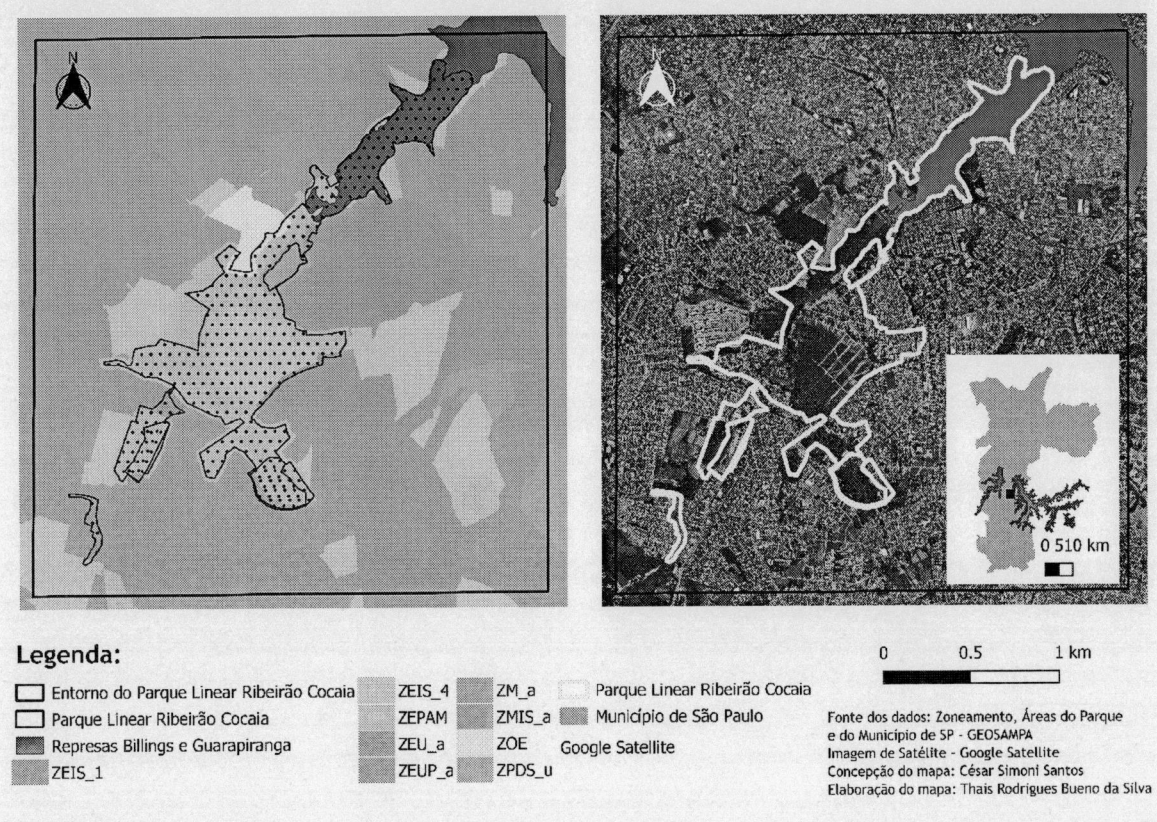

Legenda:
- Entorno do Parque Linear Ribeirão Cocaia
- Parque Linear Ribeirão Cocaia
- Represas Billings e Guarapiranga
- ZEIS_1
- ZEIS_4
- ZEPAM
- ZEU_a
- ZEUP_a
- ZM_a
- ZMIS_a
- ZOE
- ZPDS_u
- Parque Linear Ribeirão Cocaia
- Município de São Paulo
- Google Satellite

Fonte dos dados: Zoneamento, Áreas do Parque e do Município de SP - GEOSAMPA
Imagem de Satélite - Google Satellite
Concepção do mapa: César Simoni Santos
Elaboração do mapa: Thais Rodrigues Bueno da Silva

A área, dividida entre os moradores e as associações em três "lados" conforme o traçado dos córregos que atravessam o terreno (Figura 10.2), em 2022, contava ainda com um estoque construtivo irregular, horizontal e de densidade variada, sendo mais compacta nas partes antigas (Lados A e B) e com estruturas (casas e estabelecimentos comerciais) agrupadas em aglomerações difusas e de tamanho e forma variadas nas partes de ocupação subsequentes (Lado C), sendo a maior parte composta de casas de alvenaria sem acabamento, ainda que com a presença de algumas habitações em madeira e materiais de menor duração. Após o primeiro estágio da ocupação, a mobilização social na área passa a ter maior implicação na definição das características do assentamento, com especial importância para as subáreas A e B.

Figura 10.2

Croqui das áreas e contornos aproximados dos Lados A, B e C e da Matrícula 475404

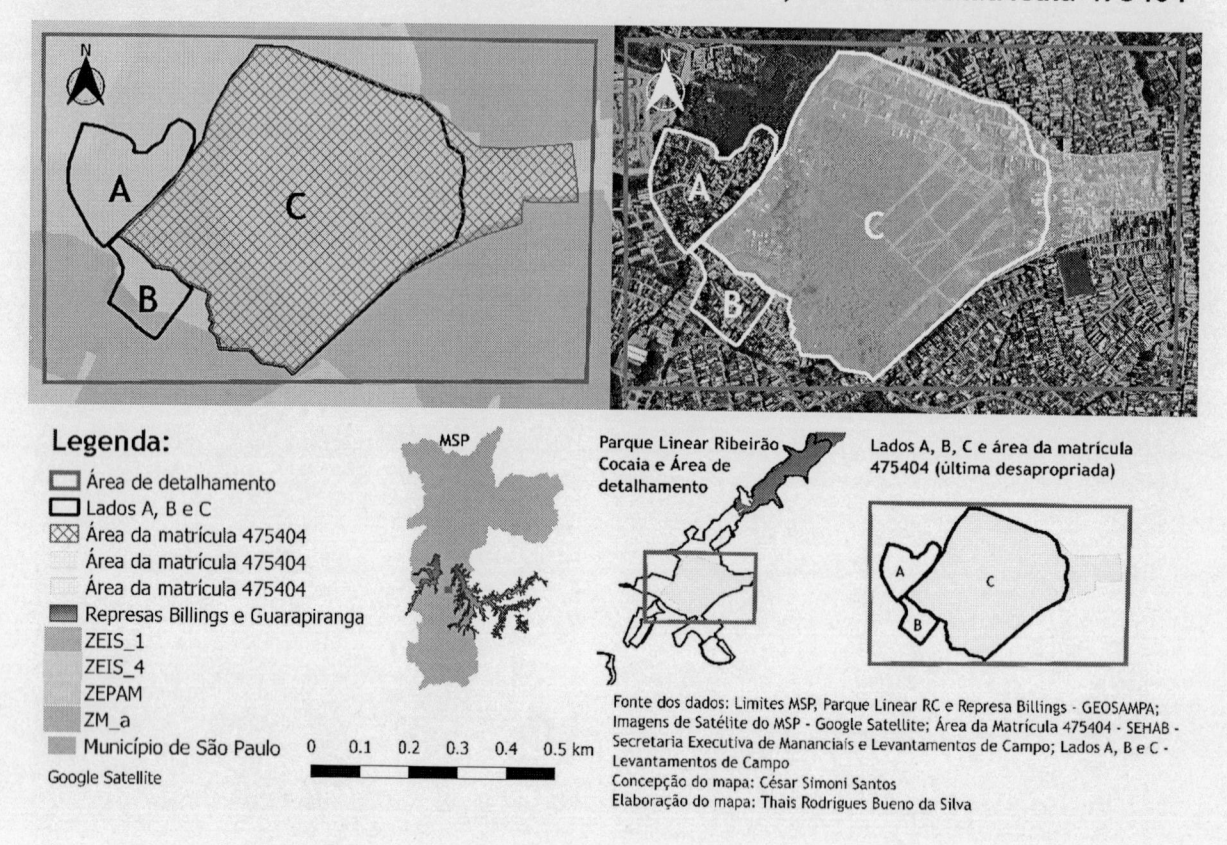

Legenda:
- Área de detalhamento
- Lados A, B e C
- Área da matrícula 475404
- Área da matrícula 475404
- Área da matrícula 475404
- Represas Billings e Guarapiranga
- ZEIS_1
- ZEIS_4
- ZEPAM
- ZM_a
- Município de São Paulo
- Google Satellite

0 0,1 0,2 0,3 0,4 0,5 km

Parque Linear Ribeirão Cocaia e Área de detalhamento

Lados A, B, C e área da matrícula 475404 (última desapropriada)

Fonte dos dados: Limites MSP, Parque Linear RC e Represa Billings - GEOSAMPA; Imagens de Satélite do MSP - Google Satellite; Área da Matrícula 475404 - SEHAB - Secretaria Executiva de Mananciais e Levantamentos de Campo; Lados A, B e C - Levantamentos de Campo
Concepção do mapa: César Simoni Santos
Elaboração do mapa: Thais Rodrigues Bueno da Silva

A primeira associação de moradores, que passou a funcionar em 2018 com o nome-fantasia de Associação Comunitária Vila União e Amigos do Bairro, respondia a uma organização originalmente fundada em 2012 e registrada para a outra área da cidade. A presidência da então declarada associação estava nas mãos do mesmo líder que havia organizado o início da ocupação. Contando já com uma estrutura de arruamento, o desenvolvimento do comércio local e o estabelecimento de um sentido de vizinhança, fomentados pelos primeiros moradores desse antigo enclave, valorizam os lotes remanescentes ou remanejados nas subáreas A e B. Muito rapidamente, já em 2018, a mesma associação começa a atuar intensamente na comercialização desses terrenos e, posteriormente, continua a fracionar a terra com o intuito da venda para interessados vindos de diversas outras partes da zona sul. Foi nesse momento que o fracionamento começou a avançar com mais intensidade sobre o Lado C.

Contam os moradores mais antigos que a disputa pela hegemonia no comércio ilegal dos lotes nesse enclave, principalmente a partir do momento em que a grande extensão e disponibilidade de terras do Lado C se torna o foco das ações de diferentes grupos, levou ao assassinato da primeira liderança local, o que abriu um vácuo de representação na organização do bairro. Após algumas tentativas da viúva do antigo líder e de outros grupos exógenos em dar continuidade à prática da venda ilegal de terrenos, uma nova associação, firmada agora na luta pelo direito à permanência na terra, é formada em agosto de 2020 e registrada em julho de 2021: a Associação Comunitária Parque Vila União.

Enquanto, desse modo, a organização social nos Lados A e B avançava, os moradores do Lado C permaneciam descobertos do apoio e da representatividade institucionalizados enquanto assistiam ao avanço do adensamento em sua direção. Após 2020, o Lado C, que continuou a enfrentar a ação de comerciantes ilegais, prosseguiu ganhando moradores numa velocidade muito maior do que era possível ser observado nos Lados A e B. O quadro, no entanto, modifica-se radicalmente na passagem para 2022, quando as intenções de construção de um conjunto habitacional no Lado C passam a ter impacto decisivo na movimentação demográfica na área. Isso fica explícito tanto com o início das obras no fim do primeiro semestre de 2022 quanto, segundo uma observação retrospectiva, com a sequência de eventos desencadeados desde o fim de 2021.

A desagregação da coletividade, em função da estrutura de comando e controle comunitário e da própria natureza do processo de ocupação do Lado C, enfraqueceu a representação dos moradores em face da intenção deliberada da prefeitura em dar início às obras na área. Essa situação favoreceu a entrada súbita do equipamento pesado e o início da movimentação de terra no Lado C, mesmo sem um diálogo claro com os moradores da área, pegando a população de surpresa, tanto que a primeira reação institucional ao avanço das obras, com poder de apontar os conflitos de interesses e as contradições normativas envolvidos na ação, veio da Promotoria do Meio Ambiente, e não dos movimentos sociais. Mais organizados, os Lados A e B permaneceram fora da mira das movimentações implicadas no soerguimento das estruturas edificáveis do conjunto habitacional, já que se localizam em área de Zepam, o que definiu um ritmo e uma cadência diferente na luta pela permanência na área.

As formas de assédio em favor do arranjo político-produtivo local: do álibi ao *sale boulot*

Dada a velocidade e violência das ações do poder público para a viabilização do empreendimento, em 28 de junho de 2022 a 2ª Promotoria de Justiça do Meio Ambiente da Capital do Ministério Público do Estado de São Paulo (MPSP) emite uma recomendação de suspensão das obras para a construção do conjunto habitacional no Lado C em função de possíveis irregularidades em relação às determinações previstas para a implantação do Parque Linear Cocaia, definidas segundo o PDEMSP de 2014. A Secretaria de Habitação do Município de São Paulo (Sehab), sem acatar a recomendação e em resposta, alega que

> [...] a implantação prevista para o Parque Cocaia em 2016 no PDE, não contemplava a situação encontrada no tempo presente, uma vez que a área sofre [...] processo acelerado de invasão, tornando-se necessária a revisão do perímetro destinado ao Parque.[435]

No documento, então, a Sehab mobiliza explicitamente a dinâmica social, expressa no avanço da ocupação irregular da área, como fundamento do redesenho da destinação da área, justificando o arranjo produtivo forjado em função da construção do Conjunto Habitacional Residencial Cocaia. Esse, contudo, não foi o único momento de recurso aberto à premissa da movimentação social como justificativa de conversão da finalidade da área.

Numa reunião realizada no dia 11 de outubro de 2022, no MPSP, coordenada pela Promotoria de Justiça de Habitação e Urbanismo da Capital, a Secretaria Executiva do Programa Mananciais (SEPM), que reúne a Sehab e a Secretaria do Verde e do Meio Ambiente (SVMA), novamente convocou o avanço da ocupação irregular e o crime organizado ligado ao fracio-

---

[435] *Cf.* Doc 066673032 do Processo 6014.2022/0001779-0 da PMSP.

namento e comercialização ilegais de terrenos como justificativa para a velocidade do início e execução das obras. A mobilização da premissa, nesse caso, apoiava-se em dois campos argumentativos: um deles ligado à urgência da construção sob o risco de uma tomada da área toda pelas práticas ilícitas que fixam irregularmente novos moradores na gleba; o outro pelo papel que a construção assumiria no bloqueio ao assentamento irregular potencialmente danoso à proteção dos mananciais.

O segundo campo argumentativo funda-se em dois momentos articulados: (1) no recurso à edificação como fator de inibição da ocupação irregular; e (2) no entendimento de que a edificação tal como projetada é uma solução adequada ao problema da degradação do patrimônio natural. Em que pese a Promotoria do Meio Ambiente ter identificado o risco da movimentação de terra na área para uma das nascentes e alguns indícios de manipulação cartográfica em documentos entregues pela SEPM, esse segundo campo argumentativo, na falta de ponderações e definições técnicas a respeito da efetividade do instrumento para as finalidades apresentadas, tem pouco valor. Sendo assim, excluindo-se seu efeito de impacto, novamente resta o campo de articulações entre a ocupação irregular da área e as ações da municipalidade para o desvendamento do papel que o agenciamento ilegal de lotes tem cumprido para a execução do projeto.

Um corolário possível a esse respeito é que o movimento de ocupação passava a figurar como álibi para a orquestração de um complexo político-produtivo de muito maior relevância para o arranjo de agentes envolvidos que aquele que poderia ter lugar com a destinação da gleba inteira para a implantação do parque. Desse modo, a movimentação social cumpriria, então, talvez inconscientemente, o seu desígnio como etapa no processo de mobilização política e econômica do espaço[436]. Essa não é uma hipótese descartável, mas dois aspectos precisam ser enfrentados na compreensão da complexidade do funcionamento desse dispositivo.

Em primeiro lugar, o princípio da espontaneidade social, habitualmente pressuposto nessa chave de leitura, não ajuda no desvendamento das relações mais intrincadas e que aparecem na base da viabilidade do arranjo político-produtivo. Forças com interesses não coincidentes com aqueles da promoção duradoura e consistente da moradia foram de crucial importância para o estabelecimento do assentamento comunitário. Ou seja, sabe-se que boa parte dos lotes, construídos ou não, principalmente no Lado C, foi adquirida mediante compra. Segundo estimativas de lideranças, das aproximadamente 1.500 famílias que chegaram a estabelecer residência na subárea, só algo em torno de 300 não teria se estabelecido mediante pagamento em dinheiro pelos seus lotes. Isso aponta, no plano mais superficial, para a atuação ostensiva de grupos interessados na rentabilidade do comércio ilegal de terras, ainda mais se tratando de uma gleba em litígio.

As práticas de negociação dos lotes variaram, a depender da posição do próprio lote no terreno e da época em que foram negociados. Mas chama atenção o fato de que um conjunto expressivo de adquirentes tenha em mãos um contrato de compra e venda, com firma reconhecida em cartório, acompanhado de uma certidão emitida em janeiro de 2020 pelo 11º Oficial de Registro de Imóveis da Comarca da Capital do Estado de São Paulo, que apresenta como proprietário do terreno a parte alienada em agosto do mesmo ano. O processo de desapropriação julgado procedente em favor da Prefeitura do Municipal de São Paulo (PMSP), no entanto, tramita desde 2011, tendo sido, já em 2013, expedido o primeiro ato de imissão na posse em favor da municipalidade. O registro na matrícula, contudo, só se deu em 2021 (Matrícula 475.404,

---

[436] ALVAREZ, I. P. A noção de mobilização do espaço em Henri Lefebvre. *Geousp*: Espaço e Tempo, São Paulo, v. 23, n. 3, p. 494-505, 2019.

Livro 2, do 11º Registro de Imóveis de São Paulo), deixando a brecha que foi explorada pelos agenciadores do comércio ilegal de lotes. Na época da maior parte das vendas, o terreno estava em litígio, portanto[437].

Essa conjuntura sugere, assim, um profundo conhecimento da situação processual e documental da gleba por parte dos promotores do loteamento ilegal, o que permitiu, justamente, que a relação entre elas fosse explorada como recurso de proteção ao negócio ilícito enquanto o nome do antigo proprietário era utilizado como garantia ilegítima de licitude das vendas. A disputa que continua até hoje em torno dos valores a serem indenizados pela desapropriação e que gerou dúvidas em relação à metragem exata da gleba envolveu também a manifestação dos interesses de seu antigo proprietário em obter maiores vantagens no processo de alienação. É sabido, pelo que se acompanha da movimentação social nesse fragmento da cidade, que, já no primeiro ano da ocupação, a presença de grupos ligados ao regramento comunitário e aos negócios ilegais com a terra era uma realidade na área, o que não está ausente nas apreciações da prefeitura e da procuradoria[438].

A brecha temporal aberta pelo litígio não implicou somente o nome do antigo proprietário da gleba na venda ilegal de lotes, mas isentou parcialmente a municipalidade de ações inibidoras. Contudo, a prática comercial ilícita não chegou a ser completamente interrompida, mesmo após o registro de imissão na posse na matrícula do imóvel. Assim mesmo, os negócios ilegais no varejo e a mobilização de grupos que fomentaram a ocupação popular da área começam a figurar na base da justificativa de ações que pressupõem o enterro da proposta de aproveitamento da gleba inteira na concepção do Parque Linear Ribeirão Cocaia: a presença de uma estrutura comunitária e de um assentamento popular, resultantes do comércio ilegal de lotes, transfigura-se na justificativa de um negócio capaz de movimentar somas bastante mais significativas de dinheiro que aquele ligado à destinação de toda área à instalação do parque.

A reorientação do destino da área abriu uma nova frente para a construção de aproximadamente 3 mil unidades habitacionais na gleba. Para se ter uma ideia, de acordo com o quinto termo de aditamento do contrato de execução de obras celebrado entre a PMSP e a Transvias Construções e Terraplenagem (030/2012; Processo 2011-0.358.990-0), datado de 20 de novembro de 2020, altera-se o contratual vigente para um valor superior aos R$ 410.000.000, ainda que o processo de

---

[437] Ainda que não sejam foco deste trabalho os montantes negociados na empresa ilegal, é importante situar algumas informações a esse respeito. Não gratuitamente, portanto, os negócios com a venda de lotes no Lado C estiveram justamente no centro das disputas que resultariam, em 2020, na morte do primeiro dirigente do assentamento na área. Para se ter uma ideia do montante negociado com a venda ilegal de lotes desde 2019, quando a entrada de novas famílias se intensificou no Lado C, considera-se, por baixo, que 1.200 famílias adquiriram seus respectivos terrenos por meio da compra e que uma média plausível do montante pago por família, mas provavelmente ainda subestimada, poderia ser estabelecida em torno dos R$ 22.000,00. Isso nos daria um valor de referência para estimar o montante mobilizado com a venda ilegal de terrenos somente no Lado C como algo da ordem de R$ 26.400.000,00, uma soma equivalente à cinco vezes a indenização paga pela prefeitura no processo de desapropriação da gleba inteira (que envolve, além da área C, as áreas A e B) no valor total de R$ 5.377.312,17. Claro que esses montantes aproximados são estimativas e têm valor mais como imagem do que por sua precisão, principalmente ao considerar a média do que foi pago pelas famílias na aquisição de seu terreno. A variação observada nas entrevistas nesse quesito atinge uma amplitude que vai dos R$ 3.000,00 aos R$ 90.000,00. Os valores maiores foram pagos por aqueles que chegaram antes da pandemia, e hoje em dia a venda está praticamente extinta. Uma das primeiras moradoras do Lado C, que chegou quase ao mesmo tempo em que se estruturava a ocupação nos Lados A e B, conta que pagou R$ 50 mil na aquisição de seu terreno quando, na área, não havia vizinhança ou morador algum. Anúncios na página de Facebook da antiga associação anunciam, já em 2018, a venda de lotes por preços que vão de R$ 75 a R$ 85 mil reais.

[438] Até onde esta pesquisa avançou, não se pode saber ao certo quem são os verdadeiros responsáveis e aqueles que se apropriaram das sofridas poupanças das famílias de trabalhadores que se assentaram na região. A forma de negociação, que contou sempre com um exército, variado no espaço e no tempo, de testas de ferro — que negociavam e assinavam os contratos frios —, dificulta sobremaneira o acesso aos gerentes da rede de negócios. Isso ocorre principalmente quando cada um desses agentes subalternos que emprestam o seu nome à empresa ilegal, após uma venda ou um conjunto pequeno de negociações, vê-se na iminência de desaparecer do radar da população local e das instituições. Mas, de acordo com as palavras de seu Salvador, um dos entrevistados para este trabalho, *"não tem negócio ilegal sem um grande acordo"* (informação verbal).

desapropriação da gleba tenha se sustentado, desde o início, na destinação da área para a implantação do parque (Decretos Municipais 48.815, 11 out. 2007, e 51.174, 7 jan. 2010), o que, aliás, tem impacto sobre os valores implicados na indenização.

Além de a presença irregular crescente de novos moradores na área ter sido mobilizada como justificativa para a celeridade e urgência do início das obras, o avanço da ocupação irregular atua como fator de descaracterização efetiva do potencial natural local, o que pode inviabilizar os propósitos de destinação da gleba para a construção de um parque. Desse ponto de vista, os negócios ilegais são duplamente incorporados como momento tático de reafirmação do projeto de utilização da área para a construção, constituindo, assim, o primeiro passo numa cadeia que vai terminar com a consagração do arranjo político-produtivo, o qual, para prosperar, precisa promover, no momento seguinte, o esvaziamento da área.

O segundo aspecto apresenta-se, então, a partir da mudança no comportamento dos grupos responsáveis pelo disciplinamento social na área, o que passa a fornecer também um indício para a compreensão da mudança de fase com relação ao sentido da movimentação demográfica local. A partir de um determinado momento, que se estende desde o fim de 2021 e avança sobre 2022, a comunidade relata ter começado a sofrer ameaças de despejo e demolição de suas casas. É comum ouvir histórias de moradores e lideranças da área sobre ações de desfazimento que ocorreram sem o acompanhamento de um oficial de justiça ou a apresentação de uma determinação judicial. É nessa fase também que a oferta de seis meses de auxílio-aluguel passa a compor a cesta de artifícios implicados com as remoções, com as ameaças em relação às possibilidades de permanência na área e os constrangimentos do patrulhamento ostensivo de seguranças privados. É nesse contexto que grupos extraoficiais ligados informalmente à organização das relações na área passam a apoiar a saída de famílias e interrompem a antiga modalidade de compra e venda de lotes.

Alguns episódios evidenciam esse posicionamento. Num primeiro momento, um novo acordo entre o movimento dos moradores e integrantes locais de tais entidades extraoficiais deixava claro o papel e o campo de atuação de cada um deles, com o comprometimento da parte dos moradores em não incitar a permanência daqueles que não estivessem convictos na causa. Após esse momento e com a intensificação das ações para a remoção, começam a aparecer casos em que a cobrança de dívidas contraídas direta e informalmente na própria área passa a assombrar moradores, que, em função disso, abandonam suas respectivas casas. Esse foi o mesmo momento em que se ouve falar, também, da perseguição que tais grupos extraoficiais infligiram a uma liderança local. Nesse período de aproximadamente um ano e que se estende até outubro de 2022, só a subárea C perde mais de mil famílias, de acordo com a contabilidade das lideranças locais. A área como um todo se torna, assim, mais uma zona de emissão do que de acolhimento de moradores. Com isso, a participação desses dispositivos não oficializados e, muitas vezes, ilegais penetra na base da programação do arranjo produtivo, colocando os ilegalismos no fundamento de um negócio forjado no âmbito da política social.

Um dado que reforça os vínculos entre essa movimentação e o direcionamento das ações para o início da construção, mais que para o estabelecimento do parque, diz respeito ao próprio polígono onde se concentram os esforços de remoção. É no Lado C, na parte grafada como Zeis 4 e destinada nos planos atuais da PMSP para acolher as novas edificações, portanto, que as intervenções das mais diversas naturezas e a mobilização dos valores do auxílio-aluguel estão sendo conduzidas com o propósito do esvaziamento o mais rápido possível. As subáreas A e B — pacíficas nos termos da interpretação da lei para as finalidades de implementação do parque, porque grafadas como Zepam, situadas às margens do Ribeirão Cocaia e as mais adensadas em termos construtivos, onde, por isso, segundo esse princípio e o próprio fundamento da conservação ambiental mobilizado pela Secretaria Executiva do Programa Mananciais, deveriam estar concentrados os esforços de restauração — saíram da mira das ações de desfazimento, remoções e inibição, sem que, igualmente, tenha sido formalizada ou dado ganho de causa à situação de seus moradores. A distribuição espacial das ações ligadas à incitação da transferência demográfica corrobora a definição de uma ordem de prioridade que se afasta da defesa das determinações de proteção ambiental frequentemente empregada na retórica de defesa da atuação, no mínimo prematura, do poder público[439].

Assim, outro aspecto associado a essa distribuição está ligado à velocidade com que o início das obras no Lado C vem ocorrendo. Além de a Sehab não ter acatado a recomendação da Promotoria de Justiça do Meio Ambiente, que pedia pela suspensão das atividades, as obras tiveram início sem a aprovação do Grupo de Análise e Aprovação de Projetos Habitacionais do Estado de São Paulo (Graprohab), conforme admitido pela própria SEPM na reunião do dia 11 de outubro de 2022, ocorrida no auditório da Escola Superior do MPSP. Além disso, todo o projeto e o início da execução da obra foram feitos sem a constituição de um conselho gestor Zeis.

A hipótese com a qual trabalha a Promotoria do Meio Ambiente se assenta também nos possíveis danos causados pela movimentação de terra, decorrente do início da terraplenagem, na configuração de um quadro de irreversibilidade que possa condenar a área à perda permanente de suas características capazes de justificar a destinação da gleba para a implantação do parque. A impropriedade, pela desagregação de sentido, da preservação da área, que assentiria a construção no perímetro, resulta, desse modo, da própria atividade construtiva beneficiada, assim, pela descaracterização das potencialidades naturais do terreno. Soma-se a isso não só o papel da ocupação irregular, mas o próprio início da construção, que, além do potencial predatório, carrega o apelo à natureza inercial das grandes obras uma vez já instaladas, que, pelos recursos empreendidos, pelo trabalho materializado, pelas expectativas criadas e pela adequação do terreno, torna qualquer tentativa de reversão incomensuravelmente mais onerosa e força o descrédito às posições contrárias ao projeto em curso.

A velocidade com a qual as obras passaram a ser conduzidas, além de estratégica do ponto de vista da produção de ancoragens irreversíveis e, portanto, das garantias à execução do projeto da prefeitura, é parte do instrumental empregado na remoção, como reforço à própria agilidade das ações demandada pela estratégia global. Para que se pudesse avançar com as obras, a liberação da área, agora, torna-se a premissa iminente. A urgência impressa no conjunto de ações simultâneas e complementares constitui, então, o fundamento de uma violência ainda maior e sem precedentes, para a qual contribui o próprio início das obras e as operações de terraplenagem, que assombram e colocam em risco ainda a circulação na área, para o que também se pode contar com os emparedamentos circundante e no interior da gleba. O deslocamento, o depósito e a acomodação da terra removida nas ultraproximidades das casas foram também instrumentos utilizados na coação dos moradores para que deixassem a área, colocando em risco real a própria moradia e integridade de seus habitantes: daí sua efetividade pela ameaça última, aquela que atenta contra a vida. Além dos relatos, flagraram-se nas visitas à área muitas situações em que montanhas de terra ou taludes artificiais foram movimentados de forma a posicionar suas bases no limite dos muros ou paredes das

---

[439] Essa observação tem o único propósito de apontar as incoerências entre a fundamentação retórica que embasa o discurso da SEPM e o conjunto de medidas que vêm sendo adotadas por parte dessa mesma secretaria. Não se coloca em causa aqui a legitimidade da luta pela permanência na área encampada pelos moradores dos Lados A e B. O presente estudo não traz elementos para que se possa defender qualquer posição em relação ao tema.

casas, deixando essas moradias na linha de drenagem ou de escorregamentos. No repertório desse universo de constrangimentos, tomou lugar também a produção dessa topografia instável e hostil (Figuras 10.3, 10.4 e 10.5).

Figuras 10.3, 10.4 e 10.5 – Moradias na linha de drenagem e de escorregamentos

Legenda: Na primeira foto (acima), tirada em 22 out. 2022, no mesmo alinhamento da casa mais à direita na imagem, bem como em outras partes da gleba, outras unidades em condições similares já haviam sido desfeitas ou inteiramente soterradas, tendo seus moradores abandonado residência na área. Esta, que abriga dois adultos e três crianças, resiste em condições muito adversas, enfrentando o constante depósito de material terroso e o escoamento de águas pluviais na área de circulação do lote e tendo ameaçada, assim, a integridade de suas estruturas bem como a vida de seus moradores. As duas fotos seguintes, tiradas em 13 ago. 2022, mostram uma casa que, na data da primeira foto, já havia sido completamente desfeita. Fonte: acervo do autor (2022)

A velocidade seria, assim, um dos eixos estruturantes da estratégia que visa garantir a implementação a qualquer custo do projeto tal como programado e defendido atualmente pelo Programa Mananciais. Com isso, um resultado possível seria, finalmente, a destinação do perímetro às ações do arranjo político-produtivo, suplantando com ardil os passos do trâmite formal: a imposição, portanto, de um projeto amparado na retórica ambiental que prejudica os fatores de preservação do meio ambiente; de um projeto de interesse social conduzido às custas de dano maior à população.

O novo momento da dinâmica territorialmente expansionista

Algumas análises apontaram uma tendência à circulação não mercantil da habitação nas condições em que ela passou a ser produzida no Brasil, desde muito cedo. Práticas populares ligadas à construção da moradia, como o mutirão, por exemplo, reforçaram a aposta numa modalidade de provimento habitacional que ocorreria por fora de um circuito estrito de mercado ou de relações puramente mercantis[440]. A perspectiva da crítica à razão dualista teve papel importante na moderação dessas expectativas, apontando justamente para a função que o provimento não completamente mercantilizado da habitação desempenhava na acumulação, na distribuição e na produção de valores na moderna economia industrial que se implantava em território brasileiro. Mas, ainda assim, teve de reconhecer os traços definitivamente não clássicos desse mercado e, com isso, se apoiar na incipiência de relações que se fundavam mais sobre as premissas de uma acumulação primitiva estrutural do que nas leis de uma economia especificamente capitalista[441]. Esse talvez tenha constituído um modo particular de lidar com a produção e oferta da mercadoria impossível. Foi bastante abordado também o papel dos ganhos de natureza estritamente fundiária na oferta habitacional, de forma que a produção de habitações não chegava a aparecer no centro dessas análises e, muitas vezes, nem mesmo das estratégias de acumulação de muitos grupos que se beneficiaram da demanda habitacional, e que a relegavam, portanto, a um momento auxiliar na realização dos ganhos improdutivos com a terra[442].

Historicamente, as formas de produção, circulação e consumo que procuraram contornar a impossibilidade do provimento habitacional no estrito âmbito das relações de mercado, na verdade, não o fizeram viabilizando a habitação como uma mercadoria que pudesse circular num mercado de massas. Elas desviaram-se, justamente, do caráter mercantil da produção e oferta de habitações. Hoje, no entanto, a articulação entre as formas do endividamento familiar e o recurso a um universo de práticas ilegais na organização de parte da oferta habitacional parece ter avançado na inclusão da casa como um objeto mais adequado à sua própria circulação integral no mercado. Poder-se-ia argumentar, no entanto, que os ilegalismos associados a essa forma de provimento habitacional seriam ainda marcas de sua inviabilidade mercantil atual, que emergem como estratagemas para transpor ou burlar etapas prescritas para a realização da casa como mercadoria. Contudo, na maior parte das vezes, a ilegalidade está ligada a obtenção, retenção e troca do terreno, permitindo, portanto, ao negócio contornar o problema da disponibilidade do substrato fundiário para a realização da atividade produtiva, que, por sua natureza fundamentalmente não mercantil, é irreprodutível e encontra severas limitações para sua livre oferta no mercado. Desse ponto de vista, na maior parte dos casos, a ilegalidade resolve o problema do enfrentamento entre terra e capital, tirando do horizonte do processo de acumulação o problema ligado à propriedade fundiária.

No caso em análise, a participação da empresa ilegal não parece ter se desviado da vocação em lidar com a liberação da base fundiária. Mas, aqui, sua posição subordinada definiu uma atuação em dois momentos: o do destravamento da destinação de parte da gleba para a construção, num primeiro momento, com a produção do álibi para a ação do arranjo político-produtivo, justamente na medida em que orientava a ocupação da área e o avanço irregular do assentamento; e do esva-

---

[440] MARICATO, 1982; ROLNIK, R.; BONDUKI, N. Periferia da Grande São Paulo: reprodução do espaço como expediente de reprodução da força de trabalho. In: MARICATO, E. (org.). *A produção capitalista da casa (e da cidade)*. São Paulo: Alfa Omega, 1982. p. 117-154.

[441] OLIVEIRA, 1972.

[442] KOWARICK, 1980; SANTOS, M. *Metrópole corporativa fragmentada*: o caso de São Paulo. São Paulo: Nobel, 1990.

ziamento do terreno, em seguida, atuando na redução dos focos de resistência e na condução de algumas remoções. Nesse sentido, o que o caso em análise revela é que a produção da cidade como negócio deve considerar a dimensão dos negócios ilegais como um momento integrado à acumulação e multifacetado em relação às suas formas de participação na abertura de novas frentes de investimento. Aqui, a atuação dos grupos ilegais e as práticas ilícitas atuaram em favor da viabilização do arranjo político-produtivo e no foco de um negócio de aproximadamente R$ 0,5 bilhão, que arrisca se generalizar e a se tornar parte de um modelo.

O que chama atenção nessa conjuntura específica não é mais, no entanto, a recorrência e difusão da penetração dos ilegalismos no universo dos negócios imobiliários ordinários em áreas de ocupação recente, mas a sua inclusão no horizonte de programação das ações institucionais orquestradas pelo poder público. Esse se torna o elemento empírico nuclear que habilita o recurso às dimensões conceituais do Estado em suas margens, como propuseram Veena Das e Deborah Poole em 2004, e do Estado integral, ou Estado ampliado, gramsciano, ambos já mencionados aqui e em outros trabalhos desta pesquisa. Contudo, ao observar o mesmo fenômeno com as ferramentas analíticas legadas pelas vertentes do chamado neoinstitucionalismo histórico, a hipótese ganha ainda mais força. Normalmente mobilizada para acompanhar a penetração das pautas e interesses de segmentos da sociedade civil no seio da estrutura de Estado, a noção de "encaixe institucional", quando conjugada à análise da "capacidade estatal"[443], abre a possibilidade para a compreensão das formas e dos recursos mobilizados pelo Estado para a implementação das "políticas pretendidas" e de sua própria projeção no território. De acordo com Doug McAdam, Sidney Tarrow e Charles Tilly[444], "capacidade estatal" significa "o grau de controle que os agentes estatais exercem sobre pessoas, atividades e recursos localizados no interior de sua própria jurisdição territorial de governo", e a expansão dessa capacidade pode ocorrer, ainda, segundo processos que envolvem "a penetração dos Estados centrais nas periferias geográficas" e a "ampliação nos meios de implementação das políticas pretendidas". Entendendo também que, nessa perspectiva, nas situações de "tensionamentos transgressivos" (*trasgressive contentions*), a relação entre Estado e sociedade "usualmente envolve a formação de novos atores políticos ou a inovação em relação aos meios da política, ou ambos, ainda"[445], observa-se que o ambiente inovativo cria aberturas adicionais para a incorporação de ilegalismos no seio da ação estatal. São nessas condições que a resolução da própria relação entre Estado e sociedade "adota meios inéditos ou proibidos no interior do regime em questão"[446] e que o mundo do crime, como um ator reposicionado no âmbito da política, constitui o lastro para o desenho de novos arranjos e "mecanismos" implicados na implementação da "política pretendida". Verifica-se que a expansão da capacidade estatal, nesses termos, ocorre por meio da mobilização de atores não reconhecidamente estatais atuando na ponta da viabilização da política pública e que, portanto, a articulação com o mundo do crime nos apresenta um caso em que o "encaixe institucional" se revela menos na projeção do ator supostamente não estatal no interior do Estado do que o seu inverso, com a projeção do Estado e sua política no território com base no recurso a uma organização não institucional. É nesse

---

[443] McADAM, D.; TARROW, S.; TILLY, C. *Dynamics of contention*. Cambridge: Cambridge University, 2001; LAVALLE, A. G. *et al*. Movimentos sociais, institucionalização e domínios de agência. *In*: LAVALLE, A. G. *et al*. (org.). *Movimentos sociais e institucionalização*: políticas sociais, raça e gênero no Brasil pós-transição. Rio de Janeiro: Uerj, 2019. p. 21-88; SKOCPOL, T. Bringing the State back in: strategies of analysis in current research. *In*: EVANS, P.; RUESCHEMEYER, D.; SKOCPOL, T. (ed.). *Bringing the State back in*. Cambridge, UK: Cambridge University, 1985.
[444] McADAM; TARROW; TILLY, 2001, p. 78.
[445] *Ibidem*, p. 8.
[446] *Idem*.

sentido também que "a implementação de políticas é delineada não somente pelos instrumentos políticos disponíveis no Estado, mas também pelo suporte organizado que ele recebe de grupos sociais chave"[447].

De acordo com Polanyi[448], historicamente a formulação de um conjunto de dispositivos antimercado amparou-se no "princípio da proteção social, cuja finalidade era preservar o homem e a natureza, além da organização produtiva". O problema é que, no atual estágio de reprodução das forças econômicas, o ponto de equilíbrio pelo qual se conseguia ainda alguma proteção para homem e natureza foi alterado profundamente e eles tiveram de ser de novo e quase que integralmente colocados à venda. A esse respeito, o que se nota do caso em tela é que, além do moroso jogo de forças na cena política e das disputas em torno do direito, a ultrapassagem das barreiras para o mercado e para a disponibilização mercantil dos fatores protegidos nesse âmbito passa pelo recurso ao "crime" e aos ilegalismos, que se tornam, desse modo, mais um dispositivo da neoliberalização[449]. Assim, portanto, além de instância na qual são forjadas, com maior liberdade e sem os entraves da lei, novas modalidades e frentes de negócios relativamente autônomos ou independentes, as práticas ilícitas emprestam seus talentos a muitos empreendimentos coroados pelos ritos da oficialidade, dotando-os de agilidade. Uma vez que a oferta de mão de obra parece não ser mais um problema, em tempos de profunda crise do emprego, é o contorno da legislação que se coloca no horizonte da captura do fundo público e da mobilização produtiva do capital.

O que o caso em análise mostra é que, além da participação de grupos extraoficiais na orientação do provimento habitacional feito no varejo, as práticas ilícitas se tornam importantes peças na produção em escala das condições de redirecionamento do fundo público.

Referências

ALVAREZ, I. P. A noção de mobilização do espaço em Henri Lefebvre. *Geousp*: Espaço e Tempo, São Paulo, v. 23, n. 3, p. 494-505, 2019.

ARANTES, P. A fratura brasileira do mundo. *In*: ARANTES, P. *Zero à esquerda*. São Paulo: Conrad, 2004. p. 25-78.

BOLAFFI, G. Habitação e urbanismo: o problema e o falso problema. *In*: MARICATO, E. (org.). *A produção capitalista da casa (e da cidade) no Brasil industrial*. São Paulo: Alfa Omega, 1982. p. 37-70.

BRASIL. Ministério da Cidadania. *Financiamento da assistência social no Brasil*: nota técnica de monitoramento. Brasília: Ministério da Cidadania, dez. 2019.

BRUNO, M. Financiarisation et accumulation du capital productif au Brésil les obstacles macroéconomiques à une croissance soutenue. *Revue Tiers Monde*, Paris, n. 189, p. 65-92, 2007.

CAMPOLIM, J. B. *A produção capitalista do espaço nas brechas da formalidade*: a favela do Jd. Panorama. 2022. Dissertação (Mestrado em Geografia Humana) – USP, São Paulo, 2022.

CASTELLS, M. Posfácio de 1975. *In*: CASTELLS, M. *A questão urbana*. São Paulo: Paz e Terra, 2000. p. 547-590.

CASTILLO COUVE, M. J. Competencias de los pobladores: potencial de innovación para la política habitacional chilena. *Revista Invi*, Santiago, CL, v. 29, n. 81, p. 79-112, 2014.

---

[447] SKOCPOL, 1985, p. 20.
[448] POLANYI, 2012, p. 148.
[449] PECK, 2010.

DARDOT, P.; LAVAL, C. *A nova razão do mundo*: ensaio sobre a sociedade neoliberal. São Paulo: Boitempo, 2016.

FELTRAN, G. O legítimo em disputa: as fronteiras do "mundo do crime" nas periferias de São Paulo. *Dilemas*: Revista de Estudos de Conflito e Controle Social, Rio de Janeiro, v. 1, n. 1, p. 93-126, 2008.

FERRARO, E. *Reciprocidad, don y deuda*: relaciones y formas de intercambio en los Andes ecuatorianos - la comunidad de Pesillo. Quito: Flacso: Abya-Yala, 2004.

FOUCAULT, M. *Segurança, território, população*: curso dado no Collège de France (1977-1978). São Paulo: Martins Fontes, 2008.

GENTIL, D.; BRUNO, M. *Endividamento das famílias e expropriação salarial no Brasil*: o motor da acumulação financeira na pandemia e além. Rio de Janeiro: Foncate, 2021.

HARVEY, D. *O neoliberalismo*: história e implicações. São Paulo: Loyola, 2008.

INSTITUTO DE ESTUDOS SOCIOECONÔMICOS (INESC). *A conta do desmonte*: balanço do Orçamento Geral da União. Brasília: Inesc, 2021.

INSTITUTO DE ESTUDOS SOCIOECONÔMICOS (INESC). *O Brasil com baixa imunidade: balanço do Orçamento Geral da União.* Brasília: Inesc, 2019.

KOWARICK, L. *A espoliação urbana*. São Paulo: Paz e Terra, 1980.

LAPAVITZAS, C. Financialised capitalism: crisis and financial expropriation. *Historical Materialism*, London, v. 7, e2, p. 114-148, 2009.

LAVALLE, A. G. et al. Movimentos sociais, institucionalização e domínios de agência. *In*: LAVALLE, A. G. et al. (org.). *Movimentos sociais e institucionalização*: políticas sociais, raça e gênero no Brasil pós-transição. Rio de Janeiro: Uerj, 2019. p. 21-88.

LAVINAS, L. *The takeover of social policy by financialization*: the Brazilian paradox. New York: Palgrave Macmillan, 2017.

LEFÈVRE, R. Notas sobre o papel dos preços de terrenos em negócios imobiliários de apartamentos e escritórios na cidade de São Paulo. *In*: MARICATO, E. (org.). *A produção capitalista da casa (e da cidade)*. São Paulo: Alfa Omega, 1982. p. 95-116.

LIMA, G. R. B. Mudança do perfil atendido pelas políticas públicas habitacionais e aumento dos bens não de uso: endividamento, retomada de imóveis e mais impacto na população de baixa renda. *Geousp*: Espaço e Tempo, São Paulo, v. 26, n. 3, 2022.

MARICATO, 1982; ROLNIK, R.; BONDUKI, N. Periferia da Grande São Paulo: reprodução do espaço como expediente de reprodução da força de trabalho. *In*: MARICATO, E. (org.). *A produção capitalista da casa (e da cidade)*. São Paulo: Alfa Omega, 1982. p. 117-154.

MARICATO, E. Autoconstrução, a arquitetura possível. *In*: MARICATO, E. (org.). *A produção capitalista da casa (e da cidade)*. São Paulo: Alfa Omega, 1982. p. 71-94.

McADAM, D.; TARROW, S.; TILLY, C. *Dynamics of contention*. Cambridge: Cambridge University, 2001.

OLIVEIRA, F. Crítica à razão dualista. *Estudos Cebrap*, São Paulo, n. 2, p. 4-82, 1972.

OLIVEIRA, F. *Os direitos do antivalor*: a economia política da hegemonia imperfeita. Petrópolis: Vozes, 1998.

PAULANI, L. *Brasil delivery*. São Paulo: Boitempo, 2008.

PECK, J. *Constructions of neoliberal reason*. New York: Oxford University, 2010.

PINO VÁSQUEZ, A.; OJEDA LEDESMA, L. City and informal habitat: illegal occupation of land and self-help construction in the ravines of Valparaíso. *Revista Invi*, Santiago, CL, v. 28, n. 78, p. 109-140, 2013.

POLANYI, K. *A grande transformação*: as origens da nossa época. Rio de Janeiro: Elsevier, 2012.

SADER, E. *Quando novos personagens entram em cena*. Rio de Janeiro: Paz e Terra, 1988.

SANTOS, M. *Metrópole corporativa fragmentada*: o caso de São Paulo. São Paulo: Nobel, 1990.

SIMONI-SANTOS, C. Espaços penhorados e gestão militarizada da fronteira urbana. *In*: BARROS, A. M. L.; ZANOTELLI, C. L.; ALBANI, V. (org.). *Geografia urbana*: cidades, revoluções e injustiças: entre espaços privados, públicos, direito à cidade e comuns urbanos. Rio de Janeiro: Consequência, 2020. p. 273-304.

SIMONI-SANTOS, C. Fragmentação do espaço, crime e violência: para além da governamentalidade. *In*: CARLOS, A. F. A.; RIZEK, C. S. (org.). *Direito à cidade e direito à vida*: perspectivas críticas sobre o urbano na contemporaneidade. São Paulo: IEA, 2022. p. 149-177.

SIMONI-SANTOS, C.; CARVALHO, H. Subsidized housing in the metropolis of São Paulo: typological and geographic changes from boom to bust. *In*: ALVES, M.; APPERT, M.; MONTÈS, C. (ed.). *Highrise living and the inclusive city*: new contexts old questions? Wilmington: Vernon, 2023. No prelo.

SKOCPOL, T. Bringing the State back in: strategies of analysis in current research. *In*: EVANS, P.; RUESCHE-MEYER, D.; SKOCPOL, T. (ed.). *Bringing the State back in*. Cambridge, UK: Cambridge University, 1985. p. 3-38.

STREECK, W. *Buying time*: the delayed crisis of democratic capitalism. London: Verso, 2014.

TOPALOV, C. Análise do ciclo de reprodução do capital investido na produção da indústria da construção civil. *In*: FORTI, R. (org.) *Marxismo e urbanismo capitalista*. São Paulo: Ciências Humanas, 1979. p. 53-80.

TOPALOV, C. *Logement en France*: histoire d'une marchandise impossible. Paris: Fondation Nationale des Sciences Politiques, 1987.

VERÁS, M. P. B.; TASCHNER, S. P. Evolução e mudanças nas favelas paulistanas. *Espaço e Debates*: Revista de Estudos Regionais e Urbanos, São Paulo, ano 10, n. 31, p. 52-71, 1990.

11

MODO URBANO DE (RE)PRODUÇÃO: APONTAMENTOS PARA O DEBATE DA ATUALIDADE DO ESPAÇO URBANO

Márcio Piñon de Oliveira

*Se a produção apresenta forma capitalista,
apresenta-a também, necessariamente, a reprodução.
(Karl Marx)*

Desde que as cidades deixaram de ser apenas espaços de relações que abrigavam centralidades, concentravam excedentes do campo e assentavam o *locus* do poder político e sua reprodução para se tornarem lugares de (re)produção e consumo capitalista em escalas que tendem ao global, seus espaços igualmente tornaram-se mercadorias e, cada vez mais, alvos de disputas e negócios que promovem a sua permanente (re)configuração de acordo com interesses do capital, em especial do capital financeiro, contemporaneamente, e das classes que ocupam posições estratégicas e gerenciais no Estado.

Em *Espaço e política*, como nos lembra Martins, em prefácio a tradução brasileira, Lefebvre[450] adverte-nos para a necessidade de se considerar "a produção numa acepção mais ampla e rica que a habitual", que não se limite à fabricação de coisas no espaço. Como ressalta na referida obra: "Era insuficiente definir o espaço a partir de sua vinculação à produção em sentido estrito, abordá-lo tão somente como uma condição ou instrumento para a produção, a troca e o consumo e/ou como objeto ou coleção de objetos".

Assim, para efeito de nossa análise neste ensaio, procuraremos considerar a (re)configuração do urbano — terra, trabalho e capital — num sentido *lato*, tal como se apresenta/manifesta no âmbito do vivido e das práticas espaciais, conforme a dimensão dos fenômenos na (re)produção das relações de produção, que, no dizer de Lefebvre,

> [...] não coincide mais com a reprodução dos meios de produção; ela se efetua através da cotidianidade, através dos lazeres e da cultura, através da escola e da universidade, através das extensões e proliferações da cidade antiga, ou seja, através do espaço inteiro.[451]

É nessa perspectiva que encaminharemos a nossa reflexão, muito embora a provocação inicial para o debate sobre a acumulação capitalista e a produção do espaço urbano nos sinalize um retorno às categorias originalmente propostas por Marx, na análise/desvendamento dessa acumulação, a saber, **terra, trabalho e capital**, a título de atualização ao urbano hoje, o que torna a tarefa desse debate muito mais desafiadora e complexa. Contudo, entendemos que esse retorno é muito mais profundo e sua altura requer uma agenda de estudo, pesquisa e discussões muita mais extensa e meticulosa, para além deste momento e apontamentos, para não corrermos o risco de uma análise vulgar e ligeira.

---

[450] LEFEBVRE, H. *Espaço e política: O direito à cidade II*. 2. ed. revista e ampliada. Tradução de Margarida Maria de Andrade, Pedro Henrique Denski e Sérgio Martins. Belo Horizonte: UFMG, 2016. v. 2. p. 8. Originalmente publicada em 1972.
[451] *Idem*.

Nesse sentido, apresentaremos alguns elementos ou pontos que consideramos importantes e que podem contribuir para o desenrolar do nosso debate, a propósito da acumulação capitalista e da (re)produção do urbano.

1

Rosa Luxemburg[452], na clássica obra *Acumulação do capital*, ao tratar, na sua primeira parte, do "Problema da reprodução", assinala que "um dos maiores serviços prestados por Marx à Economia Política teórica foi o seu modo de expor o problema da reprodução do **capital social em conjunto**"[453]. Para a autora, à primeira vista, não há necessidade de se distinguir o conceito de reprodução do conceito de produção. Considerava-se, simplesmente, a reprodução como "produção nova, repetição, renovação do processo de produção". Contudo, acrescenta,

> [...] a renovação constante do processo de produção comporta um elemento especial e muito importante [...]. A repetição regular da produção é a base e a condição geral do consumo regular e, portanto, da existência cultural da sociedade humana em todas as suas formas históricas. Nesse sentido, o conceito da reprodução encerra um **elemento histórico-cultural**.
> A produção não poderia repetir-se, a reprodução não poderia ocorrer, se, como resultado dos períodos de produção anteriores, não ficassem de pé determinadas condições tais como instrumentos, matérias-primas, força de trabalho.[454]

Outro aspecto importante destacado pela autora é de que há, no processo da produção,

> [...] em todos os graus da evolução social, uma unidade formada por dois elementos distintos, embora intimamente relacionados: **as condições técnicas e as sociais**, isto é, da relação dos homens com a natureza e da relação dos homens entre si. A reprodução depende em igual grau de ambos os fatores.[455]

Desse modo, a autora não desvincula a técnica das relações sociais de produção, pois há uma unidade em movimento, da qual depende, também, a reprodução.

Em suma, a partir dos elementos destacados por Luxemburg[456], é possível considerar sobre a reprodução:

a. a sua dimensão ampla e indissociável à produção no conjunto da sociedade;

b. a sua dimensão histórico-cultural, que associa diferentes períodos no tempo;

c. a sua dimensão de unidade pelas condições técnicas (relação homem-natureza) e sociais (relação homem-homem).

Em todos os três aspectos destacados, é imprescindível o papel do espaço como meio, mediação e condição para a realização da reprodução.

---

[452] LUXEMBURG, R. *A acumulação do capital*: estudo sobre a interpretação econômica do imperialismo. Tradução de Moniz Bandeira. Rio de Janeiro: Zahar, 1970. Originalmente publicada em 1912.

[453] *Ibidem*, p. 11, grifo nosso.

[454] *Ibidem*, p. 12, grifo nosso.

[455] *Ibidem*, p. 13, grifo nosso.

[456] LUXEMBURG, 1970.

2

Henri Lefebvre[457], em *A re-produção das relações de produção*, assinala que o conceito de "re-produção das relações sociais de produção" "possui um alcance global e sintético", para além do seu potencial de descrição e análise crítica do "real".

> Este conceito designa um processo complexo que **arrasta consigo contradições e não só as repete, as re-duplica, mas também as desloca, as modifica, as amplifica**. Hoje, mal se deixa este terreno relativamente firme, não se tem outro recurso que não seja o dessas metáforas: os fluxos, os agregados etc.[458]

Mais do que ampla e indissociável da produção, como nos lembrara Luxemburg[459], a (re)produção arrasta consigo, também, as contradições (e é parte delas), "as desloca, as modifica, as amplifica". Tal afirmação de Lefebvre é essencial para o exercício de atualização da (re)configuração do espaço urbano. Para tanto, Lefebvre vai nos propor uma outra constelação de conceitos:

> Foi preciso um trabalho considerável para dizer o que se estava a descobrir. A formulação exata pressupunha uma constelação de conceitos, cada um dos quais teve que se elaborar por aproximações sucessivas. Assim, por exemplo: **o quotidiano — o urbano — o repetitivo e o diferencial — as estratégias — o espaço e a produção do espaço** etc.[460]

Nesse sentido, o modo de (re)produção do urbano repercute o modo de (re)produção das relações sociais de produção e vice-versa. A observação do urbano, mesmo nos seus aspectos fenomênicos, em sua (re)produção quotidiana, rítmica e diferenciada, o que inclui as contradições e as estratégias de classes, possibilita-nos delinear facetas ou importantes pistas do processo de acumulação de capital, em que muitos elementos têm passado desapercebidos ou permanecem ininteligíveis.

A seguir, remarcaremos alguns pontos/aspectos na escala espaço/tempo (geográfica) do urbano na sociedade capitalista, com vistas a uma contribuição à atualização dos elementos propostos ao nosso debate.

3

A **terra** — um dos elementos constitutivos da tríade da sociedade capitalista, como é sabido — teve, e ainda o tem, importante papel na reprodução das relações sociais de produção como na (re)produção do espaço urbano por meio da urbanização. Assim, assinalo importantes momentos:

a. Inicialmente, por meio da **conversão de terra rural em terra urbana**, processo fundamental associado ao êxodo rural e ao primeiro grande ciclo de formação da rede urbana[461]. A incorporação e o retalhamento de terras tiveram papel decisivo na inflexão do agrário para o urbano e na formação da cidade industrial[462], no processo de urbanização. Acresce-se, ainda, o papel que a terra ocupa na produção e distribuição da mais-valia por meio da renda da terra e das práticas rentistas[463];

---

[457] LEFEBVRE, H. *A re-produção das relações de produção*. Tradução de Antônio Ribeiro e M. Amaral Porto: Escorpião, 1973.
[458] *Ibidem*, p. 6, grifo nosso.
[459] LUXEMBURG, 1970.
[460] LEFEBVRE, 1973, p. 6.
[461] CORRÊA, R. L. *A rede urbana*. São Paulo: Ática, 1989.
[462] LEFEBVRE, H. *A revolução urbana*. Tradução de Sérgio Martins. Revisão técnica de Margarida Maria de Andrade. Belo Horizonte: UFMG, 1999.
[463] DAMIANI, A. L. (coord.) *O futuro do trabalho*: elementos para a discussão das taxas de mais-valia e de lucro. São Paulo: AGB/SP: Labur/Programa de Pós-Graduação em Geografia Humana/Departamento de Geografia/FFLCH/USP, 2006.

b. Posteriormente, num segundo momento, na **formação de áreas extensas de subúrbios e periferias**, alimentada, por um lado, pelos interesses de empresas loteadoras do setor imobiliário e bancos e, por outro, pela expansão da periferia social, por meio da autoconstrução e do sobretrabalho, na explosão das grandes cidades e formação das metrópoles;

c. E, por fim, temos vivenciado nas últimas três décadas uma **urbanização dispersa e fragmentada**[464], por um lado, e **extensiva**[465], de outro, como têm sido nominados esses processos, reservada a devida distinção que cabe em suas particularidades e papéis complementares e associados.

O primeiro e o segundo momento são constitutivos da formação da primeira e da segunda cidade capitalista, da inflexão do agrário para o urbano e da implosão-explosão da antiga cidade política e comercial e para a concentração urbana em larga escala, respectivamente; ao passo que o terceiro momento fragmenta o espaço urbano largamente, e estende o seu tecido para além das cidades em rede, como forma de organização espacial e modo de vida.

Detendo-nos mais no terceiro momento e no engendramento de suas contradições na (re)produção do urbano, ressaltamos que, se por um lado a urbanização dispersa[466] cria espaços de aparente vazios urbanos, cujos limites entre o rural e urbano são, por vezes, tênues e imperceptíveis, por outro lado a urbanização extensiva conecta pelo meio técnico uma ampla rede de cidades, de diferentes tamanhos e escalas, prolongando o tecido urbano para o campo, ao mesmo tempo que interliga esses diferentes espaços sociais em malhas, que articulam a produção social do espaço em suas múltiplas implicações, incluindo a reprodução das relações de produção[467].

Segundo Limonad, a urbanização dispersa e fragmentada apresenta

> [...] um papel mais abrangente na estruturação do território, enquanto uma extensificação de relações sociais de produção de caráter urbano no campo. Diluem-se, assim, as diferenças entre o rural e o urbano, ao mesmo tempo em que persistem e se aprofundam as contradições entre a urbanidade e a ruralidade.[468]

Sobre a urbanização extensiva Monte-Mór afirma que

> A área metropolitana é a expressão mais óbvia da zona urbana de que fala Lefebvre, da urbanização extensiva na sua forma mais visível e imediata. Ali, a antiga cidade industrial, implodida sobre o centro metropolitano e alguns de seus subcentros, recriou o "core urbano" - concentração nodal do poder - e a trama extensiva da cidade industrial explodida, equipada para a produção e para a reprodução coletiva, sob a forma do tecido urbano: distritos industriais, indústrias isoladas, comércio, serviços, bairros residenciais, cinturões agrícolas, áreas de lazer etc.
> A unidade dialética centro urbano-tecido urbano expressa, de fato, a espacialidade do capitalismo tardio.[469]

---

[464] LIMONAD, E. Urbanização dispersa: mais uma forma de expressão urbana? *Revista Formação*, Presidente Prudente, v. 1, n. 14, p. 31-45, 2007.

[465] BETARELLI JR., A. A.; MONTE-MÓR, R. L. M.; SIMÕES, R. F. Urbanização extensiva e o processo de interiorização do estado de São Paulo: um enfoque contemporâneo. *Revista Brasileira de Estudos Urbanos e Regionais*, Presidente Prudente, v. 15, n. 2. p. 179-197, 2013.

[466] A ideia de dispersão no processo de urbanização foi empregada, originariamente, ainda na década de 1960, por Gottman, J.; e Harvey, R. O. e Clark, W. A. V., para se referirem a um processo de urbanização que deixava interstícios não urbanizados, espaços rarefeitos de "vazios urbanos". Ver: GOTTMANN, J. *Megalopolis*: the urbanized Northeastern seaboard of the United States. New York: The Twentieth Century Fund, 1961; HARVEY, R. O.; CLARK, W. A. V. The nature and economics of urban sprawl. *Land Economics*, Madison, WI, n. 41. p. 1-9, 1965.

[467] MONTE-MÓR, R. L. Urbanização extensiva e lógicas de povoamento: um olhar ambiental. In: SANTOS, M. *et al.* (org.). *Território, globalização e fragmentação*. São Paulo: Hucitec: Anpur, 1994. p. 169-181.

[468] LIMONAD, 2007, p. 34.

[469] MONTE-MÓR, 1994, p. 2.

A urbanização extensiva, expressa no prolongamento do tecido urbano, tem agravado em demasia o problema da mobilidade, que parece sem solução. Muitas vezes, nas grandes metrópoles, as jornadas de trabalho tornam-se excessivamente alongadas, chegando a alcançar mais de 100 quilômetros e mais de quatro horas diárias no movimento de ida e retorno ao trabalho. O custo dessa reprodução para o trabalhador é enorme, e boa parte deles fica condenada ao confinamento ou exílio urbano, habitando espaços "sem cidade", ou seja, sem urbanidade propriamente dita, restrito à modesta moradia nas periferias, sem comércio local, serviços (escolas, postos de saúde etc.) e qualquer forma de lazer. A sociabilidade fica, igualmente, restrita às práticas urbanas associadas ao trabalho (quando ainda o tem) e à mobilidade, perpassada por intermodalidade. Acresce-se a essa urbanização, que combina essas duas faces, da dispersão fragmentada com a extensividade do tecido urbano, uma nova onda de suburbanização com condomínios fechados, para classes alta e média, que buscam, artificial e alegoricamente, assegurar sentidos urbanos perdidos da cidade, na sua origem, como vida gregária e segurança.

A contradição espacial que abarca a cidade dispersa-fragmentada[470] aflora não somente pela desigualdade (hoje) estrutural e a segregação, mas está impregnada em todo o tecido social urbano e tem na terra urbana e no mercado de terras uma posição central, em face das estratégias de valorização do espaço, na acumulação. As operações urbanas de requalificação e revitalização de áreas centrais e portuárias só vêm confirmar esse fenômeno que tem a terra urbana como categoria de fundo.

Em contrapartida, o capital tem a necessidade de, associado ao rentismo no processo de acumulação, produzir vazios urbanos nesse processo de dispersão-fragmentação da cidade, como estratégia de revalorização espacial. Essa associação não é tão somente nas zonas periféricas, mas também em espaços raros da cidade, a exemplo de áreas centrais, antigos centros históricos e zonas portuárias.

Apesar de a produção do espaço urbano não cessar e estender-se a novos subúrbios e periferias, "o cenário das nossas cidades é de pessoas precisando de um lugar para morar e imóveis bem localizados com acesso à infraestrutura vazios, aguardando sua valorização, sem cumprir sua função social"[471].

Sobre a valorização do espaço e suas estratégias, ressalta-se, ainda, o papel dos espaços liminares e de raridade, em especial, no conjunto das metrópoles. Como assinala Benach[472], criam-se "processos de valorização diferenciada do espaço urbano com aplicação de recursos em determinadas áreas".

A par da "compressão tempo-espaço", assinalada por Harvey[473], em *Condição pós-moderna*, na "emergência de modos mais flexíveis de acumulação", temos nas formas de (re)configuração do urbano a **dispersão/extensão-aceleração** de processos e ritmos, associados à produção e à distribuição de mais-valia.

Neste sentido, a dispersão/extensão da urbanização não exclui a concentração e a compactação, pois estas ocorrem simultaneamente, estabelecendo mudanças e novos nexos na (re)produção do espaço. Novos espaços são compactados — compressão tempo-espaço —; ao mesmo tempo que se processa o prolongamento do tecido urbano, há o esgarçamento das relações sociais, acentuando as desigualdades e difundindo a segregação como forma e conteúdo social, expresso na fragmentação. E nisso reside uma das faces ou mesmo núcleo do atual estágio da contradição espacial no urbano.

---

[470] LIMONAD, 2007, p. 34.
[471] OBSERVATÓRIO DAS METRÓPOLES. *FNRU*: campanha pela função social da cidade e da propriedade. Rio de Janeiro: UFRJ, 2017. s/p.
[472] BENACH, N. Da desigualdade social à justiça espacial. *In*: CARLOS, A. F. A.; ALVES, G.; PADUA, R. F. (org.). *Justiça espacial e o direito à cidade*. São Paulo: Contexto, 2017. p. 15-32. p. 39.
[473] HARVEY, D. *Condição pós-moderna*. Tradução de Adail Ubirajara Sobral e Maria Stela Gonçalves. São Paulo: Loyola, 1992. Originalmente publicada em 1989.

Como lidar com essa realidade urbana de extrema fragmentação e esgarçamento social do tecido urbano? A cidade digital e inteligente (do meio técnico) — smart city — pode nos conectar com agilidade, a pretexto de uma melhor eficiência político-econômica por meio da tecnologia, mas também nos alienar ainda mais e nos apartar do caminho ou de possibilidades reais/experimentais de superação da contradição ou insurreição de seus usos.

4

O **trabalho**, nessa perspectiva de (re)configuração do espaço urbano, movimenta-se para todos os lados, até mesmo em direção ao *home office*. Tal processo, que já vinha acontecendo na última década, foi acelerado nos últimos anos (2020/2022), no contexto da pandemia da doença do novo coronavírus (Covid-19).

O "sistema de fábrica"[474] consagrou, na Revolução Industrial, a separação do trabalhador dos meios de produção, impondo a ele um controle do tempo, associado à intensa divisão social do trabalho, maquinário e rigorosa disciplina, num só lugar geográfico — a fábrica —, visando assegurar maior produtividade. Desde então, o trabalho notabilizou-se como algo a ser realizado fora da moradia, e a casa tornou-se um lugar essencialmente da reprodução da força de trabalho. O trabalho retorna à casa com o *home office*, mas de modo alienado, sob vigilância, controle e dominação possibilitados pela sociedade digital. Em que medida o trabalho realizado de modo híbrido e geograficamente atomizado altera ou impacta a (re)produção do urbano? Penso que esse é um ponto importante a constar das nossas agendas de pesquisas sobre o espaço urbano.

A lógica da flexibilidade do trabalho, acompanhada da terceirização — informalidade/precarização/desregulamentação —, espraiou-se para os mais diferentes setores, dos bens de consumo duráveis aos bens não duráveis de consumo corrente, como no setor de alimentos, por exemplo. Refeições com alimentos processados no estado *in natura* em um local, transportados para o preparo em outro local e embalados e distribuídos para o consumo pela rede internacional iFood. Soma-se a isso uma outra "epidemia", a da ideologia do "empresariamento de si mesmo" — empreendedorismo —, o do "faça por você mesmo", que atomiza e dispersa igualmente o trabalho, sem nenhuma garantia ou direitos trabalhistas. Para o capital, os ganhos; para os trabalhadores, todos os riscos, inclusive os de perdas.

Se a urbanização dispersa e fragmentada já impacta sobremaneira a escala da mobilidade urbana, a atomização das relações para o trabalho e a descompactação do consumo por meio *do delivery e dos sistemas de entregas* tornam essa realidade ainda mais complexa. A mobilidade, realmente, tornou-se um problema ou mesmo um *"nó"* na (re)produção do urbano. Perpassam muitos fios, a começar pelos seus custos, insuficiência e precarização dos serviços de concessões dos transportes públicos, pelo assalto de apropriações e usos privados e pela proliferação de redes de aplicativos, a exemplo da internacional Uber. Novos atores e questões surgem no cenário da realidade urbana. A *cidade uberizada*[475] é uma realidade que expressa não somente a precarização do sistema de transporte como das relações de trabalho, que faz agudizar ainda mais os problemas de trânsito e a questão ambiental urbana. Como construir alternativas a essa anticidade, dominada pelo império da técnica, de um lado, e a extrema miséria e expropriação, de outro? Estamos diante de uma urbanização dilacerada que produz desurbanidade!

---

[474] DECCA, E. *O nascimento das fábricas*. 10. ed., 3. reimp. São Paulo: Brasiliense, 1996.

[475] BROSSAT, I. *Airbnb*: la ciudad uberizada. Pamplona: Katakrak, 2019.

5

Quanto ao **capital**, são muitas as facetas que implicam a sua (re)produção no e com base no espaço urbano, em especial aquelas que envolvem a ação do capital financeiro, associado às operações urbanas, ao setor imobiliário e seus fundos, ao turismo, à produção de grandes eventos etc.

A cidade nunca foi tanto do e para o capital em sua (re)produção das relações de produção, num grau e escalas até então inimagináveis.

No dizer de Harvey[476], na obra *Os limites do capital*, o espaço urbano apresenta-se cada vez mais como um ativo financeiro, enquanto seus proprietários buscam sempre obter uma renda derivada da comercialização da terra, tal como já havíamos assinalado anteriormente. Nesse sentido, "a cidade não é tomada meramente como lugar de negócios, mas é, ela mesma, o próprio negócio que se realiza a partir da produção do espaço urbano"[477].

A realização do valor é cada vez mais abstrata e acelerada na acumulação. "A circulação do capital é simultaneamente circulação de dinheiro e mercadoria"[478]. Contudo,

> A velocidade de circulação do dinheiro é diferente da velocidade de circulação de mercadorias. Os tempos de circulação das diferentes mercadorias também são diferenciados. O crédito é uma forma "dinheirária" que tende a igualar os diferentes tempos de circulação das mercadorias. A necessidade do capital, por sua natureza circulante, é diminuir a diferença de tempos da circulação tendendo a se aproximar do zero.[479]

Assim, a necessidade de rápida circulação do capital evidencia-se no cotidiano urbano, ganhando uma porosidade nunca vista. Hoje, concretamente, no dia a dia das nossas cidades, é possível uma pessoa circular, trabalhar, consumir, utilizar serviços, por exemplo, sem portar nenhuma moeda em espécie, ou seja, dinheiro vivo, apenas utilizando outras formas de dinheiro/meio de troca — cartão de crédito, pix, aplicativos etc.

O dinheiro, na sua dimensão concreta, em espécie, reduz-se, cada vez mais, na sua circulação visível, mas a cidade e a vida urbana respiram negócios, de modo invisível e abstrato. Eles, os negócios, se multiplicam em graus nunca antes vistos e de modo generalizado e transversal, perpassando (quase) todos os grupos e classes sociais, em níveis diferenciados pelo acesso aos meios técnicos e a informatização, que tende a se banalizar.

Longe de querer aprofundar aqui esse aspecto das práticas urbanas no cotidiano, que envolve a rápida circulação de capital — dinheiro e mercadorias —, levanto esse cenário para ressaltar a crescente dimensão abstrata da (re)produção, que impacta fortemente as formas de usos, ritmos e apropriações do espaço urbano.

Por fim, outro aspecto ainda a ressaltar é que não apenas o trabalho adentra a casa com o *home office*, mas também o capital, de modo invasivo e onipotente, registrando os nossos acessos à internet, às redes sociais, traçando o nosso perfil de consumidores, mapeando nossas escolhas e desejos pelo uso do meio digital ou do ciberespaço. Literalmente, os agentes do capital roubam-nos dados e informações pessoais, biológicas e financeiras, transformam-nos em algoritmos. Vivemos 24 horas do dia assediados pelo capital, impelidos ao consumo e à dívida ou às seduções do capital fictício.

---

[476] HARVEY, D. *Os limites do capital*. São Paulo: Boitempo, 2013.
[477] SANTOS, C. S. Do lugar do negócio à cidade como negócio. *In*: CARLOS, A. F. A.; VOLOCHKO, D.; ALVAREZ, I. P. (org.). *A cidade como negócio*. São Paulo: Contexto, 2015. p. 34.
[478] DAMIANI, 2006, p. 40.
[479] *Ibidem*, p. 40.

De fato, a vida urbana e o espaço urbano não podem ser mais os mesmos de antes. Quais as contraestratégias para lidar com esse cenário/momento abjeto da (re)produção? Mitigar ou contrapor novos usos e apropriações que enfrentem/superem a contradição? Pode-se perceber indícios, por vezes contraditórios, de possíveis resistências e caminhos de organização e luta de setores da sociedade. A grande questão ainda em aberto é para que horizonte de alternativas podem apontar, indicando um novo cenário de transformação com base na (re)configuração dos espaços urbanos.

6

Para não concluir, finalizo aqui, no âmbito do sensível, com um trecho de um poema de Octavio Paz[480], "El mismo tiempo", que faz alusão à cidade e ao paradoxo da (re)produção do seu espaço urbano que encerra e confina a si mesmo.

> *Todo está quieto*
> *   reposa el mundo natural*
> *Es la ciudad em torno de su sombra*
> *buscando siempre buscándose*
> *perdida en su propia inmensidad*
> *sin alcanzarse nunca*
> *   ni poder salir de sí misma*
> *Cierro los ojos y veo pasar los autos*
> *se encienden y apagan y encienden*
> *se apagan*
> *no sé adónde van*
> *Todos vamos a morir*
> *   ¿sabemos algo más?*

Referências

BENACH, N. Da desigualdade social à justiça espacial. *In*: CARLOS, A. F. A.; ALVES, G.; PADUA, R. F. (org.). *Justiça espacial e o direito à cidade*. São Paulo: Contexto, 2017. p. 15-32.

BETARELLI JR., A. A.; MONTE-MÓR, R. L. M.; SIMÕES, R. F. Urbanização extensiva e o processo de interiorização do estado de São Paulo: um enfoque contemporâneo. *Revista Brasileira de Estudos Urbanos e Regionais*, Presidente Prudente, v. 15, n. 2. p. 179-197, 2013.

BROSSAT, I. *Airbnb*: la ciudad uberizada. Pamplona: Katakrak, 2019.

CORRÊA, R. L. *A rede urbana*. São Paulo: Ática, 1989.

DAMIANI, A. L. (coord.) *O futuro do trabalho*: elementos para a discussão das taxas de mais-valia e de lucro. São Paulo: AGB/SP: Labur/Programa de Pós-Graduação em Geografia Humana/Departamento de Geografia/FFLCH/USP, 2006.

DECCA, E. *O nascimento das fábricas*. 10. ed., 3. reimp. São Paulo: Brasiliense, 1996.

GOTTMANN, J. *Megalopolis*: the urbanized Northeastern seaboard of the United States. New York: The Twentieth Century Fund, 1961.

---

[480] PAZ, O. Un sol más vivo. *In*: PAZ, O. *Antologia poética*. México: Bolsillo Era, 2014. p. 114.

HARVEY, D. *Condição pós-moderna*. Tradução de Adail Ubirajara Sobral e Maria Stela Gonçalves. São Paulo: Loyola, 1992. Originalmente publicada em 1989.

HARVEY, D. *Os limites do capital*. São Paulo: Boitempo, 2013.

HARVEY, R. O.; CLARK, W. A. V. The nature and economics of urban sprawl. *Land Economics*, Madison, WI, n. 41. p. 1-9, 1965.

LEFEBVRE, H. *A re-produção das relações de produção*. Tradução de Antônio Ribeiro e M. Amaral Porto: Escorpião, 1973.

LEFEBVRE, H. *A revolução urbana*. Tradução de Sérgio Martins. Revisão técnica de Margarida Maria de Andrade. Belo Horizonte: UFMG, 1999.

LEFEBVRE, H. *Espaço e política:* O direito à cidade II. 2. ed. revista e ampliada. Tradução de Margarida Maria de Andrade, Pedro Henrique Denski e Sérgio Martins. Belo Horizonte: UFMG, 2016. v. 2. Originalmente publicada em 1972.

LIMONAD, E. Urbanização dispersa: mais uma forma de expressão urbana? *Revista Formação*, Presidente Prudente, v. 1, n. 14, p. 31-45, 2007.

LUXEMBURG, R. *A acumulação do capital*: estudo sobre a interpretação económica do imperialismo. Tradução de Moniz Bandeira. Rio de Janeiro: Zahar, 1970. Originalmente publicada em 1912.

MONTE-MÓR, R. L. Urbanização extensiva e lógicas de povoamento: um olhar ambiental. *In:* SANTOS, M. et al. (org.). *Território, globalização e fragmentação*. São Paulo: Hucitec; Anpur, 1994. p. 169-181.

OBSERVATÓRIO DAS METRÓPOLES. *FNRU*: campanha pela função social da cidade e da propriedade. Rio de Janeiro: UFRJ, 2017. Disponível em: https://www.observatoriodasmetropoles.net.br/fnru-campanha-pela-funcao-social-da-cidade-e-da-propriedade/Propriedade%20Urbana. Acesso em: 27 out. 2022.

PAZ, O. Un sol más vivo. *In*: PAZ, O. *Antologia poética*. México: Bolsillo Era, 2014. p. 114.

SANTOS, C. S. Do lugar do negócio à cidade como negócio. *In*: CARLOS, A. F. A.; VOLOCHKO, D.; ALVAREZ, I. P. (org.). *A cidade como negócio*. São Paulo: Contexto, 2015. p. 13-42.

12

HÁ TRÊS QUE DÃO TESTEMUNHO: SOBRE CAPITAL, TERRA E TRABALHO NA DINÂMICA DA CRISE DO VALOR

Thiago Canettieri

Introdução

Há três que dão testemunho da crise que vivemos: capital, terra e trabalho; e os três são unânimes — representam a mistificação divina que dissimula o colapso da modernização.

Esse desvio bíblico serve para começar a colocar o problema sobre seus dois pés: "Como se (re)configuram a terra, o trabalho e o capital no urbano hoje?" Claro, a referência aqui é a conhecida fórmula trinitária que aparece no 48º capítulo do terceiro livro d'*O capital*. Aparentemente, são fontes de riqueza que possuem certo grau de autonomização. Entretanto, como Marx desenvolve alicerçado em seu juízo crítico, cada uma dessas fontes de rendimentos apresenta como origem uma relação social determinada: o processo de valorização do valor, que ocorre necessariamente pela exploração do trabalho.

> Capital, terra, trabalho! Porém, o capital não é uma coisa, mas uma determinada relação social de produção, que pertence a uma determinada formação histórico-social, representa-se numa coisa e confere a esta um caráter especificamente social. O capital não consiste na soma dos meios de produção materiais e produzidos. Ele consiste nos meios de produção transformados em capital, meios que, em si, são tão pouco capital quanto o ouro ou a prata são, em si mesmos, dinheiro. Consiste nos meios de produção monopolizados por determinada parte da sociedade, os produtos e as condições de atividade da força de trabalho autonomizados precisamente diante dessa força de trabalho, que se personificam no capital mediante essa oposição.[481]

Capital, terra e trabalho formam, assim, a *Santíssima Trindade* que domina a modernidade. Essa trinca, e aqui devemos seguir de perto a elaboração de Marx[482], é derivada das formulações da economia vulgar, que "não faz mais que interpretar, sistematizar e louvar doutrinariamente as concepções dos agentes presos dentro das relações burguesas de produção". É exatamente nesse momento que nosso autor comenta que toda ciência seria supérflua, se a forma de manifestação e a essência das coisas coincidissem imediatamente. Os rendimentos oriundos dessas três fontes aparecem como independentes. Essa aparente autonomização formal serve para "esconder cada vez mais a verdadeira natureza do mais-valor e, por conseguinte, o verdadeiro mecanismo que move o capital". Essa trindade econômica consuma a mistificação do modo de produção capitalista e reifica as relações sociais, bem como confere o amálgama imediato das relações materiais de produção: "um mundo encantado, distorcido e de ponta-cabeça"[483].

---
[481] MARX, K. *O capital*: crítica da economia política. São Paulo: Boitempo, 2017. Livro 3. Originalmente publicada em 1894. p. 877.
[482] *Ibidem*, p. 880.
[483] *Ibidem*, p. 891.

Assim, permanecer fiel ao procedimento crítico de Marx implica reconhecer, como escreveu o próprio, que o *valor* permanece como a categoria sintética dessa forma de sociabilidade historicamente constituída. Forma social que é enuviada no invólucro das relações capitalistas. Essa obnubilação parece ser essencial para a sobrevivência do capital.

Como veremos, a aparente autonomização dessas esferas não constitui apenas uma "falsa aparência" que deveria ser superada encontrando-se o núcleo de verdade dessa falsidade. Ao contrário, essa aparência constitui uma "verdade fetichista" e naturaliza tais relações, assumindo como única a mediação pelo dinheiro. A constituição fetichista das relações sociais mediadas pelo dinheiro resulta no apagamento do processo de constituição dessas relações e, dessa forma, obscurece o fundamento contraditório da acumulação.

Partindo do diagnóstico de crise do valor, do colapso da modernização elaborado por Robert Kurz[484], pretendo discutir e refletir, neste capítulo, sobre as reconfigurações que terra, trabalho e capital assumem na condição contemporânea do processo de urbanização brasileiro, o que considero fundamental. Trata-se, portanto, de uma contribuição *para pensar o Brasil* por uma perspectiva crítica, olhando para as transformações do capitalismo contemporâneo. A chave de leitura mobilizada aqui assume uma dupla de categorias necessárias: o valor e a crise.

O argumento que orienta este texto envolve reconhecer o movimento contraditório do capital como um desenvolvimento que coloca, para si mesmo, barreiras e limites à sua perpetuação. Sendo assim, construí uma constelação para compreender o atual contexto de manifestação do capital no Brasil, suas contradições e seus desdobramentos críticos. Quero enfatizar que o capital promove sua própria autodestruição, ainda que seu processo de crise se desenvolva em fogo lento. A principal reconfiguração das relações entre terra, trabalho e capital, argumentarei, está vinculada à dinâmica de crise do capital.

Afirmar que a *Santíssima Trindade* do capital entra em colapso não significa, contudo, assegurar seu derradeiro fim, já que chegar ao fim pode não significar terminar por completo. É bem possível — e provável — a perpetuação de uma sociabilidade colapsada que se reproduz num cenário "ruiniforme", soterrada pelos escombros do que uma vez foi o sonho da modernização.

Capital

Comecemos, por ora, com a categoria de capital. Como sabemos, o movimento de valorização do valor cria barreiras e limites à perpetuação dele próprio. A contradição imanente na reprodução ampliada do capital obriga os capitalistas individuais a substituírem o trabalho vivo por máquinas, o que solapa as bases do processo de valorização. A elevação da composição orgânica do capital faz com que a taxa de lucro média siga sua tendência de queda e, ao mesmo tempo, torna as formas historicamente constituídas de mediação social anacrônicas. Daí surge toda sorte de sintoma mórbido. O capital engendra a própria crise em sua dinâmica tautológica, e assim segue sua natureza, baseada em um agenciamento cego que produz catástrofe atrás de catástrofe até sua autodestruição.

A processualidade histórica do desdobramento contraditório do capital orientado por uma forma social fetichista não se desenvolve de outra forma a não ser no sentido de aprofundar suas contradições, impondo novos limites e barreiras à sua autorreprodução. Ou, melhor dizendo, sua autorreprodução é também autodestruição. Marx[485] descreve o capital como um sujeito automático que comanda a dinâmica social e a submete ao seu imperativo de autovalorização. Contudo, o processo

---

[484] KURZ, R. *O colapso da modernização*: da derrocada do socialismo de caserna à crise da economia mundial. São Paulo: Paz e Terra, 1991.
[485] MARX, K. *O capital*: crítica da economia política. São Paulo: Boitempo, 2013. Livro 1. Originalmente publicada em 1867.

fetichista de sua reprodução ampliada só é possível engendrando uma contradição irremediável; por meio da elevação da produtividade do trabalho, o capital apropria-se de uma forma específica do mais-valor, nomeada por Marx de "mais-valor relativo"[486]:

> Uma vez pressuposto um limite físico absoluto (tanto em relação à duração do tempo de trabalho como em relação à intensidade do trabalho) e um limite socialmente relativo do dia de trabalho (ou pelas limitações impostas pelo movimento operário ou pelas imposições das intervenções estatais), a valorização do valor se transforma de um movimento absoluto e extensivo em um movimento relativo e intensivo. O fundamento da valorização é, e continua sendo, o mais-valor enquanto tal, ou seja, o fato de que o ganho capitalista, aparentemente o "output", medido em termos de valor, dos agregados totais, o trabalho vivo e morto, não é nada mais que a parte respectiva de um novo valor criado pelo trabalho vivo para além de seus próprios custos de reprodução. No entanto, a parte capitalista através de seu crescimento dependerá da intensidade e do aumento relativo do mais-trabalho mediado pelo desenvolvimento das forças produtivas, ou seja, da progressiva automação do processo de produção.[487]

Decorrente disso, o momento da sociedade capitalista em que a forma do mais-valor relativo se torna hegemônica implica a disseminação do desemprego. Essa situação ficou clara desde meados dos anos 1970, quando, afirma Kurz[488], "observamos um ciclo independente de desemprego em massa, que tem crescido de forma quase autônoma em relação aos ciclos conjunturais". Ao passo que essa forma de valorização do valor ocorre de maneira contraditória, o aumento da composição orgânica do capital conduz, assim, a uma redução absoluta do trabalho vivo que o capital consegue explorar. Essa contradição continua a se aprofundar a cada rodada de desenvolvimento das forças produtivas e deixa evidente a impossibilidade de um reacoplamento da economia. Com isso, a crise manifesta-se de maneira irredutível e explosiva. Se é exatamente o trabalho vivo a substância do valor que permite sua valorização, então o resultado da própria dinâmica de acumulação do capital é a sua dessubstancialização. Cenário esse que faz se aprofundar e generalizar a crise de valorização. Dessa maneira, escreve Marx[489], o capital assume sua forma fictícia, como um "desacoplamento" da multiplicação de dinheiro sem valor[490].

Ao analisar o caso brasileiro, Fábio Pitta[491] descreve como a crise do capital se manifestou no país. Segundo o autor, o Brasil, mesmo num momento de aumento do crescimento econômico, teve de se haver com a dinâmica geral da acumulação de capital. Em última instância, os capitais nacionais passaram pela elevação da composição orgânica e por uma série de mediações que levaram ao esgotamento da massa de mais-valor. A miragem do crescimento econômico só foi possível pela "inflação dos títulos de propriedade nos mercados financeiros como uma bolha, a qual moveu um processo de crescimento econômico como simulação por meio da determinação do capital fictício"[492]. Pitta argumenta que a estratégia desenvolvimentista que orientou a nação brasileira sempre já esteve às voltas com o declínio e o colapso irreversível de sua economia nacional.

---

[486] "[...] a produção do mais-valor absoluto gira apenas em torno da duração da jornada de trabalho; a produção do mais-valor relativo revoluciona de alto a baixo os processos técnicos do trabalho e os agrupamentos sociais. Ela supõe, portanto, um modo de produção especificamente capitalista, que com seus métodos, meios e condições nasce e é formado naturalmente apenas sobre a base da subordinação formal do trabalho ao capital. No lugar da formal, surge a subordinação real do trabalho ao capital" (MARX, 2013, p. 239).

[487] KURZ, R. *A crise do valor de troca*. Rio de Janeiro: Consequência, 2018. Originalmente publicada em 1986. p. 46-47.

[488] *Ibidem*, p. 61.

[489] MARX, 2017.

[490] KURZ, R. *Dinheiro sem valor*: linhas gerais para uma transformação da crítica da economia política. Lisboa: Antígona, 2014. Originalmente publicada em 2012.

[491] PITTA, F. O crescimento e a crise da economia brasileira no século XXI como crise da sociedade do trabalho: bolha de commodities, capital fictício e a crítica do valor-dissociação. *Sinal de Menos*, [Brasil], v. 1, n. 14, p. 38-146, 2020.

[492] *Ibidem*, p. 106.

A modernização brasileira, promovida pelo desenvolvimento das forças produtivas internas ao Brasil, alavancada por capitais internacionais privados, já se efetivava em condições de tecnologias poupadoras de trabalho vivo no processo produtivo. Essa dispensa de trabalho no interior do processo produtivo estaria consonante com a formação negativa do trabalho. Como alega Alfredo[493], "a década de 1950 figurou um *ethos* sem trabalho, ou melhor, obscurecendo a crise do trabalho como sua própria condição".

Esse momento não ocorre por uma necessidade de modernização da periferia, que se encantava com a industrialização dos países centrais. A forma específica dessa modernização está ligada, na verdade, à necessidade da crise que se desenvolve nos países do Norte global. Os gargalos das economias centrais são compensados com a transferência de capital para ser investido em periferias como o Brasil. Na análise de Alfredo[494], esses investimentos em países periféricos, sobretudo em transporte e energia, serviriam para dinamizar o "processo produtivo interno à periferia para permitir níveis de troca que fomentem uma circulação de um capital que passa por uma crise de superprodução".

O autor descreve que só no estado de São Paulo, nos anos 1970, existiam aproximadamente 2 milhões de trabalhadores na agricultura, número que caiu para 400 mil em 1990, e em 2014 chegou a apenas 90 mil[495]. À medida que a inflação fictícia mantinha a aparência da acumulação, os processos de expulsão de trabalho vivo do processo produtivo aprofundavam-se. Conforme Pitta, a simulação fictícia de acumulação de capital continuou fomentando a produção de mais mercadorias e a implementação de técnicas para o aumento da produtividade do trabalho. Esse processo não ficou restrito à indústria canavieira. Como demonstra o autor, essa situação foi generalizada na produção de commodities em geral. O Brasil é o maior e mais produtivo produtor de soja do mundo, com os EUA, e apresentou forte expansão e aumento da sua produtividade no século XXI, com o crescimento da composição orgânica desses capitais[496]. O mesmo ocorreu com a produção de suco concentrado de laranja[497], com a produção de minério de ferro[498], com a indústria avícola[499] e com a produção de petróleo e seus derivados[500].

Pitta[501] argumenta que o crescimento da economia brasileira foi tão somente simulado. Os ganhos aparentes na multiplicação de dinheiro sustentaram a *aparência* de acumulação real, de valorização de valor. Entretanto, esse crescimento simulado por montanhas de capital fictício só

---

[493] ALFREDO, A. *Crítica à economia política do desenvolvimento e do espaço*. São Paulo: Annablume, 2013. p. 31.

[494] *Ibidem*, p. 102.

[495] "A redução dos postos de trabalho no corte manual de cana-de-açúcar conduziu à redução do preço pago ao cortador por tonelada de cana-de-açúcar cortada, já que a concorrência pelos últimos postos de trabalho fazia com que o trabalhador aceitasse qualquer condição oferecida, o que fez também com que os cortadores passassem a cortar cada vez mais cana-de-açúcar, aumentando a produtividade do trabalho a fim de 'compensar' a queda nos pagamentos por tonelada cortada, já que seu pagamento se dá por produção. A concorrência entre os próprios trabalhadores pelos últimos postos de trabalho levou a que, no auge do processo de mecanização da colheita de cana, entre 2005 e 2009, ocorressem diversas mortes nos canaviais brasileiros por excesso de trabalho. Vale o destaque de que uma colheitadeira de cana-de-açúcar, a substituir por volta de 120 cortadores manuais, é um robô automatizado, muitas vezes guiado a GPS" (PITTA, 2020, p. 111).

[496] PITTA, F.; BOECHAT, C.; MENDONÇA, M. L. A produção do espaço na região do Matopiba: violência, transnacionais imobiliárias agrícolas e capital fictício. *Estudos Internacionais*: Revista de Relações Internacionais, Belo Horizonte, v. 5, n. 2, p. 155-179, 2017.

[497] BOECHAT, C. *O colono que virou suco*: terra, trabalho, Estado e capital na modernização da citricultura paulista. 2014. Tese (Doutorado em Geografia Humana) – USP, São Paulo, 2014.

[498] MILANEZ, B. Boom ou bolha? A influência do mercado financeiro sobre o preço do minério de ferro no período 2006-2016. *Versos*: Textos para Discussão, Juiz de Fora, v. 1, n. S2, p. 1-18, 2017. Poemas.

[499] SILVA, A. *Imigrantes afro-islâmicos na indústria avícola brasileira*. 2013. Dissertação (Mestrado em Geografia Humana) – USP, São Paulo, 2013.

[500] ASEVEDO, M. *Petrobras*: notícias sobre uma crise nada particular. 2017. Dissertação (Mestrado em Engenharia de Produção) – UFRJ, Rio de Janeiro, 2017.

[501] PITTA, 2020, p. 111.

existe como bolha especulativa prestes a explodir. Pitta chega a sugerir que a dominação do capital fictício produz o paradoxo de um "capital real fictício", que designa "um capital fictício que passa pela produção dessubstancializada de mercadorias" — uma produção fictícia de mercadorias.

Isso significa reconhecer que o capital passa a integrar negativamente a amarração das fontes e seus rendimentos de apropriação da riqueza socialmente produzida. Imanentemente produzida, a crise do capital contamina os outros dois elementos. Crise do trabalho, mobilização da terra como uma "produção fetichista de valor", prolongando-se, assim, o tempo do fim até o infinito.

Trabalho

Falemos então sobre o trabalho. Depois do que já argumentei sobre a crise do capital, será mais simples apresentar as coordenadas gerais da erosão sem precedentes que faz do mundo do trabalho um acúmulo de escombros. Apesar do estrondoso efeito que a destruição provoca, não precisaríamos estar tão surpresos: Marx já havia alertado para o fato de que o capital busca incessantemente o desenvolvimento das forças produtivas como forma de ampliar o mais-valor segundo sua forma relativa. A consequência, escreve Marx[502], é que o "desenvolvimento das forças produtivas reduz o número absoluto dos trabalhadores. [...] A produção capitalista se move, assim, no interior de uma antítese". O capital, como sujeito do processo que se movimenta cega e contraditoriamente, produz, como já disse, as próprias barreiras e os limites de sua perpetuação. Serrando o galho em que está sentado, o próprio capital engendra sua crise. Mas essa crise não é nunca apenas uma crise de valorização. Se o valor é uma forma de intermediação social, o que decorre dessa contradição imanente é a destruição da própria relação social capitalista: o trabalho.

Tal fato se manifesta socialmente de diferentes formas. De um lado, a degradação e precarização da "ralação" vexatória de quem não tem alternativa a não ser "moer-se no áspero" num eterno autossacrifício sisifiano — cada vez mais mediado pela exploração algorítmica da cooperação. De outro, a presença cada vez mais estrutural de dinâmicas criminais, o que faz com que a reprodução social crítica se desdobre por entre as tramas do legal e do ilegal. Claro, ambas estão conectadas.

Produz-se, assim, uma multidão de trabalhadores sem patrão, é claro, mas também sem salário e sem trabalho. Já não são mais nem "exército industrial de reserva", afinal a escalação do time principal está mais enxuta do que nunca.

Como identifica Ludmila Abílio[503] ao analisar as transformações recentes das trabalhadoras periféricas: "A viração é constitutiva do viver da classe trabalhadora brasileira e não é por si uma novidade. A novidade é que esses elementos constitutivos estão se generalizando pelas relações de trabalho". O alerta de Chico de Oliveira[504] de que "o setor informal anunciaria o futuro do setor formal" já se tornou realidade — não foi essa a promessa de campanha de Jair Bolsonaro em relação à legislação trabalhista, que ela deveria se tornar mais próxima da informalidade?

Essa metástase revela a verdade do próprio capital. Paulo Arantes[505], em "A fratura brasileira do mundo", chama atenção para o admirável novo mundo do trabalho que se desenrola por aqui. Nas palavras dele:

---

[502] MARX, 2017, p. 303.
[503] ABÍLIO, L. Uberização e viração: mulheres periféricas no centro da acumulação capitalista. *Revista Margem Esquerda*, São Paulo, n. 31, p. 54-61, 2018. p. 57.
[504] OLIVEIRA, F. *Crítica à razão dualista / O ornitorrinco*. São Paulo: Boitempo, 2003. p. 136.
[505] ARANTES, P. *Zero à esquerda*. São Paulo: Conrad, 2004. p. 76.

> Novos campeões da flexibilidade que, [...] sob o novo regime global do risco, são aqueles que integram o coração de uma força de trabalho em permanente disponibilidade e que, portanto, estão a perigo, como se diz, caso não sejam conectáveis a qualquer momento e em qualquer lugar.

Abundam textos que denunciam a precarização do trabalho — em especial aqueles interessados em compreender e criticar a nova natureza do "trabalho sem forma" (na preciosa expressão de Chico de Oliveira em *O ornitorrinco*). A maior parte destes, entretanto, parece, salvo engano, desejar um retorno ao "bom trabalho com forma" do período fordista. Ledo engano, afinal a história não faz meia-volta.

Numa das análises mais pertinentes sobre o descalabro que se tornou o mundo do trabalho nesse contexto de crise, o grupo Militantes na Neblina[506] descreve esse cenário de destroços sociais. O texto é ironicamente intitulado *Masterclass de fim do mundo*, que, a bem da verdade, não é apenas ironia ou mero e descabido exagero retórico. Trata-se, objetivamente, do fim de um mundo ao menos — o mundo do trabalho. Depois do fim do mundo do trabalho, sobram apenas os "trabalhos de merda" — não é apenas um palavrão, mas uma categoria nativa para descrever tal viração, condição essa sintetizada no livro de Graeber[507].

Na boa análise do grupo, estão descritas as principais estratégias que os trabalhadores têm adotado num mundo do trabalho sem forma: i) a saída performática do trabalho "fodido" de viração; ii) a saída depressiva e pelo adoecimento causado ora pelo trabalho, ora pela ausência de trabalho, que resultam numa subtração subjetiva do mundo; iii) a demanda de se ter "mais trabalho", direcionada às empresas e aos governos, como se viu após a tragédia de Mariana, em que pessoas pediam o retorno da atividade de mineração ou as manifestações anti-*lockdown*; e, finalmente, iv) a intensificação autoimposta de "trabalhar mais", resultante na nova pandemia de uma doença do trabalho, o *burnout*.

Essa condição traduz a situação que Chico de Oliveira[508] descreveu precisamente:

> O conjunto de trabalhadores é transformado em uma soma indeterminada de exército da ativa e da reserva, que se intercambiam não nos ciclos de negócios, mas diariamente. Daí, termina a variabilidade do capital antes na forma de adiantamento do capitalista. É quase como se os rendimentos do trabalhador agora dependessem do lucro dos capitalistas.

Ou seja, o que temos é uma espécie de "trabalhador *just in time*", que tem sua contraparte na expressão concreta de verdadeiras "zonas de espera"[509] enquanto aguarda o novo chamamento para essa mobilização total e, ao mesmo tempo, intermitente.

> Entre a crescente inviabilidade financeira do trabalho autônomo, de um lado, e o desmoronamento do emprego formal, de outro, não há para onde fugir. A única alternativa é seguir na correria sem fim, se virando em condições mais e mais adversas.[510]

Dentro desse *continuum* de viração, em seu outro extremo, estão as economias criminais que fazem parte do repertório da reprodução do trabalho no contexto de crise. Aqui, é impossível não se referir ao seminal trabalho do etnógrafo Gabriel Feltran[511]. O autor, em suas inserções etnográficas,

---

[506] MILITANTES NA NEBLINA. *Incêndio*: trabalho e revolta no fim de linha brasileiro. São Paulo: Contrabando, 2022.
[507] GRAEBER, S. *Trabalhos de merda*: uma teoria. São Paulo: Edições 70, 2022. Originalmente publicada em 2018.
[508] OLIVEIRA, 2003, p. 137.
[509] ARANTES, P. *O novo tempo do mundo (e outros estudos sobre a era da emergência)*. São Paulo: Boitempo, 2014.
[510] MILITANTES NA NEBLINA, 2022, p. 78.
[511] FELTRAN, G. *Fronteiras de tensão*: política e violência nas periferias de São Paulo. São Paulo: Unesp, 2011.

percebe a expansão do mundo do crime como uma referência social nas periferias, processo esse decorrente de uma profunda transformação: o que funcionava como pilar fundante da dinâmica social das periferias em seu período de formação, nas décadas de 1970 e 1980, ruiu. As periferias eram um espaço de relações sociais estruturadas pela categoria trabalho, pelas ações coletivas populares, pela dominância da moral católica, pela centralidade da família e pela perspectiva de ascensão social da família. Todas essas esferas mantinham a coesão interna desses ambientes e se confrontavam com o mundo do crime. Entretanto, atravessa-se um momento de crise — crise do emprego formal, do trabalho, do catolicismo, do projeto de ascensão social, bem como dos movimentos sociais — dentro da qual o modo de vida dos jovens foi conformado: o trabalho é incerto e, quando há, é precário. Desse modo, as saídas criminosas parecem mais plausíveis; e o regime normativo do mundo do crime, mais aceito, pois é uma alternativa de reprodução social para os sujeitos periféricos.

Feltran argumenta que, apesar dos matizes (que vão de um pai de família que abomina o tráfico ao próprio tráfico como tal), a figura do bandido cumpre, atualmente, a função de garantir a coesão social num tecido esgarçado. Existe, agora, uma maior amplitude da circulação, internamente às periferias, de um marco discursivo próprio do mundo crime que disputa os espaços de legitimação nas formas de sociabilidade. As gerações dos nascidos entre 1990 e 2000 já não esperam ser operárias; seus arranjos familiares e percursos de vida não "permitem" essa expectativa, pois, se houve um crescimento do acesso à infraestrutura urbana, à escolaridade e à capacidade de consumo, isso ocorreu de maneira profundamente desigual. Feltran interessa-se por essa zona de fronteiras de tensão que marca a dissolução de um modo de vida dos trabalhadores para a constituição de um novo. O projeto de ascensão torna-se menos realizável e, sobretudo, individualizado — há que se misturar empreendedorismo com viração. Essa situação legitima as saídas armadas e ilícitas que se constituem na periferia.

Vera Telles[512] chama atenção para o fato de que essa "nova economia política dos ilegalismos" está relacionada com integração econômica globalizada que reconfigura as relações entre legalidade e ilegalidade para além de uma dicotomia. Telles busca, assim, realizar um "deslocamento considerável das fronteiras do formal e do informal, do lícito e do ilícito"[513]. Não são só drogas, armas e produtos falsificados que dependem das conexões planetárias do mercado mundial. Segundo a autora, as formas contemporâneas de produção e circulação das riquezas — bem como sua crise, acrescentamos — ativam diversos circuitos da economia informal para mobilizar e garantir a sobrevivência dos grupos sociais periféricos, que precisam sobreviver na adversidade. São circuitos que atravessam as fronteiras incertas do ilegal e do ilícito.

Terra

Falemos agora sobre a terra. A terra, como já se sabe, acaba sendo frequentemente mobilizada para a reprodução social em situação crítica. Desde o fim dos anos 1970, Nabil Bonduki e Raquel Rolnik[514] demonstram que "grande parte dos trabalhadores não possui condições para a compra de um lote e para a edificação", o que resulta na instauração, nas periferias, de um mercado de aluguéis (formal ou informal) com destacada importância na dinâmica da reprodução social dessas pessoas. São pequenos "proprietários" — entre aspas, já que muitos não são proprietários rigorosamente falando, uma vez que ocuparam essas áreas. Do ponto de vista do proprietário periférico que constrói casas para alugar, essa é

---

[512] TELLES, V. *As cidades nas fronteiras do legal e ilegal*. Belo Horizonte: Argvmentvm, 2011. p. 157.
[513] Idem.
[514] BONDUKI, N.; ROLNIK, R. *Periferias*: ocupação do espaço e reprodução da força de trabalho. São Paulo: Prodeur, 1979.

> [...] uma das únicas e a mais frequente forma de investimento possível, dentro de suas possibilidades, que acrescenta uma renda suplementar ao seu salário e que não está sujeita a oscilações existentes devido à instabilidade no emprego.[515]

A propriedade de um imóvel, mesmo informal e sem validade jurídica, parece ser uma pertinente forma que os grupos periféricos encontram para garantir uma renda. Há uma miríade de processos para fazer com que isso se viabilize: um primeiro tem a ver com o uso intensivo do lote, com a construção de barracões de fundo ou de outros andares; há também a forma de manifestação do rentismo popular com base no acesso a novos terrenos, com essas pessoas indo ocupar novas fronteiras de expansão urbana; e, por fim, ocorre também a formação de um "rentista" de pequeno porte, com a compra e a retenção de imóveis com o objetivo de alugá-los.

Apesar dessa forma permanente, importa observar que algumas mudanças têm ocorrido na configuração do *rentismo periférico*[516]. O padrão de relacionamento de alguns proprietários periféricos que alugam moradia (nas suas mais variadas formas) se alterou, fortalecendo a tendência do rentismo periférico. Assim como antes, essa realidade faz parte da economia popular que sustenta a reprodução da vida desses grupos. Esse circuito econômico, muitas vezes, envolve a propriedade da terra (mesmo que informalmente, acessada por ocupação ou por compra informal) e o trabalho (na autoconstrução da habitação). A moradia alugada, portanto, parece ser uma condição necessária para a reprodução da vida de parcela considerável nas periferias: do ponto de vista do inquilino, que se encontra saltando de viração em viração, já não se vislumbra adquirir uma casa própria pela compra, e mesmo o ato de ocupar é limitado pelos altos custos com que se deve arcar para a construção. Do ponto de vista do locatário, o aluguel que recebe é uma importante complementação de renda para a família. Atualmente, o que se observa é a produção de escassez de novas terras periféricas, alterando a dinâmica de disputa pelo acesso a elas. Segundo Isadora Guerreiro[517], resultados de pesquisas recentes indicam que a população nas periferias brasileiras está mudando, o que sinaliza uma tendência de "inquilinização" das periferias. Isso é resultado de um processo de crise social generalizada que restringe os recursos das famílias periféricas e limita o acesso à moradia. Acompanham a inquilinização outros processos, como empobrecimento, feminilização e aumento da rotatividade.

Além disso, ocorre a mobilização desses lotes para práticas de microempreendedorismo, como bem demonstra Daniel Giavarotti[518], que, estudando a região do Jardim Ibirapuera e suas imediações, observou, entre seus interlocutores de segunda ou terceira geração (nascidos no bairro), a lógica empreendedora. Conforme o autor, os parcos rendimentos desses grupos, adquiridos com todo tipo de viração precária, são concebidos como "investimentos". Há uma espécie de "apropriação" da infraestrutura produzida pela primeira geração que ocupou o bairro. Em geral, trabalhadores (mesmo que precários) conseguiram autoproduzir a própria moradia e melhorá-la com o tempo, e esses moradores pioneiros, por meio da auto-organização, conquistaram a permanência no local. A geração de filhos e netos não possui essa certeza da inclusão no mundo do trabalho e, por conta disso, autoempreende nas garagens de casa, em puxadinhos sobre a calçada, entre outras formas. Em geral, esses "empreendimentos" envolvem os familiares próximos, que se servem do trabalho gratuito feminino ou dos filhos para continuar "tocando o negócio" —

---

[515] *Ibidem*, p. 68.

[516] Paolinelli investiga esse fenômeno e nomeia-o de "rentismo popular". Ver: PAOLINELLI, M. *Alugar, ocupar, alugar*: investigações sobre o rentismo popular. 2023. Tese (Doutorado em Arquitetura e Urbanismo) – UFMG, Belo Horizonte, 2023.

[517] GUERREIRO, I. Aluguel informal e a divisão da classe. *Passa Palavra*, [Brasil; Portugal], 26 out. 2020.

[518] GIAVAROTTI, D. *Eles não usam macacão*: crise do trabalho e reprodução do colapso da modernização a partir da periferia da metrópole de São Paulo. 2018. Tese (Doutorado em Geografia Humana) – USP, São Paulo, 2018.

mesmo a duras penas. Como reconhece Giavarotti, a expansão dos microempreendimentos nas periferias urbanas, a partir da funcionalização do espaço de reprodução e de sua transformação em local de produção, não é mero registro de uma funcionalidade decorrente da divisão social do trabalho, mas um resultado do gradativo esboroamento da relação entre produção e reprodução, o que indica a crise do capital.

Por fim, vale dizer que esse rentismo periférico é mobilizado também por redes criminosas, em geral objetivando a capitalização de suas atividades ilegais. Não são apenas loteamentos informais, mas há agentes econômicos que organizam a ocupação do espaço, bem como sua cobrança. Trata-se de grupos criminosos que desempenham outras atividades ilegais, e os negócios imobiliários passam a fazer parte do conjunto de alternativas que orientam processos econômicos lucrativos que encontram no mundo dos ilegalismos a sua fronteira institucional e efetiva. Nesse contexto, escreve Simoni[519], os grupos sociais interessados na compra dos lotes são de enorme variedade. São pessoas que foram expulsas do mercado formal, famílias que não conseguem mais pagar o aluguel ou até famílias com interesse em aumentar o patrimônio imobiliário para alugar ou vender o imóvel futuramente.

Colapso

Poderia insistir no fato de que a reconfiguração das relações entre terra, capital e trabalho nesse contexto de crise tende a ativar economias criminais e ilícitas — em todas as escalas, é claro — como uma forma de mobilizar um valor excepcional assentado na hiperexploração do trabalho de jovens negros que são mortos. Talvez isso seja expressão da crise geral que faz dissolver as formas historicamente constituídas de intermediação social. Esse espaço oco é então preenchido por uma dinâmica de violência que circula sem constrangimentos nesta sociedade em fim de linha, o que deflagra uma guerra molecular — na boa expressão de Enzensberger[520].

Nesse contexto, como venho elaborando desde 2020, já não faz mais sentido nos referirmos a uma "sociedade burocrática do consumo dirigido", conforme Henri Lefebvre[521]. A função do Estado já não se dá por meio de uma burocracia voltada à regulação da produção de mercadorias e à garantia das condições gerais de consumo dirigido. Agora a coisa está diferente: a tônica da ação estatal é deslocada da burocracia para a segurança, e o esforço, neste momento, não é para dirigir o consumo, mas para administrar o colapso. Por isso, sugiro que essas transformações na dinâmica de crise do valor e seus entrelaçamentos entre terra, capital e trabalho estão produzindo uma "sociedade securitária do colapso administrado"[522].

Olhar para a expressão brasileira do colapso do capital permite compreender as formas de manifestação que se desenvolvem no interior da crise. O Brasil, de certa maneira, indica o futuro de todo o mundo[523]. A crise do valor e seus decorrentes desdobramentos sobre o capital, o trabalho e a terra produzem formas sociais colapsadas que, no entanto, continuam sendo reproduzidas. Existe uma complexa (re)combinação que hoje se desdobra no Brasil entre capital, terra e trabalho: dominância de capitais fictícios especulativos, um mundo do trabalho degradado em subempregos altamente precarizados ou o altíssimo número de desempregados, somados às sucessivas saídas cri-

---

[519] SIMONI, C. Periferia e fronteira: o governo dos pobres nos confins da urbanização. *In*: CARLOS, A. F. A.; CRUZ, R. C. A. (org.). *Brasil, presente!* São Paulo: FFLCH, 2020. v. 1, p. 47-70.
[520] ENZNESBERGER, H. M. *Guerra civil*. São Paulo: Cia das Letras, 1997.
[521] LEFEBVRE, H. *A vida cotidiana no mundo moderno*. São Paulo: Ática, 1991. Originalmente publicada em 1968.
[522] CANETTIERI, T. *A condição periférica*. Rio de Janeiro: Consequência, 2020.
[523] ARANTES, 2004.

minais, violentas, vexatórias que as populações mais pobres são obrigadas a assumir, além da corrida maluca para o acesso à terra como uma perspectiva, mesmo que mínima, de acessar o restolho de riqueza desta sociedade crítica. Tal situação crítica, entretanto, não é o fim da socialização negativa do capital, mas, ao contrário, a disseminação e o recrudescimento de uma expressão da dominação social ainda mais violenta.

O capital ficcionalizado, o trabalho (quando ainda existe) precarizado, a terra (sub)dividida e mobilizada para a extração de renda são formas da riqueza na crise que não implicam a superação da socialização do capital. O colapso do valor mantém e reproduz as formas sociais, mesmo que decadentes. Falar do colapso do valor não significa afirmar que a socialização capitalista se esgota. A perda de substância do valor não significa o fim do capitalismo no horizonte, mas a sua reprodução em formas fetichistas, simuladas e violentas. O desenvolvimento da crise é exatamente a continuação da reprodução de uma catástrofe.

Referências

ABÍLIO, L. Uberização e viração: mulheres periféricas no centro da acumulação capitalista. *Revista Margem Esquerda*, São Paulo, n. 31, p. 54-61, 2018.

ALFREDO, A. *Crítica à economia política do desenvolvimento e do espaço*. São Paulo: Annablume, 2013.

ARANTES, P. *O novo tempo do mundo (e outros estudos sobre a era da emergência)*. São Paulo: Boitempo, 2014.

ARANTES, P. *Zero à esquerda*. São Paulo: Conrad, 2004.

ASEVEDO, M. *Petrobras*: notícias sobre uma crise nada particular. 2017. Dissertação (Mestrado em Engenharia de Produção) – UFRJ, Rio de Janeiro, 2017.

BOECHAT, C. *O colono que virou suco*: terra, trabalho, Estado e capital na modernização da citricultura paulista. 2014. Tese (Doutorado em Geografia Humana) – USP, São Paulo, 2014.

BONDUKI, N.; ROLNIK, R. *Periferias*: ocupação do espaço e reprodução da força de trabalho. São Paulo: Prodeur, 1979.

CANETTIERI, T. *A condição periférica*. Rio de Janeiro: Consequência, 2020.

ENZNESBERGER, H. M. *Guerra civil*. São Paulo: Cia das Letras, 1997.

FELTRAN, G. *Fronteiras de tensão*: política e violência nas periferias de São Paulo. São Paulo: Unesp, 2011.

GIAVAROTTI, D. *Eles não usam macacão*: crise do trabalho e reprodução do colapso da modernização a partir da periferia da metrópole de São Paulo. 2018. Tese (Doutorado em Geografia Humana) – USP, São Paulo, 2018.

GRAEBER, S. *Trabalhos de merda*: uma teoria. São Paulo: Edições 70, 2022. Originalmente publicada em 2018.

GUERREIRO, I. Aluguel informal e a divisão da classe. *Passa Palavra*, [Brasil; Portugal], 26 out. 2020. Disponível em: https://passapalavra.info/2020/10/134839/. Acesso em: 17 jan. 2023.

KURZ, R. *A crise do valor de troca*. Rio de Janeiro: Consequência, 2018. Originalmente publicada em 1986.

KURZ, R. *Dinheiro sem valor*: linhas gerais para uma transformação da crítica da economia política. Lisboa: Antígona, 2014. Originalmente publicada em 2012.

KURZ, R. *O colapso da modernização*: da derrocada do socialismo de caserna à crise da economia mundial. São Paulo: Paz e Terra, 1991.

LEFEBVRE, H. *A vida cotidiana no mundo moderno*. São Paulo: Ática, 1991. Originalmente publicada em 1968.

MARX, K. *O capital*: crítica da economia política. São Paulo: Boitempo, 2017. Livro 3. Originalmente publicada em 1894.

MARX, K. *O capital*: crítica da economia política. São Paulo: Boitempo, 2013. Livro 1. Originalmente publicada em 1867.

MILANEZ, B. Boom ou bolha? A influência do mercado financeiro sobre o preço do minério de ferro no período 2006-2016. *Versos*: Textos para Discussão, Juiz de Fora, v. 1, n. S2, p. 1-18, 2017. Poemas.

MILITANTES NA NEBLINA. *Incêndio*: trabalho e revolta no fim de linha brasileiro. São Paulo: Contrabando, 2022.

OLIVEIRA, F. *Crítica à razão dualista / O ornitorrinco*. São Paulo: Boitempo, 2003.

PAOLINELLI, M. *Alugar, ocupar, alugar*: investigações sobre o rentismo popular. 2023. Tese (Doutorado em Arquitetura e Urbanismo) – UFMG, Belo Horizonte, 2023.

PITTA, F. O crescimento e a crise da economia brasileira no século XXI como crise da sociedade do trabalho: bolha de commodities, capital fictício e a crítica do valor-dissociação. *Sinal de Menos*, [Brasil], v. 1, n. 14, p. 38-146, 2020.

PITTA, F.; BOECHAT, C.; MENDONÇA, M. L. A produção do espaço na região do Matopiba: violência, transnacionais imobiliárias agrícolas e capital fictício. *Estudos Internacionais*: Revista de Relações Internacionais, Belo Horizonte, v. 5, n. 2, p. 155-179, 2017.

SILVA, A. *Imigrantes afro-islâmicos na indústria avícola brasileira*. 2013. Dissertação (Mestrado em Geografia Humana) – USP, São Paulo, 2013.

SIMONI, C. Periferia e fronteira: o governo dos pobres nos confins da urbanização. *In*: CARLOS, A. F. A.; CRUZ, R. C. A. (org.). *Brasil, presente!* São Paulo: FFLCH, 2020. v. 1, p. 47-70.

TELLES, V. *As cidades nas fronteiras do legal e ilegal*. Belo Horizonte: Argvmentvm, 2011.

13

A ACUMULAÇÃO CAPITALISTA E A PRODUÇÃO DO ESPAÇO: UM DEBATE SOBRE COMO SE (RE)CONFIGURAM A TERRA, O TRABALHO E O CAPITAL NO URBANO HOJE

Regina Tunes

Introdução

Este texto foi construído com base no debate realizado na mesa-redonda intitulada "A acumulação capitalista e a produção do espaço urbano: como se (re)configuram a terra, o trabalho e o capital no urbano hoje?", realizada no XVII Simpósio Nacional de Geografia Urbana (Simpurb) no ano de 2022. A mesa foi composta pelos pesquisadores: César Ricardo Simoni Santos, da Universidade de São Paulo (USP); Marcio Piñon de Oliveira, da Universidade Federal Fluminense (UFF); Thiago Canettieri de Mello e Sá, da Universidade Federal de Minas Gerais (UFMG); e por mim, na condição de debatedora.

O objetivo do texto é apresentar um diálogo entre as distintas explanações, buscando refletir criticamente sobre a proposta de discussão da mesa conectando-a com o tema do evento. Além disso, o texto traz pontos que surgiram no debate realizado e que contribuíram, a nosso ver, para os propósitos da mesa.

O tema do Simpurb de 2022, "A produção do urbano e a urgência da práxis transformadora: teorias, práticas e utopias em meio a um mundo convulsionado", o primeiro evento após dois importantes acontecimentos dos últimos anos — o retorno da democracia plena após a dura eleição do fim do ano de 2022, com esperanças de um país com maior justiça social por meio de políticas públicas sociais, e o primeiro grande reencontro da comunidade geográfica brasileira após dois anos de isolamento físico causado pela pandemia da doença do novo coronavírus (Covid-19) — , convida-nos a refletir sobre o urbano buscando delinear quais teorias, com que práticas e por meio de quais utopias devemos construir uma práxis transformadora em meio ao mundo em convulsão.

Esse mundo em convulsão guarda paralelismo, a nosso ver, com o que Nancy Fraser e Rahel Jaeggi tratam de uma "crise sistêmica severa", quando elas afirmam "não é apenas um conjunto de problemas pontuais, mas uma profunda disfunção estrutural alojada no coração de nossa forma de vida"[524].

Estamos imersos nesse mundo em convulsão, que se apresenta nas multidimensionais crises. Multidimensionais, pois manifestam-se com elementos diferentes, mas que, é preciso resgatar, têm a mesma natureza e urgência, alvo do debate que buscamos realizar neste texto: a acumulação capitalista.

"Crise" foi uma das palavras mais utilizadas nos últimos tempos. Desde textos acadêmicos, em especial livros que tratavam das diversas crises, até os jornalísticos e as conversas cotidianas. E também nos textos dos meus colegas pesquisadores de mesa, aos quais, como debatedora da sessão, eu tive acesso; e, no debate no dia de realização da mesa no evento, a palavra apareceu de diferentes formas e contextos. Mas é preciso destacar: a palavra "crise" está sempre presente.

---

[524] FRASER, N.; JAEGGI, R. *Capitalismo em debate*: uma conversa na teoria crítica. São Paulo: Boitempo, 2020. p. 14.

Iniciamos este texto, na próxima seção, com um breve debate sobre a multidimensionalidade da crise, apontando as distintas formas como essa noção tem feito parte das vidas cotidianas, em especial da vida urbana. Destacamos, nessa mesma seção, como os pesquisadores que fizeram parte dessa mesa buscaram, em suas análises, ressaltar esse elemento-chave. Na segunda parte do texto, com base na caracterização do mundo convulsionado, apresentamos algumas considerações do debate proposto pela seção, buscando dialogar, em parte, com as exposições dos meus colegas pesquisadores da mesa e, de outro, apresentando alguns pontos para reflexão.

A multidimensionalidade das crises

Segundo o dicionário *Etimologia*[525], "crise" significa um estado de caos e incerteza. Tem relação com o verbo *kríneis*, do grego, que tem o sentido de julgar, assim como na implicação de decidir ou separar. Mas há também raízes no indo-europeu **krei-*, no contexto de escolher; complementado pelo sufixo *-sis*, que geralmente aparece na terminologia de saúde para indicar uma condição, neste caso aplicado para determinar uma situação problemática. Em síntese, trata-se de uma palavra que tem o sentido de apontamento de algo que não está seguindo o seu turno convencional; e, para sua solução, é necessário escolher um caminho, tomar uma atitude.

Com base nisso, cabem as perguntas: Quais os indícios que vivemos em um mundo em estado de caos? Quais as atitudes necessárias para a resolução? Será mesmo que podemos falar em solução considerando os processos cada vez amplos de acumulação de capital que seguem sendo revigorados?

Longe de ter respostas para essas perguntas tão fundamentais, nossa intenção aqui é simplesmente refletir com base nelas. Primeiramente, vamos apontar de forma bastante breve alguns indícios da multidimensionalidade da crise para caracterizar o estado de caos e incerteza da contemporaneidade.

A primeira crise que destacamos é a ambiental, que pode ser caracterizada por processos como de neoextrativismos, a mudança climática, desflorestamento recorde da Amazônia, queimadas no Pantanal e Amazônia, perda da biodiversidade e da sociodiversidade de diversos biomas no mundo. Relacionada a esta, precisamos lembrar a crise sanitária. O ano de 2023 é o primeiro, desde o início da pandemia em 2020, que se inicia sem que estejamos em isolamento físico, o que não significa dizer que a Covid-19 seja algo do passado. É importante ainda lembrar outras crises sanitárias, por exemplo, a falta de saneamento básico. Segundo a *Pesquisa nacional de saneamento básico* do Instituto Brasileiro de Geografia e Estatística (IBGE)[526], em 2020, 34,1 milhões de domicílios no Brasil, o que representa 49,2% do total, não tinham acesso a esgotamento sanitário, ou seja, praticamente metade dos domicílios do país. No entanto, é preciso reconhecer que essa dimensão da crise sanitária não é enfrentada com a mesma intensidade, afinal afeta desigualmente a população.

As crises econômicas são outra face da instabilidade que vivemos. *Econômicas*, no plural, dadas as diversas formas de manifestação dessa crise. Podemos citar, à guisa de exemplo, o aprofundamento das ondas de neoliberalizações, que em cada território se apresenta de uma forma, mas que, no geral, implica o estrangulamento do mundo do trabalho e a intensificação dos conflitos capital e trabalho. No Brasil, é preciso destacar a crise da produção relacionada ao processo de desindustrialização, que, com algumas ressalvas quanto a sua dimensão e espacialidade, tem reduzido a paisagem industrial

---

[525] VESCHI, B. Crise. *In*: VESCHI, B. *Etimologia*: origem do conceito. [*s.l.*: *s.n.*], c2023. Originalmente publicada em 2000. Disponível em: https://etimologia.com.br/crise/. Acesso em: 24 fev. 2023.

[526] INSTITUTO BRASILEIRO DE GEOGRAFIA E ESTATÍSTICA (IBGE). *Pesquisa nacional de saneamento básico*. Rio de Janeiro: IBGE, 2020.

brasileira a patrimônio. A recuperação econômica a partir de um novo impulso industrial conectado com ciência, tecnologia e inovação parece-nos ser tarefa urgente em termos de políticas públicas para o novo ciclo do governo federal.

Falando em política, é necessário reconhecer que o mundo, no geral, e o Brasil, em particular, vivem uma crise política. Com a eleição de Donald Trump nos Estados Unidos da América (EUA), em 2016, uma série de políticos, incluindo no Brasil o ex-presidente derrotado nas eleições de 2022, lançou-se como sendo apolítica. Com um discurso hipócrita e demagógico, apresentou-se como avessa à política e com um novo perfil para o comando político e econômico. O resultado disso, ao menos nos EUA e no Brasil, jamais podemos esquecer: os dois países foram os de maior mortalidade por Covid-19, com base em uma política negacionista e de combate à vacina e às orientações científicas sobre a importância do isolamento físico.

No Brasil, a invasão por terroristas golpistas em janeiro de 2023 ao Congresso Nacional, ao Palácio do Planalto e ao Palácio da Justiça dá uma ideia da crise política em que estamos imersos. Não podemos esquecer os ataques ao patrimônio público presente nestes edifícios, o que demonstra, de certa forma, um desprezo pela cultura material brasileira e um desconhecimento de sua importância histórica. É preciso destacar ainda que, em termos de crises políticas mundiais, temos outras questões urgentes, como a guerra entre Rússia e Ucrânia, o neofascismo crescente na Itália, a situação política e social de países árabes, entre outras.

Em termos de crise social, é necessário sublinhar que o Brasil voltou ao mapa da fome da Organização das Nações Unidas (ONU) menos de dez anos depois de ter saído dessa triste estatística. A fome é o maior embate social que temos que enfrentar no curtíssimo prazo. Mas também o desemprego, o subemprego, a explosão da informalidade, o aumento dos moradores sem-teto.

Por fim, para conectarmo-nos com o tema da Mesa 4 do Simpurb, é necessário reconhecer uma **crise urbana**. Crise urbana essa centrada na produção do espaço que perpassa a nossa cotidianidade; e, para entendê-la, é preciso colocar luz, como a ementa da mesa apresentou, na exploração, na espoliação e nas diversas dimensões e formas da desigualdade.

Nos textos dos meus colegas pesquisadores e que também fazem parte desta coletânea, estão destacadas algumas outras evidências da crise urbana. César Santos trouxe as ações de remoção de moradores de uma área de ocupação na zona sul do município de São Paulo. O remocionismo, infelizmente tão comum a diversas cidades brasileiras, que se apresenta muitas vezes como uma política de Estado, é uma forma de espoliação do direito à moradia. Marcio Piñon tratou da urbanização dispersa ou extensiva e sobre quanto isso tem agravado diversos problemas, como a da mobilidade pendular, por exemplo. Horas perdidas em deslocamentos diários em péssimas condições e, ainda por cima, altamente custosos para a massa de trabalhadores. E Thiago Canettieri destacou a viração da classe trabalhadora, conceito esse que faz referência à tendência atual de os trabalhadores atuarem, ao mesmo tempo, na formalidade, com empregos estáveis assalariados e mal pagos, e na informalidade, "a uberização massiva" e suas diversas variações, enquanto estratégia de sobrevivência.

Em meio a essa multidimensionalidade das crises — poderíamos citar outras, mas essas já dão dimensão do que estamos querendo evidenciar —, é preciso lembrar David Harvey quando ele afirma:

> [...] crises são essenciais para a reprodução do capitalismo. É no desenrolar das crises que as instabilidades são confrontadas, remodeladas e reformuladas para criar uma nova versão daquilo que consiste no capitalismo. [...] As crises abalam profundamente nossas acepções do mundo e do lugar que ocupamos nele.[527]

---

[527] HARVEY, D. *A loucura da razão econômica*: Marx e o capital no século XXI. Rio de Janeiro: Boitempo, 2016. p. 9.

O debate central: como se (re)configuram a terra, o trabalho e o capital no urbano hoje?

Se essas crises nos abalam e mudam as nossas concepções de mundo, como Harvey apontou na citação anterior, como usar essa energia da transformação para ir além meramente de uma nova versão do capitalismo? A referência crítica aqui é, em especial, aos distintos rótulos que têm sido utilizados para se referir ao capitalismo, atribuindo um adjetivo, uma qualidade, como se se tratasse de uma nova versão.

Capitalismo verde, capitalismo cognitivo, capitalismo de plataformas são apenas alguns poucos exemplos do que estamos querendo evidenciar. Sem negar as inovações que são inerentes ao processo histórico de desenvolvimento das forças produtivas e que, de alguma forma, imputem algo novo ou substancialmente melhorado no processo de acumulação, a criação de uma versão — voltando ao destaque da citação de Harvey — não nega nem supera a relevância da análise basilar das relações do capital.

A proposta de debate que foi realizada nessa mesa no Simpurb foi um convite, em nosso entender, a refletir sobre a seguinte questão, em conexão com o tema geral do evento e com o da mesa: *Com que teorias, práticas e utopias podemos transformar este mundo em convulsão? De que maneira a tríade marxista — capital, terra e trabalho — é central para isso na perspectiva da produção do espaço?*

E, indo adiante na reflexão, inspirada pela famosa 11ª tese de Marx[528], em que medida a interpretação da tríade na análise da produção do espaço pode contribuir na urgência da práxis verdadeiramente transformadora, como sugere o tema do Simpurb? Enfim, pode-se dizer que o desafio posto a essa mesa, tão complexo como os das demais mesas, foi buscar uma reflexão possível — e não respostas vulgares e simplórias — sobre a centralidade da tríade: terra, trabalho e capital.

Afirmou-se na mesa quão fundamental continua sendo a fórmula trinitária de Marx — capital-lucro/juros; terra-renda; trabalho-salário — para dimensionarmos a crise urbana que vivemos e, ao mesmo tempo, nos permitir refletir na construção de uma práxis transformadora que possa superar as análises do que Marx[529] chamou de economia vulgar. Com essa expressão, o autor estava fazendo referência às interpretações dos processos econômicos de agentes presos dentro das relações burguesas de produção, que o analisam de forma fetichizada ou, usando a expressão do autor, como se aparência e essência das coisas coincidissem totalmente.

Destacamos três pontos que são importantes de considerar para evitar a realização dessa análise vulgar. O primeiro ponto é uma questão de método. A análise da tríade exige uma reflexão que busca compreender uma totalidade, uma totalidade expressa nas palavras de Marx pelos "segredos do processo de produção social"[530].

É preciso destacar: totalidade em movimento, em transformação. Portanto, aberta e dialética. Essa questão de método, presente nas análises realizadas pelos pesquisadores da mesa, pode ser evidenciada na forma como o real foi sendo apresentado — em sua aparência — e como os argumentos para explicar o movimento do real foram construídos descortinando o que é apenas aparente e evidenciando a essência dos processos.

---

[528] A 11ª tese de Marx sobre Feuerbach faz parte de um escrito originalmente de 1845 e é um texto curto (composto por 11 teses) que apresenta o pensamento de Marx em relação à crítica ao idealismo alemão e ao início de construção de um pensamento materialista. A 11ª tese é: Os filósofos têm apenas *interpretado* o mundo de maneiras diferentes; a questão, porém, é *transformá-lo*. Ver: MARX, K.; ENGELS, F. *A ideologia alemã*: crítica da mais recente filosofia alemã em seus representantes Feuerbach, B. Bauer e Stirner, e do socialismo alemão em seus diferentes profetas (1845 – 1846). São Paulo: Boitempo, 2007.

[529] MARX, K. *O capital*: crítica da economia política. Rio de Janeiro, Boitempo, 2017. Livro 3. Originalmente publicada em 1894.

[530] *Ibidem*, p. 877.

O debate realizado asseverou a preocupação em evidenciar os elementos centrais de conflitividade da tríade na produção do espaço na contemporaneidade. Nesse movimento do pensamento, as contradições são fundantes do processo de acumulação, como, por exemplo, a contradição entre produção e realização; e novas contradições que surgem no movimento do real na contemporaneidade, como a relação entre o legal e o ilegal, objeto de debate da mesa.

Nesse sentido, de busca da totalidade, vale destacar o imbricamento de pensamento dos meus colegas ao refletir sobre totalidades em movimento. Alguns pontos importantes do debate que foi realizado merecem realce.

Márcio Piñon de Oliveira, logo de início, lembra-nos, à luz de Lefebvre, que o processo de produção não se limita à fabricação de coisas no espaço, mas faz referência às relações sociais em sentido amplo: do cotidiano, dos lazeres, da cultura. Recupera também Lefebvre para destacar que a reprodução das relações sociais de produção precisa ser entendida conforme sua dimensão complexa e contraditória.

Thiago Canettieri de Mello e Sá, também no início do seu texto, faz um importante esclarecimento, à luz de Marx, sobre a concepção de capital que está sendo analisada. Não aquele da coisa, como diz Marx, mas do capital como relação social de produção pertencente a uma determinada formação histórico-social. E desenvolve uma análise pautada nas relações sociais contraditórias que corroboram por constituir, segundo ele, uma formação histórico-social colapsada.

César Ricardo Simoni Santos, ao refletir sobre a terra e as questões que envolvem a habitação, evidencia como de uma "mercadoria impossível", nas palavras de Christian Topalov[531], os processos de neoliberalização — redução dos direitos da população, financeirização, enxugamento dos gastos sociais e encolhimento da massa salarial — expropriaram direitos e deram novo impulso à mercantilização da reprodução social.

Nesse sentido, ao evidenciarem o movimento da realidade e do pensamento na interpretação dessa realidade, corroboram a afirmação de Marx de que "a ciência seria supérflua se a forma de manifestação e a essência das coisas coincidissem imediatamente"[532].

Uma questão importante a pôr em relevo ainda nesse primeiro ponto e que apareceu de forma evidente no debate da mesa foi a importância da reconstituição da tríade. A análise da terra, do trabalho e do capital, em suas especificidades, é importante e necessária, pois só assim é possível desvendar o mais profundo sentido e as lógicas de reprodução. No entanto, o movimento de reconstituição da tríade é igualmente fundamental para evidenciar as conexões, como Henri Lefebvre apresenta na citação a seguir ao tratar da filosofia marxista.

> Ainda que a análise se inicie pela quebra desse movimento a fim de alcançar seus elementos, chegando assim em um certo sentido, a um conjunto de abstrações, o método marxista afirma que é possível a reconstituição não só do todo como também do movimento. É claro que ela apenas pode ser atingida pela abstração prévia dos elementos; para chegar a esse resultado, eles têm de ser primeiro separados e isolados. Entretanto, desde que a análise tenha sido bem conduzida, ela apenas separa os elementos para descobrir quais são as conexões existentes entre eles, as relações internas que compõem o todo. [...] Assim, a reconstituição do conjunto, isto é, do todo em movimento, não é incompatível com a análise.[533]

---

[531] Na perspectiva de Topalov, a habitação é uma mercadoria impossível, por três principais razões: o tempo de rotação demasiado lento; no preço de mercado, a população não teria acesso a ela; e o custo da obra. Para mais detalhes, ver: TOPALOV, C. Análise do ciclo de reprodução do capital investido na produção da indústria da construção civil: capital e propriedade fundiária. *In*: FORTI, R. (org.). *Marxismo e urbanismo capitalista*: textos críticos. São Paulo: Ciências Humanas, 1979. p. 53-80.

[532] MARX, 2017, p. 880.

[533] LEFEBVRE, H. *Marxismo*. Porto Alegre: L&PM, 2009. p. 32.

O segundo ponto que merece nota no texto são os diálogos com autores relevantes apresentados no debate realizado. Importante destacar que esse diálogo foi marcado pela revisita a clássicos importantes e autores fundamentais ao debate, para além de Karl Marx, como Henri Lefebvre, Chico de Oliveira, Christian Topalov, Rosa Luxemburgo, David Harvey, Nabil Bonduki, Raquel Rolnik, entre muitos outros. Mas também pela citação recorrente de novas pesquisas, de 2020 em diante — são mais de dez textos citados nas bibliografias dos autores —, que mostram que a ciência brasileira — a geografia, em especial, com base em um diálogo bastante multidisciplinar — tem buscado discutir intensamente as questões que envolvem a transformações na produção do espaço urbano segundo as categorias: terra, trabalho e capital.

Por fim, o terceiro e último ponto de destaque pode ser sintetizado pela pergunta: O que os debates realizados apontaram de novidade? Em outras palavras, há de fato uma (re)configuração da fórmula trinitária no sentido de que ela hoje é capaz de revelar algo novo no campo das análises da produção social do espaço?

No geral, pode-se afirmar que as explanações deixaram claro que, enquanto categorias válidas para pensar a acumulação capitalista e a produção do espaço — terra, trabalho e capital —, (re)configuram-se sob aspectos novos.

O primeiro a destacar são os ilegalismos, a atuação de grupos extraoficiais e as práticas ilegais que evidenciam uma nova forma de mobilização do social que tem atuado diretamente no mercado imobiliário e no mundo do trabalho. Interessante registrar que se multiplicam, recentemente, os trabalhos sobre como a fronteira do legal e do ilegal tem se tornado cada vez mais tênue no cotidiano da vida urbana no Brasil. Se antes as práticas ilegais estavam associadas com mercadorias também ilegais — armas, drogas, biopirataria etc. —, hoje as práticas desses grupos não estão mais concentradas nesse tipo de mercadoria. César Santos sublinhou a atuação desses grupos na oferta habitacional — venda e compra e lotes e de moradias na zona sul de São Paulo, constituindo um comércio ilegal de terras.

No Rio de Janeiro, um desses grupos — as milícias — que controlam parte considerável da zona oeste da cidade são territorializados no sentido de que eles têm o poder sobre os territórios. Atuam como incorporadores imobiliários (ocupam um terreno, constroem moradias, prédios, aliás, como os famosos casos no Morro da Muzema, que desabaram, matando 22 moradores em 2019[534]; anunciam e vendem as habitações), controlam a comercialização da água, do gás, dos pontos de TV a cabo, controlam a vida cotidiana: que horas os trabalhadores entram e saem dos bairros e as relações sociais, interferindo na vida privada — nas brigas conjugais, nas separações, nos namoros dos adolescentes.

Thiago de Mello e Sá também deu ênfase a esse aspecto, do crescimento de dinâmicas criminais em periferias desoladas pela multidimensionalidade das crises em que as saídas criminosas se apresentam como uma alternativa de reprodução social para os sujeitos periféricos. Não que esse aspecto seja novo, mas a novidade é a complexificação e ampliação disso, constituindo uma nova economia política dos ilegalismos.

As novas contradições associadas à (re)configuração do urbano e aos processos de extensão, dispersão e aceleração contemporâneos são outro ponto discutido na mesa que atesta para a (re)configuração da análise triádica. Márcio Piñon apresentou como a atual urbanização — dispersa e estendida — produz espaços "sem cidades", ou seja, sem a sociabilidade própria do espaço urbano.

---

[534] DESABAMENTO de dois prédios em Muzema, no Rio, deixa mortos e vários feridos. *El País*, Rio de Janeiro, 12 abr. 2019. Disponível em: https://brasil.elpais.com/brasil/2019/04/12/politica/1555065639_167178.html. Acesso em: 28 fev. 2023.

Novas ondas de segregação ocorrem simultaneamente com operações urbanas de requalificação e revitalização das áreas centrais da cidade que produzem, muitas vezes, vazios urbanos.

Interessante registrar que a sociabilidade, para a maior parte da massa de trabalhadores, fica restrita aos modais de transporte e às práticas associadas ao trabalho. No Rio de Janeiro, isso é evidente nas linhas de trem que ligam o centro da cidade à periferia, de leste a oeste metropolitano. A sociabilidade que falta à vida cotidiana e que é inerente ao habitar é vivenciada, não sem conflito nem com a mesma natureza, na convivência imposta pelas horas de deslocamento, na maior parte das vezes de forma precária, nos trens suburbanos e que se direcionam às periferias metropolitanas.

Considerações finais

A reflexão da contribuição da economia política de Marx por meio da centralidade da tríade terra, trabalho e capital para a análise da relação entre os processos de acumulação e a produção social do espaço foi o objetivo central da discussão da mesa, recuperado, em linhas gerais, neste texto.

Destacamos, no decorrer deste capítulo, os pontos centrais apresentados pelos colegas pesquisadores, que obviamente não dão conta, nem tinham essa pretensão, de apresentar as minúcias e complexidades do pensamento deles. Para isso, nada melhor do que ler os textos, que estão presentes também neste livro.

Para finalizar, destacamos dois aspectos que foram apontados na explanação final feita por mim, como debatedora, e estiveram presentes também no profícuo debate com o público presente, que valem o apontamento e que têm relação com as opções teóricas e metodológicas realizadas pelos autores na explanação e na construção dos textos.

O primeiro deles é a ocultação do Estado como um dos agentes que possibilitam a reprodução ampliada do capital. De fato, das apresentações realizadas, o Estado não aparece como central nas análises, mas sim ora como regulador da ocupação do espaço urbano, ora como legitimador de políticas públicas que contribuem para a precarização das relações de trabalho. Para além apenas da constatação do Estado como executor de políticas, ele como agente, com poder de decisão e de transformação das relações sociais, não apareceu.

O segundo ponto de ênfase final é que as apresentações deram bastante destaque para diversos tipos de conflitos. Conflitos em torno da posse da terra, conflitos da cotidianidade da vida urbana, conflitos sociais, econômicos, do mundo do trabalho, entre outros. Porém, o fundamental conflito capital e trabalho, cerne do pensamento crítico da economia política, ficou de certa forma obscurecido na discussão.

Esse ocultamento da dimensão conflitiva da relação capital e trabalho aconteceu, por um lado, pela pouca atenção dada à produção propriamente dita, seja a industrial, seja a imobiliária, e, por outro, pela centralidade em que a dimensão fictícia do capital foi abordada. Provavelmente um sinal dos tempos em que o capital se reproduz mais velozmente por meio da capitalização da renda.

Referências

FRASER, N.; JAEGGI, R. *Capitalismo em debate*: uma conversa na teoria crítica. São Paulo: Boitempo, 2020.

HARVEY, D. *A loucura da razão econômica*: Marx e o capital no século XXI. Rio de Janeiro: Boitempo, 2016.

INSTITUTO BRASILEIRO DE GEOGRAFIA E ESTATÍSTICA (IBGE). *Pesquisa nacional de saneamento básico*. Rio de Janeiro: IBGE, 2020. Disponível em: https://www.ibge.gov.br/estatisticas/multidominio/meio-ambiente/9073-pesquisa-nacional-de-saneamento-basico.html. Acesso em: 26 fev. 2023.

LEFEBVRE, H. *Marxismo*. Porto Alegre: L&PM, 2009.

MARX, K. *O capital*: crítica da economia política. Rio de Janeiro, Boitempo, 2017. Livro 3. Originalmente publicada em 1894.

MARX, K.; ENGELS, F. *A ideologia alemã*: crítica da mais recente filosofia alemã em seus representantes Feuerbach, B. Bauer e Stirner, e do socialismo alemão em seus diferentes profetas (1845 – 1846). São Paulo: Boitempo, 2007.

TOPALOV, C. Análise do ciclo de reprodução do capital investido na produção da indústria da construção civil: capital e propriedade fundiária. *In*: FORTI, R. (org.). *Marxismo e urbanismo capitalista*: textos críticos. São Paulo: Ciências Humanas, 1979. p. 53-80.

VESCHI, B. Crise. *In*: VESCHI, B. *Etimologia*: origem do conceito. [*s.l.: s.n.*], c2023. Originalmente publicada em 2000. Disponível em: https://etimologia.com.br/crise/. Acesso em: 24 fev. 2023.

PARTE V

DAS VIOLÊNCIAS CONTRA OS SUJEITOS À VIOLÊNCIA DA URBANIZAÇÃO DESIGUAL: RELAÇÕES DE CLASSE, GÊNERO, RAÇA E LUTAS POR IDENTIDADES E DIREITOS NAS CIDADES

DISTRIBUIÇÃO DOS GRUPOS RACIAIS EM CIDADES BRASILEIRAS: SOBRE SEGREGAÇÃO, ESTRUTURA E EXPERIÊNCIA URBANA

Renato Emerson dos Santos

> *Para uma geografia urbana anti-racista, o desafio é rejeitar o conceito de "raça" como categoria explanatória e, em vez disso, concentrar-se em explicar como a reprodução das desigualdades materiais está estruturada em torno de ideias cientificamente indefensáveis acerca do significado social da variedade somática (fenotípica e genotípica). A ênfase deveria ser colocada não na descrição de onde vivem diferentes "raças" e como elas se comportam, e sim detalhar os processos socioeconômicos e políticos da formação de "raça".*[535]

O presente capítulo pretende contribuir para o adensamento de leituras espaciais dos padrões de relações raciais em cidades brasileiras. Discutimos aqui a distribuição espacial residencial dos grupos raciais em algumas das maiores cidades do país; e, com um foco maior para o caso da cidade do Rio de Janeiro, levantaremos algumas discussões sobre como isso contribui para a reprodução do racismo no Brasil. Para tal, além de analisar as distribuições identificando padrões de inscrição da dimensão racial na estrutura espacial das nossas grandes cidades, dialogaremos com o debate sobre a existência ou não de segregação racial nas cidades brasileiras — debate que consideramos mais fértil nas reflexões que gera do que nas respostas que se buscam taxativas em si. Com efeito, é no seio dessas reflexões que avançamos no entendimento das dimensões raciais da constituição das nossas cidades, e de como o próprio espaço é uma dimensão das relações raciais na sociedade brasileira. Dialogando criticamente com o texto da epígrafe, da geógrafa britânica Susan Smith, em cujo contexto (estudos urbanos britânicos e norte-americanos) a segregação racial é um tema bastante estudado, acreditamos que a leitura da distribuição espacial dos grupos raciais não é apenas reflexo das relações raciais, mas é também um condicionante delas e da própria construção de sentidos de raça e racialização no contexto brasileiro.

Durante quase toda a segunda metade do século XX, o debate sobre segregação racial experimentou um duplo silêncio no Brasil. De um lado, os estudos e discursos sobre relações raciais, sob hegemonia do ideário da democracia racial, tinham a assunção de uma ausência de segregação racial como uma "prova" de que no Brasil não havia racismo — ao contrário dos casos eleitos como "de confronto" com o nosso, os dos Estados Unidos da América (EUA) e da África do Sul sob o regime do apartheid. De outro, com a emergência da abordagem marxista nos estudos urbanos, a valorização das clivagens e relações de classe nas leituras da cidade também anulava a consideração da variável raça como constitutiva dos padrões de segregação socioespacial. O silêncio decorrente dessa incomum convergência (inclusive, entre liberais e marxistas) no debate racial[536] instituiu obstáculos à

---

[535] SMITH, S. Geografia urbana num mundo em mutação. *In*: GREGORY, D.; MARTIN, R.; SMITH, G. (org.). *Geografia humana*: sociedade, espaço e ciência social. Rio de Janeiro: Jorge Zahar, 1996. Cap. 8. p. 256.

[536] PAIXÃO, M. *500 anos de solidão*: estudos sobre desigualdades raciais no Brasil. Curitiba: Appris, 2013.

discussão sobre a segregação racial[537]. Isto vem sendo revertido nos últimos anos graças à emergência de uma nova geração (impulsionada pela luta do Movimento Negro Brasileiro) de estudos críticos sobre o racismo no Brasil, e o papel da cidade na sua reprodução.

Nas duas últimas décadas, estudos como os de Telles[538], Garcia[539], Campos[540], Rios-Neto e Riani[541], Silva[542], França[543], entre outros, vêm aproveitando a crescente disponibilidade e qualidade de dados estatísticos produzidos por órgãos oficiais e jogando novas luzes sobre o debate da segregação racial no Brasil. A emergência da denúncia do racismo pelo Movimento Negro Brasileiro, levando até mesmo à promoção de políticas públicas de superação do racismo e promoção da igualdade racial, liberta o debate da segregação da responsabilidade de ser uma "prova" da existência do racismo ou um indicador de medição comparativa entre racismos[544], espartilho intelectual que inibia leituras do fenômeno no Brasil. Assim, podemos atualmente dispor de uma oferta de dados e renovados debates que nos permitem tensionar diferentes visualizações cartográficas da distribuição racial dos grupos raciais nas cidades brasileiras, o que torna frutífero retomar a discussão sobre a segregação racial em nosso modelo de relações raciais.

Segregação racial no Brasil: um debate em retomada

O debate sobre segregação racial no Brasil não é novo, e é marcado por rupturas, interdições e mudanças de abordagens. Na década de 1940, estudando as relações raciais na Bahia, Donald Pierson já apontava em Salvador um padrão de segregação em que

> [...] os brancos e os mestiços mais claros ocupavam os altos da cidade, que eram mais confortáveis [...] ao passo que os pretos e os mestiços mais escuros residiam geralmente nas áreas baixas, menos convenientes e saudáveis [...].[545]

O autor chamou de "segregação inconsciente" esse padrão de distribuição de grupos de cor, apontando se tratar mais um efeito espacial das diferenças de classe (vista como padrão de renda e escolaridade das famílias) do que de raça — raciocínio impulsionado pelo contraste com o caso estadunidense. Nos EUA, com o reconhecimento de constitucionalidade das leis de segregação racial no uso de espaços públicos, no início do século XX começaram a surgir legislações municipais de segregação residencial. Isto foi contestado por entidades negras, como a Associação Nacional para o Progresso de Pessoas de Cor (NAACP), que judicializou tal disputa; e, como resultado, em 1917 a Suprema Corte julgou inconstitucional qualquer lei de segregação racial de localização residencial[546]. Diante dessa proibição, outras práticas emergiram, tanto por parte de legisladores e planejadores urbanos (como a implementação de zoneamentos urbanísticos que dificultavam padrões de cons-

---

[537] SANTOS, R. E. (org.). *Diversidade, espaço e relações étnico-raciais*: o negro na geografia do Brasil. Belo Horizonte: Autêntica, 2007.

[538] TELLES, E. Segregação residencial. *In*: TELLES, E. *Racismo à brasileira*: uma nova perspectiva sociológica. Rio de Janeiro: Relume Dumará, p. 161-184, 2003.

[539] GARCIA, A. S. *Desigualdades raciais e segregação urbana em antigas capitais*: Salvador, cidade d'Oxum e Rio de Janeiro, cidade de Ogum. Rio de Janeiro: Garamond, 2009.

[540] CAMPOS, A. *O planejamento urbano e a "invisibilidade" dos afrodescendentes*: discriminação étnico-racial, intervenção estatal e segregação sócio espacial na cidade do Rio de Janeiro. 2006. Tese (Doutorado em Geografia) – UFRJ, Rio de Janeiro, 2006.

[541] RIOS-NETO, E.; RIANI, J. Desigualdades raciais nas condições habitacionais na população urbana. *In*: SANTOS, R. E. (org.). *Diversidade, espaço e relações étnico-raciais*: o negro na geografia do Brasil. Belo Horizonte: Autêntica, p. 91-112, 2007.

[542] SILVA, M. N. *Nem para todos é a cidade*: segregação urbana e racial em São Paulo. Brasília: Fundação Cultural Palmares, 2006.

[543] FRANÇA, D. Segregação residencial por raça e classe em Fortaleza, Salvador e São Paulo. *Caderno CRH*, Salvador, v. 35, p. 1-15, e022045, 2022.

[544] TELLES, 2003.

[545] PIERSON, D. *Brancos e pretos na Bahia*. 2. ed. São Paulo: Editora Nacional, 1971. p. 105.

[546] RICE, R. Residential segregation by law, 1910-1917. *The Journal of Southern History*, Athens, GA, v. 34, n. 2, p. 179, 1968.

trução acessíveis à população negra em bairros brancos, chamado "*zonning*") quanto de agentes de mercado (as chamadas "convenções restritivas", acordos para a não negociação de imóveis com pessoas negras)[547]. Como não encontrou por aqui semelhantes ações deliberadas e enunciadas de segregação racial, Pierson afirmou então que "não existia, na Bahia, esforço proposital de segregar as raças a fim de manter distinções de casta, como naquela época em várias partes dos Estados Unidos"[548]. Outras duas ideias de grande repercussão posterior nos debates sobre segregação racial no Brasil apareciam no trabalho de Pierson: primeiro, que tal padrão de divisão espacial das cores (ele fala de "índice de situação racial") já começava a se alterar, sobretudo com o surgimento de áreas residenciais de "status intermediário", onde partes claras e escuras da sociedade se misturavam; em segundo, tal padrão seria herança das condições sociais dos grupos raciais no período da escravidão, e assim estaria fadado a desaparecer, processo que já se iniciava, numa "sociedade de competição comparativamente livre e de desenvolvimento gradual".

Com diferentes abordagens, autores posteriores também trouxeram este núcleo argumentativo. Por exemplo, ideias semelhantes apareceram na chamada "geração dos estudos da Unesco sobre relações raciais"[549], trabalhos encomendados pela agência internacional na década de 1950 para estudar o caso brasileiro, que se apresentava então para o planeta como um país de harmônicas relações entre os grupos, algo que se torna preocupação para o Ocidente após a derrota do projeto nazista na Segunda Grande Guerra[550]. Este contexto histórico, do ponto de vista das relações raciais no Brasil, é marcado pela emergência do discurso da "democracia racial" como ideologia hegemônica e oficial das relações de raça no país — incensada, sobretudo, por obras de Gilberto Freyre, como *Casa grande & senzala*[551] e *A interpretação do Brasil*[552]. Os estudos produzidos para a Organização das Nações Unidas para a Educação, a Ciência e a Cultura (Unesco) não confirmaram essa leitura do Brasil como paraíso das raças, mas reforçaram a ideia da variável racial como um dado dependente (subordinado à dinâmica de classes) e residual (resquício da escravidão e das relações engendradas em sua extinção). Influenciados pela emergência da hegemonia do projeto de industrialização, como vetor da constituição de novos padrões de relações sociais e também da vida social nas cidades, vão conferir centralidade à "mudança social" modernizante então em curso, que, ao mesmo tempo que incidiria de forma diferenciada em cada contexto criando diferenciações regionais nas relações raciais (por isso, estudos em Recife, Salvador, Rio de Janeiro e São Paulo), tenderia a secundarizar o papel da raça. A temática da segregação racial também vai aparecer dessa mesma forma.

Um dos estudos da Unesco que trazem a temática da segregação é o de Luiz Aguiar Costa Pinto[553]. Influenciado pela abordagem da ecologia humana da Escola de Chicago, vai observar a "repartição dos grupos étnicos na área urbana do Rio de Janeiro", identificando formas e índices de segregação racial, e associando à estruturação dos mercados de trabalho na cidade — sobretudo o doméstico. Assim, o autor articula os conceitos de posição social, situação ecológica e condição

---

[547] THOMAS, J. M. Planning history and the black urban experience: linkages and contemporary implications. *Journal of Planning Education and Research*, Chicago, v. 14, n. 1, p. 1-11, 1994.

[548] PIERSON, 1971, p. 106.

[549] MOTTA, A.; SANTOS, R. C. B. *Políticas públicas e a questão racial*: a experiência da Seafro no Rio de Janeiro. *Cadernos de Pesquisa*, Rio de Janeiro, n. 7, p. 5-16, maio 1997. Mimeo.

[550] MAIO, M. C. O Projeto Unesco e a agenda das ciências sociais no Brasil dos anos 40 e 50. *Revista Brasileira de Ciências Sociais*, São Paulo, v. 14, n. 41, p. 141-158, out. 1999.

[551] FREYRE, G. *Casa grande & senzala*. 42. ed. Rio de Janeiro: Record, 2001a.

[552] Idem. *Interpretação do Brasil*: aspectos da formação social brasileira como processo de amalgamento de raças e culturas. Rio de Janeiro: Companhia das Letras, 2001b. Originalmente publicada em 1954.

[553] COSTA PINTO, L. A. *O negro no Rio de Janeiro*: relações de raças numa sociedade em mudança. São Paulo: Editora Nacional, 1953.

étnica para mostrar, utilizando os dados do Censo de 1940, que os grupos étnicos se distribuem desigualmente no espaço de acordo com as diferenças sociais acentuadas existentes entre eles. Isso faz com que os grupos de cor se situem nas zonas mais deterioradas do espaço urbano. Complementando suas análises com os dados do Censo de Favelas do Rio de Janeiro de 1949, ele aponta a maior inserção dos grupos étnicos subalternizados nas funções de trabalho doméstico como a causa de as favelas terem mais de 70% de população de cor e se localizarem próximo aos bairros de residência dos grupos mais ricos. Análise próxima a essa, ainda que com abordagem teórica distinta, farão Cardoso e Ianni[554] sobre Florianópolis. Este estudo, realizado poucos anos depois, num complemento dos estudos da Unesco para a região Sul, também aponta como tal distribuição desigual acaba contribuindo para a reprodução do preconceito racial.

Estes estudos apontam, portanto, as tendências que vão dominar o debate sobre a dimensão racial dos padrões de segregação nas cidades brasileiras nas décadas seguintes: a raça era vista como uma variável dependente, subsidiária da classe, e, portanto, não haveria segregação racial ou mesmo uma "questão racial urbana". Esta vai ser a tônica posteriormente, na emergência das leituras derivadas da influência da sociologia urbana marxista, que vai ler os padrões de segregação conforme as clivagens entre classes (burguesia & proletariado) e frações de classe — com a divisão do proletariado entre a fração vinculada ao trabalho material, de execução, o operariado, e a fração vinculada ao trabalho imaterial, dos setores de coordenação, como o terciário, e assim a classe trabalhadora fraciona-se entre classe baixa e classe média, clivagem que se reforça com a constituição de um "exército industrial de reserva", massa trabalhadora utilizada pelas elites para o rebaixamento geral dos salários[555]. Sob forte influência de autores como Manuel Castells, David Harvey, Jean Lojkine, entre outros, estas leituras do urbano vão se conjugar pacificamente com a ideia de que, subordinando-se a raça à classe, qualquer traço racializado na distribuição dos grupos pelo espaço urbano deve-se ao fato de os negros serem mais pobres, herança do passado escravocrata — aí, dialogando com a concepção liberal da estrutura de classes como grupos segundo o quantum de riqueza acumulada (ou renda auferida), sem consideração de relação disso com a estrutura produtiva. Assim, a temática racial fica de fora das agendas urbanas, que vão privilegiar as formas de espacialização da produção e da reprodução social do capital e da força de trabalho, numa desracialização das leituras da cidade.

É dentro desse contexto de hegemonia acadêmica da sociologia marxista nos estudos urbanos que, entre o fim da década de 1980 e o início dos anos 1990, impulsionados pela emergência das lutas do Movimento Negro (que ganha força pela coincidência dos contextos de redemocratização, formação de novas coalizões de forças políticas por governos de oposição e o centenário da abolição da escravidão), vão aparecer textos questionando o apagamento da racialidade como elemento constitutivo da estrutura e da história das nossas cidades. Textos como os de Sodré[556] e Rolnik[557] (cuja versão original é de 1988), que mostram o papel das relações raciais na história das cidades, do planejamento, das legislações e da gestão urbana no Brasil, e enfatizam protagonismos e territorializações negras, vão se somar ao de Telles[558], que retoma a problematização sobre a segregação

---

[554] CARDOSO, F. H.; IANNI, O. *Cor e mobilidade social em Florianópolis*: aspectos das relações entre negros e brancos numa comunidade do Brasil Meridional. São Paulo: Editora Nacional, 1960.

[555] OLIVEIRA, F. O Estado e o urbano no Brasil. *Espaço & Debates*, São Paulo, v. 2, n. 6, p. 36-54, 1982.

[556] SODRÉ, M. *O terreiro e a cidade*: a forma social negro-brasileira. Petrópolis: Vozes, 1988.

[557] ROLNIK, R. Territórios negros nas cidades brasileiras: etnicidade e cidade em São Paulo e Rio de Janeiro. *In*: SANTOS, R. E. (org.). *Diversidade, espaço e relações étnico-raciais*: o negro na geografia do Brasil. Belo Horizonte: Autêntica, p. 75-90, 2007.

[558] TELLES, E. Segregação racial e crise urbana. *In*: RIBEIRO, L. C.; SANTOS JR., O. *Globalização, fragmentação e reforma urbana*: o futuro das cidades brasileiras na crise. Rio de Janeiro: Civilização Brasileira, 1994. p. 189-217.

racial no Brasil. Rejeitando a hegemônica anulação do debate racial nos estudos urbanos, estes textos reposicionam o racismo e o antirracismo nas leituras das cidades brasileiras, influenciam estudos posteriores e enunciam linhas de compreensão que vão constituir novas tendências. O texto do estadunidense Edward Telles aponta os prejuízos e a interdição do debate sobre a segregação quando fixado na comparação entre Brasil, EUA e África do Sul, e defende que aqui há um grau moderado de segregação, conforme os dados do Censo do Instituto Brasileiro de Geografia e Estatística (IBGE) de 1980. O autor aponta o entrelaçamento de dimensões econômica (pobreza e marginalização da população negra), racial (faces do racismo em espaços sociais onde predomina a segregação das classes com maior poder aquisitivo) e étnica (vínculos sociais, históricos e geográficos de identidade condicionando aglomerações da população negra). Praticamente dez anos depois, ele retoma esses argumentos e analisa os dados do Censo do IBGE de 1990[559].

Os textos de Edward Telles prenunciam uma das principais tendências da geração de estudos recentes e críticos sobre a segregação racial no Brasil. Desde a década de 2000, beneficiando-se da crescente abertura do acesso aos dados das pesquisas censitárias do IBGE, um novo conjunto de estudos sobre a segregação vai reverberar a crítica do Movimento Negro ao "mito da democracia racial"[560] e as denúncias sobre a existência de desigualdades raciais no país, que vinham se fortalecendo desde a década de 1980 com a produção de estatísticas[561]. Assim, trabalhos vão pautar um renovado debate sobre segregação, com farto recurso a dados estatísticos, observando padrões de distribuição espacial dos grupos raciais nas cidades[562], associando a distribuição racial dos grupos à espacialização de desigualdades de indicadores sociais[563], e problematizando sobre a segregação como consequência ou como fator produtor de desigualdades de oportunidades sociais[564]. Dialogando com essa nova leva de abordagens estatísticas sobre padrões diferenciados de distribuição dos grupos raciais, emergem também estudos que pautam a segregação como agenda contrastiva da busca de identificação de protagonismos negros na cidade, valorizando territórios negros, instituições negras e suas lutas, redes de solidariedade, entre outros[565].

Diversas questões aparecem nessa nova geração de estudos, que toma a segregação como uma das formas de projeção das relações raciais na estrutura da cidade — mas que não é apenas "reflexo", é também um fator que influencia as relações raciais. Primeiro, a estatistização da abordagem institui o debate sobre os "parâmetros" de medição para pensar a segregação. Os que mais aparecem são (i) o índice de dissimilaridade, medida de quanto de um grupo teria de sair do lugar para ter uma distribuição coincidente ou igual à de outro grupo, (ii) o índice de exposição ou isolamento, que mede quanto membros de um grupo estão expostos a membros de outro grupo ao viverem num mesmo bairro, conforme a proporção de vizinhos de outro grupo vivendo no mesmo setor, e que podem ser vistos tanto do ponto de vista do grupo majoritário quanto do minoritário, e (iii) as man-

---

[559] TELLES, 2003.

[560] NASCIMENTO, A. *O genocídio do negro brasileiro*: processo de um racismo mascarado. Rio de Janeiro: Paz e Terra, 1978.

[561] HASENBALG, C.; SILVA, N. V. *Estrutura social, mobilidade e raça*. São Paulo: Vértice, 1988. Ver também: OLIVEIRA, L.; PORCARO, R. M.; ARAÚJO, T. C. *O lugar do negro na força de trabalho*. Rio de Janeiro: IBGE, 1981.

[562] Ver RIOS-NETO; RIANI, 2007; FRANÇA, 2022.

[563] Ver GARCIA, 2009; CAMPOS, 2006; SILVA, 2006.

[564] RIBEIRO, L. C.; CORREA, F. As cores das fronteiras urbanas: segregação residencial e desigualdades "raciais" na região metropolitana do Rio de Janeiro. *Cadernos Ippur*, Rio de Janeiro, v. 22, n. 2, p. 9-36, ago./dez. 2008.

[565] Ver os textos de Oliveira, D. A., "Territorialidades do hip-hop: desvelando tensões raciais na reprodução dos espaços urbanos"; Perry, K.-K., "Espaço urbano e memória coletiva: o conhecimento de mulheres negras em lutas políticas"; e Pires, Á. R., "Urbanidade sob o prisma da religião afro-brasileira: o que a intolerância religiosa tem a ver com isso?", todos na coletânea *Questões urbanas e racismo*, organizada por: SANTOS, R. E. Petrópolis: DP et al., 2012.

chas de concentração, que busca identificar padrões de localização na estrutura urbana dos bairros com maior proporção de um grupo ou de outro. A interpretação desses três parâmetros, isolada ou combinadamente, vai permitir distintas leituras do fenômeno da segregação racial. Telles[566], por exemplo, comparando Rio de Janeiro e São Paulo, aponta que a dissimilaridade é maior à medida que aumenta a renda, com menos negros e menos mistura racial nos estratos e áreas mais ricas das cidades. França[567] segue na mesma direção, apontando que os negros de estrato de renda mais alto estão mais dispersos nas cidades do que os brancos de renda mais alta, que tendem a se concentrar mais — ou seja, a autossegregação entre os de maior renda é mais característica de brancos do que de negros). Rios-Neto e Riani também seguem na mesma toada, apontando que a dissimilaridade é maior nos estratos de maior escolaridade do chefe de família e maior renda. Esta dupla de autores também analisou as manchas de concentração racial diferenciadas em sete grandes capitais brasileiras (Belo Horizonte, Curitiba, Porto Alegre, Recife, Rio de Janeiro, Salvador e São Paulo), e mostrou que as áreas com maior proporção de pessoas negras eram (segundo dados do Censo do IBGE de 2000) também aquelas com maior proporção de pessoas abaixo das linhas de pobreza e de indigência — mostrando no espaço urbano, assim, que a pobreza tinha cor. Retomaremos o diálogo com este estudo mais adiante.

Uma segunda questão que volta à baila nos debates é sobre a escala espacial da segregação na cidade. Nos estudos pioneiros de Donald Pierson[568] e L. A. Costa Pinto[569], já se apontava a complexidade de uma estrutura de cidade que, numa primeira abordagem, exprimia um corte racial nas diferenças entre as zonas, mas, quando observada na escala micro, revelava outras nuances. Costa Pinto analisava a dispersão das favelas que se incrustavam em localizações vizinhas às áreas mais ricas da cidade, colocando negros e brancos ao mesmo tempo num padrão de proximidade espacial que, na verdade, significava e reforçava distância social. A nova geração de estudos sobre segregação, beneficiada pelo acesso a dados estatísticos agregáveis e desagregáveis em diferentes escalas, vai permitir o tensionamento de dimensões raciais nas distribuições de população em estruturas de regiões metropolitanas e macrozonas urbanas (escala "macro"), por "áreas de ponderação" do IBGE ou bairros, de acordo com a edição do Censo (escala "meso"), ou mesmo de acordo com as delimitações de perímetros dos setores censitários (escala "micro"), na escala intrabairros, favelas e também intrafavelas (estamos aqui assumindo a referência do termo "favela", mais utilizado no Rio de Janeiro para assentamentos que o IBGE chama de "aglomerados subnormais", sabendo das críticas a essa nomeação do órgão oficial e das diferenças regionais de nomeação, com o uso de termos como mocambos, vilas, entre outros). A pormenorização em escala micro permite, muitas vezes, distinguir até os tipos habitacionais (edifícios, cortiços, casas de cômodos etc.) relacionando a distribuição racial a padrões de renda e percebendo papéis para o mercado imobiliário, bem como processos microlocalizados de construção de "identificação" (mais até do que "identidade") territorial que interferem nas dinâmicas cotidianas das relações raciais — processos de racialização de comunidades, que interferem diretamente em trajetórias de indivíduos e mesmo em tratamentos por parte de outros atores[570], e também na constituição de sujeitos políticos locais[571].

---

[566] TELLES, 2003.
[567] FRANÇA, 2002.
[568] PIERSON, 1971.
[569] COSTA PINTO, 1953.
[570] VARGAS, J. C. Apartheid brasileiro: raça e segregação residencial no Rio de Janeiro. *Revista de Antropologia*, São Paulo, v. 48, n. 1, p. 75-131, 2005.
[571] Perry, K.-K., "Espaço urbano e memória coletiva: o conhecimento de mulheres negras em lutas políticas". Em: SANTOS, 2012.

Por outro lado, o olhar na escala macro em manchas urbanas (metropolitanas, por exemplo) permite importantes correlações entre distribuição racial e indicadores sociais e atendimento por infraestrutura, revelando nuances espaciais das desigualdades raciais. Impõe-nos, também, uma releitura histórica da distribuição racial e seu papel na constituição da própria sociedade brasileira, afinal as cidades e metrópoles de hoje não são a mesma coisa que as cidades analisadas pelos estudos pioneiros sobre segregação racial. Os contextos urbanos analisados por Donald Pierson, Luiz Aguiar Costa Pinto ou Fernando Henrique Cardoso e Otávio Ianni eram de cidades que, nas décadas seguintes, sofreram profundas transformações impulsionadas pelo processo de industrialização. Encontrar padrões semelhantes hoje, após essas cidades virarem metrópoles, implica necessariamente uma problematização sobre a atualidade da racialização, e a negação da hipótese de que tais padrões são herança do passado escravista. Faremos essa discussão na seção a seguir.

Distribuição racial ou segregação em diversas cidades

Dentre os estudos sobre segregação racial na nova geração, destacamos aqui o de Eduardo Rios-Neto e Juliana Riani[572]. Esse estudo, processando os dados do Censo IBGE de 2000 (com os dados raciais desagregados em áreas de ponderação), espacializou faixas de proporção de pessoas negras residentes comparando sete grandes capitais: Belo Horizonte, Curitiba, Porto Alegre, Recife, Rio de Janeiro, Salvador e São Paulo. Ao produzir mapas dessas distribuições, aparece em todas as cidades um padrão centro-periferia de distribuição da população, com maiores proporções de pessoas negras nas áreas periféricas.

Mapa 14.1 – Proporção de pessoas negras por área de ponderação: Belo Horizonte, Curitiba, Porto Alegre, Recife, Rio de Janeiro, Salvador e São Paulo (2000)

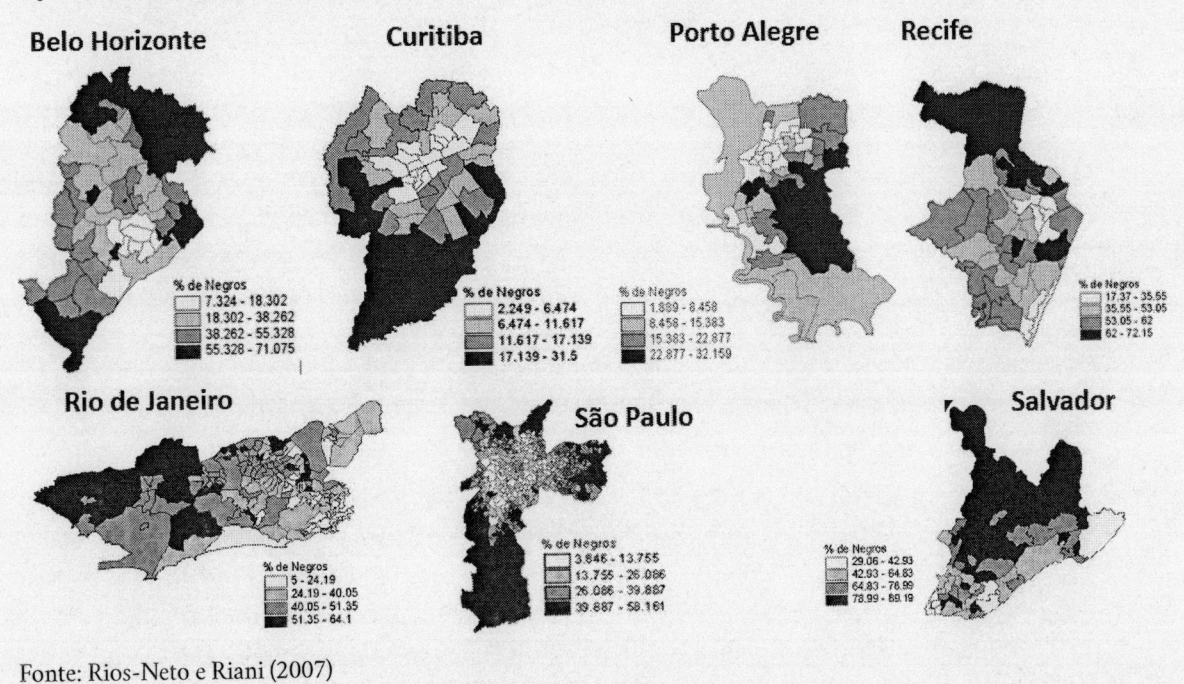

Fonte: Rios-Neto e Riani (2007)

---

[572] RIOS-NETO; RIANI, 2007.

Baseamo-nos na mesma metodologia de Rios-Neto e Riani, e refizemos os mesmos mapas utilizando dados do Censo 2010, no qual a pergunta sobre cor/raça foi passada para o questionário universal, o que permitiu seu tratamento no nível de setores censitários, e não mais em áreas de ponderação. Assim, reagregamos os dados por bairros para ver se houve alguma mudança nesse padrão centro-periferia de aumento da proporção de pessoas negras.

Mapa 14.2 – Proporção de pessoas negras por bairros: Belo Horizonte, Curitiba, Porto Alegre, Recife, Rio de Janeiro, Salvador e São Paulo (2010)

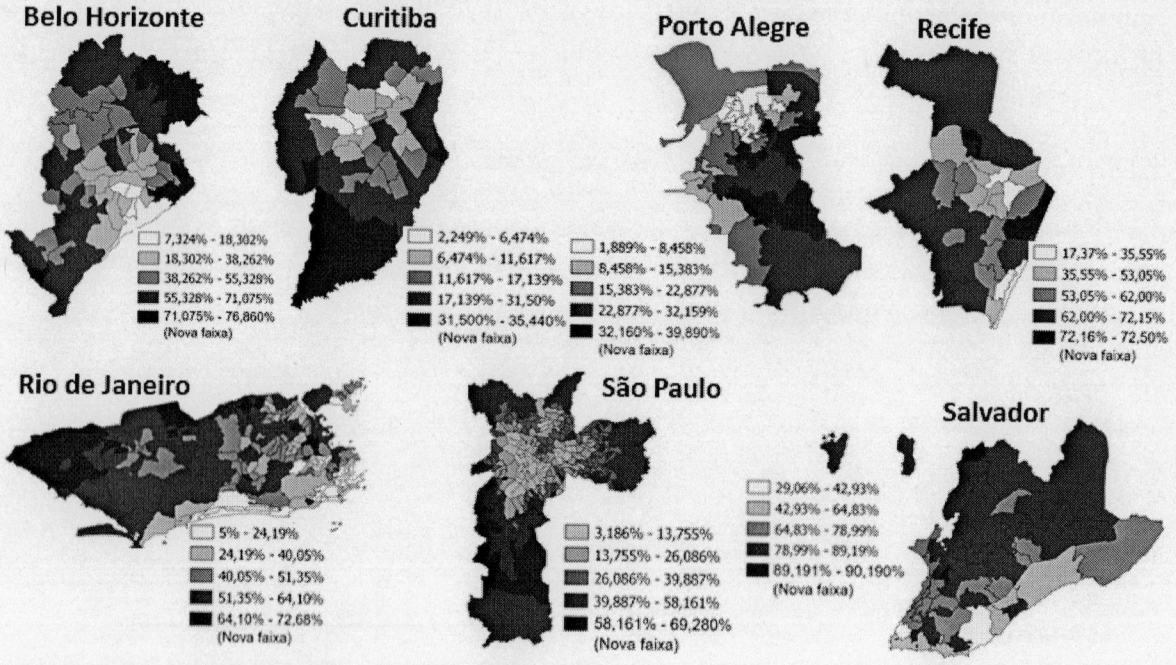

Fonte: o autor, com base nos dados do Censo do IBGE (2010)

O que observamos nesses mapas baseados nos dados de 2010 é a manutenção do padrão centro-periferia de distribuição residencial da população negra, que tem menor participação proporcional nas áreas mais centrais e mais ricas, e maior nas áreas periféricas e mais pobres das cidades. A diferença entre os anos é a tendência ao aumento da população negra (autodeclarados pretos e pardos), algo que vem ocorrendo nacionalmente, e mais relacionado à emergência dos debates sobre o racismo na sociedade, que faz com que mais pessoas assumam a identificação dos grupos historicamente desfavorecidos, e menos a diferenças de crescimento vegetativo entre os grupos.

A coincidência desse padrão centro-periferia de distribuição racial nessas cidades impõe-nos algumas reflexões sobre raça e cidade no Brasil. Primeiramente, os mapas mostram-nos a racialização como um dado da estrutura do espaço urbano das nossas grandes cidades. Depois, ao observarmos essa inscrição da racialização na estrutura de cidades com histórias tão distintas, torna-se forçoso concluir que essa racialização está relacionada a fatores e fenômenos do presente, e não do passado. Afinal, se, por exemplo, Rio de Janeiro, Salvador e São Paulo são cidades multicentenárias, que atravessaram ciclos econômicos bastante distintos como o da cana-de-açúcar, da mineração, do café e da industrialização, e foram grandes cidades já no período da escravidão racializada que atravessou séculos na formação social do nosso país, por outro lado, Belo Horizonte é uma cidade fundada no fim do século XIX, após a abolição da escravatura. Belo Horizonte não passou por um ciclo escravista que inscrevesse no seu espaço tal herança — ela influencia, sim, as relações sociais da cidade, mas não como rugosidade espacial. Em comum, todas as cidades apresentadas passaram pelo processo de urbanização e metropolização impulsionado pelo ciclo da industrialização no século XX — mas, mesmo isso, com inserções diferentes na hierarquia urbana nacional que este projeto engendrou. Este ciclo transformou em urbana a maior parte da população brasileira, engendrando uma urbanização do território marcada pela formação de um conjunto de cidades "milionárias" em termos demográficos[573] como nós de circuitos tecnificados. O amplo, complexo e profundo processo de migrações internas, que levaram à redistribuição dos estoques populacionais mobilizados como força de trabalho[574], com migrações campo-cidade, cidade-cidade e também campo-campo, tanto em escala intra-regional como inter-regional, posicionou cada uma dessas cidades em distintos papéis hierárquicos. Enquanto Belo Horizonte, Rio de Janeiro e São Paulo receberam grandes fluxos migratórios inter-regionais, que instituíram o recorte da origem regional (sobretudo para os nordestinos) como mais uma forma de clivagem classificatória que complexifica as dinâmicas raciais, outras dessas cidades tiveram processos diferentes. Temos, portanto, que as cidades que foram analisadas no âmbito dos estudos aqui apresentados como pioneiros no debate sobre a segregação racial, como Rio de Janeiro e Salvador, não são hoje distintas do que então eram apenas em termos quantitativos, mas suas estruturas urbanas são distintas (associadas à industrialização) e os processos sociais de racialização também são distintos.

Cai por terra, portanto, a tese de que a herança escravista explicaria essas diferenças raciais inscritas na estrutura centro-periferia dessas cidades. O que estamos observando são padrões cuja explicação tem a ver com dinâmicas do tempo presente (ou, ao menos, de um passado próximo), e não do passado distante. Torna-se forçoso perguntar (e, aqui, apenas levantamos questões, não temos a pretensão de apontar respostas) na produção dessa estrutura racializada de cidade, qual o papel do planejamento urbano, seja na forma de grandes intervenções urbanas (reformas, remoções de favelas), seja na forma de políticas habitacionais (desde as das décadas de 1960 e 1970, vinculadas ao Sistema Financeiro de Habitação e ao Banco Nacional de Habitação, até as mais recentes, como o programa Minha Casa, Minha Vida, ambas marcadas pelo deslocamento de pobres para as periferias onde se dispersam as novas produções estatais de habitação), dos regimes de regulação e fiscalização urbana (loteamentos clandestinos e irregulares, favelas, todas áreas cinzentas onde as formas de produção e aplicação de legislação produzem a ilegalidade urbanística), entre outras. Cabe perguntar também se contribuem para este quadro práticas de agentes de mercado imobiliário, tanto de vendedores quanto de compradores, que podem contribuir para processos de autossegregação ou de segregação imposta com o recorte racial. Abrem-se, portanto, novas agendas de pesquisa sobre as nossas cidades quando observamos padrões raciais de distribuição da população.

Por outro lado, se vemos estruturas espaciais urbanas semelhantes ao compararmos os mapas, ao nos determos na comparação dos dados das tabelas de cada mapa, vemos que as faixas de proporção de pessoas negras em cada cidade são bastante diferentes. A Tabela 14.1 mostra as faixas das áreas com menos negros e mais negros em cada cidade, segundo os dados dos Censos de 2000 e 2010, utilizados para a confecção dos mapas.

---

[573] SANTOS, M.; SILVEIRA, M. L. *Brasil*: território e sociedade no início do século XXI. Rio de Janeiro: Record, 2001.
[574] VAINER, C. Estado e migrações no Brasil: anotações para uma história das políticas migratórias. *Travessia*: A Revista do Migrante, São Paulo, n. 36, p. 15-32, jan./abr. 2000.

Tabela 14.1 – Maiores e menores percentuais de população negra em áreas de ponderação e bairros de cidades selecionadas (2000 e 2010)

Cidade	Censo 2000		Censo 2010	
	Menor %	Maior %	Menor %	Maior %
Belo Horizonte	7,324%	71,075	10,170%	76,860
Curitiba	2,249%	31,500%	4,090%	35,440%
Porto Alegre	1,889%	32,159%	3,030%	39,890%
Recife	17,370%	72,150%	21,650%	72,500%
Rio de Janeiro	5,000%	64,100%	5,420%	72,680%
Salvador	29,060%	89,190%	34,880%	90,190%
São Paulo	3,846%	56,161%	3,180%	69,280%

Fontes: Dados de 2000, Rios-Neto & Riani (2007); Dados de 2010, elaboração própria. Ambos com dados a partir dos Censos Populacionais do IBGE.

Observamos nessa comparação dos dados que estruturas semelhantes nas diversas cidades guardam, por outro lado, percentuais bastante distintos do que se constitui em bairros "mais negros" ou bairros "menos negros" em cada cidade. Numa comparação polarizante, o bairro mais negro de Curitiba, pelos dados de 2010, com 35,44% de população negra, praticamente empata com o bairro menos negro de Salvador, cuja menor faixa é de 34,88% de população negra — ou seja, o bairro mais negro de uma cidade seria o bairro mais branco de outra. Entretanto, quando procedemos ao confronto com estudos sobre nível socioeconômico, qualidade de vida, atendimento de infraestrutura e serviços públicos, entre outros indicadores sociais, estes bairros estão entre aqueles de piores condições sociais em Curitiba[575], mas entre as melhores em Salvador[576]. Estamos diante, portanto, de padrões regionais de racialização — ou seja, o fenômeno é comum, em escala nacional, mas com diferenciações nas escalas regional e local, o que também nos inspira a mais aprofundamentos e estudos. O Brasil, enquanto uma "formação nacional de raça"[577], mesmo nesse contexto de um território unificado em torno do avanço do meio técnico-científico-informacional[578], permanece com peculiaridades regionais e locais (como já era posto na geração de estudos da Unesco), que merecem novas investigações.

Um olhar sobre o Rio de Janeiro: escalas da segregação na estrutura e na experiência urbana

Nesta última seção, lançamos um olhar problematizando o padrão de segregação ou distribuição racial dos grupos no caso do Rio de Janeiro. Em seu clássico livro *Evolução urbana do Rio de Janeiro*[579], Maurício de Abreu mostra-nos como a passagem da cidade do Rio de Janeiro de uma cidade colonial e comercial para uma cidade industrial no século XX engendra mudanças estruturais, transformando o espaço urbano em metropolitano. Essa reconfiguração espacial,

---

[575] NASCIMENTO, G. P. *Territorialidades negras em Curitiba-PR*: ressignificando uma cidade que não quer ser negra. 2020. Dissertação (Mestrado em Geografia) – UFPR, Curitiba, 2020.
[576] GARCIA, 2009.
[577] OMI, M.; WINANT, H. *Racial formation in the United States*. New York: Routledge, 1994.
[578] SANTOS; SILVEIRA, 2001.
[579] ABREU, M. A. *Evolução urbana do Rio de Janeiro*. 4. ed. Rio de Janeiro: Instituto Pereira Passos, 2013. Originalmente publicada em 1988.

segundo a obra do autor, realoca usos, funções, e também as classes e frações de classes na cidade, constituindo, assim, uma estrutura centro-periferia. Reconstituindo fatos e processos, ele mostra como ao longo do século o planejamento urbano e suas legislações de zoneamento formaram as áreas industriais (concentrando nos mesmos eixos viários atividades que no início do século se dispersavam por diversos bairros da cidade e de municípios vizinhos), a região central e as áreas de autossegregação dos mais ricos da cidade, instituindo um modelo concêntrico de configuração socioespacial. O desenvolvimento deste modelo de capitalismo calcado na hiperexploração do trabalho produz uma classe trabalhadora, em sua grande maioria pauperizada, cujas soluções de habitação vão passar pelas antigas habitações coletivas (cortiços), pelos conjuntos habitacionais, pelos loteamentos de periferia e pelas favelas. Assim, ao mesmo tempo que concentra atividades econômicas e os segmentos sociais de maior renda, realoca os pobres de acordo com as necessidades de força de trabalho, seja para servir aos mais ricos, seja para servir à indústria e às atividades terciárias.

Mapa 14.3 – Estrutura espacial da região metropolitana do Rio de Janeiro (1978), segundo Maurício de Almeida Abreu

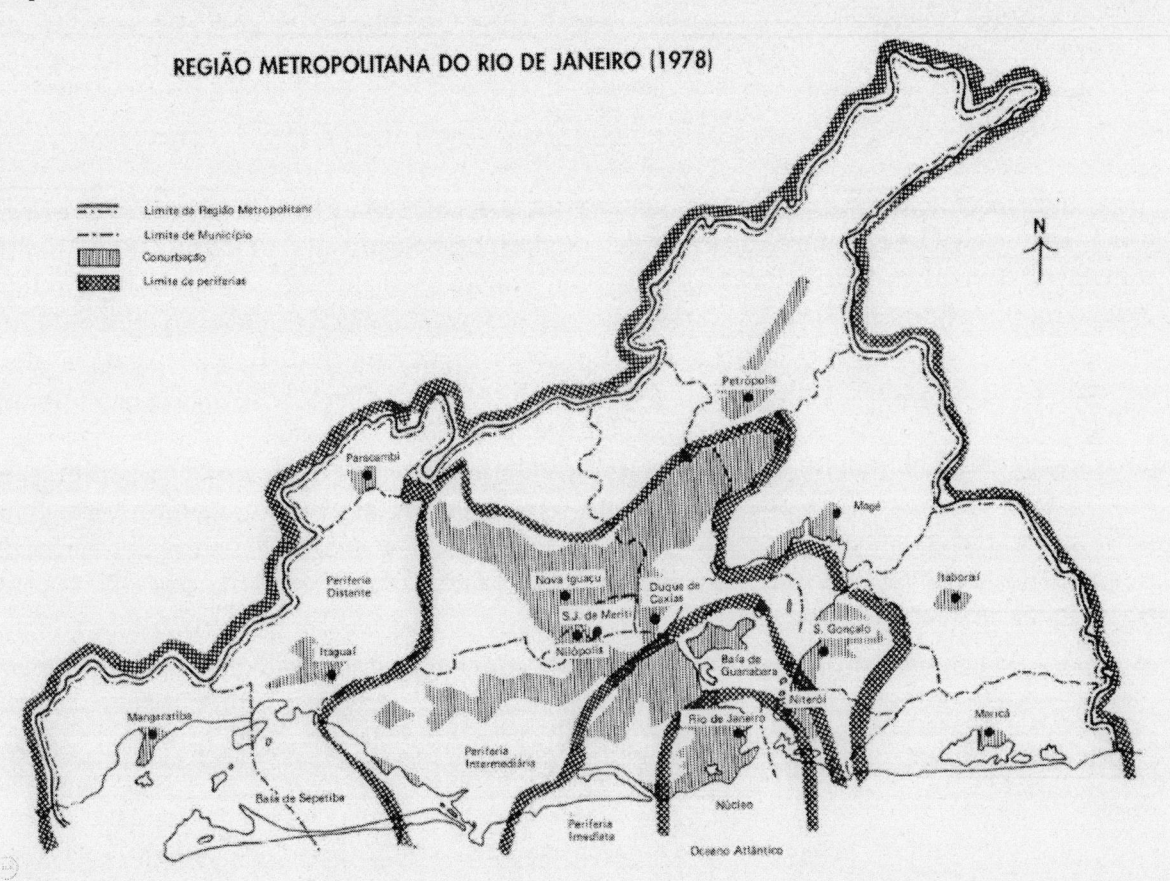

Fonte: Abreu (2013)

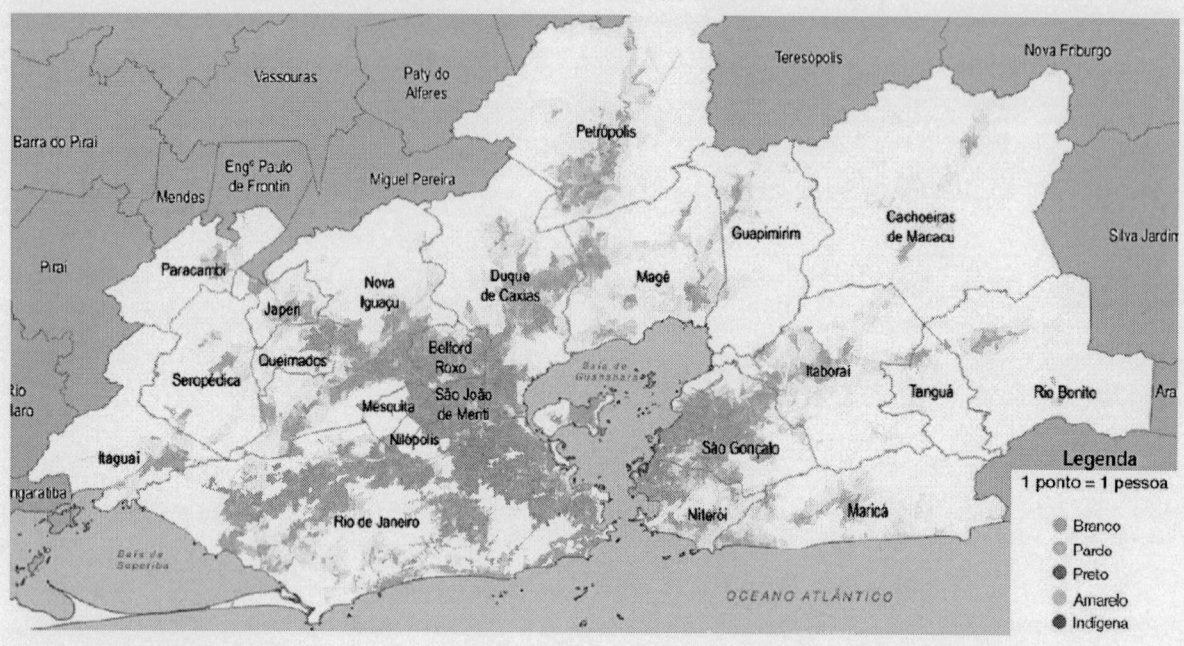

Mapa 14.4 – Mapa interativo de distribuição racial no Brasil (2010), de Pata

Fonte: Pata Data (2010)[580]

Influenciado pela sociologia urbana marxista, o livro de Maurício de Abreu mostra-nos a grafagem espacial da estrutura e das relações de classes na cidade — e, por conta dessa mesma influência, não toca na dimensão racial. Aqui, confrontamos a visualização cartográfica que o autor então propôs ao *Mapa de distribuição racial* (Pata), na mesma escala da região metropolitana do Rio de Janeiro (Mapas 14.3 e 14.4). O mapa do Pata usa os dados do Censo IBGE de 2010 para mostrar a distribuição dos grupos raciais pelo espaço, transformando cada indivíduo em um ponto. Os indivíduos são representados em cores diferentes de acordo com as categorias de classificação por cor/raça do IBGE (branca, parda, preta, amarela e indígena), assim cartografando pessoas brancas como pontos azuis, pessoas pardas como pontos verdes, pessoas pretas como pontos vermelhos, pessoas amarelas como pontos amarelos e pessoas indígenas como pontos marrons. Esta forma de representação é bastante adequada para a percepção de manchas de concentração de grupos raciais, observáveis em diferentes escalas.

Descontando-se a distância temporal de 30 anos entre os mapas, que implica algumas diferenças em relação à configuração mostrada pelo autor (sobretudo, a extensão da área de concentração espacial dos mais ricos, cujo eixo da zona sul da cidade se expandiu pelas áreas litorâneas e incorporou a Barra da Tijuca e também a orla de Niterói), a comparação entre as duas representações mostra a coincidência espacial das estruturas de classe e raça na escala espacial metropolitana. Com a exceção de Petrópolis, a chamada "Cidade Imperial" pelo seu histórico de ocupação pela corte portuguesa no século XIX, e que mantém um perfil de ocupação com forte presença elitizada, as manchas de cores reproduzem o padrão centro-periferia desenhado décadas atrás por Maurício de Abreu, sendo o primeiro arco mais azul (entorno da entrada da Baía da Guanabara, compreendendo Rio e Niterói em suas áreas centrais, zonas sul e litorâneas de ambos os municípios e parte da zona norte do Rio de Janeiro); um segundo arco (periférico) mais misturado entre o azul e o

---

[580] Disponível em: https://patadata.org/maparacial/. Acesso em: 15 set. 2023.

verde; e um terceiro arco (municípios da Baixada Fluminense e do Leste Metropolitano) com a predominância do verde e mais concentrações locais da cor vermelha. A estrutura concêntrica de classes é também racial.

Olhando na escala da cidade do Rio de Janeiro, estas predominâncias constituem também uma divisão, e poderíamos descrever dois setores de "predominância racial": um sul-leste (que abrange a zona sul, parte da zona norte e também a parte litorânea da zona oeste, que é a região da Barra da Tijuca e da Baixada de Jacarepaguá), que é a área de predominância de pessoas brancas; e outro norte-oeste, que compreende as partes das zona norte e oeste mais próximas e em contiguidade com os municípios periféricos da Baixada Fluminense, como áreas com predomínio de pessoas negras, a soma de pretos e pardos segundo os critérios do IBGE. O Mapa 14.5 traz uma visualização dos dados do Censo do IBGE 2010 representando os setores censitários que contenham 50% ou mais de pessoas brancas em azul, e aqueles com 50% ou mais de pessoas negras em vermelho, e mostra tal divisão espacial de setores, que nos reforça essa percepção de uma racialização da estrutura centro-periferia da cidade do Rio de Janeiro.

Mapa 14.5 – Rio de Janeiro: setores censitários com 50% ou mais de pessoas brancas ou negras (2010)

Fonte: o autor, com base nos dados do Censo IBGE 2010

Avançando nesta linha de interpretação, ao selecionarmos os setores censitários com 60% ou mais de pessoas brancas e negras, representadas nas mesmas cores azul e vermelho, a visualização reforça-nos essa estrutura centro-periferia da distribuição racial na cidade do Rio de Janeiro (Mapa 14.6).

Mapa 14.6 – Rio de Janeiro: setores censitários com 60% ou mais de pessoas brancas ou negras (2010)

Fonte: o autor, com base nos dados do Censo IBGE 2010

Entretanto, quando adotamos como faixas de predominância os setores censitários com 75% ou mais de pessoas brancas ou negras, as áreas de predominância negras praticamente desaparecem. O mesmo não acontece com as áreas de predominância de pessoas brancas, que, apesar de uma diminuição de sua densidade, permanecem como uma mancha contínua, como se pode observar no Mapa 14.7. Isso nos indica que, no padrão brasileiro de relações raciais e de distribuição dos grupos no espaço, o confinamento espacial dos grupos raciais subalternizados não se dá na mesma proporção do confinamento dos grupos raciais dominantes. Isso nos indica a hipótese, que inspira estudos e que aqui não esgotamos, de que a tendência de autossegregação e produção de espaços exclusivos aqui é um fenômeno mais relacionado ao grupo branco do que ao grupo negro. Evidentemente, tal hipótese requer estudos, buscando averiguar em que medida isso é um critério locacional, um dado da racionalidade de agentes de mercado (compradores, vendedores), ou se é, conforme trata o senso comum e parte da literatura que secundariza a questão racial no Brasil, um efeito das desigualdades socioeconômicas. Os estudos já citados de Campos e França indicam-nos que residentes negros de renda mais alta tendem a estar mais dispersos no espaço urbano do que residentes brancos de alta renda, que tendem a se concentrar mais. Tais padrões impactam dinâmicas intergeracionais de manutenção e transferência de status e posição social diferenciadas entre famílias brancas e negras de padrão semelhante de renda[581].

---

[581] RIOS-NETO; RIANI, 2007; RIBEIRO; CORREA, 2008.

Mapa 14.7 – Rio de Janeiro: setores censitários com 75% ou mais de pessoas brancas ou negras (2010)

Fonte: o autor, com base nos dados do Censo IBGE 2010

Um olhar em microescala reforça-nos a compreensão de que tais configurações têm efeitos também na própria produção e reprodução de sentidos de raça enquanto princípio de classificação social. Quando observamos, por exemplo, no detalhe (Mapa 14.8), a Zona Sul, parte mais rica da cidade, com a região da Grande Tijuca, caracterizada por uma classe média, representadas em manchas de predominância de 50% ou mais de pessoas brancas ou negras, percebemos que aquilo que na escala da cidade aparece como a região mais branca (que permanece como mancha contígua até mesmo quando representamos áreas com 75% ou mais de pessoas brancas) guarda dentro de si também um conjunto de pequenas áreas com predominância de 50% ou mais de pessoas negras — estas correspondem às favelas. Ou seja, as áreas mais brancas da cidade são entremeadas por favelas, que são predominantemente não brancas. Este padrão já era apontado por Costa Pinto[582] nos anos 1940. Mas, não podemos dizer que se trata de "permanências", "rugosidades" espaciais: áreas que se encontravam entre as mais negras da cidade na década de 1940, segundo aquele estudo, como a Gávea (então, a terceira área com maior percentual de população negra do Rio de Janeiro), hoje estão entre as áreas mais brancas. Para isto, contribuíram fortemente as políticas de remoções forçadas de favelas das décadas de 1960 e 1970, eventos que se constituíram num processo de "branqueamento do território" no espaço urbano[583]. Mesmo assim, algumas favelas

---

[582] COSTA PINTO, 1953.
[583] SANTOS, R. E. Uma leitura sobre espacialidades das relações raciais: raça, racialidade e racismo no espaço urbano. *In*: OLIVEIRA, F. L.; LIMA JR., P. N. (org.). *Território e planejamento*: perspectivas transdisciplinares. Rio de Janeiro: Letra Capital, 2018. p. 36-67. Ver também: SANTOS, R. E. N. *et al.* Disputas de lugar e a pequena África no centro do Rio de Janeiro: reação ou ação? Resistência ou r-existência e protagonismo? *In*: RENA, N. *et al.* (org.). *Seminário Internacional Urbanismo Biopolítico*. Belo Horizonte: Fluxos, 2018. v. 1, p. 464-491.

antigas permaneceram e outras novas se constituíram e cresceram na região da zona sul, o que mostra quanto a favela é parte constitutiva desse modelo de cidade industrial implementado no Rio de Janeiro, e não uma exceção da norma urbana.

Mapa 14.8 – Zona sul do Rio de Janeiro: setores censitários com 50% ou mais de pessoas brancas ou negras (2010)

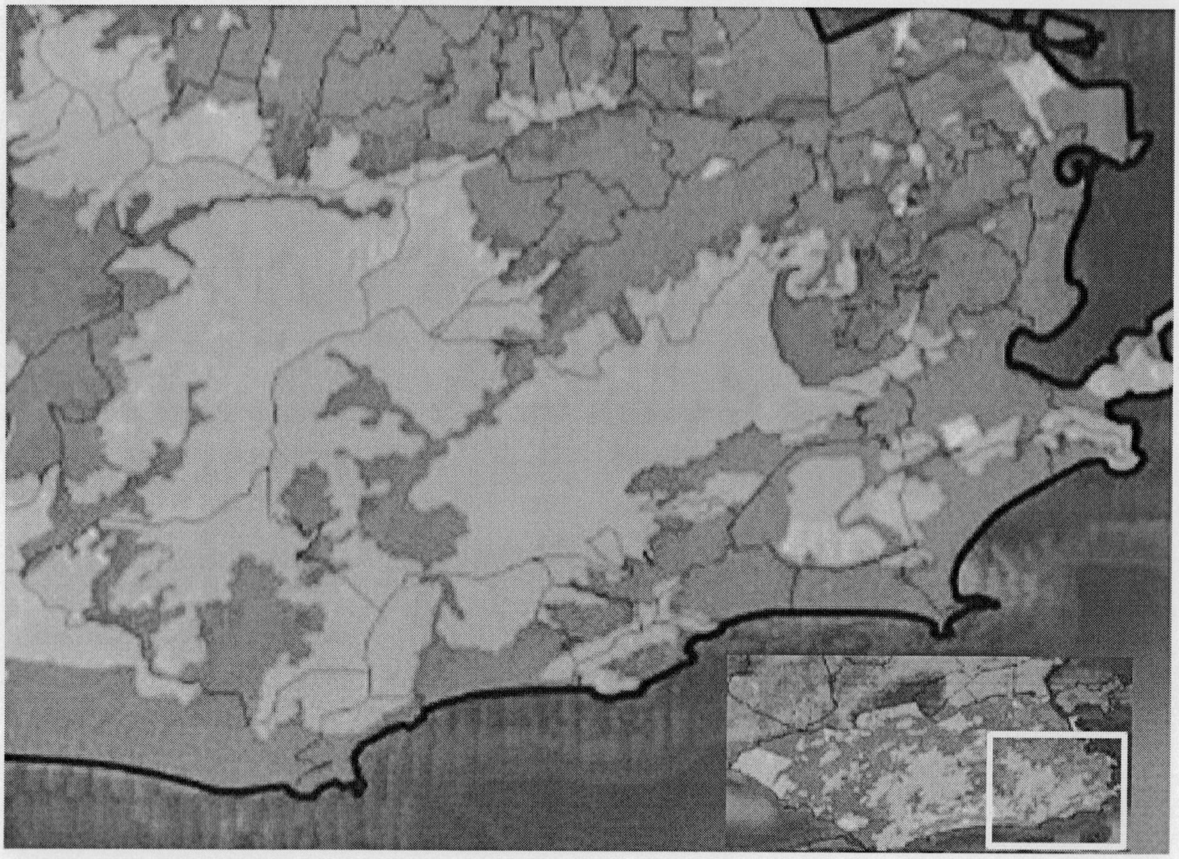

Fonte: o autor, com base nos dados do Censo IBGE 2010

Esta configuração impacta a própria formação e reprodução de sentidos de raça, visto que, para grande parte dos residentes brancos da parte mais abastada da cidade, as relações cotidianas que experimentam com pessoas negras (e outras subalternizadas como não brancas, p. ex., parte dos migrantes da região Nordeste do país) são relações não horizontais: facilmente uma pessoa branca nascida e criada nessa região pode ter em seu edifício de residência apenas vizinhos brancos, e relacionar-se com pessoas não brancas em atividades laborais domésticas (faxineira, porteiro etc.) de menor status social e renda. Esta associação reforça sentidos classificatórios e hierarquizantes de pertencimento racial e territorial: a racialização de bairros e favelas instaurando universos intersubjetivos de significação dessas divisões territoriais, às quais se atribuem (e obviamente se disputam) estigmas e emblemas. Contribuem para estes sentidos diversos centros enunciadores e inculcadores de visões de mundo, como a mídia, e a militarização[584] e criminalização racializada das favelas[585] produz efeitos de retroalimentação entre racismo e preconceitos

---

[584] MARTINS, G. *Militarização e censura*: a luta por liberdade de expressão na favela da Maré. Rio de Janeiro. Rio de Janeiro: NPC, 2019.
[585] VARGAS, 2005.

territoriais. Assim, a segregação ou distribuição racial na estrutura urbana, principalmente (mas não somente) nessa microescala, articula-se com a constituição das experiências e percepções do espaço urbano de forma que a configuração deste espaço seja também um fator condicionante de relações sociais[586]. A grafagem espacial das relações raciais condiciona uma organização espacializada das relações raciais[587].

Para não concluir

A interdição discursiva do debate sobre a segregação racial no Brasil, constituída sob a hegemonia ideológica do "mito da democracia racial", durante décadas constituiu prejuízos ao avanço da compreensão do padrão brasileiro de relações raciais. Com efeito, interpretações sobre a distribuição espacial de grupos raciais, aqui enfocados no recorte do espaço urbano, auxiliam-nos não apenas no entendimento de traços marcantes das nossas cidades, mas também dos modos operativos do racismo e da racialização das relações sociais no país. Neste sentido, retomando o diálogo crítico com a epígrafe da geógrafa Susan Smith que abre este texto, reflexões sobre a distribuição ou segregação permitem-nos interrogar as formas como se constituem no espaço, com o espaço e com base nele as relações raciais e os sentidos socialmente construídos de raça, forma de enquadramento das diferenças somáticas na espécie humana sobre a qual se ordenam relações de poder.

Vimos aqui como esse debate, retomado nas duas últimas décadas, ainda carece de mais pesquisas e aprofundamentos. Ao passo que pesquisas mostram padrões diferenciados de distribuição espacial dos grupos raciais nas cidades (centro-periferia, correlação com desigualdades sociais, tratamentos diferenciados e acesso a serviços do Estado, construção de estigmas como a criminalização de grupos e comunidades racializadas e emblemas etc.), mais pesquisas sobre os processos de formação desses padrões no contexto da urbanização metropolitana associada à industrialização necessitam ser feitas, diante da mostrada insuficiência das explicações centradas nas heranças da escravidão. Quais os papéis dos agentes do Estado, do planejamento urbano, de legislações e políticas urbanas, bem como de agentes de mercado, na produção dessas cidades em que a raça se inscreve na estrutura e nas experiências urbanas é questão que fica, e abre agendas futuras para investigação.

Referências

ABREU, M. A. *Evolução urbana do Rio de Janeiro*. 4. ed. Rio de Janeiro: Instituto Pereira Passos, 2013. Originalmente publicada em 1988.

CAMPOS, A. *O planejamento urbano e a "invisibilidade" dos afrodescendentes*: discriminação étnico-racial, intervenção estatal e segregação sócio espacial na cidade do Rio de Janeiro. 2006. Tese (Doutorado em Geografia) – UFRJ, Rio de Janeiro, 2006.

CARDOSO, F. H.; IANNI, O. *Cor e mobilidade social em Florianópolis*: aspectos das relações entre negros e brancos numa comunidade do Brasil Meridional. São Paulo: Editora Nacional, 1960.

COSTA PINTO, L. A. *O negro no Rio de Janeiro*: relações de raças numa sociedade em mudança. São Paulo: Editora Nacional, 1953.

---

[586] SANTOS, M. *Por uma geografia nova*: da crítica da geografia a uma geografia crítica. São Paulo: Hucitec, 1978.
[587] SANTOS, 2012.

FRANÇA, D. Segregação residencial por raça e classe em Fortaleza, Salvador e São Paulo. *Caderno CRH*, Salvador, v. 35, p. 1-15, e022045, 2022.

FREYRE, G. *Casa grande & senzala*. 42. ed. Rio de Janeiro: Record, 2001a.

FREYRE, G. *Interpretação do Brasil*: aspectos da formação social brasileira como processo de amalgamento de raças e culturas. Rio de Janeiro: Companhia das Letras, 2001b. Originalmente publicada em 1954.

GARCIA, A. S. *Desigualdades raciais e segregação urbana em antigas capitais*: Salvador, cidade d'Oxum e Rio de Janeiro, cidade de Ogum. Rio de Janeiro: Garamond, 2009.

HASENBALG, C.; SILVA, N. V. *Estrutura social, mobilidade e raça*. São Paulo: Vértice, 1988.

MAIO, M. C. O Projeto Unesco e a agenda das ciências sociais no Brasil dos anos 40 e 50. *Revista Brasileira de Ciências Sociais*, São Paulo, v. 14, n. 41, p. 141-158, out. 1999.

MARTINS, G. *Militarização e censura*: a luta por liberdade de expressão na favela da Maré. Rio de Janeiro. Rio de Janeiro: NPC, 2019.

MOTTA, A.; SANTOS, R. C. B. *Políticas públicas e a questão racial*: a experiência da Seafro no Rio de Janeiro. *Cadernos de Pesquisa*, Rio de Janeiro, n. 7, p. 5-16. maio 1997. Mimeo.

NASCIMENTO, A. *O genocídio do negro brasileiro*: processo de um racismo mascarado. Rio de Janeiro: Paz e Terra, 1978.

NASCIMENTO, G. P. *Territorialidades negras em Curitiba-PR*: ressignificando uma cidade que não quer ser negra. 2020. Dissertação (Mestrado em Geografia) – UFPR, Curitiba, 2020.

OLIVEIRA, F. O Estado e o urbano. *Espaço & Debates*, São Paulo, v. 2, n. 6, p. 36-54, 1982.

OLIVEIRA, L.; PORCARO, R. M.; ARAÚJO, T. C. *O lugar do negro na força de trabalho*. Rio de Janeiro: IBGE, 1981.

OMI, M.; WINANT, H. *Racial formation in the United States*. New York: Routledge, 1994.

PAIXÃO, M. *500 anos de solidão*: estudos sobre desigualdades raciais no Brasil. Curitiba: Appris, 2013.

PIERSON, D. *Brancos e pretos na Bahia*. 2. ed. São Paulo: Editora Nacional, 1971.

RIBEIRO, L. C.; CORREA, F. As cores das fronteiras urbanas: segregação residencial e desigualdades "raciais" na região metropolitana do Rio de Janeiro. *Cadernos Ippur*, Rio de Janeiro, v. 22, n. 2, p. 9-36, ago./dez. 2008.

RICE, R. Residential segregation by law, 1910-1917. *The Journal of Southern History*, Athens, GA, v. 34, n. 2, p. 179, 1968.

RIOS-NETO, E.; RIANI, J. Desigualdades raciais nas condições habitacionais na população urbana. *In*: SANTOS, R. E. (org.). *Diversidade, espaço e relações étnico-raciais*: o negro na geografia do Brasil. Belo Horizonte: Autêntica, 2007, p. 91-112.

ROLNIK, R. Territórios negros nas cidades brasileiras: etnicidade e cidade em São Paulo e Rio de Janeiro. *In*: SANTOS, R. E. (org.). *Diversidade, espaço e relações étnico-raciais*: o negro na geografia do Brasil. Belo Horizonte: Autêntica, 2007, p. 75-90.

SANTOS, M. *Por uma geografia nova*: da crítica da geografia a uma geografia crítica. São Paulo: Hucitec, 1978.

SANTOS, M.; SILVEIRA, M. L. *Brasil*: território e sociedade no início do século XXI. Rio de Janeiro: Record, 2001.

SANTOS, R. E. (org.). *Diversidade, espaço e relações étnico-raciais*: o negro na geografia do Brasil. Belo Horizonte: Autêntica, 2007.

SANTOS, R. E. (org.). *Questões urbanas e racismo.* Petrópolis: *DP et al.*, 2012.

SANTOS, R. E. N. *et al.* Disputas de lugar e a pequena África no centro do Rio de Janeiro: reação ou ação? Resistência ou r-existência e protagonismo? *In*: RENA, N. *et al.* (org.). *Seminário Internacional Urbanismo Biopolítico*. Belo Horizonte: Fluxos, 2018. v. 1, p. 464-491.

SANTOS, R. E. Uma leitura sobre espacialidades das relações raciais: raça, racialidade e racismo no espaço urbano. *In*: OLIVEIRA, F. L.; LIMA JR., P. N. (org.). *Território e planejamento*: perspectivas transdisciplinares. Rio de Janeiro: Letra Capital, 2018. p. 36-67.

SILVA, M. N. *Nem para todos é a cidade*: segregação urbana e racial em São Paulo. Brasília: Fundação Cultural Palmares, 2006.

SMITH, S. Geografia urbana num mundo em mutação. *In*: GREGORY, D.; MARTIN, R.; SMITH, G. (org.). *Geografia humana*: sociedade, espaço e ciência social. Rio de Janeiro: Jorge Zahar, 1996. Cap. 8.

SODRÉ, M. *O terreiro e a cidade*: a forma social negro-brasileira. Petrópolis: Vozes, 1988.

TELLES, E. Segregação racial e crise urbana. *In*: RIBEIRO, L. C.; SANTOS JR., O. *Globalização, fragmentação e reforma urbana*: o futuro das cidades brasileiras na crise. Rio de Janeiro: Civilização Brasileira, 1994. p. 189-217.

TELLES, E. Segregação residencial. *In*: TELLES, E. *Racismo à brasileira*: uma nova perspectiva sociológica. Rio de Janeiro: Relume Dumará, 2003, p. 161-184.

THOMAS, J. M. Planning history and the black urban experience: linkages and contemporary implications. *Journal of Planning Education and Research*, Chicago, v. 14, n. 1, p. 1-11, 1994.

VAINER, C. Estado e migrações no Brasil: anotações para uma história das políticas migratórias. *Travessia*: A Revista do Migrante, São Paulo, n. 36, p. 15-32, jan./abr. 2000.

VARGAS, J. C. Apartheid brasileiro: raça e segregação residencial no Rio de Janeiro. *Revista de Antropologia*, São Paulo, v. 48, n. 1, p. 75-131, 2005.

PARTE VI

MOVIMENTOS SOCIAIS E ATIVISMOS URBANOS: DESAFIOS E PERSPECTIVAS À TEORIA E À LUTA PELA TRANSFORMAÇÃO SOCIAL

15

ATIVISMOS URBANOS E TÁTICAS DE RESISTÊNCIA: CONSTRUINDO OUTRO OLHAR SOBRE A RESILIÊNCIA DOS COMERCIANTES E PRESTADORES DE SERVIÇOS DE RUA EM SALVADOR

Angelo Serpa

Introdução

Para escrever este capítulo, parti do título da Mesa 6, "Movimentos sociais e ativismos urbanos: desafios e perspectivas à teoria e à luta pela transformação social" e de sua ementa[588], proposta pela coordenação do XVII Simpósio Nacional de Geografia Urbana (Simpurb), realizado em Curitiba em 2022, buscando retomar questões de pesquisa abordadas ao longo de minha trajetória acadêmica e, em especial, a reflexão sobre ativismos urbanos, como aquela publicada em número especial da revista *Cidades* em 2009, a convite do professor Marcelo Lopes de Souza, organizador do referido número, intitulado "Ativismos sociais e espaço urbano"[589].

Com esse artigo eu buscava explicitar, com base em estudos empíricos nos bairros populares de Salvador, as interfaces entre ativismos sociais e as manifestações da cultura popular no cotidiano dessas áreas, atentando em especial para as relações entre cultura e política e sua espacialização na cidade contemporânea. Nos estudos de caso apresentados no artigo mencionado, buscava analisar os ativismos e manifestações culturais segundo as categorias "espacialidade" e "sociabilidade", enfatizando a articulação em rede dos diferentes agentes e grupos envolvidos na produção do espaço urbano nos bairros populares da capital baiana.

Queria também sublinhar nosso alinhamento com aqueles pesquisadores que veem os ativismos sociais (ou socioculturais, como defendido no texto em questão) como um tipo de "ação coletiva caracterizado por uma duração não-efêmera", diferentes dos assim denominados movimentos sociais em sentido estrito, "uma modalidade particularmente crítica e ambiciosa de ativismo social"[590].

---

[588] Ementa da Mesa 6: "O mundo e as cidades lidas por meio das contradições evidenciam múltiplos conflitos, por vezes mais conscientes e organizados em lutas, por vezes mais difusos e espontâneos. As ações coletivas, sejam elas urbanas ou não, se colocam como um importante elemento para a teorização bem como para a visibilização e legitimação social das lutas frente às inúmeras desigualdades, violências e violações vividas e reproduzidas cotidianamente. Novos, novíssimos e nem tão novos movimentos sociais e ativismos urbanos têm surgido e desafiado a imposição neoliberal e neofascista das formas de trabalhar e viver, demandando clareza na reflexão sobre a espacialidade da ação social diante de questões como formas de organização e mobilização em rede, estratégias discursivas e de tensionamentos espaciais como bloqueios, protestos, ocupações de espaços e edifícios públicos etc. A escala das ações coletivas e o grau de incidência política e institucional a partir do urbano, o uso do espaço das cidades – centros e periferias – como instrumento de construção de autonomia e de estratégias contra-hegemônicas de politização, são vertentes relevantes a serem debatidas" (Disponível em: https://xviisimpurb.ufpr.br/portal/mesas-redondas/. Acesso em: 27 fev. 2023).

[589] SERPA, A. Ativismos socioculturais nos bairros populares de Salvador: relações entre cultura e política na articulação de novos conteúdos para a esfera pública urbana. *Revista Cidades*, Chapecó, v. 6, p. 155-191, 2009.

[590] SOUZA, M. L. Ativismos sociais e espaço urbano: um panorama conciso da produção intelectual brasileira. *In*: OLIVEIRA, M. P.; COELHO, M. C. N.; CORRÊA, A. M. (org.). *O Brasil, a América Latina e o mundo*: espacialidades contemporâneas (II). Rio de Janeiro: Lamparina, 2008. p. 367-384. p. 367.

Propúnhamos ainda que esses ativismos socioculturais deveriam ser encarados, de acordo com os pressupostos de Arendt, como ação e discurso, já que "a ação e o discurso são os modos pelos quais os seres humanos se manifestam uns aos outros, não como meros objetos físicos, mas enquanto homens"[591]. Esse foi precisamente o sentido que tentamos dar à análise das manifestações culturais populares de Salvador, relacionando cultura e política e operacionalizando o conceito de redes de sociabilidade/solidariedade na discussão sobre uma esfera pública urbana, que eu supunha, como ponto de partida, "renovada", pela possibilidade de articulação e encontro entre diferentes ideias de cultura. Articulação e encontro que pareciam embasar, enquanto valores fundamentais, a produção de conteúdos contra-hegemônicos no dia a dia dos bairros populares da cidade, em contraponto às estratégias de autossegregação das classes médias de Salvador.

Comércio e serviços de rua em Salvador: resiliência como ativismo?

Em pesquisas mais recentes, verificamos a resistência das atividades de comércio e serviços de rua de perfil popular também presentes, muitas vezes de forma pujante, nas áreas centrais e turísticas das cidades, nem sempre de modo tranquilo e quase sempre enfrentando o poder coercitivo e regulador dos agentes públicos. Com a requalificação de trechos da orla marítima em Salvador e as inúmeras tentativas de ordenação do comércio popular no centro da cidade por parte da prefeitura, muitos desses empreendedores vêm passando por incertezas e dificuldades para tocar seus negócios. E isso justamente em um momento de crise econômica e de aumento do desemprego na cidade e no país.

Na Estação da Lapa, maior estação de transbordo da cidade e que articula o modo ônibus ao modo metrô, localizada no Centro Antigo, os vendedores ambulantes foram deslocados em 2015, por conta de uma reforma, e queriam voltar a trabalhar ali. À época, segundo a Associação de Vendedores Ambulantes da Estação, cerca de 150 vendedores estariam passando por dificuldades financeiras com a queda das vendas. A prefeitura determinou que se levantasse quantos ambulantes poderiam ser absorvidos na nova estação e que aqueles que não voltassem para a Lapa, após a conclusão das obras, pudessem escolher outro ponto no centro.

A situação repetiu-se também em trechos requalificados da Orla, seja no Subúrbio Ferroviário (em São Tomé de Paripe e Tubarão), seja no Rio Vermelho (no Mercado do Peixe) ou em Piatã/Itapoã (na orla atlântica da cidade): com a ocupação dos novos quiosques, a maioria dos antigos comerciantes/concessionários não retornou a esses locais. Naquele ano, 2016, segundo a Superintendência de Estudos Econômicos e Sociais (SEI), o desemprego na Região Metropolitana de Salvador atingiu em junho um total de 465 mil pessoas, correspondente a 24,8% da População Economicamente Ativa. Salvador, com economia fortemente baseada no terciário, via, mês a mês, cair seu volume de serviços. É nesse contexto que se dá a ação da Secretaria Municipal de Ordem Pública (SEMOP) e da Guarda Municipal, como, por exemplo, no bairro do Santo Antônio Além do Carmo, no Centro Antigo de Salvador, em julho de 2016, retirando e apreendendo mesas e cadeiras dos bares ali localizados.

A ação foi documentada em vídeo que circulou nas redes sociais e evidencia a falta de diálogo com os donos dos bares, que há décadas colocam suas mesas nas calçadas, uma tradição do lugar. O vídeo mostra protestos contra a ação da SEMOP, classificada como "truculenta" pelos presentes. Nas imediações da Avenida Sete, também no Centro Antigo, comerciantes foram relocados de seus pontos originais para ruas transversais, vendo diminuir progressivamente os ganhos.

---
[591] ARENDT, H. *A condição humana*. 10. ed. Rio de Janeiro: Forense Universitária, 2000. p. 189.

Pesquisa realizada por estudantes de Geografia da Universidade Federal da Bahia (UFBA) sob minha orientação, em 2016, comprovou que, com a relocação, as vendas caíram significativamente. É fácil compreender por que alguns comerciantes retornam aos antigos pontos para garantir sua sobrevivência. Tentativas de "disciplinar" de forma coercitiva o comércio de rua têm sido também uma constante no Carnaval. Na festa de 2016, houve protestos de ambulantes, tratados do mesmo modo pelo poder municipal, por não se adequarem à venda exclusiva das marcas de cerveja patrocinadoras da festa que, com isso, ganham da prefeitura direito de monopólio em áreas públicas da cidade. E não é só no Carnaval que os comerciantes e prestadores de serviço "de rua" são tratados como indesejáveis no espaço público da capital baiana.

Nos últimos anos, acostumamo-nos ao discurso oficial recorrente de que Salvador deverá se tornar referência nacional para os festejos de Ano Novo, para as feiras de artesanato e gastronomia no espaço público, e até, mais recentemente, para os festejos natalinos. A cidade-espetáculo[592] vai se apropriando e recodificando a cultura local para se vender aos turistas nacionais e estrangeiros. Mas também para justificar a adoção de parcerias público-privado duvidosas, como a concessão de exclusividade para a venda de uma única marca de cerveja no dia 2 de fevereiro, substituindo as cores azul e branco de Yemanjá pelo laranja da "marca exclusiva", na tradicional festa popular do Rio Vermelho, bairro boêmio localizado na orla atlântica.

Aqui o espetáculo adquire ares de mercantilização explícita. Todos esses fatos mostram que o ordenamento territorial vem sendo exercido na Capital baiana por meio de ações coercitivas, sem participação nem transparência, inviabilizando o trabalho de milhares de pessoas, em tempos de forte crise do emprego na metrópole baiana.

Em cidades como Salvador, tudo vai sendo organizado para tornar-se espetáculo em prol do incremento da atividade turística. Reproduz-se a velha lógica de concentrar os lucros nas mãos de poucos empreendedores e de empregar a população local em funções subalternas, sem programas efetivos de qualificação de mão de obra ou de estímulo às microempresas do turismo. Isso ocorre tanto no Centro Antigo — agora transmutado em "centro histórico", inserindo-se como "memória", nos circuitos da indústria da cultura e do turismo — como na orla marítima, e também nos municípios praianos da região metropolitana.

Observa-se, no entanto, que, se por um lado as estratégias de requalificação dos espaços públicos na cidade contemporânea valorizam o solo urbano e promovem mudanças significativas no uso e na apropriação desses espaços, por outro lado acabam por dificultar a continuidade das atividades dos comerciantes e prestadores de serviço de rua que atuam no entorno de tais espaços, incluindo ruas e avenidas localizadas em suas proximidades, além, é claro, dos próprios espaços requalificados. É uma espécie de "controle social" que se exerce de modo indireto, atrelado a formas mais diretas de coerção, no caso específico da capital baiana.

Nesse contexto, os comerciantes e prestadores de serviços nas ruas das metrópoles nem sempre são ambulantes ou informais. Pelo contrário, em Salvador, grande parte dos empreendedores de rua territorializa espaços específicos nas áreas centrais e turísticas da metrópole de modo continuado no tempo e com base em estruturas como barracas, quiosques, tabuleiros etc. Em alguns casos, como nas praias soteropolitanas, apropriam-se do espaço com estruturas flexíveis padronizadas pela prefeitura, montando e desmontando as tendas, com algumas mesas e cadeiras, diariamente e nos mesmos "pontos". A maior parte deles recolhe taxas aos órgãos municipais — via documentos de arrecadação municipal — mensal ou anualmente.

---

[592] SERPA, A. *O espaço público na cidade contemporânea*. São Paulo: Contexto, 2007.

Pode-se então afirmar que é somente mediante a ação dos agentes hegemônicos, à frente de grandes operações urbanas no espaço metropolitano, que esses territórios são ameaçados, obrigando em muitas situações os empreendedores de rua a táticas de reterritorialização, quando não é mais possível a resistência em seus pontos/territórios originais. Arrisca-se aqui, até mesmo, afirmar que os territórios "originais" desses comerciantes/prestadores de serviços podem ser vistos também como "lugares", numa perspectiva ontológica de análise para a problemática aqui colocada.

Assim, parece pertinente buscar compreender quando os empreendedores de rua criam dialeticamente lugares e territórios em seus processos cotidianos de apropriação do espaço público, analisando em que momentos suas táticas e trajetórias lugarizam ou (re)territorializam o espaço e quais as consequências dessas ações para a esfera pública urbana em termos de ativismos e resistência/resiliência, ou ainda, em termos de conflitos com os agentes hegemônicos de produção do espaço. Daí também a necessidade de caracterizar contextos e situações específicos do empreendedorismo de rua nas áreas metropolitanas, bem como as trajetórias de vida de comerciantes e prestadores de serviços nas diferentes conjunturas analisadas, abrindo caminho para uma perspectiva ontológica de análise do problema aqui colocado.

Estamos, pois, diante de contradições que "evidenciam múltiplos conflitos, por vezes mais conscientes e organizados em lutas, por vezes mais difusos e espontâneos", como propôs a ementa da Mesa 6, no âmbito do XVII Simpurb, quando falamos de comércio e serviços de rua nas metrópoles brasileiras.

A necessidade de caracterizar contextos e situações específicos do comércio e dos serviços de rua levou-nos ao desenvolvimento de pesquisa apoiada pelo Conselho Nacional de Desenvolvimento Científico e Tecnológico (CNPq) entre os anos de 2018 e 2021 em quatro recortes espaciais de Salvador: a praia de Piatã e entorno, a área do Centro Antigo nas redondezas da Estação da Lapa, assim como nos bairros da Graça e do Rio Vermelho, todas áreas que foram objeto de operações de requalificação urbana em anos recentes.

De modo geral, a afirmação de um de um de nossos entrevistados — "é como matar um leão por dia" — define bem a rotina desses trabalhadores nos espaços de uso coletivo na cidade, pois, para além da questão da concorrência, comum para quem trabalha com comércio em geral, os empreendedores enfrentam problemas com os agentes do poder público que, apesar de agir como intermediadores entre a prefeitura e os comerciantes/prestadores de serviços de rua, em alguns momentos representam a razão de suas dificuldades. A Secretaria de Ordem Pública, a SEMOP, é o órgão da prefeitura responsável pelo ordenamento e pela fiscalização do comércio e dos serviços das ruas. Para não ter problemas com a fiscalização da SEMOP é exigido do comerciante/prestador de serviço que ele esteja em dia com o Documento de Arrecadação Municipal e seu negócio tem que estar localizado onde o agente o alocou.

É mister constatar que, para alguns comerciantes e prestadores de serviços de rua, como no entorno da Estação da Lapa e também na orla de Piatã, a principal reivindicação seja uma simplória manutenção da infraestrutura pública para a continuidade de seu cotidiano de trabalho. Isso aponta também para a fragilidade do circuito inferior, composto por indivíduos que se encontram impossibilitados de custear a manutenção do patrimônio público.

Santos[593] reconheceu que a dinâmica econômica dos países subdesenvolvidos era mediada por dois circuitos da economia: o circuito superior é aquele produzido pelos setores modernos, representados pelos bancos, pela indústria de exportação, pelos grandes comerciantes, pelos serviços

---

[593] SANTOS, M. *O espaço dividido*. 2. ed. São Paulo: USP, 2004.

avançados, pelo comércio atacadista e pelas empresas de transporte; enquanto o circuito inferior é uma reação às contradições geradas pelo circuito superior, ou seja, ele é constituído por formas de capital não intensivo, basicamente formado pelos comerciantes/prestadores de serviços de rua, pelos estabelecimentos formais de comércio de pequena dimensão ou qualquer atividade que exija maiores quantidades de trabalho manual.

Os dois circuitos são produto das contradições criadas pelo modo de produção capitalista, por meio do qual a riqueza é inevitavelmente geradora de uma enorme massa de pobres nos grandes centros urbanos. Entender a dinâmica dos dois circuitos da economia aparenta ser a chave para a compreensão do que ocorreu, por exemplo, com os comerciantes/prestadores de serviços de rua durante a requalificação da Estação da Lapa. Esses empreendedores, localizados no entorno de shoppings e grandes lojas, expressam na paisagem a indissociabilidade dos dois circuitos, a centralidade sendo criada conforme a atração exercida pelo circuito superior.

Essa indissociabilidade também pode ser observada entre os "barraqueiros" de Piatã e os depósitos e distribuidores de bebidas, demonstrando a grande dependência entre o comércio e os serviços de rua e o comércio atacadista/as empresas distribuidoras do circuito superior. Se bem que, no caso de algumas dessas empresas, se pode pensar em um circuito superior "marginal", devido aos níveis de técnica e capital envolvidos, assim como ao porte dos estabelecimentos e à mão de obra pouco especializada[594].

É preocupante (e lamentável) que o poder público tenha prometido o retorno dos comerciantes a seus pontos no interior da Estação da Lapa, assim como tenha alimentado expectativas entre os "barraqueiros" e baianas de acarajé em Piatã para a possibilidade de ocuparem os quiosques/estruturas instalados no calçadão da orla, na reforma de 2015, como noticiado em veículos de comunicação impressa e televisiva, e que, ao fim das operações de reforma, essas expectativas não tenham sido cumpridas.

A requalificação da Estação da Lapa é resultado de uma parceria público-privado, enquanto os quiosques e estruturas do calçadão de Piatã foram concedidos à exploração de empresas privadas, não sendo compromisso das empresas cumprir nenhuma promessa realizada pela prefeitura aos vendedores/prestadores de serviços da Lapa ou de Piatã, o que provoca um conflito de interesses entre o poder público, a iniciativa privada e os cidadãos, estes desprovidos de capital e colocados como obstáculos no processo de privatização da infraestrutura pública instalada.

Sendo o circuito superior representado por aqueles que detêm capital, os episódios de requalificação aqui analisados se apresentam como a sobreposição da territorialidade dos poderes públicos e da iniciativa privada sobre aquela dos comerciantes/prestadores de serviços do circuito inferior, ou, em outras palavras, a expulsão (e desterritorialização) "de cima para baixo" do circuito inferior pelo circuito superior de determinados espaços, da Estação e de seu entorno bem como da orla/da praia de Piatã.

Ressalte-se que a presença/a resistência dos comerciantes/prestadores de serviços de rua é também um ato político, e uma espécie de ativismo, pois esses empreendedores ressignificam as ruas no momento em que se veem na "sombra" do desemprego. No caso específico do entorno da Estação, os empreendedores apresentam necessidades distintas, a depender da sua localização no espaço, mas a crise econômica e o aumento do desemprego são fenômenos que contribuem para a intensificação dos conflitos por território.

---

[594] *Idem.*

Segundo o relatório da *Pesquisa Nacional por Amostra de Domicílio* (PNAD), em 2019 a Bahia se encontrava em segundo lugar entre os estados brasileiros com a maior taxa de desemprego[595], em um cenário que não apresentava nenhum sinal de mudança positiva, uma vez que as políticas neoliberais do governo federal visavam a uma maior flexibilização das relações trabalhistas e, consequentemente, uma ainda maior precarização da mão de obra.

No Rio Vermelho e na Graça, embora haja especificidades evidentes em cada um dos recortes analisados, percebe-se que em ambos os bairros há uma complementaridade entre os dois circuitos da economia, evidenciada, sobretudo, na localização do comércio e dos serviços de rua, sempre próximos a estabelecimentos comerciais e de serviços do circuito superior, de modo a usufruir do fluxo de transeuntes/consumidores, nem sempre moradores dos dois bairros pesquisados.

Nesse contexto, é essencial reforçar que não se trata aqui apenas do bairro das "práticas cotidianas, relações de parentesco e vizinhança, vida comum"[596], mas também do bairro aonde se vai no intuito de trabalhar (em ambos os bairros, a forte presença do circuito superior gera empregos formais de todos os tipos) ou em busca do lazer (bairro do Rio Vermelho), ou ainda para usufruir de serviços médico-hospitalares ou laboratoriais específicos (bairro da Graça). Isso tudo mostra como o espaço não é homogêneo, e os dois circuitos propostos por Milton Santos coexistem dialeticamente e de modo indissociável entre eles.

Observou-se, também nesses recortes, que existe uma relação conflituosa recorrente entre comerciantes e agentes de fiscalização municipal (SEMOP), especialmente no Rio Vermelho, algo que não é incomum em outros locais onde ocorreram operações de requalificação urbana, como se pôde observar em pesquisas anteriores[597]. No Rio Vermelho esse conflito ocorre com uma dinâmica própria, sendo a presença e a ação dos agentes da prefeitura parte da rotina diária desses empreendedores.

Observou-se, por outro lado, que a competitividade deu lugar à cooperação entre os comerciantes, pois essa parece ser a melhor tática de sobrevivência, em face das operações de controle e organização do comércio nas ruas do bairro. Essa forma de organização imediata foi perceptível *in loco*, já que os comerciantes passam todo o período de trabalho informando uns aos outros a presença/a localização dos fiscais, além de organizarem protestos coletivos como reação à apreensão de suas mercadorias.

A permanência dos comerciantes de bebidas nas ruas do Rio Vermelho, com a condição de que utilizem o *cooler* cedido pela Prefeitura, aparenta ser uma estratégia do poder público para evitar conflitos como os ocorridos em junho de 2016, quando comerciantes incendiaram pneus e protestaram na Rua da Paciência contra a apreensão de seus produtos. Esse evento, informado por uma de nossas entrevistadas e noticiado pelo portal *Jornalistas Livres*[598], demonstra que o poder

---

[595] "Sobre a taxa de desocupação, de 18,3% no 1º trimestre de 2019, a Bahia ficou atrás apenas do Amapá (20,2%), mas bem acima da média nacional, de 12,7%. É a segunda maior taxa de desocupação para o estado desde o início da série histórica da PNAD Contínua (em 2012), abaixo apenas da verificada no 1º trimestre de 2017, de 18,6%. Na Região Metropolitana de Salvador, a taxa de desocupação do 1º trimestre ficou em 18,7%, maior que a do 4º trimestre de 2018 (17,3%), mas abaixo da verificada no 1º trimestre do ano passado (19,2%). Mesmo assim, foi a 3ª maior desocupação entre as regiões metropolitanas do país: perde para a de Macapá (20,4%) e São Luís (19,7%). Já Salvador fechou o primeiro trimestre do ano com uma taxa de desocupação de 15,8%. A capital baiana registrou, entre janeiro e março, um aumento de 16 mil novos ocupados em relação ao mesmo período do ano passado" ("Taxa de desemprego na Bahia sobe e chega a 18,3% no primeiro trimestre do ano". *Correio 24 Horas*, 17 maio 2019. Disponível em: https://www.correio24horas.com.br/noticia/nid/taxa-de-desemprego-na-bahia-sobe-e-chega-a-183-no-primeiro-trimestre-do-ano/. Acesso em: 25 ago. 2019).

[596] DIAS, C. *Práticas socioespaciais e processos de resistência na grande cidade*: relações de solidariedade nos bairros populares de Salvador. 2017. Tese (Doutorado em Geografia) – Ufba, Salvador, 2017. p. 16.

[597] SERPA, A.; LEITE, W.; MACHADO, J. Na praia e no centro: comércio e serviços de rua frente a operações de requalificação urbana em Salvador-Bahia. *Caderno de Geografia*, Belo Horizonte, v. 29, p. 978-996, 2019.

[598] APÓS APREENSÃO de mercadorias, ambulantes fazem protesto em Salvador. *Jornalistas Livres*, Salvador, 18 jun. 2016.

público necessitava encontrar alguma nova estratégia para evitar maiores conflitos e os *coolers* surgiram como uma resposta possível: permitindo que alguns possam vender e impossibilitando o cadastro de outros, a prefeitura consegue desmobilizar os comerciantes e, ao mesmo tempo, agir duramente sobre eles.

No bairro da Graça, chama atenção a quantidade de empreendedores de rua que vendem frutas e verduras. Nesse contexto, buscamos identificar também as redes de produção e distribuição[599] no recorte pesquisado, por meio dos levantamentos de campo. As entrevistas revelaram que feiras populares e centrais de abastecimento são os locais mais citados. Em geral, transportam suas mercadorias em carros próprios/fretados ou de ônibus. Observou-se ainda que muitos desses comerciantes de rua da Graça expõem suas mercadorias em caixotes que são dispostos nas calçadas ou nos fundos dos carros. A opção para expor os produtos diretamente no fundo dos veículos é uma tática utilizada para evitar apreensão de mercadorias em caso de fiscalização, já que a maioria dos comerciantes não paga taxas ou está cadastrada pela prefeitura. No bairro da Graça, no entanto, a presença dos fiscais municipais é mais rara e, quando ocorre, é acionada pelos próprios moradores.

As operações de requalificação urbana empreendidas pela prefeitura nos bairros pesquisados foram diferentemente percebidas e vividas pelos comerciantes/prestadores de serviço de rua: no bairro da Graça, a reforma do largo principal e da Avenida Euclides da Cunha não teve, na opinião dos entrevistados, impacto significativo sobre suas atividades e praticamente não foi notada por quem trabalha na rua no recorte analisado. No Rio Vermelho, ao contrário, a requalificação do Largo da Mariquita e da Rua da Paciência, na Orla do bairro, parece ter afetado mais as atividades dos empreendedores de rua, embora divida opiniões entre os entrevistados, já que alguns ressaltaram seus aspectos negativos, enquanto outros valorizaram mais seus aspectos positivos em relação a seu cotidiano[600].

Considerações finais: táticas versus estratégias

Oscilando entre táticas de territorialização e lugarização[601], em face das estratégias de requalificação urbana dos poderes públicos, comerciantes e prestadores de serviços de rua veem-se ameaçados em seus espaços de trabalho na capital baiana.

Se em Piatã, por exemplo, a continuidade de sua atuação, mesmo com a derrubada das barracas fixas em 2010, foi transformando território em lugar, pela permanência resiliente e apesar das adversidades impostas pelo poder público, no entorno da Lapa territórios ameaçados continuamente pela concorrência e pela atuação da fiscalização vão impondo, em seu dia a dia de violência e trabalho duro, táticas frequentes de reterritorialização que afastam a emergência do entorno da Lapa como lugar no imaginário dos empreendedores de rua.

Pode-se afirmar que a resistência/resiliência dos comerciantes e prestadores de serviços de rua se sustenta em uma ética que se baseia em princípios de cunho tático e, muitas vezes, subverte, pelo uso e pela ação, as estratégias de grupos hegemônicos, como sublinhado por Michel de Certeau[602],

---

[599] MAIA, A. C. N. *Circuitos e redes do comércio de rua em Salvador, Bahia*: uma análise geográfica. 2013. Dissertação (Mestrado em Geografia) – Ufba, Salvador, 2013.
[600] SERPA, A.; LEITE, W.; MACHADO, J. Comércio e serviços de rua como manifestações do circuito inferior da economia em dois bairros de Salvador, Bahia. *Caderno de Geografia*, Belo Horizonte, v. 31, p. 120-141, 2021.
[601] SERPA, A. *Por uma geografia dos espaços vividos*: geografia e fenomenologia. São Paulo: Contexto, 2019.
[602] CERTEAU, M. *A invenção do cotidiano*. 2. ed. Petrópolis: Vozes, 1994.

nos processos de produção do espaço. Na ausência de um lugar, de "um próprio", os comerciantes e prestadores de serviços de rua buscam lugarizar/(re)territorializar espaços urbanos específicos por meio de ações calculadas — táticas.

As táticas seriam os métodos praticados em uma espécie de guerrilha do cotidiano, demonstrando uma utilização hábil do tempo, mediante movimentos rápidos, que vão mudar a organização do espaço. Elas são um contraponto para as estratégias, vistas como ações que resultam de certo poder sobre o lugar e o transforma naquilo que Certeau vai chamar de um "próprio". As estratégias dos poderes públicos — entre a coerção e a cooptação — elaboram e criam lugares segundo "modelos abstratos" e práticas tecnocráticas, enquanto as táticas enunciam lugares segundo ações "desviacionistas", sendo ambas localizáveis no tempo e no espaço[603].

Referências

APÓS APREENSÃO de mercadorias, ambulantes fazem protesto em Salvador. *Jornalistas Livres*, Salvador, 18 jun. 2016. Disponível em: https://jornalistaslivres.org/apos-apreensao-de-mercadorias-ambulantes-fazem-protesto-em-salvador/. Acesso em: 15 set. 2023.

ARENDT, H. *A condição humana*. 10. ed. Rio de Janeiro: Forense Universitária, 2000.

CERTEAU, M. *A invenção do cotidiano*. 2. ed. Petrópolis: Vozes, 1994.

DIAS, C. *Práticas socioespaciais e processos de resistência na grande cidade*: relações de solidariedade nos bairros populares de Salvador. 2017. Tese (Doutorado em Geografia) – Ufba, Salvador, 2017.

MAIA, A. C. N. *Circuitos e redes do comércio de rua em Salvador, Bahia*: uma análise geográfica. 2013. Dissertação (Mestrado em Geografia) – Ufba, Salvador, 2013.

SANTOS, M. *O espaço dividido*. 2. ed. São Paulo: USP, 2004.

SERPA, A. Ativismos socioculturais nos bairros populares de Salvador: relações entre cultura e política na articulação de novos conteúdos para a esfera pública urbana. *Revista Cidades*, Chapecó, v. 6, p. 155-191, 2009.

SERPA, A. *O espaço público na cidade contemporânea*. São Paulo: Contexto, 2007.

SERPA, A. *Por uma geografia dos espaços vividos*: geografia e fenomenologia. São Paulo: Contexto, 2019.

SERPA, A.; LEITE, W.; MACHADO, J. Comércio e serviços de rua como manifestações do circuito inferior da economia em dois bairros de Salvador, Bahia. *Caderno de Geografia*, Belo Horizonte, v. 31, p. 120-141, 2021.

SERPA, A.; LEITE, W.; MACHADO, J. Na praia e no centro: comércio e serviços de rua frente a operações de requalificação urbana em Salvador-Bahia. *Caderno de Geografia*, Belo Horizonte, v. 29, p. 978-996, 2019.

SOUZA, M. L. Ativismos sociais e espaço urbano: um panorama conciso da produção intelectual brasileira. *In*: OLIVEIRA, M. P.; COELHO, M. C. N.; CORRÊA, A. M. (org.). *O Brasil, a América Latina e o mundo*: espacialidades contemporâneas (II). Rio de Janeiro: Lamparina, 2008. p. 367-384.

---

[603] *Ibidem*, p. 92.

DO GENOCÍDIO NEGRO ÀS AÇÕES DE ENFRENTAMENTOS À GESTÃO RACISTA DO TERRITÓRIO

Denilson Araújo de Oliveira

Introdução

Vivemos um contexto urbano no Brasil em que o debate da segurança pública e o da questão racial se tornaram temas centrais do enfrentamento às políticas neoliberais. Contudo, como surgiu o debate da segurança pública no Brasil? Qual a relação entre o debate da segurança e a questão racial? Como têm se constituído as lutas de movimentos sociais no enfrentamento à antinegritude no debate da segurança pública? Essas são as questões que vamos refletir neste capítulo.

O embrião colonial da ideia de segurança

A ideia de segurança pública no Brasil nasceu imanente à nossa formação. Lastreada pela colonialidade do poder que instituiu uma hierarquia do humano baseado na ideia de raça[604], o debate da segurança envolveu uma lógica patrimonial da branquitude que produziu o medo das consequências da superexploração da mão de obra escravizada e no pós-escravidão. A necessidade de mensurar o risco para branquitude das insurreições negras envolveu um controle absoluto da mobilidade e dos destinos negros. A psicosfera da dominação racial necessitou produzir a epidermização e a interiorização da inferioridade como dispositivos de controle da apropriação e do uso dos espaços autônomos pelos negros[605].

O medo branco da onda negra foi se constituindo no navio negreiro[606]. Defendemos em vários trabalhos[607] que esse sistema de crenças, valores e ações foi forjado nos conveses com medo branco das ondas negras que poderiam vir dos porões dos navios negreiros. Essas ideias continuam sendo reproduzidas nas atuais[608] cidades neoliberais, especialmente nas favelas e periferias.

---

[604] OLIVEIRA, D. A. Existências desumanizadas pela colonialidade do poder: necropolítica e antinegritude brasileira. *GEOgraphia*, Niterói, v. 24, n. 53, e55623, p. 1-16, 2022a; QUIJANO, A. Colonialidad del poder, eurocentrismo y América Latina. *In*: LANDER, E. (org.). *La colonialidad del saber*: eurocentrismo y ciencias sociales. Perspectivas latinoamericanas. Buenos Aires: Clacso, 2000.

[605] SANTOS, A. F. *Aquilombamento virtual*: narrativas pretas costuradas num campo minado por racismo algorítmico. 2022. Dissertação (Mestrado em Cultura e Territorialidade) – UFF, Niterói, 2022; FANON, F. *Pele negra, máscaras brancas*. Salvador: Ufba, 2008; OLIVEIRA, D. A. Leituras geográficas e fanonianas do racismo, do trauma e da violência psíquica: alguns apontamentos teóricos. *In*: MAGNO, P. C.; PASSOS, R. G. (org.). *Direitos humanos, saúde mental e racismo*: diálogos à luz do pensamento de Frantz Fanon. Rio de Janeiro: Defensoria Pública do Estado do Rio de Janeiro, 2020b. p. 103-127.

[606] *Idem*.

[607] *Idem*. Entre a geografia dos afetos e a espacialidade das relações raciais no Brasil. *In*: GOETTERT, J. *et al*. (org.). *Geografiando afetos*: escritos, imagens, intensidades. Porto Alegre: Total Books, 2022b. p. 125-154.

[608] "[…] actual, es decir, algo de otro tiempo que actúa aquí y ahora, a partir de nuevas circunstancias" (GONÇALVES, C. W. *Geo-grafías*: movimientos sociales, nuevas territorialidades y sustentabilidad. México: Siglo XXI, 2001. p. 125).

Defendemos a tese de que os navios negreiros se constituíram em um lugar de horror que inventou a ideia de negro e, concomitantemente, a ideia de branco marcadas por um triplo exercício de poder[609]. Para nós, inspirados em Quijano[610], esse triplo exercício de poder racial não foi eliminado com o fim do colonialismo. Ele permanece até hoje como projeto racial mobilizado na gestão das cidades neoliberais.

Um primeiro exercício de poder racial foi o poder punitivo e disciplinar visando adestrar corpos que estavam sendo escravizados e levados para o trabalho forçado. Disciplina para garantir a sensação racial de segurança[611]. O segundo exercício de poder racial inerente aos navios negreiros era o biopoder. Os revoltosos deveriam ser mortos para virar exemplo a todos que desobedecessem à ordem racial do espaço e assim regular a vida dos escravizados vivos. Neste tipo de pena, o foco era produzir um efeito intimidador e disciplinador a todos os outros escravizados. Disciplina e biopoder agem conjuntamente produzindo vidas submissas. Já o terceiro exercício do poder racial era o necropoder. Ele definia a aceitabilidade da matança de populações negras. A racionalidade capitalista nasce organizando a sua irracionalidade. Estima-se que, nos primeiros séculos de escravismo colonial, cerca de 10% a 20% da população escravizada nos navios vindo em direção às Américas morria devido às condições impostas de brutalismo dos capitães dos tumbeiros, insurreições e suicídio por parte dos cativos[612]. Nasce a ideia de segurança e risco social[613] mergulhada na questão racial. *"A grande preocupação era a segurança pública, pois no centro da relação escravocrata existia um imenso medo"*[614]. De forma tácita, um contrato racial passa a ser instituído[615]. Esse contrato deixa explícita a santuarização dos territórios[616] da branquitude, uma camada social ciente e ciosa do seu poderio na sociedade[617], que impõe gestão dos fluxos e da mobilidade em defesa da sociedade[618] branca, cristã e burguesa. Desta forma, o contrato racial define protocolos de leitura sobre os negros e os seus espaços, isto é, espera-se do negro: 1) um mundo pré-programado no inconsciente coletivo; 2) o negro é forçado a desenvolver uma relação consigo mesmo por meio da presença alienante do branco; 3) o negro é sobredeterminado a *exteriori* por fantasias e fantasmas violentos.

A branquitude é a expressão de um projeto violento, mas cria uma fantasia delirante do negro se apossando das mercadorias e bens do dominador[619]. Daí o ódio do dominador branco do dominado negro como indigno, inimigo, intruso, malévolo, ladrão e malicioso. A colonialidade transforma o branco (opressor) em vítima e o negro (oprimido) em opressor[620]. A colonialidade inventa o branco como a expressão da caridade, o espírito benevolente, eivado da generosidade e da bondade que teria como fardo: levar a civilização para os povos incivilizados[621].

---

[609] OLIVEIRA, 2022a.
[610] QUIJANO, 2000.
[611] OLIVEIRA, 2022a.
[612] JAMES, C. L. R. *Os jacobinos negros*. São Paulo: Boitempo, 2010.
[613] GIDDENS, A. *Mundo em descontrole*: o que a globalização está fazendo de nós. Rio de Janeiro: Record, 2003.
[614] "Um fato notório afigura-se na preocupação, em constante evidência nos relatórios de presidentes de províncias e nas correspondências das autoridades, a respeito das possíveis rebeliões e rebeldias escravas, quando efetivamente, não ocorriam tantas prisões de escravos como se poderia supor" (CAMPOS, 2007, p. 217 apud CAMPELLO, A. B. *Manual jurídico da escravidão*: Império do Brasil. Jundiaí: Paco, 2018. p. 171, grifo do autor).
[615] MILLS, C. W. *The racial contract*. Ithaca, NY: Cornell University, 1997.
[616] MBEMBE, A. *Crítica da razão negra*. Lisboa: Antígona, 2014.
[617] SODRÉ, M. *Claros e escuros*: identidade, povo e mídia no Brasil. Petrópolis: Vozes, 1999.
[618] FOUCAULT, M. *Em defesa da sociedade*. São Paulo: Martins Torres, 2005.
[619] KILOMBA, G. *Memórias da plantação*: episódios de racismo cotidiano. Rio de Janeiro: Cobogó, 2019.
[620] *Idem*.
[621] MEMMI, A. *Retrato do colonizado precedido pelo retrato do colonizador*. Rio de Janeiro: Civilização Brasileira, 2007.

> Os racistas americanos [e também brasileiros] e os colonos franceses, desejam também que o negro se mostre gatuno, preguiçoso, mentiroso: com isso prova sua indignidade, põe o direito do lado dos opressores; se se obstina em ser honesto, leal, olham-no como um revoltado. Os defeitos da mulher [e dos negros, especialmente os pobres] exageram-se, pois, tanto mais quanto ela tenta não combatê-los mas, ao contrário, faz deles um adorno.[622]

A produção espacial da indignidade define a violência como ação legítima do Estado contra os negros. Tudo que era não branco não tinha autonomia de se localizar e distribuir no espaço. Em tempos do colonialismo, a solução era a reclusão territorial. Com o fim do colonialismo e a permanência da colonialidade[623], a solução não é só a reclusão, mas também a contenção territorial. Vemos que reclusão e contenção territorial são um duplo processo espacial de dominação racial.

O contrato racial[624] brasileiro definiu todos os não brancos como fora da pactuação social[625]. O negro não é um igual, muito menos considerado um humano. Ele sempre foi visto como o outro, o não ser[626]. Assim, a antinegritude e a desigualdade racial não são desvios de rotas, mas a afirmação do projeto racial em curso[627]. A antinegritude está além das estruturas sociais e dos mecanismos institucionais[628]. Ela se inscreve na organização ontológica e cognitiva que criou o mundo moderno[629].

A antinegritude é parte tanto do racismo de exploração que definia que vidas negras devem servir à branquitude até a morte quanto do racismo de extermínio que define os negros como geradores da desordem, caos e medo, portanto são matáveis e não geram comoção social nem mesmo quando morrer aos milhões[630]. A antinegritude não é um fenômeno local, mas em cada formação ela possui características próprias e dimensiona-se de forma distinta em cada fração regional deste mesmo território. A antinegritude está além das estruturas sociais e dos mecanismos institucionais. Ela se situa na organização ontológica e cognitiva do capitalismo[631], que autoriza à branquitude produzir barbárie e ser tratada racionalmente, diferentemente da negritude. As operações policiais/militares são a espacialização desse processo que define racionalmente que a racionalidade não se aplica para os corpos e territórios negros. Os negros expressam tudo o que o mundo não deve ser e se tornar sob o perigo de se desfazer e gerar o caos[632].

---

[622] BEAUVOIR, S. O segundo sexo. São Paulo: Difel, 1967. p. 381.
[623] QUIJANO, 2000.
[624] MILLS, 1997.
[625] Nosso foco aqui é o negro.
[626] FANON, 2008.
[627] Não entraremos aqui nas polêmicas que separam o conceito de racismo e antinegritude. Deixaremos isso para fazer em outro trabalho. Por ora entenderemos a antinegritude como uma qualidade do racismo. Ver: OLIVEIRA, 2022a; SOARES, M. A. S. Antinegritude: ser negro e fobia nacional. *Horizontes Antropológicos*, Porto Alegre, ano 28, n. 63, p. 165-194, maio/ago. 2022.
[628] SOARES, 2022.
[629] Esse fato ajuda compreender por que em operações policiais/militares, em favelas e territórios habitados majoritariamente por negros e grupos racializados, o ódio racial e a brutalidade são postos como naturais. Já em operações contra brancos e ricos, o tratamento é humanizado. O caso do deputado branco e rico Roberto Jefferson é exemplar de como a branquitude realiza operações policiais/militares para brancos. Antes das eleições presidenciais de 2022, após a polícia tentar entrar em sua casa para cumprir um mandado de prisão, o deputado atirou, lançou granadas e feriu vários policiais. Mesmo após esse fato, tanto a mídia corporativa hegemônica quanto a polícia ressaltaram a *distinção corpórea e territorial de direitos* (BARBOSA, J. L.; BARBOSA, A. T. A. Relações de gênero: espacialidades de poder em tempos de violência. In: BARBOSA, J. L.; HILGERS, T. (org.). *Identidade, território e política em contextos de violências na América Latina*. Rio de Janeiro: Observatório de Favelas, 2017. p. 63-80), ressaltando os seus privilégios e sua possibilidade de definir como será tratado pela polícia. Este caso é sintomático dessa inscrição ontológica da antinegritude. Ver: SOARES, 2022.
[630] TAGUIEFF, P.-A. O racismo. Lisboa: BBCC, 1997; SOARES, 2022; OLIVEIRA, D. A. Formas de enfrentamento contra o genocídio da juventude negra: alguns apontamentos. In: BARBOSA, J. L.; DAMASCENO, I. (org.). *Juventudes das cidades*. Rio de Janeiro: Letra Capital, 2020a. p. 53-78.
[631] SOARES, 2022.
[632] Idem.

A antinegritude inventou o negro como lugar de ausências. Para Soares[633], inspirada nas ideias do afropessimismo, essas ausências são a expressão de um triplo processo. O primeiro processo é uma *ausência cartográfica*. Isto é, o negro é naturalizado na condição de "escravo", sinônimo de outro genérico de toda a África (homogeneização da enorme diversidade territorial e social africana). São seres sem território, sem história, sem "geo-grafias"[634]. Essa ideia colonial continua e se fortalece no neoliberalismo nos imaginários (re)produzidos sobre os corpos e territórios negros segregados como periferias e favelas. São territórios que não estão no mapa, e todos são homogeneizados, criminalizados e postos como seres que causam medo.

A segunda ausência de que nos fala Soares[635] é a *ausência subjetiva*, que define que os modos de ser-estar no mundo não possuem uma existência plena, logo os negros não habitam o conceito de humanidade. Mbembe[636] afirma que o negro foi inventado como um jazigo, isto é, um símbolo de morte. Logo ele representa um vazio de humanidade[637]. Se não são humanos, quem os mata não são considerados assassinos[638].

A terceira ausência de que nos fala Soares[639] é a *ausência política*. Essa ausência silencia da gramática política as lutas sociais e as experiências negras de combate à antinegritude inerente ao capitalismo. Essa ausência é reproduzida pela colonialidade do saber[640] que invisibiliza as lutas negras nas teorias do movimento social e subalterniza as lutas negras como identitaristas. Assim, o negro vive um constante processo de morte social do contexto colonial escravista ao neoliberalismo.

> Partindo do estudo comparativo de sociedades escravistas através dos tempos, Patterson aponta que a condição básica para "criar" o escrav[izad]o é menos a relação de propriedade e muito mais a imposição da alienação natal – o ceifamento de vínculos familiares, culturais e econômicos. Tal alienação cria as condições de uma morte social e está também aliada aos rituais e marcas que designam a condição de desonra do escrav[izad]o, o qual se torna, para além de uma entidade legal (propriedade), uma entidade simbólica dentro de uma relação que, na conclusão de Paterson, é uma relação humana de parasitismo.[641]

A luta dos familiares, especialmente as mães que tiveram seus filhos mortos pelo racismo de Estado, envolve o enfrentamento à imposição dessa alienação natal. O ódio racista gera custos às vítimas e benefícios aos seus agressores[642]. Contudo, mesmo os que não são vítimas e agressores diretos, são reconhecidos como semelhantes em uma dada formação socioespacial ou recebem seus custos (os semelhantes das vítimas) e benefícios (os semelhantes dos agressores). Bento[643] chama isso de transmissão intergeracional dos privilégios da branquitude e das opressões a negritude.

---

[633] *Idem.*
[634] GONÇALVES, 2001.
[635] *Idem.*
[636] MBEMBE, 2014.
[637] *Idem.*
[638] AGAMBEN, G. *Estado de exceção*: homo sacer. São Paulo: Boitempo, 2004; OLIVEIRA, 2020b.
[639] SOARES, 2022.
[640] LANDER, E. (org.) *A colonialidade do saber*: eurocentrismo e ciências sociais. Perspectivas latino-americanas. Buenos Aires: Clacso, 2000.
[641] *Ibidem*, p. 170-171.
[642] MOORE, C. *Racismo & sociedade*: novas bases epistemológicas para entender o racismo. Belo Horizonte: Mazza, 2007.
[643] BENTO, M. A. *Pactos narcísicos no racismo*: branquitude e poder nas organizações empresariais e no poder público. 2002. Tese (Doutorado em Psicologia) – USP, São Paulo, 2002.

> Se os privilégios dos poderosos da colonização são espantosos, os reduzidos privilégios do pequeno colonizador, mesmo o menor deles, são inúmeros. Cada gesto de sua vida cotidiana o põe em relação com o colonizado, e a cada gesto ele se beneficia de reconhecida vantagem.[644]

Este fato aponta que sociedades de formação colonial como a nossa tem uma vida póstuma da escravidão[645]. Isto é, os dispositivos usados para manter os negros nos seus devidos lugares foram atualizados.

> Enquanto tal, uma lógica da plantation que organiza, distribui, vigia e pune continua operante nos termos de novas leis que levam ao encarceramento e criminalização massiva de comunidades negras, violência gratuita e letalidade policial, bem como tecnologias de vigilância e segurança.[646]

Esses dispositivos criam a base para o que temos chamado do negro como um problema espacial.

> E o que queremos dizer do negro como um problema espacial? Ele é um ser que precisa ser interditado, confinado, constrangido no uso e na apropriação do espaço. Se mobilizarmos o contexto do sequestro em África, James (2010) já ressaltava o quanto os negros já estavam nascendo como um problema espacial. James (2010) nos lembra que os povos eram sequestrados, amarrados uns aos outros em colunas e obrigados a carregar pedras extremamente pesadas, de 20 a 25 quilos, para evitar que fugissem. Eles eram amarrados, levados em marcha, em longa jornada do interior, onde eram sequestrados, até o porto. O trauma emerge como um elemento de controle de mobilidade do negro. Os homens e mulheres negros e negras eram seres que precisavam ser interditados espacialmente e contidos territorialmente. Então, as marcas desse processo de desreterritorialização produz aí um elemento extremamente central para que possamos pensar o mundo de hoje. O negro correndo, ou seja, o negro fugindo, o negro buscando a liberdade é símbolo do medo branco.[647]

Esse problema espacial inventado pela branquitude mobiliza instituições para garantir a sua reprodução. O Estado, criado pela e para a branquitude, deve exercer os seus monopólios para garantir a lei e a ordem: o monopólio racial da violência (ou da força física); o monopólio racial das leis e normas jurídicas; e o monopólio racial da arrecadação a serviço da branquitude[648]. Cria-se uma simbiose de uma sensação racial de insegurança para negritude e seus espaços e uma sensação racial de segurança para os territórios da branquitude e os capitalistas raciais[649]. O imaginário racial da segurança pública gestado nos navios negreiros, reproduzido em todo o contexto colonial escravista[650], foi criado para afirmar a *matematização dos espaços e das vidas*[651] negras. Na atual fase

---

[644] MEMMI, 2007, p. 45.

[645] SOARES, 2022.

[646] *Ibidem*, p. 171.

[647] OLIVEIRA, D. A. Leituras geográficas e fanonianas do racismo, do trauma e da violência psíquica: alguns apontamentos teóricos. *In*: MAGNO, P. C.; PASSOS, R. G. (org.). *Direitos humanos, saúde mental e racismo*: diálogos à luz do pensamento de Frantz Fanon. Rio de Janeiro: Defensoria Pública do Estado do Rio de Janeiro, 2020b. p. 103-127. p. 107.

[648] Outros marcadores sociais são imanentes a essa lógica, como classe, raça, gênero e sexualidade. O aprofundamento dessas ideias será alvo de outro trabalho. Ver: OLIVEIRA, 2022a; WEBER, M. *Economia e sociedade*. 4. ed. Brasília: UnB, 1998. v. 1.

[649] "Entendemos por capitalistas raciais os agentes modeladores do espaço urbano que instituem uma organização e distribuição de um espaço que concede privilégios a determinados grupos raciais de status social, posto ideologicamente como superior. O papel deste não é novo na estruturação das cidades brasileiras" (OLIVEIRA, D. O marketing urbano e a questão racial na era dos megaempreendimentos e eventos no Rio de Janeiro. *Revista Brasileira de Estudos Urbanos e Regionais*, Presidente Prudente, v. 16, n. 1, p. 85-106, maio 2014. p. 96).

[650] OLIVEIRA, 2020a, 2020b.

[651] SANTOS, M. *A natureza do espaço*: tempo e técnica, razão e emoção. São Paulo: USP, 2002.

técnico-científico-informacional[652], que permitiu a difusão das câmeras de segurança e do reconhecimento facial por várias cidades do Brasil e mundo, a *matematização dos espaços de vidas*[653] *negras* calcula pelo racismo algorítmico[654] precisamente os espaços que corpos racializados podem utilizar.

> [...] ouvia muito mais a expressão algoritmo racista, depois que comecei a observar uma fala que se tornou mais corrente da expressão racismo algorítmico. Em função dessas duas recorrentes expressões procurei melhor entendê-las e não as confundir. O primeiro ponto em relação ao se pensar em algoritmo racista é estabelecer como ele funciona. A partir deste ponto ao entender que ele se alimenta de dados que são estabelecidos por pessoas e comportamentos, sua sensibilidade vai além de se fixar na tecnologia em si. Tal compreensão se dá em certo modo em quem desenvolve a tecnologia a partir dos parâmetros que cria para os algoritmos identificarem o que lhes foi ensinado.
> Quanto no outro extremo a partir do comportamento de quem deixa seus rastros nos dados. Neste sentido, entendo que chamar o algoritmo de racista é associar equivocadamente ao código o problema como se ele desse causa as ações que ele executa. Como se dependesse exclusivamente dele [...]. De modo diferente, quando eu penso no racismo algorítmico para denominar a relação entre o racismo e a tecnologia, no caso via algoritmo, trago algo preexistente e intrínseco em nossa sociedade, que se dá de diversas formas que recai sobre o algoritmo. Seja de modo direto, intencionalmente ou indireto, dentre outros motivos, ao não ter intenção, e mesmo assim, desconsiderar o racismo como motivo relevante, na criação de processos para a execução do algoritmo de modo que ele seja inclusivo ao invés de excludente quanto a qualquer corpo diverso.[655]

Entendemos, assim, que as chamadas políticas de modernização técnico-científico-informacional da segurança pública, no Brasil e no mundo hoje, têm sido lastreadas pela colonialidade do poder[656] definindo negros, moradores de favelas e periferias como fora do conceito de humanidade. As investigações policiais e o uso da inteligência na solução de crimes nessas áreas têm historicamente uma baixíssima eficiência. O uso das tecnologias nas operações policiais/militares nessas áreas é apenas mobilizado para o terror sobre os territórios negros. O uso de armas não letais, o aumento do tempo de formação da polícia com treinamento mais humanizado, todas essas ideias fracassaram[657]. O controle externo das polícias revela falta de transparência, omissão deliberada de informações aos familiares, pouquíssimos resultados das investigações e julgamentos (denúncias que não chegam a ser julgadas e, quando julgadas, são arquivadas, mesmo com provas periciais), culpabilização das vítimas negras e moradoras de favelas e periferias, corporativismo na resolução das arbitrariedades praticadas pela instituição e arquivamento de inquérito contra policiais. Assim, numa sociedade de base colonial, os privilégios nunca foram abolidos e nunca se gestaram políticas de reparação. O racista não se sente apenas superior, mas ele vive uma vida superior a quem oprime, passando esses sistemas de privilégios para outras gerações.

> O branco tem o capital racial ou, como diria o William Du Bois (*apud* SCHUCMAN, 2012), é o que tem o salário público psicológico. O que é o "salário público psicológico" de William Du Bois? O branco pobre pode frequentar os espaços de riqueza do branco rico.

---

[652] *Idem.*

[653] *Idem.*

[654] SANTOS, 2022.

[655] *Ibidem*, p. 128-129.

[656] QUIJANO, 2000.

[657] INICIATIVA DIREITO À MEMÓRIA E JUSTIÇA RACIAL (IDMJR). *Abolição das polícias*: uma pesquisa de opinião sobre segurança pública. Baixada Fluminense, RJ: IDMJR, 2021.

> O negro pobre e, muitas vezes, mesmo o negro rico não podem frequentar os espaços de riqueza sem constrangimento racial no uso do espaço, porque espaços de prestígio social, de privilégio e de crédito (o negro não tem crédito, pois crédito, na economia, quer dizer confiança) são exclusividades da brancura. É a expressão do "pacto narcísico" da branquitude (BENTO, 2009) que define contratos e sistemas de alianças inconscientes por meio dos quais indivíduos brancos a priori com status econômicos diferentes se reconhecem como iguais (2009) e usam um reservatório de recursos para facilitar suas experiências brancas de espaço.[658]

Os pactos narcísicos[659] podem ser vislumbrados no lugar que a polícia elege como alvo. Torna-se central analisar como o Estado trata o silêncio do orçamento gasto nas operações policiais/militares em favelas e periferias, não sendo disponibilizado nas redes eletrônicas, ausência de perícias com parâmetros normativos dos crimes cometidos pelos agentes de segurança, ausência de policiais usando Sistema de Posicionamento Global (GPS), câmeras de vídeo e áudio para grupos e territórios racializados para silenciar o registro das violências praticadas, assassinatos e desaparecimentos forçados[660]. A luta dos familiares buscando redes de apoio para encontrar os desaparecidos forçados nas primeiras horas envolve enorme angústia e sofrimento, pois significa garantir encontrar o ente vivo. O Estado é o principal ator acusado de praticar sumiço de pessoas, especialmente em contexto de operações planejadas, emergenciais e/ou outras ações da polícia[661]. Mesmo quando é sabido que a pessoa sumida já foi assassinada tanto por forças de segurança quanto por grupos armados, a angústia e o sofrimento permanecem para encontrar os restos mortais.

> Unificando os efeitos da ação das polícias e da ação dos grupos armados, busca-se demonstrar justamente que em vez de inimigos opostos, estes são dois lados da mesma moeda e se fortalecem mutuamente na dinâmica da violência armada. Diferente do que é retratado na mídia e em narrativas políticas, a violência armada no Rio de Janeiro não é formada por pólos opostos em guerra. Após décadas, essa suposta "guerra" não apresenta nenhum resultado eficaz, nem no combate ao tráfico internacional de drogas e muito menos na diminuição dos conflitos locais, mas alimenta uma lucrativa indústria bélico-militar que toma todo o foco da agenda e do orçamento público fluminense[662]. Os impactos negativos da violência armada nas favelas do Rio de Janeiro seguem registrando índices exorbitantes e retirando direitos. Ambos os "lados" supostamente em guerra são efeitos da ação ou da omissão do Estado no conjunto de favelas da Maré e

---

[658] OLIVEIRA, 2020b, p. 111.

[659] BENTO, 2002.

[660] Os desaparecimentos forçados constituíram-se em uma marca do escravismo colonial. Do ponto de vista das famílias que ficavam na África, a ação promovida pelos traficantes negreiros foi de sequestro, escravização e transporte forçado para um outro continente. O desaparecimento desses indivíduos arrancados forçadamente de suas terras ganhava outra qualidade nos navios negreiros. Separar as famílias ainda no navio negreiro era modo de evitar formas de organização. Muitos escravizados passavam a vida buscando seus familiares desaparecidos nas zonas coloniais. Ademais, muitos escravizados revoltosos, livres e libertos com forte poder de lideranças foram deportados para a África, contra a sua vontade, para não virarem exemplo para outras insurreições, especialmente após a Revolta dos Malês no Brasil e a Revolta do Haiti, no Caribe. Essa era outra dimensão dos desaparecimentos forçados. Nas cidades neoliberais, o desaparecimento forçado constitui instrumento de poder tanto do Estado, em operações policiais/militares, quanto da sua dimensão fascista, as milícias (vide o desaparecimento de Amarildo da favela da Rocinha, cidade do Rio de Janeiro, desde 2013, e ainda hoje não encontrado). O desaparecimento forçado produz uma angústia contínua, sofrimento e traumas de não poder encontrar o ente querido sumido e não poder celebrar o rito de passagem de sepultamento dos restos mortais. Os desaparecimentos forçados provocam descarrilamento da vida dos familiares, gerando várias consequências psicossociais negativas. Ver: REDES DA MARÉ. *Boletim Direito à segurança pública na Maré*. 6. ed. Rio de Janeiro: Redes da Maré., 2021; INICIATIVA DIREITO À MEMÓRIA E JUSTIÇA RACIAL (IDMJR). *Guerra aos pretos*: relatório sobre drogas e armas na Baixada Fluminense. Baixada Fluminense/RJ: IDMJR, 2022.

[661] IDMJR, 2022.

[662] Veja recente estudo do Centro de Estudos de Segurança e Cidadania (CESeC): LEMGRUBER, Julita (coord.) *et al*. *Um tiro no pé*: Impactos da proibição das drogas no orçamento do sistema de justiça criminal do Rio de Janeiro e São Paulo. Relatório da primeira etapa do projeto "Drogas: quanto custa proibir". Rio de Janeiro: CESeC, mar. 2021. Disponível em: https://cesecseguranca.com.br/textodownload/um-tiro-no-pe-impactos--da-proibicao-das-drogas-no-orcamento-do-sistema-de-justica-criminal-do-rio-de-janeiro-e-sao-paulo/. Acesso em: 15 set. 2023.

em outras periferias cariocas. Entendida como uma guerra, a violência armada é consequência - evitável - do modelo de política de segurança pública adotado no estado e na cidade do Rio de Janeiro.[663]

Os obstáculos ao controle externo das policiais seguem-se na realização das operações policiais sem comunicação ao Ministério Público, como deveria acontecer[664] e/ou em descumprimento à Arguição de Descumprimento de Preceito Fundamental (ADPF)[665] do Suprimento Tribunal Federal. A democracia genocida brasileira[666] naturaliza essas omissões dos organismos e instituições de Estado. Esses processos afirmam que os espaços das grandes cidades são regidos por heranças racistas pretéritas tanto nas políticas de segurança quanto nos novos tipos de racismos que afirmam novas qualidades da antinegritude, o racismo algorítmico como novas tecnologias de produção de morte. Desta forma, desmitificar o mito tecnológico[667] constitui-se em uma forma de enfrentamento a essa necropolítica[668]. Contranarrativas negras, periféricas e faveladas constituem-se em uma forma de combate ao cotidiano de violações dos direitos constantes[669].

Movimentos sociais têm criado aplicativos de mapeamentos de confrontos, tiroteios, denúncias de violência, acesso a redes de proteção e conhecimento de direitos em casos de racismo e/ou violência policial. Vemos aí o uso político das tecnologias[670] pelos movimentos sociais em face da lógica de Estado.

> Tem se estabelecido usos políticos das tecnologias da informação, em especial celulares, na filmagem das ações policiais e casos de racismo cultural religioso. Ademais, cresce o número de campanhas, petições eletrônicas e páginas no facebook, redes de interação e comunicação no whatsapp, entre outras redes sociais pelos moradores de favelas como uma tecnopolítica no enfrentamento a necropolítica.[671]

A retórica da inteligência científica usada nas políticas de segurança vem obliterando a seletividade racial na representação de criminosos. As tecnologias do poder racial no passado colonial-escravista, como os navios negreiros, e no presente neoliberal, como os algoritmos, mudaram a sua forma, mas continuam tendo os mesmos conteúdos: corpos negros e seus territórios como alvo.

---

[663] REDES DA MARÉ, 2021.

[664] *Idem*.

[665] O Supremo Tribunal Federal, devido à pandemia da doença do novo coronavírus (Covid-19), determinou a suspensão de operações policiais em favelas do Rio de Janeiro a partir de junho de 2020, salvo em casos excepcionais. Contudo, essa determinação tem sido largamente descumprida.

[666] FLAUZINA, A. L. Democracia genocida. In: MACHADO, R. P.; FREIXO, A. (org.). *Brasil em transe*: bolsonarismo, nova direita e desdemocratização. Rio de Janeiro: Oficina Raquel, 2019.

[667] "[...] a tecnologia de reconhecimento facial nasceu com a promessa de tornar as cidades mais seguras (seguras para quem?) passou a ser amplamente contestada, pois além de acabar com a privacidade das pessoas, potencializa o racismo institucional. Em estudos recentes do MIT (Instituto de Tecnologia de Massachusetts) mostraram que negros estão mais expostos a erros cometidos por esses softwares, potencializando o risco de serem submetidos a violência policial e ao encarceramento devido a leituras equivocadas realizadas pelas câmeras de vigilância. Lembremos que os algoritmos são manuseados por pessoas que são racistas e machistas, logo comprovaram que rostos mais escuros são pouco representados nos conjuntos de dados usados para "domesticar" os equipamentos. Esse estudo mostrou que os algoritmos falharam na aferição de 34,7% de pessoas negras e apenas 1% de brancas" (GOULART; FLORENTINO, 2021).

[668] MBEMBE, A. *Necropolítica*. Sevilla: Fundación Biacs, 2006.

[669] MARTINS, G. *Auto de resistência*: a omissão que mata. Rio de Janeiro: A.M.Designer, 2019.

[670] OLIVEIRA, 2020a.

[671] Vários aplicativos para telefones celulares têm sido criados para denunciar as mortes e as violências contra pobres, negros, moradores de favelas e espaços populares. Analisamos um aplicativo criado em março de 2016 (NósporNós) devido a sua ampla divulgação nas redes sociais. O Fórum de Juventudes do Rio de Janeiro foi quem desenvolveu esse aplicativo, em que os usuários podem enviar fotos, mensagens e vídeos que comprovem crimes cometidos pelas autoridades policiais. Os usuários têm a opção de permanecer anônimos. Ademais, são disponibilizadas informações sobre direitos dos cidadãos e oficinas.
Porém, apesar do relativo barateamento e o grande crescimento dos aparelhos celulares com a população jovem, inclusive a pobre e moradora de favela, o acesso à internet de qualidade ainda é um grande obstáculo. Por isso, essa tecnologia tem um uso limitado com a população mais pobre, especialmente em becos e vielas, locais de baixa qualidade de sinal de internet e onde mais morrem jovens. Ver: OLIVEIRA, 2020a, p. 70.

Entendemos que o neoliberalismo é expressão histórica do capitalismo racial[672], e as suas políticas voltadas para as favelas e periferias continuam reproduzindo um *regime de calculada brutalidade e terrorismo*[673]. Terror psicológico dos Caveirões[674], chacinas, tanques de guerra, helicópteros blindados atirando para as favelas ressaltam o discurso de ódio voltado para os moradores de favelas e negros como a norma de uma estrutura sistêmica que rege o destino de uma sociedade racializada.

Figura 16.1 – Cartas das crianças da favela da Maré ao Tribunal de Justiça do Rio de Janeiro

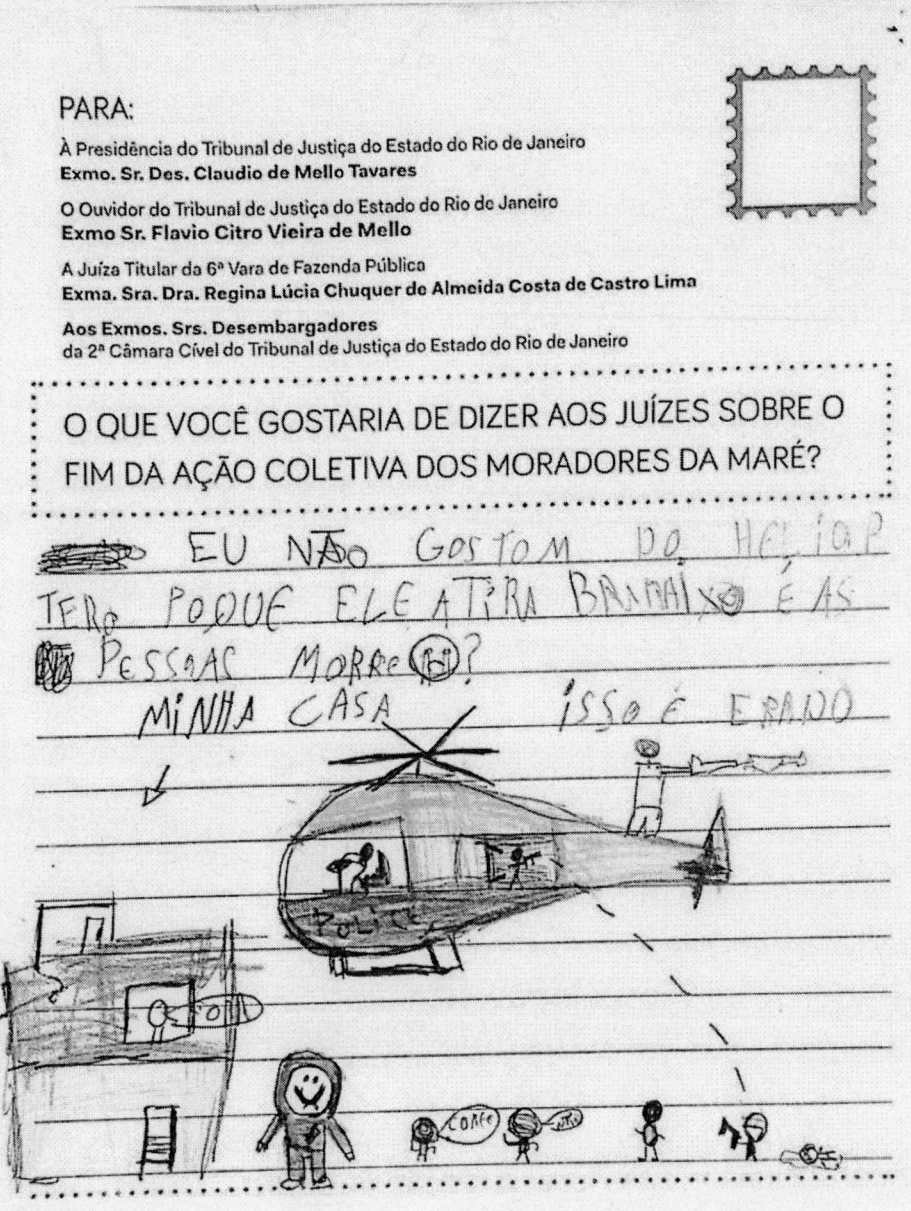

Fonte: Firmino (2021)

---

[672] Como dito anteriormente, o capitalismo mobiliza distintos modelos de exploração, opressão e dominação, como classe, gênero, sexualidade e raça. Estamos aqui apenas enfatizando a dimensão racial.
[673] JAMES, 2010. É importante lembrar que essa era a ideia de como C. R. James caracterizava a escravidão colonial.
[674] Carro blindado que entra nas favelas cariocas aterrorizando moradores e tendo a brutalidade como seu principal mote.

Estatísticas de instituições nacionais e internacionais de grande prestígio têm demonstrado que a política de segurança tem provocado uma política deliberada de morte dos negros. O movimento negro, há mais de 50 anos, tem chamado isso de genocídio negro. Favelas e periferias têm se constituído como um dos principais palcos dessas ações de extermínio. A estética de terror de grupos armados e a doutrina de choque nas operações policiais/militares têm produzido milhões de mortes. Eleger o confronto e enfrentamento bélico permanente como forma de ação e gestão desses territórios impacta diretamente a saúde física, emocional e mental de seus moradores. Os desenhos *supra*, criados por crianças do conjunto de favelas do complexo da Maré, na cidade do Rio de Janeiro, demonstram como as operações policiais/militares têm impacto em suas subjetivações e em seus cotidianos. O racismo de Estado é aniquilador de subjetividades, memórias, desejos de grupos silenciados e subalternizados. As operações provocam negação de direitos, injustiças, terror e dor. Elas são geopoliticamente selecionadas focando grupos armados e milícias específicas[675]. Ou seja, o seu foco não é combater o crime, e sim manter uma dada ordem.

Moore[676] lembra que "a função básica do racismo é de blindar [em múltiplas escalas, esferas e contextos] os privilégios dos segmentos hegemônicos da sociedade". O comando na gestão do território constitui-se em uma dessas estratégias. Para esse autor, o racista beneficia-se em todos os sentidos (econômico, político, social, psicológico etc.) da vida social, usufruindo de vantagens e privilégios concretos. Logo, seria insensato pregar que uma mera reconversão moral e/ou mais formação mudaria a sociedade. Em vários contextos de operações policiais e/ou mesmo ações da polícia contra manifestantes de esquerda e progressistas, essa tática demonstrou-se infrutífera. Nem mesmo é possível crer que mudança de gestão das polícias por meio de reformas acabaria com o racismo. Por isso, uma das pautas apontadas por ativistas e movimentos sociais é o polêmico debate da abolição prisional e das polícias[677].

> Nessa conjuntura tão efervescente de debates sobre racismo estrutural, do braço armado do Estado e enfrentamento a militarização de todos as esferas da vida. Seria possível em um contexto brasileiro, marcado pelo tráfico de drogas e de uma política de segurança pública da Milicialização, pensar na extinção da polícia? Por isso, as devolutivas que recebemos na pesquisa não são lineares e nem simples. [...] Boa parte das pessoas argumentaram que é difícil pensar em um mundo que não tenha uma instituição coercitiva e repressiva, principalmente o medo de não ter uma instituição para acessar em momentos de violações patrimoniais. Ao mesmo tempo, uma boa parcela das participantes também colocaram que o maior desafio para a implementação de uma ampla defesa pela abolição das polícias e prisões é o enfrentamento ao racismo e aos privilégios da branquitude, a um punitivismo muito arraigado à sociedade brasileira. Sem contar, a questão de classe diretamente relacionada à proteção de patrimônio e ao desconhecimento sobre os processos de fim das polícias e das prisões.[678]

A superação da lógica punitivista e de controle dos corpos passa pela compreensão das múltiplas formas de exploração, opressão e exploração do capitalismo. O racismo rotineiramente tem sido obliterado da análise do capitalismo. Moore[679] ressalta que a crença de que o racismo recuaria com uma sociedade mais educada, com a expansão do conhecimento, o crescimento econômico e as mudanças tecnológicas é uma grande falácia.

---

[675] REDES DA MARÉ, 2021.

[676] MOORE, 2007, p. 284.

[677] A polícia que foi criada no contexto escravista para manter a ordem e o patrimônio da branquitude burguesa. Ela nasceu para matar pobres e negros. Por isso, goza de ausência de confiança, pouca satisfação dos serviços e atendimentos prestados, descumprimento de medidas protetivas dos que acionam, omissão e baixíssima elucidação dos casos, abuso de autoridade, descrédito de punição dos policiais em caso de violações etc.
Com relação ao sistema prisional, pouquíssimas pessoas acreditam na ressocialização por meio do sistema prisional. Para analisar uma pesquisa sobre o tema, ver: IDMJR, 2021.

[678] IDMJR, 2021.

[679] MOORE, 2007.

> Longe de recuar diante da educação, e da ciência, em vez de ser contido pelo acúmulo crescente de conhecimentos, o racismo adentra-se na ciência e converte-se em modo de educação. Ele ressurge como um racismo mais "científico", mais "refinado" e, crescentemente mais "cordial" e "educado".[680]

O debate da questão racial brasileira até pouco tempo era restrito a círculos acadêmicos e ao movimento negro. Uma cultura de consciência negra[681] espalha-se por toda a sociedade, colocando em debate os temas da memória e reparação. Isso tem gerado tanto o reconhecimento da antinegritude imanente à nossa formação, gestando política de combate a suas causas e consequências, quanto reações violentas de grupos conservadores e de extrema direita. Hoje o debate da questão racial capilarizou-se em todo o mundo, fruto da luta do movimento social. Torna-se central compreender como espacialmente a antinegritude se reproduz.

Gestão racista do território: como sair da grande noite?

O racismo é inerente a um projeto de espaço. Ele define onde e como os grupos racializados vão viver e quais espaços podem usar. Desta forma, defendemos que a branquitude emerge criando uma forma de gerir os territórios. Assim, como se expressa uma gestão racista do território? Num país de formação colonial e escravista como o nosso, essa prática se constituiu em uma forma de controle social. A gestão racista do território feita pelo poder público é múltipla. Ela se revela nas rotinas administrativas que ampliam o tempo governamental para respostas às demandas dos grupos racializados e subalternizados, tratando-os de forma desigual, na seletividade racial do alocamento dos recursos, no monopólio das infraestruturas vitais e prestigiadas etc.[682]. Vamos aqui focar a gestão do território produzido pela segurança pública.

A raça constituiu um dos principais dispositivos reguladores da ação do Estado[683] e dos capitalistas raciais. A relação raça e território é imanente à formação do sistema-mundo moderno-colonial, já que a racialização de pessoas pressupôs a racialização de seus territórios. O território configura-se como um instrumento de luta pela garantia da existência. Uma das primeiras formas de resistências contra a escravidão era garantir território. Quilombos e terreiros demonstraram que o território e o espaço de produção são existências autônomas. O território nasce com uma categoria em disputa para afirmação dos destinos sociais. O Estado fundado pelo projeto colonial impõe o território como categoria normativa da branquitude que é vista como espaço de exercício do poder racial, definindo quem pode morrer e quem deve viver (ou seja, a negação das biopotências e a produção de vidas submissas). Os territórios negros e populares são espaços de existência e de luta por dignidade, afirmadores das potências de vidas (biopotências) e não tolerados pelo Estado.

O biopoder cria formas de regulação do uso definindo quem pode ou não se movimentar no espaço. Diferentemente de Michel Foucault[684], que entendeu a biopolítica como um fenômeno intraeuropeu do fim do século XVIII e início do século XIX, Achille Mbembe[685] afirma que a biopo-

---

[680] *Ibidem*, p. 289.
[681] PEREIRA, A. M. A Construção de uma cultura de consciência negra: uma flor-de-lis emerge da polaridade racismo x antirracismo. *In*: PEREIRA, A. M. *Do movimento negro à cultura de consciência negra*. Belo Horizonte: Nandyala, 2018.
[682] MOORE, 2007.
[683] FOUCAULT, 2005.
[684] *Idem*.
[685] MBEMBE, 2006, 2014.

lítica é imanente à *plantation* nas colônias americanas do século XV/XVI. Para Mbembe, na colônia a biopolítica converte-se em necropolítica. Para o autor, não é a vida que está no centro da ação política, mas a morte, em especial dos grupos desumanizados pelo capitalismo. Essa condição de desumanização dada aos escravizados negros nessa primeira fase do capitalismo estaria sendo renovada atualmente. Para Mbembe, viveríamos, na atual fase neoliberal, a tendência da universalização da condição negra para outras humanidades subalternizadas do capitalismo. Mbembe chama essa universalização de "devir negro do mundo". A necropolítica torna-se, assim, norma. Viveríamos um modo de produção de subespécies humanas que estariam fadadas à indiferença, a não à comoção.

Para Achille Mbembe[686], o necropoder produz fragmentação territorial. Essa fragmentação territorial é marcada por um duplo objetivo: 1) impossibilitar o movimento; 2) implementar a segregação na forma do Estado de apartheid. Cria-se o que estamos chamando de gestão bionecropolítica[687]. A gestão bionecropolítica é um tipo de gestão racista do espaço que informa o projeto em curso da branquitude estatal e dos capitalistas raciais. Esse projeto tanto faz morrer (em operações policiais/militares) quanto deixa morrer (especialmente entre confronto de grupos armados). O duplo objetivo, apresentado para Mbembe, da fragmentação territorial é instaurar a redefinição da relação soberania e espaço.

É importante frisar que é fantasioso e delirante achar que mudar a gestão elimina o projeto racial em curso. Lorde[688] lembra que as ferramentas da casa-grande não nos ajudaram. Compreender a gestão racista significa compreender como o poder racial, herdado do contexto colonial e reinventado no neoliberalismo, opera tanto pelo biopoder e pela disciplina quanto pela necropolítica. A gestão bionecropolítica do território é uma forma de gerir uma dada área geográfica marcada pelo controle, intimidação, disciplinamento e imposição de comportamentos raciais no uso e apropriação do espaço. As operações policiais/militares têm se constituído numa das formas de materialização dessas formas de gestão. Elas não são apenas uma forma jurídica-política do Estado de administrar um território para impor uma dita segurança. Elas expressam procedimentos permanentes de longa duração de controle dos corpos e territórios dos pretos e pobres.

Na medicina, o conceito de operação está diretamente relacionado à retirada de um corpo estranho e/ou algo em desarmonia. As operações policiais/militares carregam muito desse imaginário médico. Elas visam produzir um efeito desejado: a uniformidade e uma ordem. No caso apresentado em nossa investigação, é uma uniformidade que garante uma sensação racial de segurança, como já apresentado anteriormente[689].

A gestão bionecropolítica é imanente à nossa formação socioespacial. Isto é, ela é fruto do projeto racial brasileiro definido pelo desejo de apartheid e política de inimizade[690] da branquitude contra a população negra. A nova face do apartheid brasileiro define zona do ser, isto é, zonas civilizadas, zonas habitadas pela branquitude, onde o Estado, o direito e o contrato social vão vigorar. Já as zonas do não ser, onde os grupos racializados habitam, são postas como zonas selvagens, áridas e estéreis, isto é, desprovidas de lei, sensibilidade, dignidade e respeito. Esta zona é onde o

---

[686] Idem. *Políticas da inimizade*. São Paulo: n-1, 2020.
[687] OLIVEIRA, D. A. Gestão racista e necropolítica do espaço urbano: apontamento teórico e político sobre o genocídio da juventude negra na cidade do Rio de Janeiro. *In*: CONGRESSO DE PESQUISADORAS(ES) NEGRAS(OS) DA REGIÃO SUDESTE, 1., 6 a 8 de agosto de 2015, Nova Iguaçu. *Anais* [...]. São Paulo: ABPN, 2019.
[688] LORDE, A. *Irmã outsider*: ensaios e conferências. Belo Horizonte: Autêntica, 2019.
[689] OLIVEIRA, 2020b.
[690] MBEMBE, 2020.

Estado de exceção e o contrato da dominação regem essas espacialidades[691]. "Nas zonas civilizadas, o Estado age democraticamente, como protetor, ainda que muitas vezes ineficaz ou não confiável. Nas selvagens, age fascistamente, como Estado predador, sem nenhuma veleidade de observância, mesmo aparente, do Direito"[692].

A gestão do território é uma forma de definir os usos do espaço por critérios raciais que reproduzem a antinegritude. A branquitude define que os brancos têm uma rede de relações ampliadas, portanto, um uso INdiscriminado do espaço e os negros têm uma rede de relações reduzidas, logo um uso DIScriminado do espaço[693]. A rede aí não só conecta pessoas e lugares, mas também permite acesso a espaço de poder, prestígio e decisão. Moore[694] afirma que uma das funções do racismo é a preservação e manutenção de uma rede de solidariedade endógena automática em torno do fenótipo para captar e repartir o controle monopolista dos recursos básicos e vitais de uma sociedade para o grupo racial hegemônico.

Gerir o território sustentado pela colonialidade significa definir que os bens sociais são oligárquicos sob hegemonia econômica e racial[695]. Ou seja, ejetar o outro racializado "do circuito de usufruto dos recursos de um espaço definido"[696]. O Estado, ora por ação, ora por omissão e descaso, tem se constituído no principal ator na gestão racista do espaço urbano. É importante lembrar e enfatizar que a milícia é a dimensão fascista aberta do Estado, pois é formada por agentes estatais que reproduzem fascismos sociais[697] e instauram uma gestão territorial. Contudo, os fascismos sociais não revelam a crise do contrato social, como aponta Santos[698], mas a explicitação do contrato de dominação[699] que estruturou a formação brasileira.

Corrêa[700] afirma que o conceito de gestão do território está ligado ao controle da organização espacial em um dado momento e área geográfica. Todas as formas de gerir um dado território estão sempre em constante transformação (assim como a questão racial). Logo, ela estabelece marcas e formas espaciais que podem se constituir em um fator na organização do espaço futuramente[701]. Para Corrêa[702], pensar em gestão do território envolve responder por que, quando, onde, para quê e como está sendo feita a gestão do território. Responder a essas questões revela o reconhecimento da dimensão espaço-temporal da gestão do território.

Para Moore[703], o racismo não é um fenômeno da modernidade, mas teve nesse contexto um papel crucial para ordenar as formas de gerir o mundo. Para esse autor, com o qual concordamos, "o racismo surgiu e se desenvolveu em torno da posse e preservação monopolista dos recursos vitais da sociedade"[704]. Cada formação socioespacial define distintos modelos de gestão do território dos

---

[691] FANON, 2008; OLIVEIRA, 2020b; SANTOS, B. S. Os fascismos sociais. *In*: INSTITUTO NORBERTO BOBBIO. São Paulo: Instituto Norberto Bobbio, 7 nov. 2010; MILLS, 1997.

[692] Idem.

[693] OLIVEIRA, 2020b.

[694] MOORE, 2007.

[695] OLIVEIRA, 2014.

[696] Ibidem, p. 285.

[697] SANTOS, 2010.

[698] Idem.

[699] MILLS, 1997.

[700] CORRÊA, R. L. Gestão do território: reflexões iniciais. *Cadernos Laget*, Rio de Janeiro, n. 1, p. 7-10, 1987. Mimeo.

[701] SANTOS, M. *Por uma geografia nova*. São Paulo: Hucitec, 1978.

[702] CORRÊA, 1987.

[703] MOORE, 2007.

[704] Ibidem, p. 283.

recursos vitais que se acumulam e podem mudar o seu significado com o tempo[705]. Moore[706] afirma que uma das expressões marcantes da vida no século XXI é a *gestão racializada e monopolista dos recursos da sociedade* tanto na escala local e nacional quanto planetária.

Para Corrêa[707], questionar por que está se fazendo uma gestão do território envolve compreender as múltiplas causas criadas para impor um controle da organização espacial. Assim, a gestão do território envolve uma dimensão eminentemente política de exercício de poder com uma finalidade. Contudo, a leitura de Corrêa[708] prioriza apenas um marcador social. Para esse autor, "A gestão do território é uma prática do poder e, uma sociedade de classe afeta diferencialmente as diversas classes e frações". Corrêa[709] afirma que a gestão do território tem por finalidade, numa sociedade de classe, manter e ampliar as desigualdades. Essa leitura depreende o capitalismo mobilizando apenas um único modelo de exploração, opressão e dominação. Essa interpretação, marcada por uma visão ortodoxa do marxismo, produz a ausência das vidas, lutas e experiências territoriais negras. Sabemos que a questão racial não era a preocupação de Corrêa[710], mas apenas apontamos o que persistir nessas ausências equívocos analíticos. Essas interpretações ortodoxas têm sido criticadas tanto entre os marxistas que incorporam distintos marcadores sociais na (re)produção do capitalismo quanto por diferentes matrizes epistemológicas, como o afropessimismo, pensamento descolonial, epistemologia do Sul, feminismo negro, afropolitanismo, estudos subalternos etc. Nossas críticas apontam que a gramática ortodoxa do marxismo silenciou o apagamento deliberado das territorialidades negras e as políticas de branqueamento. Entendemos que isso alimentou no passado, e continua alimentando no presente, processos genocidas, ecocidas, etnocidas, terricidas e epistemicida.

Corrêa[711] afirma que a gestão do território expressa as disputas de distintos agentes sociais envolvidos no controle da organização do espaço. Essas disputas envolvem diferentes meios pelos quais realiza suas ações e formas, inclusive a forma espacial. Corrêa[712] afirma que no capitalismo a gestão do território envolve a gestão das diferenças (que são transformadas em desigualdades). Ela visa garantir a diferenciação de área[713] e o desejo de apartheid[714]. A gestão do território é um projeto político que busca criar uma falsa ideia de segurança e harmonia espacial[715]. Nas cidades brasileiras, a gestão do território visa difundir o ideário do povo cordial e de uma democracia racial para inserir as cidades, de forma mais competitiva, no mercado mundial de cidades[716]. Uma herança do nosso passado colonial é que a gestão do território não é feita pelos de dentro. Estabelece-se uma gestão externa dos territórios, pois os de dentro, além de serem indignos, não têm a decisão do seu próprio destino.

A gestão do território como máxima expressão de poder envolve dimensões verticais, ou seja, lógicas externas que impõem uma forma de organizar o espaço. As operações policiais/militares em favelas e periferias demonstra lógicas verticais violentas que têm provocado interrupção de atividades escolares e de creches, cancelamento de consultas médicas, fechamento integral ou parcial de

---

[705] CORRÊA, 1987.
[706] MOORE, 2007.
[707] CORRÊA, 1987.
[708] *Idem.*
[709] *Idem.*
[710] *Idem.*
[711] *Idem.*
[712] *Idem.*
[713] CORRÊA, 1987.
[714] MBEMBE, 2020.
[715] CORRÊA, 1987
[716] OLIVEIRA, 2014.

unidades de saúde, suspensão das atividades econômicas locais, denúncia dos moradores de violação de domicílios, subtração de pertences e dinheiro, humilhações, revistas vexatórias, interrupção da mobilidade dos moradores, danos ao patrimônio, abuso de autoridade, tortura, assédio sexual, violências (física, verbal e psicológica), ferimentos por bala, ameaças a integridade física e psicológica, mudanças de cenas de crime, mortes em decorrência da ação policial, entre outras[717]. Ademais, as operações têm provocado danos à saúde física, emocional e mental dos moradores, profissionais de unidades de saúde, escolares, comerciantes e trabalhadores locais e estudantes, gerando evasão escolar, rotatividade dos profissionais das unidades escolares e de saúde etc.[718]

Mesmo com as disputas nas mais altas cortes nacionais e internacionais pela garantia do respeito a direitos, a gestão bionecropolítica dos territórios de favelas e periferias é a marca da antinegritude do Estado descumprindo decisões judiciais. A geopolítica do racismo e da morte continua afirmando quais vidas são dignas de serem vividas e quais mortes serão dignas de luto[719].

> A geopolítica do racismo envolve a definição onde será exercido o *soft power*[720] racial (um exercício do poder racialmente brando) e o *hard power* racial (um exercício do poder mais violento). Assim, o controle da mobilidade não será o mesmo nos diferentes espaços da cidade. Depende da combinação de classe, gênero e raça.
> A dimensão geopolítica do *soft power* racial age nas "**áreas nobres**", onde pode ser reconhecida, filmada e gerar um fato midiático e comprometer a imagem de povo cordial e democracia racial. O *soft power* racial é o violento que se vê como pacífico. A ideia de poder brando é uma grande ideologia vendida para silenciar conflitos raciais no Brasil. Esse exercício de poder é a busca de dissimular que não somos racistas e que no máximo casos de racismo são esporádicos. Ou seja, o *soft power* racial é o famoso coisa para inglês ver que dissimula ações violentas de coação e ameaça a grupos raciais que estariam promovendo uma desobediência a um comportamento racial no uso do espaço[721]. Essa desobediência de um comportamento racial esperado dos transeuntes dos transportes mobiliza um *hard power* racial, legitimado e justificado pelo discurso de ódio local, que se afirma para punir, através de linchamentos por motivação de um medo racial (Martins, 2015) e/ou abordagens policiais.[722]

A criação de coesões horizontais com esforços deliberados de produção da Cultura de "Consciência Negra"[723] tem sido realizada por moradores, lideranças comunitárias, instituições e organizações de Direitos Humanos. Esses grupos buscam criar e fortalecer espaços comuns de sociabilidade e formação política, redes colaborativas via audiências populares, espaços de acolhimento, redes de comunicação comunitária, redes de mães e familiares como forma de criar apoio e afeto, redes de colaboradores de juristas, assistentes sociais e atendimento psicossocial[724], espaços de recebimento

---

[717] REDES DE MARÉ, 2021.

[718] Idem.

[719] OLIVEIRA, D. A. Geopolítica da morte: periferias segregadas. *In*: ALBERGARIA, R.; SANTINI, D.; SANTARÉM, P. D. (org.). *Mobilidade antirracista*. São Paulo: Autonomia Literária, 2021. p. 80-97; BUTLER, J. Vida precária. *Contemporânea*: Revista de Sociologia da UFSCar, São Paulo, v. 1, n. 1, jan./jun. 2011. Grifos do autor.

[720] Os conceitos de *hard power* e *soft power* são de autoria de Joseph Nye. Eles foram utilizados para explicar a geopolítica dos Estados Unidos no contexto pós-Guerra Fria e no início do século XXI.

[721] A fala de que os ônibus da Baixada Fluminense e/ou da Zona Norte em direção às praias da zona sul "só têm gente feia" busca dissimular que o racismo no Brasil definiu o branco como símbolo do belo e o negro como símbolo do feio. Logo, seria necessário purificar racialmente os espaços das "áreas nobres" dos feios (os negros, especialmente pobres e moradores de favelas).

[722] OLIVEIRA, 2021, p. 82-83.

[723] PEREIRA, 2018.

[724] O papel das ações afirmativas com as políticas de cotas raciais nas universidades públicas brasileiras teve significativo impacto na formação dessas redes de advogados, assistências sociais e psicólogos negros e envolvidos com a luta antirracista e criando redes de apoio, solidariedade e acolhimento. Esse fato aponta o Estado como um agente em disputa e uma arena de tensões.

de denúncias e acompanhamento dos desdobramentos, fóruns populares de segurança pública e de combate ao racismo, redes políticas locais, nacionais e internacionais de respeito aos Direitos Humanos na gestão territorial[725].

Num contexto planetário de difusão da antinegritude como expressão política de Estado, sair dessa grande noite[726] compreende que temos um longo amanhecer[727]. Esse processo envolve potências de vidas disruptivas que impõem uma vontade de viver de forma descolonizada, fundando outros horizontes de sentido[728] e escapando do imenso abismo moderno-colonial que ainda nos habita e nos assombra[729].

Campanhas contra o Caveirão, pelo fim das polícias e das prisões, contra o assassinato de jovens negros, pressão no Ministério Público, ações junto às Defensorias Públicas e às comissões de Direitos Humanos têm se constituído em uma das estratégias de luta. Ao mesmo tempo, têm sido mobilizadas e ressemantizadas estratégias de lutas pretéritas, como as formas de aquilombamento. O aquilombamento atual criado por ativistas e movimentos sociais antirracistas envolve o enfrentamento às políticas de morte do racismo de Estado na criação de espaços de encontro e resistências negras[730]. Aquilombar-se não é construir um espaço físico, mas criar agenciamentos de corpos e subjetividades em um dado local, em um dado momento.

> Os momentos dos encontros são marcados pela interseção de trajetórias (MASSEY, 2015), de corpos e subjetividades. Os encontros são eventos, isto é, um instante no tempo dando-se no espaço (SANTOS, 2002). A forma e a energia empregada na produção destes eventos geram bons e maus encontros (SPINOZA, 2009). Eles podem "se eternizar na produção de subjetividades, na construção cognitiva, nas representações e percepções do mundo interferindo diretamente nas trajetórias espaciais desses indivíduos" (OLIVEIRA, 2011, p. 87). Desta forma, os afetos estão envolvidos na construção de sujeitos sociais, pois alteram a nossa potência de agir, pensar e existir.[731]

Aquilombar-se é produzir *bons encontros*, isto é, aumentar a potência de agir, pensar e refletir[732]. É exorcizar os *maus encontros* que diminuem a potência de pensar, agir e refletir[733]. Os encontros, especialmente das mães e dos familiares de vítimas do racismo do Estado, sempre envolvem afeto, pois *"um sorriso, um abraço negro, traz felicidade"*, diria Dona Ivone Lara. A política dos afetos que sutura esses encontros[734].

A luta contra o genocídio negro inscreve-se também na paisagem, afirmando enfrentamentos contra as *repressões de possibilidade de outras trajetórias*[735]. Elas apontam: 1) formas de comunicação política com os transeuntes nas vias urbanas ressaltando as potências de existências negras, faveladas e periféricas; 2) enegrecimento da paisagem dos espaços de aquilombamento; 3) "geo-grafar" a paisagem com afetos das existências tombadas como uma política de memória.

---

[725] MARTINS, 2019.
[726] MBEMBE, A. *Sair da grande noite*. Petrópolis: Vozes, 2019.
[727] FURTADO, C. *O longo amanhecer*. São Paulo: Paz e Terra, 1999; MBEMBE, 2019.
[728] QUIJANO, 2000.
[729] MBEMBE, 2019.
[730] SANTOS, 2022.
[731] OLIVEIRA, 2022b, p. 134.
[732] SPINOZA, B. *Ética*. Belo Horizonte: Autêntica, 2009.
[733] *Idem*.
[734] OLIVEIRA, 2022b.
[735] MASSEY, D. Filosofia e política da espacialidade: algumas considerações. *GEOgraphia*, Niterói, v. 6, n. 12, p. 7-23, 2004.

Figura 16.2 – Homenagem às mulheres negras e faveladas que lutam contra a militarização e o racismo de Estado

Fonte: Mello (2022)

Figura 16.3 – Memorial Nossos Passos Vêm de Longe, em Duque de Caxias

Fonte: foto de Sílvia de Mendonça (COUTO, 2021)

Figura 16.4 – Muro da Emily & Rebecca

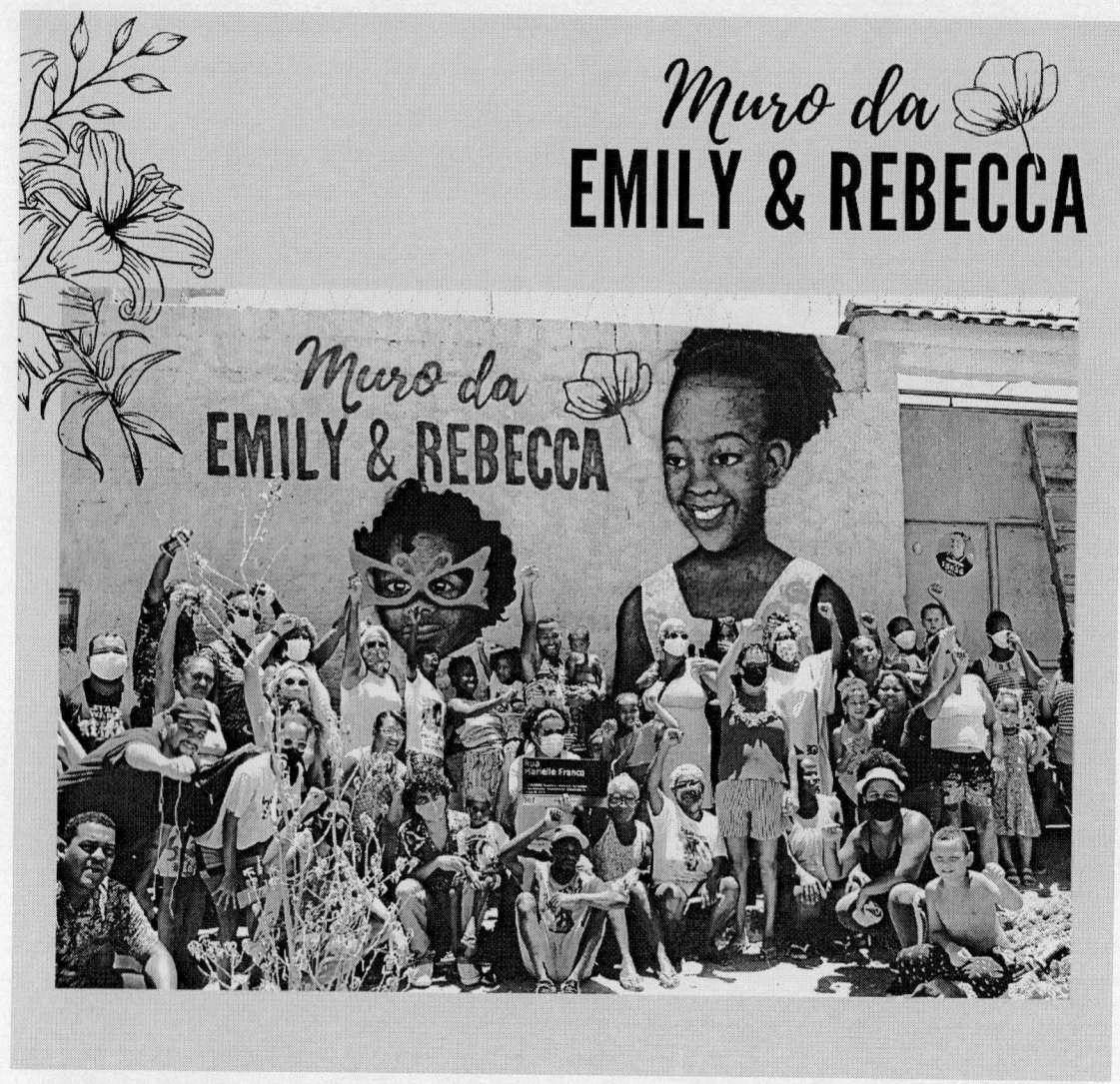

Fonte: foto de IDMJR (RODRIGUES, 2021)

    Os memoriais e homenagens geram um enegrecimento da paisagem e buscam politizar as existências negras e antirracistas. Eles problematizam a sobrevivência das relíquias do colonialismo em nomes de ruas, escolas, praças públicas, pontes etc. que celebram torturadores, facínoras, escravistas e estupradores[736]. Essas heranças coloniais buscam embranquecer as paisagens e apagar a histórias de lutas negras. Essas relíquias de sociedade escravista, que nunca foram eliminadas, também se expressam nos sistemas de crenças que buscam apagar as histórias de pessoas que lutaram por um país que combate o racismo e todas as formas de opressão (vide as rasuras na Figura 16.3). Inscrever na paisagem o rosto dessas mulheres (Figura 16.2) põe em questão pessoas que lutaram e lutam contra injustiças, por políticas de reparação e por uma sociedade anticapitalista. Os memoriais apontam existências tombadas pela ação e/ou omissão do racismo de Estado e suas práticas de terror, que, assim como no escravismo colonial, não poupam nem mesmo crianças (Figura 16.4).

---

[736] MBEMBE, 2014.

O extermínio das existências, tanto com políticas e discursos de esterilização de mulheres negras e pobres[737] quanto com assassinato e criminalização de crianças negras e pobres pelas forças de segurança (Figura 16.4), pede enfrentamento à banalidade do mal[738]. As homenagens a ativistas que lutam contra o racismo (Figura 16.1) afirmam protagonistas insubmissas[739]. Isso tem constituído uma forma de corporificar as lutas políticas e apresentar a vozes dissonantes a projeto de cidade neoliberal reconhecendo o protagonismo das mulheres. Dar rosto a existências desumanizadas barrando a política de apagamento e garantindo que

> A luta parte e passa pelo corpo e é contra a morte continuada do morto, isto é, as mães e parentes das vítimas lutam por: 1- direito ao luto[740]; 2- direito a dor[741]; 3- questionamento por que não foi cumprido o Estado de Direito na abordagem policial de seu filho; 4- a construção de biografias morais respeitáveis para as vítimas (VIANNA, 2015) que são culpabilizadas e criminalizadas (como se cometer um crime pudesse justificar e legitimar os assassinatos); 5- estratégias de sensibilização e humanização das vítimas (*Idem*); 6- fazer com que o "caso" exista juridicamente e que a "justiça ande" (*Ibidem*); 7- direito a memória do familiar assassinado. A luta é contra o esquecimento.[742]

As redes políticas envolvem tanto uma solidariedade horizontal que transforma familiares de vítimas em sujeites políticos quanto uma solidariedade vertical com o acionamento de instâncias de pressão para que o Estado brasileiro (do governo federal, ao estadual e municipal) respeite e cumpra os protocolos nacionais e internacionais de Direitos Humanos[743]. Carvalho[744] afirma que a luta das mães e dos familiares de vítimas de assassinato praticado pelo Estado "representa uma maneira encontrada de se manterem erguidas, significa buscar algum sentido para continuar vivendo". São lutas corporificadas que mobilizam o rosto das vítimas como instrumento de humanização[745]. Assim,

> Se o tempo da "luta" ordena-se de modo mais linear, deixando em seu lastro um conjunto de peças burocráticas e datas marcantes (audiência, julgamento, atos políticos), o tempo familiar desenha-se mais sinuoso, intercalando elementos da "luta" a outros que ocupam suas bordas e tomam a forma de conversas e histórias da e sobre a vida. Em ambos os casos, está presente a combinação entre momentos congelados – estejam eles no passado (o dia da morte) ou no futuro (a condenação judicial dos acusados) – e uma percepção do tempo como processo. "Estar na luta" supõe tenacidade, resiliência, capacidade de suportar as "manobras", de sustentar a coragem, de fazer denúncias, de atuar junto aos demais,

---

[737] Em 2007, em entrevista ao portal de notícia G1, na época o então governador Sérgio Cabral Filho, ao se definir como cristão católico e defender o aborto, disse: "A questão da interrupção da gravidez tem tudo a ver com a violência pública. Quem diz isso não sou eu, são os autores do livro 'Freakonomics' (Steven Levitt e Stephen J. Dubner). [...] Você pega o número de filhos por mãe na Lagoa Rodrigo de Freitas, Tijuca, Méier e Copacabana, é padrão sueco. Agora, pega na Rocinha. É padrão Zâmbia, Gabão. Isso é uma fábrica de produzir marginal. Estado não dá conta. Não tem oferta da rede pública para que essas meninas possam interromper a gravidez. Isso é uma maluquice só" (FREIRE, A. Cabral defende aborto contra violência no Rio de Janeiro. *Portal G1*, Rio de Janeiro, 24 out. 2007. s/p.).

[738] ARENDT, H. *Eichmann em Jerusalém*: um relato sobre a banalidade do mal. São Paulo: Companhia das Letras, 1999.

[739] BOAL, A. O protagonista insubmisso. *In*: BOAL, A. *O teatro como arte marcial*. Rio de Janeiro: Garamond, 2003. p. 24-38.

[740] Encontramos vários relatos e notícias de jornais em que os narcotraficantes e milicianos torturam, matam e queimam os corpos, impedindo o direito ao luto e de enterrar as vítimas assassinadas. Vários relatos de familiares também mostram a luta pelo direito de enterrar de forma digna o corpo que fora "sumido" e/ou jogado nas áreas afastadas controladas pelo narcotráfico e/ou milícias.

[741] Mães, especialmente de jovens que cometeram atos infracionais, são hostilizadas em delegacias e órgãos públicos, sendo impedidas de expressar a dor pela morte do filho.

[742] OLIVEIRA, 2020a, p. 69.

[743] *Idem*.

[744] CARVALHO, S. C. S. *Quando o corpo cala a alma chora*: a formação social brasileira e a sua contribuição no genocídio da juventude "negra" em São Gonçalo. 2016. Dissertação (Mestrado em Serviço Social e Desenvolvimento Regional) – UFF, Niterói, 2016. p. 18.

[745] BUTLER, J. *Quadros de guerra*: quando a vida é passível de luto? Rio de Janeiro: Civilização Brasileira, 2015.

dando "apoio", convencendo da importância de persistir, comparecendo às audiências e julgamentos. Nesse sentido, implica pensar que o tempo é, em si mesmo, a matéria de que a "luta" é feita, já que é preciso "resistir" e não se deixar abater.[746]

Figura 16.5 – Ato público no Tribunal de Justiça do Rio de Janeiro, em maio de 2016, protagonizado pelas mães e pelos familiares de vítimas do racismo de Estado que assassinou seus entes queridos

Fonte: arquivo pessoal

A ação em frente ao Tribunal de Justiça coloca em questão o Executivo que manda matar e a omissão e conivência do Judiciário com as práticas genocidas de Estado. Mães e familiares entram em banzo[747], perdem o emprego e a renda. O enfrentamento das mães e dos familiares envolve tanto a garantia da reprodução de suas existências quanto a memória e justiça que transforma o luto em luta.

Essas ações públicas, ao mesmo tempo que corporificam a luta, buscam solidariedade local, nacional e internacional com base em filmagens, parcerias com Organizações Não Governamentais (ONGs) de Direitos Humanos, ativistas, instituições internacionais, universidades e intelectuais. Esse fato permite ampliar a escala política no enfrentamento ao racismo de Estado. Lutar por memória é o enfrentamento tanto da política deliberada de esquecimento quanto a responsabilização dos crimes de Estado cometidos contra os pobres e negros na famigerada "guerra às drogas", que, em verdade, é uma das dimensões do genocídio negro.

---

[746] VIANNA, A. Tempos, dores e corpos: considerações sobre a "espera" entre familiares de vítimas de violência policial no Rio de Janeiro. In: BIRMAN, P. et al. (org.). Dispositivos urbanos e a trama dos viventes: ordens e resistências. Rio de Janeiro: FGV, 2015. p. 405-418. p. 424.

[747] Banzo é um estado de depressão profunda que apossava os escravizados após o desembarque dos navios negreiros. Muitos praticavam o suicídio ou acabavam morrendo devido a essa tristeza e melancolia profunda. Os terrores do tempo da escravidão são atualizados nas cidades neoliberais com a perda da alma exterior. Mães e familiares entendem seus filhos e entes queridos como alma exterior. Em outro trabalho afirmamos que: "A ideia de morte aqui defendida tem inspiração no conto de Assis (1997). Para o autor, o ser humano possui duas ou mais almas. A primeira é a alma interior, ou seja, o espírito propriamente dito. E a alma exterior, isto é, aquilo que nós damos tanta importância que se perdemos, parte ou a totalidade de nossa vida perde o sentido e morremos para o mundo. Logo, a necropolítica não só se revela na perda da alma interior (casos de assassinatos provocados pelo racismo de Estado e dos governos privados através dos aparatos de in-segurança), mas também, na perda da alma exterior (com as remoções forçadas que provocam casos de depressão, vidas restritas, enlouquecimento, suicídio de pessoas que foram arrancadas de suas casas e espaços de referência identitária passando a morar em abrigo, nas ruas, casas de parentes e amigos) (ASSIS, 1997; MBEMBE, 2006)" (OLIVEIRA, 2015, p. 3).

Referências

AGAMBEN, G. *Estado de exceção*: homo sacer. São Paulo: Boitempo, 2004.

ARENDT, H. *Eichmann em Jerusalém*: um relato sobre a banalidade do mal. São Paulo: Companhia das Letras, 1999.

BARBOSA, J. L.; BARBOSA, A. T. A. Relações de gênero: espacialidades de poder em tempos de violência. *In*: BARBOSA, J. L.; HILGERS, T. (org.). *Identidade, território e política em contextos de violências na América Latina*. Rio de Janeiro: Observatório de Favelas, 2017. p. 63-80.

BEAUVOIR, S. *O segundo sexo*. São Paulo: Difel, 1967.

BENTO, M. A. *Pactos narcísicos no racismo*: branquitude e poder nas organizações empresariais e no poder público. 2002. Tese (Doutorado em Psicologia) – USP, São Paulo, 2002.

BOAL, A. O protagonista insubmisso. *In*: BOAL, A. *O teatro como arte marcial*. Rio de Janeiro: Garamond, 2003. p. 24-38.

BUTLER, J. *Quadros de guerra*: quando a vida é passível de luto? Rio de Janeiro: Civilização Brasileira, 2015.

BUTLER, J. Vida precária. *Contemporânea*: Revista de Sociologia da UFSCar, São Paulo, v. 1, n. 1, jan./jun. 2011.

CAMPELLO, A. B. *Manual jurídico da escravidão*: Império do Brasil. Jundiaí: Paco, 2018.

CARVALHO, S. C. S. *Quando o corpo cala a alma chora*: a formação social brasileira e a sua contribuição no genocídio da juventude "negra" em São Gonçalo. 2016. Dissertação (Mestrado em Serviço Social e Desenvolvimento Regional) – UFF, Niterói, 2016.

CORRÊA, R. L. Gestão do território: reflexões iniciais. *Cadernos Laget*, Rio de Janeiro, n. 1, p. 7-10, 1987. Mimeo.

COUTO, C. Arte que homenageia mulheres negras é vandalizada com tinta branca no RJ. *CNN Brasil*, Rio de Janeiro, 20 jul. 2021. Disponível em: https://www.cnnbrasil.com.br/nacional/arte-em-homenagem-as--mulheres-negras-e-vandalizada-no-rio-de-janeiro/. Acesso em: 15 set. 2023.

FANON, F. *Pele negra, máscaras brancas*. Salvador: Ufba, 2008.

FIRMINO, G. Publicação de cartas de crianças moradoras da Maré completam dois anos. *Maré Online*, Rio de Janeiro, 15 out. 2021. Disponível em: https://mareonline.com.br/publicacao-de-cartas-de-criancas-moradoras-da-mare-completam-dois-anos/. Acesso em: 15 set. 2023.

FLAUZINA, A. L. Democracia genocida. *In*: MACHADO, R. P.; FREIXO, A. (org.). *Brasil em transe*: bolsonarismo, nova direita e desdemocratização. Rio de Janeiro: Oficina Raquel, 2019. p. 63-83.

FOUCAULT, M. *Em defesa da sociedade*. São Paulo: Martins Torres, 2005.

FREIRE, A. Cabral defende aborto contra violência no Rio de Janeiro. *Portal G1*, Rio de Janeiro, 24 out. 2007. Disponível em: https://g1.globo.com/Noticias/Politica/0,,MUL155710-5601,00CABRAL+DEFENDE+ABORTO+CONTRA+VIOLENCIA+NO+RIO+DE+JANEIRO.htm l. Acesso em: 15 set. 2023.

FURTADO, C. *O longo amanhecer*. São Paulo: Paz e Terra, 1999.

GOULART, F.; FLORENTINO, G. *Reconhecimento facial*: a nova política de controle de corpos negros. 01 de março de 2021. Disponível em: https://dmjracial.com/2021/03/01/reconhecimento-facial-a-nova-politica-

-de-controle-de-corpos-negros/ -:~:text=Nesse%20contexto%2C%20a%20tecnologia%20de,pessoas%2C%20 potencializa%20o%20racismo%20institucional. Acesso em: 29 dez. 2021.

GIDDENS, A. *Mundo em descontrole*: o que a globalização está fazendo de nós. Rio de Janeiro: Record, 2003.

GONÇALVES, C. W. *Geo-grafías*: movimientos sociales, nuevas territorialidades y sustentabilidad. México: Siglo XXI, 2001.

INICIATIVA DIREITO À MEMÓRIA E JUSTIÇA RACIAL (IDMJR). *Abolição das polícias*: uma pesquisa de opinião sobre segurança pública. Baixada Fluminense, RJ: IDMJR, 2021. Disponível em: https://dmjracial.com/wp-content/uploads/2021/04/Abolicao-das-Policias-4.pdf. Acesso em: 15 set. 2023.

INICIATIVA DIREITO À MEMÓRIA E JUSTIÇA RACIAL (IDMJR). *Guerra aos pretos*: relatório sobre drogas e armas na Baixada Fluminense. Baixada Fluminense/RJ: IDMJR, 2022.

JAMES, C. L. R. *Os jacobinos negros*. São Paulo: Boitempo, 2010.

KILOMBA, G. *Memórias da plantação*: episódios de racismo cotidiano. Rio de Janeiro: Cobogó, 2019.

LANDER, E. (org.) *A colonialidade do saber*: eurocentrismo e ciências sociais. Perspectivas latino-americanas. Buenos Aires: Clacso, 2000.

LORDE, A. *Irmã outsider*: ensaios e conferências. Belo Horizonte: Autêntica, 2019.

MARTINS, G. *Auto de resistência*: a omissão que mata. Rio de Janeiro: A.M.Designer, 2019.

MASSEY, D. Filosofia e política da espacialidade: algumas considerações. *GEOgraphia*, Niterói, v. 6, n. 12, p. 7-23, 2004.

MBEMBE, A. *Crítica da razão negra*. Lisboa: Antígona, 2014.

MBEMBE, A. *Necropolítica*. Sevilla: Fundación Biacs, 2006.

MBEMBE, A. *Políticas da inimizade*. São Paulo: [S.l.], 2020.

MBEMBE, A. *Sair da grande noite*. Petrópolis: Vozes, 2019.

MELO, P. Memorial mulheres negras e faveladas na luta contra a militarização. *In*: DICIONÁRIO de favelas Marielle Franco. [S.l.: s.n.], 2022. Originalmente publicada no IDMJR, em julho de 2022.

MEMMI, A. *Retrato do colonizado precedido pelo retrato do colonizador*. Rio de Janeiro: Civilização Brasileira, 2007.

MILLS, C. W. *The racial contract*. Ithaca, NY: Cornell University, 1997.

MOORE, C. *Racismo & sociedade*: novas bases epistemológicas para entender o racismo. Belo Horizonte: Mazza, 2007.

OLIVEIRA, D. A. Existências desumanizadas pela colonialidade do poder: necropolítica e antinegritude brasileira. *GEOgraphia*, Niterói, v. 24, n. 53, e55623, p. 1-16, 2022a.

OLIVEIRA, D. A. Formas de enfrentamento contra o genocídio da juventude negra: alguns apontamentos. *In*: BARBOSA, J. L.; DAMASCENO, I. (org.). *Juventudes das cidades*. Rio de Janeiro: Letra Capital, 2020a. p. 53-78.

OLIVEIRA, D. A. Entre a geografia dos afetos e a espacialidade das relações raciais no Brasil. *In*: GOETTERT, J. *et al.* (org.). *Geografiando afetos*: escritos, imagens, intensidades. Porto Alegre: Total Books, 2022b. p. 125-154.

OLIVEIRA, D. A. Geopolítica da morte: periferias segregadas. *In*: ALBERGARIA, R.; SANTINI, D.; SANTARÉM, P. D. (org.). *Mobilidade antirracista*. São Paulo: Autonomia Literária, 2021. p. 80-97.

OLIVEIRA, D. A. Gestão racista e necropolítica do espaço urbano: apontamento teórico e político sobre o genocídio da juventude negra na cidade do Rio de Janeiro. *In*: CONGRESSO DE PESQUISADORAS(ES) NEGRAS(OS) DA REGIÃO SUDESTE, 1., 6 a 8 de agosto de 2015, Nova Iguaçu. *Anais* [...]. São Paulo: ABPN, 2019. p. 1-14.

OLIVEIRA, D. A. Leituras geográficas e fanonianas do racismo, do trauma e da violência psíquica: alguns apontamentos teóricos. *In*: MAGNO, P. C.; PASSOS, R. G. (org.). *Direitos humanos, saúde mental e racismo*: diálogos à luz do pensamento de Frantz Fanon. Rio de Janeiro: Defensoria Pública do Estado do Rio de Janeiro, 2020b. p. 103-127.

OLIVEIRA, D. O marketing urbano e a questão racial na era dos megaempreendimentos e eventos no Rio de Janeiro. *Revista Brasileira de Estudos Urbanos e Regionais*, Presidente Prudente, v. 16, n. 1, p. 85-106, maio 2014.

PEREIRA, A. M. A Construção de uma cultura de consciência negra: uma flor-de-lis emerge da polaridade racismo x antirracismo. *In*: PEREIRA, A. M. *Do movimento negro à cultura de consciência negra*. Belo Horizonte: Nandyala, 2018. p. 79-99.

QUIJANO, A. Colonialidad del poder, eurocentrismo y América Latina. *In*: LANDER, E. (org.). *La colonialidad del saber*: eurocentrismo y ciencias sociales. Perspectivas latinoamericanas. Buenos Aires: Clacso, 2000. 117-142.

RODRIGUES, M. Muro da Emily e da Rebecca: memorial, luta e resistência contra o genocídio de crianças negras. *In*: INICIATIVA DIREITO À MEMÓRIA E JUSTIÇA RACIAL. Baixada Fluminense, IDMJR, 1 fev. 2021. Disponível em: https://dmjracial.com/2021/02/01/muro-da-emily-e-da-rebecca-memorial-luta-e-resistencia-contra-o-genocidio-de-criancas-negras/. Acesso em: 15 set. 2023.

REDES DA MARÉ. *Boletim Direito à segurança pública na Maré*. 6. ed. Rio de Janeiro: Redes da Maré., 2021. Disponível em: https://www.redesdamare.org.br/media/downloads/arquivos/06E2021_segpub.pdf. Acesso em: 15 set. 2023.

SANTOS, A. F. *Aquilombamento virtual*: narrativas pretas costuradas num campo minado por racismo algorítmico. 2022. Dissertação (Mestrado em Cultura e Territorialidade) – UFF, Niterói, 2022.

SANTOS, B. S. Os fascismos sociais. *In*: INSTITUTO NORBERTO BOBBIO. São Paulo: Instituto Norberto Bobbio, 7 nov. 2010. Disponível em: https://norbertobobbio.wordpress.com/2010/11/07/os-fascismos-sociais/. Acesso em: dez. 2011.

SANTOS, M. *A natureza do espaço*: tempo e técnica, razão e emoção. São Paulo: USP, 2002.

SANTOS, M. *Por uma geografia nova*. São Paulo: Hucitec, 1978.

SOARES, M. A. S. Antinegritude: ser negro e fobia nacional. *Horizontes Antropológicos*, Porto Alegre, ano 28, n. 63, p. 165-194, maio/ago. 2022.

SODRÉ, M. *Claros e escuros*: identidade, povo e mídia no Brasil. Petrópolis: Vozes, 1999.

SPINOZA, B. *Ética*. Belo Horizonte: Autêntica, 2009.

TAGUIEFF, P. A. *O racismo*. Lisboa: BBCC, 1997.

VIANNA, A. Tempos, dores e corpos: considerações sobre a "espera" entre familiares de vítimas de violência policial no Rio de Janeiro. *In*: BIRMAN, P. *et al.* (org.). *Dispositivos urbanos e a trama dos viventes*: ordens e resistências. Rio de Janeiro: FGV, 2015. p. 405-418.

WEBER, M. *Economia e sociedade*. 4. ed. Brasília: UnB, 1998. v. 1.

DESCOLONIZANDO O DESEJO: PODEMOS QUERER MAIS DO QUE SOMENTE O QUE NOS NEGARAM

Helena Silvestre

Gostaria de tentar falar de alguns desafios que, em meu modo de ver, estão colocados para o conjunto da nossa elaboração sobre quase tudo, algo que tem a ver com os paradigmas do pensamento ocidental e a evidência que tem ganhado outras epistemologias. Elas têm se evidenciado por meio de sujeitos que — produzindo elaborações que vêm de outros espaços, diferentes da academia e que vêm de segmentos sociais que raramente são tomados em conta quando debatemos epistemologia — jogam mais lenha na fogueira desses desafios.

Eu sempre começo por me **apresentar**. Pode dar a ideia de que vou fazer um relato ou dar um testemunho — duas narrativas poderosamente importantes para elaborar a vida —, mas não é bem isso. Não acho que os pobres possam apenas descrever o que vivemos, podemos também pensar, refletir e produzir teoria com base nas conclusões que tiramos de nossa experiência.

Eu **começo por me apresentar porque uma parte das minhas ideias se origina de processos políticos de luta e organização que experimentei**. Significa que eu pensava enquanto fazia e que depois de fazer segui pensando, muitas vezes descobrindo até mesmo que eu errava fazendo. São **muitas camadas de história encoberta e muitas camadas de mentiras para remexer** quando tentamos entender a vida. Processos de crítica e autocrítica. Acho que também é assim com as cidades e com as lutas que acontecem nas cidades.

Comecei a militar no **bairro favelado** em que eu cresci, na região metropolitana de São Paulo, no fim dos anos 90. Essa década chamaram por muito tempo de "década perdida", pelo fato de o **movimento sindical** ter sofrido duros golpes. A década das **privatizações**. A mesma década em que despontaram ocupações de trabalhadores sem-terra no campo e que tinha, nas cidades, **Racionais MCs e o rap** surgindo como caminho possível para que jovens muito empobrecidos tivessem alguma explicação do porquê vivíamos em condição tão precária, tão miserável e tão violenta. Logo se vê que uma mesma década pode ser considerada perdida, para alguns segmentos de classe e, ao mesmo tempo, fundamental, para outros.

Trabalho

Eu militava entre sujeitos e sujeitas daquilo que nos acostumamos a chamar de movimento popular, sujeitos e sujeitas faveladas, **sujeitos sujeitados** — até mesmo na concepção de esquerdas trabalhistas que aprofundaram hierarquias entre oprimidos, conferindo ao operariado a função de vanguarda e a toda a humanidade oprimida fora dos tradicionais espaços de produção, a sina de seguir e ser guiada. O primeiro desafio em termos do paradigma ocidental abalado é **repensar o trabalho**, elemento importante para compreender o passado, para compreender erros, além de ser um desafio para o pensamento e para uma imaginação anticapitalista militante.

Há pouco tempo, muita gente me dizia estar **surpresa de como um pobre poderia votar numa pessoa de direita**, e eu pensava comigo que, neste país, uma pessoa pode nascer negra e só se dar conta disso depois de adulta. Se convivemos com isso, com esse grau de alienação, se o fabricamos ou somos condescendentes com a normalização disso, não me parece razoável que se surpreendam com um pobre votando no discurso hegemônico que lhe meteram goela adentro.

A década que a esquerda sindical chamava de década perdida foi a mesma em que despontam os racionais e o rap, revelando que **mesmo essa narrativa de esquerda não tinha espaço para nós, para mim, para pessoas como eu, para milhões que nunca foram reconhecidos pelas organizações autonomeadas revolucionárias como sujeitos revolucionários possíveis**. O trabalho, numa certa tradição de marxismo que se alastrou no Brasil, foi positivado. Sim, é verdade que, diante das incursões violentas das polícias nos territórios favelados nesses mesmos anos 90, as mães saíam de casa com as carteiras de trabalho de seus filhos para comprovar que não eram delinquentes, implorando pela vida deles. São muitas as contradições, sabemos, mas o fato é que a ideia *trabalhador* foi ganhando uma positivação dentro do discurso da esquerda fazendo com que esta passasse a defender o trabalho, **esquecendo que o trabalho é uma desgraça e que nós deveríamos ser contra o trabalho.** Isso conduziu a um desfecho bastante complicado em termos do desafio de unificação das lutas, uma vez que os setores expelidos pelo mercado formal de trabalho e os setores que não queriam integrar-se a eles fossem vistos como inferiores pelos *trabalhadores de bem* - pastagem vasta para o *cidadão de bem*.

O contexto é este: começar a militar, no campo da esquerda, no fim dos anos 90, dentro dessa contradição que é a de se integrar a um grupo que de certa forma não lhe reconhece como um sujeito, ou seja, estar ali como uma concessão magnânima de um outro setor de pobres que é — este sim — a vanguarda, capaz de chancelar ou não os outros pobres como aliados úteis passíveis de ser acaudilhados.

O **rap ajudou-me** e a muitos como eu nesse processo de se descobrir negra, e, embora cantasse o cotidiano de presos no Carandiru, "Diário de um detento"[748], fazia total sentido com os dias e noites que eu vivia no meu bairro. **Fazia mais do que parcela importante dos discursos e programas de esquerda**. O rap e o hip-hop nunca foram reconhecidos massivamente pela esquerda como um movimento social, porque não têm um programa, uma direção, uma coordenação setorizada, porque não possui uma série de coisas que compõe este universo de símbolos criados pelas organizações para validar o que é e o que não é político, o que é e não é válido como ação e intervenção no mundo e quem são os sujeitos capazes de agir sobre o mundo. Distanciados das transformações que se operavam na vida da classe trabalhadora, nem sequer reconheciam movimentos territoriais como lutas estratégicas, **não reconheceriam, portanto, a existência de sujeitos capazes de transformação, de protagonistas ou — como no jargão — de sujeitos revolucionários que não estivessem dentro de fábricas** em regime tradicionalmente formal de trabalho, vestindo seu macacão de metalúrgico.

Cadeia

Não há possibilidade, hoje, de compreender as nossas sociedades sem olhar para o cárcere e para o movimento anticárcere. Isso não é assim agora; os mesmos anos 90 já contavam - a quem tinha ouvidos abertos - que os jovens favelados se identificavam mais com a narrativa da vida pelo

---

[748] DIÁRIO de um detento. In: SOBREVIVENDO no inferno. Intérpretes e compositores: Racionais MC's. São Paulo: Cosa Nostra, 1997. 1 CD. Faixa 5.

olhar de um preso do que com um programa político progressista. Aliás, eu me nego a afirmar que algum governo é progressista, se ele encarcera massivamente pretos e pobres. Este é um elemento fundamental de análise, porque o cárcere tem sido estruturante, há muito tempo, nas relações de opressão. A primeira polícia que nós tivemos no Brasil foi a Guarda Real, justamente porque este mecanismo de regulação chega aqui com a colonização, é parte do processo.

O cárcere não regula somente a vida das pessoas presas, ele é instrumento fundamental de regulação da vida daqueles que estão presos do lado de fora das prisões: pobres, pretos, indígenas, favelados, periféricos e pessoas dissidentes da heteronormatividade. **O cárcere regula a vida daqueles que não têm a vida regulada pelo trabalho ou que estão submetidos a trabalhos com altíssimo grau de precariedade**. A disciplina do trabalho aplicada, em sua máxima potência, em países colonizados e que nunca serão plenamente desenvolvidos nos termos ocidentais, que nunca puderam absorver a maior parte de suas populações saqueadas, empobrecidas e racializadas em regimes formais de trabalho com direitos.

Lutar pelo que nos negam ou lutar pelo que queremos?

Como militante favelada, eu lutava por direito à cidade. A cidade nunca reconheceu a favela como parte sua e eu me organizava, com outros jovens como eu, para pelejar por espaços culturais, por escolas técnicas, por transporte mais barato e com alguma segurança, lutava por vagas em creches, por insumos para os postos de saúde onde eu vivia, por direito à defesa contra o genocídio que se espalhava nas chacinas.

Como todo mundo que começa na militância por necessidade e não por ideal, eu primeiro **comecei a lutar por aquilo que me negavam, por aquilo do qual éramos privados**, pelo direito a acessar isso, e, como a favela nunca foi reconhecida como cidade, eu lutava pelo direito a ela.

Muito rapidamente eu **me envolvi no movimento de moradia**, ajudando a construir o que foi minha primeira ocupação de terra urbana, no ano de 2003, na cidade de São Bernardo do Campo. Uma área pertencente à Volkswagen que ficava em frente à fábrica. Quando a fábrica ameaçava 4 mil demissões[749], nós travamos a Rodovia Anchieta, que leva da capital ao Porto de Santos, em apoio aos trabalhadores, e as ameaças foram revertidas. Quando fomos despejados violentamente, não houve paralisação solidária. O sindicato achava perigoso. **Era uma metáfora e tanto do que nós éramos no programa das esquerdas**: aquilo que Boaventura de Sousa Santos chamou de *Zonas de sacrifício*[750]. Digo isso porque, ao longo dos anos e vivendo diferentes governos sob o regime democrático, conheci muito ativista para quem foi possível contemporizar com genocídio e encarceramento porque as políticas culturais eram razoáveis, por exemplo. Pessoas para quem é razoável que uma parcela tenha sua vida ameaçada, desde que existam avanços em outras dimensões, para outras populações.

Então eu me dediquei a estudar algo que pudesse, na elaboração marxista, mostrar que estavam errados sobre como liam nossos territórios e a nós, pertencentes a ele. Li **Lefebvre e alguns dos marxistas** que refletiram sobre a cidade buscando esse reconhecimento para os favelados em luta e para as lutas faveladas: reconhecimento de que eram lutas tão estratégicas quanto as outras, levadas adiante por gente tão protagonista quanto outros sujeitos revolucionários. **Eu seguia lutando pelo que nos negavam, até mesmo no interior dos movimentos, das esquerdas**.

---

[749] VOLKS: acordo cumprido ou luta! *In*: SINDICATO DOS METALÚRGICOS DO ABC (SMABC). São Bernardo do Campo: SMABC, 23 jul. 2003.

[750] SANTOS, B. S. O colonialismo e o século XXI. *Outras Palavras*, São Paulo, 2 abr. 2018.

Estudei facetas da revolução russa procurando os rastros apagados da história de Viborg, bairro que revelava a importância da organização territorial até mesmo no esquecido jargão *soviet*. Era uma luta que eu fazia buscando nas teorias e experiências validadas argumentos para que cedessem ao fato — para mim, muito anterior às teorias — de que favelados eram potencialmente tão sujeitos revolucionários como os saudados operários fabris. Eu segui lutando pelo que nos negavam, como essa antiga revolução haitiana, ousando dizer que o povo negro também integrava a palavra *"humanos"* presente no discurso iluminista. Camada a camada, eu fui descobrindo coisas, aprendendo outras e comecei a pensar que **mesmo nossa maneira de nos organizar como movimentos estava também profundamente impactada pelo colonialismo**.

E então eu revi e repensei muito do que eu tinha acumulado em termos de elaboração sobre território, sobre periferia e sobre cidade. Percebi que nem tudo que me era negado era realmente o que eu queria, porque a vida feliz que os ricos desenharam como ideal se alimenta de sangue, violência, miséria e desgraças de toda sorte impostas à maior parte da humanidade. Negavam-me a cidade, e eu tive de parar para pensar se era mesmo cidade o que eu queria e precisava ou se eu lutava por ela porque me negaram, como favelada, o direito a acessá-la e vivê-la. **Lutei por um reconhecimento como sujeito capaz de alterar meu meio, meu mundo, a mim mesma, mas depois me pus a refletir sobre qual era mesmo a razão de esse reconhecimento ser tão importante, e deparei-me com o fato de que, mesmo nas conspirações insurgentes, seguia existindo uma concentração de poder que permitia a alguns poucos validar ou não os demais**. Rompi com movimentos que eu mesma havia ajudado a criar porque eles não escaparam de reproduzir um mecanismo de apropriação privada de comuns[751].

Feminismo favelado

O movimento feminista ensinou-me, com a colaboração de Raquel Gutiérrez[752], que um mecanismo pode se reproduzir em qualquer parte e é a essência da lógica colonial: **Apropriação patriarcal privada do ativismo coletivo de mulheres**, apropriação privada pela branquitute do ativismo e resistências negras e indígenas, apropriação privada da riqueza socialmente produzida, o saque permanente de riquezas materiais ou imateriais das periferias para sustentar os centros e seus modos de vida brutalmente extrativistas. A **relação centro-periferia é similar à relação metrópole-colônia**, que guarda algo em comum com a relação brancos/senhores – negros/indígenas; **relação em que o primeiro termo reproduz sua própria existência ou relevância com base na expropriação brutal do segundo termo — que tem a vida permanentemente ameaçada**.

Assim eu reconfigurei a minha relação com meu território, com as ocupações e, principalmente, com a periferia e as favelas com base na dedicação intensa à construção de lutas entre mulheres periféricas e faveladas, desde 2017, com o início da *Revista Amazonas*[753].

O movimento de mulheres faveladas é mais difuso do que qualquer um que eu tenha conhecido, porque, na verdade, essas sujeitas atuam operando em redes muito elementares de sustentação da vida. Sua atividade é invisível, porque situa-se no espaço que foi chamado doméstico

---

[751] A ideia de comuns aqui, embora não desenvolvida, é livremente inspirada em Silvia Federici e seu livro *O ponto zero da revolução*, publicado pela Editora Elefante em 2020.

[752] Raquel Gutiérrez Aguilar, matemática, filósofa, socióloga e ativista mexicana.

[753] A *Revista Amazonas* é uma publicação anticapitalista, bilíngue, on-line, feita por mulheres de diferentes países de Abya Yala com conexões na Espanha. É um coletivo que se articula ao redor de lutas territoriais, locais, com o desejo de possíveis articulações continentais que não estejam limitadas pela ideia de nação.

ou privado, porque encarna ações não reconhecidas como tarefas essenciais à manutenção da vida humana (a pandemia trouxe-nos algo desse debate, que já fizemos questão de esquecer), porque desenvolve-se em trabalhos da cadeia mal paga dos cuidados. **São o espaço, as ações e atividades invisíveis em que as mulheres foram confinadas, invisibilizadas, sobretudo e centralmente as empobrecidas e racializadas.**

Justamente por sua difusão, esse movimento, como tal, só existe porque se alinha com o ímpeto orgânico de sobrevivência, o instinto que conduz as vidas mais vulnerabilizadas, mesmo deformado e transfigurado pelas contradições.

O movimento de mulheres faveladas e periféricas não é novo, mas, ao ressignificar o peso de sua importância na história conforme se articula no presente, ele desenterra formas de organização que estavam invisíveis. Não se trata de serem novos os movimentos, mas se aprendemos algumas formas novas de lutar ou, se formos capazes de enxergar um pouco mais, de nos reconectar com elas.

O movimento feminista alimenta o movimento de mulheres com importantes reflexões e alimenta-se dos desafios postos por ele.

Eu tenho revisitado as ocupações e as teias que até mesmo eu deixei de enxergar. Talvez até enxergasse, mas não como o que são exatamente: **comuns**. Um movimento orgânico. Uma unidade costurada como instinto de sobrevivência. Uma força criativa capaz de multiplicar comida. Se olharmos o movimento de ocupações pela ótica das mulheres acampadas mais ativas, **assuntos como saúde, velhice, infância, terra, comida e água ocuparão alguma centralidade no rol das problemáticas a resolver**. E, geralmente, as saídas e reivindicações não estão postas como solução apenas para si, como uma categoria sindical. **Geralmente o problema está colocado em termos comunitários**, ainda que a comunidade seja formada por pessoas que também pesem sobre as costas dessas mulheres para comer, cuidar-se, banhar-se, dormir e acordar, **aprender a fazer a manutenção da própria vida ou receber auxílio para realizá-la**. É um modo de vida que ainda guarda resquícios de outras epistemologias, desconectadas do contexto em que foram produzidas, espremidas em cortiços, favelas com pouco espaço ou conjuntos habitacionais populares em quebradas. **Um modo de vida com resquícios de aquilombamento**[754], em espaço urbano, ameaçado pela cidade — que tampouco é apenas um lugar, é um modo de vida, o modo de vida hegemonicamente vendido como ideal e que alcança o campo. **A cidade entra na favela, de modo colonizante**, e aponta as esquinas onde há festas, comentando ironicamente:

— *E ainda dizem que tem crise! Pegam dinheiro de auxílio pra fazer churrasco.*

Este é o comentário do cidadão de bem, e o cidadão é o principal sujeito da cidade.

Eu parei de lutar por direito à cidade. **Quanto mais cidade, menos diversidade.** Porque a cidade é um modo de vida que só pode existir com a terceirização de muitas *tarefas de viver*[755], que são despejadas nas costas das pessoas mais pobres, racializadas, imigrantes e do campo. Pessoas que vão realizar o trabalho que foi terceirizado recebendo muito pouco, já que quem lhes paga também recebe pouco e terceiriza para "ganhar" tempo. E por que precisam de mais tempo? Para trabalhar, também estão sendo sugados por outro, mais acima, que está despejando sobre suas costas outros trabalhos. **Trabalhos que são tarefas de viver convertidas em serviços consumíveis. Consu-**

---

[754] Essa ideia de aquilombamento — aqui não desenvolvida — é livremente inspirada nos escritos de Beatriz do Nascimento no livro *Quilombola e intelectual: possibilidade nos dias de destruição*, publicado pela Filhos de África em 2018.

[755] Chamo as tarefas que realizamos para a manutenção da própria vida de *tarefas de viver*, uma vez que existiam antes de desembarcar nessas terras a lógica do trabalho

míveis e lucrativos, como apontam os milionários do capitalismo de plataforma. **Então a cidade impõe que, para um pequeno grupo sustentar um modo de vida**, todos os outros, as maiorias, têm de se adequar a um modo de viver dilacerante.

A cidade também está no campo e em boa parte do campo brasileiro, o que pressiona a organização das relações sociais é o agronegócio. E o agro é nazi, nada mais urbano. O campo (da monocultura) não vive sem a cidade, e vice-versa. São lados da mesma moeda. **Não se trata de campo OU cidade como arranjo para uma vida melhor. Trata-se de que, para viver sem terceirizar as tarefas essenciais de manutenção da própria vida, a organização do espaço exigirá de nós uma configuração que teríamos dificuldade de chamar de cidade**, pelo que essa palavra passou a significar ao longo da história. **Porque seriam configurações espaciais em que não há uma divisão definida entre onde a vida se produz e onde ela se reproduz**. Onde ficaria evidente que são dimensões vinculadas, indissociáveis. Expressando-se também no espaço.

<u>Diz respeito, no fundo, a como se usufrui ou se apropria do espaço, que tipos de relações são produzidas em interação com ele. A apropriação privada é o modo de vida da cidade e é também o modo do campo. As resistências estão nos lugares onde se escapa para a produção de comuns.</u>

Sem as lentes do pensamento binário, talvez possamos verificar possibilidades dessa configuração — como prova de sua possibilidade, não como modelos. Em alguns territórios habitados por povos indígenas, por exemplo, **existe e resiste outro modo de viver, que não é nem campo nem cidade. Um modo de viver que não terceiriza as tarefas de viver e necessita, por isso mesmo, de uma porção de território onde se plasmar — o que aumenta a sanha capitalista por exterminar estes povos.**

Também verificaremos possibilidades existindo e resistindo em territórios favelados com os quais os sujeitos interagem sob a pressão da propriedade privada — que não é absoluta — mas também sob a tensão da produção de comuns como única possibilidade de sobrevivência.

Vejo isso nas favelas. Algumas vezes do ponto de vista do território não assegurado, em lugares em que — mesmo tendo casas — as pessoas não possuem documentos de escritura, vivendo num limbo comum em que cada qual tem seu pedaço. Lugares em que **isso não está reconhecido e não está delimitado pelo Estado, mas sim pelo costume, por relações e conflitos dinâmicos entre aquelas pessoas, em confrontos também desiguais e violentos, mas menos assimétricos do que o confronto com as forças do Estado ou do Mercado (que são muitas vezes as mesmas)**. Onde se evidencia que o destino de uma casa, individualmente, está quase sempre ligado ao destino das outras casas. Ainda que de maneira muito mais mediada e por isso muito mais conservadora do que numa zona autônoma — como podem chegar a ser alguns territórios indígenas, com mais espaço para a implementação de experiências de autogoverno.

E nas favelas, mesmo quando isso não se expressa materialmente no território, pode-se encontrar caminho na produção de comuns que são imateriais. Redes como a rede de mulheres que, nas favelas, se articulam ao redor de creches, de espaços de cuidado, como hospitais públicos, mulheres em todos os postos de trabalho mal pagos, brigando nos conselhos de escola, envolvidas em hortas comunitárias, cuidando de doentes e idosos em grupos de auxílio, nas famílias, nas vielas, nas ocupações por moradia. Essa rede, mesmo violentada ou muitas vezes capturada, é um comum. É um espaço de resistência que na cidade aponta e atenta contra seu mecanismo de extrativismo brutal. Um tipo de bem comum, porque são redes que suportam a vida onde não há políticas públicas de assistência, mas sim uma poderosa política pública de genocídio. Um comum, uma força regenerativa onde há muitos danos, que rouba tempo, força e atenção dos cofres do capital para converter tudo em vida e cuidado comunitário.

Referências

DIÁRIO de um detento. *In*: SOBREVIVENDO no inferno. Intérpretes e compositores: Racionais MC's. São Paulo: Cosa Nostra, 1997. 1 CD. Faixa 5.

SANTOS, B. S. O colonialismo e o século XXI. *Outras Palavras*, São Paulo, 2 abr. 2018. Disponível em: https://outraspalavras.net/geopoliticaeguerra/boaventura-o-colonialismo-e-o-seculo-xxi/. Acesso em: 15 set. 2023.

VOLKS: acordo cumprido ou luta! *In*: SINDICATO DOS METALÚRGICOS DO ABC (SMABC). São Bernardo do Campo: SMABC, 23 jul. 2003. Disponível em: https://smabc.org.br/volks-acordo-cumprido-ou-luta/. Acesso em: 15 set. 2023.

DA SUBALTERNIDADE COMO ATRIBUTO SOCIAL AO DECLÍNIO DE UMA (LIMITADA) DEMOCRACIA: BREVE REFLEXÃO SEGUNDO A GEOGRAFIA DOS CONFLITOS SOCIAIS

Tatiana Tramontani Ramos

Introdução

A questão mais geral que orienta nossas investigações é a análise da espacialidade da ação social como forma de questionamento da ordem social instituída por meio dos conflitos. Ao partirmos da indissociabilidade entre ação e espaço geográfico, buscamos contribuir teórica e metodologicamente para melhor qualificar o debate das formas de exploração e dominação, seja sobre a permanente subalternidade de grupos sociais historicamente constituídos, seja sobre o evidente declínio de nossa (limitada) democracia. Nesses termos, é possível identificar a espacialidade de um tipo específico de ação social que se manifesta na forma do conflito.

O conflito, por sua vez, emerge de um *lugar* e de uma *ação* concretos e específicos, o que nos coloca desafios tanto teóricos quanto metodológicos, pois refere-se às práticas e às estratégias espaciais daqueles que protagonizam a ação em relação à centralidade do espaço geográfico, espaço esse que abriga, condiciona e, por vezes, pode determinar os conflitos sociais.

O conflito torna-se, assim, uma chave analítica privilegiada para a Geografia na medida em que parte da ação concreta dos sujeitos sociais e, mais especificamente, da contradição em estado prático para a análise da espacialidade do social, ou seja, de processos mais amplos de produção do espaço e do território, possibilitando a superação de dicotomias e esquemas hierárquicos de análise.

O conflito como chave de leitura para o protagonismo social dos subalternizados

Tradicionalmente, a Geografia ocupou-se e ainda se ocupa fortemente de uma interpretação conservadora dos processos de espacialização/territorialização. Isso significa que a prerrogativa na produção, no controle e na apropriação do espaço sempre foi naturalmente estatal e/ou capitalista (no sentido da apropriação privada), donde se presume que os conflitos daí gerados emergem eminentemente de relações consensuadas pelo dinheiro e/ou pelas instituições da ordem jurídico-política que implicam assimetrias como marcas de nascimento, mas, ao mesmo tempo, o conflito em si como uma condição do devir social moderno[756]. O conflito expressa, portanto, a dialética aberta

---

[756] Tomando como referência a sociedade capitalista e o mundo moderno-colonial, i.e., que se constitui conforme a dominação colonial. No contexto da modernidade, a ideia de luta de classes torna-se o padrão de referência principal das sociedades, assim como o Estado-nação, a unidade territorial central da sua instituição. A modernidade não deixa de ser um conflito entre diferentes territorialidades e também um amplo processo conflitivo de diferentes formas de estar no mundo. A modernidade consiste, portanto, e necessariamente, em um par indissociável: a moderno-colonialidade, contradição estrutural, duas forças dialéticas. (*Cf.* QUIJANO, A. Colonialidad del poder, eurocentrismo y América Latina. *In*: LANDER, E. (org.). *A colonialidade do saber*: eurocentrismo e ciências sociais: perspectivas latino-americanas. Buenos Aires: Clacso, 2005. p. 107-126).

dos processos instituintes[757], nossas contradições de formação em estado prático e, dessa forma, implicam a recusa, segundo Porto-Gonçalves, de qualquer lugar ou, poderíamos dizer, qualquer espacialidade, a priori.

Todo conflito expressa uma rejeição por uma das partes de algo que lhe é imposto, e tal recusa/rejeição expressa uma ruptura entre o que é dado, o que é "natural", o que é majoritariamente aceito e aquilo que questiona, subverte, rejeita essa mesma ordem. Tal parte que rejeita não deixa de ser, destarte, portadora do gérmen de uma nova ordem, de possíveis relações, posições ou espacialidades outras.

Em sua história enquanto campo disciplinar, a Geografia viu ser produzida uma tradição alicerçada na ordem estatal capitalista que é fruto do seu tempo, de um momento histórico em que os sujeitos da história eram portadores de características e expectativas (projetos) condizentes com o período em que estavam inseridos. A dimensão do Estado como medida das identidades e territorialidades, a dimensão da propriedade (privada) como medida do acesso e manutenção das condições básicas de subsistência — abrigo, alimento, segurança — resultavam em uma ênfase inescapável no protagonismo de determinados sujeitos que direcionou o olhar e a perspectiva de análise da Geografia por muitas décadas.

O Estado e suas instituições, assim como as diferentes frações do capital (formas variadas de apropriação dos meios de produção) foram sujeitos de grande parte das investigações geográficas, assim como objetos de crítica; à medida que a Geografia se radicalizava, buscava em suas raízes novas questões e bebia de novas fontes de influência.

Independentemente da perspectiva, conservadora ou crítica, boa parte dos estudos de geografia tinha como ponto de partida e ponto de chegada a explicação da ordem instituída. Ainda que os Estado e o capital fossem tomados como objetos de crítica nas reflexões sobre as lutas no campo e na cidade — pautando a luta pela reforma agrária, condenando o latifúndio e denunciando as injustiças e violências contra o homem do campo, orientando novas perspectivas para o planejamento urbano e buscando incorporar uma ideia de cidade mais plural —, a maioria desses estudos aponta para um protagonismo que é resultado do método e das categorias analíticas longamente consolidadas na história da disciplina.

A emergência de novos sujeitos que sempre estiveram à margem da formação do Estado (territorial) e da propriedade privada (dos meios e recursos de vida) é uma conformação recente. E, mais do que isso, o protagonismo desses mesmos sujeitos nas análises revela uma perspectiva de método, uma inversão analítica pouco verificada até a primeira década do século XXI.

Ao deslocarmos o protagonismo do Estado e dos processos de reprodução ampliada do capital, a teia de relações sociais e de poder do cotidiano pode ser interpretada segundo uma leitura que parta da micropolítica, dando visibilidade a *outros protagonismos sociais*, portadores, em algum grau, de uma nova ordem, reivindicando mais e/ou melhores espaços, posições, condições, ressignificando, portanto, o que está posto. Como afirma Porto-Gonçalves[758], todo movimento social, surge de um conflito; e todo movimento é literalmente uma mudança de lugar, na prática ou em projeto, sendo portador de uma outra configuração social possível.

Tais protagonistas que emergem da condição de subalternidade se definem não apenas por sua condição desfavorável na relação assimétrica imposta pelas estruturas de poder, mas por aquilo que remete às suas próprias qualidades e questões, isto é, aos questionamentos à ordem, aos *motivos* que os impulsionam e, também, suas *escalas de (atu)ação*. Em outras palavras, o cerne dos *conflitos* e sua expressão política, histórica e geográfica não recai exclusivamente nas macroestruturas socioeconômicas e suas contradições, mas opera diretamente no plano da experiência cotidiana de outros protagonistas sociais que, ao agir, são também produtores e organizadores do espaço geográfico.

---

[757] PORTO-GONÇALVES, C. W. A reinvenção dos territórios: a experiência latino-americana e caribenha. *In*: CECEÑA, A. E. (org.). *Los desafios de las emancipaciones en un contexto militarizado*. Buenos Aires: Clacso, 2006. p. 151-197.

[758] *Idem*.

A Geografia segue sendo uma disciplina majoritariamente crítica (assim queremos) e, por vezes, ciente de sua função (também) social. No entanto, a crítica ao capitalismo, a crítica do Estado liberal, a crítica do nacionalismo autoritário e da modernidade produzidas pela Geografia também seguem sendo elaboradas, em termos de método, "desde cima", isto é, tomando como referencial analítico central os processos, sujeitos (classes) e instituições hegemônicos.

Ainda que os aparatos burocráticos, as diferentes formas de exploração perpetradas pelo capital, as desigualdades e as injustiças socioambientais sejam objetos de denúncia, de crítica e de proposições para configurações espaciais possíveis e, mais do que isso, desejáveis, ao partirem da perspectiva da ordem instituída, fazem o percurso da manutenção dessa ordem mesma, tomando assim o mesmo Estado e suas várias instituições, as várias frações do capital, como os protagonistas do processo de produção do espaço por princípio e por direito, enquanto a proposta do protagonismo dos subalternizados aqui colocada procura tomar os explorados, os excluídos, os precarizados, os desterritorializados, esses mesmos subalternizados como algo mais do que aqueles que *resistem*, mas como aqueles que *r-existem*[759], conforme vem elaborando Porto-Gonçalves em diversos trabalhos.

O protagonista, mais do que aquele que principia a ação, é aquele que, conservado o status quo, garante a manutenção de sua hegemonia e seus privilégios. O protagonismo, nesta proposta analítica, está centrado na capacidade, na habilidade de agenciar força, conhecimento, ancestralidade e coragem no impulsionamento da crise, isto é, da *freada-e-mudança*, da ruptura de tendências seculares[760], gerando o conflito como forma de afirmação perante a assimetria (resistência), mas também como forma de tomada da centralidade da ação pelos sujeitos "de baixo". A capacidade e a autoridade para contar a história segundo outras relações de poder, outras epistemes, outras geografias.

> [R]e-existencia se entiende entonces como el poder de recomenzar, de regeneración, de dar nuevos sentidos o renovar los sentidos de la existencia. Es decir que los grupos sociales en situación de subalternización no sólo resisten en medio de las relaciones de poder conflictivas, sino que están en un movimiento permanente de reinvención, reorganización, bebiendo del pasado, de la tradición, de las luchas presentes para inventar el futuro. Pues saberes y haceres anteriores, tradiciones y costumbres son revisados y reformulados a la luz de experiencias nuevas que los corrigen, los enriquecen, los niegan o los afirman para convertirlos en sentidos colectivos.[761]

Os conflitos, desta maneira, materializando as lutas, as contradições sociais, deixam de configurar anomalias, disfunções, e passam ao centro da compreensão da ação social. Conflitos como condições de possibilidade para que outros sujeitos assumam lugares, posições, condições que lhes eram vetadas. Ainda que tais conflitos não resultem em transformações radicais no fazer social, eles conduzem a novos projetos e demandas que podem ser pequenos passos para novas territorialidades e outros mundos possíveis.

Qual seria, portanto, a contribuição efetiva de tal proposição para reflexão crítica desde o olhar geográfico? Como a Geografia pode contribuir para pensar o protagonismo fora dos grandes marcos do pensamento hegemônico? A importância crucial está na centralidade da ação da classe trabalhadora, e não exclusivamente nas estratégias de reprodução do capital e das grandes estruturas

---

[759] Vide: PORTO-GONÇALVES, C. W. *Geografando nos varadouros do mundo*: da territorialidade seringalista à territorialidade seringueira. Do seringal às reservas extrativistas. 1998. Tese (Doutorado em Geografia) – UFRJ, Rio de Janeiro, 1998; PORTO-GONÇALVES, C. W. *Geo-grafías, movimientos sociales, nuevas territorialidades y sustentabilidad*. México: Siglo XXI, 2001; PORTO-GONÇALVES, C. W. O latifúndio genético e a r-existência indígeno-campesina. *GEOgraphia*, Niterói, v. 4, n. 8, 2002; PORTO-GONÇALVES, C. W. *Geografando nos varadouros do mundo*. Brasil: Ibama, 2003; PORTO-GONÇALVES, 2006.

[760] SOJA, E. W. *Geografias pós-modernas*: a reafirmação do espaço na teoria social crítica. Rio de Janeiro: Jorge Zahar, 1998.

[761] HURTADO, L. M.; PORTO-GONÇALVES, C. W. Resistir y re-existir. *GEOgraphia*, Niterói, v. 24, n. 53, p. 1-10, 2022. p. 5.

sociais que tendem a marginalizar a ação dos trabalhadores e a atribuir-lhes uma posição passiva, que sofre a ação e responde aos estímulos dos agentes hegemônicos (de *resistência*).

É comum, por exemplo, adotarmos a perspectiva de análise hegemônica para compreender a pobreza, a desigualdade, a falta de emprego, de qualificação profissional, a baixa escolaridade etc. Tal perspectiva de análise parte de um "tipo ideal" que não corresponde à descrição de uma ampla parcela da população do Brasil e do mundo, e, ainda assim, a territorialidade capitalista e suas construções sociais são tomadas como métrica nas categorias citadas. Nesta leitura, uma comunidade ribeirinha, ou caiçara, ou quilombola são reduzidas a comunidade "pobres", "mal estruturadas", "carentes", "subnormais" etc.

Aqueles que subvertem a norma, por sua vez, ocupando imóveis, terrenos e terras, interrompendo fluxos e paralisando atividades são vistos como violadores da lei (da propriedade), invasores, desordeiros, ou, no mínimo, definidos pelo que lhes "falta" (educação, moralidade, escolaridade, dinheiro, propriedade). São relações de causa-consequência que ou cristalizam as relações de exploração, injustiça e desigualdade, ao vitimizar certos sujeitos, ou, ainda pior, contribuem para o seu aprofundamento com argumentos de criminalização.

Se os sem-terra e os sem-teto ocupam, os indígenas, os quilombolas demarcam, os trabalhadores e trabalhadoras das cidades paralisam, bloqueiam, obstruem (vias, ruas, estradas, pontes etc.), eles e elas *ressignificam o espaço*. Ao produzirem novos signos, sugerem uma nova geografia. Destacamos, portanto, a importância da espacialidade, da geograficidade, para a compreensão dos conflitos e tensões sociais. A indissociabilidade entre o espaço e a conflitividade traduz o que Porto-Gonçalves define como "uma mudança (movimento) de lugar (social), sempre recusando o lugar social que lhes são impostos por uma ordem sócio-espacial hegemônica"[762].

O conflito como chave de leitura para o declínio de nossa (limitada) democracia

As lutas sociais, cada uma ao seu modo, podem conduzir a conflitos abertos ou, da mesma maneira, ser fruto de ações conflitivas que ganharam corpo e organização. Os eventos conflitivos, sejam eles organizados como ocupações, paralisações e greves; sejam espontâneos, como quebra-quebras e bloqueios de vias e espaços públicos; todos emergem do campo da necessidade inescapável, dos direitos violados, não garantidos e/ou da justiça extremamente seletiva em nosso país (e em muitos outros).

Optamos, portanto, por relacionar o conflito à ideia de democracia na medida em que o primeiro é um importante vetor de existência e manutenção da segunda. Ao apontar para necessidades individuais, humanas, sociais, ou para situações particulares de prejuízos e injustiças, o conflito lança luz sobre a capacidade, possibilidade e necessidade de rever, permanentemente, os balizadores do que pactuamos coletivamente em termos de direitos, por meio da ampla participação e do alargamento do espaço público, isto é, da nossa democracia sempre em construção.

A democracia por si não consiste na igualização ou aplainamento da sociedade em seus anseios, mas, ao contrário, na admissão da diferença, porque são diferentes os sujeitos e as necessidades, e consequentemente a admissão do conflito como fato social. O conflito é, portanto, ao contrário do que se pensa, parte legítima do processo democrático.

Em uma democracia, existe a percepção da desigualdade, da não atenção às necessidades mais básicas, como morar, matar a sede e a fome, e dessa percepção podem emergir lutas por direitos e

---

[762] PORTO-GONÇALVES, 2003, p. 367.

por justiça. Sem medo do excesso na ênfase, em tempos atuais nunca é demais repetir: apenas em sociedades democráticas é possível a denúncia das injustiças e são viáveis as ações de transformação. Um regime autoritário, uma sociedade que assimilou o medo, a tutela e o não enfrentamento, é incompatível com as condições de manutenção da democracia, e o conflito é um importante indicador dessas condições.

A pacificação social nunca foi uma marca de plenitude democrática e atenção total aos anseios e à pluralidade das sociedades. Ao contrário, a pacificação, via de regra, constrói-se e aplica-se pelas práticas regulares da violência explícita e do medo. É como funcionam os regimes antidemocráticos, estejam eles à escala do Estado-nação ou das instituições civis. A existência da democracia como regime jurídico-político oficial de uma nação tampouco institui uma sociedade democrática, conforme Chaui[763] e Castoriadis[764] vão argumentar.

A democracia constrói-se e constitui-se na prática, conforme princípios e também horizontes compartilhados e amparados por fundamentos comuns. O que não significa, por sua vez, que as classes politicamente minoritárias, sejam elas minorias no exercício do poder econômico, como a maior parcela da classe trabalhadora, sejam minorias étnicas, culturais, de gênero, religiosas, entre outras, estejam sempre em luta por avanços no sentido da igualdade, liberdade e justiça. Nem sempre.

Existem forças reacionárias atravessando e orientando as diferentes frações de identidade da sociedade e, também, a classe trabalhadora. A amplitude, a heterogeneidade e a pluralidade, em termos de composição social, traduzem-se em diversos perfis de renda, estabilidade, espaços de sociabilidade e consumo. Também por filiações e lógicas que Castoriadis chamaria "conjuntista-identitária"[765] e que vêm tomando proporções cada vez maiores na esfera das avaliações e decisões individuais e de grupo à medida que empregam fundamentalismos, sectarismos e engessamentos de argumentos e interpretações.

Mas como a Geografia e os conflitos sociais corroboram a compreensão, a manutenção e a ampliação da democracia, e em que sentido a geografia dos ativismos e conflitos sociais pode contribuir para o debate da democracia?

Já em alguns outros textos, temos nos dedicado a pensar a relação entre o espaço e o conflito social como referência de método[766]. Nesses esforços, buscamos dar destaque para o espaço como *atributo* fundamental na compreensão dos conflitos e na forma como movimentos e ativismos sociais encaminham suas ações e pautam suas agendas.

---

[763] CHAUI, M. *O que é democracia?* Florianópolis: Universidade Federal de Santa Catarina, 15 ago. 2016. Aula magna do curso "Como lidar com os efeitos psicossociais da violência?".

[764] CASTORIADIS, C. *As encruzilhadas do labirinto*. Rio de Janeiro: Paz e Terra, 2002. v. 4.

[765] "[...] a organização conjuntista do dado pode progredir (e, conforme o que é seu próprio ideal, completar-se) somente estabelecendo, à medida que se adianta, a equivalência classe = propriedade e, em última análise, a equivalência da classe 'tudo o que é' (ou 'tudo o que é pensável', ou 'tudo o que se deixa dizer') com um grupo de 'propriedades' ('atributos', ou melhor: 'predicabilidades quanto a...') que, por consequência, não podem ser concebidas senão como *constituintes essenciais e universais* dos objetos e de todos os objetos (em si mesmos, ou tais como se deixam pensar ou dizer)" (CASTORIADIS, C. *As encruzilhadas do labirinto*. Rio de Janeiro: Paz e Terra, 1987. v. 1. p. 282-283, grifo do autor).

[766] RAMOS, T. T. Geografia dos conflitos sociais na América Latina. *In*: INFORME final del concurso: Movimientos sociales y nuevos conflictos en América Latina y el Caribe. Buenos Aires: Clacso, 2003; RAMOS, T. T. Heterotopias urbanas: espaços de poder e estratégias sócio-espaciais dos Sem-teto no Rio de Janeiro. *Polis*: Revista Académica [de] Universidad Bolivariana, Santiago, CL, v. 9, n. 27, 2010. Não paginada; RAMOS, T. T. Uma geografia da pobreza urbana: informalidade e precarização do trabalho. *Boletim Campineiro de Geografia*, Campinas, v. 4, n. 1, p. 7-26, 2014; RODRIGUES, G. B.; RAMOS, T. T. A espacialidade dos conflitos sociais: as jornadas de junho de 2013. *Para Onde!?*, Porto Alegre, v. 11, n. 1, p. 90-104, 2019. Ed. especial.

> Compreendido como um produto histórico e geográfico, o conflito não é indiferente ao tempo e ao lugar em que ocorre, ao contrário, tais coordenadas são fundamentais para compreendê-lo. É simples reconhecer a historicidade do conflito, no entanto, é fundamental ressaltar a sua espacialidade. Ele é produto, portador e devir de espacialidade. Ele é o produto de uma determinada espacialidade que o conforma, mas, ao mesmo tempo, o conflito também é portador de uma determinada espacialidade que pode ser apreendida material e simbolicamente e que permite sua própria efetivação. Qualquer conflito se expressa materialmente, o que pressupõe uma espacialidade herdada mas, além disso, ele é, devir, possibilidade, *força instituinte de uma nova espacialidade*. Nessa perspectiva, ele expressa, por fim, aquilo que Carlos Walter Porto-Gonçalves (2001 e 2003) denominou de "conflitos de territorialidade": se cada protagonista é portador de uma territorialidade própria que o constituiu e lhe dá sentido e o move de alguma forma, é possível pensar que o conflito explicita territorialidades distintas que se opõem. Daí todas as lutas que envolvem, direta ou indiretamente, o uso e a apropriação do espaço: lutas por reforma agrária, demarcação de territórios tradicionais, reforma urbana, direito à cidade, uso dos recursos naturais, entre outras.[767]

A maior parte dos conflitos sociais postos e, por conseguinte, da ação de ativismos e movimentos sociais tem como motivação e estratégia de atuação o uso e a apropriação do espaço, seja direta, seja indiretamente. O acesso a terra/território, o acesso a moradia e habitação nas cidades, o acesso a bens comuns, como água, florestas, cultura, o acesso a equipamentos de uso coletivo, o direito à mobilidade, o direito de planejar e gerir a esfera do cotidiano, as várias formas de representação do espaço e de tomada deste como referência identitária[768] revelam que os conflitos guardam uma clara e explícita dimensão espacial, e a espacialidade é um dos componentes centrais que nos permitem analisar e compreender os processos conflitivos atuais e pretéritos.

> Por isso, ao mesmo tempo em que os conflitos e as ações de ativismos e movimentos sociais nos permitem analisar o mundo tal como ele é, em todas as suas insuficiências e injustiças, também nos colocam a possibilidade de vislumbrar o mundo como ele poderia ser nas suas diversas possibilidades.[769]

Compreendido, portanto, como produto geográfico e histórico, o conflito não é indiferente ao tempo e ao lugar em que ocorre, ao contrário, tais coordenadas são fundamentais para compreendê-lo. Ele é produto, portador e traz consigo a corporeidade/materialidade do espaço, e por isso a geopolítica e a biopolítica, mas é necessário sempre reconhecer e considerar a sério a historicidade do conflito.

> O *conflito* é um evento. Sua duração pode ser determinada e seus limites são claros, pelo menos em relação à longa duração, ou à conjuntura. É a condensação de uma teia de relações que se expressa de forma concreta em um ato cuja duração pode variar de alguns minutos, até anos. Ele é produto histórico, pois é o resultado de ações que se iniciaram em outro momento e possuem temporalidades distintas, é o resultado singular de uma série de condicionamentos que não são redutíveis a ele. Portanto, é um produto histórico que deve ser apreendido nas múltiplas temporalidades (durações e ritmos) e historicidades (processos). Ao mesmo tempo, o conflito também carrega em si a possibilidade de ser produtor de história, pois ele é potencialmente um ato criador, um marco que pode sinalizar rupturas e transformações, pode indicar o término de uma conjuntura e de uma longa duração e, ao mesmo tempo, do início de um novo período histórico.[770]

---

[767] RODRIGUES; RAMOS, 2019, p. 92, grifo dos autores.
[768] HAESBAERT, R. *Des-territorialização e identidade*: a rede "gaúcha" no Nordeste. Niterói: UFF, 1997.
[769] RAMOS, T. T. As lutas sociais e a violência neoliberal. *In*: SILVA, S. C.; RAMOS, T. T.; RODRIGUES, G. B. (org.). *Espaço urbano, pobreza e neoliberalismo*. Rio de Janeiro: Consequência, 2022. p. 174.
[770] RODRIGUES; RAMOS, 2019, p. 92, grifo dos autores.

Entre os motivos citados, enfatizarmos a historicidade e a periodicidade como importantes balizadores analíticos na compreensão dos conflitos e na tomada dos conflitos como ferramentas de interpretação da formação territorial, também porque os conflitos sociais produzem memória e tecem história, mas também estão sujeitos a estas. As estruturas sociais, mas também a conjuntura que ressalta ou atenua elementos das diferentes esferas de sociabilidade, contribuem para a tecitura de condições favoráveis e desfavoráveis para o desenrolar de conflitividades latentes, isto é, para as *condições de possibilidade*, ou as condições que tornam mais prováveis determinados conflitos do que outros. Ao refletirmos sobre o momento que vivemos e o horizonte de expectativas que se constrói para as lutas que se acumulam na atual quadra da história, tendemos a enxergar um cenário altamente conflitivo, porém bastante desanimador para as lutas sociais.

A conflitividade, nesse sentido, permite compreender uma estrutura que perpetua injustiças, desigualdades e exploração de classe/gênero/etnia, mas que amordaça, emudece o conflito em suas condições de possibilidade e em seu horizonte de expectativas. Isto porque, em um cenário que combina capitalismo neoliberal com um imaginário social parcial, porém fortemente amalgamado em uma ideologia neofascista, as condições de possibilidade que se colocam para as lutas são desanimadoras, para não dizer altamente perigosas.

Vemos emergir a cada dia sintomas mais nocivos de diferentes formas e expressões de violência, opressão, discriminação e abuso; ao mesmo tempo, os espaços, os canais, as instâncias de viabilização democrática, isto é, que garantem e normalizam o dissenso, a oposição, a crítica, tornam-se cada vez mais estrangulados. Cenário esse que evidencia um estreitamento severo das condições de possibilidade de conflitos e, principalmente, para a construção de lutas organizadas, já que, em um contexto como descrito,

> [...] o conflito não é e nem pode ser tratado como inerente à relação de classe e às sociabilidades humanas. O conflito é enquadrado como parte de uma guerra e, portanto, combatido violentamente pelo Estado com uma política de segurança pública que, na realidade, trata-se de uma política de segurança *do público*. E de um *determinado* público, não o público como coletivo total da sociedade.[771]

Em outros termos, o dado que se observa nos últimos anos no Brasil e em vários países do mundo é uma tendência ao estreitamento das possibilidades concretas de luta, seja pelas inúmeras formas de interdição e criminalização impostas pela via institucional, seja pelo próprio imaginário social coletivo, moldado por parâmetros neoliberais:

> [...] homens e mulheres subjetivados na ordem do individualismo, da competição, da concorrência e da crença irrestrita do sucesso como uma conquista pessoal, fruto do esforço, da determinação e do investimento estritamente individual. Isso se aplica a todas as classes sociais e se potencializa dentro das únicas "células de sociabilidade" possíveis, as famílias e as comunidades religiosas. [...] Todas as instituições sociais, desta forma, se convertem em uma única organização possível, a empresa. Logo, à escola é uma empresa, o hospital é uma empresa, a cultura é empresarial, o Estado é uma empresa e, evidentemente a única forma de relação possível é a empresarial, entre "sujeitos empreendedores". Concepção de sociedade esta que destroça a percepção de si mesmo como membro, ou parte de um grupo, de uma classe e destrói, portanto, todas as formas possíveis de solidariedade e coletividade. Na vida e na luta.[772]

---

[771] RAMOS, 2022, p. 182, grifo dos autores.
[772] *Ibidem*, p. 187.

Apesar de termos observado o cerco se fechar nos últimos anos no que se refere aos avanços em termos de garantias e direitos, com notórias perdas em termos de qualidade de vida e até mesmo de condições de sobrevivência ambiental, o cenário de enfrentamento a essa realidade de catástrofe não é nem de longe animador. Vemos ser solapada pelo capitalismo boa parte da capacidade organizativa que emerge do agir e pensar solidário e, com esta, importantes esforços de transformação radical.

> Pode haver democracia, ou pode haver, para todos que assim quiserem, igual possibilidade efetiva de participar do poder, numa sociedade onde existe e se reconstitui constantemente formidável desigualdade de poder econômico, imediatamente traduzível em poder político? Ou então, pode haver democracia, numa sociedade que, tendo concedido há algumas décadas os "direitos políticos" às mulheres, continua de fato a tratá-las como "cidadãos passivos"? As leis da propriedade (privada, ou "do Estado") caíram do céu?[773]

Ou, nas palavras de Marilena Chaui, no que se refere ao *general intellect* de nosso tempo,

> [A] desigualdade salarial entre homens e mulheres, entre brancos e negros, a exploração do trabalho infantil e dos idosos são consideradas normais. A existência dos sem-terra, dos sem-teto, dos desempregados é atribuída à ignorância, à preguiça e à incompetência dos "miseráveis". A existência de crianças de rua é vista como "tendência natural dos pobres à criminalidade". Os acidentes de trabalho são imputados à incompetência e ignorância dos trabalhadores. As mulheres que trabalham (se não forem professoras, enfermeiras ou assistentes sociais) são consideradas prostitutas em potencial e as prostitutas, degeneradas, perversas e criminosas, embora, infelizmente, indispensáveis para conservar a santidade da família. Em outras palavras, a sociedade brasileira é oligárquica, hierárquica, polarizada entre a carência absoluta das camadas populares e o privilégio absoluto das camadas dominantes. Podemos, assim, avaliar o quanto tem sido difícil e complicado instituir uma sociedade democrática no Brasil dando pleno sentido à cidadania e por que nos dias de hoje corremos o risco da perda das poucas conquistas de direitos realizadas nos últimos quinze anos.[774]

É claro que nossa matriz de racionalidade é uma matriz colonial, herdeira e mantenedora de nosso estado de exceção permanente, o Estado-nação moderno(-colonial) que, a despeito de seu alicerce firmado em pilares de democracia, republicanismo, liberdade, igualdade e justiça, há séculos subjuga, subalterniza e espolia, em parte ou o todo, etnias, gêneros específicos, culturas e povos, crenças e costumes, formações político-sociais, sempre em benefício de outras mais bem posicionadas, mais bem reconhecidas e respeitadas. Diante desse quadro, pode-se dizer que tais pilares que sustentam nossa democracia nunca foram efetivamente estáveis, mas ao contrário, condenaram significativa parcela de nossa existência social-histórica ao ostracismo, ao lado obscuro da modernidade, como bem define Aníbal Quijano[775].

Talvez possamos afirmar que o conflito seja a forma material de uma democracia em ato, sua concretude está nas tensões, nas negociações e nos enfrentamentos permanentes, porém nota-se em tempos atuais que o neoliberalismo tem tido um importante papel no colapso da democracia. Sabemos que, para determinados grupos e mesmo sociedades em geral, a democracia como direito nunca existiu de fato, mas o elemento "novo" é a extensão desse colapso a camadas e grupos sociais antes entendidos como "seguros e estáveis" em termos de acessos e garantias. E não estamos falando da crise do Estado de bem-estar, mas de algo diferente.

---

[773] CASTORIADIS, 1992, p. 144-145.
[774] CHAUI, 2016, p. 20.
[775] QUIJANO, 2005.

Estamos falando de maneiras variadas e eficientes de ataque às diferentes formas de organização social que vão além do enfraquecimento do movimento sindical, do desmonte dos investimentos públicos, do desemprego e do rebaixamento dos salários. Estamos falando de um golpe certeiro sobre a capacidade de articulação coletiva em sua criticidade, sua competência organizativa e combativa, por meio de estrangulamento de canais institucionais, pela drástica redução do espaço público, dos direitos individuais e coletivos, mas principalmente pela nova subjetividade neoliberal, ou dos *sujeitos empresariais*, que se trata, ao fim e ao cabo, de um indivíduo isolado, sem redes de apoio e solidariedade profissional, onde todos os outros indivíduos, tal como ele, são concorrentes, portanto não lhes cabe nenhuma luta, nenhuma causa em comum. Definição que Pierre Dardot e Christian Laval apontam como o cerne da nova razão do mundo:

> [...] trata-se de ver nele o sujeito ativo que deve participar inteiramente, engajar-se plenamente, entregar-se por completo a sua atividade profissional. O sujeito unitário é o sujeito do envolvimento total de si mesmo. A vontade de realização pessoal, o projeto que se quer levar a cabo, a motivação que anima o "colaborador" da empresa, enfim, o *desejo* com todos os nomes que se queira dar a ele é o alvo do novo poder. [...] Em outras palavras, a racionalidade neoliberal produz o sujeito de que necessita, ordenando os meios de governá-lo para que ele se conduza realmente como uma entidade em competição e que, por isso, deve maximizar seus resultados, expondo-se a riscos e assumindo inteira responsabilidade por eventuais fracassos.[776]

Em uma sociedade (será mesmo sociedade?) em que toda relação de apoio, ajuda mútua, noção de direitos coletivos, responsabilidade social, é substituída por relações concorrenciais e competitivas, um contra um, todos contra todos, o conflito, ao contrário do que vimos tentando apresentar, tende a se tornar um elemento de desgaste e esfacelamento da luta social, e não catalisador desta. Se o conflito tem como princípio o *protagonismo de um sujeito social coletivo* diante de injustiças, violações de direitos e qualquer tipo de opressão, isto é, a oposição entre uma força que resiste a uma condição de assimetria e busca uma alteração nesse regime de forças, com a transformação do status quo, ele parte necessariamente de uma consciência de coletividade no que tange à vida em sociedade.

Seja a coletividade expressão do trabalho/profissão, gênero, etnia, cor, religiosidade, origem geográfica, orientação sexual, posição político-partidária, ela sempre vai implicar o "se ver em outrem", partilhar as dores, as faltas, os anseios e projetos de mudança. Onde não há sentido coletivo, não há protagonismo, não há conflito, não há luta por mudanças com vistas a ganhos em termos de justiça e qualidade de vida. Logo, as lutas (sociais) têm poucas chances de prosperar, e, possivelmente, a democracia também. Daí a intrínseca relação, a nosso ver, entre conflito, espaço e democracia, porque seria frágil e incompleta qualquer análise social que desconsiderasse a espacialidade, porquanto esta mesma espacialidade constrói-se nas relações, nas tensões, nas forças criativas e de poder que dão consistência e significado à materialidade.

Considerações finais

Neste breve texto, propusemos contribuir para o debate acerca dos conflitos sociais por meio do enfoque em sua relação com a espacialidade e as diferentes formas de instituição e questionamento da ordem (social) hegemônica. Portanto, três categorias norteiam nossa reflexão, sendo elas o *conflito*, isto é, as relações sociais e de poder que, ao contrário da lógica dominante, não se constituem como

---

[776] DARDOT, P.; LAVAL, C. *A nova razão do mundo*: ensaio sobre a sociedade neoliberal. São Paulo: Boitempo, 2016. p. 327-328, grifo dos autores.

uma desordem, anormalidade, disfuncionalidade, mas ao contrário, são parte da ordem social que os constitui, e, por meio deles, essa ordem pode vir a se transformar ou se (re)afirmar. O conflito emerge de algum *lugar* e de uma *ação* concreta, com isso temos as três categorias norteadoras de uma recusa ou uma reivindicação que predominantemente remete às práticas e às estratégias espaciais: *conflito, espacialidade, protagonistas* — aqueles que agem, que se movem, principalmente coletivamente. Tal delimitação em si já nos coloca desafios tanto teóricos quanto metodológicos, pois temos aí a centralidade do espaço geográfico colocada por outra perspectiva de análise.

Na medida em que se invertem os termos da equação para, por meio da ação concreta dos sujeitos sociais, das contradições sociais em estado prático, chegarmos à análise da espacialidade do social, ou seja, de processos mais amplos de produção do espaço e do território, o mesmo espaço é abrigo, condição e, por vezes, determinante das ações sociais; por meio dos conflitos sociais, torna-se uma chave importante para a análise das possibilidades de superação de dicotomias e esquemas hierárquicos tradicionais.

Elegemos dois recortes para análise do espaço conforme os conflitos sociais, ou, melhor dizendo, conforme a espacialidade dos conflitos sociais: a perene *subalternidade de grupos sociais historicamente constituídos*, e a *nossa declinante democracia*. Com tais seções, buscamos aprofundar um pouco mais o debate sobre a possibilidade de investigar formas de exploração, dominação, cerceamento de liberdades segundo a espacialidade do conflito, isto é, por um tipo de ação social que se manifesta na forma do enfrentamento de determinada ordem e, por isso, protagonista de uma possibilidade de freada e mudança nessa ordem.

Vimos que esse movimento analítico lança luz sobre possibilidades de definir a subalternidade com base em outros qualificadores, e não pelas fórmulas dadas pela perspectiva dominante, e, consequentemente, a possibilidade, também, de ampliação do debate acerca de quão relevante é a condição espacial para a identidade desses sujeitos. Em outros termos, a subalternidade vai além de uma condição de resultado (passividade) e passa a ser uma condição ativa (ação) de homens e mulheres de carne e osso capazes de protagonizar — identificar a injustiça, recusar tal imposição, elaborar planos e almejar uma outra existência — ações que vão além das resistências impostas pelo cotidiano, mas assinalam, marcam no espaço, geografizam[777] a sua luta valendo-se de expressões concretas e simbólicas, de uma territorialidade que subverte e, além de resistir às opressões, afirma existências.

O conflito está diretamente relacionado à ação dos subalternizados diante das condições de exploração, violência, injustiça a que estão expostos. Esses sujeitos, em seu fazer cotidiano, vivenciam a latência da conflitividade, essa forma de resistência ao "alisamento" do espaço condicionado pelos diferentes mecanismos de dominação, o capital, a nação, o Estado, algumas instituições etc. Nesse sentido, subvertem a ordem hegemônica ao se contraporem enfrentando materialmente uma ordem espacial correspondente à mesma dominação, ou seja, diante da propriedade privada e do não cumprimento do direito à moradia, à terra como meio de produção e de vida, ocupam imóveis públicos e privados e constituem aí práticas espaciais insurgentes e territórios dissidentes[778] e contra-hegemônicas, por exemplo. Mas também, em muitas e heterogêneas ações, de maior ou menor

---

[777] PORTO-GONÇALVES, C. W. A geograficidade do social: uma contribuição para o debate metodológico sobre estudos de conflito e movimentos sociais na América Latina. *In*: SEOANE, J. (org.). *Movimientos sociales y conflictos en América Latina*. Buenos Aires: Clacso; Programa Osal, 2014. p. 5-26.
[778] SOUZA, M. L. *A prisão e a ágora*. Rio de Janeiro: Bertrand Brasil, 2006; SOUZA, M. L. Práticas espaciais insurgentes em um mundo globalizado: da "revolução molecular" à política de escalas. *In*: MENDONÇA, F. *et al*. (org.). *Espaço e tempo*: complexidade e desafios do pensar e do fazer geográfico. Curitiba: Anpege; Ademadan, 2009; SOUZA, M. L. *Dos espaços de controle aos territórios dissidentes*. Rio de Janeiro: Consequência, 2015.

duração, com maior ou menor adesão e engajamento, constituem, ainda que de forma efêmera, espaços outros os quais, mais do que materializar uma resistência a uma assimetria de poder explícita, materializam a possibilidade de construir bases para uma sociabilidade pensada e praticada conforme racionalidades ancestrais, não enquadradas, não conformes ao status quo.

Em outro momento, abordamos a indissociabilidade entre conflito e democracia, tomando como referencial básico a noção de coletividade como princípio gerador, como condição necessária para pavimentar o longo caminho que leva até uma sociedade democrática e consciente das limitações e revisões constantes de seus parâmetros. Tentamos ressaltar alguns elementos constitutivos de um projeto de democracia — direitos individuais e coletivos, canais/instâncias de negociação, participação, deliberação sempre desobstruídos e acessíveis — bem como caminhos que podem conduzir à sua anemia e até suspensão — pela via institucional, mas também por meio de novas sociabilidades que conduzem a uma subjetividade individualista e uma racionalidade concorrencial, empreendedora, cada vez mais distante da inclusão e cada vez mais próxima da pulverização, especialmente no que tange ao trabalho.

Este conjunto de processos se manifesta espacialmente em sociedades mais e mais segregadas, segmentadas por fronteiras, enclaves, barreiras, barricadas e toda sorte de mecanismos de controle técnico e tecnológico, lícito ou não. É possível perceber claramente uma redução progressiva dos espaços públicos, isto é, aqueles em que os encontro e a experiência coletiva de estar no mundo não estejam tutelados ou condicionados ao consumo e ao acesso controlado pelo dinheiro. O que pode parecer menor, mas constitui a essência de qualquer construção política.

Por sua vez, essa nova racionalidade garante espaços privados cada vez mais nuclearizados em torno da família monoparental e suas redes de relações em espaços também privados, ou privados de uso público; os clubes de associados, os condomínios exclusivos, os espaços de lazer e consumo, as instituições de ensino privadas e as igrejas. Espaços em que há um claro direcionamento e até controle do agir e pensar que, normalmente, não estão alinhados a uma perspectiva progressista, mas ao contrário, muitas vezes conservadora e até reacionária.

Admitimos, portanto, o conflito social como algo permanentemente em aberto, isto é, contraditório na medida da dialética dos processos que os instituem e reflexo de um movimento de atrito permanente entre a estrutura que constitui as bases de nossa formação territorial e a conjuntura como condições de possibilidade colocadas à ação coletiva. Procuramos uma perspectiva teórica que se preocupe e que se empenhe na construção das transformações e das mudanças sociais que queremos ver no mundo, e acreditamos que a Geografia tem muito a contribuir nesse caminho.

Referências

CASTORIADIS, C. *As encruzilhadas do labirinto*. Rio de Janeiro: Paz e Terra, 2002. v. 4.

CASTORIADIS, C. *As encruzilhadas do labirinto*. Rio de Janeiro: Paz e Terra, 1987. v. 1.

CHAUI, M. *O que é democracia?* Florianópolis: Universidade Federal de Santa Catarina, 15 ago. 2016. Aula magna do curso "Como lidar com os efeitos psicossociais da violência?".

DARDOT, P.; LAVAL, C. *A nova razão do mundo*: ensaio sobre a sociedade neoliberal. São Paulo: Boitempo, 2016.

HAESBAERT, R. *Des-territorialização e identidade*: a rede "gaúcha" no Nordeste. Niterói: UFF, 1997.

HURTADO, L. M.; PORTO-GONÇALVES, C. W. Resistir y re-existir. *GEOgraphia*, Niterói, v. 24, n. 53, p. 1-10, 2022.

PORTO-GONÇALVES, C. W. A geograficidade do social: uma contribuição para o debate metodológico sobre estudos de conflito e movimentos sociais na América Latina. *In*: SEOANE, J. (org.). *Movimientos sociales y conflictos en América Latina*. Buenos Aires: Clacso; Programa Osal, 2014. p. 5-26.

PORTO-GONÇALVES, C. W. A reinvenção dos territórios: a experiência latino-americana e caribenha. *In*: CECEÑA, A. E. (org.). *Los desafios de las emancipaciones en un contexto militarizado*. Buenos Aires: Clacso, 2006. p. 151-197.

PORTO-GONÇALVES, C. W. *Geografando nos varadouros do mundo*. Brasil: Ibama, 2003.

PORTO-GONÇALVES, C. W. *Geografando nos varadouros do mundo*: da territorialidade seringalista à territorialidade seringueira. Do seringal às reservas extrativistas. 1998. Tese (Doutorado em Geografia) – UFRJ, Rio de Janeiro, 1998.

PORTO-GONÇALVES, C. W. *Geo-grafias, movimientos sociales, nuevas territorialidades y sustentabilidad*. México: Siglo XXI, 2001.

PORTO-GONÇALVES, C. W. O latifúndio genético e a r-existência indígeno-campesina. *GEOgraphia*, Niterói, v. 4, n. 8, 2002.

QUIJANO, A. Colonialidad del poder, eurocentrismo y América Latina. *In*: LANDER, E. (org.). *A colonialidade do saber*: eurocentrismo e ciências sociais: perspectivas latino-americanas. Buenos Aires: Clacso, 2005. p. 107-126.

RAMOS, T. T. As lutas sociais e a violência neoliberal. *In*: SILVA, S. C.; RAMOS, T. T.; RODRIGUES, G. B. (org.). *Espaço urbano, pobreza e neoliberalismo*. Rio de Janeiro: Consequência, 2022. p.167-195.

RAMOS, T. T. Geografia dos conflitos sociais na América Latina. *In*: INFORME final del concurso: Movimientos sociales y nuevos conflictos en América Latina y el Caribe. Buenos Aires: Clacso, 2003. p. 1-41.

RAMOS, T. T. Heterotopias urbanas: espaços de poder e estratégias sócio-espaciais dos Sem-teto no Rio de Janeiro. *Polis*: Revista Acadêmica [de] Universidad Bolivariana, Santiago, CL, v. 9, n. 27, 2010. Não paginada.

RAMOS, T. T. Uma geografia da pobreza urbana: informalidade e precarização do trabalho. *Boletim Campineiro de Geografia*, Campinas, v. 4, n. 1, p. 7-26, 2014.

RODRIGUES, G. B.; RAMOS, T. T. A espacialidade dos conflitos sociais: as jornadas de junho de 2013. *Para Onde!?*, Porto Alegre, v. 11, n. 1, p. 90-104, 2019. Ed. especial.

SOJA, E. W. *Geografias pós-modernas*: a reafirmação do espaço na teoria social crítica. Rio de Janeiro: Jorge Zahar, 1998.

SOUZA, M. L. Práticas espaciais insurgentes em um mundo globalizado: da "revolução molecular" à política de escalas. *In*: MENDONCA, F. *et al*. (org.). *Espaço e tempo*: complexidade e desafios do pensar e do fazer geográfico. Curitiba: Anpege; Ademadan, 2009. s/p.

SOUZA, M. L. *A prisão e a ágora*. Rio de Janeiro: Bertrand Brasil, 2006.

SOUZA, M. L. *Dos espaços de controle aos territórios dissidentes*. Rio de Janeiro: Consequência, 2015.

PARTE VII

A QUEM PERTENCE A CIDADE? RELAÇÕES ESTADO-ESPAÇO, POLÍTICA URBANA E PLANEJAMENTOS EM DISPUTA

E AGORA, JOSÉ? A QUEM PERTENCE A CIDADE? PELA REVOLUÇÃO CARAÍBA EM FAVOR DO HUMANO

Ester Limonad

A pergunta "A quem pertence a cidade?", embora em aparência inócua e simples, além de ser provocativa, é deveras complexa e nada fácil de responder, por permitir diversas possibilidades com distintos vieses interpretativos a depender do enfoque teórico-metodológico, da ênfase conferida e mesmo dos possíveis horizontes e perspectivas políticas passíveis de orientar a resposta.

Compete aqui considerar o lugar, o contexto de fala e quem fala, por permitir, em princípio, demarcar as possibilidades e variáveis da reflexão. A demarcação básica, em termos teórico-conceituais, é imposta pela geografia urbana crítica, enfoque que historicamente norteia os simpósios de geografia urbana. E, na presente reflexão, o horizonte dado é o do direito à cidade, da transformação social, da construção de uma sociedade justa e equânime.

A conjugação da demarcação teórico-conceitual e do horizonte de reflexão teórico-conceitual demanda a identificação de atores sociais, de agentes institucionais, de lógicas e de interesses diversos, bem como dos espaços segmentados, segregados, fundados em uma dada formação socioespacial. Igualmente, requer uma reflexão sobre as contradições e os conflitos que permeiam as relações entre os diversos atores sociais, os agentes institucionais e as esferas de governo, os enfrentamentos entre as diferentes lógicas da reprodução e de produção social; e como esse complexo quadro se manifesta na produção social de espaços diferenciados na cidade em um contexto de financeirização generalizada[779]. Tudo isso de modo tanto a ter elementos para buscar meios de enfrentar as formas espoliativas de controle fundiário e de regulação econômica do espaço social quanto para investigar alternativas de contraplanejamento, de planejamento ativista, subversivo, tático, de planejamento e urbanismo de guerrilha, entre outras coisas[780].

Essa vereda de preocupações norteou, em princípio, uma primeira tentativa de reflexão para dar conta da questão posta. No entanto, tal empreitada, a despeito de sua importância, foi logo abandonada, sem maiores delongas. O motivo para deixar de lado um viés tão promissor está fundado no tempo, no momento histórico que abrigou a reflexão exposta a seguir, qual seja, o período eleitoral de 2022.

Esse momento marcou e provocou uma mudança de rumo no pensamento, colocando em pauta uma ansiedade e um conflito em relação a como refletir de forma alheia ao que explodia diariamente nas ruas. Como ignorar a polarização social e a efervescência das redes sociais? Como desconsiderar o messianismo verde-amarelo de hordas de crédulos "terraplanistas"? As referências a terraplanistas aqui buscam não conferir uma maior visibilidade e ênfase aos partidários da opção pela barbárie e a seu líder. Seguindo a posição de Yoko Ono em relação ao assassino de John Lennon, cumpre não esquecer o ato bárbaro e seu significado, mas cabe relegar o perpetrador ao esquecimento, diminuí-lo, sem olvidar o que seu mandato e seus atos significaram para a vida social.

---

[779] JESSOP, B. Liberalism, neoliberalism, and urban governance: a State-theoretical perspective. *Antipode*, London, v. 34, n. 3, p. 452-472, 2002.

[780] LIMONAD, E. Contra o urbanismo inóspito: desconstruindo o Porto Maravilha. *Ar@cne*, Barcelona, v. 26, n. 265, 1 abr. 2022.

Esse momento trouxe de volta à mente os acontecimentos que explodiram de forma massiva em 2016, por ocasião do impedimento da presidente Dilma Rousseff (2015-2016), eleita democraticamente, impulsionado por uma onda verde e amarela, que culminou, em 2018, com a eleição de Jair Messias Bolsonaro (2019-2022) para a Presidência.

O impedimento e a subsequente eleição constituíram um brutal golpe nos movimentos democráticos e em todos os que batalharam pela criação do Partido dos Trabalhadores (PT) na década de 1970, em meio à ditadura militar, no bojo dos movimentos de trabalhadores e estudantes, como uma alternativa programática aos partidos tradicionais.

Essas questões pesaram, e muito. Em especial, ao procurar pensar a quem pertence a cidade. Ao tentar responder a "de quem é a cidade", emergiu de forma indelével a imagem do gigantesco pato amarelo em frente à Federação das Indústrias do Estado de São Paulo (Fiesp), em meio a uma Avenida Paulista, em São Paulo capital, coalhada de gente, tingida de amarelo em toda a sua extensão (Figura 19.1). O emblemático pato e a multidão que o rodeava reivindicando aos brados o impedimento da presidente eleita com apelos à volta da ditadura militar foram como uma bofetada nos movimentos sociais que lutaram pela abertura democrática e pela construção de um governo democrático.

Figura 19.1 – O pato em frente à Fiesp, na Av. Paulista, São Paulo (2017)

Fonte: foto de Ayrton Vignola/Fiesp (SOLANO, 2017)

Não só isso. A campanha midiática da eleição presidencial de 2018 expôs, e as que a ela se seguiram, não só o papel das redes e mídias sociais, mas igualmente a dimensão do movimento conservador de direita, sustentado em boa parte por movimentos evangélicos messiânicos e voto massivo de cabresto de fiéis de distintas igrejas[781], muito embora a legislação eleitoral não permita veicular propaganda eleitoral de nenhuma natureza em templos religiosos[782]. Além do presidente,

---

[781] SENRA, R. Eleições 2022: Perseguição contra cristãos já começou no Brasil: só que dentro da igreja. *BBC News Brasil*, Londres, 18 out. 2022.

[782] A proibição de propaganda eleitoral em entidades religiosas é estabelecida no Art. 37, parágrafo 4º, da Lei 9.504/97 (BRASIL. *Lei 9.504 de 30 de setembro de 1997*. Estabelece normas para as eleições. Brasília: Presidência da República, 1997).

foram eleitas diversas figuras desconhecidas da mídia tradicional, porém vicejantes nas redes sociais evangélicas, para os governos estaduais e para o Congresso Nacional. Isso sem falar nas milícias paramilitares que dominam diversas áreas da região metropolitana do Rio de Janeiro[783].

As eleições presidenciais de 2018 e 2022 revelaram um país polarizado e dividido. Um país em que milhões votaram em candidatos com propostas conservadoras de cunho fascista, a que se somaram os movimentos de contestação dos resultados eleitorais que deram a vitória a Luiz Inácio Lula da Silva, e, em especial, com a subsequente invasão massiva, em 8 de janeiro de 2023[784], da Praça dos Três Poderes, em Brasília, com a depredação e saque do Palácio do Planalto, do Congresso Nacional e do Supremo Tribunal Federal, em uma tentativa frustrada de golpe de Estado.

Essas eleições presidenciais e subsequentes movimentos conservadores de protesto, com o bloqueio e interrupção de estradas, expuseram a dimensão da opção de uma parcela considerável da população brasileira que votou não apenas uma, mas duas vezes, até mesmo com um discreto aumento do montante de votos entre 2018 e 2022, em uma perspectiva política enviesada pela misoginia, homofobia, repulsa aos pobres (aporofobia), demonização de religiões e de crenças minoritárias, com posturas de cunho racista, e elitista. As razões do porquê dessa escolha por milhões, entre os quais mulheres, negros, indígenas e homossexuais, entre outros, muitos dos quais integrantes e portadores das características rejeitadas, merecem ser investigadas a fundo e demandam uma pesquisa que vai além do escopo da presente reflexão.

Enfim, pretende-se ensaiar aqui uma reflexão, ainda que breve, à luz da geografia crítica, sobre a quem pertence a cidade, considerando os elementos conjunturais pontuados anteriormente. Destarte, primeiro, é feita uma breve primeira aproximação sobre como pensar a quem pertence a cidade. A seguir, após uma breve reflexão sobre a questão, é feito um breve apanhado em busca de explicações e de possíveis respostas.

A quem pertence a cidade? Uma primeira aproximação

A lembrança do pato na Avenida Paulista soma-se aos *gilets jaunes*[785] (coletes amarelos) na França, que se levantaram em protesto contra os aumentos dos impostos dos combustíveis, e o ataque ao Capitólio estadunidense em janeiro de 2021[786] para impedir a posse de Joe Biden. Essas manifestações de matriz conservadora indicam claramente que essa questão (a quem pertence a cidade?) vai além do viés dos cidadãos, dos ricos, das classes médias, dos despossuídos. Essas manifestações conservadoras com consignas antissociais integram, de distintas maneiras, em diferentes graus, um movimento internacional de reemergência do fascismo, um movimento de aglutinação das camadas médias e de um *lúmpen* que, tal como no passado, há cem anos, dedica-se a cooptar anseios e insatisfações sociais, a aglutinar e capturar de forma quase incondicional legiões massivas de seguidores, que em sua maioria comungam um mesmo credo, com a organização de manifestações massivas com intensa catarse em torno de um líder eleito e ungido como "salvador" que conduzirá seus seguidores à redenção.

De fato, movimentos de massa conservadores catárticos não são inéditos e tampouco são democráticos; embora inicialmente adotem slogans, em aparência, democráticos, direcionados a melhorar as condições de vida das famílias de trabalhadores, estes logo são abandonados[787]. Basta

---

[783] ÁREAS controladas por milícias no Rio de Janeiro crescem 387% em 16 anos. *Rede Brasil Atual*, São Paulo, 13 set. 2022.
[784] CAMINHOS da reportagem: 8 de janeiro - a democracia de pé. *Agência Brasil*, Brasília, 12 fev. 2023.
[785] FRANCE protests: the voices of the 'gilets jaunes'. *BBC News*, London, Dic. 8, 2018.
[786] BORGER, J. American carnage: how Trump's mob ran riot in the Capitol. *The Guardian*, London, Jan. 7, 2021.
[787] REICH, W. *Psicologia de massa do fascismo*. Porto: Escorpião, 1974. Publicada originalmente em 1933.

a lembrança das manifestações monumentais iniciadas, a partir da década de 1920, com *Il Duce* Benito Mussolini (1922-1945) na Itália, seguidas pelas multidões aclamando o *Führer* (1934-1945) na Alemanha do Terceiro *Reich*. A que se somaram a ascensão por décadas de António Salazar (1928-1969) em Portugal e a subsequente tomada do poder por Francisco Franco (1936-1975) na Espanha, após uma sangrenta guerra civil que dividiu o país na década de 1930. Todos compartilhando os mesmos apelos a Deus, Família, Pátria e Liberdade, além de permanecerem no poder até a sua morte.

Afinal, a quem pertence a cidade? Como responder a quem pertence a cidade em um contexto de intensa ascensão de movimentos fascistas, de multidões de crentes envolvidas em cultos evangélicos messiânicos?

Essa é uma questão profundamente incômoda, pois em tempos democráticos essa pergunta teria por intenção, desde uma perspectiva crítica, dar visibilidade aos despossuídos, aos pobres, feios e malditos.

Então, a quem pertence a cidade?

Aos que estão na cidade?

Aos habitantes da cidade? Mas quem são os habitantes da cidade?

São todos aqueles que moram na cidade em quaisquer condições?

Em condições diferentes, desiguais e heterogêneas?

Aos que não habitam na cidade?

Ao Estado? Aos diferentes poderes constituídos?

Às diferentes esferas de poder?

Aos diferentes capitais? Aos rentistas?

A todos os que usam e usufruem a cidade?

Com efeito, quando se questiona a quem pertence a cidade, cabe pensar essa pergunta à luz de um horizonte tanto teórico-epistemológico quanto político.

A começar do porquê se está fazendo essa pergunta: a quem pertence a cidade?

Como já foi mencionado, do ponto de vista econômico, caberia investigar as relações de propriedade, posse, renda fundiária, entre outras coisas. Contudo, em vista do contexto já assinalado e do porquê dessa indagação, esclarecê-la em termos estritamente econômicos seria empobrecê-la, por despi-la de uma perspectiva política transformadora.

Estamos na geografia, uma geografia que se pretende radical, crítica e transformadora. À vista disso, convém perguntar a quem pertence a cidade a partir de uma perspectiva crítica de transformação social, que contemple o direito à cidade. Consoante tal perspectiva, a cidade pertenceria não apenas àqueles que têm a propriedade na cidade. Pois, quando Lefebvre[788] fala em direito à cidade, não está falando em direito à cidade apenas daqueles que estão na cidade. Mas a todos em geral, porque o direito à cidade está fundado no direito à cidadania, no direito à vida. Então, quando se faz a pergunta "a quem pertence a cidade?", "de quem é a cidade?", cumpre pensá-la em uma perspectiva política, posto que uma reflexão esvaziada de uma perspectiva política perde sentido e significado. Torna-se uma reflexão vazia. A reflexão crítica tem de estar situada em uma

---

[788] LEFEBVRE, H. *O direito à cidade*. São Paulo: Documentos, 1969.

práxis, em uma *poesis*; sem isso, toda e qualquer reflexão teórica fica esvaziada de sentido social e político[789]. Tal reflexão pode, eventualmente, contribuir quiçá para o avanço da ciência, mas não para transformar a sociedade.

Logo, se se pretende fazer uma ciência transformadora, convém perguntar politicamente para que serve isso, e como essa questão pode contribuir para a transformação social. E, em especial: como fazer isso em tempos difíceis?

Rememorando, ainda, entre outras coisas, que desde 30 de outubro de 2022 a Terra voltou a ser redonda e que, possivelmente, o horário de verão igualmente voltará a vigorar.

Mas, mesmo assim, é imprescindível ter consciência de que não acabou. Mais de 58 milhões de votos de conservadores terraplanistas constituem uma prova cabal da dimensão conservadora do Brasil contemporâneo. E, considerando a população brasileira, ao menos 92% desses votos, ou seja, 54 milhões, embora nem todos o sejam de fato, vivem em cidades, em áreas urbanas, muitas das quais nem são consideradas propriamente como cidades, ao menos pelo Instituto Brasileiro de Geografia e Estatística (IBGE)[790]. Enfim, ao menos 58 milhões de terraplanistas, ou melhor talvez nem todos o sejam, mas o fato é que esses eleitores votaram não uma, mas duas vezes em uma proposta excludente, misógina, homofóbica, preconceituosa e terraplanista, entre outras coisas. Duas vezes seguidas, aliás, com um aumento do número de votos entre uma eleição e outra. Isso não pode, nem deve ser desconsiderado. E, lembrando Carlos Drummond de Andrade[791], convém perguntar: E agora, José? O que fazer com 58 milhões de terraplanistas?

Um pouco de análise sintática

Como responder "a quem pertence a cidade"?

Quem é o sujeito, o predicado e o objeto nessa sentença?

Quem é o sujeito de que se está falando, quem é o "quem"? Os terraplanistas que moram e vivem na cidade? Os que votaram nos terraplanistas? Aqueles que ficaram em cima do muro? Os que não votaram nos terraplanistas?

Conforme o discurso do presidente eleito, Luiz Inácio Lula da Silva (2023-2024), é imperativo unificar o Brasil. Então, nessa direção, cumpre pensar em todos, contemplar aqueles que acreditam que a Terra é redonda e também os terraplanistas.

E o predicado dessa oração, o que significa esse "pertence"? Tem a ver com pertencimento? Com identidade? Ou com posse, domínio, propriedade? Com usufruto?

Seria a cidade um comum? Apenas para lembrar o comum urbano, tema do simpósio de geografia urbana de 2019[792], um comum enquanto uma relação que se almeja *poesis* e se constrói por uma *práxis*[793].

---

[789] *Idem*. Ver ainda: LIMONAD, E. Navegar é preciso, viver não é preciso, o que é necessário é criar: da geopolítica urbana latino-americana aos comuns urbanos, alguns apontamentos. *In*: BARROS, A. M. L.; ZANOTELLI, C. L.; ALBANI, V. (org.). *Geografia urbana*: cidades, revoluções e injustiças entre espaços privados, públicos, direito à cidade e comuns urbanos. Rio de Janeiro: Consequência, 2020. v. 1, p. 445-464.

[790] INSTITUTO BRASILEIRO DE GEOGRAFIA E ESTATÍSTICA (IBGE). *Classificação e caracterização dos espaços rurais e urbanos do Brasil*: uma primeira aproximação. Rio de Janeiro: IBGE, 2017.

[791] Poema "José" (ANDRADE, C. D. *Poesias*. Rio de Janeiro: José Olympio, 1942).

[792] O XVI Simpósio de Geografia Urbana, realizado em Vitória (ES), em 2019, teve por tema "Cidades, Revoluções e Injustiças: entre espaços privados, públicos, direito à cidade e comuns urbanos".

[793] LIMONAD, 2020.

E o objeto: a cidade. De qual cidade se está falando? É uma cidade metropolitana, grande, média, pequena? É uma aglomeração urbana? É uma vila rural conforme as mais recentes definições do IBGE de municípios rurais[794]?

Desde meados da década de 1990, diversos estudos[795] apontam para a existência de aglomerados de trabalhadores urbanos morando no campo, em áreas rurais, o que não faz deles camponeses, nem população economicamente ativa em atividades agrárias. E, em contraponto, apontam que, conforme o espaço rural se converte em objeto estratégico de investimento e de financeirização, mais e mais trabalhadores rurais residem nas cidades. Isso tudo depende da distribuição espacial das atividades produtivas, da inserção no processo de produção e da condição de existência desses trabalhadores, que condicionam o seu cotidiano, o de suas respectivas famílias, de sua reprodução e do espaço em que vivem e trabalham.

Não é mais cabível confundir campo e cidade com urbano e rural, as paisagens e formas do campo e da cidade não se confundem mais com as qualidades urbano e rural. O urbano imiscuiu-se no campo; e o rural, na cidade; a ruralidade permeia o tecido urbano e a cidade, da mesma forma como a urbanidade penetrou o rural e o campo[796].

Então, independentemente de urbano ou rural, de cidade ou campo, cabe perguntar: quem são esses 58 milhões de terraplanistas. Em suma, qual a composição desse sujeito social?

Diversas estatísticas divulgadas pela mídia mostravam que essa parcela do eleitorado era composta majoritariamente por uma elite de homens brancos de renda média e elevada e com educação de nível superior. Mas, nos dias de eleição, do primeiro e do segundo turno de 2022, o sujeito que emergiu com o 22 (número do Partido Liberal, PL) na testa, trajes amarelos e portando a bandeira nacional não correspondia a essas estatísticas. Tampouco correspondiam a esse perfil das estatísticas os integrantes dos acampamentos em frente aos quartéis, que, após orarem por uma intervenção militar, invadiram e depredaram em 8 de janeiro de 2023 o Palácio do Planalto, o Congresso Nacional e o Supremo Tribunal Federal na Praça dos Três Poderes, em Brasília, em face da inércia das forças de segurança, e sob os olhares estupefatos dos espectadores das transmissões veiculadas pela mídia.

O sujeito social que emergiu e tomou forma era, e é, heterogêneo. A despeito de sua evidente aporofobia e de suas posturas abertamente racistas e misóginas, contam-se em suas fileiras muitos negros, mulheres e pobres, são eleitores e partidários de todas as classes sociais, gêneros e raças, vestidos com camisetas amarelas, máscaras amarelas e 22 na testa, clamando por Deus, Pátria, Família e Liberdade!

Por que isso? Qual a razão para as atitudes estapafúrdias adotadas por muitos deles em temor a uma pretensa ameaça comunista, como se estivessem em uma luta do bem contra o mal? Isso, aliás, após ao menos 13 anos do PT no governo, sem que o país se tornasse comunista, beneficiando até mesmo as igrejas evangélicas. Pelo Brasil acima de tudo e Deus acima de todos? Em uma versão tupiniquim do *Deutschland Über Alles*? (Alemanha acima de tudo).

---

[794] IBGE, 2017.

[795] LIMONAD, E. *Os lugares da urbanização*: o caso do interior fluminense. 1996. Tese (Doutorado em Planejamento Urbano e Regional) – USP, São Paulo, 1996.

[796] RANDOLPH, R. Expansão, implosão e explosão urbana nas fronteiras das metrópoles: em busca de características particulares da sociedade urbana. *In*: MAIA, D. S.; RODRIGUES, A. M.; SILVA, W. R. (org.). *Expansão urbana*: despossessão, conflitos, diversidade na produção e consumo de espaço. João Pessoa: UFPB, 2020. v. 1, p. 15-63.

[796] LIMONAD, E. Regiões reticulares: breves considerações para entender as novas formas urbanas. *Cidades*, Chapecó, v. 7, n. 11, p. 161-177, 2010.

Entender a quem pertence a cidade, para lutar pelo direito à cidade e pela emancipação social em uma perspectiva equânime, demanda compreender o que levou 58 milhões a essa opção. Não uma, mas duas vezes!!! Requer decifrar o que fez com que milhares invadissem a Praça dos Três Poderes em Brasília no 8 de janeiro de 2023, clamando por um golpe militar e por democracia. Paradoxal e dramaticamente, uma democracia que punham em risco com suas ações.

Em 2018, 57.797.847[797] deram a vitória a Jair Messias Bolsonaro, e revelaram um país dividido. Quatro anos depois, nas eleições de 2022, mesmo após dois anos de pandemia, da barbarização das instituições, do aumento da violência, de mais de 700 mil mortes pela pandemia do coronavírus (Covid-19), 58.206.354 repetiram essa opção, em face de 60.345.999 em Luiz Inácio Lula da Silva[798].

Como entender isso?

Em busca de algumas respostas

Em 1950, Oswald de Andrade, em um trabalho apresentado ao I Congresso Brasileiro de Filosofia[799], de forma premonitória, observa em relação aos credos evangélicos messiânicos que "as civilizações que admitem uma concepção messiânica da vida, ao fazerem o indivíduo objeto de graça e eleição, se de-solidarizam, produzindo o egotismo do mundo contemporâneo", assinalando ainda que, "para elas, há a transcendência do perigo e a sua possível dirimição em Deus".

Para poder entender a presente conjuntura e situar a quem pertence a cidade, cabe considerar, primeiro, que a fascistização da sociedade é um processo internacional; segundo, esse processo estaria relacionado a um rearranjo do poder das potências hegemônicas no sistema capitalista mundial e aos limites da financeirização; terceiro, cumpre entender o papel das redes e mídias sociais associadas aos cultos evangélicos de caráter messiânico na fabricação de consensos e de interpretações enviesadas da realidade.

A corrente fascistização da sociedade não é um processo isolado, mas sim internacional, cujas raízes remontam à década de 1920, ao surgimento do fascismo após a Primeira Guerra Mundial na Itália, como mencionado, todos com apelos a Pátria, Família, Deus e Liberdade, em uma perspectiva de redenção messiânica e com uma postura de hostilização dos eleitos, dos diferentes, então os judeus, ciganos, comunistas e os homossexuais, entre muitos outros. Agora, a esquerda, os migrantes, os estrangeiros, os pobres, os negros, os indígenas, os homossexuais, as religiões e os cultos minoritários, entre outros, são perseguidos e hostilizados. O fascismo internacional, na contemporaneidade, encontra-se disseminado em inúmeros países e culturas, com diferentes gradações, intensidades e formas diferenciadas em vários lugares, com traços mais selvagens e violentos em democracias frágeis. Em um contexto geopolítico internacional, essas expressões diversas do fascismo em países em distintos graus de desenvolvimento estariam relacionadas a um rearranjo do poder no sistema capitalista mundial, engendrado pelos próprios Estados hegemônicos para manter o seu protagonismo, garantir sua expansão econômica e se manter à frente do sistema, de modo a solapar a concorrência e as ameaças à sua hegemonia[800].

---

[797] BRASIL. Tribunal Superior Eleitoral. *Resultados das eleições de 2018*. Brasília: TSE, 2018.
[798] Idem. *Resultados das eleições de 2022*. Brasília: TSE, 2022.
[799] ANDRADE, O. Um aspecto antropofágico da cultura brasileira: o homem cordial. In: ANDRADE, O. *Do pau-brasil à antropofagia e às utopias*. Rio de Janeiro: Civilização Brasileira, 1972b. p. 143.
[800] FIORI, J. L. *História, estratégia e desenvolvimento*. São Paulo: Boitempo, 2014.

E aí se inserem desde as iniciativas de captura do Estado e de rearranjo do marco institucional até a vigilância de governos e países por agências de segurança e informação das grandes potências como meio de controle de governos e de países subordinados. Esse controle e manipulação dos países subordinados comporta desde uma vigilância constante até o apoio a golpes de Estado para promover e levar ao poder governos mais sensíveis às demandas internacionais hegemônicas. Valem-se, nesse sentido, de processos de *lawfare*, de descrédito público e midiático de líderes eleitos e de lideranças políticas implementados com o apoio de grupos de poder econômico desses mesmos países.

E, recentemente, têm-se alguns sinais de um possível esgotamento da espiral especulativa da financeirização na atual fase do neoliberalismo, a começar pela falência do banco de investimentos Credit Suisse, cujos investimentos de risco (títulos AT1) foram zerados do dia para a noite, antes de sua absorção pelo UBS, em sequência à falência do Silicon Valley Bank[801]. De acordo com as autoridades suíças, o Credit Suisse vinha apresentando reduzida liquidez em suas operações, abaixo dos patamares estabelecidos por regulações internacionais, corroborando, em parte, a hipótese de Saskia Sassen[802] de que o volume de capital financeiro supera em muito a liquidez existente, por ser superior ao volume total do Produto Interno Bruto (PIB) mundial. Em síntese, o montante em circulação na espiral especulativa da financeirização não possuiria liquidez, se todos resolvessem resgatá-lo a um só tempo. Para que isso não ocorra, são imperativos movimentos de reinvestimento ou de redirecionamento dos ativos, assim como a abertura ou expansão de novas frentes de acumulação. Nesse contexto para capitais sem pátria, guerras e conflitos internacionais funcionam como catalisadores da reorganização de investimentos, bem como propiciam o realinhamento político e econômico de potências, blocos e países, como é o caso do conflito Ucrânia-Rússia.

A conjugação de guerras político-territoriais ou os conflitos insuflados pelo fanatismo religioso geram terreno fértil para o movimento fascista internacional, que tem por traço comum privilegiar um neopopulismo xenofóbico, racista pautado no resgate de antigos regionalismos com acentuada moldagem ideológica com a utilização intensiva de redes sociais. Promove-se, assim, um nacionalismo exacerbado, que se vale de palavras de ordem dogmáticas como MAGA (*Make America Great Again.* Faça a América Grande de Novo), "*Mut zu Deutschland*" (Coragem para a Alemanha), "*Take back control*" (Retome o Controle), "Brasil acima de tudo, Deus acima de todos". Embora esses movimentos conservadores se coloquem como paladinos contra a corrupção, advoguem a liberdade de expressão e a democracia, essas bandeiras são adotadas para uns em detrimento de muitos, o que contribuiu para a ascensão ao poder de governos populistas neofascistas em diversos países mundo afora, como Donald Trump (Estados Unidos, EUA), Recep Tayyip Erdoğan (Turquia), Viktor Mihály Orbán (Hungria), Giorgia Meloni (Itália), Ulf Kristersson (Suécia), Benjamin Netanyahu (Israel), entre muitos outros...

Com efeito, o que se tem é a promoção de uma plutocracia, com a redução da democracia, a eliminação dos direitos e conquistas sociais, com ênfases na proteção dos ricos e do setor financeiro. E isso se dá com o estímulo ao consumo e à promoção da perspectiva do homem como senhor de seu destino, ou seja, como empreendedor com liberdade e capacidade de negociar livremente no mercado os seus ganhos. O resultado é a precarização do trabalho (uberização) e das condições de vida, com a perda de direitos e conquistas sociais, o rebaixamento dos ganhos e a degradação das condições de vida dos trabalhadores, agora transformados em empreendedores "livres" no mercado.

As redes sociais e a disseminação de notícias capciosas (*fake news*) contribuem tanto para disseminar a moldagem fascista e criar uma leitura enviesada da realidade quanto para dirimir a consciência social e reduzir cidadãos a consumidores e clientes do Estado.

---

[801] DAVIES, R.; ISAAC, A.; INMAN, P. UBS agrees to takeover of stricken Credit Suisse for $3.25bn. *The Guardian*, London, Mar. 19, 2023.

[802] SASSEN, S. *Expulsões*: brutalidade e complexidade na economia global. Rio de Janeiro: Paz e Terra, 2016.

As matrizes cristãs messiânicas de feitio estadunidense têm um papel estratégico na formação de um inconsciente coletivo, pois encontram-se fora dos contornos das igrejas tradicionais e caracterizam-se por eventos de catarse coletiva e regulação ideológica, onde são explorados sentimentos de medo e traição cuja superação estaria em uma guerra contra o mal, a depravação, a corrupção[803]. A comunhão de crenças e expectativas retroalimenta as redes sociais e uma religiosidade massiva, que divide a sociedade entre a comunidade de crentes que partilham dogmaticamente um ideal e os outros, os demais, os diferentes, demonizados e hostilizados.

Essa guerra demanda sacrifícios, entre os quais a perda de direitos e conquistas sociais por um bem comum maior. Há, assim, um reforço do individual em face do social, com a redução dos ativismos políticos e lutas sociais. Os abençoados anseiam recompensas divinas em termos monetários e de consumo.

A moldagem ideológica dos movimentos sociais conservadores ganha ímpeto com a associação das redes sociais, com o ideário fascista e as seitas fundamentalistas evangélicas de caráter messiânico fundadas nas cadeias de rádio e televisão, que contribuem para fabricar consensos com apelo aos valores tradicionais (Família, Deus e Pátria). Kourliandsky[804] assinala que essas correntes evangélicas sectárias têm se engajado com grandes recursos financeiros para ocupar o inconsciente coletivo e vencer as eleições, mediante a instrumentalização dos medos. Para isso, conjugam a aquisição de cadeias de rádio e televisão com uma utilização intensiva das redes sociais para viabilizar "a difusão de narrativas persuasivas, diminuindo a importância e o rigor da razão democrática, a necessidade do diálogo e da argumentação". O que tem contribuído sobremaneira, consoante Kourliandsky, para aprofundar fraturas sociais com a capacidade de gerar explosões sociais vulcânicas.

Diante dessa expectativa de um líder messiânico salvador capaz de expurgar a sociedade dos males que a afligem, a começar pela corrupção e pelos escândalos econômicos e políticos, essas massas conservadoras dispõem-se a destruir tudo que se lhes oponha. E o fazem como se estiveram imbuídas de uma missão divina. Elegem, assim, diferentes inimigos, que abrangem desde o PT, os comunistas, os intelectuais ou quem quer que se lhes oponha. Essa postura estaria, em parte, na base das depredações havidas em 8 de janeiro de 2023, como se estivessem a expurgar os edifícios públicos do mal personificado pelo PT e por credos alheios.

A construção de um ideário e de uma realidade própria contribui para reforçar um sentimento de anomia social e apatia política, tanto pela indiferenciação dos partidos políticos quanto pela descrença nesses partidos e em suas propostas.

Soma-se a isso o caráter corporativo do Estado pautado por uma administração empresarial que visa o lucro, e não a nação. À crise e à falta de representação política soma-se uma crise de governabilidade em que os limites da democracia são expostos a nu com a promiscuidade entre o Estado e os interesses privados com a financeirização e aprofundamento da neoliberalização. Com isso, a lógica territorial do Estado[805] é subsumida à lógica da acumulação e do Mercado, em que o social tende a desaparecer e o espaço social converte-se em ativo financeiro, objeto de especulação. Naturaliza-se, assim, a competição da lei do mais forte com a destruição das instituições democráticas e a desregulação dos obstáculos ao Mercado.

Todavia, mesmo assim, o que se pode perceber nas últimas eleições de 2022 é um avanço e virada em relação à onda fascista conservadora. Porém, resta muito a ser feito. Interessa destacar que, em uma breve análise da distribuição espacial dos votos, tem-se que o presidente Luiz Inácio Lula da Silva

---

[803] BRAUN, J. Eleições 2022: pastores fazem pressão por voto e ameaçam fiéis com punição divina e medidas disciplinares. *BBC News Brasil*, São Paulo, 19 out. 2022.

[804] KOURLIANDSKY, J. J. Evangelismo, democracia e reação conservadora na América Latina. *Jornal GGN*, São Paulo, 26 dez. 2019.

[805] ARRIGHI, G. Hegemony unravelling - I. *New Left Review*, London, n. 32, Mar./Apr. 2005.

teve um saldo positivo em quase todas as regiões metropolitanas do Nordeste, à exceção de Maceió, bem como na grande maioria das pequenas cidades, com menos de 100 mil habitantes; enquanto o seu opositor, Jair Messias Bolsonaro, teve um saldo positivo expressivo nas cidades com mais de 100 mil habitantes, as quais, em sua maioria, possuem mais recursos, infraestruturas e serviços. De fato, houve avanços e recuos em diversas áreas do país. Ou seja, não há blocos monolíticos nem lá, nem cá.

Dados do Tribunal Superior Eleitoral (TSE) registraram algumas mudanças entre 2018 e 2022. Em 2022, Luiz Inácio Lula da Silva ganhou em 98,9% das cidades do Nordeste, e 35 municípios do Rio Grande do Sul tiveram uma virada do PT entre 2018 e 2022. Enquanto Jair Bolsonaro avançou nos municípios do eixo da Belém-Brasília, Luiz Inácio Lula da Silva avançou no Sudeste e no Sul.

Jair Messias Bolsonaro teve um saldo positivo nas regiões metropolitanas de Curitiba, Brasília, Manaus, Goiânia e Rio de Janeiro, ao passo que Luiz Inácio Lula da Silva ganhou de forma mais contundente nas regiões metropolitanas de Salvador, São Paulo, Fortaleza, Teresina e Recife.

Os saldos de votos podem ser observados no Gráfico 19.1, com dados do TSE[806]. Os maiores saldos em favor de Luiz Inácio Lula da Silva foram de Salvador (638.768 votos) e de São Paulo capital (486.437 votos), com uma miríade de municípios com menos de 100 mil habitantes, que, de acordo com os dados do IBGE[807], congregavam em torno de 45,26% da população em 2010, com saldos em torno de 70% a 95% dos votos válidos; enquanto Jair Messias Bolsonaro teve saldos mais expressivos na faixa de cidades com 100 mil habitantes até 1 milhão de habitantes, que congregavam 33,74% da população[808] em 2010, com uma margem de 50% a 80% dos votos válidos.

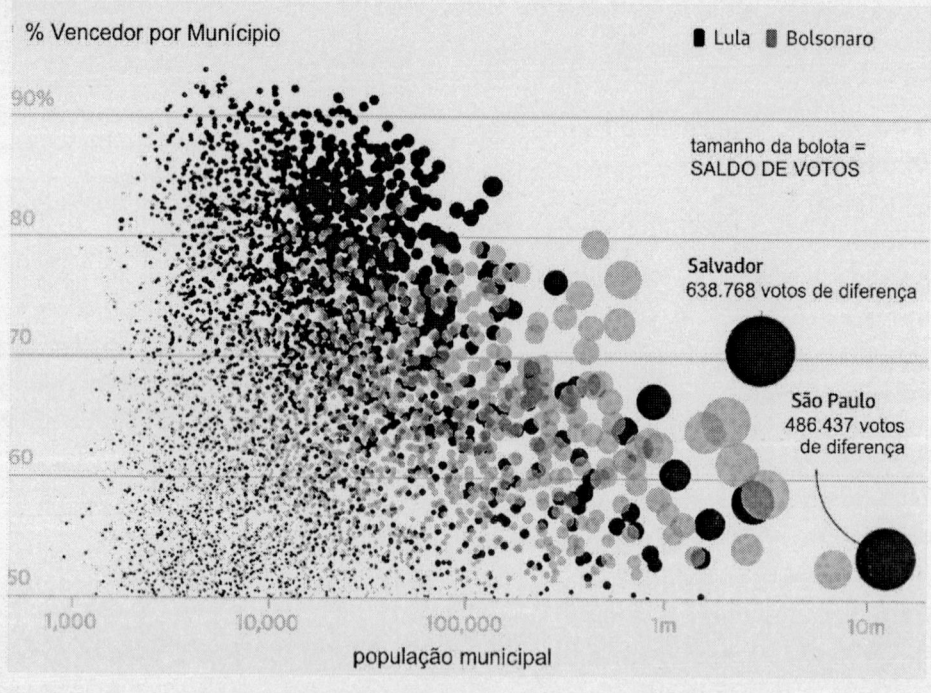

Gráfico 19.1 – Brasil, saldo de votos por município, eleições presidenciais (segundo turno, 2022)

Fonte: gráfico extraído do *The Guardian*, dados do TSE (2010)

---

[806] TSE, 2022.
[807] INSTITUTO BRASILEIRO DE GEOGRAFIA E ESTATÍSTICA (IBGE). *Censo demográfico*. Rio de Janeiro: Fundação IBGE, 2010.
[808] IBGE, 2010.

Tupi or not tupi? That's the question[809]

Enfim, como mudar? Àqueles cujo argumento seria planejar, só resta dizer que o planejamento é um instrumento reformista, não tem e não é uma bala de prata para a resolução dos males que afligem a sociedade. De fato, o que já se apontou por diversas vezes é a necessidade de vontade política, de uma ação e práxis social transformadoras na perspectiva do humano. Nas palavras de Oswald de Andrade em seu *Manifesto antropofágico* de 1928, "Queremos a Revolução Caraíba. Maior que a Revolução Francesa. A unificação de todas as revoltas eficazes na direção do homem. Sem nós a Europa não teria sequer a sua pobre declaração dos direitos do homem."[810].

No entanto, como conscientizar a população? O que fazer? Como romper o casulo evangelizador? Como avançar? Para tanto, é necessário buscar meios de transformar a sociedade. Esse é um processo lento, que requer mudar, ainda que gradualmente, as práticas espaciais, aprender com as diferenças interculturais[811], degluti-las em consonância com a antropofagia e, com isso, criar fissuras que permitam pouco a pouco subverter o sistema. Parafraseando Lefebvre[812], o potencial para mudar reside nos movimentos sociais que buscam contribuir para a emancipação social e a construção de uma sociedade equânime e justa na perspectiva do direito à cidade, do direito à vida e do humano, na superação das diferenças de gênero, raça e identidade. Cabe, portanto, fortalecer e empoderar os movimentos sociais, resgatar a Política e os partidos políticos programáticos.

A democracia liberal carece ser revista e questionada em uma perspectiva equânime. É imperativo um resgate da sociabilidade[813] como aceitação do outro, do diferente, da alteridade, e, para isso, é necessário desconstruir as falácias de uma realidade alternativa, romper o isolamento imposto pelas redes sociais.

Urge sonhar com os pés no chão, no presente, para projetar o futuro e resgatar o pensamento utopiano de Lefebvre[814] e de Bloch[815] na perspectiva da transformação social.

Referências

ANDRADE, C. D. *Poesias*. Rio de Janeiro: José Olympio, 1942.

ANDRADE, O. Manifesto antropófago. *In*: ANDRADE, O. *Do pau-brasil à antropofagia e às utopias*. Rio de Janeiro: Civilização Brasileira, 1972a. p. 11-21. Originalmente publicada em 1928.

ANDRADE, O. Um aspecto antropofágico da cultura brasileira: o homem cordial. *In*: ANDRADE, O. *Do pau-brasil à antropofagia e às utopias*. Rio de Janeiro: Civilização Brasileira, 1972b. p. 139-144.

ÁREAS controladas por milícias no Rio de Janeiro crescem 387% em 16 anos. *Rede Brasil Atual*, São Paulo, 13 set. 2022. Disponível em: https://www.redebrasilatual.com.br/cidadania/areas-controladas-por-milicias-no-rio-de-janeiro-crescem-387-em-16-anos/. Acesso em: 15 set. 2023.

---

[809] ANDRADE, O. Manifesto antropófago. *In*: ANDRADE, O. *Do pau-brasil à antropofagia e às utopias*. Rio de Janeiro: Civilização Brasileira, 1972a. p. 11-21. Originalmente publicada em 1928.
[810] *Ibidem*, p. 14.
[811] WALSH, C. Interculturalidad, conocimientos y decolonialidad. *Signo y Pensamiento*, Bogotá, v. 24, n. 46, p. 39-50, 2005.
[812] LEFEBVRE, H. *The production of space*. London: Blackwell, 1996.
[813] RIBEIRO, A. C. T. Sociabilidade hoje: leitura da experiência urbana. *Caderno CRH*, Salvador, v. 18, n. 45, p. 411-422, set./dez. 2005.
[814] LEFEBVRE, H. Dissolving city, planetary metamorphosis. *Environment and Planning D*: Society and Space, London, v. 32, n. 2, p. 203-205, 2014.
[815] BLOCH, E. *El principio esperanza*. Madrid: Trotta, 2004.

ARRIGHI, G. Hegemony unravelling - I. *New Left Review*, London, n. 32, Mar./Apr. 2005.

BLOCH, E. *El principio esperanza*. Madrid: Trotta, 2004.

BORGER, J. American carnage: how Trump's mob ran riot in the Capitol. *The Guardian*, London, Jan. 7, 2021. Disponível em: https://www.theguardian.com/us-news/2021/jan/06/trump-capitol-american-carnage-washington. Acesso em: 15 set. 2023.

BRASIL. *Lei 9.504 de 30 de setembro de 1997*. Estabelece normas para as eleições. Brasília: Presidência da República, 1997. Disponível em: http://www.planalto.gov.br/ccivil_03/leis/l9504.htm. Acesso em: 15 set. 2023.

BRASIL. Tribunal Superior Eleitoral. *Resultados das eleições de 2018*. Brasília: TSE, 2019. Disponível em: https://www.tse.jus.br/eleicoes/resultados-eleicoes. Acesso em: 15 set. 2023.

BRASIL. Tribunal Superior Eleitoral. *Resultados das eleições de 2022*. Brasília: TSE, 2022. Disponível em: https://www.tse.jus.br/eleicoes/resultados-eleicoes. Acesso em: 15 set. 2023.

BRAUN, J. Eleições 2022: pastores fazem pressão por voto e ameaçam fiéis com punição divina e medidas disciplinares. *BBC News Brasil*, São Paulo, 19 out. 2022. Disponível em: https://www.bbc.com/portuguese/brasil-63209750. Acesso em: 20 mar. 2023.

CAMINHOS da reportagem: 8 de janeiro - a democracia de pé. *Agência Brasil*, Brasília, 12 fev. 2023. Disponível em https://agenciabrasil.ebc.com.br/geral/noticia/2023-02/caminhos-da-reportagem-8-de-janeiro-democracia-de-pe. Acesso em: 15 set. 2023.

DAVIES, R.; ISAAC, A.; INMAN, P. UBS agrees to takeover of stricken Credit Suisse for $3.25bn. *The Guardian*, London, Mar. 19, 2023. Disponível em: https://www.theguardian.com/business/2023/mar/19/credit-suisse-bank-of-england-wont-object-to-takeover-as-ubs-considers-1bn-bid. Acesso em: 15 set. 2023.

FIORI, J. L. *História, estratégia e desenvolvimento*. São Paulo: Boitempo, 2014.

FRANCE protests: the voices of the 'gilets jaunes'. *BBC News*, London, Dic. 8, 2018. Disponível em: https://www.bbc.com/news/world-europe-46480867. Acesso em: 15 set. 2023.

INSTITUTO BRASILEIRO DE GEOGRAFIA E ESTATÍSTICA (IBGE). *Censo demográfico*. Rio de Janeiro: Fundação IBGE, 2010.

INSTITUTO BRASILEIRO DE GEOGRAFIA E ESTATÍSTICA (IBGE). *Classificação e caracterização dos espaços rurais e urbanos do Brasil*: uma primeira aproximação. Rio de Janeiro: IBGE, 2017.

JESSOP, B. Liberalism, neoliberalism, and urban governance: a State-theoretical perspective. *Antipode*, London, v. 34, n. 3, p. 452-472, 2002. DOI 10.1111/1467-8330.00250.

KOURLIANDSKY, J. J. Evangelismo, democracia e reação conservadora na América Latina. *Jornal GGN*, São Paulo, 26 dez. 2019. Disponível em: https://jornalggn.com.br/artigos/evangelismo-democracia-e-reacao-conservadora-na-america-latina/. Acesso em: 15 set. 2023.

LEFEBVRE, H. Dissolving city, planetary metamorphosis. *Environment and Planning D*: Society and Space, London, v. 32, n. 2, p. 203-205, 2014.

LEFEBVRE, H. *O direito à cidade*. São Paulo: Documentos, 1969.

LEFEBVRE, H. *The production of space*. London: Blackwell, 1996.

LIMONAD, E. Contra o urbanismo inóspito: desconstruindo o Porto Maravilha. *Ar@cne*, Barcelona, v. 26, n. 265, 1 abr. 2022. DOI 10.1344/ara2022.265.39293.

LIMONAD, E. Navegar é preciso, viver não é preciso, o que é necessário é criar: da geopolítica urbana latino-americana aos comuns urbanos, alguns apontamentos. *In*: BARROS, A. M. L.; ZANOTELLI, C. L.; ALBANI, V. (org.). *Geografia urbana*: cidades, revoluções e injustiças entre espaços privados, públicos, direito à cidade e comuns urbanos. Rio de Janeiro: Consequência, 2020. v. 1, p. 445-464.

LIMONAD, E. *Os lugares da urbanização*: o caso do interior fluminense. 1996. Tese (Doutorado em Planejamento Urbano e Regional) – USP, São Paulo, 1996. Disponível em: https://www.teses.usp.br/teses/disponiveis/16/16131/tde-27042005-162418/publico/1996_Limonad_Os_Lugares_da_Urbanizacao.pdf. Acesso em: 15 set. 2023.

LIMONAD, E. Regiões reticulares: breves considerações para entender as novas formas urbanas. *Cidades*, Chapecó, v. 7, n. 11, p. 161-177, 2010. DOI 10.36661/2448-1092.2010v7n11.12229.

RANDOLPH, R. Expansão, implosão e explosão urbana nas fronteiras das metrópoles: em busca de características particulares da sociedade urbana. *In*: MAIA, D. S.; RODRIGUES, A. M.; SILVA, W. R. (org.). *Expansão urbana*: despossessão, conflitos, diversidade na produção e consumo de espaço. João Pessoa: UFPB, 2020. v. 1, p. 15-63.

REICH, W. *Psicologia de massa do fascismo.* Porto: Escorpião, 1974. Publicada originalmente em 1933.

RIBEIRO, A. C. T. Sociabilidade hoje: leitura da experiência urbana. *Caderno CRH*, Salvador, v. 18, n. 45, p. 411-422, set./dez. 2005. Disponível em: https://portalseer.ufba.br/index.php/crh/article/view/18535. Acesso em: 20 ago. 2018.

SASSEN, S. *Expulsões*: brutalidade e complexidade na economia global. Rio de Janeiro: Paz e Terra, 2016.

SENRA, R. Perseguição contra cristãos já começou no Brasil: só que dentro da igreja. *BBC News Brasil*, Londres, 18 out. 2022. Disponível em: https://www.bbc.com/portuguese/brasil-63285936. Acesso em: 20 mar. 2023.

WALSH, C. Interculturalidad, conocimientos y decolonialidad. *Signo y Pensamiento*, Bogotá, v. 24, n. 46, p. 39-50, 2005.

MOBILIZAÇÃO DO ESPAÇO E NEOLIBERALISMO

Isabel Pinto Alvarez

Ao refletir sobre as relações entre Estado, espaço e planejamento e as possibilidades de apropriação das cidades no momento atual, uma questão central emergiu: é possível pensar a transformação das cidades em direção à maior justiça espacial, no neoliberalismo?

Partindo da geografia e, especificamente, de uma geografia crítica que tem por fundamento a produção do espaço como uma via de análise e uma orientação de método, e tendo a metrópole de São Paulo como lócus de observação empírica, construímos a hipótese de que no neoliberalismo há uma mudança qualitativa no sentido do que a produção do espaço alcança, no processo de acumulação e na reprodução das relações sociais de produção. Essa nova condição, que tendencialmente anuncia a produção do espaço como ativo financeiro, revela novos conteúdos da relação entre Estado, planejamento e produção do espaço, ao mesmo tempo que ilumina a compreensão do aprofundamento dos processos de segregação socioespacial e do acirramento das lutas pelo espaço.

Nesse sentido, discutir sobre as possibilidades de maior justiça espacial e sobre um horizonte de superação das condições concretas de vida nas nossas cidades requer que o reconhecimento das particularidades da produção do espaço e dos instrumentos (normativos, políticos) de gestão locais sejam compreendidos em articulação e contradição com elementos e processos de ordem distante, que dizem respeito à dinâmica mais geral do desenvolvimento capitalista. Nesse caminho, parece-nos potente a noção de mobilização do espaço formulada por Henri Lefebvre[816].

À luz da obra de Lefebvre, podemos pensar a mobilização do espaço em duas escalas. Num primeiro momento, como sendo o movimento que explicitaria o deslocamento de capitais para a produção do espaço, em grande escala, aprofundando a sua produção como mercadoria, contendo valor, valor de uso e valor de troca[817]. Podemos dizer, conforme Lefebvre[818], que a produção do espaço se torna um setor da economia, porque contém o imobiliário, que, de setor secundário, torna-se fundamental em momentos de crise. Olhando para esse processo, a mobilização do espaço significa a generalização da produção do espaço como mercadoria, a implosão dos centros e explosão do tecido urbano, tomadas pela sua inserção no processo geral de acumulação, como produto e condição da reprodução das relações de produção. Esse é um processo extenso e desigual que se delineia ao longo de todo o século XX, com a ação do Estado e do planejamento territorial, fundamentando a constituição da sociedade urbana, e do cotidiano. Dessa perspectiva, o espaço inteiro pode ser compreendido como força produtiva, uma vez que, tendencialmente, os espaços-tempo da vida se realizam pelo mercado, implicando

---

[816] LEFEBVRE, H. *Espaço e política*. 2. ed. Belo Horizonte: UFMG, 2016; LEFEBVRE, H. *La producción del espacio*. Madrid: Capitán Swing Libros, 2013.
[817] A compreensão da produção do espaço como mercadoria, bastante elaborada em pesquisas e trabalhos realizados no âmbito do Programa de Pós-Graduação em Geografia Humana da Universidade de São Paulo (USP), desde o fim dos anos 1970. Para conhecimento, acessar o "Dossiê 40 anos de geografia crítica", disponível em: https://www.revistas.usp.br/geousp/issue/view/10714. Acesso em: 15 set. 2023.
[818] LEFEBVRE, 2016.

a homogeneização, fragmentação e hierarquização do espaço e o predomínio da centralidade enquanto reunião (de produtos, de serviços, do poder político) se sobrepondo à centralidade do encontro, do lúdico, da contemplação.

As cidades que conhecemos atualmente são, ainda que desigualmente, condição, produto e meio[819] desse movimento, e a noção de mobilização do espaço permite-nos também compreender os conteúdos e contradições das transformações intraurbanas como parte do processo geral de produção e circulação do capital que se realiza pela produção do espaço. Ao considerar a densidade, concentração e distribuição das formas e volumes, bem como a morfologia urbana como produto e necessidade da produção e circulação do capital, abre-se a possibilidade de uma reflexão em torno de uma composição orgânica desigual do espaço e seus desdobramentos.

A inserção dessa dimensão material do urbano como valor implica também pensar seus processos de desvalorização [obsolescência física e/ou social (como produto do mercado imobiliário)] e a condição espacial como potência para a revalorização. Nesse aspecto, ganha centralidade o Estado e o planejamento, uma vez que é o domínio do Estado sobre o espaço, garantindo a propriedade privada da terra, e mediante as normas e os instrumentos urbanísticos, a distribuição dos investimentos públicos, que mobiliza fragmentos do espaço, abrindo fronteiras à valorização e produzindo/aprofundando, ao mesmo tempo, o seu inverso, a segregação socioespacial. Tal processo tem contornos diferenciados e desiguais nos países centrais e nos dependentes ao longo da história, mas refletir sobre as possibilidades concretas de apropriação do espaço urbano exige discutir sobre a relação entre planejamento e produção do espaço.

Esse movimento do econômico e do político, no entanto, comporta inevitavelmente também o nível social[820], pois a reprodução da vida está implicada diretamente na produção do espaço e nas possibilidades e impossibilidades de sua apropriação. Como assinala Carlos[821], a produção do espaço é socializada, mas a sua apropriação é privada, uma vez que o espaço é produzido como mercadoria e a propriedade privada se constitui na mediação fundamental para acessá-lo. Neste sentido, duas ordens de processos permitem-nos compreender a segregação socioespacial: de um lado, a divisão social do trabalho, que, entre outras dimensões, define o lugar de cada um na apropriação de parte da riqueza socialmente produzida, ou seja, as classes sociais e suas frações. De outro, a mobilização do espaço como parte do processo geral de produção e circulação do capital, o que situa a produção do espaço, essa dimensão fundamental da reprodução da vida, diretamente no campo da economia capitalista, ainda que com singularidades e contradições específicas, como a propriedade privada da terra.

Num primeiro momento, procuramos mostrar a emergência do Estado planejador numa sociedade que se urbanizava e industrializava; discute-se a importância das políticas sociais e, portanto, da existência de um fundo público na reprodução social e na produção das cidades. A execução dessas políticas que se consubstanciaram em direitos se tornou parte intrínseca do Estado capitalista e, da mesma forma, compuseram a produção das cidades como meio de consumo coletivo.

Percebe-se nas últimas décadas a constituição de um movimento de ruptura desse processo, em função da crise de acumulação, da reestruturação produtiva que a acompanha, e das mudanças do papel do Estado na gestão do social, e, portanto, no tocante às políticas sociais e ao planejamento do espaço. No contexto de uma crescente preponderância das finanças como elemento central da

---

[819] CARLOS, A. F. *A condição espacial*. São Paulo: Contexto, 2011.
[820] LEFEBVRE, H. *O direito à cidade*. São Paulo: Centauro, 2001; LEFEBVRE, H. *A revolução urbana*. Belo Horizonte: UFMG, 2004.
[821] CARLOS, A. F. A. Segregação socioespacial e o "direito à cidade". *Geousp*: Espaço e Tempo, São Paulo, v. 24, n. 3, p. 412-424, 2021.

acumulação, a produção do espaço revela-se não apenas como produção de mercadoria, mas como ativo financeiro, conforme os nexos entre os títulos mobiliários negociados na esfera das finanças e a produção de bens imobiliários; nexos que são constituídos pela mediação do Estado. A constituição de espaços financeirizados e a segregação socioespacial na metrópole de São Paulo, por exemplo, se aprofundam. Há um claro deslocamento do papel do Estado na gestão da reprodução social a partir das políticas sociais, o que inclui as políticas de espaço. Novas fronteiras à expansão do capital privado e das finanças abrem-se nos grandes centros urbanos, e a disputa pelo fundo público que sustentava essas políticas torna-se um elemento-chave no neoliberalismo. Trata-se da luta de classes, mais do que nunca deslocada para a esfera do Estado e para as lutas pelo espaço, revelando o aprofundamento da crise urbana. É possível observar, pensando em São Paulo, como políticas e planos formulados sob a justificativa de regulação dos ganhos do mercado imobiliário e da produção do espaço abriram fronteiras ao capital e ao controle de fragmentos do espaço pelos capitais privados que se movem em busca de uma produção em grande escala.

O Estado planejador e a produção da cidade como capital fixo e bem de consumo coletivo

A relação entre Estado, planejamento e espaço conforma-se ao longo do século XX apresentando arranjos institucionais, concepções e diretrizes que compõem um *modus operandi* até os anos 1970 nos países centrais e nos anos 1980/1990 no Brasil. Entende-se que é a conformação de um fundo público (que compõe as receitas e fontes orçamentárias do Estado), oriundo em grande parte do trabalho, que viabiliza a realização do Estado como provedor de políticas sociais, de um lado, e como planejador, de outro, especialmente no pós-guerra.

Como assinala Marques[822], historicamente, a criação de legislação protetiva foi derivada da própria luta e organização dos trabalhadores e teve grande importância na expansão do assalariamento, sendo fundamental para garantir que os despossuídos se fixassem como assalariados. A autora revela que as primeiras normatizações nesse sentido passaram a existir em alguns países da Europa já a partir de 1880, e no Brasil a partir de 1919. Mas foi com a expansão do fordismo e do taylorismo nos pós-Segunda Guerra que o Estado passou a organizar o financiamento de um sistema proteção social, ampliando o espectro dessa proteção, que inicialmente se relacionava basicamente aos acidentes e mortes decorrentes do trabalho, para o amparo na velhice, no desemprego, a oferta de habitação à população de baixa renda, o acesso à educação e à qualificação profissional, a garantia de renda. Em suas palavras: "Foi o início da estruturação daquilo que ficou conhecido como Estado do Bem-Estar"[823].

Ainda que essa condição tenha sido um fundamento da ação do Estado nos países centrais, é preciso ressaltar que há muitas diferenças entre eles no modo de execução desse sistema protetivo, e nos países dependentes, mesmo naqueles que se industrializaram no bojo da expansão mundial do fordismo, a universalização dos direitos não se realizou na mesma medida em que a produtividade do trabalho se ampliava. No caso do Brasil, reconhece-se que é a partir do governo de Getúlio Vargas, e no bojo da emergência de novas classes sociais, que há um aparelhamento do Estado brasileiro no sentido de constituir mecanismos de regulação da força de trabalho, de criação de políticas sociais

---

[822] MARQUES, R. M. Proteção social e capitalismo: socializando o "desenvolvimento". *In*: MARANGONI, G. (org.). *A volta do Estado planejador*: neoliberalismo em xeque. São Paulo: Contracorrente, 2022. Cap. 5.

[823] *Ibidem*, p. 151.

e de crescimento. Segundo Cardoso[824], a inclusão dos trabalhadores na dinâmica social e na vida política institucional deu-se, em grande parte, por meio da regulação do mercado de trabalho pelo Estado e pela criação de um precário sistema de proteção social.

Já Offe e Lenhardt[825] entendem as políticas sociais como conteúdo funcional do Estado capitalista, que resultariam da tentativa de compatibilidade de estratégias entre as necessidades e exigências dos trabalhadores e as necessidades do capital, que são contraditórias e, por isso, são sempre conflitivas, colocando em xeque a capacidade de conciliação e de execução do próprio Estado. As necessidades dos trabalhadores expressas pelas lutas políticas são permeadas por estruturas da organização estatal, que definem quais necessidades serão atendidas e de que modo. Por isso, para os autores, políticas sociais estatais são um importante mecanismo de regulação da força de trabalho, e constituíram-se num pilar fundamental de integração da força de trabalho ao assalariamento, e mesmo de seu controle quantitativo, especialmente ao longo do século XX. Na visão dos autores: "A política social não é mera 'reação' do Estado aos problemas da classe operária, mas contribui de forma indispensável para a constituição dessa classe". Nessa compreensão, o Estado é parte na conformação da classe trabalhadora assalariada, por meio das políticas sociais. Por esse caminho, o alcance reduzido das políticas sociais protetivas no Brasil não pode ser colocado como resultado apenas de um Estado patrimonialista, mas sim estas devem compreendidas no âmbito de um Estado que no período industrializante fomenta o assalariamento não apenas via regulação do trabalho, mas também ao não garantir proteção social aos não assalariados, produzindo uma estratificação de difícil mobilidade no seio da divisão social do trabalho.

Analisando a ação do Estado e seu papel na reprodução das relações de produção, Oliveira[826] discute sobre como o fundo público, e a disputa por ele deslocou, de certa maneira, a luta de classes para o que conceituou esfera pública, focando sua análise nos países centrais. Segundo o autor, há um movimento de passagem de sua constituição como excedente, para sua posição como pressuposto na reprodução geral da sociedade. Em suas palavras[827],

> [...] o fundo público, em suas diversas formas, passou a ser o pressuposto do financiamento da acumulação de capital de um lado e, de outro, da reprodução da força de trabalho atingindo globalmente a população por meio dos gastos sociais.

O autor conceitua-o, então, como antivalor[828]. Trata-se do momento no qual o financiamento público da reprodução do capital se torna estrutural no capitalismo, ao mesmo tempo que a forma democrática burguesa do Estado absorve a condição de distribuir (conforme a luta e pressão social e a própria necessidade do capital de reduzir parte dos custos relativos à força de trabalho) o fundo público na produção de bens universais de modo a garantir a reprodução da força de trabalho e, desse modo, possibilitar a expansão do consumo de massa. Podemos dizer que o fundo público se torna uma baliza do grau de exploração da força de trabalho.

---

[824] CARDOSO, A. Estado e classes trabalhadoras no Brasil. *In*: MARANGONI, G. (org.). *A volta do Estado planejador*: neoliberalismo em xeque. São Paulo: Contracorrente, 2022. Cap. 12.

[825] OFFE, C.; LENHARDT, G. Tentativas de explicação político-sociológica para as funções e os processos inovadores da política social. *In*: OFFE, C. (org.). *Problemas estruturais do estado capitalista*. Rio de Janeiro: Tempo Brasileiro, 1984. p. 9-53.

[826] OLIVEIRA, F. *Os direitos do antivalor*: a economia política da hegemonia imperfeita. Petrópolis: Vozes, 1998.

[827] *Ibidem*, p. 20.

[828] Para o autor, o fundo público na sociedade capitalista do século XX é uma condição *ex-ante* da reprodução de capitais particulares e, ao mesmo tempo, ao se tornar salário indireto, permite a socialização dos custos de produção, liberando os investimentos em capital constante e alterando as relações de medida que expressam a composição das taxas de lucro, uma vez que esse fundo não se insere na produção como valor.

Ainda conforme Oliveira[829], a produção desses bens e serviços sociais pelo Estado, valendo-se do fundo público, manifesta-se concretamente então como direitos[830], conformando parte importante das necessidades de reprodução da força de trabalho (os chamados ganhos indiretos).

Vemos que há algumas nuances de diferenças entre os três autores que tratam da ação do Estado no tocante ao provimento das políticas sociais, a partir, sobretudo, da Segunda Guerra. Mas, desse debate, aqui muito reduzido, consideramos importante destacar: a) a relação entre as políticas sociais de Estado e o processo de acumulação na conformação da classe assalariada e na sua reprodução a baixo custo para os capitalistas; b) a importância do provimento de investimentos estatais a fundo perdido, mas cujas interações sociais e espaciais viabilizavam a circulação do capital em diferentes temporalidades, de certa forma sustentando um crescimento de longo prazo, e, nos países centrais, uma sociedade de consumo de massa e de uma social-democracia. Evidentemente, essa universalização não se realizou do mesmo modo nos países periféricos, como o Brasil, onde a destinação do fundo público se direcionou sobretudo para a produção direta de capital fixo, como infraestrutura de transportes e energia e/ou para a produção de bens de capital de lento e baixo retorno, abrindo fronteiras a capitais privados, já oligopolizados, nacionais e estrangeiros. Estamos considerando como fundos públicos os recursos que viabilizam os gastos e investimentos do Estado e que são oriundos de tributos variados e da emissão de títulos públicos (do endividamento), por exemplo.

No caso do Brasil, Marques[831] assinala que o precário sistema de proteção social, como a aposentadoria e outros recursos previdenciários, consolidou-se principalmente por recursos oriundos do próprio mercado formal de trabalho, em expansão até os anos 1980. Mas, ainda assim, os fundos públicos também foram empenhados na oferta de serviços de saúde, obras de saneamento, distribuição de energia, rede escolar básica e superior, produção de habitação, compondo os salários indiretos de parte da classe trabalhadora brasileira, que se tornava cada vez mais urbana e vinculada direta ou indiretamente à produção industrial que avançava. É preciso destacar que esses serviços foram restritos e estiveram ao alcance, principalmente, da classe média branca (caso da habitação e do ensino superior) nos grandes centros urbanos. A universalização do Sistema Único de Saúde (SUS) é posterior à Constituição de 1988. Para boa parte da população do país, a única face do sistema social protetivo era o sistema previdenciário e, ainda assim, alcançado desde que houvesse contribuição (menos para os trabalhadores rurais).

A conformação dessa funcionalidade do Estado capitalista encontrou correspondência no avanço do planejamento do espaço, sobretudo no planejamento urbano, tendo em vista que o processo de acumulação centrado na indústria induziu à urbanização, e à concentração e à centralização de capitais nos grandes centros urbanos. Harvey[832] analisa a urbanização que emerge com a consolidação e expansão do fordismo para garantir a expansão da produção e do consumo. Ao sintetizar a circulação geral do capital, Harvey[833] chama a produção e circulação de mercadorias como o circuito primário do capital, de onde deriva a produção de excedentes e os deslocamentos de capital para a produção de bens de consumo coletivo como parte das fun-

---

[829] OLIVEIRA, 1998.

[830] A Declaração de Direitos Humanos da Organização das Nações Unidas (ONU) de 1948 aponta, no âmbito do sistema de Estados nacionais, o seu papel como provedor desses direitos. De um lado, tal declaração sinaliza a compreensão de que as contradições postas pela reprodução capitalista "seriam anuladas" pela ação do Estado, por meio da universalização de direitos, numa sociedade que tem por fundamento a reprodução da desigualdade e que, portanto, coloca esses direitos como direitos políticos. Porém, esses direitos são, em realidade, parte do trabalho não pago.

[831] MARQUES, 2022.

[832] HARVEY, D. *Los límites del capitalismo y la teoría marxista*. México: Fondo de Cultura Económica, 1990.

[833] Idem.

ções do Estado. Nesse processo contraditório de viabilizar a expansão do capital e a reprodução social, o planejamento do espaço (em diferentes escalas) consolidou-se também como uma das razões de ser do Estado.

Aqui nos encontramos com a noção de mobilização do espaço, e Lefebvre[834] permite-nos compreender como a produção do espaço vai se constituindo como um setor econômico, mas sobretudo como lócus da reprodução das relações sociais de produção, dando sobrevida ao capitalismo. O espaço deixa de ser suporte da produção e circulação do capital para inserir-se na sua dinâmica de reprodução, num movimento que implicou o alargamento da divisão social e espacial do trabalho e, portanto, na extensão da proletarização, na concentração e centralização do capital e na produção das cidades conforme as necessidades de um processo de acumulação de base produtiva. Esse movimento que vai da produção de mercadorias no espaço à produção do espaço como mercadoria requereu, do mesmo modo que a passagem da proletarização para o assalariamento, a presença do Estado, neste caso como planejador do espaço, expandindo uma nova fronteira de acumulação, definindo estratégias de intervenção, justificadas em possíveis compatibilidades entre os interesses da reprodução do capital e das necessidades dos trabalhadores, o que supôs não apenas a elaboração de planos (de diferentes tipos), mas a criação de uma tecnocracia e de uma série de políticas expressas em normas, leis, instituições, órgãos, que se articularam na execução parcial ou total desses planos. Assim, o Estado, que se mundializou ao longo do século XX, passou a legitimar também seu domínio sobre o espaço segundo o planejamento, vinculado aos compromissos do crescimento e da acumulação.

Lojikne[835] apreendeu que a urbanização decorrente desse processo dizia respeito à produção das condições gerais de produção. Na sua interpretação, o conjunto de equipamentos e serviços realizados pelo Estado constitui os meios de consumo coletivo, e sua extensa presença definiria a especificidade da cidade capitalista, para além da concentração e aglomeração de atividades produtivas. Sinaliza o autor a improdutividade desses meios do ponto de vista da criação de valor, diferenciando-os dos meios de circulação material, diretamente implicados no processo de produção da mais-valia. "[...] despesas sem retorno, na medida em que não criam nenhum valor, mas efetuam, ao contrário, uma punção de valor já criado"[836]. No entanto, como assinala o autor, os meios de consumo coletivo inserem-se como parte das condições gerais de produção. Podemos então pensar que parte das estratégias definidas do Estado enquanto políticas sociais se consolidou como produção do espaço, do qual emergia não apenas uma nova materialidade, mas as possibilidades de reprodução das relações de produção.

Assim, mais do que garantir as condições gerais de produção do capital, as cidades precisavam expressar a suposta racionalidade, eficiência, satisfação e beleza da sociedade de produção e consumo de massa. O urbanismo modernista ofereceu as concepções possíveis naquele momento, ao conceber as cidades segundo funções, que deveriam ser hierarquicamente separadas, ao privilegiar a circulação de automóveis, ao buscar, por meio das formas e da distribuição dos volumes, a inserção da arquitetura no bojo da constituição da sociedade de consumo de massa. As razões e os sentidos da produção industrial em escala acabaram por hegemonizar, enquanto concepção, o urbanismo modernista, abrindo-se a possibilidade da produção, em escala, da cidade e de seus fragmentos. A produção em massa direcionava-se a um tipo de homem e de cidade, fragmentada, assentada na

---

[834] LEFEBVRE, 2016.
[835] LOJKINE, J. *O estado capitalista e a questão urbana*. São Paulo: Martins Fontes, 1981.
[836] *Ibidem*, p. 132.

circulação e na separação dos tempos-espaços de reprodução da vida. Havia, na concepção, um ideal de sociedade: funcionalizada e hierarquizada, cujo sentido envolvia a incorporação desigual do proletariado, e os recursos dos fundos públicos exercem um papel fundamental nesse processo, ao serem direcionados para a edificação e operacionalidade dos bens de consumo coletivos.

Observa-se, portanto, o planejamento e a produção do espaço no seio das contradições do próprio Estado no movimento de reprodução capitalista. As políticas sociais, que de início diziam respeito a coberturas de riscos no trabalho, seguridade na velhice, estenderam-se a outras necessidades de reprodução do trabalhador (habitação, transporte, educação), e seu pleno funcionamento requereu a alocação de investimentos a fundo perdido no processo de urbanização como estratégia para criar as condições gerais de produção e a constituição de uma sociedade urbana profundamente alicerçada nos tempos e ritmos do trabalho fabril. Nesse processo, as lutas sociais deslocam-se para a distribuição dos fundos públicos, e, por isso, o Estado, via planejamento, apesar de tecnocrático e de atender cada vez mais aos interesses das grandes corporações, viabilizava em parte as necessidades de reprodução social.

Neoliberalismo, Estado e produção do espaço

Se o arranjo entre reprodução do capital, políticas sociais, produção e planejamento do espaço possibilitou a expansão do capital, intensificou a urbanização e constituiu parte da funcionalidade e do projeto do Estado no pós-guerra[837], ao fim dos anos 1960 e início dos 1970 já se vislumbravam sinais de crise na continuidade desse processo, sinalizando as transformações significativas no que diz respeito à relação entre produção e finanças no processo de acumulação, à relação entre capital e trabalho e ao modo como o Estado se organiza nesse novo momento. Segundo a análise de Chesnais[838], uma nova onda de expansão e mundialização do capital estava em curso, agora sob a dominância financeira. Nas palavras do autor[839],

> Depois de 30 anos, a "riqueza abstrata" tomou cada vez mais a forma de massas de capital dinheiro à busca de valorização, colocadas nas mãos de instituições cuja função é valorizar seus haveres de maneira puramente financeira, sem sair da esfera dos mercados de títulos fictícios, "derivados" de títulos, sem passar pela produção.

Esse novo padrão de acumulação, caracterizado pelo grande crescimento do setor financeiro em relação ao produtivo, pela integração dos mercados, pela maior fluidez e desregulamentação dos fluxos financeiros, vem se constituindo como resposta do capital à crise de superacumulação, conforme o movimento de formação do mercado de eurodólares, a maior flexibilidade dos fundos de pensão, o fim do acordo de Bretton Woods e a financeirização dos títulos das dívidas públicas. Esse processo tem implicado um grande movimento de ajuste político dos Estados, mudando a conformação funcional do período anterior. Como mostra Harvey[840], o processo de neoliberalização "tem sido o veículo do poder de classe" e está associado à ascensão das finanças como fundamento da acumulação. Localizando esse momento no fim dos anos 1970/início dos 1980, afirma ainda o autor: "Cada vez mais liberta das restrições e barreiras regulatórias que até então limitavam seu

---

[837] O modo como esse arranjo se realizou foi bastante diferenciado entre países centrais e periféricos. Em função dos lugares que ocupam na divisão internacional do trabalho e das condições internas concretas do processo de acumulação do capital, a constituição e distribuição dos fundos públicos apresentou variações significativas.

[838] CHESNAIS, F. As raízes da crise econômica mundial. *Revista Em Pauta [da] Faculdade de Serviço Social da Uerj*, Rio de Janeiro, v. 11, n. 31, p. 21-37, 2013.

[839] *Ibidem*, p. 30.

[840] HARVEY, D. *O neoliberalismo*: história e implicações. São Paulo: Loyola, 2005.

campo de ação, a atividade financeira pode florescer como nunca antes"[841]. Importa destacar neste momento que, no bojo do crescimento da atividade financeira, ocorre o que Barbosa[842] chamou de financeirização da dívida pública, que teria impulsionado a expansão das finanças em nível mundial. Tal processo se constitui na formação do mercado de eurodólares e nos empréstimos aos países dependentes na década de 1970, e, segundo a autora[843]:

> O Estado ampliou, de forma extraordinária, a oferta de títulos públicos nos mercados financeiros internacionais para financiar os crescentes déficits governamentais e refinanciar a própria dívida. Por outro lado, os grandes aglutinadores de capital passaram a comprar títulos públicos por seu grau elevado de liquidez e segurança quando emitidos na moeda interna.

Esse processo passa a ter implicações profundas no âmbito da funcionalidade do Estado no processo de acumulação. Se no período anterior os investimentos em políticas sociais, e na produção de bens de consumo coletivos, constituíram um dos pilares do crescimento da produção e acumulação capitalista, contemporaneamente a organização interna do Estado volta-se, em primeiro lugar, para pagar o serviço da dívida, uma vez que as instituições detentoras de grande parte dos títulos pressionam por medidas que possibilitem a liquidez de seus papéis, a taxas almejadas e crescentes. Tal condição, associada à aceleração dos processos de concentração e centralização do capital, que ampliam o domínio dos monopólios e oligopólios e a reestruturação produtiva, marcada pelas medidas de flexibilização dos contratos e direitos do trabalho, vem produzindo grandes transformações no mundo do trabalho. O trabalho por jornada, assalariado, com contrato formal e alguns direitos assegurados não abrange metade da força de trabalho mundial[844]. Ao mesmo tempo, a adoção de políticas de austeridade (que estão associadas ao pagamento do serviço da dívida), as privatizações, desregulamentações de direitos têm sido determinantes na crise social, que se aprofundou com a pandemia do novo coronavírus (Covid-19). De tal sorte, especialmente nos países dependentes, alarga-se a expressão demográfica dos "sobrantes", aqueles cuja sobrevivência é gerenciada ora por políticas de proteção intermitentes, ora por sopros de inserção mais integrada aos circuitos da força de trabalho e do consumo. Se no momento anterior o mote funcional do Estado com as políticas sociais era produzir e conformar a classe trabalhadora, o que parece estar posto no momento atual, com a paulatina quebra dos direitos ligados ao trabalho, é uma reversão desse processo, com o aprofundamento das desigualdades sociais e a colocação da vida de milhões de pessoas em risco, tendo em vista a falta de renda, o aumento da fome, a impossibilidade de acesso a tratamentos médicos e à habitação. O fundo público orienta-se antes à remuneração das finanças, em detrimento dos investimentos e gastos sociais, o que acaba também por ampliar as possibilidades de transformação de direitos antes financiados e coordenados diretamente pelo poder público em projetos de assistencialismo que envolvem a transferência e gerência de dinheiro público para empresas ou organizações do terceiro setor, numa ponta, e, na outra, a precarização do serviço.

Tal condição coloca ainda mais em xeque a produção da cidade como bem de consumo coletivo e o planejamento como mediação para o alcance de maior equidade e justiça espacial, uma vez que a austeridade fiscal e o pagamento do serviço da dívida passam a ser a principal função do Estado.

---

[841] *Ibidem*, p. 39.

[842] BARBOSA, F. F. Financeirização da dívida pública: um exame sobre a financeirização do capital na contemporaneidade. *Revista Pesquisa e Debate*, São Paulo, v. 33, n. 2(58), p. 1-27, 2020.

[843] *Ibidem*, p. 3.

[844] Segundo a Organização Internacional do Trabalho (OIT), mais de 60% da força de trabalho global trabalha no mercado informal, sem nenhuma proteção ou benefícios. Disponível em: https://news.un.org/pt/story/2022/02/1780332. Acesso em: 21 mar. 2023.

Importante destacar que a austeridade diz respeito fundamentalmente ao corte de gastos sociais para transferir recursos aos credores dos títulos da dívida, em sua maior parte bancos e investidores privados de alcance global. Trata-se, portanto, de uma política deliberada de captação dos fundos públicos, de privatizações de estatais, de venda de terras, recursos naturais e equipamentos públicos, associado à retirada de direitos e proteção do mundo do trabalho para garantir a liquidez das finanças que circulam no mercado mundial. Espoliação e exploração aprofundadas, eis o cerne do neoliberalismo. Tal condição escancara a desigualdade como fundamento da sociedade capitalista, revelando claramente que não há projeto de civilização nesse campo de sociabilidade do capital, especialmente neste momento de dominância das finanças.

A mobilização do espaço aprofunda-se. Lefebvre afirma que o espaço é estratégico e instrumental no capitalismo, sendo fundamental o papel do Estado em sua planificação[845]. Dessa perspectiva, o autor vê o espaço inteiro como força produtiva; e a "cidade, mais ou menos estilhaçada em subúrbios, em periferias e aglomerações satélites, torna-se ao mesmo tempo centro de poder e fonte de lucros imensos"[846]. Mas, se, como apontamos acima, há um deslocamento do fundo público para as finanças e se o Estado tem reduzido não apenas o arcabouço de recursos, mas a própria criação e manutenção de políticas sociais e direitos, é importante refletir sobre o sentido que a produção do espaço, enquanto uma produção socializada, mas apropriada privadamente, tem neste momento de dominância financeira.

Para argumentar em torno da centralidade que a produção do espaço assume na reprodução do capital e da sociedade, Lefebvre anuncia algumas hipóteses[847]: a) a de que, por comportar o setor da construção, cuja composição orgânica apresenta uma proporção maior de capital variável do que de capital constante, a produção do espaço torna-se um "contraponto" à tendência de queda da taxa de lucro, estimulando o deslocamento de capitais para o setor, especialmente em momentos de crise; b) a de que produção do espaço não comportaria apenas a possibilidade de valorização, mas também os ganhos advindos da especulação "através de uma mediação – o espaço – o dinheiro produz dinheiro"[848].

Estes dois aspectos são importantes para entender a problemática urbana hoje, uma vez que dizem respeito às possibilidades de ganhos segundo a produção do espaço: pelo processo de valorização, engendrado pelas novas construções de edifícios e infraestrutura e, portanto, de frações do capital industrial. Além disso, são a possibilidade de obtenção de renda derivada da propriedade, mas obtida num processo geral de valorização do espaço. No atual momento, a questão central não é a propriedade fundiária como depositária dessas rendas, mas sim a renda derivada da propriedade dos títulos mobiliários que circulam no mercado financeiro e que têm por fundamento a produção do espaço. Se no período anterior, com a generalização da produção do espaço como mercadoria, frações do valor eram capitaneadas pelos proprietários fundiários, construtoras e incorporadoras, atualmente, por meio dos nexos e entre o imobiliário e o financeiro (as normas, planos, leis), a produção do espaço é capitaneada por mais uma fração do capital: a dos títulos mobiliários que circulam na esfera financeira, com base na produção do espaço como ativo financeiro.

Carlos[849] analisou as transformações da metrópole de São Paulo valendo-se do cotidiano como o lugar de reprodução da vida e por onde os interesses globais se realizam, encontrando a formação de uma nova centralidade, marcada pela presença dos edifícios corporativos, num estudo pioneiro sobre

---

[845] LEFEBVRE, 2013, 2016.
[846] Ibidem, 2016, p. 140.
[847] Ibidem, p. 107.
[848] Idem.
[849] CARLOS, A. F. A. A reprodução da cidade como "negócio". In: CARLOS, A. F. A.; CARRERAS, C. Urbanização e mundialização: estudos sobre a metrópole. São Paulo: Contexto, 2005.

os nexos entre as finanças e o imobiliário na produção do espaço. Essa nova centralidade, localizada no setor sudoeste do município de São Paulo, seletiva, financeirizada, foi produzida com base no Estado, por meio do planejamento, a partir de 1995, quando foi anunciada a Operação Urbana Faria Lima (OUFL). Pela primeira vez no Brasil, transformações urbanas significativas num fragmento específico da metrópole seriam conduzidas segundo a venda de títulos mobiliários negociados na bolsa de valores, os chamados Certificados de Potencial Adicional de Construção, ou simplesmente Cepacs. O sucesso da OUFL foi tão grande que as operações urbanas com possibilidade de emissão de Cepacs se tornaram possíveis nacionalmente, quando da criação da Lei federal 10.275/2001, o Estatuto da Cidade. O capital encontrava, na mobilização de fragmentos do espaço urbano, caminhos traçados pelo Estado para sua ampla fluidez e realização, em espaços obsolescentes ou novos. É interessante observar, no processo de efetivação desses nexos entre as finanças e a produção do espaço, como conforme as normativas do planejamento urbano e as leis que estreitaram esses nexos, as tensões vão se constituindo na produção desse novo momento.

Como foi colocado anteriormente, ainda que o Estado produzisse, conforme os fundos públicos, bens que se tornaram de uso coletivos, isso não significa que as cidades tenham sido acessíveis igualmente a todos os habitantes, ainda mais nas metrópoles periféricas, como São Paulo. Em verdade, a metropolização de São Paulo, iniciada já nas primeiras décadas do século XX, foi forjada valendo-se de forte segregação socioespacial, de modo que, a partir do fim dos anos 1970, ainda em plena ditadura militar, houve uma crescente organização do movimento popular, associado a entidades de classe, frações da Igreja Católica, que se organizaram em torno das lutas urbanas, num movimento que ficou conhecido como "reforma urbana". Foi esse movimento intenso que se conseguiu, a duras penas, incluir na Constituição federal de 1988 os artigos relativos à função social da propriedade e à gestão democrática da cidade.

Porém, a regulamentação da lei que deveria orientar a produção e gestão das cidades só viria a ser aprovada em 2001, portanto já num contexto de inserção acelerada do Brasil nos processos de reestruturação produtiva e neoliberalismo[850]. Um momento embrionário dos nexos entre o imobiliário e o financeiro, no Brasil, situa-se nos anos 1990, quando em 1993 foi promulgada a lei que criava os Fundos de Investimento Imobiliário (FIIs)[851], e em 1997, no âmbito da reformulação do Sistema de Financiamento Imobiliário, foi criada a Lei 9.514, que, entre outros aspectos, criou os Certificados de Recebíveis Imobiliários (CRIs) e a alienação fiduciária de bens móveis, abrindo caminho para que os produtos imobiliários, e dívidas relacionadas a eles, pudessem circular por meio de certificados, títulos e cotas na bolsa de valores. A alienação fiduciária permite que os credores dos imóveis tenham a posse direta do bem, até que este seja totalmente quitado, garantindo-lhes a possibilidade de retomada do imóvel com maior liquidez.

Esses instrumentos legais mostram as mediações no âmbito do Estado brasileiro que abriram caminhos à produção do espaço como ativo financeiro. No plano municipal, como dissemos, essa abertura deu-se com a OUFL e a criação dos Cepacs, viabilizando a consolidação da nova centralidade de São Paulo, com uma grande quantidade de edifícios corporativos e ativos imobiliários dos FIIs, o que nos levou a compreendê-la como um espaço financeirizado[852].

---

[850] Os anos 1990 são marcados pelas políticas neoliberais no Brasil, e pelo aprofundamento da reestruturação produtiva, com uma forte onda de privatizações, corte de gastos sociais, reforma da previdência, além da política de juros altos que elevou enormemente a dívida brasileira.
[851] Os FIIs foram criados pela Lei federal 8.668/1993 e regulamentados pela Instrução Normativa 472/2008 da Comissão de Valores Mobiliários.
[852] ALVAREZ, I. P. A produção de espaços financeirizados na metrópole de São Paulo. In: FERREIRA, A.; RUA, J.; MATTOS, R. C. (org.). O espaço e a metropolização: cotidiano e ação. Rio de Janeiro: Consequência, 2017. p. 241-266.

Assim, o Estatuto da Cidade aprovado expressa exatamente as contradições e lutas pelo espaço, ao indicar, de um lado, a totalidade da cidade segundo a exigência dos planos diretores participativos, mas, de outro, inseriu no escopo dos instrumentos urbanísticos a possibilidade da produção de espaços de exceção, com a participação direta da iniciativa privada[853] e vinculados à negociação de títulos mobiliários, ao mesmo tempo que instituiu mecanismos de participação na gestão das cidades e apontou formalmente a possibilidade de melhor destinação da propriedade sob o princípio da função social da propriedade. Evidentemente, o estatuto e os planos diretores dele decorrentes são insuficientes para explicar o conjunto das transformações urbanas, mesmo na metrópole de São Paulo, onde foram recorrentemente utilizados para implementar, nesse primeiro momento, espaços de exceção, seletivos e fragmentados, fosse em antigas áreas industriais, fosse em áreas de centralidade incipiente ou no antigo centro da metrópole. Foi preciso uma arquitetura de crédito imobiliário, investimentos públicos diretos, e todo o aparato legal, técnico e político do Estado para produzi-los.

Vale ressaltar aqui que, em 2004, foi promulgada a Lei federal 11.079, que instituiu as normas das Parcerias Público-Privadas (PPPs) para que se que definissem contratualmente as possibilidades de concessão ao setor privado de serviços públicos, e as formas de sua remuneração. Ainda que ela não seja uma lei voltada para a produção ou gestão da cidade, tem sido um marco legal recorrente nas propostas urbanísticas e de habitação em São Paulo. Um exemplo é a PPP Habitacional do centro de São Paulo, cujo contrato foi firmado em 2015 com a construtora Canopus Holding para a construção, gestão de formação de condomínio, gestão do processo de ocupação e posterior manutenção de 14 mil unidades habitacionais, destinadas a famílias com renda de um a dez salários-mínimos[854], e as unidades devem se enquadrar como Habitação de Interesse Social (HIS) e Habitação de Mercado Popular (HMP). Para a construção dessas habitações, vários imóveis foram demolidos, muitos deles com população de baixa renda ou renda intermitente, que não se enquadra nos termos do contrato firmado. Trata-se de uma porção do centro de São Paulo que concentra uma grande quantidade de pessoas em situação de rua e também de dependentes químicos e que está sob a mira de vários projetos urbanos, como o que propõe a concessão urbanística do Terminal Santa Isabel e de uma área de 600 m ao seu redor. Paralelamente, a política destinada à população em situação de rua e dependentes químicos tem sido a do impedimento da sua presença e permanência.

Essa mobilização de fragmentos da metrópole de São Paulo constituiu-se no cerne do planejamento urbano nas últimas décadas, dentro de um marco político-neoliberal e profundamente mercadológico e cada vez mais vinculado a fundos e capitais de circulação internacional. Mas, ao contrário do que pode parecer à primeira vista, esses espaços de exceção não estão dissociados de um plano de conjunto do espaço urbano, nem de propostas de cunho distributivo e de caráter social. Ao contrário, reconhecendo as condições diferenciadas e desiguais do espaço urbano, é possível identificar distintos tipos de intervenção, bem como elencar instrumentos urbanísticos variados, compondo diversas possibilidades de investimentos e ritmos na mobilização do espaço. Aqui importa o espaço como condição e suas qualidades distintivas, contendo a produção e circulação de diferentes capitais e se realizando como parte desses ciclos.

---

[853] As operações urbanas consorciadas e a concessão urbanística são exemplos de instrumentos que se vinculam diretamente à participação do setor privado nas transformações urbanas.

[854] Essa PPP, envolvendo o governo estadual de São Paulo e a Canopus Holding, foi a primeira para produção habitacional, no Brasil. Mais detalhes podem ser consultados em: http://www.habitacao.sp.gov.br/icone/detalhe.aspx?Id=9. Acesso em: 30 set. 2023.

É nesse contexto que identificamos uma reestruturação urbana produtiva em curso em SP. No caso da metrópole de São Paulo, é exatamente sua extensão, densidade, diferenciação e desigualdade que viabiliza sua reprodução como força produtiva. O Plano Diretor Estratégico (PDE) de 2014[855] e a Lei de Zoneamento de 2016 de São Paulo parecem indicar esse processo, ao reconhecerem qualidades distintivas em fragmentos espaciais por toda a metrópole e apontarem suas transformações com instrumentos diferenciados, delineando uma reestruturação urbana produtiva. Mesmo apresentando princípios de maior equidade social e espacial, como ao estimular o lançamento e adensamento de unidades residenciais próximas aos eixos de transporte, essa produção não se autonomiza da busca incessante de valorização e/ou remuneração das diferentes frações do capital envolvidas. É nesse contexto que a habitação social emerge como o elemento pelo qual o Estado se legitima, mesmo com a inserção cada vez maior do setor privado produtivo e de fundos de investimento, uma vez que a política se destina "ao atendimento de necessidades sociais".

Essa legitimação parece ser o mote de mais uma iniciativa da Prefeitura Municipal de São Paulo no campo da moradia popular, o programa Pode Entrar, lançado em 2021 via Lei 17.638, que prevê a entrega de 40 mil unidades habitacionais até 2024. Chama atenção, nesse programa, a possibilidade de a prefeitura adquirir empreendimentos inteiros em construção ou já prontos que estejam ociosos. Sob uma listagem desses empreendimentos, serão emitidas as cartas de crédito para que os beneficiários possam adquirir o imóvel e financiá-lo. Assim, sob a justificativa da necessidade de celeridade no atendimento das famílias, o programa vai viabilizar a realização de empreendimentos ociosos, num contexto em que, desde 2016, o município vem apresentando crescimento dos lançamentos de imóveis residenciais, principalmente do chamado setor econômico. Segundo dados do Sindicato das Empresas de Compra, Venda, Locação ou Administração de Imóveis Residenciais ou Comerciais (Secovi/SP), em 2021 foram lançadas 81.400 unidades residenciais, sendo 35.700 do setor econômico. No mesmo ano, foram vendidas 66.100 unidades[856].

Mas, se há um crescimento dos lançamentos imobiliários, as possibilidades de acesso estão cada vez mais distantes de boa parte da população. Segundo o Censo da População em Situação de Rua do Município de São Paulo, em 2022 contabilizavam-se mais de 31 mil pessoas em situação de rua na cidade[857]. Se os anos 1990 foram o início das políticas neoliberais, houve continuidade das estruturas macroeconômicas nos anos 2000, mas algumas políticas sociais e de crescimento econômico permitiram uma melhoria das condições de vida, sobretudo dos mais vulneráveis. No entanto, a partir do golpe de estado de 2016 e da subsequente aprovação da Proposta de Emenda Constitucional 55/2016, o corte do orçamento para áreas sociais, as reformas posteriores, a trabalhista, a da previdência[858], o enfraquecimento dos sindicatos e os desdobramentos da pandemia amplificaram as desigualdades sociais e colocaram a classe trabalhadora brasileira menos qualificada em condições de grande dificuldade de sobrevivência.

Este processo sinaliza a hipótese de que a funcionalidade do Estado enquanto provedor de políticas sociais universais parece estar em desalinho com as necessidades do processo de acumulação do capital, a não ser quando essas políticas se constituem elas próprias em nichos de mercado que

---

[855] O PDE de São Paulo está em processo de revisão. Uma discussão fundamental que tem percorrido o processo de revisão é o modo como o mercado imobiliário encontrou na justificativa de produzir habitação social a viabilidade para produzir apartamentos de baixa metragem em grande escala a partir de 2016.

[856] Dados disponíveis em: https://secovi.com.br/downloads/anuario-secovisp-2022.pdf. Acesso em: 15 set. 2023.

[857] Algumas entidades assistenciais alegam que o número de moradores em situação de rua é muito maior, pois na coleta de dados não foram considerados os que vivem sob viadutos. O Pe. Julio Lancelloti, por exemplo, da Pastoral do Povo da Rua, em redes sociais questionou veementemente esse número dizendo tratar-se de uma população muito mais numerosa.

[858] A reforma trabalhista foi criada pela Lei 13.467.

viabilizam a produção e circulação do capital, produtivo e/ou no campo das finanças. O fundo público deve pagar o serviço da dívida e ancorar os novos negócios privados, que emergem das necessidades sociais. No campo da produção do espaço, a hipótese é a de que isso significa a sua mercantilização total com a mobilização diferenciada de seus fragmentos ao campo das finanças. Nas centralidades, como a da zona sudoeste de São Paulo, a produção destes espaços envolve mecanismos sofisticados de articulação das finanças com o imobiliário, cuja remuneração é dada pelo aluguel dos edifícios corporativos, shopping centers, hotéis. Mas é exatamente a condição de uma centralidade única que permite a remuneração almejada pelos detentores dos títulos financeiros envolvidos em sua produção. Já no caso do provimento habitacional, é a possibilidade de disseminação pelo tecido da metrópole que viabiliza a remuneração dos capitais, inclusive de alguns fundos de investimentos imobiliários que hoje possuem em suas carteiras certificados de recebíveis imobiliários emitidos por empresas que atuam no setor de construção e incorporação de habitação social. Neste segmento, a quantidade é a base da remuneração, e assim o PDE de São Paulo, ao estimular o adensamento habitacional em torno dos eixos de transporte, acaba por projetar a ampliação da quantidade de novos imóveis e, portanto, a remunerção destes fundos.

Nesse sentido, as possibilidades de maior equidade social e justiça espacial nas cidades parecem estar na luta dos movimentos e organizações sociais, sindicatos, entidades de classe contra o neoliberalismo, esta forma de ser do capital nos dias atuais.

Referências

ALVAREZ, I. P. A noção de mobilização do espaço em Henri Lefebvre. *Geousp*: Espaço e Tempo, São Paulo, v. 23, n. 3, dez. 2019.

ALVAREZ, I. P. A produção de espaços financeirizados na metrópole de São Paulo. *In*: FERREIRA, A.; RUA, J.; MATTOS, R. C. (org.). *O espaço e a metropolização*: cotidiano e ação. Rio de Janeiro: Consequência, 2017. p. 241-266.

BARBOSA, F. F. Financeirização da dívida pública: um exame sobre a financeirização do capital na contemporaneidade. *Revista Pesquisa e Debate*, São Paulo, v. 33, n. 2(58), p. 1-27, 2020.

CARDOSO, A. Estado e classes trabalhadoras no Brasil. *In*: MARANGONI, G. (org.). *A volta do Estado planejador*: neoliberalismo em xeque. São Paulo: Contracorrente, 2022. Cap. 12.

CARLOS, A. F. *A condição espacial*. São Paulo: Contexto, 2011.

CARLOS, A. F. A. *A (re)produção do espaço urbano*. São Paulo: Edusp, 1994.

CARLOS, A. F. A. A reprodução da cidade como "negócio". *In*: CARLOS, A. F. A.; CARRERAS, C. *Urbanização e mundialização*: estudos sobre a metrópole. São Paulo: Contexto, 2005. p. 65-80.

CARLOS, A. F. A. Segregação socioespacial e o "direito à cidade". *Geousp*: Espaço e Tempo, São Paulo, v. 24, n. 3, p. 412-424, 2021. Disponível em: https://www.revistas.usp.br/geousp/article/view/177180. Acesso em: 15 set. 2023.

CHESNAIS, F. *A mundialização financeira*. São Paulo: Xamã, 1999.

CHESNAIS, F. As raízes da crise econômica mundial. *Revista Em Pauta [da] Faculdade de Serviço Social da Uerj*, Rio de Janeiro, v. 11, n. 31, p. 21-37, 2013.

HARVEY, D. *Los límites del capitalismo y la teoría marxista*. México: Fondo de Cultura Económica, 1990.

HARVEY, D. *O enigma do capital e as crises do capitalismo*. São Paulo: Boitempo, 2011.

HARVEY, D. *O neoliberalismo*: história e implicações. São Paulo: Loyola, 2005.

HARVEY, D. *O novo imperialismo*. São Paulo: Loyola, 2004.

LEFEBVRE, H. *A revolução urbana*. Belo Horizonte: UFMG, 2004.

LEFEBVRE, H. *Espaço e política*. 2. ed. Belo Horizonte: UFMG, 2016.

LEFEBVRE, H. *La producción del espacio*. Madrid: Capitán Swing Libros, 2013.

LEFEBVRE, H. *O direito à cidade*. São Paulo: Centauro, 2001.

LOJKINE, J. *O estado capitalista e a questão urbana*. São Paulo: Martins Fontes, 1981.

MARQUES, R. M. Proteção social e capitalismo: socializando o "desenvolvimento". *In*: MARANGONI, G. (org.). *A volta do Estado planejador*: neoliberalismo em xeque. São Paulo: Contracorrente, 2022. Cap. 5.

OFFE, C.; LENHARDT, G. Tentativas de explicação político-sociológica para as funções e os processos inovadores da política social. *In*: OFFE, C. (org.). *Problemas estruturais do estado capitalista*. Rio de Janeiro: Tempo Brasileiro, 1984. p. 9-53.

OLIVEIRA, F. *Os direitos do antivalor*: a economia política da hegemonia imperfeita. Petrópolis: Vozes, 1998.

PAULANI, L. M. A crise do regime de acumulação com dominância da valorização financeira e a situação do Brasil. *Estudos Avançados*, São Paulo, v. 23, n. 66, p. 25-39, 2009.

A QUEM PERTENCE A CIDADE E QUEM PERTENCE À CIDADE: OBSERVAÇÕES SOBRE PLANEJAMENTO E EXPERIÊNCIAS URBANAS EM CURITIBA

Olga Lúcia Castreghini de Freitas

A pergunta que inspirou as reflexões da mesa "A quem pertence a cidade? Relações Estado-espaço, política urbana e planejamentos em disputa" oferece uma multiplicidade de respostas, tantas quantas forem as perspectivas de quem se coloca como interlocutor para o debate.

Parti do princípio de que minha inserção nessa mesa deveria contribuir para oferecer uma leitura dessa relação de pertencimento não a qualquer cidade, mas a uma cidade em especial, que é também a sede do XVII Simpósio Nacional de Geografia Urbana (Simpurb): Curitiba.

A experiência urbana de viver em Curitiba nas últimas décadas permitiu-me acompanhar os processos de transformação da cidade, de contribuir com um olhar crítico sobre eles e, portanto, tratar da cidade que tomei como objeto de pesquisa por muito tempo, e hoje oferecer essa possibilidade de interpretação de alguns dos processos que a constituíram ao longo do tempo.

Mas a pergunta motivadora da mesa também pode ter outra interpretação, se deslocarmos o artigo "a". Assim, também podemos nos perguntar: "Quem pertence à cidade?" Esse deslocamento permite mudar a perspectiva de análise, saindo do pertencimento enquanto produto, ou enquanto propriedade, para o pertencimento em uma dimensão simbólica, enquanto "fazer parte de", "contribuir com a construção de".

Portanto, as perguntas "A quem pertence a cidade?" e "Quem pertence à cidade?" revelam-se como um par que permite compreender, ao longo do tempo, as transformações materiais e dos agentes na cidade e as transformações em termos das mobilizações e do pertencimento de grupos ou parcelas da sociedade à cidade.

As diversas camadas do planejamento

Embora Curitiba exista desde o século XVII, e o exercício de pensar "a quem pertence" e "quem pertence à" possa ser também revelador de contradições e invisibilidades, partiremos do passado recente, desde quando Curitiba se coloca como cidade planejada, por ação de um conjunto de atores políticos e econômicos. Situamos nossa análise a partir de meados do século XX, mais precisamente dos anos de 1960, quando teve início o processo de planejamento do qual resulta a cidade que temos hoje.

Planejar a cidade significou tomar o município como limite desse processo, uma vez que as ações e propostas se restringiram ao município — muito embora a dimensão extramunicipal fosse incipiente à época, não poderíamos tratar de dinâmicas efetivamente metropolitanas.

Um aparato técnico foi constituído para dar suporte a essa implantação, especialmente por meio da criação de uma autarquia municipal no ano de 1965, o Instituto de Pesquisa e Planejamento Urbano de Curitiba (Ippuc).

O Ippuc teve papel central no acompanhamento da implantação do primeiro plano urbanístico nos anos de 1960 e posteriormente na elaboração dos demais planos diretores de Curitiba, bem como na implementação de todas as ações de planejamento urbano, até mesmo deixando em segundo plano a Secretaria Municipal de Urbanismo, que atualmente é intitulada Secretaria Municipal do Urbanismo e Assuntos Metropolitanos, inserindo em seu interior as discussões que extrapolam os limites do município.

Dos quadros técnicos do Ippuc saíram importantes nomes da política local, com ênfase àqueles oriundos das áreas de arquitetura e urbanismo e engenharia, tais como Jaime Lerner (presidente do Ippuc entre 1968 e 1969 e posteriormente prefeito de Curitiba por três mandatos); Cassio Taniguchi (presidente do Ippuc de 1980 a 1983, e entre 1989 e 1994; prefeito de Curitiba entre 1997 e 2004); Rafael Greca (engenheiro do Ippuc; e prefeito de Curitiba entre 1993 e 1996, e de 2017 até o presente ano).

É importante ressaltar que essa continuidade político-partidária foi condição decisiva para a convergência de ações que se consolidaram ao longo do tempo e resultaram na implantação de inúmeras políticas urbanas em Curitiba. O Quadro 21.1 mostra a sucessão de prefeitos e seus respectivos partidos, evidenciando a força dos partidos de centro-direita e a ausência da esquerda como força política efetivamente atuante, em especial nas últimas décadas. Ressalva ao mandato de Gustavo Fruet, que, embora do Partido Democrático Trabalhista (PDT), teve como vice-prefeita uma pessoa oriunda do Partido dos Trabalhadores (PT).

Quadro 21.1 – Continuidade política na prefeitura de Curitiba

Período	Prefeito	Partido[859]	Formação
1962-1966	Ivo Arzua Pereira	Arena	Engenheiro civil
1967-1971	Omar Sabbag		Engenheiro sanitarista
1971-1974	Jaime Lerner	Arena	Arquiteto urbanista
1975-1979	Saul Raiz	Arena	Engenheiro civil
1979-1983	Jaime Lerner	PDS	Arquiteto urbanista
1983-1985	Maurício Fruet	PMDB	Advogado
1986-1988	Roberto Requião	PMDB	Advogado
1989-1992	Jaime Lerner	PDT	Arquiteto urbanista
1993-1996	Rafael Greca	PDT	Engenheiro
1997-2004	Cássio Taniguchi	PDT/PFL	Engenheiro eletrônico
2005-2010	Beto Richa	PSDB	Engenharia civil
2010-2012	Luciano Ducci	PSB	Médico

[859] Respectivamente, Aliança Renovadora Nacional, Partido Democrático Social, Partido do Movimento Democrático Brasileiro, Partido Democrático Trabalhista, Partido da Frente Liberal, Partido da Social Democracia Brasileira, Partido Socialista Brasileiro, Democratas (N. do E.).

Período	Prefeito	Partido[859]	Formação
2013-2016	Gustavo Fruet	PDT	Advogado
2017-presente	Rafael Greca	DEM	Engenheiro

Fonte: adaptado de Curitiba (c2023)

Observar a sucessão de partidos e nomes contribui para entender também as pautas prioritárias dessas legendas políticas e a possibilidade, ou não, que resultam em estratégias privilegiadas de potencializar certos atores e, consequentemente, de favorecer ou dificultar as pautas pelo direito à cidade e a expressão do protagonismo de grupos preocupados com o pertencimento à cidade.

Na observação do Quadro 21.1, três situações merecem destaque: i) a origem recorrente de prefeitos de áreas técnicas, como engenharia e arquitetura e urbanismo; ii) nomes que estavam ligados à vida política de Curitiba e do estado do Paraná, como Fruet e Richa; iii) a recorrência de mandatos, como os de Lerner, Taniguchi e Greca. Esses são elementos que não podem ser dispensados para a compreensão do tipo de pensamento que sustentou as diversas ações e políticas implementadas.

O pertencimento seletivo

Vamos recuperar alguns elementos que são importantes para compreender o processo de planejamento de Curitiba e as opções tomadas que foram materializadas ao longo do tempo, em especial pelas condições políticas de continuidade que foram muito favoráveis à criação do consenso sobre o planejamento de Curitiba.

Repercussões de iniciativas implantadas na Europa eram comuns em Curitiba, assim como em várias cidades brasileiras, já no século XIX. Engenheiros e urbanistas franceses tiveram papel de destaque na proposição de intervenções, tais como aquelas propostas pelo engenheiro francês Pierre Taulois, nos idos de 1850, para retificação e traçado de novas ruas, ao constatar que a maioria delas não possibilitava a circulação adequada; a criação em 1886 do Passeio Público de Curitiba, com vistas a enfrentar problemas de alagamento provenientes das enchentes do Rio Belém em área próxima à de residência da classe alta da época, em especial os barões do mate, cujos palacetes estavam localizados na atual Av. João Gualberto. No início do século XX, foi instalado o portal do Passeio Público, uma obra que reproduz o portão do Cemitério de Cães de Asnières, em Paris. Assim, preocupações com saneamento e embelezamento levaram à criação do primeiro parque público de Curitiba.

No século XX, foi a vez de Alfred Agache, urbanista francês que propôs o plano conhecido pelo seu nome, Plano Agache, nos anos de 1940. Portanto, ações que antecederam as proposições dos anos de 1960, sob comando do prefeito Ivo Arzua, quando teve início um processo mais sistemático de planejamento urbano em Curitiba.

Embora possamos reconhecer elementos presentes no Plano Agache que permaneceram após os anos de 1960, cabe ressaltar que sua principal característica era o ordenamento urbano baseado na criação de zonas de usos e funções específicas, tais como células pela cidade. Assim, foram propostos diversos centros, dedicados a suprir as funções da cidade, tais como: função de comando, no Centro Cívico; função de abastecimento, no Mercado Municipal; função esportiva, no Tarumã; função militar, no Bacacheri; função educacional, no Centro Politécnico; função industrial, no

Rebouças, entre outros, além da proposição de um plano de avenidas circulares (perimetrais) que se ligariam ao centro por vias radiais e diametrais, algumas delas implementadas e que seguem como importantes vias na cidade.

Tal proposição certamente resultou na seletividade de circulação das pessoas e em visões fragmentadas de pertencimento à cidade, pois a mobilidade pelas zonas ou centros estaria diretamente relacionada às efetivas necessidades das pessoas por certas atividades.

No entanto, embora tenhamos que reconhecer que as ações pretéritas não se desfazem no espaço, portanto tais iniciativas tiveram importantes marcas que permanecem pontualmente na cidade, foi a partir dos anos de 1960 que uma nova perspectiva se colocou e, esta sim, com repercussões duradouras no espaço urbano, em especial pelo fato de que sua implantação necessitou de mudanças relevantes no sentido de abertura de vias e implantação de estruturas físicas.

Dos centros funcionais à estrutura em eixos

No início dos anos de 1960, teve início o processo mais sistemático de planejamento urbano de Curitiba, desencadeado pela proposição resultante de um concurso público e de responsabilidade da empresa paulista Serete Engenharia S.A. e Jorge Wilheim Arquitetos Associados; dessa forma surgiu o Plano Preliminar de Urbanismo no ano de 1964, cuja aprovação se deu dois anos depois.

Tal plano rompia com a visão anterior, de estrutura urbana por meio dos centros funcionais, e propunha uma estruturação linear da expansão urbana, articulando três elementos essenciais: uso do solo, sistema viário e transporte coletivo.

A proposta de estruturação linear da cidade, tendo os eixos trinários (duas vias rápidas no sentido centro-bairro e bairro-centro e uma canaleta exclusiva de ônibus expresso ao centro) como vetores da expansão urbana, consolidou-se, resultando numa paisagem singular, na qual linhas de prédios margeiam as vias de transporte e são suportadas por uma política de zoneamento e uso do solo (Figura 21.1).

Figura 21.1 – Curitiba: Setor Estrutural Oeste

Nota: o "paredão" de prédios no Setor Estrutural Oeste (Champagnat); ao fundo, a verticalização no Ecoville. Foto: a autora

Essa estruturação se baseava na proposição de que a expansão do centro deveria se dar de modo linear, e, ao longo da canaleta do ônibus expresso, haveria concentração de atividades e serviços, de modo a reduzir a concentração de atividades na área central.

Ao longo dos eixos, uma série de terminais de transporte coletivo foram implantados de modo a realizar a conexão entre diferentes linhas de ônibus e garantir os deslocamentos pela cidade.

Portanto, tais áreas passaram a ser muito bem servidas de infraestrutura viária, e a elas correspondeu uma legislação específica de uso e ocupação do solo, privilegiando a implantação de edifícios de uso misto ao longo da canaleta (térreo e sobreloja com atividades comerciais ou de serviços e demais pavimentos com função residencial) e de uso exclusivo residencial nas vias rápidas.

Uma importante transformação na paisagem deu-se, com grande interesse imobiliário pelos terrenos lindeiros às estruturais, cujo zoneamento permite a verticalização, bem como em seu entorno, cujo gradiente de altura vai progressivamente sendo reduzido numa lógica de usos que resulta numa paisagem escalonada (Figura 21.2):

a. Verticalização com ocupação de alta densidade nos Setores Especiais Estruturais;

b. Zona Residencial (ZR) 4 na sequência, limitando-se com o Setor Estrutural, com ocupação de média densidade, e prioritariamente coletiva, com edifícios de até seis pavimentos;

c. Zona Residencial 3, de baixa e média densidade, ocupação unifamiliar e coletiva, com até quatro pavimentos;

d. Zona Residencial 2, de baixa densidade e comércio e serviços vicinais e de bairro, com até dois pavimentos; e

e. Zona Residencial 1, de baixa densidade de ocupação, com habitações unifamiliares de até dois pavimentos, além de reduzidas atividades comerciais no entorno[860].

Figura 21.2 – Curitiba: escalonamento da paisagem urbana

Nota: a altura das edificações diminui de acordo com a respectiva zona. Na imagem observa-se, à direita, um prédio elevado do Setor Estrutural, seguido pelas áreas ZR4 e ZR3.
Fonte: a autora

---

[860] CURITIBA. *Lei nº 15511*. Dispõe sobre o zoneamento, uso e ocupação do solo no Município de Curitiba e dá outras providências. Curitiba: Prefeitura Municipal de Curitiba, 2019.

Dessa forma, as transformações no ambiente construído revelaram-se também no âmbito de "quem pertence à cidade", agora com forte influência de quem pode pagar pelo alto preço do solo, resultante das ações de planejamento.

Os Setores Estruturais e seu entorno passaram a concentrar a parcela mais abastada da população local, conformando uma paisagem homogênea e, muitas vezes, asséptica, onde poucas contradições são visíveis.

Tal qual ocorreu em muitas cidades no fim do século XIX e início do XX, talvez pudéssemos aproximar essa realidade dos ideais higienistas, que, agora, pela ação do planejamento e da força da legislação de uso e ocupação do solo, promoveu a padronização de usos e classes nas porções centrais da cidade, relegando às periferias classes e usos menos desejáveis, como as áreas de habitação de interesse social, majoritariamente situadas na porção sul do município. É o que fica evidente com a observação do **mapa de zoneamento**. Neste, a profusão de cores indica a variedade de usos permitidos, com predomínio de áreas de ZR4 e ZR3 nas porções mais centrais e ao norte; e as áreas de ZHIS ao sul, em locais mais distantes das infraestruturas de transporte, consolidada por meio dos eixos trinários — não deixando dúvida de que a cidade não pertence a todos de modo equânime.

A esse ideário de "cidade planejada", construído ao longo das últimas décadas, foram se somando outras ações e intenções, ao sabor dos diferentes momentos. Assim se sucederam: a "cidade-modelo" (na perspectiva do planejamento), a "capital ecológica" (na perspectiva da criação de parques e áreas verdes), a "cidade de primeiro mundo" (na perspectiva da qualidade de vida e da economia), entre outras, revisitadas no presente por novas definições, das quais a mais evidente é a *smart city* ou a "cidade inteligente".

Cada uma dessas sínteses revela não apenas "a quem pertence a cidade", mas também "quem pertence à cidade"; revela a intencionalidade das políticas públicas, as vozes que são enaltecidas e aquelas que são silenciadas, os interesses e as coalizões entre grupos econômicos e setores da sociedade local para a viabilização dos projetos tomados como prioritários em cada momento.

Proposições recentes da "muralha digital", constituída por um sistema de monitoramento digital que promove o reconhecimento facial das pessoas em diversos lugares da cidade, mostram uma nova possibilidade de lidar com os "indesejáveis", sob o discurso da segurança e da vigilância.

Contudo, nem só da visão oficial vive a cidade. Nem só o que é proposto pelo poder público nutre a dinâmica das relações sociais, e os espaços em disputa alcançam outras dimensões, em especial na escala das demandas cotidianas e de proximidade. Sim, há movimentos de resistência em Curitiba! Movimentos que revelam o desejo de um outro tipo de inclusão das pessoas na vida urbana e nas decisões.

Dois tipos principais de movimentos podem ser apontados: a) aqueles que revelam a reivindicação para suprir as carências da vida cotidiana, em especial levados à frente por movimentos e setores populares da sociedade e que se organizam em torno de pautas da alçada do poder público, mas não resolvidas por ele, que aqui vamos denominar de a inação do poder público e o "faça você mesmo" (*Do It Yourself*, DIY); e b) aqueles que poderíamos enquadrar como ações derivadas da perspectiva do "urbanismo faça você mesmo" (*DIY urbanism*), que surge como reação à prática oficial de planejamento urbano e cujas pautas se identificam mais com a melhoria dos espaços de convivência e vizinhança e agregam setores da classe média.

Nessa perspectiva, podemos inserir uma outra dimensão às reflexões deste texto, lançando luz sobre iniciativas que partem daqueles que estão na cidade e desejam expressar suas demandas e necessidades, para além daquelas soluções formuladas de cima para baixo (*top-down*) ou mesmo da inação do poder público, resultando num vazio de políticas públicas em algumas áreas.

A inação do poder público e o "faça você mesmo"

Podemos destacar alguns casos de ações cujo propósito foi o de criar espaços de mobilização e reivindicação, para além dos mecanismos tradicionais de luta, visando ao enfrentamento da inação do poder público em propor soluções para as urgências da vida de parte da população, sobretudo a mais carente.

Tais experiências contribuem decisivamente para o fortalecimento do pertencimento à cidade e deram-se em diversas dimensões, alcançando distintas classes sociais nos últimos anos. Parte dessas experiências está retratada no livro *Reforma urbana e direito à cidade: Curitiba*, organizado por Moura e Freitas[861], que pode ser consultado para a compreensão mais ampla do olhar de um grupo de pesquisadores sobre a cidade.

Martins, Siqueira e Correia[862] analisam três ações importantes ocorridas nos anos de 2021 e 2022, quais sejam: a Conferência Popular de Habitação de Curitiba e Região Metropolitana; a Campanha UOH! Curitiba – É Urgente um Orçamento para Habitação!; e a Jornada de Lutas por Teto, Terra e Trabalho.

A busca por espaços de representação e explicitação dos problemas relativos à habitação em Curitiba e região metropolitana fez com que grupos e coletivos se unissem e realizassem a Conferência Popular no intuito de dar visibilidade às carências de políticas públicas voltadas à habitação, em especial aquela de interesse social, bem como ao direito à moradia adequada.

A conferência realizou-se entre 5 e 9 de outubro de 2021 e teve como participantes: movimentos sociais; representantes do setor público, da academia e de mandatos parlamentares municipais e estaduais, além de organizações não governamentais.

Os temas tratados foram: a) "Olhares e caminhos institucionais para a vulnerabilidade da posse e despejos coletivos"; b) "Questões estruturais: gestão, orçamento e políticas públicas de habitação de interesse social"; c) "Habitação, classe, gênero e raça; e d) "Políticas públicas de habitação e cidade pós-pandemia"[863].

O documento final, intitulado *Por uma política pública de moradia digna*, foi entregue às autoridades municipais do Executivo, do Legislativo e do Judiciário. Portanto, demandas e propostas vindas da realidade, daqueles que reivindicam seus direitos à cidade e seu pertencimento a ela de modo mais inclusivo e efetivo.

Outra iniciativa que merece destaque foi a Campanha UOH! Curitiba – É Urgente um Orçamento para Habitação! A campanha ocorreu de forma paralela à Conferência Popular, e teve como motivação a baixa dotação orçamentária destinada à moradia de interesse social (cerca de 0,5% do orçamento municipal). Teve como objetivos:

> [...] entender as informações e apresentar propostas para a alteração da forma de dotação, realização e execução orçamentária, de forma a garantir recursos para a moradia da população da faixa de renda entre 0 e 3 salários mínimos, que compõem grande parte do déficit habitacional da metrópole.[864]

---

[861] MOURA, R.; FREITAS, O. L. C. (org.). *Reforma urbana e direito à cidade*: Curitiba. Rio de Janeiro: Letra Capital; Observatório das Metrópoles, 2022.
[862] MARTINS, F. M.; SIQUEIRA, E. C.; CORREIA, A. D. A. Lutas populares pelo direito à habitação na metrópole de Curitiba. *In*: MOURA, R.; FREITAS, O. L. C. (org.). *Reforma urbana e direito à cidade*: Curitiba. Rio de Janeiro: Letra Capital; Observatório das Metrópoles, 2022. p. 277-287.
[863] *Ibidem*, p. 279.
[864] *Ibidem*, p. 280.

As principais propostas derivadas da Champanha UOH! foram: a) implantar instrumentos para a garantia do cumprimento da função social da cidade e da propriedade urbana; b) realizar e implementar o "Plano Setorial de Habitação e Regularização Fundiária"; c) elaborar o censo da população em situação de rua e aplicar diretrizes do programa Moradia Primeiro, que visa não só à habitação como à implementação de uma rede de apoio a essa população de modo a garantir acesso a cidadania, emprego e renda.

Por fim, a Jornada de Lutas por Teto, Terra e Trabalho ocorreu no ano de 2022 e foi organizada pelos movimentos populares constitutivos da Campanha Despejo Zero.

> A jornada reuniu famílias de comunidades periféricas da região metropolitana, de aldeias indígenas e de acampamentos rurais de diversas regiões do Paraná, com o objetivo principal de buscar a permanência e a regularização das comunidades urbanas e rurais com risco de despejo após o fim da Arguição de Descumprimento de Preceito Fundamental (ADPF 828).[865]

Portanto, sua particularidade está no fato de ter reunido pessoas que vivem em áreas ocupadas, independentemente de se localizarem no campo ou na cidade, além de povos indígenas, imigrantes e refugiados nessa mesma situação, conformando-se como uma ampla frente de segmentos sociais que, recorrentemente, têm seus direitos violados e seu pertencimento à cidade vedados.

Suas demandas, assim como nas ações anteriormente relatadas, compuseram um dossiê, que foi entregue às autoridades estaduais, tendo em vista que sua abrangência territorial é mais ampla do que aquela das ações anteriores.

Outra ação que merece destaque e que foi decorrente da situação instalada com a pandemia da doença no novo coronavírus (Covid-19) foi a Campanha Marmitas da Terra em Curitiba, analisada por Brizola e Bega[866], que mostram os caminhos construídos pelos movimentos sociais organizados para driblar as carências e a insegurança alimentar, agravadas pela pandemia e pela desatenção do poder público.

A campanha, iniciada em 2020 e com atuação em Curitiba e região metropolitana, dedicou-se a "fornecer alimentos para pessoas em situação de vulnerabilidade no meio urbano, para famílias situadas em regiões periféricas, em áreas de ocupações e população em situação de rua"[867].

Os alimentos tanto constituíram uma cesta de alimentos in natura como foram entregues já preparados, sob a forma de uma marmita que reúne alimentos com preocupação em termos de diversificação e de qualidade nutricional. Destaca-se a relevância dos produtos advindos da pequena agricultura familiar, bem como daqueles originários dos assentamentos do Movimento Sem Terra, revelando o alto grau de solidariedade e comprometimento desse movimento para com outros movimentos.

Como revelam as autoras, "até junho de 2022, o Coletivo Marmitas da Terra completou a entrega de 130 mil marmitas distribuídas na cidade de Curitiba e região metropolitana"[868]. O preparo dos alimentos ocorreu de forma centralizada, num único lugar, e uma vez por semana, contando com voluntários e militantes dos movimentos sociais. Além da entrega de alimentos, diversas atividades foram propostas de modo a fortalecer a organização desses grupos sociais mais desassistidos.

---

[865] *Ibidem*, p. 281.
[866] BRIZOLA, A. C. A.; BEGA, M. T. S. (In)segurança alimentar em tempo de pandemia: a campanha Marmitas da Terra em Curitiba. *In*: MOURA, R.; FREITAS, O. L. C. (org.). *Reforma urbana e direito à cidade*: Curitiba. Rio de Janeiro: Letra Capital; Observatório das Metrópoles, 2022. p. 315-325.
[867] *Ibidem*, p. 321-322.
[868] *Ibidem*, p. 322.

O urbanismo "faça você mesmo" (DIY)

As intervenções que podem ser reconhecidas como oriundas da perspectiva do "urbanismo faça você mesmo" (DIY) são aquelas que "permitem mudanças impulsionadas pelos residentes para acontecer em pequena escala. As atividades urbanísticas DIY florescem precisamente porque os membros da comunidade decidem usar seus dons"[869].

Trata-se, portanto, da possibilidade de as pessoas se colocarem no centro da relação de pertencimento e apropriação dos espaços urbanos e da criação de estruturas que, mesmo em pequena escala, podem ter uma grande repercussão na vida cotidiana, em especial no sentido de propor novas formas de acolhimento e bem-estar na cidade. Trata-se da concepção e construção em comum, levada a cabo por vizinhos ou moradores de proximidade.

> Espaços comuns são lugares que são acolhedores para todos e são realmente usados por pessoas que podem não se conhecer, e que de fato diferem uns dos outros em raça, cultura, idade ou status socioeconômico.[870]

Dentre vários casos, selecionamos alguns como emblemáticos dessa atuação de grupos da sociedade, organizados em torno da proposição de usos e transformação de espaços, mais consoantes com suas demandas, engajando pessoas que vivem realidades para as quais propostas de transformação não convergem com seus anseios. Os casos selecionados foram: Movimento A Causa Mais Bonita da Cidade, 2012/Parque Bom Retiro; Movimento "Salvemos o Bosque Casa Gomm", 2013; e criação da Praça Seu Francisco, 2022.

Tais movimentos revelam duas faces importantes da atuação da sociedade em cidades e países como o Brasil, onde a prática do atendimento às demandas sociais ainda é incipiente: a) a capacidade de reagir e propor novos usos para os espaços, muitas vezes em desacordo com aquilo que foi previsto pelo poder público, em face dos interesses de grandes grupos privados; b) a necessidade de mobilização constante, mesmo após a aparente conquista do movimento, pois alguns casos mostram que a "vigilância" sobre as conquistas é decisiva para sua permanência e não descaracterização.

O Movimento Salvemos o Bosque Casa Gomm surgiu para se interpor a uma ação do mercado imobiliário, aprovada pela prefeitura de Curitiba, que autorizou a construção daquele que se tornou o shopping de alto luxo da cidade, qual seja, o Pátio Batel (Grupo Soifer), num bairro de classe alta e média alta de mesmo nome.

A construção do shopping previa a derrubada de parte do bosque de mata nativa que abrigava, ainda, uma casa de madeira de especial interesse do patrimônio cultural e arquitetônico, tombada pelo Estado do Paraná no ano de 1987.

O movimento organizou-se e, com a mobilização e sensibilização da comunidade, levava para o local uma série de atividades nos fins de semana, desde a criação de uma horta comunitária até roda de conversas, cursos de artesanato, troca de objetos, em especial brinquedos, de modo a estimular e inserir as crianças na perspectiva do pertencimento ao lugar.

Como resultado, a prefeitura promoveu, não sem resistência, alterações no termo de conduta, prevendo que o shopping se responsabilizasse por parte dos custos das obras de melhoria no local e preservação do bosque.

---

[869] PAGANO, C. DIY urbanism: property and process in grassroots city building. *Marquette Law Review, Milwaukee*, WI, v. 97, n. 2, p. 335-389, 2013.
[870] *Ibidem*, p. 351.

Assim, deu-se a implantação do Parque Municipal Gomm em 2016, mas isso não significou o total êxito do movimento, uma vez que a prefeitura seguiu com investidas que resultaram na descaracterização de parte do espaço pensado originalmente, com estruturas promovidas e mantidas pela comunidade. O ideário de cidade europeia prevaleceu, e, tendo em vista a Casa Gomm ser originalmente construída por uma família de ingleses que viveram em Curitiba, a prefeitura implantou um memorial inglês no local, com a alocação de objetos e mobiliário que remetem a essa cultura (Figura 21.3).

Figura 21.3 – Bosque da Casa Gomm

Nota: bosque, Casa Gomm e, ao fundo, o shopping Pátio Batel
Fonte: Salvemos o Bosque da Casa Gomm (2023)

Embora tendo desagradado parte considerável do movimento, as ações concretizaram-se e, ao mesmo tempo, a área teve sua preservação garantida.

A Causa mais Bonita da Cidade/Parque Bom Retiro foi um movimento que teve início no ano de 2012, quando ocorreu a demolição do Hospital Psiquiátrico Bom Retiro, localizado em bairro de mesmo nome, não sem que houvesse a interposição de moradores e vizinhos, que reputavam à construção interesse de preservação, tendo em vista suas características construtivas e mesmo seu uso como hospital por quase 70 anos, além do bosque contíguo à construção.

Como de hábito em processos geradores de conflito, a demolição deu-se de surpresa e comprometendo parte da construção, que foi então colocada totalmente por terra, exceto suas fundações.

Tal qual o caso do Bosque Gomm, também aqui o terreno, com cerca de 60 mil m², despertou grande interesse do mercado imobiliário, tendo em vista sua localização privilegiada em bairro central e com população de elevados rendimentos. A empresa que adquiriu parte do terreno, cerca de 17 mil m², é do setor varejista, o Grupo Angeloni, importante rede de supermercados no Sul do Brasil, cujo propósito é a construção de um hipermercado no local, enquanto a proposta do movimento é/era a construção de um parque. O restante do terreno, em especial o que abriga o bosque, segue de propriedade da Federação Espírita do Paraná.

No ano de 2017 o Conselho do Patrimônio Cultural de Curitiba aceitou a ação que solicitava o tombamento da área com vistas à preservação, em especial, dos muros do terreno, ainda preservados, parte das fundações, além de bosques e pomares ali existentes, bem como do reconhecimento do patrimônio imaterial, que consiste na memória do local como hospital psiquiátrico.

A mobilização da população ocorreu por meio da concentração no local, além das redes sociais, e da promoção de várias atividades que despertavam para o potencial da área em termos de se constituir num espaço de contemplação e lazer da população do bairro e das adjacências (Figura 21.4).

Figura 21.4 – Movimento A Causa mais Bonita da Cidade

Fonte: A Causa mais Bonita da Cidade (2022)

O desfecho da mobilização, entretanto, não foi animador. Embora a Comissão de Ecologia, Meio Ambiente e Proteção dos Animais da Assembleia Legislativa do Paraná tivesse a intenção de acolher a causa e realizar uma audiência pública sobre o tema, em simultâneo o Grupo Angeloni já dava início aos preparativos do terreno para a construção do hipermercado.

A última postagem na rede social do movimento, em outubro de 2022[871], revelava a decepção com o início das obras do hipermercado e questionava o sentido do planejamento urbano de Curitiba, ao tempo que convocava a população para um evento de trocas de objetos entre as pessoas, denominado de "minimercado cidadão".

A Praça do Seu Francisco localiza-se no bairro Juvevê, num terreno na esquina das Ruas Marechal Mallet e Manoel Eufrásio. Está num local muito valorizado da cidade, numa ZR4, que permite edificações de até seis pavimentos e com duas vezes a área do terreno (Figura 21.5).

---

[871] A CAUSA mais Bonita da Cidade. [Sem título]. Curitiba, 9 out. 2022. 1 postagem com imagens.

Figura 21.5 – Praça do Seu Francisco

Fonte: a autora

A origem da praça data de 2014, quando um morador da vizinhança (Francisco Toda, de origem japonesa) decidiu incidir na manutenção de um terreno vazio cultivando uma horta e criando espaços de sociabilidade para os vizinhos.

O terreno passou por uma disputa entre a União Paranaense de Estudantes Secundaristas (Upes) e uma construtora que, supostamente, havia comprado o terreno da Upes, contudo a transação parece não ter sido legal e, portanto, houve a judicialização da questão.

Entre idas e vindas, a casa da Upes existente no local sofreu um incêndio em 2014, ano em que o Seu Francisco passou a cuidar do terreno sistematicamente, implantando canteiros e jardins, que passaram a ser de frequentação da vizinhança. Assim prosseguiu até seu falecimento, no ano de 2018, quando os vizinhos assumiram o legado por ele deixado e seguiram na manutenção da praça.

Num sábado de fevereiro de 2022, uma construtora que se apresentou como proprietária do terreno cercou o local com tapumes, e um trator rapidamente destruiu a praça, ao que houve, de imediato, uma forte reação popular para impedir o prosseguimento dos trabalhos.

A justiça foi acionada; e a ação da construtora, interrompida; os vizinhos e simpatizantes promoveram a rápida reconstrução da praça de modo comunitário e solidário. A prefeitura ainda investiga a propriedade do terreno, mas a praça segue viva, constituindo-se em local de referência para os moradores do bairro e também para pessoas interessadas pela causa e originárias de outros locais da cidade.

Considerações finais

Essas experiências, embora com avanços e retrocessos no campo das disputas que representam, são importantes manifestações do exercício de pertencimento à cidade e revelam ora a quem pertence a cidade, ora quem pertence à cidade.

Como afirmam Pivetta e Polli[872],

> O direito à cidade pensado como "experiência na cidade" se associa às lutas efetivas e disputas pelo uso do solo urbano, muitas vezes reivindicações que buscam reconhecer diferentes formas de apropriação ou interesses em conflito. As disputas envolvem atores sociais com distintas forças políticas e econômicas. O reconhecimento dessas disputas é importante para observarmos para quem a cidade é produzida. As insurgências são bem-vindas para a discussão democrática dos rumos da cidade. Elas podem influenciar as políticas públicas ou as decisões governamentais, ampliando as conquistas em torno de espaços coletivos mais justos e plurais. Na perspectiva da apropriação e fruição por moradores e vizinhos é que se efetiva a dimensão coletiva do direito à cidade.

Ações do tipo "faça você mesmo" por vezes se colocam como única alternativa para a falta de ação do poder público em face de necessidades não atendidas na esfera daquilo que se coloca como essencial para a vida na cidade, como o habitar; por vezes se colocam como contraposição às propostas oficiais para certas áreas da cidade, geralmente revelando o conflito entre quem vive em proximidade de tais áreas e os interesses do capital imobiliário.

Nesse movimento, algumas brechas podem permitir, mesmo que pontualmente, uma mudança de lógica em favor das causas que resultem no maior pertencimento à cidade, e que expressem a resistência de parte da sociedade à imposição de modelos e soluções que, em muitos casos, não convergem com as necessidades imediatas de quem vive na cidade.

Algumas novidades se colocam em Curitiba e renovam a esperança em mudanças na esfera da proposição de políticas públicas mais inclusivas, em especial os mandatos coletivos para o Legislativo municipal e estadual, além das expectativas oriundas da eleição para o legislativo estadual, em 2023, de Renato Freitas (PT), vereador em primeira legislatura e que sofreu um processo de cassação; além de Carol Dartora (PT), deputada estadual eleita em 2023 para a Câmara federal, antes vereadora em Curitiba e com a terceira maior votação. Ambos, além de representarem corpos dissonantes com a história construída — são negros; e Carol, mulher —, sempre tiveram forte atuação junto aos movimentos sociais e rompem, mesmo que de modo incipiente, com sobrenomes e partidos que foram fundamentais para a construção da imagem asséptica de Curitiba.

Referências

A CAUSA mais Bonita da Cidade. [*Sem título*]. Curitiba, 9 out. 2022. 1 postagem com imagens. Disponível em: https://www.facebook.com/parquebomretiro/. Acesso em: 15 set. 2023.

BRIZOLA, A. C. A.; BEGA, M. T. S. (In)segurança alimentar em tempo de pandemia: a campanha Marmitas da Terra em Curitiba. *In*: MOURA, R.; FREITAS, O. L. C. (org.). *Reforma urbana e direito à cidade*: Curitiba. Rio de Janeiro: Letra Capital; Observatório das Metrópoles, 2022. p. 315-325.

CURITIBA. *Lei nº 15511*. Dispõe sobre o zoneamento, uso e ocupação do solo no Município de Curitiba e dá outras providências. Curitiba: Prefeitura Municipal de Curitiba, 2019. Disponível em: https://mid.curitiba.pr.gov.br/2020/00304472.pdf. Acesso em: 15 set. 2023.

CURITIBA. *Relação dos prefeitos de Curitiba*. Curitiba: Prefeitura Municipal de Curitiba, c2023. Disponível em: https://www.curitiba.pr.gov.br/conteudo/relacao-dos-prefeitos-de-curitiba/4. Acesso em: 15 set. 2023.

---

[872] PIVETTA, R.; POLLI, S. Insurgências pelo espaço de uso coletivo em Curitiba. In: MOURA, R.; FREITAS, O. L. C. (org.). *Reforma urbana e direito à cidade*: Curitiba. Rio de Janeiro: Letra Capital; Observatório das Metrópoles, 2022. p. 346-351. p. 351.

MARTINS, F. M.; SIQUEIRA, E. C.; CORREIA, A. D. A. Lutas populares pelo direito à habitação na metrópole de Curitiba. *In*: MOURA, R.; FREITAS, O. L. C. (org.). *Reforma urbana e direito à cidade*: Curitiba. Rio de Janeiro: Letra Capital; Observatório das Metrópoles, 2022. p. 277-287.

MOURA, R.; FREITAS, O. L. C. (org.). *Reforma urbana e direito à cidade*: Curitiba. Rio de Janeiro: Letra Capital; Observatório das Metrópoles, 2022.

PAGANO, C. DIY urbanism: property and process in grassroots city building. *Marquette Law Review*, Milwaukee, WI, v. 97, n. 2, p. 335-389, 2013. Disponível em: https://scholarship.law.marquette.edu/mulr/vol97/iss2/5. Acesso em: 15 set. 2023.

PIVETTA, R.; POLLI, S. Insurgências pelo espaço de uso coletivo em Curitiba. *In*: MOURA, R.; FREITAS, O. L. C. (org.). *Reforma urbana e direito à cidade*: Curitiba. Rio de Janeiro: Letra Capital; Observatório das Metrópoles, 2022. p. 346-351.

SALVEMOS o Bosque da Casa Gomm. [*Sem título*]. Curitiba, 25 jan. 2023. 1 fotografia. Disponível em: https://www.facebook.com/SalvemosOBosqueDaCasaGomm/?locale=pt_BR. Acesso em: 15 set. 2023.

22

A DISPUTA PELA CIDADE PASSA PELA RADICALIZAÇÃO DA DEMOCRACIA

Alvaro Ferreira

Ao ver-me provocado pela pergunta "A quem pertence a cidade?", percebi-me desafiado a refletir sobre como vivemos na cidade, mas também sobre desafios e possibilidades outras, para além do que temos.

O problema proposto trata de um processo que nasce e parte de dentro do capitalismo; nesse sentido, teremos de lidar com elementos que estão em cena, como Estado, sociedade civil e democracia representativa. Mas isso não significa defender a transformação por meio do Estado; ao contrário, eu continuo acreditando que a luta deve se dar via desvanecimento do Estado, mas com a certeza de que isso é um processo. Então, precisamos valorizar e trabalhar pelo "fazer com", "pensar com", "projetar com" e "gerir com". Esse é o movimento que pode nos levar à produção de um espaço outro, radicalmente outro, para além do capitalismo.

Os capítulos escritos por Ester Limonad, Isabel Alvarez e Olga Castreghini de Freitas trouxeram questões ligadas à dominação e à apropriação do espaço; à financeirização; à privatização; às restrições de uso; e às regulações urbanísticas (que têm gerado gentrificação).

Ao nos debruçarmos sobre a produção do espaço urbano, percebemos que, desde a última década do século XX, experimentamos a exacerbação da mercadificação de todas as dimensões da vida. Temos em conta que agora, mais do que em qualquer momento anterior, a mercadoria que estamos comprando é cada vez mais um estilo de vida, uma experiência cotidiana diferenciada: compramos antes o que representa ter aquilo, fazer parte daquilo, frequentar determinado lugar.

Para a viabilização dessa lógica, apesar do discurso da importância do livre mercado e da não interferência do Estado, temos percebido que o papel do Estado tem sido fundamental para a realização do projeto neoliberal. E não me refiro apenas aos projetos de privatização das empresas estatais, mas também à ampliação e à definição das regras, normas e leis de atuação das empresas.

A produção do espaço é elemento fundamental

A produção do espaço urbano encontra-se atrelada a um movimento que intensificou a aproximação entre a financeirização do setor imobiliário e a oferta de megaempreendimentos, sejam eles prédios corporativos, sejam residenciais. Evidentemente, essa poderosa associação faz uso massivo de toda forma de propaganda, que procura vender não apenas uma planta corporativa ou um apartamento, mas a vanguarda empresarial ou um incrível e moderno modo de vida[873].

---
[873] FERREIRA, A. *A cidade no século XXI*: segregação e banalização do espaço. Rio de Janeiro: Consequência, 2011; FERREIRA, A. *A cidade no século XXI*: segregação e banalização do espaço. 2. ed. ampliada. Rio de Janeiro: Consequência, 2013; LENCIONI, S. Metropolização do espaço: processos e dinâmicas. *In*: FERREIRA, A. et al. (org.). *Metropolização do espaço*: gestão territorial e relações urbano-rurais. Rio de Janeiro: Consequência, 2013. p. 17-34; LENCIONI, S. *Metrópole, metropolização e regionalização*. Rio de Janeiro: Consequência, 2017.

É fundamental compreender que o espaço cumpre um papel fundamental na lógica da dominação. Ou seja, o capitalismo projeta essa lógica da dominação também por meio da produção do espaço.

Há uma dimensão subjetiva na dominação via produção do espaço. Tudo isso se realizaria valendo-se de relações cotidianas; ou seja, as pessoas aprenderiam as regras da sociedade dominante, e elas passariam a parecer naturais. Aqui, vale lembrar como Marx e Engels[874] desenvolveram a noção de ideologia. A Ideologia não seria apenas um conjunto de ideias, mas, na verdade, estaria ligada à naturalização de fatos e posições sociais. Diria respeito a uma espécie de ocultamento da realidade para aqueles que não detêm o poder em nossa sociedade. Ou seja, ela é apresentada como se fosse a única maneira de ser da sociedade.

Mas o cotidiano não é apenas o lugar da tragédia, é também, como nos lembrou Lefebvre[875], o lugar do possível impossível, da superação da alienação. Aqui há uma forte tensão entre a luta pelo impossível tornado possível e a luta para tornar esse possível impossível.

É preciso ter em conta que, por trás de um movimento revolucionário, há sempre um movimento contrarrevolucionário. E as diversas tentativas de pensar um planejamento urbano participativo e a cooptação dessas tentativas são a confirmação disso.

A moralidade construída, o Estado e a ideologia que têm sido postos em prática iluminam falsamente a vida cotidiana; aliás, na verdade, distanciam-na das possibilidades de mudança. De alguma forma, esse ocultamento não nos deixa perceber que temos, no presente, inúmeras possibilidades de escolha de futuros outros possíveis. E, nesse sentido, duas interrogativas devem fazer parte de nossas preocupações: Para quem é a cidade? A quem pertence a cidade?

O presente tem sido banalizado e muitas vezes desqualificado como momento de reflexão e construção de projetos de mudança. Há uma desvalorização da ideia de "projeto de futuro"; o discurso é que se deve viver o presente pelo presente mesmo. Uma perspectiva como essa acaba separando passado, presente e futuro, o que gera uma desconexão perigosa, se almejamos construir um futuro outro diferente[876].

Mas, se o espaço é o lugar e o meio segundo o qual se dá a dominação, é nele também que podemos encontrar elementos, práticas e subversões que nos apontem a possibilidade de um outro caminho possível. Isso porque o que vivemos hoje é um dos inúmeros futuros possíveis, que foi projetado no passado[877].

Isso é importante, porque, se não trabalharmos pela produção de um espaço outro, não conseguiremos pensar em uma outra possibilidade, e para isto é preciso radicalizar a democracia.

É preciso entender que a transformação da lógica dominante é um processo, um movimento. Nesse sentido, é preciso criticar o Estado, é preciso trabalhar pelo seu desvanecimento, mas é preciso entender que nós estamos vivendo dentro dessa lógica dominante. Ou seja, a luta é de dentro dela. Assim, precisamos sim pressionar o governo para dar melhores condições àqueles mais necessitados.

Como esperar que essas pessoas pensem em estratégias de transformação radical, se a necessidade de matar a sua fome e de sua família é urgente?

---

[874] MARX, K.; ENGELS, F. *A ideologia alemã*: crítica da mais recente filosofia alemã em seus representantes Feuerbach, B. Bauer e Stirner, e do socialismo alemão em seus diferentes profetas (1845-1846). São Paulo: Boitempo, 2015.

[875] LEFEBVRE, H. *Critique de la vie quotidienne*. Paris: L' Arche, 1961. t. 2.

[876] A socióloga Ana Clara Torres Ribeiro tem inúmeras contribuições acerca desse tema, mas em 2006 fez uma abordagem bastante interessante sobre o que denominou "presentificação".

[877] Com base em uma contribuição teórico-metodológica de Ferreira (2019b), é possível aprofundar a relação entre produção do espaço e os múltiplos "projetos de futuro".

Para muitas pessoas, urgências e utopia misturam-se fortemente...

As localidades mais pobres da cidade sofrem com o abandono do governo. A presença do Estado encontra-se totalmente na percepção de sua ausência ali, ao passo que sua ausência se encontra presente nas condições deletérias e no abandono. A presença da polícia, infelizmente na grande maioria das vezes, agindo de forma violenta e sem nenhum respeito aos moradores é o maior exemplo da presença ausente do Estado. Por sua vez, a falta de investimento em saneamento, em construção de habitações populares, em abertura de creches e unidades de saúde, em atividades esportivas e culturais é que nos permite apontar a ausência presente do Estado.

Radicalizar a democracia significa também trabalhar pela construção da emancipação, que traz consigo o respeito à igualdade e o reconhecimento das diferenças sem criar nenhuma forma de hierarquização.

Para o movimento de radicalização da democracia, é preciso aproximar Estado e sociedade civil, porque, "quanto menor for a separação estrutural e a diferenciação funcional entre Estado e sociedade civil, maior será o grau de democracia"[878].

Quando aponto para a necessidade de radicalização da democracia, é fundamental deixar em evidência que vivemos, equivocadamente, um consenso em torno do procedimento eleitoral como sinônimo de democracia; isso não basta.

Se realmente acreditamos na democracia como caminho para a construção de uma sociedade mais justa, é preciso radicalizá-la. Isso significa dar voz e visibilidade àqueles que nunca tiveram chance de se manifestar, de falar sobre os seus desejos e sonhos.

Falar da importância da radicalização da democracia não significa que devemos descartar totalmente a democracia representativa, mas sim que ela é apenas uma parte possível.

Para pensarmos no caminho em direção da radicalização da democracia, precisamos trabalhar pela criação de conselhos municipais e estaduais (agregando funções consultivas e deliberativas), precisamos incentivar as consultas populares e os referendos. Esses conselhos ou comitês podem também ser organizados de forma temática, dividindo-se em comitês de saúde, educação, mobilidade urbana, infraestrutura etc.

A produção do espaço segundo a associação de práticas comunitárias, participativas e representativas é o caminho para o exercício de uma democracia radical, visto que demanda a criação de espaços políticos com base em relações de poder totalmente diferentes. Aqui é necessário perceber um tensionamento entre o "poder-sobre"[879] (o que realmente há) e o "poder-fazer" compartilhado. E não basta — como alguns defendem — que as decisões partam "de baixo para cima, e não de cima para baixo". É necessário escapar da racionalidade existente, importa escapar de toda lógica de pensamento idealizada por aqueles "de cima"; pois, do contrário, em nossas escolhas, táticas e estratégias, continuaremos presos a formas autoritárias, segregadoras e desigualizadoras.

Quando mencionamos a democracia participativa, temos de ter em mente que há nela também formas de representação; não há como pensar que sua característica será horizontal em sua totalidade. Por sua vez, o voto é uma forma de participação na democracia representativa. O desafio, e simultaneamente a solução, é misturarmos cada vez mais essas tipologias de forma a alavancar cada vez mais a participação da sociedade civil.

---

[878] POGREBINSCHI, T. Democracia pragmática: pressupostos de uma teoria normativa empiricamente orientada. Dados: Revista de Ciências Sociais, Rio de Janeiro, v. 53, n. 3, p. 657-693, 2010. p. 660.

[879] Uma leitura importante para aprofundar a compreensão da ideia de "poder-sobre" encontra-se em: HOLLOWAY, J. *Mudar o mundo sem tomar o poder*. São Paulo: Viramundo, 2003.

Coisas diferentes estão acontecendo: é preciso torná-las visíveis

Há algumas experiências que nos animam a acreditar que é possível trabalhar pela transformação da lógica capitalista e que o verdadeiro exercício da democracia é realmente viável. São experiências espalhadas por vários locais, em diversas cidades mundo afora. Evidentemente, não se trata de modelos acabados ou de experiências de "grande sucesso"; trata-se de tentativas de pensar e colocar em prática algo diferente. São experiências que trazem em si a certeza de que a mudança se dará segundo a construção coletiva, do fazer com o outro.

Os exemplos que se seguem não são os únicos, mas são tentativas importantes e que merecem ser ainda mais pesquisadas, compreendidas e divulgadas:

O Movimento Zapatista, na região de Chiapas, México

Segundo os participantes do movimento, o motor de tudo são os trabalhos coletivos. O uso da terra é dividido em terrenos para uso coletivo e para uso das famílias.

A terra não é propriedade de quem quer que seja, não existe a propriedade da terra. Ela tem valor de uso, entretanto não se herda nem é permitido vender a terra, que é vista como bem coletivo. As terras são de quem as usa, "mas[,] quando deixam de usá-las, [...] a comunidade decide que uso lhes darão"[880]. Aqui, o ponto que parece fundamental é a dissolução da diferença entre propriedade e gestão.

O trabalho coletivo inclui toda a dinâmica da vida da comunidade, até mesmo as assembleias, tomadas de decisão e de representação. Nesse sentido, a gestão é parte do trabalho coletivo, seus membros são alternados constantemente e a própria comunidade avalia o trabalho executado pelo coletivo.

A pequena comunidade peruana de Maras, localizada a 40 km ao norte de Cusco

A produção de sal mineral é compartilhada pelos moradores da vila, e cada família tem direito a um pequeno quinhão para exploração de sal. Ao fim de cada período, a coletividade negocia a produção e divide o resultado entre as famílias que trabalharam na extração. Somente os moradores de Maras têm direito de explorar a produção de sal, e, se alguém morre ou parte da cidade para outro local, a parcela de terra é redistribuída para outros membros da comunidade.

Tudo é decidido pela própria comunidade na forma de autogestão, desde a produção, o armazenamento, a negociação, até a venda. Outro ponto interessante a ser mencionado é que, se os membros de uma família adoecem ou ficam muito idosos, os outros moradores de Maras se revezam na exploração de sal no terraço sob responsabilidade dessas famílias.

Em Madri, Espanha, é possível vermos alguns exemplos interessantes

Temos o Campo de Cebada — situado no bairro de La Latina (centro) —, que surgiu depois que uma antiga piscina pública fora demolida, em 2009, mas, ao contrário do prometido pelo governo, nada foi feito no local. O enorme espaço abandonado, cercado e fechado ao público, foi encampado pelos moradores e, depois de diversas reuniões com associações locais e com a prefeitura, acabou destinado à gestão dos moradores, e é agora uma praça pública gerida por vizinhos, usuários e amigos que acreditam que seja fundamental construir espaços urbanos públicos diferentes, projetados por e

---

[880] ZIBECHI, R.; MACHADO, D. *Os limites do progressismo*: sobre a impossibilidade de mudar o mundo de cima para baixo. Rio de Janeiro: Consequência, 2017. p. 30.

para os usuários. O Campo de Cebada foi transformado em um espaço para o debate, o encontro e o conflito de opiniões. Um espaço projetado para favorecer as trocas cotidianas e o exercício do ser político. Trata-se de um espaço aberto em que os coletivos e os articuladores iniciais se basearam no que se convencionou chamar de DIFO (*Do It For Others*); ou seja, são produzidos para que outras pessoas desfrutem do lugar. Há sempre algo acontecendo, assembleias, eventos culturais, festivais, aulas abertas, eventos esportivos etc.

Outro exemplo em Madri é La Tabacalera, uma antiga fábrica de tabaco que abriga inúmeros eventos e festivais. Essa antiga instalação também é organizada e administrada por autogestão.

Nesses locais encontramos atividades como hortas urbanas, cooperativas culturais, centros sociais, bancos de tempo, espaços de ensino e aprendizado e cinemas comunitários (Cinema Usera).

Bernardo Gutierrez[881] afirma que o projeto *Los Madriles – Atlas de Iniciativas Vecinales* já tem mapeados 112 espaços da cidade que são administrados por autogestão. Trata-se de uma espécie de cartografia do comum em Madri, e inclui diversas atividades, como hortas urbanas, cooperativas culturais, centros sociais (*Centros Sociales*), bancos de tempo (*Banco del Tiempo*), espaços de ensino e aprendizado (por exemplo, o *Do It Yourself*), cinemas comunitários (*Cinema Usera*), centrais térmicas autogestionadas (*Central Térmica de Orcasitas*), mídia livre/autônoma etc.

O *Banco del Tiempo*, por exemplo, é um sistema de troca de serviços, conhecimentos e cuidados por tempo. A unidade de valor é a hora, independentemente do serviço que esteja sendo oferecido ou que esteja sendo recebido. O objetivo do projeto é ajudar as pessoas a solucionar pequenos problemas da vida cotidiana e, consequentemente, criar redes sociais baseadas na ajuda mútua e na solidariedade.

Em Barcelona, Espanha, também vemos atividades sendo postas em curso

Na localidade conhecida como Germanetes funcionava o Convento das Irmãs dos Pobres, uma construção do século XIX de cerca de 5.500 m². Em 2001 o convento encerrou suas atividades, mas desde 2014 o Solar foi reativado e é autogerido coletivamente, convertendo-se em ponto de encontro para a transformação social e ambiental do bairro. Diferentes atividades são promovidas no espaço, que agrega vários coletivos do bairro. O espaço permite e promove a "participação no espaço público" sempre pela perspectiva de atividades abertas a todos, e ausente de atividades comerciais que promovam o lucro privado.

Outro exemplo é o Can Batlló, um antigo edifício fabril do fim de 1880, que ocupa cerca de 9 hectares. Entretanto, sua função e sua fisionomia mudaram drasticamente a partir de junho de 2011. A antiga fábrica deu origem a um novo espaço social e comunitário para o bairro. O espaço de propriedade privada, depois de mais de 35 anos de demanda popular e por meio de uma transferência da Câmara Municipal, tornou-se uma instalação coletiva de uso e gerenciamento, aberta e gerenciada diretamente pelos vizinhos. Atualmente envolve mais de 300 pessoas e dezenas de projetos e atividades. Lá é possível encontrar uma Biblioteca Popular, um auditório, uma oficina de carpintaria, paredes de escalada e um grupo de circo. Há também uma Creche Cooperativa, a Sala de Informática, um espaço audiovisual, uma oficina para autorreparo de motos e uma escola de formação profissional.

No bairro El Raval, há uma ocupação denominada Ágora Juan Andrés Benitez, em memória ao jovem morto em uma ação realizada pela polícia da Catalunha. A ocupação do terreno ocorreu

---

[881] GUTIÉRREZ, B. Madri do comum. *Piseagrama*, Belo Horizonte, n. 9, p. 96-103, 2016.

em outubro de 2014, um ano após o incidente. A autogestão da Ágora é feita por meio de assembleias abertas, e o espaço é usado para reuniões, debates, conferências e apresentações de livros, teatro e cinema.

A Ciutat Invisible (Cidade Invisível) é uma cooperativa ativista autogestionada e localizada no bairro de Sants; nasceu em 2005, sua atividade diária é estruturada em torno de quatro eixos e seus respectivos projetos, isto é: comercial com loja e livraria crítica, design gráfico e comunicação, pesquisa, treinamento e edição em assuntos de economia cooperativa, e intervenção sociopolítica e assessoria técnica para acompanhar novas cooperativas.

O Ateneu Popular Flor de Maig é um espaço comunitário e autogerido por diferentes grupos, organizações e associações de moradores de bairro, onde são realizados todos os tipos de atividades socioculturais, de protestos e educativas. É principalmente um ponto de encontro para a comunidade.

Na cidade do Rio de Janeiro, Brasil, é possível observar projetos de hortas urbanas

Existem pelo menos 66 espalhadas pela cidade. Podemos citar, por exemplo, a Horta Comunitária do Cosme Velho, que foi iniciada em 2012 por um grupo de moradores do bairro, por meio de ações comunitárias e de caráter voluntário. Ali se utilizam práticas de horticultura urbana para estimular o convívio social em uma área urbana antes abandonada: um antigo terreno baldio ao lado da estação de bondes para o Cristo Redentor. Os produtos são distribuídos via doações à comunidade. A Horta promove piqueniques com a comunidade em eventos para troca de mudas, palestras, visitas guiadas, oferecem chás de ervas, temperos e mudas de plantas. Entre as palestras e os cursos promovidos, podemos citar: uso correto da água, produção de adubo orgânico, horticultura agroecológica e respeito à natureza.

Em se tratando da organização política e das práticas espaciais, essas iniciativas, "que parecem pequenas e locais num primeiro momento, ultrapassam a prática do cultivo agrícola e criam representações para uma nova mentalidade na relação com o espaço público", isso porque "não se trata apenas de cultivar árvores e hortaliças, mas sim de cultivar outros tipos de relações sociais, criando novas formas de resistência e de apropriação da cidade"[882].

Em Lisboa, Portugal, um projeto conhecido por BIP/ZIP (Bairros e Zonas de Intervenção Prioritária) obteve bons resultados já em curto prazo

O projeto contribuiu para transferir a responsabilidade da definição do que a comunidade deseja, da fiscalização e da própria gestão dos recursos e atividades para a própria comunidade. Isso cumpre um papel importante no médio/longo prazo, pois constrói no imaginário social a percepção de que a autogestão é fundamental para que a vida no âmbito do lugar melhore.

Um de seus objetivos é reforçar a coesão social e espacial no município. Além disso, objetiva fomentar a cidadania ativa, a capacidade de auto-organização e a procura coletiva de soluções por meio da participação da comunidade para a busca de melhoria das suas condições de vida.

As intervenções incluem limpeza do espaço público, organização de exposições, eventos comunitários, criação de espaços de internet, áreas destinadas ao lazer de crianças, jovens e idosos,

---

[882] SINISCALCHI, M. V. M. *Semeando o comum na metrópole contemporânea*: as hortas urbanas comunitárias da cidade do Rio de Janeiro. 2019. Dissertação (Mestrado em Geografia) – PUC-Rio, Rio de Janeiro, 2019. p. 129.

bibliotecas, midiatecas, edição de publicações informativas para/da comunidade, sistemas de trocas locais, hortas urbanas, recuperação de instalações para novos serviços à comunidade etc.

Trata-se de possibilidades do exercício da democracia de forma intensa. Os projetos devem promover sempre a participação dos moradores na identificação e resolução de seus próprios problemas. Tudo isso promove no cidadão a percepção de sua corresponsabilidade na qualidade de vida do bairro, e, dessa maneira, vão surgindo as denominadas "Lojas Solidárias e Sociais", que promovem a troca de tempos e de bens (assim como ocorre em determinadas localidades da Espanha).

Em várias localidades que implementaram o BIP/ZIP, foi observado o desenvolvimento, por moradores, de projetos que promovem a economia local e que promovem, também, a troca de saberes com o objetivo de criar competências. Também foi observado que os projetos têm melhorado a imagem do bairro, desde o aspecto visual até a superação de preconceitos sociais, seja por parte dos moradores do local, seja pelo restante da sociedade.

Embora o ponto de partida tenha sido de determinada instância de governo, acreditamos que o desenvolvimento do projeto construa e incentive a participação mais intensa dos cidadãos. O grande desafio é fazer com que a duração dos processos de mobilização e participação não se restrinja ao período de vigência do projeto de intervenção. É importante salientar também que o projeto BIP/ZIP, que acaba cumprindo um papel de melhoria da imagem dos bairros, contribui indiretamente para a especulação imobiliária e para a "expulsão" dos moradores mais pobres; problemas que têm sido recorrentes quando da implementação de melhorias e que se constituem em grande desafio para os pesquisadores.

Esses são apenas alguns exemplos, mas há outros mais... Talvez o que falte seja dar-lhes mais visibilidade para que tais experiências possam ser replicadas ou adaptadas para outras realidades. O importante é construir diálogos entre os envolvidos nessas atividades e buscar nexos aglutinadores que motivem outros grupos a se organizar e juntos pensar em uma produção outra do espaço.

Não é fácil, mas é preciso tentar

No século XXI, temos observado o acirramento das tensões e dos conflitos na produção do espaço, exemplificados na segregação, na necropolítica, na gentrificação e em discursos antidemocráticos. Nesse sentido, a luta deve ser construída com base em uma análise profunda desses processos, mas, como sempre faz questão de nos recordar o geógrafo português João Ferrão, deve ser acompanhada da produção de agendas transformadoras alternativas desejáveis e exequíveis, pois, por vezes, é preciso pensar o possível conjunturalmente; dessa maneira, como nos lembrou a geógrafa Sandra Lencioni[883], "talvez possamos encontrar soluções ou encaminhamentos para um futuro em construção".

Sabemos, entretanto, da dificuldade da luta em favor da participação. A população mais pobre vive em condições precárias, ademais, tendo poucos recursos, precisa trabalhar mais horas em serviços muitas vezes extenuantes, o que reduz sua energia para utilizar o pouco tempo que lhes resta em lutas políticas, que não melhorarão suas condições de vida no curto prazo.

É muito difícil o engajamento da população mais pobre em estruturas organizacionais de longo prazo sem antes ter conseguido uma seguridade material e uma igualdade básica. E isso parece um

---

[883] LENCIONI, 2013, p. 17-34.

ciclo vicioso: para conseguir espaço de participação na definição das decisões acerca do projeto de cidade, é preciso organização coletiva para a idealização de táticas e estratégias de luta; mas, para engajar-se em organizações coletivas, é necessário ter uma tranquilidade mínima — em se tratando de condições de vida — para se dedicar a um projeto de luta de longa duração.

A autogestão torna-se muito mais complicada para pessoas com um capital econômico limitado, que vivem situações precárias.

Portanto, a luta por políticas mitigadoras da desigualdade é muito importante, e, nesse sentido, os movimentos sociais e os partidos alinhados mais à esquerda cumprem um papel bastante relevante.

O direito à cidade — ou melhor, o direito à produção do espaço — é muito mais do que o direito àquilo que já existe (embora uma grande parcela da sociedade nem a isso tenha acesso), é o direito de produzir uma cidade diferente, uma cidade para além da lógica do capital. A cidade que queremos se encontra totalmente conectada à reflexão acerca da construção de uma sociedade mais justa e igualitária, então precisamos mudar a maneira segundo a qual nos comportamos diante das injustiças e das desigualdades. Precisamos valorizar e trabalhar pelo "fazer com", "pensar com", "projetar com", "gerir com"; sem isso, continuaremos aprisionados nessa lógica perversa e voraz que parece tomar todo nosso tempo e sugar todas as nossas forças.

Referências

FERREIRA, A. *A cidade no século XXI*: segregação e banalização do espaço. Rio de Janeiro: Consequência, 2011.

FERREIRA, A. *A cidade no século XXI*: segregação e banalização do espaço. 2 ed. ampliada. Rio de Janeiro: Consequência, 2013.

FERREIRA, A. *A cidade que queremos*: produção do espaço e democracia. 2. ed. Rio de Janeiro: Consequência, 2022.

FERREIRA, A. A luta pela "verdadeira democracia" na produção do espaço: por outro projeto de sociedade. *In*: FERREIRA, A., RUA, J.; MATTOS, R. C. (org.). *Produção do espaço*. Rio de Janeiro: Consequência, 2019a. p. 23-54.

FERREIRA, A. Materialização, substrução e projeção: uma construção teórico-metodológica como contribuição para o desvelar da produção do espaço. *Ateliê Geográfico*, Samambaia, MG, v. 13, n. 1, p. 35-43, 2019b.

FERREIRA, A. Produção do espaço, autogestão, comunidade e estado: provocações a partir de Karl Marx. *GEOgraphia*, Niterói, v. 21, n. 46, p. 48-57, 2019c.

GUTIÉRREZ, B. Madri do comum. *Piseagrama*, Belo Horizonte, n. 9, p. 96-103, 2016.

HOLLOWAY, J. *Mudar o mundo sem tomar o poder*. São Paulo: Viramundo, 2003.

LEFEBVRE, H. *Critique de la vie quotidienne*. Paris: L'Arche, 1961. t. 2.

LENCIONI, S. *Metrópole, metropolização e regionalização*. Rio de Janeiro: Consequência, 2017.

LENCIONI, S. Metropolização do espaço: processos e dinâmicas. *In*: FERREIRA, A. *et al*. (org.). *Metropolização do espaço*: gestão territorial e relações urbano-rurais. Rio de Janeiro: Consequência, 2013. p. 17-34.

MARX, K.; ENGELS, F. *A ideologia alemã*: crítica da mais recente filosofia alemã em seus representantes Feuerbach, B. Bauer e Stirner, e do socialismo alemão em seus diferentes profetas (1845-1846). São Paulo: Boitempo, 2015.

POGREBINSCHI, T. Democracia pragmática: pressupostos de uma teoria normativa empiricamente orientada. *Dados*: Revista de Ciências Sociais, Rio de Janeiro, v. 53, n. 3, p. 657-693, 2010.

RIBEIRO, A. C. T. Metrópoles e presentificação: imaginário necessário. *In*: SILVA, C. A. *et al*. *Metrópole*: governo, sociedade e território. Rio de Janeiro: DP&A, 2006. p. 469-483.

SINISCALCHI, M. V. M. *Semeando o comum na metrópole contemporânea*: as hortas urbanas comunitárias da cidade do Rio de Janeiro. 2019. Dissertação (Mestrado em Geografia) – PUC-Rio, Rio de Janeiro, 2019.

ZIBECHI, R.; MACHADO, D. *Os limites do progressismo*: sobre a impossibilidade de mudar o mundo de cima para baixo. Rio de Janeiro: Consequência, 2017.

PARTE VIII

AS UTOPIAS CONCRETAS NO URBANO: EXPERIÊNCIAS, JUSTIÇA ESPACIAL E DIREITO À CIDADE

UTOPIAS: O REAL E O CONCRETO NO URBANO

Arlete Moysés Rodrigues

Introdução

Falar em utopias implica diversas possibilidades de análises, com diferentes pressupostos e perspectivas. A ênfase deste capítulo é pensar a utopia segundo a expectativa de um outro mundo possível, um mundo no qual diferenças sejam respeitadas; e desigualdades socioespaciais, extintas. Um mundo em que a vida cotidiana dos que moram precariamente e dos que sofrem as mazelas das desigualdades seja transformada. Um mundo em que se tenha justiça socioespacial, sem segregações, sem fome, com equipamentos coletivos de saúde, educação, transportes e moradias decentes para todas e todos. Uma utopia com igualdade social, de modo que todos os seres humanos nasçam iguais e livres em dignidade, como afirma a Declaração Universal do Direitos Humanos de 1948[884]. Uma utopia que potencialize a cidade como um direito de todos e para todos. Afinal, as utopias, como a do direito à cidade, permitem pensar alternativas para um mundo menos injusto, um mundo como poderia ser, real, e não fictício, calcado na contra-hegemonia. As utopias ajudam-nos a caminhar na direção da liberdade, da igualdade de todas e de todos, mesmo que perante as normas e as leis do Estado capitalista.

Assim, este capítulo está centrado na perspectiva de mostrar, muito sucintamente, as lutas dos movimentos populares urbanos pelo direito à cidade e como os estudos sobre o urbano auxiliam a melhorar a vida cotidiana dos que sobrevivem precariamente nas cidades, ajudando, dessa forma, as utopias em suas concretudes. Para tanto, tendo como premissa a produção e a reprodução do espaço, o pressuposto é entender contradições e conflitos e apresentar possibilidades emancipatórias nas lutas pelo direito à cidade, averiguando a viabilidade de os geógrafos urbanos insurgentes contribuírem para as lutas sociais e, dessa forma, auxiliarem o desvendamento do real e do concreto. Para isso, serão apresentados argumentos para se averiguar a potência do pensamento e da ação política, visando à conquista da utopia do direito à cidade.

Este texto tem três partes inseparáveis, embora apresentadas separadamente para dar maior visibilidade às ponderações sobre o tema. Na primeira, fazem-se algumas indagações sobre a necessidade de debater as utopias e pontuar algumas reflexões sobre o significado do direito à cidade e da justiça espacial, como proposto na mesa-redonda "As utopias concretas no urbano: experiências, justiça espacial e direito à cidade". Na segunda, apresentamos uma breve exposição sobre concepções de utopia, contudo não vamos nos ater ao conceito nem aos estudos que tratam do tema, considerando que a qualidade dos debates, desde que Henri Lefebvre[885] formulou o conceito de direito à cidade, já é de amplo conhecimento. Na terceira e última parte, são feitas algumas provocações para

---

[884] ORGANIZAÇÃO DAS NAÇÕES UNIDAS (ONU). *DECLARAÇÃO UNIVERSAL DOS DIREITOS HUMANOS*. RESOLUÇÃO 217AIII. NOVA YORK: ONU, 10 DEZ. 1948.

[885] LEFEBVRE, H. *O direito à cidade*. São Paulo: Documentos, 1968.

se pensar a disputa contra-hegemônica no espaço urbano, dando ênfase à Conferência Popular pelo Direito à Cidade e propondo alguns temas de pesquisa que possam auxiliar as utopias concretas a se efetivarem, tendo como arcabouço teórico a geografia crítica radical. O objetivo é pensar como dar visibilidade às contradições e aos conflitos e desvendar formas de opressão, por meio de pesquisas que mostrem a realidade, que retirem a densa cortina de fumaça que obscurece o pensamento e a ação e que apontem para um mundo digno para todas e todos.

Utopias na segunda década do século XXI?

Por que, na segunda década do século XXI, continuamos o debate sobre utopias em geral e, mais diretamente, sobre a utopia do direito à cidade? A resposta é simples: porque é fundamental e necessário construirmos alternativas ao período de crise econômica, social e política que vivenciamos, pois, como diz Gramsci: "A crise consiste precisamente no fato de que o velho está morrendo e o novo ainda não pode nascer. Nesse interregno, uma grande variedade de sintomas mórbidos aparece"[886].

Os sintomas mórbidos das expropriações, das espoliações, da retirada de direitos trabalhistas, dos despejos, jogando na rua milhares de pessoas em plena pandemia do coronavírus, das despossessões no campo e na cidade, da retirada de recursos públicos da saúde, da educação e da assistência social, entre outros, reduzem o horizonte e fazem com que fiquemos limitados às exigências do imediato. A necessidade de resolver questões para sobreviver pode nos impedir de avançar com o pensamento e com a ação. Combater a multiplicidade da crise é tarefa fundamental para sair da encruzilhada de estagnação, tanto do pensamento como da ação política. Debater a utopia é uma forma de entender a crise e pensar como nós geógrafos urbanos compreendemos o conteúdo das crises e contribuímos com a justiça espacial, com a cidade como direito, considerando que o direito à cidade, em suas múltiplas dimensões e características, é uma reivindicação de movimentos populares urbanos.

O horizonte do possível é indispensável para que a sociedade avance. Segundo Henri Lefebvre, "o Direito à Cidade é semelhante aos que se encontram estipulados na Declaração Universal dos Direitos do Homem, como constitutiva da democracia"[887]. Esses direitos, considera o autor, jamais são literalmente cumpridos, mas a eles sempre nos referimos para definir a situação da sociedade. Não se trata de um direito no sentido jurídico do termo, mas de uma construção societária, visando à universalidade das necessidades e dos direitos. David Harvey, numa ótica semelhante, afirma que, se os Direitos Humanos não têm sido cumpridos, continuam a ser uma utopia social, um horizonte, uma meta; e "dar as costas a esses direitos universais nesse estágio da história, por mais frágeis ou distorcidos que sejam, é dar igualmente as costas a todo tipo de perspectiva de ações políticas progressistas"[888]. Dessa forma, as utopias são fundamento para vislumbrar um mundo melhor.

Todavia, duas questões surgem e conectam-se: se as utopias são concretizáveis num lugar; e se, desse lugar, elas podem se expandir. As utopias, na perspectiva de que alternativas ao sistema dominante se materializem, têm concretude no espaço de formas diferenciadas. O ideário utópico pode se realizar em todas as escalas; pode ser tanto sobre questões civilizatórias, relativas aos direitos universais, como pode dizer respeito a formas de organização específica, as quais contêm a totalidade e que, portanto, podem originar múltiplas ideias, projetos, programas, ideários de utopias.

---

[886] GRAMSCI, A. *Selections of the prison notebooks*. New York: International Publishers, 1971. p. 275.
[887] LEFEBVRE, H. *Espaço e política*. Belo Horizonte: UFMG, 2008. p. 149.
[888] HARVEY, D. *Cidades rebeldes*: do direito à cidade à revolução urbana. São Paulo: Martins Fontes, 2014. p. 130.

Dessa forma, uma possibilidade utópica para se atingir o direito à cidade — como a regularização fundiária de interesse social, que mostraria tanto o reconhecimento de ocupação por necessidade quanto o direito a ter uma moradia digna, na perspectiva do uso da terra urbana com predomínio do valor de uso — mostrava sua potência como possibilidade emancipatória, apesar de ocorrer apenas em pequenas extensões nas áreas urbanas. Na mesma medida, o ideário da moradia como necessidade e como direito apontava para a compreensão da dinâmica da produção e da reprodução do espaço, demonstrando que a utopia concreta pode ocorrer em diversas escalas e induzir alterações na dinâmica do poder[889]. Porém, os interesses dos proprietários de terra e dos meios de produção alteraram a legislação para que a regularização fundiária passasse a atender mais diretamente ao predomínio do valor de troca e à moradia como mercadoria[890]. A alteração da legislação, como ocorreu por meio da Lei 13.165, de 2017[891], passou a dar ênfase ao título da propriedade, e não ao uso da terra para morar como necessidade. A possibilidade de uma utopia concretizar-se, mesmo que em escala restrita, mostra a sua potência, visto que, antes que a utopia do direito à moradia se expandisse, o capital e o Estado capitalista atuaram para a distopia. Entendemos que se trata de distopia na perspectiva de transformar o mundo, porém, para o capital, é a utopia da mercadoria que se valoriza e que promove o desenvolvimento.

O direito à cidade, em qualquer escala, implica uma perspectiva civilizatória em um lugar, e/ou em lugares, na dimensão de vida de sujeitos coletivos em suas territorialidades. Tal direito adquiriu uma importância maior agora, no século XXI, não só porque a grande maioria das pessoas mora em cidades, mas também porque a cidade é tida como o projeto de civilidade, de progresso (real ou imaginário)[892]. Ou seja, ela representa, no modo de produção capitalista, esse ideário de modernidade, esse ideal de progresso. Uma modernidade calcada na produção e na reprodução de um espaço que alavanca a acumulação do capital e que se constitui, desde a segunda metade do século XX, em um dos lugares preferenciais para a aplicação de excedentes de capitais. Uma produção social atribuída quase que exclusivamente aos proprietários de terra e dos meios de produção (setor imobiliário, indústria de construção civil, promotores imobiliários etc.), ao Estado e ao capital financeiro. Modernidade que exclui a maioria dos citadinos, os trabalhadores que constroem, tijolo a tijolo, a cidade, que se deslocam por meios precários de transporte, que moram longe dos centros urbanos, em casas precárias, em áreas com falta de equipamentos coletivos, apesar de que produzem a cidade à qual não têm acesso e cujos salários, quando os têm, não lhes permitem a aquisição dos meios necessários para sobreviver, embora, na ótica do capital, o salário garanta a reprodução, como explícito na Consolidação das Leis Trabalhistas (CLT)[893] e na Constituição de 1988[894]. Assim, o debate sobre a utopia do direito à cidade é crucial e fundamental, na medida em que a crise econômica produz sintomas mórbidos para os trabalhadores.

Na dinâmica da concretude de utopias, é preciso considerar a justiça espacial[895] como possibilidade de alterar a lógica do uso do espaço urbano, que depende da organização da sociedade e da esfera política. A justiça espacial diz respeito à atuação do Estado capitalista quando este procura

---

[889] RODRIGUES, A. M. A regularização fundiária de interesse social como possibilidade de realização do direito à cidade. *In*: COLÓQUIO INTERNACIONAL DE GEOCRÍTICA, 14., 2 a 7 de maio de 2016, Barcelona. *Actas* [...]. Barcelona, UB, [2016?]. Não paginada.

[890] *Idem. A propriedade da terra como elemento da desigualdade territorial nas cidades brasileiras. Novas Fronteiras, Outros Diálogos*: Cooperação e Desenvolvimento Territorial, Guarda; Lisboa, v. 36, ed. 41036, p. 195-206, 2019. (Coleção Iberogeografias).

[891] BRASIL. *Lei nº 13.465, de 11 de julho de 2017*. Dispõe sobre a regularização fundiária rural e urbana [...]. Brasília: Presidência da República, 2017.

[892] WILLIANS, R. *O campo e a cidade na história e na literatura*. São Paulo: Companhia das Letras, 1989.

[893] BRASIL. *Lei nº 185, de 14 de janeiro de 1936*. Institue as comissões de salário mínimo. Rio de Janeiro: Presidência da República, 1936.

[894] *Idem. Constituição da República Federativa do Brasil de 1988*. Brasília: Presidência da República, 1988.

[895] Ver, entre outros: CARLOS, A. F.; ALVES, G.; PÁDUA, R. F. (org.). *Justiça espacial e o direito à cidade*. São Paulo: Contexto, 2017.

atender as reivindicações societárias como a regularização fundiária de interesse social, a urbanização de favelas, a implantação de equipamentos coletivos, entre outras, visando à garantia de permanência nos lugares ocupados com um melhor padrão urbano. O atendimento das reivindicações de movimentos populares urbanos depende, como explicam autores que estudam a teoria materialista do Estado[896], das forças sociais que estão em disputa e da força política de governos. A justiça espacial como possibilidade é constitutiva do planejamento e tem em vista, dependendo de governos, auxiliar a diminuição das desigualdades socioespaciais e a conquista de direitos no espaço do vivido.

A justiça espacial tem limites e distorções que podem ocorrer com alteração da legislação, com mudança de governos e, principalmente, quando os princípios são deslocados para normas de planejamento, como ocorreu com os princípios da função social da propriedade e da cidade, os quais foram enquadrados no Art. 182, § 2º, da Constituição de 1988: "A propriedade urbana cumpre sua função social quando atende às exigências fundamentais de ordenação da cidade expressas no plano diretor"[897], ou seja, de um princípio, ele passou a ser instrumento de planejamento. O Estatuto da Cidade[898], que regulamenta os Arts. 182 e 183 da Constituição, tem sido destacado como um marco regulatório inovador para o controle do processo de urbanização com perspectivas inéditas para o planejamento urbano, por ter fornecido arcabouço jurídico, técnico, urbanístico e parâmetros sociais para a elaboração e a execução dos planos diretores municipais. Contudo, os princípios foram enquadrados como normas da política urbana de uso do solo e, assim, provocaram um deslocamento da essência para a aparência.

O Estatuto da Cidade forneceu critérios para demarcar áreas que não cumprem a função social da cidade e da propriedade urbana e para delimitar áreas ocupadas como Zonas Especiais de Habitação de Interesse Social (Zeis), as quais possibilitariam, se efetivadas, a permanência nas áreas ocupadas para moradia com a regularização fundiária de interesse social. Mas, como apontado, a mudança da legislação criou critérios, normas e instrumentos que se desviam da função social. O Estatuto da Cidade criou parâmetros para a participação social nos planos diretores, provocando um deslocamento nas lutas sociais, pois elas passaram a se centrar nos instrumentos dos planos diretores, sem que os princípios fossem realmente atingidos. A participação social é um simulacro e segue a agenda estatal, mas é pleiteada pelos movimentos populares como uma possibilidade de intervir na agenda urbana. Do ponto de vista pragmático, o estatuto, que orienta a elaboração de planos diretores, tem sido pouco efetivo, mesmo para os padrões de planejamento urbano brasileiro. Os planos diretores definem a política urbana, apresentam um quadro genérico de ordenamento territorial com a pretensão de que os instrumentos sejam aplicáveis e preveem que estes instrumentos possam ser a expressão da política urbana[899], todavia não trazem meios de como concretizar a função social. Há um ideal de urbano como desenvolvimento econômico moderno, na ideologia capitalista, que considera esse urbano um dos motores da modernização.

E será que a justiça espacial pode resultar em possibilidades utópicas concretas no espaço em geral? O livro *Utopias para reconstruir o Brasil*[900] apresenta propostas de políticas de desenvolvimento econômico, social, regional, nacional e internacional, tendo o Estado presente, seja como interlocutor, seja como promotor de políticas públicas. Essa obra tem como perspectiva a necessidade de mudar

---

[896] Ver, entre outros: HIRSCH, J. *Teoria materialista do Estado*: processos de transformação do sistema capitalista de Estado. Rio de Janeiro: Revan, 2010; MÉSZÁROS, I. *Para além do Leviatã*: crítica do Estado. São Paulo: Boitempo, 2021; POULANTZAS, N. *Poder político e classes sociais*. São Paulo: Martins Fontes, 1974.

[897] BRASIL, 1988, s/p.

[898] *Idem. Lei nº 10.257, de 10 de julho de 2001*. Regulamenta os arts. 182 e 183 da Constituição Federal, estabelece diretrizes gerais da política urbana e dá outras providências. Brasília: Presidência da República, 2001.

[899] RODRIGUES, A. M. Ponderações sobre ausências e presenças em estudos de geografia urbana. *In*: SPOSITO, E. S.; SILVA, C. A.; SANTANA, J. L.; MELAZZO, E. (org.). *A diversidade da geografia brasileira*: escalas e dimensões da análise e da ação. Rio de Janeiro: Consequência, 2016. v. 1, p. 233-254.

[900] BERCOVICI, G.; SICSÚ, J.; AGUIAR, R. (coord.). *Utopias para reconstruir o Brasil*. São Paulo: Quartier Latin, 2020. O livro contém muitas análises e propostas de desenvolvimento econômico, social e político, numa perspectiva contra-hegemônica ao período da segunda década do século XXI.

as engrenagens políticas e econômicas para construir utopias com políticas consideradas eficazes. Porém, a possibilidade de atuar nas engrenagens políticas depende das forças sociais e dos blocos no poder. Para István Mészáros:

> Quando se enfatiza a necessidade de uma mudança estrutural radical deve-se tornar claro desde o início que isso não é um apelo a uma Utopia não realizável. Ao contrário, a característica definidora primária das teorias utópicas modernas era precisamente a projeção de que a melhoria pretendida nas condições de vida dos trabalhadores poderia ser alcançada no âmbito da base estrutural existente das sociedades criticadas [...]. O problema para nós é que, sem uma avaliação adequada da natureza da crise econômica e social de nossos dias [...], a probabilidade de sucesso a esse respeito é insignificante.[901]

Isto significa que precisamos compreender do que estamos falando quando propomos pensar em utopias concretas, ou seja, é preciso entender a complexidade, as contradições e os conflitos para tornar possível uma mudança estrutural radical sobre a gênese das desigualdades sociais e espaciais.

É imprescindível que não fiquemos reféns dos enquadramentos que nos impedem de avançar para um devir histórico na perspectiva do direito à cidade, das utopias concretas que visam extinguir as desigualdades socioespaciais. Apresentaremos a seguir algumas concepções sobre utopias para iluminar possíveis contribuições em relação às utopias concretas no urbano.

Concepções de utopias

O termo "utopia" surge como gênero literário, no século XVI, com Thomas More[902]. É um *lugar nenhum* como projeção de um novo lugar, uma ilha imaginária que contém a crítica de lugares existentes, é um vislumbre de um outro mundo. Utopia *de nenhum lugar*. Contudo, diz o autor, "devo confessar que há muita coisa na República da Utopia que eu desejaria ver imitada em nossas cidades – coisa que mais desejo do que espero"[903].

Francis Bacon, no século XVII[904], em Nova Atlântida, também se refere a um lugar inexistente: é uma utopia sem concretude no tempo e no espaço. Para o autor, a prosperidade é calcada no progresso da ciência em todas as áreas do conhecimento, e a tecnologia seria uma possibilidade de harmonia. No período neoliberal em que vivemos, a tecnologia, além dos seus benefícios, tem propiciado a destruição do pensamento crítico. Se a tecnologia, para Bacon, permitiria abstratamente a prosperidade, o uso da técnica apenas para medir quantidade anula a produção científica, a potência para as utopias, o debate teórico e a ação política. O avanço técnico é forma de domínio, como se tem visto com as guerras híbridas, com o avanço do armamentismo, com o valor que a informação adquire. Uma guerra híbrida que em tempos atuais é marcada pelas falsas notícias, distantes e sem relação com a realidade. Essa é uma questão que devemos compreender para podermos avançar na utopia de construir um mundo melhor.

William Morris[905], no século XIX, em *Notícias de lugar nenhum*, também uma obra literária, traz, em seu próprio título, referência a Thomas More. Ele apresenta um lugar pós-revolução socialista, onde se trabalha para viver, e não se vive para trabalhar; um lugar onde não há propriedade privada dos meios de produção. Nesse mundo criado pelo autor, a vida flui com alegria e produção coletiva, algo que não acontece em lugar algum.

---

[901] MÉSZÁROS, I. *Crise estrutural necessita de mudança estrutural*. Conferência proferida na abertura do Encontro de São Lázaro, 2., em 13 de junho de 2011. s/p.
[902] MORE, T. *Utopia*. Brasília: UnB, 2004.
[903] *Ibidem*, p. 132.
[904] BACON, F. *A grande instauração*. São Paulo: Edições 70, 2008. Originalmente publicada em 1626.
[905] MORRIS, W. *Notícias de lugar nenhum: romance utópico*. São Paulo: Expressão Popular, 2002.

Importante salientar que os lugares *nenhum* — esses lugares imaginados — não podem ser confundidos com o *"não lugar"* (categoria utilizada por alguns autores), que implica uma negação do lugar pela falta de qualidade de vida, de padrão urbano. Os *"não lugares"* não constroem referências comuns para um grupo, e *"lugar nenhum"* refere-se a uma imaginação de um lugar que não existe.

Numa outra perspectiva de análise, para pensar outro mundo possível, estão as propostas do socialismo utópico e real. No século XVIII, o socialismo utópico teve várias referências, entre as quais Saint Simon, ao apontar que a sociedade estava dividida entre produtores que geravam riqueza e ociosos. Segundo esse autor, as empresas capitalistas poderiam existir, desde que assumissem responsabilidades sociais para com a classe dos produtores. Já Charles Fourier indicava que as relações econômicas deveriam se organizar em instituições fundadas por princípios de associação e cooperativismo, ou seja, ele propugnava uma associação dos produtores. Por sua vez, Robert Owen dedicou-se à criação de cooperativas que negassem o individualismo e a lógica egoísta das empresas capitalistas[906].

Os socialistas utópicos foram criticados por terem projetos bem-intencionados, mas sem analisar as causas da opressão e da miséria, as contradições da exploração capitalista e as diferentes possibilidades de superação dos problemas. Friedrich Engels[907] considerou que o socialismo utópico representava a possibilidade de sair da opressão sem calcar-se nas possibilidades emancipatórias para uma outra sociedade, enquanto o socialismo científico analisava as relações sociais concretas e as lutas de classes que configuravam o capitalismo propondo sua superação e a emancipação dos trabalhadores.

Como diz Marilena Chaui:

> O método do materialismo histórico/dialético valoriza na utopia seu caráter emancipador da opressão e de exploração. O horizonte é o conhecimento das causas materiais e demonstrar as contradições e os conflitos da produção e da apropriação da produção do espaço, das ideias (a informação em geral e a propriedade intelectual em específico). Desvendar as contradições é uma forma de se obter conhecimento e de avançar para conquistas reais.[908]

Contrapondo-se à utopia de construção de um mundo melhor, há os que afirmam tanto o fim das utopias quanto o das ideologias e, ao mesmo tempo, reafirmam a utopia do progresso econômico, do neoliberalismo, como solução para todos os males[909], isto é, a utopia da sociedade sem Estado com total supremacia do deus Mercado. Embora essa seja uma questão importante, não nos deteremos nela, nas utopias do neoliberalismo, pois nossa ênfase são as utopias que valorizam o caráter emancipador das lutas sociais.

Após essa breve explanação, como entender a utopia no tempo presente e relacioná-la ao direito à cidade, em suas múltiplas escalas e dimensões? Parece ser necessário analisar as relações sociais concretas, desvendando as contradições e os conflitos da produção e da reprodução do espaço urbano, para mostrar como o conhecimento científico pode auxiliar a potência emancipatória. Uma potência que explicite a cidade como um lugar da luta pela vida.

Para Eduardo Galeano,

---

[906] Os diversos autores foram analisados por: CLAES, G. *Utopia*: a história de uma ideia. São Paulo: Sesc, 2003; JACOBY, R. *O fim da utopia*: política e cultura na era da apatia. São Paulo: Record, 2001.

[907] ENGELS, F. *Do socialismo utópico ao socialismo científico*. São Paulo: Global, 1986.

[908] CHAUI, M. Notas sobre a utopia. *Revista Ciência e Cultura*, São Paulo, v. 60, n. especial, p. 9, jul. 2008.

[909] Ver, entre outros: FUKUYAMA, F. *O fim da história e o último homem*. Tradução de Aulyde S. Rodrigues. Rio de Janeiro: Rocco, 1992.

> A utopia está lá no horizonte. Me aproximo dois passos, ela se afasta dois passos. Caminho dez passos e o horizonte corre dez passos. Por mais que eu caminhe, jamais alcançarei. Para que serve a utopia? Serve para isso: para que eu não deixe de caminhar.[910]

No mesmo sentido, Boaventura de Sousa Santos diz que

> A utopia é a exploração de novas possibilidades e vontades humanas, por via da oposição à necessidade do que existe, só porque existe, em nome de algo radicalmente melhor que a humanidade tem o direito de desejar e pelo que vale a pena lutar.[911]

A utopia traz para o centro o que está às margens. Não é próprio dela realizar-se em sua totalidade, pois, a cada novo passo, outros passos são necessários para sua concretude. De qualquer modo, traz para o centro as questões nas quais se é preciso avançar, pois, apesar de constarem de documentos oficiais, os direitos que, pela sua própria essência, são universais estão sempre às margens das discussões. Trazer para o centro é explorar as novas possibilidades e alternativas, mas é, também, do ponto de vista da geografia urbana, desvendar e tornar explícita, para a maioria, como se dá a produção do espaço urbano e a reprodução das condições sociais que ocultam as formas de exploração e opressão. Trazer para o centro é como, enquanto geógrafos, podemos contribuir para as utopias concretas no espaço urbano, mostrando os sentidos e os significados das contradições que estão ocultas.

Contribuir para a utopia do direito à cidade

É possível contribuir com estudos e pesquisas para que a sociedade tenha clareza sobre a opressão, a dominação e sobre as possibilidades emancipatórias que se apresentam, como em utopias concretas, pois o que vivenciamos no atual período coloca diversas possibilidades de trazer para o centro o que está às margens, ou seja, é possível desvendar, por diferentes percursos, o que está escondido por espessas cortinas de fumaça, pela ideologia dominante. Muitos e diversos estudos de geografia contribuem para compreender as contradições e os conflitos da produção e da reprodução do espaço urbano para entender teoricamente as questões da vida cotidiana, da organização societária, dos movimentos populares, do Estado capitalista e dos agentes capitalistas e da desigualdade e da segregação socioespacial[912]. Para os objetivos deste capítulo, relacionamos a utopia do direito à cidade a questões concretas a fim de mostrar as contradições e os conflitos que aparecem mediatizados. A ideologia dominante do período neoliberal oculta as causas da desigualdade socioespacial, da conexão dos direitos com a realidade e esmaece a qualidade da produção científica. Além disso, cria e recria paradigmas científicos que mais ocultam do que desvelam, com argumentos retóricos nos quais o atendimento de necessidades aparece como prêmio, e não direito, ocultando a realidade em sua complexidade.

Na luta para conquista de direitos, de viver em condições adequadas além de várias formas de organização, os movimentos populares urbanos realizaram, em 2022, a I Conferência Popular pelo Direito à Cidade, da qual participaram mais de 600 entidades, tanto de movimentos populares como de associações e entidades ligadas à luta popular. Foram realizados 232 eventos preparatórios, que resultaram em propostas distribuídas em 16 eixos temáticos, com uma plataforma de luta pelo direito à cidade.

---

[910] GALEANO, Eduardo. Para que serve a utopia? *Portal Raízes*, Piracanjuba, GO, 24 nov. 2005. s/p.
[911] SANTOS, B. S. *Pela mão de Alice*. São Paulo: Cortez, 1995. p. 323.
[912] Foge aos objetivos deste texto fazer uma explanação consistente sobre os trabalhos consultados.

> Foram debatidas propostas voltadas para a moradia popular, saúde e saneamento, lutas contra opressões de gênero e LGBTQIA+fobia, pela preservação do meio ambiente e adaptação à crise climática, pelos direitos dos povos originários, mobilidade e acessibilidade, lutas antirracistas e contra o capacitismo, pelo acesso a equipamentos culturais, dinamização de atividades artísticas e esportivas, pela cidadania das pessoas jovens e idosas, pelos direitos da população em situação de rua, por trabalho e renda, pela democracia urbana. Nosso processo preparatório prova que é possível fazer convergir anseios, esperanças e lutas pelo Direito à Cidade – *entendido como o direito de construir uma nova cidade, uma nova sociedade, com novas formas de relações entre os seres humanos e destes com o meio ambiente.*[913]

Foram debatidas as diversidades de condições de vida e de opressão a que estão submetidos os citadinos. Apesar de a moradia ocupar um dos centros das reivindicações, os movimentos populares apontam para a utopia do direito à cidade na perspectiva de uma sociedade sem desigualdades sociais e espaciais.

Os temas mostram um entendimento da complexidade da vida nas cidades, por isso destacamos alguns dos pressupostos contidos no documento final da conferência[914], realizada em São Paulo entre 3 e 5 de junho de 2022, que nos ajudam a compreender tal complexidade. No eixo "educação", propõe-se a "universalização da educação infantil de qualidade, com creches e escolas nas periferias com transporte escolar, para permitir deslocamento e integração"[915]. Há um entendimento de que viver na cidade não se resume à casa, mas que o morar dignamente prevê, por exemplo, equipamentos escolares para crianças e jovens, ou seja, a vida cotidiana em suas várias dimensões.

No eixo "democracia urbana", propõe-se ampla participação popular para "garantir gestão democrática e transparente da cidade e das políticas e planos urbanos"[916]. Considera-se necessário "Assegurar o planejamento urbano e políticas públicas voltadas à implementação de infraestrutura urbana e social e à efetividade do direito à cidade nos bairros e territórios periféricos"[917]. Fica nítida a preocupação com as áreas periféricas das cidades e que não contam com infraestrutura básica, propondo uma participação social de forma efetiva para se pensar a vida nas cidades.

Ainda neste eixo, além de apontar a necessidade de urbanização de favelas como garantia de permanência no lugar, o documento enfatiza que é mister "Trazer a favela e a periferia como tema central no debate do direito à cidade reconhecendo os territórios, seus moradores e movimentos populares organizados"[918], ou seja, trazer para o centro do debate o que está às margens. Ademais, ele destaca que a favela e as ocupações são decorrentes da falta de condições de acesso à moradia digna e que é preciso promover a urbanização, com implantação de infraestrutura e equipamentos coletivos e transporte de qualidade; ressaltando que a regularização fundiária de interesse social é fundamental para obter-se o direito à moradia, que, como apontamos, foi alterado em 2017. Ou seja, é necessário "regularização fundiária plena com perspectiva de implementar um processo de conquista efetiva do direito de morar"[919].

Além disso, os pressupostos apresentados destacam claramente que o Estado capitalista precisa garantir que o direito à moradia prevaleça em relação à propriedade privada, seja com a produção de moradias populares de qualidade e bem localizadas, seja com a urbanização de favelas; e colocam

---

[913] CONFERÊNCIA POPULAR PELO DIREITO À CIDADE. *Plataforma de lutas pelo direito à cidade*. São Paulo: [s.n.], 2022. p. 3, grifo nosso.
[914] Cabe ressaltar que participamos, com outros geógrafos, de algumas etapas da conferência representando a Associação dos Geógrafos Brasileiros (AGB).
[915] *Ibidem*, p. 7.
[916] *Ibidem*, p. 9.
[917] *Ibidem*, p. 11.
[918] *Ibidem*, p. 13.
[919] *Ibidem*, p. 15.

ênfase na titularidade de posse e propriedade para as mulheres, com programas específicos e objetivo de assegurar sua autonomia e emancipação econômica e política, libertando-as do domínio do homem sob a propriedade da moradia.

Neste mesmo eixo, apresenta-se, também, a necessidade de programas que atentem para a igualdade racial, mostrando formas como podem ser implementados, assim como o atendimento de moradia e infraestrutura para as comunidades tradicionais e os povos originários. Há um destaque, ainda, na necessidade de criar "programas habitacionais para a população em situação de rua, garantindo a localização onde há infraestrutura e serviços públicos como de saúde, educação, trabalho e cultura"[920].

Todas essas plataformas de luta demonstram que o direito à cidade tem inúmeras perspectivas e apresentam tanto propostas de implantação de moradia para as pessoas idosas como de capacitação de jovens.

A conferência seguiu, de certa forma, os moldes das Conferências Nacionais das Cidades, realizadas pelo Conselho das Cidades[921], porém as temáticas foram advindas da vida cotidiana. A periferia pobre perpassou vários eixos, colocando no centro do debate o lugar de moradia da maioria e a necessidade de uma política de urbanização que leve em consideração as características da vida de cada grupo social. Ao se ressaltar que a favela e as ocupações são decorrentes da falta de condições de acesso à moradia digna e que é necessário promover a urbanização, com implantação de infraestrutura e equipamentos coletivos e transporte de qualidade, leva-se para o centro as questões pouco consideradas em programas governamentais. O transporte público, a mobilidade urbana, o ambiente sadio são outros destaques da conferência. A moradia digna é o elemento que se relaciona com o trabalho, com a propriedade da terra, com o lugar que cada moradia ocupa na cidade, com a necessidade de equipamentos e meios de consumo coletivos, com o fim dos despejos forçados, com o respeito à diversidade de gênero, de cor, de idade, de culturas e religiosidade, bem como dos diferentes trabalhos que exercem.

A utopia do direito à cidade diz respeito ao predomínio do valor de uso e no uso coletivo do espaço, enquanto a função social da propriedade e da cidade diz respeito ao uso capitalista do espaço e ao uso individual. Porém, é fundamental considerar que os movimentos apontam a importância da função social da propriedade para limitar a especulação imobiliária e permitir o acesso à moradia, atendendo ao exposto no Estatuto da Cidade.

O direito à moradia está contido no direito à cidade, mas a moradia tem de ser entendida na sua relação com o trabalho a fim de evidenciar que morar em favela, em cortiços, em casas precárias, na periferia, é resultado da acumulação do capital, que não paga o que é estipulado pela Constituição e pelas leis trabalhistas. A moradia como necessidade é reconhecida no Brasil com o valor atribuído ao Salário-Mínimo (SM) — que deveria permitir a reprodução da força de trabalho —, e consta como direito no Art. 6º. da Constituição brasileira. Para auxiliarmos a construção de utopias concretas, é preciso mostrar que tanto a moradia como direito quanto a moradia como necessidade se contrapõem à mercadoria terra/casa urbana. São dialeticamente indissociáveis enquanto parte das contradições do viver no modo de produção capitalista.

As questões concretas do direito à moradia, da moradia como necessidade, são, em geral, desviadas para falar de onde o Estado produz moradias sem as relacionar com as lutas do mundo do trabalho, da propriedade da terra e dos meios de produção. O capitalismo diz que quem

---

[920] *Ibidem*, p. 37.
[921] Sobre o Conselho e as Conferências das Cidades, ver: RODRIGUES, A. M. Conselho das Cidades: uma avaliação. *Revista Terra Livre*, São Paulo, ano 26, v. 1, n. 34, p. 1-281, jan./jun. 2010.

trabalhar terá o que comer, onde morar, educar-se etc.[922] Porém, a mercadoria "moradia" tem a supremacia para a valorização do capital. A reprodução da vida é jogada para o trabalhador, e, desse modo, a mercadoria casa/cidade deve ser paga pelos salários. O Estado capitalista atua para suprir essa necessidade de forma contraditória ao produzir conjuntos de moradias, ao regularizar áreas ocupadas, que ocorrem sempre nas fímbrias das áreas urbana mais valorizadas, pois é parte da lógica capitalista da produção do espaço. Assim, para contribuir para que outro mundo seja possível, a segregação socioespacial precisa ser mostrada na relação com a propriedade da terra e dos meios de produção e com o mundo do trabalho. O trabalho é o que produz o valor, e sem trabalho não há produção, mas quem produz é excluído do acesso à moradia. Análises centradas em mostrar as contradições poderiam auxiliar a ação política dos movimentos populares.

Para mostrar que a conquista de uma casa para morar não é um benefício, não é um prêmio, mas produto das relações sociais de produção, lembramos que, desde a década de 1930, a maior parte dos recursos para a produção de moradia popular advém do mundo do trabalho. Naquele momento, foram criados os Institutos de Aposentadoria e Pensões, que contavam com uma carteira predial, com recursos advindos das contribuições, possibilitando, com isso, a compra ou a locação de imóveis dos trabalhadores ligados ao sistema previdenciário. O pagamento do aluguel ou a compra da unidade era realizado com os salários. Em 1964, foi criado o Banco Nacional de Habitação, cujos recursos advieram, a partir de 1966, do Fundo de Garantia de Tempo de Serviço (FGTS). A criação do FGTS alterou a legislação trabalhista com o objetivo de obter recursos para a produção de conjuntos habitacionais, ou seja, os recursos são provenientes do mundo do trabalho[923]. Além disso, a compra da unidade é também paga pelo trabalhador. Em 2009, instituiu-se o Programa Minha Casa Minha Vida (PMCMV)[924], que também se utilizou dos recursos do mundo do trabalho, e os trabalhadores, ainda que com subsídios, pagam pela compra da moradia. As unidades estão localizadas, como nos períodos anteriores, em áreas periféricas, sem infraestrutura e sem equipamentos coletivos de qualidade, como apontam muitos e importantes estudos. Como direito, está muito longe da universalidade, pois atende a uma pequena parcela da população, a qual paga duplamente por ela, com os recursos do mundo do trabalho e com seu salário[925].

Analisar a questão do direito à moradia, da necessidade e de sua expressão nos salários, nas contradições da produção da casa e da cidade no capitalismo pode auxiliar as lutas concretas. A moradia como direito pressupõe que a utopia concreta é garantir que a mercadoria deva estar submetida à necessidade e ao direito, pois é na moradia digna que se tem a possibilidade de reprodução. É importante trazer, também, para o centro do debate a reprodução da vida, as formas pelas quais o Estado pode e deve agir para atuar na justiça espacial de forma a auxiliar as utopias para se ter moradia digna e a cidade como direito. É deixar explícito que o mundo do trabalho é quem cria valor, enquanto o trabalhador que edifica a cidade é expulso do espaço urbano que constrói. Esse

---

[922] RODRIGUES, A. M. Conectando a luta pela terra com a luta de classes: reflexões sobre a segregação socioespacial e repercussões na pandemia. *In*: COTA, D. A. et al. (org.). *Realidade urbana brasileira*: problemas, desafios e possibilidades para a efetivação do direito à cidade. Rio de Janeiro: Autografia, 2021. p. 63-76. *Ebook*.

[923] Idem. O direito à moradia e as políticas públicas no Brasil. *In*: JACINTO, R. (coord.). *Sociedade e memória*. Portugal: Ancora, 2022a. p. 261-278.

[924] BRASIL. *Lei nº 11.977, de 7 de julho de 2009*. Dispõe sobre o Programa Minha Casa, Minha Vida [...]. Brasília: Presidência da República, 2009.

[925] RODRIGUES, A. M. The right to the city and the housing in brazilian cities. *In*: GONZÁLEZ, R. C. L.; MITIDIERO JR., M. A. (ed.). *Brazilian geography*: advances in geographical and environmental sciences. Delhi: DU, 2022B. p. 233-243. DOI 10.1007/978-981-19-3704-0.

é um desafio para utopias concretas: pensar a emancipação, no sentido que Antonio Gramsci nos ensina[926], na democracia social, e não apenas na formal, fazer a economia trabalhar para os objetivos sociais, em vez de fazer a sociedade trabalhar para a economia.

Ao trazer para centro o que está às margens, apontamos possibilidades de lutas concretas e correlacionamo-las com a produção do espaço e com a reprodução das condições de produção. A utopia pertence a sua época, e daí é necessário entender as contradições e os conflitos de classes sociais. Ela também se aparta de sua época por pretender construir um mundo sem opressão, e, por meio dela, é-nos permitido pensar alternativas às instituições dominantes que encarnam nossas mais profundas aspirações por um mundo justo e humano. Podemos ser geógrafos insurgentes e ajudar a construir a emancipação que só é possível com a sociedade civil organizada que luta pelo direito à cidade em suas diversas perspectivas, escalas e dimensões.

Referências

BACON, F. *A grande instauração*. São Paulo: Edições 70, 2008. Originalmente publicada em 1626.

BERCOVICI, G.; SICSÚ, J.; AGUIAR, R. (coord.). *Utopias para reconstruir o Brasil*. São Paulo: Quartier Latin, 2020.

BRASIL. *Constituição da República Federativa do Brasil de 1988*. Brasília: Presidência da República, 1988. Disponível em: https://www.planalto.gov.br/ccivil_03/constituicao/constituicao.htm. Acesso em: 15 set. 2023.

BRASIL. *Lei nº 10.257, de 10 de julho de 2001*. Regulamenta os arts. 182 e 183 da Constituição Federal, estabelece diretrizes gerais da política urbana e dá outras providências. Brasília: Presidência da República, 2001. Disponível em: https://www.planalto.gov.br/ccivil_03/leis/leis_2001/l10257.htm. Acesso em: 15 set. 2023.

BRASIL. *Lei nº 11.977, de 7 de julho de 2009*. Dispõe sobre o Programa Minha Casa, Minha Vida [...]. Brasília: Presidência da República, 2009. Disponível em: https://www.planalto.gov.br/ccivil_03/_ato2007-2010/2009/lei/l11977.htm. Acesso em: 15 set. 2023.

BRASIL. *Lei nº 13.465, de 11 de julho de 2017*. Dispõe sobre a regularização fundiária rural e urbana [...]. Brasília: Presidência da República, 2017. Disponível em: https://www.planalto.gov.br/ccivil_03/_ato2015-2018/2017/lei/l13465.htm. Acesso em: 15 set. 2023.

BRASIL. *Lei nº 185, de 14 de janeiro de 1936*. Institue as comissões de salário mínimo. Rio de Janeiro: Presidência da República, 1936. Disponível em: https://www2.camara.leg.br/legin/fed/lei/1930-1939/lei-185-14-janeiro-1936-398024-publicacaooriginal-1-pl.html. Acesso em: 30 ago. 2021.

CARLOS, A. F.; ALVES, G.; PÁDUA, R. F. (org.). *Justiça espacial e o direito à cidade*. São Paulo: Contexto, 2017.

CHAUI, M. Notas sobre a utopia. *Revista Ciência e Cultura*, São Paulo, v. 60, n. especial, p. 9, jul. 2008.

CLAES, G. *Utopia*: a história de uma ideia. São Paulo: Sesc, 2003.

CONFERÊNCIA POPULAR PELO DIREITO À CIDADE. *Plataforma de lutas pelo direito à cidade*. São Paulo: [s.n.], 2022. Disponível em: https://www.confpopdireitoacidade.com.br/. Acesso em: 13 set. 2022.

ENGELS, F. *Do socialismo utópico ao socialismo científico*. São Paulo: Global, 1986.

FUKUYAMA, F. *O fim da história e o último homem*. Tradução de Aulyde S. Rodrigues. Rio de Janeiro: Rocco, 1992.

---

[926] GRAMSCI, A. *Os intelectuais e a organização da cultura*. Rio de Janeiro: Civilização Brasileira, 1988.

GALEANO, Eduardo. Para que serve a utopia? *Portal Raízes*, Piracanjuba, GO, 24 nov. 2005. Disponível em: https://www.portalraizes.com/para-que-serve-a-utopia-por-eduardo-galeano-2/. Acesso em: 6 out. 2022.

GRAMSCI, A. *Os intelectuais e a organização da cultura*. Rio de Janeiro: Civilização Brasileira, 1988.

GRAMSCI, A. *Selections of the prison notebooks*. New York: International Publishers, 1971.

HARVEY, D. *Cidades rebeldes*: do direito à cidade à revolução urbana. São Paulo: Martins Fontes, 2014.

HIRSCH, J. *Teoria materialista do Estado*: processos de transformação do sistema capitalista de Estado. Rio de Janeiro: Revan, 2010.

JACOBY, R. *O fim da utopia*: política e cultura na era da apatia. São Paulo: Record, 2001.

LEFEBVRE, H. *Espaço e política*. Belo Horizonte: UFMG, 2008.

LEFEBVRE, H. *O direito à cidade*. São Paulo: Documentos, 1968.

MÉSZÁROS, I. *Crise estrutural necessita de mudança estrutural*. Conferência proferida na abertura do Encontro de São Lázaro, 2., em 13 de junho de 2011.

MÉSZÁROS, I. *Para além do Leviatã*: crítica do Estado. São Paulo: Boitempo, 2021.

MORE, T. *Utopia*. Brasília: UnB, 2004.

MORRIS, W. *Notícias de lugar nenhum*: romance utópico. São Paulo: Expressão Popular, 2002.

ORGANIZAÇÃO DAS NAÇÕES UNIDAS (ONU). *Declaração Universal dos Direitos Humanos*. Resolução 217AIII. Nova York: ONU, 10 dez. 1948. Disponível em: https://www.unicef.org/brazil/declaracao-universal-dos-direitos-humanos. Acesso em: 4 nov. 2022.

POULANTZAS, N. *Poder político e classes sociais*. São Paulo: Martins Fontes, 1974.

RODRIGUES, A. M. *A propriedade da terra como elemento da desigualdade territorial nas cidades brasileiras. Novas Fronteiras, Outros Diálogos*: Cooperação e Desenvolvimento Territorial, Guarda; Lisboa, v. 36, ed. 41036, p. 195-206, 2019. (Coleção Iberogeografias).

RODRIGUES, A. M. A regularização fundiária de interesse social como possibilidade de realização do direito à cidade. *In*: COLOQUIO INTERNACIONAL DE GEOCRÍTICA, 14., 2 a 7 de maio de 2016, Barcelona. *Actas* [...]. Barcelona, UB, [2016?]. Não paginada.

RODRIGUES, A. M. Conectando a luta pela terra com a luta de classes: reflexões sobre a segregação socioespacial e repercussões na pandemia. *In*: COTA, D. A. *et al*. (org.). *Realidade urbana brasileira*: problemas, desafios e possibilidades para a efetivação do direito à cidade. Rio de Janeiro: Autografia, 2021. p. 63-76. *Ebook*.

RODRIGUES, A. M. Conselho das Cidades: uma avaliação. *Revista Terra Livre*, São Paulo, ano 26, v. 1, n. 34, p. 1-281, jan./jun. 2010.

RODRIGUES, A. M. O direito à moradia e as políticas públicas no Brasil. *In*: JACINTO, R. (coord.). *Sociedade e memória*. Portugal: Ancora, 2022a. p. 261-278.

RODRIGUES, A. M. Ponderações sobre ausências e presenças em estudos de geografia urbana. *In*: SPOSITO, E. S.; SILVA, C. A.; SANTANA, J. L.; MELAZZO, E. (org.). *A diversidade da geografia brasileira*: escalas e dimensões da análise e da ação. Rio de Janeiro: Consequência, 2016. v. 1, p. 233-254.

RODRIGUES, A. M. The right to the city and the housing in Brazilian cities. *In*: GONZÁLEZ, R. C. L.; MITIDIERO JR., M. A. (ed.). Brazilian geography: advances in geographical and environmental sciences. Delhi: DU, 2022b. p. 233-243. DOI 10.1007/978-981-19-3704-0.

SANTOS, B. S. *Pela mão de Alice*. São Paulo: Cortez, 1995.

WILLIANS, R. *O campo e a cidade na história e na literatura*. São Paulo: Companhia das Letras, 1989.

AS UTOPIAS PRÁTICAS COMO POLÍTICAS DE CIDADE

Jorge Luiz Barbosa

> *"[...] é mais fácil imaginar o fim do mundo do que o fim do capitalismo e do modo de vida que ele determina"*
> *(Raymond Willians)*

Introdução

Para F. Jameson[927], a utopia parece ser a demonstração de um daqueles raros fenômenos cujos conceitos são indistinguíveis de sua realidade e cuja respectiva ontologia coincide com sua própria representação. Com base nessas considerações, o autor indaga se as utopias ainda têm função social diante de um mundo marcado por desigualdades e iniquidades profundas. E, caso já não a tenham, talvez a explicação esteja, ainda segundo o autor citado, na dissociação histórica vivida pelas sociedades em dois mundos distintos que caracterizam a globalização. Num desses mundos, afirma Jameson, "a desintegração do social tão absoluta – miséria, pobreza, desemprego, fome, corrupção, violência e morte – que os elaboradíssimos esquemas sociais dos pensadores utópicos tornam-se tão frívolos quanto irrelevantes"[928].

A questão incisiva provocada por F. Jameson coloca-nos diante de uma reposta sobre a validade das utopias na cena política contemporânea. Será que ainda temos como atribuir ao pensamento utópico a capacidade de apontar a superação da hegemonia regressiva, violenta, autoritária e racista que preside as sociedades de nosso mundo globalizado, particularmente a sociedade brasileira, tão profundamente marcada pelo ascenso ideológico e político da extrema direita neofascista?

Em outra ocasião, embora diante da mesma premissa da *ferrugem das utopias* (refiro-me à nossa participação no XV Simpósio Nacional de Geografia Urbana (Simpurb), recorremos aos ensinamentos de Ítalo Calvino[929], que nos convidava à mudança de ponto de observação do mundo, justamente no sentido da busca necessária e inadiável das transformações das condições objetivas e subjetivas de nossa existência ainda humana:

> Cada vez que o reino do humano me parece condenado ao peso, digo para mim mesmo que à maneira de Perseu eu devia voar para outro espaço. Não se trata absolutamente de fuga para o sonho ou o irracional. Quero dizer que preciso mudar de ponto de observação, que preciso considerar o mundo sobre outra ótica, outra lógica, outros meios de conhecimento [...][930].

---

[927] JAMESON, F. A política da utopia. *In*: SADER, E. (org.) *Contragolpes*: seleção de artigos da New Left Review. Tradução de Beatriz Medina. São Paulo: Boitempo, 2006.
[928] *Ibidem*, p. 159.
[929] CALVINO, I. Seis propostas para o próximo milênio. São Paulo: Companhia das Letras, 1990.
[930] CALVINO, I. 1990, p. 19

Ao aceitar debater nesse simpósio, "Utopias concretas: experiências, justiça espacial e direito à cidade", apegamo-nos ao fio denso que Angela Davis nos oferece para sair do labirinto da indiferença de nosso vasto-pequeno mundo globalizado:

> Eu realmente penso que utopia é quando a gente se move em novas direções e visões. Utopia no sentido de que necessitamos de visões para nos inspirar e ir para frente. Isso tem que ser global. Precisamos achar um modo de dar conta e saber como vamos interligar nossas lutas e visões e chegar a algumas conclusões sobre como desenvolver novos valores revolucionários e, principalmente, como desatrelar valores capitalistas de valores democráticos.[931]

E, com essa senda aberta por Angela Davis, a nossa contribuição encontra seu percurso de exposição.

Espacialidades da utopia: uma convocação à (re)constituição ético-política das sociedades contemporâneas

Originada da obra seminal *Utopia*, de Thomas Morus (1516); os *não lugares, os algures, os nenhures ou lugar nenhum* (traduções literais da palavra latina "utopia") constituíram-se em repertórios narrativos que combinaram a crítica ao presente vivido às projeções imaginárias para o futuro. Com Morus é inaugurada uma linhagem de obras utópicas na cultura ocidental, a atravessar o século XVII, e refiro-me às obras clássicas *Cidade do sol* (1602), de Tomaso Campanella; *Nova Atlântida* (1626), de F. Bacon; e *The Commonwealth of Oceana* (1656), de James Harrington.

As *utopias* também logo estariam em cena nos escritos postuladores de reformas e revoluções sociais como as encontradas no *Manifesto dos iguais*, de Gustavo Babeuf (1760-1797); nos *Falanstérios*, de Charles Fourier (1772-1837); na *New harmony*, de Robert Owen (1771-1858); em *Icária*, de Etienne Cabet (1788-1856). Assim como nos romances de antecipação: de Edward Bellamy, *Looking backwards* (Olhando para trás), de 1885, e de William Morris, *News from nowhere* (Notícias de lugar nenhum), de 1890. Essa ampla literatura demarcou um campo de reflexão próprio, traduzindo o significado da utopia como conceito enunciador crítico de um *devir outro* da sociedade.

A literatura ocidental não tem um caminho único e exclusivo de elogio às utopias. Há leituras contrapontísticas que se fizeram e que ainda se fazem presentes, sobretudo com entendimento de uma imaginação quimérica, distanciada do real, de soluções únicas e universais, ou mesmo definindo-a como um projeto compulsório (e autoritário)[932]. Dos *não lugares* aos *algures* discursivos, com suas imprecisões, contradições e conflitos de imaginários, particulares a cada período histórico, emergem cisões e tensões em relação à construção do futuro que originam classificações de sentido das utopias: utopias clássicas e utopias modernas; utopias ideais e utopias científicas; utopias abstratas e utopias concretas, apenas para citar algumas das variantes em dualismo, embora a mais extremada esteja no estabelecimento de utopias e distopias.

Apesar de considerarmos a diversidade e a distinção das obras literárias do *gênero das utopias*, podemos arriscar dizer que os enredos guardam matrizes comuns. A primeira delas, como já indicamos, é justamente a originada da crítica do presente vivido e que provoca a imaginação de outro futuro como fissura na linearidade do tempo com base no espaço; *a utopia apresenta-se a nós como criação estética entre lugares*. A segunda é de uma experiência humana em negação, uma perda de referenciais de si e do outro que leva à busca de reconstrução renovada dos valores da sociabilidade

---
[931] Disponível em: https://www.geledes.org.br/as-mulheres-negras-na-construcao-de-uma-nova-utopia-angela-davis/. Acesso em: 25 out. 2023.
[932] BERLIN, I. *Limites da utopia*. São Paulo: Companhia das Letras, 1991.

e de humanidade; a crítica às sociedades presentificadas em busca de outros modos de viver. E a terceira, para não nos alongarmos demasiadamente: destacamos as representações de mundo que se projetam na linguagem em tensão com o estar-aí do mundo e a busca de incidir na mudança da existência; construindo uma *tensão permanente entre imaginação-corpo-espaço*.

Essa breve passagem pelo que chamamos de matrizes comuns traz a oportunidade de situar aproximações e distanciamentos, sobretudo em relação à construção de repertório imaginativo do devir das sociedades, gerado nos discursos filosóficos propriamente ditos.

Pode-se afirmar, então, que as *utopias* se originam e forjam um conceito de Utopia, justamente aquele que nos remete à imaginação como crítica estética ao ser-aí do/no mundo. Em outras palavras, o estranhamento do mundo em sua perspectiva cognitiva do enfrentamento e da superação das contradições sociais presentificadas. Portanto, uma posição ético-política na tessitura de repertórios imaginários contrapontísticos à experiência social em curso, como considera L. Marin[933]:

> [...] a Utopia, pela representação figurativa que a constitui essencialmente, subverte o discurso ideológico da realidade histórica; discurso que exprime e imobiliza no sistema fechado de ideias que visam dar uma representação justificada e legitimada. A Utopia como figura inscrita no discurso moral coloca em jogo o discurso ideológico, o sistema de suas representações no duplo sentido de um questionamento crítico implícito e de uma posição de distância, de uma reflexão interna que revela a pré-suposição das certezas de sua evidência.

É possível então perceber que os enunciados utópicos não são a-históricos, pois primam por reportar-se às existências construídas por valores, juízos, tradições, representações e experiências sociais e culturais inseridas em jogos espaçotemporais:

> As utopias participam de realidades históricas e intervêm nelas não para prefigurar o futuro possível [...] o utopista coloca-se na dimensão do possível e a operação utópica não designa a olhar a realidade atual e sua própria projeção do futuro como as únicas possíveis. O utopista supera os simples limites daquilo que aceito como possível ou mesmo como imaginável.[934]

Em *Arqueologias do futuro*[935], F. Jameson insiste em afirmar que a utopia sempre foi uma questão política, um destino incomum para uma forma literária — e, do mesmo modo que o seu valor literário, o seu estatuto político é estruturalmente ambíguo. Rebatemos a ambiguidade proclamada por F. Jameson ao trazer a utopia como exercício da imaginação do futuro, porém imerso no estranhamento do presente e implicado com a política de sua transformação.

A ênfase da utopia em sua visceral ligação com a práxis política pode ser identificada nos postulados críticos de K. Marx e F. Engels em relação aos *socialistas utópicos*, uma vez que são acentuadas as exigências de compromisso prático das utopias com as recusas e promessas apresentadas na construção discursiva de antecipações do futuro. Nas obras *Ideologia alemã*[936] (1846) e *Socialismo utópico ao socialismo científico*[937] (1880), são demarcados critérios para o significado histórico da Utopia e de sua diferenciação em relação às projeções doutrinárias e voluntaristas do devir das sociedades. Esse itinerário de reflexão coloca em causa a distinção entre a impossibilidade absoluta

---

[933] MARIN, L. *Utopiques*: jeux d'espaces. Paris: Minuit, 1973. p. 249-250.
[934] BACZKO, L. *Lumières de utopie*. Paris: Payot, 1978. p. 31.
[935] JAMESON, F. *Arqueologias do futuro*: o desejo chamado utopia e outras ficções científicas. Belo Horizonte: Autêntica, 2021.
[936] Marx. K.; ENGELS, F. *Ideologia Alemã*. São Paulo: HUCITEC, 1993.
[937] ENGELS, F. *Do socialismo Utópico ao Científico*. São Paulo: Global Editora, 1980.

e a impossibilidade relativa do conteúdo utópico, desenhando uma linha de leitura e de interpretação materialista da Utopia como uma crítica de antecipação em um mundo onde a luta de classes é considerada como o motor da história.

Para tanto, foi preciso recorrer à ideia da antecipação, que, nos escritos daqueles pensadores do movimento socialista, significava o atributo de pensar o mundo da vida em suas tendências, fazendo do virtual uma referência crítica do espaço-tempo da experiência humana. A antecipação ganha um novo significado, pois é definida como uma construção que emana das práticas sociais: uma consciência que emerge da história e se realiza como história dos homens concretos. O virtual localizado no campo da práxis, definida em Marx como prática consciente e transformadora da sociedade burguesa, torna-se o balizador do sentido das utopias. Portanto, a Utopia não se resumiria exclusivamente a uma prática filosófica da superação do real sem data ou lugar. Ou seja, sem espaço-tempo de sua práxis ético-política. Nessa perspectiva, concordamos com Mombança ao afirmar que:

> Ler o futuro aqui não se trata de uma operação miraculosa, mas de um estudo, uma atenção aos diagramas de forças e as coreografias do tempo. [...] Ler o futuro – isto é: as forças que estão em jogo na produção do futuro – é apenas o primeiro passo rumo a uma ação cujo sentido é o de moldá-lo, agir sobre ele.[938]

Acompanhamos T. Paquot[939] ao considerar que a Utopia, desde o Thomas Morus, não é um futuro imaginado, mas sim *outro lugar*. Para ele, a utopia não trata de imaginar, em um processo prospectivo, um novo mundo, mas de localizá-lo, aqui e agora, no centro do mundo vivido. Nesta perspectiva, podemos afirmar que a utopia é uma narrativa estética que fricciona as condições que se nos apresentam a vida em sociedade e as desloca na perspectiva friccional do espaço social: a invenção de outro lugar de possibilidades de mudança das relações sociais e do significado pleno da humanidade como expressão da diferença.

Inspiradora é, para nós, a força de tenacidade da utopia, como ensina E. Bloch:

> [...] em todo o presente, mesmo no que é lembrado, há um impulso e uma interrupção, uma incubação e uma antecipação do que ainda não veio a ser. E esse interrompido-irrompido não ocorre no porão da consciência, mas sim na sua linha de frente.[940]

Essa linha de frente seria a luta de classe? A incidência dos movimentos operários e os populares na construção da democracia política e da justiça social?

Por outro lado, há autores como Chesterton[941], que apontam para uma composição negativa das Utopias, assentada em uma crítica liberal burguesa, sobretudo como crítica de princípios da vertente socialista e comunista. Como resultado, temos a difusão de uma crítica ideológica que enquadra, com seu sectarismo e seu horror às mudanças, as Utopias no campo do totalitarismo político.

K. Mannhein[942] já havia refutado veementemente essa inscrição determinista das Utopias no campo das ideologias e doutrinas, afirmando que as Utopias representam imagens de desejo que se orientam pela oposição à ordem estabelecida e pelo exercício de crítica subversiva do status quo. Enquanto as ideologias seriam eminentemente conservadoras e empenhadas na reprodução de relações sociais desiguais de produção, as Utopias seriam apontamentos para as mudanças em relação ao mundo vivido. Portanto, fazer acompanhar a expressão "Utopia" por acréscimos como "liberal"

---

[938] MOMBAÇA, J. *Não vão nos matar agora*. Rio de Janeiro: Cobogó, 2021. p. 110.
[939] PAQUOT, T. *A utopia*: ensaio acerca do real. Rio de Janeiro: Difel, 1999.
[940] BLOCH, E. *O princípio esperança*. Tradução de Nélio Schneider. Rio de Janeiro: Uerj; Contraponto, 2005
[941] CHESTERTON, G. K. *Utopia of usurers and other essays*. [S. l.]: CreateSpace Independent Publishing Platform, Oct. 18, 2014.
[942] MANNHEIM, K. *Ideologia e utopia*. Rio de Janeiro: Zahar, 1972.

ou "neoliberal" não apenas se presta ao descrédito a qualquer possibilidade de mudança radical que as utopias sempre alimentaram, mas também ao atribuir ao capitalismo aquilo que jamais portará: o desejo revolucionário de outro mundo.

Cabe registrar, ainda, para o enlace de nossas argumentações, que a utopia como política informa experiências e práticas estéticas que permitem a fundamentação de epistemologias críticas orientadas para a mudança da sociedade. Afirmamos, então, o papel atribuído à Utopia como leitura crítica do espaço-tempo de nossa vida. A narrativa utópica não significa apenas uma mirada generosa para o futuro, é também um ato de legibilidade e inteligibilidade em relação ao mundo. A Utopia aparece, então, como gênero discursivo de potência cognitiva. Esta é uma tradição já presente nos *autores utópicos* do século XIX e início do século XX, mas que ganha sua expressão mais contundente na atualidade.

Os lugares das utopias práticas como disputa pelo sentido da cidade

Desde a República de Platão, à Amarouta, de Thomas Morus, e à Nova Atlântida, de F. Bacon, da Icária, de Cabet, aos Falanstérios, de Fourier, e à Nova Londres, de William Moris[943], estamos diante da convocação de *representações da cidade para a iluminação de horizontes de governo do futuro*. Como afirmava E. Bloch[944], a utopia requer uma *ventana* de celebração de sua matéria terrestre. Esse lugar de celebração é recorrentemente a cidade. E seria a própria cidade o *outro lugar* possível de realização do projeto utópico: a cidade como obra humana e plural por excelência. Como lembra Baczko[945]:

> As representações de uma cidade outra e feliz revelam uma maneira específica de imaginar o social: as utopias são lugares privilegiados onde se exerce a imaginação, onde são acolhidos, trabalhados e produzidos os sonhos individuais e coletivos.

A utopia é, portanto, um imaginário que coloca na cena política sujeitos autônomos e coletivos na construção de possibilidades de produção de suas respectivas existências. A cidade é o solo das narrativas utópicas e, simultaneamente, a própria fertilização da utopia como estilo de imaginário. As contradições, os conflitos e as desigualdades que se fazem presentes na cidade seriam os compósitos estéticos criativos para fazer emergir a imaginária utópica, mesmo em cenários degradados da *desurbanização* neoliberal. Nesse prisma, como assinala D. Harvey[946], a negação das utopias vem alimentando o frenesi do consumismo que atualmente modela a vida em nossas cidades, assim como oferece suporte ideológico à reprodução de parques temáticos, shopping centers, museus colossais, estádios esportivos como recursos de competição no mercado global de cidades. Podemos dizer, então, que utopia emerge como contraponto ao colapso generalizado da imaginação e aceitação resignada da sociedade banal do consumo.

A Cidade nas Utopias corresponde a uma atividade humana carregada de intencionalidades subjetivas como expressão das relações prático-sensíveis entre sujeitos históricos. É por esse prisma que a relação identidade e diferença define o estilo de viver feliz na cidade e é, ao mesmo tempo, o fundamento de toda emancipação humana. Podemos afirmar, então, que as utopias projetam uma ética conforme o espaço ficcional da cidade, pois é na cidade que as virtudes individuais e coletivas

---

[943] BARBOSA, J. L. A cidade do devir na Utopia de Thomas Morus. *GEOgraphia*, Niterói, v. 5, n. 10, p. 25-45, 2023; CLAVEL, M. Des espaces en utopie. *Géographie et Cultures*, Paris, n. 3, p. 45-56, 1992.
[944] BLOCH, 2005.
[945] BACZKO, 1978, p. 31.
[946] HARVEY, D. *Espaços da esperança*. São Paulo: Loyola, 2000.

ganham sentido como relação imaginário, corpo e lugar. E, como define Cachorro[947], são vias de acesso fundamentais para compreender os modos de construção da cidadania política.

Aqui vale ressaltar que a construção da cidadania se estabelece quando somos capazes de nos apropriar e fazer dos lugares da cidade — ruas, avenidas, praças, esquinas, cantos, becos, vielas — uma experiência de gravar nossa presença mais duradoura, ou efêmera, como memória de existências plurais. Como informa Calvino:

> A cidade não diz seu passado, está contida nas linhas de uma mão, escrita nas esquinas das ruas, nas barras das janelas, nos corri-mãos das escadas, nas antenas dos para-raios, nos mastros das bandeiras, cada segmento sulcado para virar por arranhões, entalhes, incisões, vírgulas.[948]

É evidente que estamos falando de subjetividades insurgentes diante das maquinarias urbanísticas do capital e do Estado a transformar nossas cidades em mercadorias econômicas estetizadas *vis-à-vis* ao controle e à gestão das desigualdades socioespaciais[949]. A destituição do sujeito de sua humanidade pertence à lógica do regime hegemônico de privação do urbano[950], que excede o sentido do biopoder[951], pois o sujeito destituído das condições fundamentais de sua existência torna-se *vida nua*, e a soberania urbana de classe-raça-gênero torna-se aquilo que Mbembe[952] denomina de necropolítica: a distinção de pessoas cuja vida e morte sem importância define o uso do espaço em critérios racializados.

É nesse quadro complexo de contradições, conflitos e confrontos expressos com seu vigor sociopolítico — e de negação do sociopolítico — que Bourriaud chama atenção para experimentos sociais contrapontísticos que trabalham para criar *utopias práticas*[953]. Tais práticas são referenciadas pelo autor nas construções estéticas para além da Arte, em uma composição de afetos que constroem existências e coexistências, permitindo ultrapassar a produção discursiva abstrata para alcançar a presença vivida. Outro caminho de celebração de utopias se faz possível? Falamos de uma *utopia de afetos*!

Devemos, então, convidar o filósofo B. Espinosa para nos ajudar a compreender que a potência de agir dos afetos e o modo de ser afetado na ação significam uma dobradura corpo/mente, uma vez que o poder da mente para pensar corresponde a sua receptividade às ideias externas; e o poder do corpo para agir corresponde à sua sensibilidade aos outros corpos[954]. Assim, diz o filósofo anunciado, quanto maior o nosso poder de ser afetado, maior o nosso poder de agir. Portanto, é preciso fazer do corpo uma potência que não se reduza ao organismo, assim como fazer da mente uma potência que não se reduza ao pensamento. Nesse sentido, afetar-se é, pois, *viver*, em um dado lugar, em um certo momento, num corpo junto a outros corpos[955]. Emergem as utopias práticas do possível: campo de afetos da **criação estética entre lugares, da sociedade em busca de outro modo de viver e da tensão permanente entre imaginação-corpo-espaço.**

---

[947] CACHORRO, G. A. *Ciudad, cuerpo y vida cotidiana*. Materiales teóricos de una investigación en la ciudad de La Plata. Revista Movimento, Porto Alegre, v. 17, n. 04, p. 225-246, out./dez. 2011.

[948] CALVINO, I. *As Cidades Invisíveis*. São Paulo: Companhia das Letras, 1993, p. 22.

[949] ROY, A. Planejamento e Gestão da pobreza. *Revista Brasileira de Estudos Urbanos e Regionais*, v. 11, n. 1, maio 2009.

[950] CARLOS, A. F. A. A reprodução do espaço urbano do pensamento geográfico: uma via a construir. *In*: SERPA, A. C.; FANI, A. A. (org.). *Geografia urbana*: desafios teóricos contemporâneos. Salvador: Ufba, 2018.

[951] FOUCAULT, M. *Em defesa da sociedade*. 2. ed. Tradução de Maria Ermantina Galvão. São Paulo: Martins Fontes, 2010.

[952] MBEMBE, A. *Necropolítica*. São Paulo: N-1 Edições, 2018.

[953] BOURRIAND, N. *Relational aesthetics*. Dijon: Les Presses du Réel, 2002. Originalmente publicada em 1998. p. 9.

[954] "Por afeto compreendo as afecções do corpo pelas quais sua potência de agir é aumentada ou diminuída, estimulada ou refreada, e ao mesmo tempo, as ideias dessas afecções" (ESPINOZA, B. *Ética*. Belo Horizonte: Autêntica, 2008. p. 163).

[955] GROSSBERG, L. *Bringing it all back home*: essays on cultural studies. Duram: Duke University, 2018.

Mapeando a invenção de utopias práticas de cidade

Em trabalho anterior, apresentado e publicado no âmbito XV Simpurb ("Cartografias de microutopias de reinvenção da cidade: geografia urbana. Desafios teóricos contemporâneos), chamamos atenção para sujeitos e práticas em relações intersubjetivas apoiadas em narrativas estéticas de jovens pretos e pretas de favelas e periferias. Naquela oportunidade, afirmamos que estas eram reveladoras de atos políticos, reunindo inventividade e rebeldia em face da invisibilidade social que lhes é imposta na cidade. Para nós, é esse o modo pelo qual a utopia deixa de ser representação narrativa para ser presença corporificada que desafia as relações de classe racializadas na (re)produção desigual de apropriação e de uso da cidade.

O conceito de *utopias práticas*, conforme elaborado por Bourriaud[956], está inserido em entendimentos históricos da prática artística participativa em diálogo com os postulados de Foster[957], sobretudo em sua ênfase em subjetividades e comunidades localizadas além dos espaços institucionais e que elaboram a arte social, participativa, comunitária e ativista em lugares de compartilhamento de afetos.

Entra na cena urbana um conjunto de sujeitos com suas sonoridades multiplicadas e bailados de corporeidades em cenas de pertenças em movimento. Trata-se da construção contínua de relações de intersubjetividade que inventam possibilidades de outras formas, outros processos e outros conteúdos espaciais para a construção de referências de sociabilidade. Como salienta Gregg[958], os afetos concernem a "forças viscerais" distintas, quer do conhecimento consciente, quer das emoções pessoais, que, articuladas, afetam a vida política individual e coletiva.

Os diferentes repertórios entrelaçam-se em lugares de criação e de fruição notadamente comuns. São os espaços de sociabilidade, como praças, ruas, quadras esportivas, campos de futebol, bares, salões de festas de igrejas, pátios de escolas e estacionamentos, onde desabrocham as utopias práticas. A rara presença de equipamentos de arte e cultura públicos e/ou privados em periferias e favelas, em associação à baixa mobilidade urbana de seus jovens e adultos na cidade, faz com que os grupos e coletivos de arte inventem modos de apropriação simbólica e corpórea em sua dimensão pública para suas performances estilísticas. São cenas que são fruto e semente da produção estética popular e que se revelam como lugares de convivências para o abrigo das diferenças e mediação de conflitos entre indivíduos e coletivos, assim como são lugares de invenção de direitos corporificados à cidade.

A escolha de ruas, praças, viadutos, estacionamentos, quadras e campos de futebol como lugares de celebração estéticas não significa uma escolha precária, não é algo que "sobrou para os pobres". É, acima de tudo, uma atitude política de marcação corpórea de encontros para a superação dos estigmas de violência e estereótipos de carência que marcam, cercam e reprimem os jovens negros e as jovens negras em suas andanças na cidade. Trata-se, portanto, da invenção de significados para os lugares que, para muitos outros habitantes da cidade, são simplesmente *nenhures*. E esse dotar de significados pode ser entendido, como nos ensina bell hooks, uma *comunidade de aprendizagem* constituída e constituinte de lutas pelo reconhecimento de direitos em nossas cidades e metrópoles.

Estamos diante da mobilização de táticas que afirmam estilos de ser no mundo da vida, tendo como seu recurso a força de imaginários que atuam na construção permanente para a afirmação da presença de jovens indesejados da cidade. Cabe, então, relembrar a estimulante contribuição de E. Bloch ao falar que a utopia

---

[956] BOURRIAUD, 2002.
[957] FOSTER, H. *The return of the real*: the avant-garde at the end of the century. Cambridge, MA: MIT, 1996.
[958] GREGG, M. *Cultural studies' affective voices*. New York: Palgrave Macmillan, 2010.

> [...] irrompe subjetivamente com mais força contra o medo, a que objetivamente leva com mais habilidade à interrupção causal dos conteúdos do medo, junto com a insatisfação manifesta que faz parte da esperança, porque ambas brotam do não à carência.[959]

Podemos afirmar que estamos diante de potências de vida ao trazer jovens em suas práticas culturais como sujeitos/as de invenção de utopias de cidade, principalmente os e as jovens de favelas e periferias e que são profundamente marcados pelos estigmas de violência e os estereótipos de carência.

Rodas culturais em praças. Bailes de funk e charme em ruas, viadutos e estacionamentos. *Slam* de poesias em esquinas. "Rolés" e "rolézinhos" em shoppings centers. Pichações assinando suas marcações em edifícios e paredes. Grafites colorindo muros desbotados de viadutos, ruas e avenidas. Skatistas inventando travessias acrobáticas em suas circularidades noturnas. Todas essas narrativas se fazem em corporeidades estéticas, uma vez que elaboram apropriações sensíveis do espaço para celebrar seus desejos de ser-no-mundo. Mesmo que se mostrem efêmeras e descontínuas, devido aos constrangimentos normativos, a opressão racial e a criminalização de sua presença, as narrativas corporificadas em causa desafiam o ordenamento urbano hegemônico, uma vez que friccionam as condições normativas do Estado e as imposições (des)reguladoras do mercado do espaço urbano para apresentar outras possibilidades de usos corporificados da cidade. Falamos, então, de insurgências estéticas de usos da cidade, traduzindo na concretude de seus atos uma aproximação do conceito da cidade como Obra, criado por H. Lefebvre:

> A cidade é uma mediação entre as mediações. [...] a cidade é obra a ser associada mais com a obra de arte do que com o simples produto material. Se há uma produção da cidade, e das relações sociais na cidade, é uma produção e reprodução de seres humanos por seres humanos, mais do que uma produção de objetos. A cidade tem uma história; ela é a obra de uma história, isto é, de pessoas e de grupos bem determinados que realizam essas obras nas condições históricas.[960]

Como nos ensina S. Hall[961], precisamos aprender a pensar que as formas e práticas culturais populares não são integralmente coerentes ou inteiramente corrompidas do ponto de vista ideológico e político. Elas são contraditórias, jogam em situações complexas e em condições desiguais na sociedade, fazendo com que seus criadores mobilizem ações e atitudes diferenciadas para seu reconhecimento e sua identificação como sujeitos de direitos. Podemos dizer, então, que a afirmação político-identitária, a negociação social e a busca de sucesso público de seus repertórios fazem parte da mobilização de táticas de visibilidades construídas por sujeitos sociais — indivíduos, movimentos e coletivos —, em suas intencionalidades estéticas de apropriação comunicativa e uso corporificado dos lugares, configurando, assim, utopias práticas do direito à cidade.

Nossa proposição é ler a cidade ao revés de sua ordem urbana dominante. É transitar em outras sendas do pensar-sentir-viver a cidade. Fazer a busca por fissuras no tempo, identificar brechas nas espacialidades hegemônicas, desafiar o urbanismo dominado pela lógica hostil da mercadoria e enfrentar a distinção corpóreo-territorial de direitos. Utopias práticas que inscrevem a Justiça e o Direito à Cidade a contrapelo do ordenamento urbano do Capital e do Estado.

É comum compreendermos a cidade por meio de sua construção objetiva, material e, não sem surpresa, com sua finalidade instrumental. Todavia, ela também está implicada à imaginação, à construção de significados plurais e, sobretudo, aos horizontes de sentidos que ainda podemos

---

[959] BLOCH, 2005, p. 15-16.
[960] LEFEBVRE, H. *Revolução urbana*. Belo Horizonte: UFMG, 2010. p. 52.
[961] HALL, S. *Diáspora*. Belo Horizonte: UFMG, 2003, p. 256.

inventar. Essa construção em duelo é marcada por contradições, conflitos e confrontos próprios e particulares ao modo de produção que se faz hegemônico e ao regime social que os origina. Será evidente e necessário colocar em pauta a crítica à cidade como crítica ao capitalismo, se quisermos responder de modo contundente ao desafio da mudança. Contudo, é também preciso bordar esse tecido denso que se chama cidade com outras intencionalidades humanas. Bordar é mapear desejos, encontros, convivências possíveis que nos permitem construir diferentes sentidos da cidade em nossa vida.

O desafio posto é pensar como as utopias práticas contribuem para experiências abertas que permitam, como sugere D. Harvey, em *Espaços da esperança*[962], ampliar as potencialidades humanas de diferentes formas de vida coletiva, de relações de gênero, de relações de produção, de estilos de consumo e de relações com a natureza.

Concluindo (um convite à Utopia)

Nosso esforço tem sido o de apresentar marcações corporificadas, identificar movimentos de afirmação de sujeitos estéticos, apreender diferenças socioculturais, compreender enunciações que configuram, em diversos momentos, escrituras de utopias do desejo de mudanças radicais do vivido em nossas cidades.

Mobilizamo-nos para apreender utopias do desejo que se tornam lugares reivindicados de corpos e práticas de jovens em condições de desigualdade profunda, até mesmo em exposição permanente à violência letal. Para tanto, a cultura e a arte são a agulha e a linha do bordado intricado, implicado, explicitado, que traduz a presença de sujeitos na cidade em busca de reconhecimento e de autonomia política. Inspiram-nos as provocações de Ranciére[963] ao afirmar que precisamos estar atentos *"aos recortes dos tempos e dos espaços, do visível e do invisível, da palavra e do ruído que define o lugar e o que está em jogo na política como forma de experiência"*. Estamos diante de um desafio para outras geografias urbanas possíveis?

As escolhas de análise são sempre localizadas. As nossas percorrem as favelas e as periferias. Espacialidades aqui entendidas como diversas, plurais e disruptivas diante de imaginações limitadas aos estereótipos de carência e aos estigmas de violência. Espacialidades com marcadores corpóreos, estéticos e práticos em conflito com a ordem normativa concreta e simbólica do urbano criado e reproduzido com mercadoria e propriedade do capital.

É por essa senda dos espaços populares que temos encontrado coletivos de arte e cultura em suas cenas estéticas, buscando compreender como jovens e territórios marcados por profundas desigualdades sociais originadas do racismo visceral da sociedade brasileira inventam lugares de utopias práticas na/da cidade. Para tanto, foram realizadas ações de compartilhamento, saberes e fazeres em rodas de conversas para construir interlocuções provocativas, e esses encontros de partilhas e reconhecimentos permitem produzir o conhecimento em coautoria com os coletivos. Muitas dessas situações de produção de conhecimento estiveram nesses lugares de criação e fruição compartilhada, que estão longe de serem considerados *nenhures*, *algures* ou *nenhum lugar*.

De modo mais específico, estabelecemos o diálogo de pertenças com coletivos vinculados a rodas de rima, rodas de samba, rodas de *slam*, bailes funk, bandas rock e rap, feiras étnicas e skatistas, especialmente buscando a interlocução com jovens em suas tessituras de criação e de fruições esté-

---

[962] HARVEY, 2000, p. 240.
[963] RANCIÉRE, J. *A Partilha do Sensível*. São Paulo: Editora 34, 2009, p. 16.

ticas. A proposta, na verdade, traz a questão de como as práticas artísticas reconfiguram a política tendo a experiência corpórea interseccional (classe, raça, gênero) como confluência de diferentes subjetividades, sexualidades e etnicidades na cidade.

Muitos relatos de entrelaçamento corpo, movimento e lugares da criação de cenas de culturais emergiram das trajetórias de jovens, e um dos relatos colhidos nas rodas de conversa é por demais significativos para o debate aqui em destaque — leiamos:

> *Minha trajetória sempre foi atravessada pela cultura de rua, mais especificamente do Samba e do Hip Hop. Fui cria de morro, Morro da Mangueira, Morro do Sapê. Vi todos os bambas do samba. O meu tio e meu pai faziam parte de uma movimentação e comecei a ouvir rap muito cedo. Com 7 anos de idade estava escrevendo meus próprios raps. Comecei a me envolver com a cultura popular a partir do rap, da capoeira, do samba, do meu território.* (informação verbal).

O relato é de uma jovem negra de uma favela da zona norte do Rio de Janeiro. Repousa em suas palavras o reconhecimento de tradições culturais que percorrem a relação corpo, memória e estética como experiência mediada pelo território. Aqui a construção como ser-no-mundo ganha força com ancestralidades das culturas negras (o samba e a capoeira) revisitadas pelos jovens e retraduzidas das culturas urbanas diaspóricas contemporâneas (hip hop; rap; funk). Identificamos confluências de expressões estéticas em movimento que se desdobram na construção de lugares comuns de alegria[964].

Essas trajetórias individuais e coletivas são forças imanentes que fazem com que o espaço urbano ganhe as marcações de apropriação corpórea e uso estético para visibilidade de sujeitos de direitos. As rodas (de samba, rima e *slam*) e os bailes (funk, charme, soul) emergem como culturas negras ancestrais redivivas para estabelecer espacialidades de diferenças, mesmo que efêmeras e descontínuas no tempo de suas materialidades espaciais. Todavia, estas se fazem como *transversalidades*[965] às práticas festivas negras, que, mesmo sob a violência da escravidão colonial, se faziam presentes nas cidades, como congadas, cordões, cocumbis[966]. Ou, mesmo, pode-se dizer de outros modos de cantar-dançar-batucar, como o samba, a capoeira, maracatu, o maculelê, o jongo... que permitiam aos negros e às negras se fazerem presentes onde eram indesejados, ou, no limite, proibidos. Remetemos, então, à força dos lugares da festa como significação das lutas contra a apartação racial fundante das cidades brasileiras.

A experiência do corpo como percepção, linguagem e estética faz-se política, pois, ao reclamar seu lugar na cidade, requer transformações imperiosas para o conceito, a percepção e o exercício da liberdade. Liberdade que seja praticada com o reconhecimento da alteridade como força de toda existência material e simbólica.

Para os jovens negros e as jovens negras, tais encontros significam atos de fazer valer a sua presença na cidade. Assim, eles se tornam visíveis como sujeitos de direitos. Apresentarem-se com muitos outros significa a potência de agir no mundo com autonomia para superação das desigualdades e distinções racializadas. E, principalmente, configura marcações que se tornam lugares comuns de afetos a impulsionar potências de transformação. Ou, melhor dizendo, trata-se convites às utopias práticas de reinvenção da cidade.

---

[964] Espinoza (2008) compreende alegria como o afeto que possibilita ampliar a nossa potência de agir. Portanto, a alegria aqui não é simplesmente divertimento, regozijo ou júbilo individual. Nessa perspectiva, aproximamo-nos da expressão latina *alacer* (alado, em voo livre), que nos provoca pensar a alegria como *asas para liberdade*.

[965] Transversalidade tem, para nós, o sentido de percepções, linguagens e estéticas compartilhadas que atravessam diferentes períodos, mas que se transformam e se renovam na comunicação entre comunidades e coletivos como força de continuidade e renovação do grupo em suas práticas de viver.

[966] SODRÉ, M. *O terreiro e a cidade*: a forma social negro-brasileira. Petrópolis: Vozes, 1988. p. 1.333.

Referências

BACZKO, L. *Lumières de utopie*. Paris: Payot, 1978.

BARBOSA, J. L. A cidade do devir na Utopia de Thomas Morus. *GEOgraphia*, Niterói, v. 5, n. 10, p. 25-45, 2023.

BARBOSA, J. L. *Cultura e território*. Rio de Janeiro: Lumens Jurens, 2017.

BARBOSA, J. L. Por uma cartografia de microutopias para reinvenção da cidade. *In*: SERPA, A. E. C.; FANI, A. A. (org.). *Geografia urbana*: desafios teóricos contemporâneos. Salvador: Ufba, 2018. p. 95-111.

BERLIN, I. *Limites da utopia*. São Paulo: Companhia das Letras, 1991.

BLOCH, E. *O princípio esperança*. Tradução de Nélio Schneider. Rio de Janeiro: Uerj; Contraponto, 2005. v. 1.

BLOCH, E. *O princípio esperança*. Tradução de Werner Fuchs (v. 2) e Nélio Schneider (v. 3). Rio de Janeiro: Uerj; Contraponto, 2006. v. 2-3.

BLOCH, E. *The spirit of utopia*. Stanford, CA: Stanford University, 2000. Originalmente publicada em 1923.

BLOCH, E. *The utopian function of art and literature*: selected essays. Cambridge MA: MIT, 1988.

BOURRIAND, N. *Relational aesthetics*. Dijon: Les Presses du Réel, 2002. Originalmente publicada em 1998.

CACHORRO, G. A. Ciudad, cuerpo y vida cotidiana. Materiales teóricos de una investigación en la ciudad de La Plata. *Revista Movimento*. Porto Alegre, v. 17, n. 04, p. 225-246, out/dez de 2011.

CALVINO, I. *Seis propostas para o próximo milênio*. São Paulo: Companhia das Letras, 1990.

CALVINO, I. As Cidades Invisíveis. São Paulo: Companhia das Letras, 1993.

CARLOS, A. F. A. A reprodução do espaço urbano do pensamento geográfico: uma via a construir. *In*: SERPA, A. C.; FANI, A. A. (org.). *Geografia urbana*: desafios teóricos contemporâneos. Salvador: Ufba, 2018. p. 415-430.

CHARTIER, R. Cultura popular: revisitando um conceito historiográfico. *Estudos Históricos*, Rio de Janeiro, v. 8, n. 16, p. 179-192, 1995.

CHESTERTON, G. K. *Utopia of usurers and other essays*. [S. l.]: CreateSpace Independent Publishing Platform, Oct. 18, 2014.

CLAVEL, M. Des espaces en utopie. *Géographie et Cultures*, Paris, n. 3, p. 45-56, 1992.

ENGELS, F. *Do socialismo Utópico ao Científico*. São Paulo: Global Editora, 1980.

ESPINOZA, B. *Ética*. Belo Horizonte: Autêntica, 2008.

FOSTER, H. *The return of the real*: the avant-garde at the end of the century. Cambridge, MA: MIT, 1996.

FOUCAULT, M. *Em defesa da sociedade*. 2. ed. Tradução de Maria Ermantina Galvão. São Paulo: Martins Fontes, 2010.

FOUCAULT, M. *História da sexualidade*. Tradução de Maria Thereza da Costa e J. A. Guilhon Albuquerque. 22. ed. Rio de Janeiro: Graal, 2012. v. 1.

FOUCAULT, M. *Microfísica do poder*. Tradução de Roberto Machado. 2. ed. Rio de Janeiro: Paz e Terra, 2015.

GLABER, N. *Vida, o filme*. São Paulo: Companhia das Letras, 1999.

GREGG, M. *Cultural studies' affective voices*. New York: Palgrave Macmillan, 2010.

GROSSBERG, L. *Bringing it all back home*: essays on cultural studies. Duram: Duke University, 2018.

HALL, S. *A identidade cultural na pós-modernidade*. 11. ed. São Paulo: DP&A, 2006. Primeira edição em 1992.

HALL, S. *Diáspora*. Belo Horizonte: UFMG, 2003.

HARVEY, D. *A condição pós-moderna*. São Paulo: Loyola, 1992.

HARVEY, D. *A produção capitalista do espaço*. São Paulo: Annablume, 2005.

HARVEY, D. *Espaços da esperança*. São Paulo: Loyola, 2000.

HARVEY, D. Flexible accumulation through urbanization: reflections on "post-modernism" in the American city. *Antipode*, London, v. 19, n. 3, p. 260-286, 1987.

HOOKS, B. *Ensinando comunidade*: uma pedagogia da esperança. São Paulo: Elefante, 2021.

JAMESON, F. A política da utopia. *In*: SADER, E. (org.) *Contragolpes*: seleção de artigos da New Left Review. Tradução de Beatriz Medina. São Paulo: Boitempo, 2006. p. 159-176. Disponível em: http://newleftreview.org/?page=fl; pdflang=pt. Acesso em: 5 abr. 2012.

JAMESON, F. A cidade do futuro. *Revista Libertas*, Juiz de Fora, v. 4, n. 2, p. 181-200, 2010.

JAMESON, F. *Arqueologias do futuro*: o desejo chamado utopia e outras ficções científicas. Belo Horizonte: Autêntica, 2021.

LACROIX, J. *A utopia*. Rio de Janeiro: J. Zahar, 1996.

LEFEBVRE, H. *O direito à cidade*. São Paulo: Centauro, 2001.

LEFEBVRE, H. *Revolução urbana*. Belo Horizonte: UFMG, 2010.

LORDE, A. Irmã intrusa, idade, raça, classe e sexo: mulheres redefinindo diferenças. Tradução de Virgínia Vasconcelos Leal. *In*: PRETA, Nerd & Burning Hell. [*S. l.*: *s. n.*], 7 nov. 2015. Disponível em: http://www.pretaenerd.com.br/2015/11/traducao-idade-raca-classe-e-sexo.html. Acesso em: 15 set. 2023.

MALLER, H. *Convoiter l'Impossible*: l'utopie avec Marx, malgré Marx. Paris: Albin Michel, 1994.

MANNHEIM, K. *Ideologia e utopia*. Rio de Janeiro: Zahar, 1972.

MARIN, L. *Utopiques*: jeux d'espaces. Paris: Minuit, 1973.

MARX, K. *Manuscritos econômico-filosóficos*. São Paulo: Abril Cultural, 1974.

MARX. K.; ENGELS, F. *Ideologia Alemã*. São Paulo: HUCITEC, 1993.

MBEMBE, A. *Necropolítica*. São Paulo: n-1, 2018.

MILES, M. Uma cidade pós-criativa? *Revista de Ciências Sociais*, Coimbra, n. 99, p. 9-30, 2012.

MOMBAÇA, J. *Não vão nos matar agora*. Rio de Janeiro: Cobogó, 2021.

MORUS, T. *A utopia*. São Paulo: Nova Cultural, 1997

PAQUOT, T. *A utopia*: ensaio acerca do real. Rio de Janeiro: Difel, 1999.

PLATÃO. A república. *In*: PLATÃO. *Diálogos*. Rio de Janeiro: Ediouro, 1999. v. 3.

RANCIÉRE, J. A Partilha do Sensível. São Paulo: Editora 34, 2009.

ROY, A. Planejamento e Gestão da pobreza. *Revista Brasileira de Estudos Urbanos e Regionais*, v. 11, n. 1, maio 2009.

RUYER, R. *L'Utopie et les utopies*. Paris: G. Montfort, 1988.

SANTOS, M. *A natureza do espaço*. São Paulo: USP, 2002.

SODRÉ, M. *O terreiro e a cidade*: a forma social negro-brasileira. Petrópolis: Vozes, 1988.

SOUZA E SILVA, J.; BARBOSA, J. L. *Favela*: alegria e dor da cidade. São Paulo; Rio de Janeiro: Senac; X – Brasil, 2005.

SZACHI, J. *As utopias*. Rio de Janeiro: Paz e Terra, 1988. Originalmente publicada em 1972.

WILLIAMS, R. *Cultura*. São Paulo: Paz e Terra, 1992.

WILLIAMS, R. *Cultura e materialismo*. São Paulo: Unesp, 2011.

WUNENBERGER, J.-J. *L'Utopie e la crise del 'imaginaire*. Paris: Delarger, 1979.

25

A VITÓRIA DO NEOLIBERALISMO URBANO E A REALIZAÇÃO DA UTOPIA LIBERAL

Tadeu Alencar Arrais

> *Que "moinho satânico" foi esse que triturou os homens transformando-os em massa? Quanto pode se atribuir, como causa, às novas condições físicas? E quanto se pode atribuir às dependências econômicas, que funcionavam sob novas condições? Qual foi o mecanismo por cujo intermédio foi destruído do antigo tecido social e tentada, sem sucesso, uma nova integração homem-natureza?*
> *(Karl Polanyi)*[967]

As sementes da utopia neoliberal

O que faziam três promissores economistas, dois dos quais posteriormente laureados com o Prêmio Nobel, reunidos em Mont Pèlerin, no ano de 1947? O que havia de excepcional naquele ano que justificasse o conjunto de preocupações de personalidades políticas e intelectuais ocidentais? A apreensão diante da emergência do Estado do bem-estar social dá pistas para compreendermos as preocupações de Ludwig Heinrich Edler von Mises [1881-1973], Friedrich August von Hayek [1899-1992] e Milton Friedman [1912-2006]. O que estava em questão, como exposto na *Carta de objetivos*[968] da chamada Fundação Mont Pelerin era a luta contra a intervenção estatal, a defesa intransigente da propriedade privada e a celebração dos direitos individuais. Essa não era, propriamente, uma luta armada. Era, no entanto, uma batalha mais sangrenta e duradoura que os conflitos armados precedentes. Era, primeiramente, uma batalha de ideias contra aquilo que Mises adjetivou de "mentalidade anticapitalista"[969].

Os discursos, a produção literária e as intervenções políticas que se seguiram, em diferentes cantos do planeta, foram coroadas na década de 1970 pelo golpe militar no Chile, seguido do Consenso de Washington, em 1989. Mas não nos enganemos. A genealogia do neoliberalismo antecede a década de 1970. Não podemos perder de vista que Mont Pelerin, antecedida pelo Colóquio Walter Lippmann[970], surgiu no momento de ascensão dos Estado do bem-estar social, e isso pode ser comprovado, por exemplo, na evidência da ampliação das despesas dos Estados nacionais, como bem anotado por Thomas Piketty[971]. As mudanças, como em uma guerra, chegaram por dois fronts. O primeiro respondeu por uma mudança nas mentalidades individuais. Essas, no entanto, não foram suficientes. O segundo front foi no domínio da regulação econômica. Não é sem motivos que Lazzarato situa o ato de nascença do neoliberalismo na chamada virada monetarista. Segundo o autor:

---
[967] POLANY, K. *A grande transformação*: as origens de nossa época. Rio de Janeiro: Campus, 2000. p. 51.
[968] THE MONT PELERIN SOCIETY (MPS). *Statement of aims*. Lubbock, TX: MPS, c2022.
[969] MISES, L. V. *A mentalidade anticapitalista*. São Paulo: Vide Editorial, 2015.
[970] DARDOT, P.; LAVAL, C. *A nova razão do mundo*. São Paulo: Boitempo, 2016.
[971] PIKETTY, T. *O capital no século XXI*. São Paulo: Intrínseca, 2014.

> A "revolução silenciosa" dos fundos de pensão dos trabalhadores (operário e empregados), isto é, o investimento da poupança salarial na economia de mercado, constitui o essencial, do ponto de vista do governo das condutas, da virada monetarista.[972]

A mudança é paradigmática e marca a capturação das várias dimensões da vida pela financeirização. A centralidade entre capital e trabalho é substituída, vagarosamente, pela centralidade do credor/devedor, e todos, agora, são livres para colher os benefícios do livre mercado. Os direitos coletivos são convertidos em direitos individuais, e estes, por sua vez, em serviços privados. É, sem dúvida, o coroamento daquela *utopia neoliberal forjada nos primeiros quartéis do século XX*: um mundo urbano comandado pela vontade individual e governado por uma entidade metafísica chamada de mercado. Não é um mundo sem Estado. É um Estado, como instituição burocrática, que tem com o objetivo de proteger a propriedade privada e garantir as condições institucionais para o bom funcionamento do mercado. O programa neoliberal foi exposto com didatismo por Milton Friedman e Rose Friedman, em *Liberdade de escolha*, livro que também deu lugar a uma série na TV estadunidense centrada no fundamentalismo da meritocracia[973]. O neoliberalismo, para usar um jargão esquecido, passa a dominar a infraestrutura econômica e a superestrutura social. Por esse motivo, é dominante na esfera material e na esfera imaterial. Por esse motivo, é dominante na esfera cotidiana e, portanto, na política, mesmo que seja para negar a existência da própria política.

Mas por que, em primeiro lugar, existiria uma utopia neoliberal? E o mais importante: O que nos autoriza a compreender essa utopia como um projeto hegemônico e, na contemporaneidade, em plena execução?

A hipótese submetida ao debate é que o neoliberalismo é um projeto urbano ou, dito de outro modo, um projeto que nasceu com a sociedade urbana. Um mercado de trabalho urbano. Um mercado de consumo urbano. Um mercado da moradia urbana. A urbanização, enquanto processo de concentração de excedentes, favoreceu o consumo e, por conseguinte, criou a ambiência necessária para a financeirização e o endividamento. A década de 1970 é o marco, porque representa o início do desencaixe entre a sedução da sociedade do consumo e as promessas da sociedade do trabalho. Poucos enxergaram isso tão bem quanto o filósofo Henri Lefebvre, no livro depoimento *A irrupção*, publicado no calor do Maio de 1968[974]. O endividamento passa a ser a mola propulsora do consumo. Nada parece escapar. As mutações no campo do trabalho e no campo da moradia, em um universo urbano precário, oferecem exemplos da realização da utopia neoliberal. Deixam de ser direitos próprios daquele modelo associado à social-democracia e absorvido, parcialmente, nos Estados Unidos e na América Latina. A análise das mutações do trabalho e da moradia autoriza-nos a compreender o neoliberalismo como projeto urbano hegemônico. São processo que devem ser considerados com base na globalidade do fenômeno, como ensina Harvey[975]; na submissão do trabalho e nos mercados nacionais ao mercado financeiro, como insiste Lazzarato[976]; e, sobretudo, na responsabilização dos sujeitos, como interpreta Brown[977], e no domínio da competição como norma de conduta dos indivíduos, segundo Dardot e Laval[978].

---

[972] LAZZARATO, M. *O governo das desigualdades*: crítica da insegurança neoliberal. São Carlos: UFSCar, 2011. p. 41.
[973] FRIEDMAN, M.; FRIEDMAN, R. *Livre para escolher*. Rio de Janeiro: Record, 2015.
[974] LEFEBVRE, H. *A irrupção*. São Paulo: Documentos, 1968.
[975] HARVEY, D. *O neoliberalismo*: história e implicações. Rio de Janeiro: Loyola, 2008.
[976] LAZZARATO, M. *O governo do homem endividado*. São Paulo: M1, 2017.
[977] BROWN, W. *Cidadania sacrificial*: neoliberalismo, capital humano e política de austeridade. São Paulo: Zazie, 2018.
[978] DARDOT; LAVAL, 2016.

As mutações no trabalhar: flanar e empreender

Henry Ford [1863-1947] não era conhecido por sua simpatia diante dos banqueiros. Escreveu, em suas memórias, que "os industriais se metem muito com bancos e os banqueiros se metem muito com a indústria"[979]. Era um tempo, por assim dizer, romântico do capitalismo fabril e de todo o contrato celebrado, com sangue e suor operário, entre os capitalistas, o Estado e o proletariado urbano, por meio dos sindicatos. A maior produtividade, demonstrada pelos crescentes estoques, estimulava a baixa de preços e, por consequência, o consumo no momento de formação do mercado urbano. Desse modelo derivou de um tipo de cidade, afinal é o operário que passa a ocupar, majoritariamente, as cidades. A centralidade, portanto, é do binômio trabalho-consumo. Esse modelo, no centro ou na periferia, sustentava-se pela exploração intensiva do trabalho. As mudanças operadas no regime de acumulação a partir da década de 1970 tiveram, entre outras características, a erosão desse modelo de trabalho, consumo e sociabilidade laboral. A modernização passou pela incorporação da automação, seguida da internacionalização das cadeias produtivas e da proeminência do *just in time*. O fim do estoque fordista, o fim do operário fordista, o fim do consumidor fordista, o fim da habitação fordista. Pronto. Os excedentes humanos são, mais do que em qualquer outro momento na história, descartáveis. Maurizio Lazzarato[980] argumenta que a relação capital-trabalho, central no fordismo, deslocou-se para a relação credor-devedor. Credores de todo o mundo, uni-vos — seria esse o lema renovado da Internacional.

Mas o que mudou, substancialmente, com o ocaso do fordismo? Foi apenas a morfologia do trabalho ou algo mais amplo (adjetivado por Bihr de "compromisso fordista"[981], que significava que o operariado, ao tempo do fordismo, renunciaria a sua aventura histórica em relação às reivindicações seculares, em troca da seguridade social e de todo um conjunto de legislações laborais protetivas)? Essas mudanças resultariam, em par com o modelo político da social-democracia, em uma expectativa de mobilidade social para parcelas do operariado.

Convivemos, desde pelo menos o início do terceiro quartel do século XX, com uma mudança no modo de trabalho advindo da revolução técnica, o que influenciou a produtividade do trabalho, seguida da crescente desregulamentação e precarização do trabalho. Alves argumenta, acertadamente, que a chamada reestruturação produtiva, sob o neoliberalismo, teve um caráter irruptivo sobre o trabalho[982]. A imposição, empírica, do não acabamento do trabalho, seja como atividade criadora, seja como atividade que gera valor, implica retomarmos a precarização do trabalho como central em nossas análises.

Braga[983] dedicou esforço, assim como Antunes[984], para definir teoricamente o tema. Braga identifica o precarizado com a fração mais mal paga do proletariado urbano e rural, excluindo a "população pauperizada". E cita como exemplo os trabalhadores e trabalhadoras dos *call centers*. De fato, não há como não considerar o trabalho em *call centers*, especialmente no início dos anos 2000, como símbolo da precarização do trabalho. O processo de controle do tempo das empresas

---

[979] FORD, H. *Princípios da prosperidade*. São Paulo: Freitas Bastos, 1964. p. 115.
[980] LAZZARATO, 2017.
[981] BIHR, A. *Da grande noite à alternativa*. São Paulo: Boitempo, 1998.
[982] ALVES, A.; BAGNO, L. I.; GONÇALVES, N. Entregas mediadas por aplicativos e o mito do empreendedor de si mesmo na pandemia do coronavírus. *Revista Direito [da] UnB*, Brasília, v. 4, n. 2, p. 85-115, ago. 2020.
[983] BRAGA, R. *A política do precariado*. São Paulo: Boitempo, 2012; BRAGA, R. *A rebeldia do precariado*: trabalho e neoliberalismo no Sul global. São Paulo: Boitempo, 2017.
[984] ANTUNES, R. (org.). *Uberização, trabalho digital e indústria 4.0*. São Paulo: Boitempo, 2020; ANTUNES, R. *O privilégio da servidão*: o novo proletariado de serviços na era digital. São Paulo: Boitempo, 2018.

de telefonia, associado à exigência de produtividade, continua de modo exacerbado. Não seria exagero dizer, sob os riscos da generalização, que a segunda geração de trabalhadores precarizados respondeu pelo chamado precariado dos serviços, composto, majoritariamente, por jovens. Não poderia ser diferente, uma vez que, considerando a geração de empregos formais, por exemplo, o setor de serviços ultrapassou o setor industrial. Ao precariado de serviços, disposto na arquitetura hermética dos escritórios que simulam as linhas de produção fordista, aparece a geração dos serviços vinculados às empresas de plataforma. Essa mudança é paradigmática. Mas a nova morfologia, por assim dizer, não exige um trabalhador qualificado. Não é como o processo de adaptação da massa de migrantes egressa do campo europeu no fim do século XIX, acomodada nas fábricas, ou mesmo dos migrantes nordestinos, na segunda metade do século XX, que ocuparam os canteiros de obras de Brasília. Essa massa de homens e mulheres, porque flexível, já está, por assim dizer, pronta. Essa geração de trabalhadores precários que atuam no transporte de pessoas, encomendas e refeições, sobretudo jovem e masculina, é aquela sujeita a intensas jornadas de trabalho e que colocam em risco sua saúde e integridade física. É uma geração sem contratos no regime de Consolidação das Leis do Trabalho (CLT) e, portanto, composta por aquilo que conhecemos como informalidade.

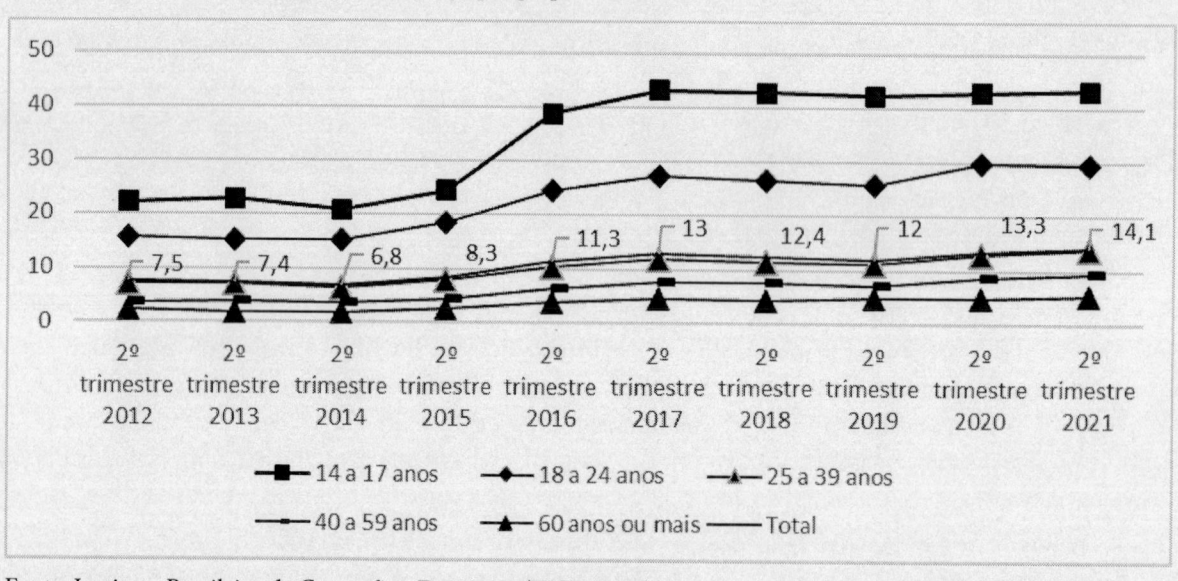

Gráfico 25.1 – Brasil, evolução do desemprego por grupos etários

Fonte: Instituto Brasileiro de Geografia e Estatística (IBGE, 2022)

A precarização do trabalho, alimentada pelo desemprego, é prima da informalidade. O caso brasileiro, dada a dimensão do mercado de trabalho e a modernização das estruturas produtivas, é paradigmático. O Gráfico 25.1 demonstra a evolução histórica do desemprego na escala nacional. É fato inegável que, desde 2012, registramos expressivo aumento do desemprego. A taxa de desemprego, em 2012, atingiu 7,5%, passando para 14,1% no ano de 2021. Observando o desemprego segundo os grupos etários, notamos que a situação da população jovem é ainda mais dramática. Na faixa etária de 18 a 24 anos, por exemplo, o desemprego atingiu, em 2021, 29,5%. À análise do perfil demográfico ainda poderíamos associar informações sobre gênero, cor e regionalidade para demonstrar as feições evolutivas do desemprego. O aumento do desemprego, entre outros efeitos, guarda relação direta com a redução da renda média do trabalhador. Segundo o IBGE, a renda real domiciliar per capita em 2021 foi de R$ 1.353, o menor valor registrado desde o ano de 2012[985]. A desvalorização dos salários, como lembra Braga, é o efeito mais agudo do neoliberalismo[986].

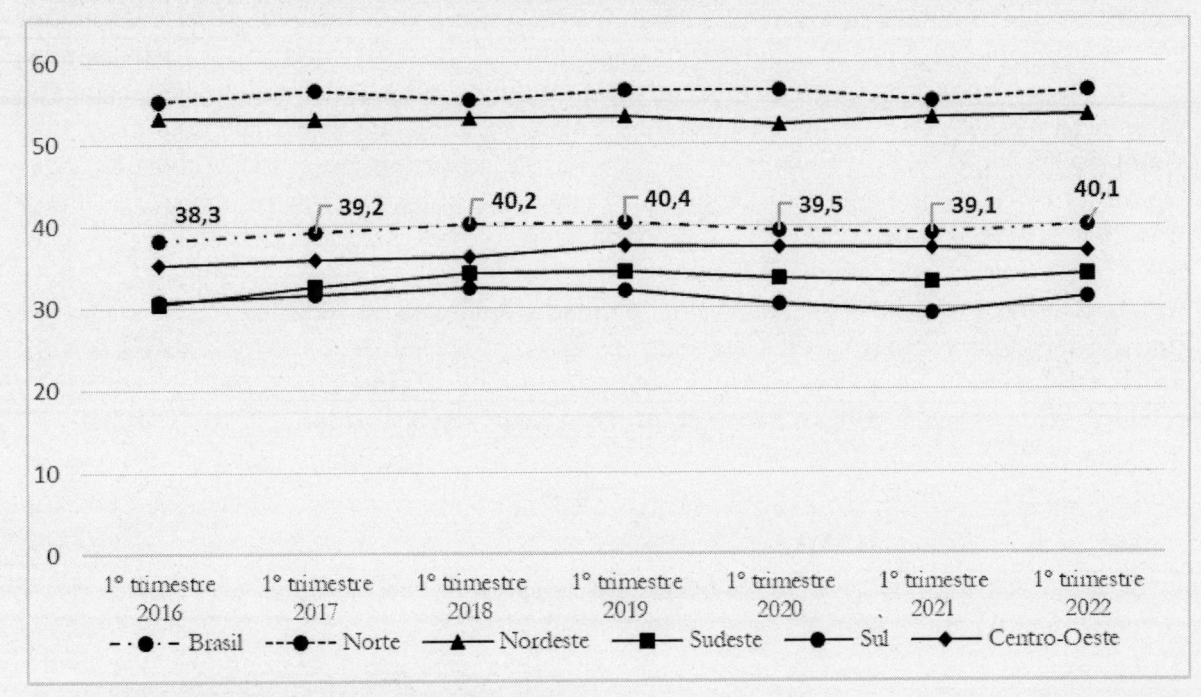

Gráfico 25.2 – Brasil, evolução da taxa de informalidade por região

Fonte: elaborado pelo autor com base em IBGE (2022)

Os dados sobre o desemprego, no entanto, ainda não revelam, dadas a complexidade regional do território e as distintas formas de rendimento dos indivíduos, a complexidade da precarização do trabalho. O Gráfico 25.2 indica a evolução da taxa de informalidade. Esse indicador ajuda a compreender a qualidade da força de trabalho. No Brasil, o total da força de trabalho, em 2021, foi estimada em 99,5 milhões[987]. Quase metade dessa força de trabalho encontra-se na informalidade. As implicações econômicas, sociais e políticas desse grau de informalidade são inúmeras. A informalidade resulta em menor rendimento individual, maior carga de trabalho na média diária, assim como ausência de proteção previdenciária e de direitos trabalhistas, como férias, 13º salário, descanso remunerado etc. A informalidade traduz, inegavelmente, o intenso processo de precarização do trabalho. Esse processo não é natural e muito menos aleatório, bastando para isso observar os meandros da reforma trabalhista[988] e da reforma da previdência[989], que justificaram, do ponto de vista institucional, o contemporâneo neoliberalismo brasileiro. A flexibilização da regulação trabalhista ocorre no momento em que se celebram as promessas da economia do compartilhamento e a ideia

---

[985] INSTITUTO BRASILEIRO DE GEOGRAFIA E ESTATÍSTICA (IBGE). *Pesquisa nacional por amostra de domicílios*. Rio de Janeiro, IBGE, 2022.
[986] BRAGA, 2012.
[987] IBGE, 2022.
[988] BRASIL. *Lei nº 13.467, de 13 de julho de 2017*. Altera a Consolidação das Leis do Trabalho [...]. Brasília: Presidência da República, 2017.
[989] Idem. *Emenda constitucional nº 103*. Altera o sistema de previdência social e estabelece regras de transição e disposições transitórias. Brasília: Governo Federal, 12 nov. 2019.

de que a superação do desemprego depende, essencialmente, do esforço individual e da adaptação tecnológica. A estratégia é ocultar as questões estruturais da exploração do trabalho depositando, na revolução técnica, a culpa pelo desemprego e, ao mesmo tempo, apontando o empreendedorismo como saída unilateral.

Mas o insumo principal dessa economia do compartilhamento não é o empreendedorismo, a meritocracia ou mesmo a coordenação sistêmica por um algoritmo. Seu principal insumo é a disposição, 24 horas por dia, de uma massa de potenciais trabalhadores que assistiram, na última década, à redução da renda e à erosão das diferentes formas de proteção social. A situação caracterizou aquilo que o economista Marcio Pochmann, acertadamente, chamou de "guerra civil pelo emprego"[990]. Não é por acaso que, pela primeira vez em nossa história, a população em ocupações formais é menor que aquela em ocupações informais e/ou desocupadas. Setores tradicionais como a construção civil e a indústria de transformação passaram a empregar menos que o comércio e os serviços. Ao passo que a renda é reduzida e a informalidade aumenta, também o endividamento familiar, associado à alta da inflação, empurra uma legião de trabalhadores e trabalhadoras para ocupações cada vez mais precárias. No Brasil, de acordo com dados de abril de 2022 da Serasa Experian, havia 66,1 milhões de consumidores inadimplentes[991]. Não é outra a realidade de centenas de milhares de pessoas que buscam, nos chamados aplicativos de delivery que transportam refeições, pessoas e encomendas, um modo de sobreviver. Essa outra face do neoliberalismo competitivo.

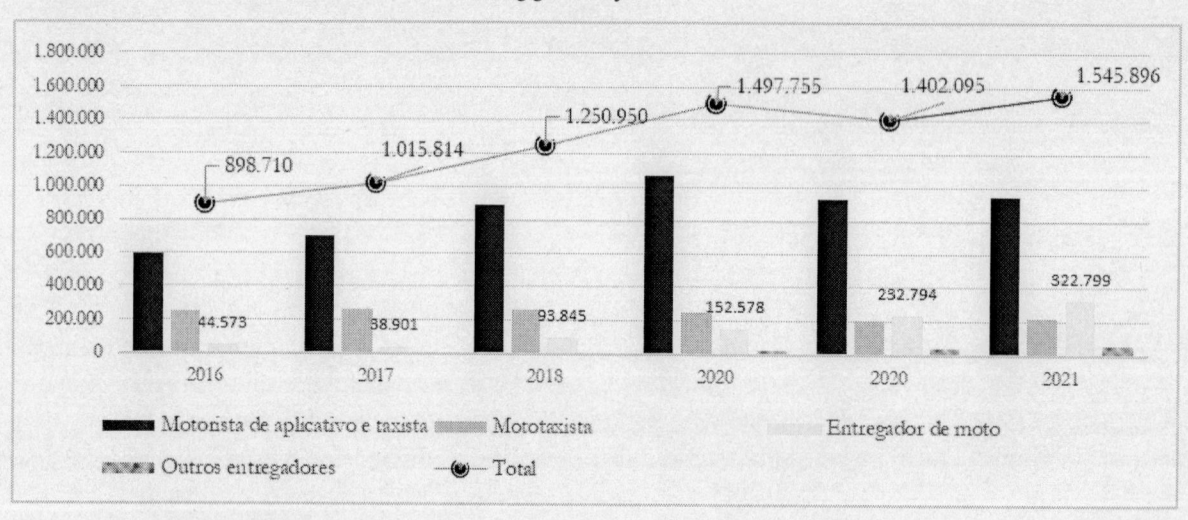

Gráfico 25.3 – Brasil, evolução dos vínculos com a *gig economy*

Fonte: Góes, Firmino e Martins (2022)

O Gráfico 25.3, baseado em dados da *Pesquisa Nacional de Amostragem Domiciliar* (Pnad), indica as ocupações do setor de transporte identificados, grosso modo, com o setor de compartilhamento. Não há consenso, do ponto de vista terminológico, para caracterizar essa economia. "*Gig economy*", "economia compartilhada" ou mesmo "uberização", como asseverou Slee[992],

---
[990] POCHAMNN, 2021 apud MONCAU, G. "Sistema jagunço": por que o iFood tenta esconder sua relação com empresas intermediárias (OL)? *Brasil de Fato*, São Paulo, 14 abr. 2022.
[991] SERASA EXPERIAN. *Indicadores econômicos*. São Paulo: Experian Information Solutions, Inc., c2022.
[992] SLEE, T. *Uberização*. São Paulo: Elefante, 2017.

estão entre os nomes para aquilo que Nick Srnicek adjetivou de "capitalismo de plataforma"[993]. O estudo do Ipea partiu do ponto de vista do conceito de *gig economy*. Com base nesse guarda-chuva, a ocupação de entregador de moto, segundo estudos do Ipea, passou de 44,5 mil em 2016 para 322,7 mil em 2021; e a ocupação mototaxista passou de 254.797 em 2012 para 222.133 em 2021[994]. O rendimento médio de todos os trabalhadores atingiu, em 2021, R$ 1,9 mil. O total de ocupações registradas, em 2021, atingiu 1,54 milhão de vínculos. Esse universo de trabalhadores, no entanto, é de difícil precisão numérica, dado que uma fração se encontra registrada como Microempreendedor Individual (MEI); outra, em regime CLT; e um outro conjunto, como trabalhadores autônomos informais sem registro de trabalho ou mesmo Cadastro Nacional de Pessoa Jurídica (CNPJ). Se, por um lado, esse conjunto de trabalhadores é de fácil identificação na paisagem das grandes cidades, em razão da inconfundível *bag* ou do baú na traseira da motocicleta, por outro lado, é invisível diante da legislação e anônimo diante dos algoritmos, aparentemente impessoais, que lhe disciplinam a vida. A expressão "patrões sem rosto", utilizada por Cant, em sua denúncia sobre os métodos de controle da Deliveroo, em Londres, é bem apropriada para descrever a situação[995].

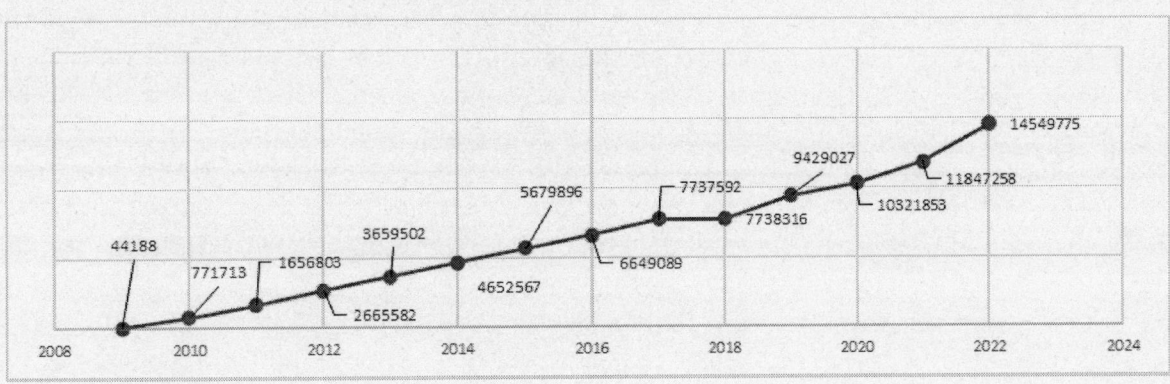

Gráfico 25.4 – Evolução do total de microempreendedores no Brasil

Fonte: Brasil (2021b)

O que há de novo, para além da informalidade, da redução da renda e do desemprego, é a emergência, no Brasil, dos chamados microempreendedores individuais. O total de indivíduos com CNPJ, considerando o ano de 2022, ultrapassou o total de funcionários públicos nas escalas federal, estadual e municipal, além de setores tradicionais como a indústria de transformação e a indústria da construção civil. Isoladamente, considerando os setores tradicionais (extrativismo mineral, indústria da transformação, construção civil, comércio, serviços, administração pública, agropecuária), só perde para o setor de serviços, em termos de vínculos formais.

Mas quem é esse microempreendedor? Segundo dados do Sistema de Recolhimento em Valores Fixos Mensais dos Tributos Abrangidos pelo Simples Nacional (Sismei), 52,72% dos 14.549.775 microempreendedores estão na faixa etária de 21 a 40 anos de idade[996]. O perfil dos vínculos revela,

---

[993] SRNICEK, N. *Capitalismo de plataformas*. Buenos Aires: Caja Negra, 2021.
[994] GÓES, G.; FIRMINO, A.; MARTINS, F. Painel da Gig Economy no setor de transportes do Brasil: quem, onde, quantos e quanto ganham. In: INSTITUTO DE PESQUISA ECONÔMICA APLICADA (IPEA). *Carta de Conjuntura*. Brasília: Ipea, 10 maio 2022.
[995] CANT, C. *Delivery fight*: a luta contra os patrões sem rosto. São Paulo: Veneta, 2021.
[996] BRASIL. Ministério da Fazenda. Receita Federal. *Simei*. Brasília: Receita Federal, 2021b.

didaticamente, a forma de estruturação do mercado de trabalho. Das mulheres, os maiores vínculos são tratamentos de beleza, serviços domésticos, confecção de roupas, manicures, além de pequenos comércios de roupas. Os homens, as obras de alvenaria, os serviços de entrega rápida e transporte, além de trabalhos como instalação elétrica e hidráulica. Esse perfil faz par com o fato de mais da metade, segundo informações do *Estadão*, receber apenas um salário-mínimo e mais de 90% não terem um funcionário apenas[997].

A liberdade para empreender é correlata à liberdade para assumir os riscos, que não se resumem mais ao cotidiano laboral. Fora dos ambientes herméticos das fábricas e escritórios, o trabalhador precarizado e o desempregado, aos olhos do livre mercado, flanam, tal qual as personagens de Honoré de Balzac, pela cidade. A jornada de trabalho, associada aos deslocamentos diários, transforma o ato do sacrifício em uma liturgia empreendedora. Ao empreendedor também é reservado um modo específico de morar na cidade.

As mutações no morar: nômades e prisioneiros

Há uma correlação entre as condições de trabalho e o padrão urbanístico das moradias. A moradia depende da renda e, para a demanda não solvável, dos programas públicos habitacionais e do financiamento e/ou subsídio público. O Estado do bem-estar social, porque urbano, também se caracterizou pela expansão dos programas de moradia em bairros horizontais e verticais, além de encarregar-se da infraestrutura urbana. Muitos desses programas, como denunciou Jane Jacobs, apresentaram uma arquitetura opressora, como é o caso do famoso conjunto habitacional Pruitt-Igoe, implodido na década de 1970, em Saint Louis, nos Estados Unidos da América (EUA)[998]. A oferta de moradia respondeu pela pressão dos movimentos sociais urbanos e, por estarem fora das áreas mais valorizadas, foi suportada pelas elites, mesmo porque, no auge da industrialização, o investimento em habitação amortizou o custo de reprodução da mão de obra.

Poucos setores sentiram tão profundamente a crise fordista quanto a habitação popular. O fordismo conviveu, ao mesmo tempo, com a emergência da metrópole e com o escapismo das elites para condomínios luxuosos, fragmentando o tecido urbano. Ao desencaixe entre um modelo de trabalho e um modelo de habitação, próprio do fordismo, seguiu-se a evidência das *cidades legais* denunciadas com contundência por Mike Davis, em *Planeta favela*[999]. Quando publicado, as três dezenas de favelas citadas por Mike Davis somavam pouco mais de três dezenas de milhões de pessoas. O livro não contabilizou a população nômade e tampouco a população carcerária. A compreensão da urbanização neoliberal, sem esta chave explicativa, ficaria incompleta.

A financeirização estava na origem de tudo. A crise financeira de 2008 tinha algo bastante peculiar. Foi uma crise de duplo sentido. Abstrata e concreta. Abstrata, porque o jogo na bolsa de valores parecia distante, muito embora a securitização não fosse uma novidade na cultura financeira estadunidense, especialmente para sindicatos, fundos de pensões etc. Concreta, porque a especulação materializou-se na incapacidade de milhões de estadunidenses de saldar as hipotecas, com os preços de imóveis caindo e as dívidas subindo. Transformando-se em serviço, e não em direito social, os bancos, com apoio do Estado, multiplicaram os despejos.

---

[997] SIQUEIRA, F. Quase 90% dos microempreendedores não tem funcionários e metade ganha só um salário mínimo. *Estadão*, São Paulo, 14 ago. 2022.
[998] JACOBS, J. *Morte e vida de grandes cidades*. São Paulo: Martins Fontes, 2007.
[999] DAVIS, M. *Planeta favela*. São Paulo: Boitempo, 2006.

Figura 25.1 – EUA, total de sem-teto por estado (2021)

Fonte: United States Interagency Council on Homelessness (USICH, 2017)

A Figura 25.1, divulgada pela USICH, em 2017, com estatísticas da situação dos sem-teto nos Estados Unidos da América, não chega a impressionar[1000]. A coleta de dados, segundo informe do USICH, realizou-se em janeiro de 2017. Os pesquisadores constataram que, em uma única noite, aproximadamente 580 mil pessoas estavam em situação de rua na mais pujante economia do planeta[1001]. A pesquisa registrou, só no estado da Califórnia, a presença de 161.548 sem-teto. São idosos, muitos dos quais veteranos, mulheres, desempregados, egressos da classe média que não saldaram as hipotecas e muitos jovens e crianças. A situação não é comparável sequer àquela do contexto da crise de 1929, em função, especialmente, do perfil etário dos sem-teto, que se complica quando se considera a saúde mental e a doença do novo coronavírus (Covid-19). Trata-se de uma urbanização nômade! Uma urbanização de tendas e marquises! De uma urbanização sem casas em um país com mais de 13,6 milhões de imóveis desocupados[1002].

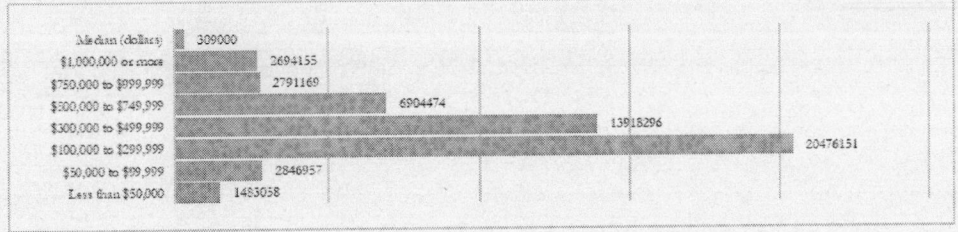

Gráfico 25.5 – EUA, unidades habitacionais, por faixa de valor, ocupadas pelo proprietário com uma hipoteca

Fonte: USA (2020)

[1000] Idem.
[1001] COUNCIL ON FOREIGN RELATIONS (CFR). *Is rising student debt harming the U.S. economy?* New York: CFR, 2023.
[1002] UNITED STATES OF AMERICA (USA). *Data census*. Washington, D.C.: United States Census Bureau, 2020.

Segundo o Censo estadunidense, havia, em 2021, 140.498.736 domicílios nos Estados Unidos. Desse total, 13.681.156 estavam desocupados, o que equivale a 9,73% dos domicílios[1003]. Observa-se, de início, que a crise habitacional não se localiza do lado da oferta. O índice de casa própria é de 65,4%. O problema, persistente, relaciona-se às hipotecas. Nos EUA, em 2021, havia 51.114.260 unidades habitacionais com proprietários com uma hipoteca. Os domicílios com uma hipoteca equivalem a 36,38% do total de domicílios. Existiam, também, mais 4,8 milhões de proprietários com duas hipotecas. A vida de quem reside de aluguel não é mais tranquila. O aluguel mediano nos Estados Unidos, em 2021, atingiu U$ 1.191. A mesma pesquisa anota que 30,6% dos aluguéis se localizam entre U$ 1.000 e U$ 1.499. O resultado da financeirização está impresso na paisagem urbana das cidades estadunidenses[1004].

No Brasil, a situação é um pouco distinta, em função do padrão de urbanização e da arquitetura jurídica. O Art. 6º da Constituição federal coloca a moradia como um direito social e, portanto, como objeto direto de políticas públicas[1005]. Além disso, o imóvel residencial do casal, segundo a Lei 8.009, seria impenhorável[1006]. A moradia, em tese, estaria localizada no campo do direito social. Essa situação, no entanto, sempre foi objeto de disputa, uma vez que a questão da moradia é, sempre, uma questão fundiária. Em 2022, o Projeto de Lei 4.188 retirou o caráter da inviabilidade da moradia, permitindo, portanto, sua penhora[1007]. A leitura da justificativa da lei, assinada pelo ministro da Economia Paulo Guedes, é didática:

> Outra alteração se dá na Lei nº 8.009, de 29 de março de 1990, a fim de restringir as possibilidades de um imóvel ser alegado como bem de família, com o fundamento abstrato que não foi oferecido pela "entidade familiar" e não foi utilizada hipoteca. A previsão atualmente contida no inciso V do artigo 3º da Lei nº 8.009, de 1990, tem causado insegurança jurídica, com consequente aumento dos riscos e dos custos das operações de crédito. Com a proposta, a impenhorabilidade não será oponível à excussão de imóvel oferecido como garantia real, qualquer que seja a obrigação garantida ou a destinação dos recursos obtidos, ainda que a dívida seja de terceiro. Dessa forma, o casal ou proprietário poderá oferecer o imóvel em garantia para a obtenção de crédito com custo relativamente menor.[1008]

Gráfico 25.6 – Brasil, percentual de domicílio por condição (2021)

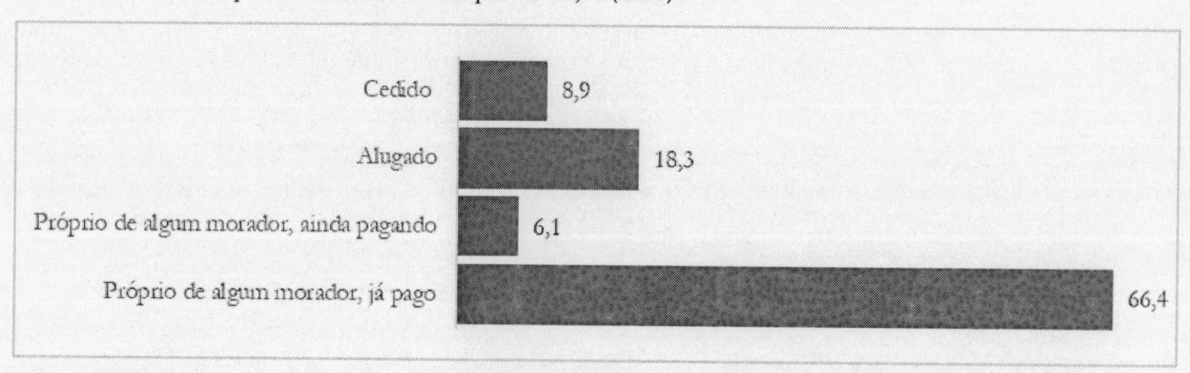

Condição	%
Cedido	8,9
Alugado	18,3
Próprio de algum morador, ainda pagando	6,1
Próprio de algum morador, já pago	66,4

Fonte: IBGE (2022)

[1003] Idem. *Data census*. Washington, D.C.: United States Census Bureau, 2022.
[1004] Idem, 2020.
[1005] BRASIL. *Constituição da República Federativa do Brasil de 1988*. Brasília: Presidência da República, 1988.
[1006] Idem. *Lei nº 8.009, de 29 de março de 1990*. Dispõe sobre a impenhorabilidade do bem de família. Brasília: Presidência da República, 1990.
[1007] Idem. Câmara dos Deputados. *PL 4188/2021*. Autor: Poder Executivo. Brasília, 26 nov. 2021a.
[1008] Ibidem, s/p.

A população do Brasil, em 2022, atingiu 213.450.699 habitantes. Esse total, distribuído em, aproximadamente, 72 milhões de domicílios. Desse total, 18,3%, como indicado na Figura 25.7, são alugados. Quando somamos alugados, cedidos e ainda não pagos, sob financiamento e/ou empréstimos indiretos, então temos que 43,6% dos domicílios não são próprios. Desse total, não fizemos referência, ainda, aos chamados domicílios localizados em *aglomerados subnormais* ou os *domicílios de uso ocasional*. Os primeiros, considerando o Censo Demográfico de 2010, abrigavam 11.425.644 pessoas; e os segundos, no mesmo período, somaram 3.933.271 domicílios[1009]. Se os primeiros são a expressão de um padrão de urbanização próprio da segregação e da informalidade, os segundos representam o excedente de renda acumulada para lazer ou locação. O cortiço e o veraneio fazem parte de nossa história urbana. A moradia, no circuito da locação, reforça o aspecto do endividamento dos indivíduos. Dos 67,6 milhões de indivíduos inadimplentes, segundo o Serasa Experian, 42,3% devem para bancos e financeiras[1010].

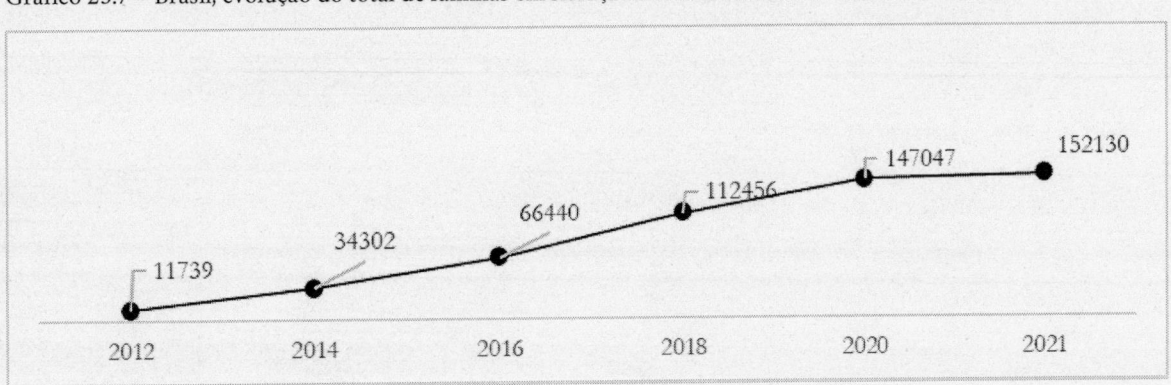

Gráfico 25.7 – Brasil, evolução do total de famílias em situação de rua inscritas no Cadastro Único

Ano	Total
2012	11739
2014	34302
2016	66440
2018	112456
2020	147047
2021	152130

Fonte: Brasil (c2022)

Como ocorreu nos EUA, o desemprego, a redução da renda e o endividamento, associados à ausência de regulação do mercado financeiro, empurraram dezenas de milhares de brasileiros de casa para a rua ou mesmo para habitações precárias, demonstração inequívoca da vulnerabilidade social. A curva evolutiva da população em situação de rua inscrita no Cadastro Único, Gráfico 25.7, coincide com a curva da redução da renda e do desemprego, reforçando a inequívoca relação entre trabalho e moradia. É preciso notar, no entanto, os limites para conhecimento preciso desse grupo vulnerável, o que significa que o total pode ser superior, o que, de fato, prova como pode ser indicado na paisagem urbana das principais cidades brasileiras, muito embora, como assinalado por Neves de Oliveira, haja uma interiorização do processo[1011].

Há outras características da urbanização neoliberal que, com frequência, escapam à análise, dada a invisibilidade da urbanização carcerária. Trata-se da política de encarceramento em massa. A chave interpretativa que ajuda explicar a relação entre desemprego, moradia precária e encarceramento foi bem sintetizada por Loic Wacquant, no livro *As prisões da miséria*:

[1009] INSTITUTO BRASILEIRO DE GEOGRAFIA E ESTATÍSTICA (IBGE). *Censo demográfico 2010*. Rio de Janeiro: IBGE, 2010.

[1010] SERASA EXPERIAN, c2022.

[1011] OLIVEIRA, J. N. A evolução da população em situação de rua nos municípios goianos entre 2012 e 2020: uma reflexão sobre a pobreza urbana manifestada nas cidades. *Élisée*: Revista de Geografia da UEG, v. 11, n. 1, e111227, p. 1-19, 2022.

A penalidade neoliberal apresenta o seguinte paradoxo: pretende remediar com um "mais estado" policial e penitenciário o "menos estado" econômico e social que é a própria causa da escalada generalizada da insegurança objetiva e subjetiva em todos os países, tanto no Primeiro como no Segundo Mundo.[1012]

O Estado penal, como resposta à falência do Estado social, fundamenta-se na política de privação e privatização. Não é por acaso que Michelle Alexander tenha dado título ao livro sobre racismo e encarceramento de *A nova segregação*. Seu diagnóstico é preciso:

O fato de que mais da metade dos homens negros jovens em muitas cidades grandes dos Estados Unidos estarem atualmente sob o controle do sistema de justiça criminal (ou selador com antecedentes criminais) não é – como muitos argumentam – apenas um sintoma da pobreza ou de escolhas ruins, mas evidência de um novo sistema de castas em operação.[1013]

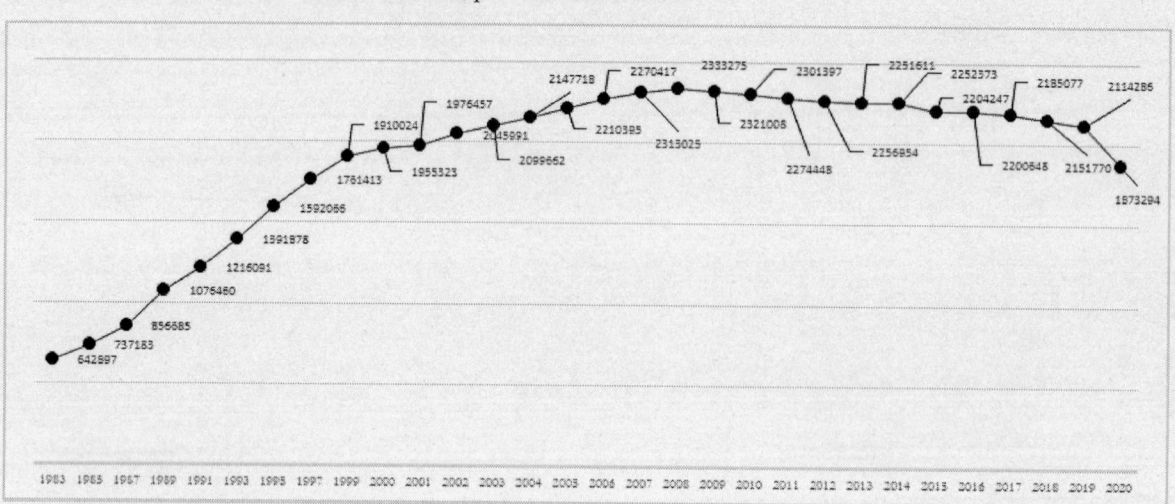

Gráfico 25.8 – EUA, total de encarceramentos, períodos selecionados

Fonte: Prison Policy Initiative (2020)

Em 2020 estava encarcerada 1,87 milhão de pessoas nas centenas de prisões espalhadas pelos Estados Unidos da América. O encarceramento em massa ocorre entre o fim dos anos 1970 e início dos anos 1990. A rede prisional segue o modelo de urbanização, materializado em uma rede hierarquizada que vai das prisões federais até os centros de detenção juvenis. A população carcerária, em 2020, superou a soma da população das cidades de Boston (675.647), Memphis (633.104) e Atlanta (498.715). O encarceramento em massa é uma das faces mais cruéis da urbanização e, como tal, tem sido funcional para o mercado. Segundo informações da *Arrest records*, com base em dados da *Bureau of Justice Statistics*, o estado da Califórnia encabeçou a lista de gastos com US$ 9,3 bilhões, seguida do Texas, com US$ 3,7 bilhões, e Nova York, com US$ 3,2 bilhões[1014].

[1012] WACQUANT, L. *As prisões da miséria*. Rio de Janeiro: Jorge Zahar, 2001. p. 7.
[1013] ALEXANDER, M. *A nova segregação*. São Paulo: Boitempo, 2017. p. 54.
[1014] PRISON POLICY INITIATIVE. *State prisons, local jails and federal prisons, incarceration rates and counts, 1925-2020*. Northampton, MA: Prison Policy Initiative, 2020.

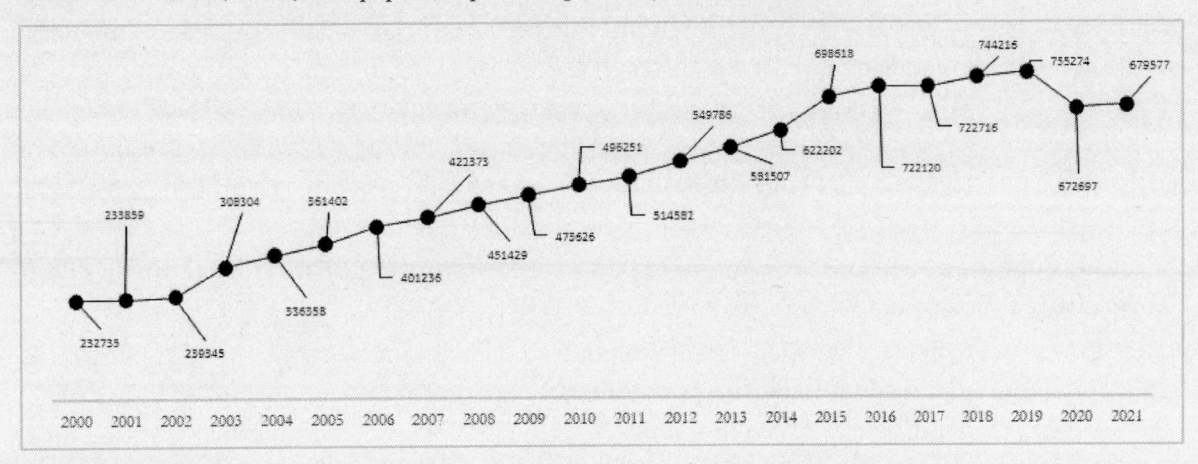

Gráfico 25.9 – Brasil, evolução da população prisional por ano (julho a dezembro)

Ano	População
2000	232735
2001	233859
2002	239345
2003	308304
2004	336358
2005	361402
2006	401236
2007	422373
2008	451429
2009	473626
2010	496251
2011	514582
2012	549786
2013	581507
2014	622202
2015	698618
2016	722120
2017	722716
2018	744216
2019	755274
2020	672697
2021	679577

Fonte: Brasil (c2023)

A opção do encarceramento, no Brasil, também segue em ritmo acelerado. O maior crescimento ocorreu entre 2002 e 2003, com incremento de 28,81% da população encarcerada. Da população encarcerada, 50,01% são pardos; e 17,33%, negra. Mas a evolução, retratada na Figura 25.10, ainda não reflete a realidade, uma vez que exclui a população em regime de prisão domiciliar e os mandados abertos. Em prisão domiciliar, em 2021, havia mais 156.066 pessoas. Os mandados de prisão pendentes de cumprimento, segundo o Conselho Nacional de Justiça (CNJ), somaram, em 2022, 363.040. A soma da população encarcerada, em prisão domiciliar e os mandados atinge 1.198.683 pessoas. A urbanização prisional segue, como não poderia deixar ser, a estratégia da invisibilidade[1015].

Aqui é repetida a cena histórica, descrita na metáfora de Karl Marx, dos nômades como a infantaria do capitalismo industrial[1016]. Agora, no entanto, diferentemente do século XIX, a grande indústria não absorve mais os excedentes humanos. Não há mais chances, para a massa de pobres, de mobilidade social pelo trabalho. Os nômades, precarizados e desempregados agora também não têm onde acampar. Restaram as prisões.

O deserto da utopia liberal

As 45 aglomerações urbanas acima de 10 milhões de habitante somavam, em 2021, 851,7 milhões de habitantes[1017]. Já as 610 aglomerações urbanas acima de 1 milhão de habitantes somavam, no mesmo ano, 2,26 bilhões de habitantes. O mapa urbano contemporâneo demarca o encontro do Velho Mundo com o Novo Mundo. É o encontro da Europa com a África e da Ásia com as Américas. O novo mapa urbano oferece a imagem da unificação do mercado com lógicas de produção e exploração da força de trabalho reconhecíveis em qualquer cidade. O novo mapa urbano, sob o juízo das corporações e da vigilância das instituições financeiras, converteu-se no mapa do domínio da financeirização da economia, do endividamento dos indivíduos e da consignação financeira dos Estados nacionais. É um mapa da privatização dos serviços públicos e também dos recursos naturais

---

[1015] CONSELHO NACIONAL DE JUSTIÇA (CNJ). *Banco Nacional de Monitoramento de Prisões*. Brasília: CNJ, c2022. Versão 2.3.2.
[1016] MARX, K. *O capital*: crítica da economia política. São Paulo: Civilização Brasileira, 2015. Livro 1, v. 2.
[1017] BRINKHOFF, T. *City population*. Oldenburg: [s. n.], c2022.

de uso comum. O Estado social, nesse novo mapa urbano, em declínio em função das políticas de austeridade, passa a constituir-se em fio condutor da redistribuição, característica da "acumulação por espoliação" denunciada por David Harvey[1018]. O novo mapa urbano também é universal no quesito desigualdade. O relatório *World inequality report* aponta que, em 2021, a metade mais pobre da população do planeta concentra apenas 2% da riqueza enquanto os 10% mais ricos se apropriam de 76% da riqueza gerada[1019]. O novo mapa urbano é o mapa da "cidadania sacrificial", para tomar emprestado a expressão de Wendy Brown[1020].

Mas como interpretar esse mapa urbano contemporâneo de modo a compreendê-lo como síntese da utopia liberal?

Olhar atentamente para a legenda é um começo. Flexibilidade, competitividade, inovação, adaptabilidade, empreendedorismo, responsabilização aparecem misturados, na legenda, com os nacionalismos, regionalismos e "religiosismos". Esse novo mapa urbano quer nos fazer acreditar que sempre se apresentará como pronto, acabado, imutável. É um mapa do presente. Um mapa sem história. Será um mapa, sempre, de vencedores. Não mais o traçado do Estado-nação delimitando as fronteiras terrestres, aéreas e marinhas, ou mesmo as antigas corporações transnacionais drenando recursos naturais e mão de obra barata. O novo mapa urbano, porque financeirizado, é fluído. Sendo um mapa do presente e de vencedores, aparecerá como um mapa de equilíbrios. O Estado nacional, nesse novo mapa urbano, preserva suas fronteiras e, sobretudo, o poder de polícia para garantir, de um lado, as regras institucionais para o mercado financeiro, incluindo a privatização dos ativos ambientais, e, por outro, para criminalizar os movimentos que insistem em aparecer no mapa. É um mapa, enfim, da realização da utopia liberal.

Mas como fomos tão ingênuos a ponto de não reconhecermos o mapa que nascia diante de nossos olhos?

As pistas estavam lá. A semente que germinou na década de 1970 foi plantada na década de 1930. Cresceu enquanto olhávamos, esperançosos, os movimentos emancipatórios do fim da década de 1960, uma outra utopia que também tinha como insumo a liberdade. A utopia liberal, na década de 1990, colheu os primeiros frutos e, a partir daí, apresentou uma fertilidade incrível, alastrando-se no solo fértil da desigualdade social. Apagou aquele antigo mapa urbano do Estado social. Aquela geração de operários que, de alguma forma, tiveram expectativa de mobilidade social via trabalho não sabe mais o que dizer para os filhos e netos, que, agora, entregam encomendas e alimentos, por aplicativos, em motocicleta, de bicicleta ou a pé, nos mais distintos cantos do planeta. O ensinamento bíblico "Com suor do teu rosto comerás o teu pão..."[1021] converteu-se em fábula. Só há espinhos e ervas daninhas no novo mapa urbano neoliberal.

As mutações no campo do trabalho e da moradia confirmam os enunciados daquela trindade neoliberal formada por Mises, Hayek e Friedman. O homem, enfim, libertou-se do dirigismo, do totalitarismo, da planificação, enfim, de tudo o que aprisionava suas energias. Como no pecado original, trocou o conforto do Éden pela liberdade e o risco. Também levou consigo a serpente. A utopia neoliberal individualiza os riscos. Como bem anotado por Maurizio Lazzarato em *Fascismo ou revolução: o neoliberalismo em chave estratégica*:

[1018] HARVEY, 2008.
[1019] WORLD INEQUALITY LAB. *World inequality report*. Paris: World Inequality Lab, 2022.
[1020] BROWN, 2018.
[1021] BÍBLIA SAGRADA. *In*: BÍBLIA SAGRADA ONLINE. [*S.l.*], BíbliaOn, c2022. Gênesis, 3:19.

> Os "riscos sociais" que tinham assumido de forma coletiva, primeiro pela mutualização operária e depois pelo Welfare state, recaem agora sobre o indivíduo (embora estatizasse as modalidades de solidariedade entre trabalhadores como meios de controlá-los, o Welfare mantinha ao menos o princípio da socialização dos riscos). Cobrir os riscos sociais assumindo o risco individual do endividamento é concebido pelas instituições financeiras como uma técnica de sujeição, pois os reembolsos regulares impõem aos devedores uma disciplina, uma forma de vida, uma maneira de pensar e agir.[1022]

Esta é, acredito, a chave interpretativa que permite o desvendamento da utopia liberal. É uma utopia que não precisa ser grafada nos muros dos centros urbanos, como ocorreu no Maio de 1968. É uma utopia que, silenciosamente, investiu contra qualquer modelo político de solidariedade geracional. À medida que ampliava a oferta dos bens de consumo em um mundo urbano, celebrava o desemprego como sintoma do aumento da produtividade via incremento técnico. O endividamento apareceu como resposta para o desencaixe entre oferta de bens de consumo e empobrecimento da população. Assim, o mapa da utopia urbana não será, como os utopistas da modernidade, um olhar para o futuro. É um olhar sobre a dívida, e não sobre emprego, a renda ou a mobilidade social. Segundo a *Council on Foreign Relations*, nos Estados Unidos da América, em 2020, 43 milhões de estudantes deviam mais de U$ 1,6 trilhão de dólares em empréstimos[1023]. Michael J. Sandel, no conhecido *Tirania do mérito*, denunciou o sistema de ingresso nas principais universidades estadunidenses[1024]. É possível que, no universo de jovens endividados, também residam em 501.058 domicílios com presença, em 2020, de hipotecas. No Brasil não é diferente, uma vez que, segundo o Serasa Experian, 67,2 milhões de pessoas, em 2020, aparecem como inadimplentes[1025]. Não estranha, no entanto, em 2020, 281 milhões de cartões de créditos no Brasil, dos quais 133,7 milhões são ativos[1026]. A utopia neoliberal é aquela do endividamento individual, penúltima fronteira do fracasso pessoal, sendo a última o encarceramento. Talvez seja difícil admitir que Karl Polanyi estava errado ao falar na utopia do mercado autorregulável:

> Nossa tese é que a ideia de um mercado auto-regulável implicava uma rematada utopia. Uma tal instituição não poderia existir em qualquer tempo sem aniquilar a substância humana e natural da sociedade; ela teria destruído fisicamente o homem e transformado seu ambiente em um deserto.[1027]

A crença no mercado autorregulável era apenas um desvio, um estratagema para desviar-se daquilo que realmente importava. Aceitamos os antolhos e olhamos, apenas, para frente. Criticamos com veemência as privatizações da telefonia e da energia. Adotamos crítica ao Estado mínimo como sinônimo de crítica ao neoliberalismo. Chegamos a acreditar, a partir dos anos 2000, que o neoliberalismo estava fadado ao fracasso. Chegaram a falar e escrever sobre o pós-neoliberalismo. Cerramos os olhos, no entanto, para outras dimensões do neoliberalismo que capturavam nossa vida. Nas periferias metropolitanas, nos grotões do país, nas camadas abastadas, o neoliberalismo tomava, sorrateiramente, a forma neopentecostal. Resolvia, assim, dois entraves que impediam a celebração de sua utopia. O primeiro era a responsabilização da desigualdade social, que agora sai do Estado e da sociedade e passa aos indivíduos. O segundo era a sociabilidade, que, depois da ero-

---

[1022] LAZZARATO, M. *Fascismo ou revolução?* São Paulo: M1, 2019. p. 31.
[1023] COUNCIL ON FOREIGN RELATIONS (CFR). New York: CFR, c2020.
[1024] SANDEL, M. J. *A tirania do mérito*. Rio de Janeiro: Civilização Brasileira, 2021.
[1025] SERASA EXPERIAN, c2022.
[1026] BANCO CENTRAL DO BRASIL (BC). *Estatísticas de meios de pagamentos*. Brasília: BC, 2020.
[1027] POLANY, 2000, p. 18.

são dos locais laborais e dos sindicatos, passa a ser edificada nas igrejas pentecostais. Esse espírito, essa racionalidade neoliberal, tem como propósito destruir a política enquanto prática nuclear da democracia. O resultado das eleições no Brasil de 2022 atestou, infelizmente, esse diagnóstico.

Referências

ALEXANDER, M. *A nova segregação*. São Paulo: Boitempo, 2017.

ALVES, A.; BAGNO, L. I.; GONÇALVES, N. Entregas mediadas por aplicativos e o mito do empreendedor de si mesmo na pandemia do coronavírus. *Revista Direito [da] UnB*, Brasília, v. 4, n. 2, p. 85-115, ago. 2020.

ANTUNES, R. (org.). *Uberização, trabalho digital e indústria 4.0*. São Paulo: Boitempo, 2020.

ANTUNES, R. *O privilégio da servidão*: o novo proletariado de serviços na era digital. São Paulo: Boitempo, 2018.

BANCO CENTRAL DO BRASIL (BC). *Estatísticas de meios de pagamentos*. Brasília: BC, 2020. Disponível em: https://www.bcb.gov.br/estatisticas/spbadendos. Acesso em: 15 out. 2022.

BÍBLIA SAGRADA. *In*: BÍBLIA SAGRADA ONLINE. [S. l.], BíbliaOn, c2022. Disponível em: https://www.bibliaon.com/antigo_testamento/. Acesso em: 21 out. 2022.

BIHR, A. *Da grande noite à alternativa*. São Paulo: Boitempo, 1998.

BRAGA, R. *A política do precariado*. São Paulo: Boitempo, 2012.

BRAGA, R. *A rebeldia do precariado*: trabalho e neoliberalismo no Sul global. São Paulo: Boitempo, 2017.

BRASIL. Câmara dos Deputados. *PL 4188/2021*. Autor: Poder Executivo. Brasília, 26 nov. 2021a. Disponível em: https://www.camara.leg.br/propostas-legislativas/2309053. Acesso em: 3 mar. 2022.

BRASIL. *Constituição da República Federativa do Brasil de 1988*. Brasília: Presidência da República, 1988. Disponível em: http://www.planalto.gov.br/ccivil_03/constituicao/constituicao.htm. Acesso em: 12 mar. 2021.

BRASIL. *Emenda constitucional n.º 103*. Altera o sistema de previdência social e estabelece regras de transição e disposições transitórias. Brasília: Governo Federal, 12 nov. 2019. Disponível em: https://www.in.gov.br/en/web/dou/-/emenda-constitucional-n-103-227649622. Acesso em: 12 ago. 2022.

BRASIL. *Lei n.º 13.467, de 13 de julho de 2017*. Altera a Consolidação das Leis do Trabalho [...]. Brasília: Presidência da República, 2017. Disponível em: http://www.planalto.gov.br/ccivil_03/_ato2015-2018/2017/lei/l13467.htm. Acesso em: 12 ago. 2022.

BRASIL. *Lei n.º 8.009, de 29 de março de 1990*. Dispõe sobre a impenhorabilidade do bem de família. Brasília: Presidência da República, 1990. Disponível em: http://www.planalto.gov.br/ccivil_03/leis/l8009.htm. Acesso em: 28 set. 2022.

BRASIL. Ministério da Fazenda. Receita Federal. *Simei*. Brasília: Receita Federal, 2021b. Disponível em: http://www8.receita.fazenda.gov.br/simplesnacional/aplicacoes/atbhe/estatisticassinac.app/EstatisticasOptantesPorDataMunicipio.aspx?tipoConsulta=2&optanteSimei=1&anoConsulta=. Acesso em: 22 jul. 2021.

BRASIL. Ministério da Justiça e Segurança Pública. Departamento Penitenciário Nacional. Secretaria Nacional de Políticas Penais. *Levantamento nacional de informações penitenciárias*. Brasília: Sispeden, c2023. Disponível em: https://www.gov.br/depen/pt-br/servicos/sisdepen. Acesso em: 15 set. 2023.

BRASIL. Ministério do Desenvolvimento e Assistência Social, Família e Combate à Fome. *Desenvolvimento social*. Brasília: MDS, c2022. Disponível em: https://www.gov.br/cidadania/pt-br/noticias-e-conteudos/desenvolvimento-social. Acesso em: 3 mar. 2022.

BRINKHOFF, T. *City population*. Oldenburg: [s. n.], c2022. Disponível em: https://www.citypopulation.de/. Acesso em: 13 mar. 2022.

BROWN, W. *Cidadania sacrificial*: neoliberalismo, capital humano e política de austeridade. São Paulo: Zazie, 2018.

CANT, C. *Delivery fight*: a luta contra os patrões sem rosto. São Paulo: Veneta, 2021.

CONSELHO NACIONAL DE JUSTIÇA (CNJ). *Banco Nacional de Monitoramento de Prisões*. Brasília: CNJ, c2022. Versão 2.3.2. Disponível em: https://portalbnmp.cnj.jus.br/#/estatisticas. Acesso em: 5 out. 2022.

COUNCIL ON FOREIGN RELATIONS (CFR). *Is rising student debt harming the U.S. economy?* New York: CFR, 2023. Disponível em: https://www.cfr.org/backgrounder/rising=-student-debt-harming-us-economy?gclid-CjwKCAjwtKmaBhBMEiwAyINuwC6buDQVSEs1TXxrGaHXPP_ECZgtposDL74iukNSE-6NRxA9oBkYS-RoC5xIQAvD_BwE#chapter-title-0-2. Acesso em: 15 set. 2023.

COUNCIL ON FOREIGN RELATIONS (CFR). New York: CFR, c2020. Disponível em: https://www.cfr.org/. Acesso em: 10 dez. 2020.

DARDOT, P.; LAVAL, C. *A nova razão do mundo*. São Paulo: Boitempo, 2016.

DAVIS, M. *Planeta favela*. São Paulo: Boitempo, 2006.

FORD, H. *Princípios da prosperidade*. São Paulo: Freitas Bastos, 1964.

FRIEDMAN, M.; FRIEDMAN, R. *Livre para escolher*. Rio de Janeiro: Record, 2015.

GÓES, G.; FIRMINO, A.; MARTINS, F. Painel da Gig Economy no setor de transportes do Brasil: quem, onde, quantos e quanto ganham. *In*: INSTITUTO DE PESQUISA ECONÔMICA APLICADA (IPEA). *Carta de Conjuntura*. Brasília: Ipea, 10 maio 2022. Disponível em: http://www.ipea.gov.br/cartadeconjuntura/index.php/2022/05/painel-da-gig-economy-no-setor-de-transportes-do-brasil-quem-onde-quantos-e-quanto--ganham/. Acesso em: 10 jul. 2022.

HARVEY, D. *O neoliberalismo*: história e implicações. Rio de Janeiro: Loyola, 2008.

INSTITUTO BRASILEIRO DE GEOGRAFIA E ESTATÍSTICA (IBGE). *Censo demográfico 2010*. Rio de Janeiro: IBGE, 2010.

INSTITUTO BRASILEIRO DE GEOGRAFIA E ESTATÍSTICA (IBGE). *Pesquisa nacional por amostra de domicílios*. Rio de Janeiro, IBGE, 2022. Disponível em: https://www.ibge.gov.br/estatisticas/sociais/populacao/9127-pesquisa-nacional-por-amostra-de-domicilios.html?=&t=destaques. Acesso em: 5 jul. 2022.

JACOBS, J. *Morte e vida de grandes cidades*. São Paulo: Martins Fontes, 2007.

LAZZARATO, M. *Fascismo ou revolução?* São Paulo: M1, 2019.

LAZZARATO, M. *O governo das desigualdades*: crítica da insegurança neoliberal. São Carlos: UFSCar, 2011.

LAZZARATO, M. *O governo do homem endividado*. São Paulo: M1, 2017.

LEFEBVRE, H. *A irrupção*. São Paulo: Documentos, 1968.

MARX, K. *O capital*: crítica da economia política. São Paulo: Civilização Brasileira, 2015. Livro 1, v. 2.

MISES, L. V. *A mentalidade anticapitalista*. São Paulo: Vide Editorial, 2015.

MONCAU, G. "Sistema jagunço": por que o iFood tenta esconder sua relação com empresas intermediárias (OL)? *Brasil de Fato*, São Paulo, 14 abr. 2022. Disponível em: https://www.brasildefato.com.br/2022/04/14/ifood-tenta-censurar-video-que-mostra-relacao-com-empresas-intermediarias. Acesso em: 11 jun. 2022.

OLIVEIRA, J. N. A evolução da população em situação de rua nos municípios goianos entre 2012 e 2020: uma reflexão sobre a pobreza urbana manifestada nas cidades. Élisée: Revista de Geografia da UEG, v. 11, n. 1, e111227, p. 1-19, 2022. DOI 10.31668/elisee.v11i1.13186.

PIKETTY, T. *O capital no século XXI*. São Paulo: Intrínseca, 2014.

POLANY, K. *A grande transformação*: as origens de nossa época. Rio de Janeiro: Campus, 2000.

PRISON POLICY INITIATIVE. *State prisons, local jails and federal prisons, incarceration rates and counts, 1925-2020*. Northampton, MA: Prison Policy Initiative, 2020. Disponível em: https://www.prisonpolicy.org/data/. Acesso em: 4 mar. 2021.

SANDEL, M. J. *A tirania do mérito*. Rio de Janeiro: Civilização Brasileira, 2021.

SERASA EXPERIAN. *Indicadores econômicos*. São Paulo: Experian Information Solutions, Inc., c2022. Disponível em: https://www.serasaexperian.com.br/conteudos/indicadores-economicos/. Acesso em: 5 out. 2022.

SIQUEIRA, F. Quase 90% dos microempreendedores não tem funcionários e metade ganha só um salário mínimo. *Estadão*, São Paulo, 14 ago. 2022. Disponível em: https://www.estadao.com.br/pme/empreendedor-solo-sebrae-mei-negocios/. Acesso em: 15 set. 2023.

SLEE, T. *Uberização*. São Paulo: Elefante, 2017.

SRNICEK, N. *Capitalismo de plataformas*. Buenos Aires: Caja Negra, 2021.

THE MONT PELERIN SOCIETY (MPS). *Statement of aims*. Lubbock, TX: MPS, c2022. Disponível em: https://www.montpelerin.org/statement-of-aims/. Acesso em: 28 fev. 2022.

UNITED STATES INTERAGENCY COUNCIL ON HOMELESSNESS (USICH). *Homelessness statistics by state*. Washington, D.C.: USICH, 2017. Disponível em: https://www.hudexchange.info/resource/5639/2017-ahar-part-1-pit-estimates-of-homelessness-in-the-us/. Acesso em: 21 fev. 2022.

UNITED STATES OF AMERICA (USA). *Data census*. Washington, D.C.: United States Census Bureau, 2022. Disponível em: https://data.census.gov/cedsci/table?q=United%20States&g=0100000US. Acesso em: 5 out. 2022.

UNITED STATES OF AMERICA (USA). *Data census*. Washington, D.C.: United States Census Bureau, 2020. Disponível em: https://www.census.gov/search-results.html?q=ATLANTA&page=1&stateGeo=none&searchtype=web&cssp=SERP&_charset_=UTF-. Acesso em: 21 fev. 2022.

WACQUANT, L. *As prisões da miséria*. Rio de Janeiro: Jorge Zahar, 2001.

WORLD INEQUALITY LAB. *World inequality report*. Paris: World Inequality Lab, 2022. Disponível em: https://wir2022.wid.world/wwwsite/uploads/2021/12/Summary_WorldInequalityReport2022_Spanish. Acesso em: 13 mar. 2022.

26

REFLEXÕES E EXPERIÊNCIAS ORIENTADAS PELA JUSTIÇA ESPACIAL E PELA CONSTRUÇÃO TEÓRICO-PRÁTICO-UTÓPICA DO DIREITO À CIDADE

Danilo Volochko

Introdução

Este texto foi construído com base na mesa de encerramento do XVII Simpósio Nacional de Geografia Urbana (Simpurb), intitulada Mesa 8: "As utopias concretas no urbano: experiências, justiça espacial e direito à cidade". Compuseram esse espaço de discussão a professora Arlete Moysés Rodrigues, da Universidade Estadual de Campinas (Unicamp), o professor Jorge Luiz Barbosa, da Universidade Federal Fluminense (UFF), o professor Tadeu Pereira Alencar Arrais, da Universidade Federal de Goiás (UFG), além de mim, na função de debatedor.

Mesmo tendo sido a última mesa-redonda do evento, seguramente não foi uma mesa de fechamento, pelo contrário; tratou-se — e isto foi algo com que todos os membros concordaram — de uma mesa de abertura, ou de aberturas, de construção de um debate sobre aberturas de outros possíveis, no urbano, objetivo da difícil proposta que o tema da mesa nos convidou a pensar juntos e juntas.

De certa forma, a mesa de encerramento teve também a responsabilidade de levar em conta as discussões que foram sendo feitas ao longo do XVII Simpurb, nos demais espaços, nas mesas e nos grupos de trabalho. Assim, temas como o contexto (pós)pandêmico, a intensificação das desigualdades, dos autoritarismos, das violências de gênero e racializadas e das lutas contra tais situações pelos movimentos sociais e outros coletivos, a construção de uma geografia urbana anticapitalista (de uma teoria, de um método e de uma práxis transformadora), as fronteiras e escalas do urbano nas dimensões ambiental, regional, campo-cidade, o debate das categorias terra, trabalho e capital, a crítica do Estado e do planejamento urbano capitalista, enfim, todas essas problemáticas tratadas nas sete mesas redondas anteriores de algum modo estão presentes no debate realizado na Mesa 8.

Todavia, a tarefa que nos propusemos para este texto é bem mais modesta, pois foi a tentativa de fazer uma síntese das principais ideias contidas nos textos, que recebi antecipadamente de cada palestrante, bem como de algumas ideias expostas durante a realização da mesa. Faremos, assim, uma síntese analítica de cada exposição, buscando relacionar as ideias dos textos e ressaltando pontos de articulação e de tensão entre eles, e concluímos colocando algumas reflexões e questões gerais que surgiram no momento da mesa e que, pensamos, articuladas às realidades empíricas verificadas nos trabalhos de campo do XVII Simpurb na metrópole curitibana, podem servir para continuar a provocar e prolongar o debate.

"As utopias práticas como políticas de cidade"

O texto do professor Jorge Luiz Barbosa é intitulado "As utopias práticas como políticas de cidade" e traz, logo de saída, uma questão incisiva de Fredric Jameson sobre a validade e a função social das utopias diante do mundo em que vivemos, marcado por desigualdades cada vez mais profundas, ou seja, questiona se o pensamento utópico teria ainda a capacidade de apontar caminhos para a superação dos processos hegemônicos atuais que vivemos no mundo e de modo particular no Brasil. Tomando Calvino e Angela Davis, o acolhimento do desafio utópico dá-se pela necessidade de ver de outras perspectivas e se movimentar em novas direções, indagando como tornamos globais e articuladas nossas lutas e visões capazes de desatrelar valores capitalistas de valores democráticos.

Após passar por considerações sobre o caráter literário e das postulações políticas e sociais em que o termo "utopia" aparece como enunciador de um devir outro das sociedades, e passar pela descrição de importantes diferenças que as utopias possuem como construção de futuro — utopias clássicas, modernas, ideais e científicas, abstratas e concretas —, o autor identifica, apesar dessa diversidade, matrizes comuns, sintetizadas em três eixos: 1) crítica do vivido e imaginação de outro futuro (utopia como criação estética entre lugares; 2) experiência humana em negação com perda de referenciais (utopia como expressão de uma sociedade em crise em busca de outro modo de viver); 3) tensão entre as representações projetadas com o estar-aí do mundo (utopia como tensão permanente entre imaginação-corpo-espaço).

Assim, o conceito de utopia traz a dimensão de uma imaginação como crítica estética ao ser-aí do mundo, ou o estranhamento do mundo na perspectiva cognitiva do enfrentamento das contradições sociais, como escreve. Portanto, o professor Jorge Luiz Barbosa traz algo muito importante, que é a dimensão da representação figurativa e discursiva do mundo e sua contraposição por representações outras, utópicas. A utopia é também, além de histórica, nesse sentido, um alargamento, uma subversão imaginativa daquilo que se aceita como possível ou imaginável. Dessa forma, e além disso, para o autor, a utopia é um "campo de exercício de imaginação do futuro imerso no estranhamento do presente implicado com a política de sua transformação".

Mas esse campo utópico como experimentação representacional ganha sentido material na práxis política, o que, segundo Jorge Luiz Barbosa, estabelece uma distinção entre a impossibilidade absoluta e relativa do conteúdo utópico. Aqui temos uma ideia potente que me pareceu transitar, mediar e tentar lidar com a questão entre uma utopia abstrata e uma utopia concreta. Isso é fundamental para que a virtualidade, as tendências, a antecipação, esteja implicada e nasça da prática, do espaço-tempo vivido, ou seja, como teoria e filosofia espaçotemporalizadas. Se existe algo de imaginativo e inventivo na utopia, trata-se de localizar essa imaginação no aqui e no agora. A utopia é, com isso, uma política de orientação para a mudança no mundo vivido, e isso é algo fundamental.

A própria cidade aparece então como hipótese utópica, como o horizonte de um outro lugar capaz de circunscrever outros futuros e outros possíveis. As contradições urbanas seriam como que o fermento de novas e constantes irrupções utópicas, lembrando aqui, de algum modo, a ideia dos efeitos geradores das cidades, colocada por Jane Jacobs na constante produção de divisão nova do trabalho que a cidade propicia, algo que é posteriormente retomado por Edward Soja.

Então, destaca-se a dimensão entre imaginário, corpo e lugar, como também as subjetividades insurgentes diante do hegemônico capitalista e estatista traduzido nas cidades produzidas e reproduzidas sob a lógica da mercadoria e vividas conforme os atravessamentos e conflitos entre esta lógica e as tentativas cotidianas de realização da humanidade no urbano em sua totalidade. Subjetividades, práticas e afetos outros são capazes de produzir experiências emancipatórias, utopias práticas do possível como campo de afetos da criação estética entre lugares, da sociedade em crise em busca de outro modo de viver e da tensão entre imaginação-corpo-espaço.

Por fim, o autor traz um mapeamento da reinvenção de utopias práticas na cidade do Rio de Janeiro, identificando práticas criativas e narrativas estéticas outras de jovens pretos e pretas das favelas cariocas. Práticas que tornam a utopia presença corporificada e em luta contra as relações de classe racializadas. Lugares concretos como praças, ruas, quadras esportivas, campos de futebol, bares, salões de festas de igrejas, pátios de escolas e estacionamentos são apropriados por práticas diferenciais — rodas culturais, bailes funk e charme, *slam*, "rolés" e "rolézinhos", pichações, grafites, skatistas — que atuam como lugares de invenção de direitos corporificados à cidade. A pesquisa sobre essas apropriações dialoga, aliás, com o trabalho de campo "AfroCuritiba: memórias racializadas na criação e recriação simbólica do espaço urbano", realizado no XVII Simpurb. Dialoga porque este campo revelou a problematização da memória oficial de Curitiba — frequentemente tida quase que totalmente como uma cidade branca, europeia —, trazendo a importância da construção de uma identidade negra na historicidade e na espacialidade pretérita e contemporânea de Curitiba.

A leitura de Jorge Luiz Barbosa traz uma busca do contra-hegemônico, dos sujeitos e suas práticas diferenciais que podem se colocar nas fissuras do hegemônico, como possíveis utopias práticas que inscrevem a justiça e o direito à cidade a contrapelo do ordenamento urbano capitalista.

Para além da justiça espacial: por que discutir utopias do direito à cidade em 2022

A contribuição da professora Arlete Moysés Rodrigues, no texto "Utopias: o real e o concreto no urbano", começa por considerar que a utopia aparece como diversidade de possibilidades de pensar e agir para concretizar no tempo e no espaço urbano o direito de existir, viver, trabalhar, morar e usufruir do que se produz. Para a autora, a disputa contra-hegemônica compreende a utopia concreta. Ela expõe que o direito à cidade existe como referência para a definição da situação da sociedade urbana. Já a justiça espacial diz respeito à atuação do Estado capitalista ao atender às reivindicações da sociedade, sendo até mesmo constitutiva do planejamento. Claramente, a justiça espacial não é utópica, apesar de importante, segundo escreve Arlete Moysés Rodrigues. E ela lança a provocação: por que discutimos em 2022 as utopias do direito à cidade?

Outras questões colocadas: "pensar em utopias concretas no urbano significa que as utopias podem ter concretude num lugar? Se for aplicável na escala de um lugar, pode se expandir?" E a autora mesma responde que o ideário utópico pode se concretizar em todas as escalas, sendo tanto grandes questionamentos civilizatórios como questionamentos sobre formas de organização específicas. Outra pergunta fundamental: "qual o nosso papel, função e perspectiva enquanto geógrafos que nos debruçamos a analisar o urbano quando nos dedicamos a debater as utopias?"

O texto prossegue lembrando algumas definições de utopia no pensamento social e dirige-se para uma compreensão do materialismo histórico/dialético que estipula na utopia o estado de superação das opressões e explorações, analisando as contradições sociais e socioespaciais e revelando as suas causas para, assim, construir conhecimento que auxilia no avanço de conquistas reais. A utopia envolve o conhecimento da realidade e a potencialização do caráter contra-hegemônico de processos e práticas. A utopia, segundo a autora, é capaz de trazer para o centro o que está nas margens. E o que está nas margens? O direito à moradia adequada, o alimentar-se bem, o respirar o ar puro, o deslocar-se adequadamente. Portanto, ter a cidade como direito significa trazer para o centro o que está nas margens.

Então a autora passa a enumerar aspectos que são importantes do ponto de vista da pesquisa geográfica e preocupada com trazer concretamente para o centro aquilo que está nas margens, relativamente à cidade e ao urbano. Entre elas, a pesquisa com ênfase teórica na análise da urbanização brasileira e nas contradições da produção capitalista da cidade, as pesquisas e atuações com movimentos populares que permitam desvendar, mesmo que de modo localizado, possibilidades e lutas, a ênfase em que a utopia do direito à cidade diz respeito ao valor de uso no sentido do coletivo, como escreve. Entender concretamente questões como a moradia, por exemplo, significa ir além da sua compreensão como política pública, já que envolve a totalidade social nas dimensões do trabalho, da vida, do deslocamento, do lazer etc.

Algo que se destaca é a crítica empreendida por Arlete Moysés Rodrigues a um deslizamento dos princípios de função social da propriedade e da cidade para instrumentos de planejamento. O problema aí seria reduzir o horizonte da luta de classes às normas e aos enquadramentos do planejamento, sem o questionamento ou a limitação, por exemplo, da propriedade e da sua lógica. O ocultamento desses princípios revelaria algo como uma tecnificação ou uma instrumentalização que freia, bloqueia, uma discussão mais profunda e radical como as condições materiais concretas dos habitantes e suas relações de classe — como também de raça e de gênero, eu completaria.

Arlete Moysés Rodrigues costura o debate sobre o direito à moradia e o direito à cidade como modo de refletir sobre direitos individuais e coletivos, uso e troca, entendendo como a utopia transita entre essas dimensões. Chega então à formulação de que a moradia como direito, embora individual, significa a universalidade. Assim, o deslizamento do debate crítico-radical da utopia, que implica um debate de classes, é evidenciado pela dissociação do debate da relação entre moradia e trabalho, para centrar-se na produção de moradias pelo planejamento do Estado. Ou caem numa descrição do modo de vida, a título de estudo da vida cotidiana, sem mediar a questão do trabalho, do salário, nesse debate. Há uma separação do debate entre terra, trabalho, capital e Estado, no tocante às pesquisas urbanas. E o caminho de reflexão sobre as utopias concretas não pode ser esse caminho de dissociação entre estes elementos da realidade, segundo aponta.

Uma retomada do debate do trabalho em sua relação com a produção e valorização do espaço urbano é fundamental para o conhecimento da concretude da produção e apropriação da moradia e da cidade, e é algo que pode contribuir para o debate das transformações sociais no sentido da emancipação. A utopia da garantia do direito à moradia é central, por exemplo, para pensarmos a reprodução social como reprodução da vida, e não como reprodução do capital. Ou seja, a utopia concreta seria trazer para o centro a questão dos direitos que resultam da luta de classes. A utopia tanto pertence a sua época, é parte das opressões e explorações existentes, como a utopia se aparta de sua época, buscando superar tais explorações. Arlete Moysés Rodrigues assinala que não é da natureza da utopia ser realizada. O que se trata, portanto, não é pensar um lugar fora do que existe, não é a invenção de um lugar, mas o deslocamento do que está nas margens para o centro, numa problemática em que a transformação do lugar seja parte da emancipação, como escreve. As utopias serão concretas na medida em que forem lutas contra-hegemônicas, capazes de alterar as dinâmicas do poder e suas instituições na direção de um mundo justo e humano.

Por fim, ao trazer o Erik Olin Wright, a autora pensa em utopias reais como aquelas que podem ser construídas no mundo como ele é, utopias capazes de prefigurar, nesse mundo existente, um outro mundo, e que podem nos ajudar a ir nessa direção.

Caminhando pelo neoliberalismo urbano e pela realização da utopia liberal

O professor Tadeu Pereira Alencar Arrais apresenta o texto "A vitória do neoliberalismo urbano e a realização da utopia liberal", no qual pontua historicamente a organização do chamado neoliberalismo enquanto uma luta contra a intervenção estatal, em defesa da propriedade privada e dos direitos individuais, uma luta estabelecida em duas frentes: a de uma mudança nas mentalidades individuais e uma mudança na forma de regulação econômica. Essa é também a perspectiva da financeirização e do alargamento da privatização, que, segundo o autor, operam uma substituição vagarosa da centralidade da relação capital/trabalho pela centralidade credor/devedor, apontando para o coroamento da realização de uma utopia neoliberal. Não se trata de um mundo sem Estado, é um Estado que existe para proteger a propriedade privada e garantir as condições institucionais de funcionamento do mercado.

De início, então, Tadeu Pereira Alencar Arrais questiona o porquê da existência de uma utopia neoliberal, e submete tal indagação à interessante hipótese de que o neoliberalismo é um projeto urbano, um projeto que nasce com a sociedade urbana, relacionado com o mercado de trabalho, de consumo, de moradia, urbanos. A urbanização, segue explicando, é um processo de concentração de excedentes que cria a possibilidade da financeirização e do endividamento. Assim, ele escreve:

> A análise das mutações do trabalho e da moradia autoriza-nos a compreender o neoliberalismo como projeto urbano hegemônico. São processo que devem ser considerados com base na globalidade do fenômeno, como ensina Harvey; na submissão do trabalho e nos mercados nacionais ao mercado financeiro, como insiste Lazzarato; e, sobretudo, na responsabilização dos sujeitos, como interpreta Brown, e no domínio da competição como norma de conduta dos indivíduos, segundo Dardot e Laval.

O autor passa a considerar o tipo de cidade produzida pelo fordismo, cuja centralidade está calcada no binômio trabalho-consumo, alterada pelo processo de reestruturação produtiva a partir da década de 70, abrindo caminho para um deslocamento da relação capital-trabalho para a relação credor-devedor. Mas, longe de significar um abandono, Tadeu Pereira Alencar Arrais argumenta que devemos, pelo contrário, retomar a centralidade da precarização do trabalho em nossas análises. *Call centers*, jovens ligados a serviços em empresas de plataforma, por exemplo, apontam a informalidade como horizonte reprodutivo atual — segundo seu texto, quase metade da força de trabalho no Brasil se encontra na informalidade. Desse modo, a precarização do trabalho, o desemprego, a informalidade são analisados pelo autor com o apoio de diversos dados e gráficos que atestam as mudanças e dimensões desses processos no caso brasileiro, iluminando como o desemprego atinge especialmente jovens, com significativas implicações de gênero, cor e regionalidade.

Se a revolução técnica permite ocultar questões estruturais da exploração do trabalho, iluminando o empreendedorismo como saída (e a meritocracia como moralidade), o principal insumo da chamada economia do compartilhamento ou uberizada (ou capitalismo de plataforma para outros) é a disposição constante de uma massa de potenciais trabalhadores para tal exploração renovada.

O texto do professor Tadeu Pereira Alencar Arrais é bastante rico em dados que embasam uma compreensão da dilapidação dos rendimentos dos trabalhadores *pari passu* com o aumento do universo dos microempreendedores, até mesmo investigando e analisando quem são esses microempreendedores: as mulheres, ligadas a serviços de tratamentos de beleza, domésticos, de confecção de roupas; os homens, ligados a serviços de alvenaria, entrega rápida e transporte, serviços de instalação elétrica e outros.

Suas reflexões sobre o neoliberalismo urbano apoiam-se também numa consideração sobre as mutações no morar, ligadas às novas condições do trabalho, que revelam que a crise fordista teve um impacto enorme na habitação popular e significou um incremento significativo dos sem-teto, também nos Estados Unidos da América (EUA). No Brasil, a passagem da moradia do campo do direito social para sua mercantilização financeirizada crescente sinaliza o endividamento igualmente paulatino dos indivíduos, produzindo um aumento da população sem-teto e de uma população morando em habitações precárias, nas ruas ou simplesmente encarceradas (no âmbito da constituição de um Estado penal e de uma penalidade neoliberal). O autor identifica essa população com a figura de zumbis, mortos-vivos nômades do neoliberalismo laboral, sem lugar na economia, sem lugar para morar, sem lugar, diríamos nós, para viver, portanto sendo pessoas matáveis e "morríveis" do ponto de vista do neoliberalismo de face autoritária que vivemos.

Suas considerações permitem-nos vislumbrar que um novo mapa urbano se desenha baseado numa espécie de arquitetura e paisagem da neoliberalização e da financeirização, com as implicações já descritas para o trabalhar, o morar e o viver. Essa paisagem ou novo mapa urbano atestam a realização de uma utopia liberal, em que a flexibilidade, a competitividade, a inovação, o empreendedorismo aparecem com nacionalismos, "religiosismos", desigualdades e cidadanias sacrificiais.

Se é certo que a utopia liberal é uma utopia bastante real e concreta, ela é um campo simbólico, econômico, social e político que vem se impondo sobre outras formas utópicas que caminhariam na direção da emancipação social. Então me parece importante reconhecer o neoliberalismo, a financeirização e os processos hegemônicos em curso, até mesmo do ponto de vista das moralidades, para que se tenha clareza dos conteúdos espoliatórios dessa que seria uma utopia capitalista a ser combatida por utopia anticapitalistas. Essa utopia liberal leva ao desemprego e ao emprego precarizado, ao endividamento, ao fracasso individual, ao encarceramento e (eu diria) à morte.

Pensando a temática da mesa com base nas reflexões apresentadas: aberturas para o debate

A síntese analítica feita anteriormente buscou pontuar o centro das reflexões dos palestrantes a propósito de uma crítica teórico-prática da utopia urbana. A seguir, recupero ainda algumas questões trazidas pelos membros da mesa em seus textos e/ou apresentações para elaborar, na medida do possível, uma espécie de painel com (muitas) perguntas e questões que considero fundamentais para avançarmos numa crítica da utopia urbana em direção a novas proposições teórico-práticas.

Diante disso, a mesa instiga-nos a pensar: O que é uma utopia concreta? É uma nova relação com o espaço, com o outro, com o trabalho, com a terra, com a natureza, com o tempo, que já está sendo vivida, praticada? Quais são exatamente as diferenças entre: utopias reais, utopias práticas e utopias concretas? As utopias poderiam ser concretas? Em que termos poderíamos falar em "concretização de utopias"? A concretização de uma utopia não significaria, dialeticamente, colocar uma nova utopia que esteja em gestação no horizonte?

As utopias concretas trazem uma implicação, a de que teríamos que pensar — e também agir, repensar e lutar — sobre elementos, sujeitos, processos e condições que estão colocadas materialmente e no plano das representações como horizonte utópico, um horizonte sempre inacabado, sempre em movimento. Um horizonte que é perspectiva ou perspectivação utópica, que é um trabalho coletivo produzido pela sociedade em seu conjunto, com suas contradições.

Talvez as utopias concretas sejam aquelas entendidas e praticadas como relações diferenciais com potência de transformação — mesmo que efêmera — do que está posto como hegemônico, talvez sejam relações com potência de ajudar na construção de uma autonomia comum, como relações que trazem, mesmo que de modo efêmero, a radicalidade do novo enquanto realização do diferente, relações que são experimentadas pelos sujeitos em seu cotidiano e que permitem não morrer, resistir, e lutar por melhores condições, por uma justiça partindo do lugar e que ganha densidade democrática, alcançando outras escalas e espectros da totalidade social.

Indagamos: será que as utopias concretas nos provocam a pensar sobre aquilo que seria, talvez, o sentido mais utópico da própria utopia: que seria menos uma realização completa e absoluta e mais um exercício prático de novas formas de trabalho, de sociabilidade e de vida em nosso espaço-tempo concreto? Nesse sentido, parece claro que a utopia concreta possui a capacidade de transformar as condições existentes. Todavia, quais são as temporalidades, as escalas e, fundamentalmente, quais sujeitos têm praticado (e de que modo) essa transformação (ou transformações) potencialmente utópicas?

Podemos dizer que a utopia concreta é um projeto de transformação social amplo da vida que se vive no aqui e no agora. Seria possível que esse projeto de transformação social possa ser definido por um lugar? E quais são os sujeitos e as ações que estariam produzindo processos de transformação de suas realidades no sentido emancipatório? Parece-me que, com o apoio das ideias de Henri Lefebvre, podemos entender o urbano e a própria utopia como objetos teóricos e práticos, em parte reais, em parte virtuais, mas tendo como ponto de partida e como ponto de chegada o espaço-tempo da realidade que se vive.

Seguindo com nossas reflexões conjuntas às ideias da mesa, perguntamos: Como, em nossas práticas de pesquisa, captamos a virtualidade de uma prática diferencial com força transformadora? E que forças transformadoras seriam essas? Forças certamente colocadas no embate entre utopias liberais, apontadas pelo Tadeu Pereira Alencar Arrais, e utopias emancipatórias, trazidas por Jorge Luiz Barbosa e por Arlete Moysés Rodrigues.

Em que medida o debate das utopias seria possível de ser um objeto de pesquisa? Não me parece que seja. Podemos pesquisar e trabalhar com sujeitos, ações, processos que têm potencial transformador no sentido emancipatório, mas, quando falamos em utopia, precisamos enlaçar a dimensão inescapável de outros debates, como aquele das ações coletivas, dos movimentos sociais, da produção da espacialidade, das escalas das ações, das formas de transformação socioespacial, dos comuns, do espaço público, da cotidianidade, das diferenças. O que nos leva a questionar: Como pesquisamos processos emancipatórios em nossas pesquisas? Com quais metodologias?

Faria sentido focarmos, em nossas pesquisas, o novo, o insurgente, o disruptivo, os resíduos e resistências, sem uma articulação (necessária) entre esse insurgente e aquilo contra o que ele se insurge? Em outras palavras, em que medida é suficiente falarmos em utopias concretas no urbano sem partirmos das condições materiais (e simbólicas) capitalistas, racistas, patriarcalistas vividas pelos sujeitos em direção a uma compreensão teórica dessas condições?

É possível falar de utopia sem pesquisar e discutir a alienação? Alienação que, nos dizeres de Erich Fromm[1028] a respeito da concepção marxiana dessa noção, significa o estranhamento de quando o trabalho para o homem não se experimenta como atividade (de torna-se ativo), quando o mundo produzido é cada vez mais alheio aos seus produtores, quando a natureza e os homens

---

[1028] FROMM, E. *Marx y su concepto del hombre*. México: Fondo de Cultura Económica, 1962.

estão como objetos, como coisas, quando a existência do humano está alienada da sua essência. Pois bem, como a alienação se relaciona e está colocada para a realização/não realização das utopias, sejam elas mais, sejam elas menos concretas? A alienação nunca é absoluta, o mesmo valendo para a desalienação, segundo Daniel Bensaïd[1029]. Como pensar na utopia com base naquilo que a Marilena Chaui identifica como a dialética resistência/conformismo? E como pesquisamos as resistências no interior dos conformismos, e os conformismos que as resistências também carregam?

É possível falar em utopias emancipatórias sem uma pesquisa e uma reflexão sobre o mundo do trabalho? Em muitas mesas-redondas ao longo do XVII Simpurb, assim como no texto da Arlete Moysés Rodrigues, a questão do trabalho emergiu como centralidade quando falamos em estratégias e mecanismos para uma nova dominação capitalista, assim como para a transformação dessa dominação.

É possível falar em utopia sem pensar na superação da propriedade? E aqui nos referimos à propriedade privada, seja ela da terra, seja do dinheiro, dos meios de produção, e mesmo da propriedade estatal. Como a propriedade se coloca e recoloca constantemente e de modo contraditório diante das experiências potencialmente emancipatórias, ou de práticas espaciais diferenciais, como a luta por moradia, por exemplo? A luta pelo uso do espaço para a morada integra e difere da luta pela propriedade privada do solo na cidade; tratar-se-ia, aqui, de uma luta mais ampla pelo habitar, não pela simples habitação, pelo alojamento, evidentemente essenciais para a construção de um cotidiano e da própria luta por novas e melhores condições de vida na cidade. As formas de uso e apropriação comum dos espaços urbanos guardam caminhos profícuos para a reflexão sobre as utopias concretas no urbano, a justiça espacial e o direito à cidade.

Avançando na elaboração de nosso painel de questões sobre o tema: Qual é o lugar do cotidiano no debate sobre as utopias concretas? Cotidiano compreendido seja enquanto categoria teórica, seja enquanto realidade prático-sensível vivida como lugar de experiências? Enquanto lugar teórico-prático da busca do espaço do uso, apropriado, de um espaço-tempo do possível e do diferencial diante do impossível e de único, do mesmo e do homogêneo? Qual é a centralidade do cotidiano na leitura e no exercício de práticas diferenciais, de fazeres comuns, da organização de práticas que visam à superação das condições desiguais de trabalho, de apropriação dos resultados do trabalho, de vida nas cidades? Ou seja, qual é a importância do cotidiano na e para a produção diferencial do espaço urbano?

Com o propósito de uma metodologia de registro crítico do cotidiano, do espaço vivido, foi oferecido o trabalho de campo[1030] "A construção e o registro da paisagem: caminhadas e fotografias". Foi possível construir uma possibilidade de percepção e de registro das experiências espaciais urbanas de múltiplos sujeitos materializadas na paisagem, praticada na escala da caminhada e permitindo a vivência coletiva do espaço público no centro de Curitiba e o contato inicial com a diversidade da prática socioespacial cotidiana nessa cidade.

Qual é a potência teórica e política (estratégica e programática) da experiência para a construção social de algo que pode caminhar para uma superação das alienações de classe, raciais e dos moralismos neoliberais neoconservadores? Como dar destaque, pesquisar, analisar e apoiar experiências que nos colocam diante de outras relações com a terra, com a propriedade privada ou

---

[1029] BENSAÏD, D. *Os irredutíveis*: teoremas da resistência para o tempo presente. São Paulo: Boitempo, 2008.

[1030] Todos os cinco trabalhos de campo do XVII Simpurb foram realizados no dia 15/11/2022, tendo sido propostos e realizados por colegas professores e estudantes da Universidade Federal do Paraná (UFPR) e do Instituto Federal do Paraná (IFPR), envolvendo laboratórios do curso de Geografia bem como projetos de extensão e professores dos cursos de História e Arquitetura e Urbanismo.

pública, como identificar e ampliar as experiências que nos apontam a construção da autonomia e de relações de trabalho outras (que não as relações capitalistas), de relações com a natureza não extrativistas e mercantilizadas, de sociabilidades e afetos solidários e radicais e de contraespaços que caminham na direção da humanidade, da justiça, da igualdade?

Haveria como falarmos em utopia concreta emancipatória sem imaginar formas de superação do Estado, seja ele capitalista, seja não capitalista, e com isso a superação das ilusões estatistas, das ilusões de controle total e radical da vida social? Como imaginar formas de superação do Estado quando ele se realiza como o crime e como a justiça burguesa, quando ele financia a desigualdade socioespacial ao ser um planejamento urbano que repercute a repartição desigual do fundo público como luta de classe e racializada?

Haveria como falarmos em utopia sem pensarmos a noção de totalidade, seja no plano do conhecimento, seja na totalidade da vida, do corpo e dos sentidos do corpo no espaço? Parece-nos que tanto o debate quanto a tentativa de realização das utopias concretas passam pela utopia de uma totalidade espacial aberta que desafia a sistematização, a fragmentação, o fechamento e a captura da realidade espacial urbana por uma lógica instrumental a serviço da reprodução das relações sociais de produção dominantes.

Neste sentido, como superar os justiçamentos corporativos, seletivos, como superar a violência da descartabilidade humana de corpos negros[1031], periféricos, de mulheres, de pessoas LGBTQIA+[1032], dos trabalhadores empobrecidos, dos moradores em situação de rua, enfim, como superar a necro-demografia neoliberal reproduzida nos espaços urbanos e rurais no Brasil e em outras partes?

É fundamental, também, a reflexão sobre o modo como nós pesquisadores nos colocamos diante das experiências diferenciais no uso dos espaços, no trabalho e na vida urbana de modo que se torne mais claro nosso papel para que tais práticas se tornem experiências de concretização de justiças espaciais. E podemos perguntar: Essa concretização das justiças espaciais passa, necessariamente (e até que ponto), por certas institucionalidades, por alguma escala específica ou por uma articulação escalar? A justiça espacial (ou as justiças espaciais) como concretização de experiências diferenciais de vida e trabalho no urbano pode ser entendida como um dos caminhos para a utopia do direito à cidade?

As utopias concretas, para que assim o sejam, deveriam ser consideradas utopias espaçotemporais? Não apenas no sentido de serem situadas num espaço e num tempo, mas reivindicando um novo espaço e um novo tempo, ou mesmo um novo espaço-tempo social?

A radicalidade utópica de Marx pode ser apreendida nos dizeres de Erich Fromm[1033]: "Para Marx, o comunismo é a abolição positiva da propriedade privada, da autoalienação humana e, portanto, é a apropriação real da natureza humana pelo homem e para o homem". Na dialética espacial lefebvriana, o corpo humano será uma negatividade por excelência, o que significa que ele será o irredutível, aquilo que nega potencialmente a lógica da produção e reprodução do vazio e da ausência como fundamentos do espaço capitalista.

Tomando como referência Michael Löwy, poderíamos pensar que a utopia de modo concreto implica também o debruçar-se teórica e praticamente sobre o que ele chama de "afinidades revolucionárias", ou seja, considerar as convergências solidárias, as convergências de conflitos, na relação

---

[1031] Segundo dados do *Anuário brasileiro de segurança pública*, 83,1% dos mortos em decorrência de intervenções policiais no Brasil em 2022 eram pessoas negras (FÓRUM BRASILEIRO DE SEGURANÇA PÚBLICA (FBSP). *Anuário brasileiro de segurança pública*. São Paulo: FBSP, 2023).

[1032] Lésbicas, Gays, Bissexuais, Transgênero, *Queer*, Intersexo, Assexual, + outras identidades de gênero e orientações sexuais (N. do E.).

[1033] FROMM, 1962, p. 44-45, tradução nossa.

indivíduo/coletivo, revolução/poder, na relação entre sindicato, partido, movimentos sociais, ativismos fragmentados e a constelação de atores atomizados como Organizações Não Governamentais (ONGs), igrejas, políticos e os ilegalismos diversos. E é preciso pensar sobre tais convergências teórico-políticas essenciais nas porosidades e nos borramentos produzidos e reproduzidos constantemente entre sujeitos e ações que reconfiguram a todo momento tanto as formas de exploração e opressão capitalistas quanto as estratégias e táticas de resistências e de lutas anticapitalistas (ou pelo menos que possuem um lampejo diferencial).

Uma experiência concreta de exercício de justiça espacial, de resistência à urbanização capitalistas e de luta pelo direito à moradia pode ser vista durante o trabalho de campo do Simpurb, "Territórios em disputa pelo direito à moradia na metrópole de Curitiba". A Ocupação Nova Esperança, organizada pelo Movimento Popular por Moradia (MPM) com o auxílio do Movimento dos Trabalhadores Rurais Sem Terra (MST), está localizada na região metropolitana de Curitiba (no município de Campo Magro), surge em 2020 e conta com quase 2 mil famílias, entre trabalhadores, migrantes internacionais, ex-moradores em situação de rua. Essa ocupação organizada, que atesta a precariedade da política habitacional popular na metrópole de Curitiba, revela práticas insurgentes de compartilhamento da produção de alimentos, experiências no plano de uma economia popular solidária, no plano de uma conscientização e proteção ambiental, até mesmo redimensionando a relação urbano-rural com base na luta pelo habitar.

Nessa mesma direção, outro exercício de construção de utopia concreta foi visto no trabalho de campo "Redes de colaboração solidária e lutas sociais: da produção da fome como projeto às possibilidades de resistência na relação campo-cidade", também realizado como atividade programada do XVII Simpurb. Esta experiência é decorrente de uma grande mobilização e de luta contra do agravamento das consequências da pandemia e da situação de crise econômico-social observada ao longo do governo Bolsonaro. A fome retorna e amplia-se para parte significativa dos moradores das periferias urbanas, favelas e ocupações — enquanto a economia do "agro" bate recordes e é amplamente financiada pelo governo federal de então. São organizadas cozinhas comunitárias diante da crise alimentar e sanitária, mas foram experiências coletivas que ultrapassaram o momento emergencial e seguem ocorrendo após o pico da pandemia. Aos participantes do trabalho de campo, foi possível ressignificar o entendimento da relação campo-cidade por meio da visita ao Porto de Paranaguá — um dos portos de destaque nacional na exportação de grãos e commodities — seguida da visita ao Pré-Assentamento José Lutzenberg, em Antonina, que é referência em produção agroflorestal no Paraná. Também foi possível conhecer o trabalho da cozinha coletiva Marmitas da Terra, que demonstra uma forma potente de organização popular e que também reintegra as quebradas, as favelas e as ocupações urbanas com as lutas do campo.

Diante dessas experiências, podemos afirmar que pensar em utopias concretas envolve pensar em experiências que possam sustentar mudanças. Mas mudanças de que tipo? Duradouras? Só elas seriam válidas? As mudanças efêmeras, pontuais, fragmentadas, como as interpretamos? Como se coloca a questão entre estrutura e conjuntura para pensarmos em transformações sociais e mudanças históricas na direção da igualdade e da justiça? Quais são as novas formulações de normatividade de justiça que vêm sendo produzidas nos espaços urbanos, favelas, periferias, ocupações, centros e centralidades?

Esse conjunto de questões emergiu dos textos e das falas e nos provocaram e seguem provocando a refletir sobre a problemática proposta na mesa, qual seja, a construção de um pensamento "utopiano", que, segundo Henri Lefebvre, é um pensamento que parte do concreto e que tem a realidade como objeto e objetivo de transformação. Esse pensamento utopiano exige a reflexão sobre as contradições da prática, prática que é espacial, seja ela situada no campo libertário, seja ela produto da realidade da economia política capitalista da cidade.

Referências

BARBOSA, J. L. Por uma cartografia de microutopias para reinvenção da cidade. *In*: SERPA, A. E.; CARLOS, A. F. A. *Geografia urbana*: desafios teóricos contemporâneos. Salvador: Ufba, 2018. p. 95-111.

BENSAÏD, D. *Os irredutíveis*: teoremas da resistência para o tempo presente. São Paulo: Boitempo, 2008.

BESANCENOT, O.; LÖWY, M. *Afinidades revolucionárias*: nossas estrelas vermelhas e negras por uma solidariedade entre marxistas e libertários. São Paulo: Unesp, 2016.

BIRMAN, P. *et al.* (org.). *Dispositivos urbanos e trama dos viventes*: ordens e resistências. Rio de Janeiro: FGV, 2015.

BROWN, W. *Cidadania sacrificial*: neoliberalismo, capital humano e políticas de austeridade. São Paulo: Zazie, 2018.

CABANES, R. *et al.* (org.). *Saídas de emergência*: ganhar/perder a vida na periferia de São Paulo: São Paulo: Boitempo, 2011.

CARCANHOLO, M. D.; BARUCO, G. C. C. As aventuras de Karl Marx contra a pulverização pós-moderna das resistências ao capital. *Margem Esquerda*, São Paulo, v. 13, p. 74-91, 2009.

CARLOS, A. F. A.; PADUA, R. F.; ALVES, G. (org.). *Justiça espacial e o direito à cidade*. São Paulo: Contexto, 2017.

CARLOS, A. F. A.; SANTOS, C. S.; ALVAREZ, I. A. P. (org.). *Geografia urbana crítica*: teoria e método. São Paulo: Contexto, 2018.

CHAUI, M. *Conformismo e resistência*. Belo Horizonte; São Paulo: Autêntica; Fundação Perseu Abramo, 2014.

FANON, F. *Os condenados da terra*. Juiz de Fora: UFJF, 2010.

FÓRUM BRASILEIRO DE SEGURANÇA PÚBLICA (FBSP). *Anuário brasileiro de segurança pública*. São Paulo: FBSP, 2023.

FROMM, E. *Marx y su concepto del hombre*. México: Fondo de Cultura Económica, 1962.

HARVEY, D. *Cidades rebeldes*: do direito à cidade à revolução urbana. São Paulo: Martins Fontes, 2014.

HARVEY, D. *Espaços de esperança*. São Paulo: Loyola, 2004.

HOBSBAWM, E. *Como mudar o mundo*: Marx e o marxismo, 1840-2011. São Paulo: Companhia das Letras, 2011.

HOLSTON, J. *Cidadania insurgente*: disjunções da democracia e da modernidade no Brasil. São Paulo: Companhia das Letras, 2013.

LEFEBVRE, H. *O direito à cidade*. São Paulo: Centauro, 2001.

LEFEBVRE, H. *Revolução urbana*. Belo Horizonte: UFMG, 2010.

LEFEBVRE, H. *Vida cotidiana no mundo moderno*. São Paulo: Ática, 1992.

MARTINS, J. S. *A sociabilidade do homem simples*. São Paulo: Contexto, 2008.

MARX, K. *Manuscritos econômico-filosóficos*. São Paulo: Boitempo, 2015.

RIBEIRO, A. C. T. *Teorias da ação*. Rio de Janeiro: Letra Capital, 2014.

SAFATLE, W. *Só mais um esforço*. São Paulo: Três Estrelas, 2017.

SAFATLE, W.; SILVA JR., N. S.; DUNKER, C. (org.). *Neoliberalismo como gestão do sofrimento psíquico*. Belo Horizonte: Autêntica, 2021.

SANTOS, R. E. N. *Geografia e movimentos sociais*. Rio de Janeiro: Consequência, 2011.

SOUZA, M. L. *Dos espaços de controle aos territórios dissidentes*. Rio de Janeiro: Consequência, 2015.

VOLOCHKO, D. A necrodemografia neoliberal no Brasil contemporâneo. *In*: CARLOS, A. F. A.; RIZEK, C. S. (org.). *Direito à cidade e direito à vida*: perspectivas críticas sobre o urbano na contemporaneidade. São Paulo: USP, 2022. v. 1, p. 98-125.

VOLOCHKO, D. Lutas urbanas na metrópole de Curitiba: moradia popular, ocupações de terra e resistências. *GeoTextos*, Salvador, v. 12, n. 1, p. 37-50, jul. 2016.

WRIGHT, E. O. *Como ser anticapitalista no século XXI*. São Paulo: Boitempo, 2019.

ZIBECHI, R. *Territorios en resistencia*. España: Baladre, 2011.

SOBRE OS AUTORES

Alvaro Ferreira

Possui doutorado em Geografia (Geografia Humana) pela Universidade de São Paulo (2003), mestrado em Planejamento Urbano e Regional pelo IPPUR da Universidade Federal do Rio de Janeiro (1999) e graduação em Geografia pela Universidade do Estado do Rio de Janeiro (1996). É Pesquisador 1D do CNPq. Realizou pós-doutoramento com o Prof. Horacio Capel na Universitat de Barcelona (2009). É professor adjunto do Departamento de Geografia e do Programa de Pós-Graduação em Geografia da Pontifícia Universidade Católica do Rio de Janeiro (PUC-Rio) e professor associado da Universidade do Estado do Rio de Janeiro (UERJ). Foi professor visitante sênior na Universidad Autónoma de Madrid (2020) e investigador visitante no ICS-Universidade de Lisboa (2020). É líder do grupo de pesquisa denominado Núcleo de Estudos e Pesquisa em Espaço e Metropolização (NEPEM). Tem participado de congressos no Brasil e no exterior, além de produzir livros como *A cidade que queremos: produção do espaço e democracia, A Cidade no Século XXI: Segregação e Banalização do Espaço* (2013, 2.ª edição); *Produção do espaço: emancipação social, o comum e a "verdadeira Democracia"* (2019); *O espaço e a metropolização* (2017); *Desafios da Metropolização do Espaço* (2015); *Metropolização do Espaço: Gestão Territorial e Relações Urbano-Rurais* (2013), todos pela Editora Consequência.

Orcid: 0000-0001-7653-6897

Angelo Serpa

Professor titular de Geografia Humana da Universidade Federal da Bahia, pesquisador com bolsa de produtividade em pesquisa do CNPq (Nível 1B), coordenador dos grupos de pesquisa Espaço Livre de Pesquisa-Ação e Territórios da Cultura Popular (DGEO/POSGEO-UFBA) na mesma instituição. É autor e organizador, entre outros, dos livros *O Espaço Público na Cidade Contemporânea* (Contexto, 2007), *Cidade Popular* (EDUFBA, 2007), *Lugar e Mídia* (Contexto, 2011), *Territórios da Bahia* (EDUFBA, 2015) e *Por uma Geografia dos Espaços Vividos* (Contexto, 2019). Na UFBA, é também editor responsável pela Revista GeoTextos e docente permanente dos cursos de pós-graduação em Geografia (POSGEO-UFBA) e em Arquitetura e Urbanismo (PPGAU-UFBA).

Orcid: 0000-0003-4071-6276

Arlete Moysés Rodrigues

Livre Docente pela Universidade Estadual de Campinas (Unicamp) pelo Instituto de Filosofia e Ciências Humanas (IFCH) (1998). Doutora (1988) mestre (1981), bacharel e licenciada em Geografia pela Universidade de São Paulo (USP) (1971). Aposentada. Orienta na pós-graduação na Sociologia, na Geografia IG – Instituto de Geociências da Unicamp e na pós-graduação em Geografia na UFPB. Pesquisadora CNPq. Grupo de Pesquisa: Problemática ambiental urbana, cadastrado no CNPq com pesquisas sobre questões urbanas em geral, problemática ambiental urbana, renda da terra, movimentos populares urbanos, produção da habitação de interesse social, legislação de uso do solo urbano. De 1988 a 1990, foi presidente da Associação dos Geógrafos Brasileiros (AGB). Representou a AGB no Fórum Nacional de Reforma Urbana de 1988 a 2010. Foi conselheira do Conselho das Cidades de 2006 a 2010 no segmento entidades acadêmicas, científicas e profissionais.

Orcid: 0000-0003-2972-3053

César Simoni Santos

Doutor pelo Programa de Pós-Graduação em Geografia Humana da Universidade de São Paulo (PPGH-USP), tendo feito parte de sua pesquisa vinculado à Université Paris 3 - Sorbonne Nouvelle. Obteve o título de mestre também pelo PPGH-USP e graduou-se em Geografia no Departamento de Geografia da Universidade de São Paulo (DG-USP). Professor do Departamento de Geografia e credenciado ao Programa de Pós-Graduação em Geografia Humana, ambos da USP. É membro do Grupo de Teoria Urbana Crítica do Instituto de Estudos Avançados (IEA-USP) e do Grupo de Geografia Urbana Crítica e Radical (GESP). É coordenador do Grupo Limiares: limites da acumulação e reprodução do espaço, bolsista produtividade do CNPq, tendo sido bolsista da Urban Studies Foundation e professor visitante na University of Toronto. É autor do livro *A fronteira urbana: urbanização, industrialização e mercado imobiliário no Brasil* e de artigos como "Henri Lefebvre e a morfologia de uma dialética espacial" e "Espaços penhorados: expansão e captura da vida nas franjas da metrópole", entre outros.

Orcid: 0000-0002-6960-3550

Cibele Saliba Rizek

Professora titular do Instituto de Arquitetura e Urbanismo da Universidade de São Paulo. Tem doutorado em Sociologia pela Universidade de São Paulo (1994), mestrado em Ciências Sociais pela Pontifícia Universidade Católica de São Paulo (1988) e graduação em Ciências Sociais pela Universidade de São Paulo (1972). Atualmente, é professora do Programa de Pós-Graduação em Arquitetura e Urbanismo do IAU/ Universidade de São Paulo e pesquisadora do Centro de Estudos dos Direitos da Cidadania, também da Universidade de São Paulo. Tem experiência na área de Sociologia, atuando principalmente nos seguintes temas: cidades, reestruturação produtiva, habitação, espaço público e cidadania.

Orcid: 0000-0002-7871-5730

Cláudio Luiz Zanotelli

Realizou pós-doutorado no LATTS – École Nationale des Ponts et Chaussées (2004-2005), Paris, França, e um segundo pós-doutorado no IPPUR-UFRJ (2018-2019). Doutorado em Geografia Humana, Econômica e Regional pela Universidade de Paris X, Nanterre (1998), Diploma de Estudos Aprofundados (DEA) em Geografia e Prática do Desenvolvimento nos Países do Terceiro Mundo pela Universidade de Paris X, Nanterre (1993), Maîtrise em Planejamento e Urbanismo pela Universidade de Paris X, Nanterre (1992), Licence em Planejamento Regional pela Universidade de Paris X, Nanterre, França (1987). Atualmente é professor titular da Universidade Federal do Espírito Santo e editor da Revista Geografares. Realiza pesquisas sobre cidades, metropolização, geografia econômica e regional. Coordenador do Laboratório de Estudos Urbanos-regionais, das Paisagens e dos Territórios (LABURP) da UFES. Publicou, entre outros livros, *Geofilosofia e Geopolítica em Mil Platôs* (Edufes, 2014), *As estruturas abertas e mutantes do pensamento e do mundo. Derivas entre a Geografia e a Antropologia* (Tiragem Livre, 2019), *A notícia como máquina de guerra. Análise dos discursos sobre a Petrobras e a produção de Petróleo e Gás nos jornais. Um enfoque no Espírito Santo* (EDUFES, 2020) e *Yves Lacoste: Entrevistas* pela Annablume, 2005.

Orcid: 0000-0002-2070-1109

Danilo Volochko

Possui doutorado e mestrado em Geografia (Geografia Humana) pela Universidade de São Paulo (USP) (2012 e 2007, respectivamente) e é graduado (Bacharelado e Licenciatura) em Geografia pela USP (2004). É professor do Departamento de Geografia da Universidade Federal do Paraná (UFPR), campus Curitiba, e do Programa de Pós-Graduação em Geografia da mesma instituição. É pesquisador do Grupo de Geografia Urbana Crítica Radical (GESP), do Grupo de Estudos Teoria Urbana Crítica do Instituto de Estudos Avançados da USP e coordena o Projeto Ocupações Urbanas na UFPR. Tem experiência na área de Geografia Humana, com ênfase em Geografia Urbana, atuando principalmente nos seguintes temas: geografia, método, produção do espaço, metrópole, urbanização, dinâmicas populacionais.

Orcid: 0000-0001-6545-049X

Denilson Araújo de Oliveira

Licenciado e bacharel em Geografia pela UFF; mestre e doutor em Geografia pelo Departamento e Programa de Pós-Graduação em Geografia UFF. Professor do Instituto de Geografia (Departamento de Geografia Humana) da UERJ campus Maracanã; Professor do Programa de Pós-Graduação de Geografia FFP-UERJ e professor do Programa de Pós-Graduação em Cultura e Territorialidades – UFF. Fundador e coordenador do Núcleo de Estudo e Pesquisa em Geografia Regional da África e da Diáspora (NEGRA). Integrante do Programa de Estudos e Debates dos Povos Africanos e Afroamericanos da Universidade do Estado do Rio de Janeiro (PROAFRO UERJ), integrante da entidade do Movimento Negro Instituto Búzios e integrante da coordenação da campanha 21 dias de ativismo contra o racismo.

Orcid: 0000-0003-1726-7767

Ester Limonad

Pós-doutorado em Geografia Humana (Universidad de Barcelona, 2005 e na Universidade Federal Fluminense, 1997), doutorado em Planejamento Urbano e Regional (Universidade de São Paulo, 1996), mestrado em Planejamento Urbano e Regional (Universidade Federal do Rio de Janeiro, 1984), graduação em Arquitetura e Urbanismo (Universidade Presbiteriana Mackenzie, 1977). Professora titular aposentada do Departamento de Geografia, professora permanente no Programa de Pós-Graduação em Geografia da Universidade Federal Fluminense. Bolsista de Produtividade 1C do CNPq na área de Geografia. Cátedra Rui Barbosa em Estudos Brasileiros na Leiden Universiteit, Holanda (2014 e 2018). Presidente da Associação Nacional de Pesquisa e Pós-Graduação em Planejamento Urbano e Regional (2011-2013).

Orcid: 0000-0001-7367-491X

Felipe Rangel Martins

Doutor em Sociologia pela Universidade Federal de São Carlos (UFSCar), com estágios doutorais no Goldsmiths College – University of London e no Conservatoire National des Arts et Métiers (Cnam) – Paris. Possui mestrado em Sociologia pela UFSCar e graduação em Ciências Sociais pela mesma instituição. Atualmente, é docente permanente do Programa de Pós-Graduação em Sociologia da UFSCar e pesquisador visitante no Departamento de Sociologia. Atuou como International Fellow no Center for Latin American Studies (CLAS) da Universidade de

Chicago, com apoio da Urban Studies Foundation. Pesquisa na interface entre Estudos Urbanos e Sociologia do Trabalho, com ênfase nos debates sobre informalidades, cultura do trabalho e economias populares.

Orcid: 0000-0002-0679-3756

Gustavo Prieto

Doutor e mestre em Geografia Humana pela Universidade de São Paulo (USP) com estágio de pesquisa na École des Hautes Études en Sciences Sociales (EHESS, Paris, França) e graduado em Geografia pela Universidade Federal Fluminense (UFF). Professor adjunto no Instituto das Cidades da Universidade Federal de São Paulo (IC – Unifesp), cocoordenador do grupo de pesquisa Transborda (Unifesp), membro do Grupo de Teoria Urbana Crítica (IEA – USP) e do Grupo de Geografia Urbana Crítica e Radical (GESP – USP). Foi professor e pesquisador visitante do Department of Spanish and Portuguese Studies da University of Minnesota (UMN, Mineápolis, EUA).

Orcid: 0000-0002-2658-9429

Helena Silvestre

Escritora afro-indígena e feminista favelada nas lutas em defesa de terras e territórios ameaçados. Publicou, pela primeira vez, em 2018, com apoio do Selo Sarau do Binho (coletivo a que pertence), seu segundo livro de crônicas, *Notas sobre a fome*, ganhou visibilidade como finalista do prêmio Jabuti 2020, sendo traduzido posteriormente ao espanhol e lançado em Buenos Aires, Quito e Madrid. Também é autora – junto a Ailton Krenak e Boaventura de Sousa Santos – do livro *O Sistema e o antissistema*. É uma das editoras da Revista Amazonas no Brasil, integra a Editora Popular TXAI e é educadora popular na Escola Feminista Abya Yala, na periferia sul da cidade de São Paulo. Foi militante do MTST entre 2003 e 2010, rompendo por diferenças políticas, passando a construir, entre 2011 e 2018, o movimento Luta Popular.

Isabel Pinto Alvarez

Possui doutorado, mestrado e graduação em Geografia pela Universidade de São Paulo (USP). Atualmente é docente e orientadora no Programa de Pós-Graduação em Geografia Humana (PPGH) da Faculdade de Filosofia, Letras e Ciências Humanas (FFLCH), da USP. É membro do Grupo de Estudos de Geografia Urbana Radical (GESP), vinculado ao Laboratório de Geografia Urbana da Universidade de São Paulo e do Grupo de Teoria Urbana Crítica do Instituto de Estudos Avançados (IEA) da USP e coordenadora do Grupo de Trabalho (GT) intitulado: Produção do espaço: perspectiva crítica, na ANPEGE. Suas pesquisas estão no campo da geografia urbana e planejamento urbano, mediante as quais discute a mobilização do espaço pelo capital e o processo de segregação socioespacial como parte constitutiva deste.

Orcid: 0000-0002-5694-6706

Jorge Luiz Barbosa

Pós-doutorado em Geografia Humana (Universidade de Barcelona). Doutor em Geografia Humana (Universidade de São Paulo). Mestre em Geografia (Universidade Federal do Rio de Janeiro). Professor do Programa de Pós-Graduação em Geografia da Universidade Federal Fluminense. Professor visitante do Programa de Pós-Graduação em Geografia da Universidade do Estado do Rio de Janeiro. Bolsista de Produtividade em Pesquisa 1D do Conselho Nacional de Desenvolvimento Científico e Tecnológico. Cientista do Nosso Estado – Fundação Carlos Chagas de Amparo à Pesquisa do Rio de Janeiro. Autor, coautor e organizador dos seguintes livros: *Favela: Alegria e Dor na Cidade* (2005); *Paisagens Crepusculares da Ficção Científica* (2013); *Solos Culturais* (2013); *Cultura e Território* (2017); *Urban Public Spaces* (2018); *Governança Territorial na Amazônia* (2019); *Espaços públicos Urbanos: das políticas planejadas à política cotidiana* (2019); *Juventudes da Cidade* (2020); *A Favela Reinventa a Cidade* (2020); *As águas encantadas da Baía de Guanabara* (2021); *As onças-pintadas do Catumbi* (2022).

Orcid: 0000-0001-6890-2535

Leonardo Palhares Prizon

Mestrando em Geografia pela Universidade Federal do Paraná (UFPR). Bacharel (2019) e licenciando em Geografia pela Universidade Federal do Paraná (UFPR). É vinculado ao Laboratório de Dinâmicas Metropolitanas (LaDiMe/UFPR) e tem pesquisado nos seguintes temas principais: ocupações urbanas, habitação e políticas habitacionais, movimentos e ativismos sociais urbanos.

Orcid: 0009-0006-6048-2277

Lívia Maschio Fioravanti

Doutora em Geografia Humana pela Universidade de São Paulo (2018). Realizou mestrado em Geografia Humana (2013) e graduação pela mesma instituição (2009). Foi bolsista da Fundação de Amparo à Pesquisa do Estado de São Paulo (Fapesp), com estágio de pesquisa no exterior no Institut des Hautes Études de l'Amérique Latine (Université Sorbonne Nouvelle – Paris). Desde 2014, é docente do Instituto Federal de Mato Grosso (IFMT). É líder do Grupo de Estudos em Desenvolvimento Urbano (NEDurb) e coordena, desde a primeira turma no ano de 2020, o curso de pós-graduação lato sensu em Desenvolvimento Urbano, do IFMT Campus Várzea Grande.

Orcid: 0000-0001-5247-1582

Marcelo Lopes de Souza

Doutorado em Geografia pela Universität Tübingen (Alemanha) (1993); mestrado em Geografia pela Universidade Federal do Rio de Janeiro (1988); graduação em Geografia pela Universidade Federal do Rio de Janeiro (1985). Professor titular da Universidade Federal do Rio de Janeiro e pesquisador 1A do CNPq. Dedica a atenção profissional ao estudo dos vínculos entre mudança social e organização espacial, com os seguintes temas principais: espacialidade das lutas sociais (identidades, agendas e práticas espaciais dos ativismos, protestos e formas de resistência à heteronomia); (in)justiça ambiental e conflitos urbano-ambientais; securitização do ambiente e governamentalização da natureza.

Orcid: 0000-0002-7398-3170

Márcio Piñon de Oliveira

Professor titular do Departamento e do Programa de Pós-Graduação em Geografia da Universidade Federal Fluminense. Tem graduação e mestrado em Geografia na Universidade Federal do Rio de Janeiro, doutorado em Geografia Humana pela Universidade de São Paulo, pós-doutorado na École des Hautes Études em Sciences Sociales (Paris) e possui experiência em diversos temas na área de Geografia Urbana. É coordenador do Núcleo de Estudos e Pesquisas Urbanas (NEURB-UFF).

Orcid: 0000-0001-5291-0784

Mariana Zerbone Alves de Albuquerque

Doutora em Geografia Humana pela USP (2009), mestre em Geografia pela UFPE (2006), licenciada e bacharel em Geografia pela UFPE (2004 e 2005), com graduação sanduíche na Universidade Técnica de Berlim (2002-2003) e estágio na Secretaria de desenvolvimento urbano de Berlim (2003), Alemanha. Professora associada III da UFRPE, vinculada ao Departamento de História e docente do Programa de Pós-Graduação em História na mesma universidade. Pesquisadora visitante na Universidade de Kiel, Alemanha (2019). É líder do Grupo de Pesquisa Produção do Espaço, Metropolização e Relação Rural-Urbano (GPRU). Editora-chefe do Periódico *Rural & Urbano*, e coautora dos livros *O Rural e o Urbano na Região Metropolitana do Recife* (2014) e *Recife Despedaçado: distopias urbanas e espaços de resistência metropolitanos* (2023). Atualmente é coordenadora do Laboratório de Estudos e Ensino sobre o Recife (RecLab) e desenvolve os projetos "Da modernização à gentrificação: produção do espaço e gestão urbana no Recife de ontem e hoje" e "Os Novos Conteúdos do processo de metropolização da Região Metropolitana do Recife". Tem participado atentamente dos debates sobre as estratégias de produção do espaço da cidade do Recife e sua região metropolitana.

Orcid: 0000-0002-0617-0540

Olga Lúcia Castreghini de Freitas

Pós-doutora pela Universidade de Paris I – Panthéon-Sorbonne (2008); doutora em Geografia Humana pela USP (2001); mestre em Geografia pela Unesp, campus de Rio Claro – SP (1989); licenciada e bacharel em Geografia pela Unesp, campus de Presidente Prudente (1984). Foi professora do Departamento de Geografia da Universidade Federal do Paraná entre 1992 e 2021, quando se aposentou como professora titular. É professora sênior junto ao Programa de Pós-Graduação em Geografia da UFPR, orientando mestrado e doutorado. É bolsista Produtividade em Pesquisa 1D do CNPq. Foi coordenadora do Núcleo Curitiba do Observatório das Metrópoles, ligado à rede INCT/Observatório das Metrópoles e segue como pesquisadora na rede. Atualmente é professora junto ao Programa de Pós-Graduação em Desenvolvimento e Meio Ambiente Urbano (PPDMU) da Universidade da Amazônia (Unama), em Belém/PA. Tem diversos textos publicados sobre a temática urbano-metropolitana, experiência na coordenação de projetos de cooperação internacional e inserção em várias instâncias (no país e no exterior) ligadas à avaliação de projetos e a proposição de políticas no campo da ciência e tecnologia.

Orcid: 0000-0001-5840-2377

Rafael Faleiros de Padua

Tem doutorado e mestrado em Geografia Humana pela Universidade de São Paulo, é graduado em Geografia (bacharelado e licenciatura) também pela Universidade de São Paulo. É professor do Departamento de Geociências e do Programa de Pós-Graduação em Geografia da Universidade Federal da Paraíba. Participa do Grupo de Estudos Urbanos/UFPB (Geurb) e do Grupo de Estudos de Geografia Urbana Crítica e Radical (Gesp).

Orcid: 0000-0002-3964-6146

Regina Tunes

Doutora e mestre pelo Programa de Geografia Humana da FFLCH/USP. Professora adjunta do Departamento de Geografia Humana do Instituto de Geografia (IGEOG) e Docente do Programa de Pós-Graduação em Geografia (PPGEO) da Universidade do Estado do Rio de Janeiro (UERJ), onde atua como coordenadora do programa. Pesquisadora do grupo de pesquisa Metamorfoses Urbanas e Regionais do Laboratório de Estudos Regionais do DG/USP, Pesquisadora do Núcleo Rio de Janeiro do INCT Observatório das Metrópoles e vice-líder da Rede Latino-Americana Espaço e Economia (Relaee). Pesquisadora ProCientista (FAPERJ/UERJ) e Jovem Cientista do Nosso Estado (JCNE – FAPERJ). Editora-chefe do periódico GeoUERJ (Qualis A1). Coordenadora do Núcleo de Estudos e Pesquisa em Geografia Econômica (NEPGE) do Departamento de Geografia Humana do IGEOG/UERJ.

Orcid: 0000-0002-0268-6988

Renato Emerson dos Santos

Doutor em Geografia pela Universidade Federal Fluminense, mestre em Planejamento Urbano e Regional pelo Instituto de Pesquisa e Planejamento Urbano e Regional da Universidade Federal do Rio de Janeiro (IPPUR/UFRJ), bacharel em Geografia pela Universidade Federal do Rio de Janeiro. É professor do IPPUR/UFRJ. Coordena o Núcleo de Estudos e Pesquisas em Geografia, Relações Raciais e Movimentos Sociais (NEGRAM/ETTERN/IPPUR/UFRJ). Desenvolve pesquisas nos seguintes temas: movimentos sociais e Geografia, ensino de Geografia, cartografia e lutas sociais, relações raciais e as geografias do racismo e do antirracismo. Foi presidente da Associação dos Geógrafos Brasileiros (AGB), biênio 2012-2014.

Orcid: 0000-0003-4600-3613

Rosa Moura

Doutora em Geografia pela Universidade Federal do Paraná e bacharel em Geografia pela Universidade de São Paulo. É pesquisadora do Núcleo da Região Metropolitana de Curitiba do Observatório das Metrópoles (INCT-CNPq) e colaboradora sênior na pesquisa Fronteiras do Brasil: uma avaliação de política pública, na Diretoria de Estudos e Políticas Regionais, Urbanas e Ambientais do Instituto de Pesquisa Econômica Aplicada.

Orcid: 0000-0003-1702-0617

Sandra Lencioni

Geógrafa, professora titular sênior da USP e professora do programa de pós-graduação da PUC-Rio, é pesquisadora do CNPq 1A. Seus títulos de livre-docente, doutorado, mestrado, bacharel e licenciatura em Geografia são da Universidade de São Paulo. Seu pós-doutorado foi efetuado na Universidade de Paris I (Pantheon-Sorbonne). Consultora ad doc de várias agências de fomento no Brasil e exterior, destacando-se o Conseil Scientifique da Open Edition, que desenvolve a Plataforma Revue.org. Criou o Laboratório de Estudos Regionais em Geografia (LERGEO/USP) e é editora do Blog Economía Política Urbana cuja sede é no Colégio del Mexico. É membro de vários conselhos editoriais de livros e revistas científicas nacionais e internacionais e de várias associações científicas. Recebeu o prêmio Eidorfe Moreira de Geografia Regional pela Universidade Federal do Sul e Sudeste do Pará e entre seus livros cabe destacar *Região e Geografia* e *Metrópole, Região e Regionalização*, que recebeu Menção Honrosa pela Associação Nacional de Pós-Graduação e Pesquisa em Planejamento Urbano e Regional (Anpur). Tem experiência na área de Geografia Regional, atuando principalmente nos seguintes temas: teoria da região, metrópole e indústria.

Orcid: 000-0003-3473-0880

Tadeu Alencar Arrais

Doutor em Geografia pela Universidade Federal Fluminense, mestre e graduado em Geografia pela UFG. É professor titular da Universidade Federal de Goiás e coordenador do Observatório do Estado Social Brasileiro e do Canal de divulgação científica Porque o Estado Importa!

Orcid: 0000-0002-7773-3259

Tatiana Tramontani Ramos

Doutora em Geografia pela Universidade Federal do Rio de Janeiro (UFRJ) e mestre e graduada em Geografia pela Universidade Federal Fluminense (UFF). Professora associada do Departamento de Geografia da UFF-Campos e membro do quadro permanente do Programa de Pós-Graduação em Geografia da UFF-Campos, instituição onde coordena o Núcleo de Estudos sobre Território e Conflitos Sociais.

Orcid: 0000-0001-8550-2955

Thiago Canettieri

Professor do departamento de urbanismo da Escola de Arquitetura da Universidade Federal de Minas Gerais (UFMG). Realizou residência pós-doutoral vinculado ao Programa de Pós-Graduação em Geografia da UFMG (2019-2020), é doutor em Geografia pela UFMG (2019), mestre em Geografia – Tratamento da Informação Espacial pela PUC-Minas (2014) e possui graduação em Bacharelado e Licenciatura em Geografia pela PUC-Minas (2012). É coordenador regional do núcleo RMBH do Observatório das Metrópoles (INCT/CNPq), líder do grupo de pesquisa CRITICAR (crise, trabalho, capital e revolta) e pesquisador do grupo Cosmópolis. É pesquisador afiliado ao Instituto Alameda. Autor do livro *A condição periférica* (Consequência, 2020). Atualmente leciona e escreve sobre a relação entre urbanização, periferização e crise do moderno sistema produtor de mercadorias.

Orcid: 0000-0003-3662-6104